Tekoäly historiassa ja nykyisyydessä tapahtuneen laadullisen analyysin työkaluna

Kustantaja: BoD · Books on Demand, Mannerheimintie 12 B, 00100 Helsinki, bod@bod.fi

Kirjapaino: Libri Plureos GmbH, Friedensallee 273, 22763 Hampuri, Saksa

ISBN: 978-952-80-9548-4

Petri Luoston tähän mennessä kääntämät kirjat kronologisessa järjestyksessä. Koko listassa kädessäsi oleva teos on boldattu:

Luo Guanzhongin Kertomus Kolmesta Kuningaskunnasta Osa 1 / 4; Eunukkeja ja Kapinallisia

Federalistikirjoitukset

Luo Guanzhongin Kertomus Kolmesta Kuningaskunnasta Osa 2 / 4; Punaiset Kalliot

Julius Caesarin sodat

Luo Guanzhongin Kertomus Kolmesta Kuningaskunnasta Osa 3 /4; Kolme Kuningaskuntaa

Thukydidesin Peloponnesolaissota

Luo Guanzhongin Kertomus Kolmesta Kuningaskunnasta Osa 4/4; Valtakunnan Yhdistäjät

Kautilyan Arthashastra, Legendaarinen Intialainen Opas Valtion Asioiden Hoitamiseen

Niccolo Machiavellin valtiollisia mietelmiä

Snorri Sturlusonin Heimskringla; Saagoja Norjan kuninkaista

Thomas Painen Kootut Teokset

Presidentti Grantin muistelmat, Osa I

Presidentti Grantin muistelmat, Osa II.

Sun Zin Sotataito ja Lionel Gilesin Kommentaari Siihen

Merivoimien vaikutuksesta historian 1660–1783; Tekijänä A. T. Mahan, D.C.L., LL.D.,

Kolme kuukautta Etelävaltioissa huhtikuusta kesäkuuhun 1863

Petri Luoston itse tekemät teokset:

Tekoäly vieraannuttamisen vastavoimana

Tekoäly historiassa ja nykyisyydessä tapahtuneen laadullisen analyysin työkaluna

Sisällysluettelo

Sisällysluettelo s. 4

Johdanto s. 5

Lyhyt esittely tekoälyn kyvykkyyksiin tämän kirjan aiheesta s. 7

Tekoälyn perusteet ja päätöksentekoprosessi s. 18

Historiassa tehtyjen päätösten analysoinnista s. 55

Historian suuria päätöksiä – laadullinen analyysi s. 84

Tekoälyn soveltaminen historiallisten päätösten analyysiin s. 112

Suurmiesteoria vastaan trendit historiassa s. 146

Historiallisia esimerkkitapauksia s. 153

Tokugawa Ieyasun elämä Sekigaharaan asti s. 153

Napoleon Bonaparten ura s. 255

Bismarck, Saksan yhdistäminen ja hänen ulkopolitiikkansa s. 411

Pari modernin ajan esimerkkitapausta s. 461

Ukrainan vuoden 2022 sodan alku s. 461

Presidentti Donald Trump ja hänen kryptovaluuttansa s. 496

Modernin päätöksenteon analysointi tekoälyllä s. 508

Laadullinen päätöksenteko ja tekoälyn rajoitukset s. 537

Tulevaisuuden näkymät – Tekoäly laadullisen analyysin tukena s. 562

Yhteenveto ja päätelmät s. 589

Tekijän loppusanat s. 600

Johdanto

Tämän teoksen tavoitteena esitellä tekoälyn kyvykkyyksiä ja soveltuvuutta työkaluksi analysoida niin kaukaisemmassa historiassa kuin lähihistoriassa tehtyjä päätöksiä. Viime vuosien suurin positiivinen yllätys oli se, että tekoälyteknologia sai aikaan oman vallankumouksensa, jota voidaan verrata jopa kirjoitustaidon oppimiseen, kirjapainotaidon oppimiseen, tietokoneiden keksimiseen ja internetin syntyyn.

Tekoäly, jota käytän tässä, on ChatGPT, joka on keskusteleva tekoälysovellus. On syytä huomata ChatGPT:n Euroopan käyttäjäsopimuksesta niin syötteen kuin tuotoksen omistusoikeus on käyttäjällä: "**Sisällön omistajuus.** Sinun ja OpenAI:n välillä ja soveltuvan lain sallimassa määrin sinä (a) säilytät omistajuutesi Syötteeseen ja (b) omistat Tuotoksen. Annamme täten sinulle kaikki oikeutemme ja etumme Tuotokseen, jos sellaisia on."

Asia, johon on syytä kiinnittää huomiota, on se, että mihinkään **tekoälysovellukseen ei pidä syöttää ihmisten kriittisiä tunnistetietoja tai luottamuksellisia tietoja**. Tekoälyn osuudelle on syytä antaa tunnustusta kertomalla mitkä kommentit ja osiot ovat tekoälyn tekemiä ja mitkä ovat ihmisen tekemiä.

Seuraavassa tarkastelemme, miten ChatGPT reagoi kirjan nimeen. Tämä ei tule olemaan normaali kirja, vaan keskustelua ChatGPT:n kanssa tullaan käymään dialogina jo johdannossa, että lukija pystyy hahmottamaan ChatGPT:n toimintatapoja ja kykyjä. Tämän kirjan filosofiana ei ole vain keskustella tekoälyn kyvykkyyksistä, vaan myös näyttää niitä. Neuvon myös lukijaa itse koettamaan ja testaamaan tekoälyä käyttäen tietojansa, osaamistansa ja mielikuvitustansa.

On myös syytä tarkkailla tekoälyn kehitystä. ChatGPT ei ole ainoa tekoälysovellus, vaan muitakin on olemassa, joista tässä mainitsen Deep AI, Geminin, Perplexity AI:n ja Co-Pilot, joita myös käytän. On viisasta käyttää useita tekoälysovelluksia ja vertailla niiden antamia vastauksia samoihin kommentteihin ja kysymyksiin.

Tämän kirjan rakenne on se, että ensiksi puhutaan tekoälystä yleisesti, sekä tekoälyn käyttämisestä laadullisen päätöksenteon analysoinnissa. Tämän jälkeen siirrytään tarkastelemaan muutamia esimerkkejä niin historiasta kuin nykymaailmasta, jotta nähdään, että näissä esimerkeissä on kyse lukemattomasta määrästä tehtyjä päätöksiä, jotka perustuvat laadullisiin ja määrällisiin mielipiteisiin. Viimeisenä kirjassa on luvut, joilla nämä aikaisemmat luvut vedetään yhteen ja joihin on pyritty tiivistämään tekoälyn toiminnan kannalta keskeiset piirteet.

En ole muuttanut tekoälyn vastausten kirjoitusasuja tai asiasisältöä siksi, että haluan lukijan pystyvän arvioimaan tekoälyn vastauksien laatua. Ainoat muutokset, joita olen tehnyt tekoälyn vastauksiin, on tehty vastauksien selkeyttämiseksi. Jos olen huomannut tekoälyn tehneen asiavirheen vastauksessa, niin olen huomauttanut siitä seuraavassa kommentissani. Tekoäly ei ole erehtymätön, vaan se on inhimillisen toiminnan tuote ja siksi myös se voi tehdä virheitä. Jos epäilee tekoälyn tehneen virheen jossain asiassa, niin kyseinen asia kannattaa tarkistaa muista lähteistä.

Historialliset esimerkit tähän teokseen olen valinnut ChatGPT:n mainitsemien esimerkkien perusteella ja esimerkit nykyajasta olen valinnut niiden subjektiivisen tärkeyden, sekä ajankohtaisuuden perusteella.

Lyhyt esittely tekoälyn kyvykkyyksiin tämän kirjan aiheesta

Sinä sanoit: Seuraavassa tarkastelemme, miten ChatGPT reagoi kirjan nimeen.

ChatGPT sanoi: Tekoäly historiassa ja nykyisyydessä tapahtuneen laadullisen päätöksenteon arvioinnin työkaluna

Johdanto

Tekoäly (AI) on muuttanut tapaa, jolla analysoimme ja arvioimme historiallisia tapahtumia sekä nykyhetken päätöksentekoprosesseja. Perinteisesti historiantutkimus ja laadullinen päätöksenteon arviointi ovat perustuneet inhimilliseen harkintaan, asiantuntijoiden näkemyksiin ja laajaan aineistotutkimukseen. Tekoäly tarjoaa uudenlaisen lähestymistavan, jossa suuria tietomääriä voidaan käsitellä tehokkaasti ja systemaattisesti.

Tekoälyn rooli historiallisessa analyysissa

Tekoäly voi auttaa historiallisen päätöksenteon arvioinnissa monin tavoin:

1. **Suurten aineistojen analysointi:** Koneoppiminen mahdollistaa suurten historiallisten dokumenttien, kirjeiden ja muun aineiston analysoinnin sekä niistä tehtävän johtopäätösten automaattisen tunnistamisen.
2. **Päätösten vaikutusten mallintaminen:** AI voi simuloida vaihtoehtoisia tapahtumakulkuja ja arvioida, miten erilaiset historialliset valinnat olisivat voineet vaikuttaa tulevaisuuteen.
3. **Subjektiivisuuden vähentäminen:** Ihmisten tekemä historiantutkimus on aina jossain määrin subjektiivista. AI voi tunnistaa mahdollisia vinoumia ja tuottaa objektiivisempia arvioita historiallisista tapahtumista.

Nykyisen päätöksenteon arviointi tekoälyn avulla

Nykyhetken päätöksenteossa tekoäly voi toimia työkaluna laadullisen arvioinnin tukena:

7

1. **Riskien ja seurausten ennustaminen:** AI voi analysoida erilaisia päätösvaihtoehtoja ja niiden mahdollisia vaikutuksia pitkällä aikavälillä.
2. **Päätöksenteon tueksi kehitetyt analyysijärjestelmät:** Monilla aloilla, kuten politiikassa ja liiketoiminnassa, AI auttaa arvioimaan strategisia valintoja datan perusteella.
3. **Eettisten kysymysten tarkastelu:** Tekoäly voi auttaa tunnistamaan ja analysoimaan eettisiä dilemmoja päätöksenteossa.

Haasteet ja rajoitteet

Vaikka tekoäly tarjoaa merkittäviä etuja, sen käyttö historiantutkimuksessa ja nykyisen päätöksenteon arvioinnissa ei ole ongelmatonta:

1. **Datan laatu ja saatavuus:** Historiallinen data voi olla epätarkkaa tai vajavaista, mikä voi vaikuttaa tekoälyn tekemiin johtopäätöksiin.
2. **Vinoumat algoritmeissa:** AI-mallit voivat toistaa ja jopa vahvistaa ihmisten aikaisempia vinoumia, jos niiden koulutusdata ei ole tasapainossa.
3. **Eettiset kysymykset:** AI:n rooli päätöksenteossa herättää kysymyksiä vastuusta ja oikeudenmukaisuudesta.

Johtopäätös

Tekoäly on voimakas työkalu sekä historiallisen analyysin että nykyisen päätöksenteon arvioinnin tukena. Se mahdollistaa suurten tietomäärien analysoinnin, ennakoi erilaisten valintojen seurauksia ja auttaa vähentämään subjektiivisuutta. Kuitenkin sen käyttö edellyttää kriittistä tarkastelua, jotta voidaan välttää datan vinoumien ja eettisten ongelmien aiheuttamat sudenkuopat. Tekoälyn rooli historiantutkimuksessa ja laadullisen päätöksenteon arvioinnissa tulee todennäköisesti kasvamaan, mutta sen rinnalla inhimillinen asiantuntemus säilyy edelleen välttämättömänä.

Kommentti ChatGPT:n vastaukseen: Toisin sanoen ChatGPT:n mukaan tekoäly on monin tavoin hyödyllinen työkalu niin historiallisten päätösten tekemisen arvioinnissa kuin arvioitaessa päätöksiä, joita tehdään nykyään. ChatGPT näyttää myös ymmärtävän tekoälyn käyttämiseen liittyviä rajoitteita sangen hyvin. Lisäisin yhdeksi mahdolliseksi rajoitteeksi sen, **että**

päätöksentekijöillä ei ole joko tarpeeksi sen alan tuntemusta tai omaa osaamista päätöksentekoa varten. Katsotaan, miten ChatGPT tähän reagoi.

ChatGPT sanoi: Kyllä, tuo on hyvä lisäys! Tekoälyn hyödyllisyys riippuu siitä, kuinka hyvin päätöksentekijät ymmärtävät sen tuottaman analyysin ja osaavat soveltaa sitä omassa asiantuntijuudessaan. Jos päätöksentekijöillä ei ole riittävää asiantuntemusta, he saattavat joko luottaa sokeasti tekoälyn arvioihin tai sivuuttaa sen tarjoaman tuen kokonaan.

Tämä ongelma voi näkyä esimerkiksi historiantutkimuksessa, jossa tekoäly voi analysoida suuria tietomääriä ja löytää uusia yhteyksiä, mutta ilman syvällistä historiantuntemusta tulokset voivat olla virheellisiä tai harhaanjohtavia. Nykyajan päätöksenteossa taas tekoälyä voidaan käyttää tukemaan poliittisia, taloudellisia ja sotilaallisia päätöksiä, mutta ilman alan asiantuntemusta voi syntyä huonoja päätöksiä, koska tekoäly ei ymmärrä inhimillisiä ja eettisiä näkökulmia samalla tavalla kuin ihminen.

Pitäisikö meidän laajentaa tätä tarkastelemalla esimerkkejä tilanteista, joissa tekoälyä on käytetty päätöksenteon tukena – joko onnistuneesti tai epäonnistuneesti?

Kommentti ChatGPT:n vastaukseen: Tavoitteena tulee olemaan enemmänkin tekoälyn käyttäminen niin kaukaisemmassa historiassa kuin lähihistoriassa tehtyjen päätösten ymmärtämisen helpottamiseksi. Tekoälyn käyttämisestä suoraan päätöksenteossa lähihistoriassa ei luultavastikaan ole olemassa paljoakaan saatavilla olevaa tietoa ja sen analysointi voisi viedä meidät pois aiheesta.

ChatGPT sanoi: Hyvä rajaus! Keskitymme siis siihen, miten tekoäly voi auttaa ymmärtämään menneisyydessä tehtyjä päätöksiä, sekä kaukaisessa että lähihistoriassa.

Tekoäly voi olla hyödyllinen historiallisten päätösten analysoinnissa esimerkiksi seuraavilla tavoilla:

1. **Datan analysointi ja mallinnus**
   o   Tekoäly voi käsitellä suuria määriä historiallisia dokumentteja, tilastoja ja arkistomateriaalia, mikä auttaa hahmottamaan päätöksentekoon vaikuttaneita tekijöitä.

o Esimerkiksi Napoleonin sotien logistiikkaa voisi mallintaa
uudelleen datan avulla ja arvioida, oliko hänen päätöksensä
hyökätä Venäjälle rationaalinen suhteessa käytettävissä
oleviin resursseihin.

2. **Skenaarioiden simulointi**
   o Tekoäly voi luoda vaihtoehtoisia historiaan perustuvia
   skenaarioita ja arvioida, miten päätökset olisivat voineet
   vaikuttaa eri olosuhteissa.
   o Esimerkiksi voidaan simuloida, mitä olisi tapahtunut, jos
   Bismarck olisi säilyttänyt hyvät suhteet Venäjään 1800-
   luvun lopulla.

3. **Päätöksenteon taustatekijöiden hahmottaminen**
   o Tekoäly voi analysoida historiallisten päätöksentekijöiden
   puheita, kirjeitä ja muita dokumentteja tunnistaakseen
   keskeisiä teemoja ja vaikuttimia.
   o Esimerkiksi voidaan tutkia, kuinka paljon keisari Wilhelm II:n
   persoonallisuus vaikutti Saksan ulkopolitiikkaan ennen
   ensimmäistä maailmansotaa.

4. **Kielianalyysi ja propagandan tunnistaminen**
   o Tekoäly voi erotella faktoihin perustuvan päätöksenteon
   propagandasta ja ideologisista vaikutteista.
   o Esimerkiksi kylmän sodan aikaisia Yhdysvaltain ja
   Neuvostoliiton johtajien puheita voidaan analysoida
   tekoälyn avulla selvittämään, kuinka paljon päätökset
   perustuivat todellisiin uhkiin ja kuinka paljon ne olivat
   poliittista retoriikkaa.

5. **Vertailut eri aikakausien välillä**
   o Tekoäly voi auttaa vertailemaan eri aikakausien
   päätöksentekoa ja tunnistamaan yhtäläisyyksiä.
   o Voidaan esimerkiksi tutkia, löytyykö yhtäläisyyksiä
   Tokugawa Ieyasun päätöksenteon ja 1800-luvun Euroopan
   suurvaltajohtajien päätösten välillä.

Tässä on joitakin tapoja, joilla tekoäly voisi auttaa historiallisten päätösten
analysoinnissa. Haluatko keskittyä johonkin tiettyyn aikakauteen tai
päätöksentekotilanteeseen, vai pidetäänkö näkökulma yleisenä?

Kommentti ChatGPT:n vastaukseen: Tekoälyn vastaus näytti pääasiassa
olevan hyvä, mutta huomautuksena esitän, että **Bismarck kyllä säilytti hyvät
välit Venäjään.** Saksan keisarin Wilhelm II:n ulkopolitiikka oli se, mikä rikkoi

Saksan ja Venäjän välit, kun Saksan keisarikunnan kansleri Leo von Caprivi, Bismarckin seuraaja, purki Saksan ja Venäjän välisen jälleenvakuutussopimuksen vuonna 1890 ja Bismarck ei ollut enää tuolloin Saksan kanslerina eli keisarin pääministerinä. Tämä osoittaa, että tekoälykin voi tehdä virheitä, ja tämä virhe saattaa johtua puutteellisista harjoittelutiedoista. Keisari Wilhelm II:n virheen takia Venäjä ja Ranska alkoivat lähentyä ja solmivat sotilasliiton myöhemmin.

Palataan nyt kuitenkin aiheeseen ja kysytään ChatGPT:ltä, miksi laadullinen päätöksenteko on tärkeää?

ChatGPT sanoi: Miksi laadullinen päätöksenteko on tärkeää?

Laadullinen päätöksenteko on tärkeää, koska kaikki päätökset eivät perustu pelkästään numeeriseen dataan tai yksiselitteisiin faktoihin. Monissa tilanteissa päätöksentekijän on otettava huomioon monimutkaisia, subjektiivisia ja vaikeasti mitattavia tekijöitä, kuten ihmisten käyttäytyminen, arvoihin perustuvat valinnat, pitkän aikavälin vaikutukset ja epävarmuustekijät.

1. Monimutkaisten tilanteiden hahmottaminen

Historialliset ja nykypäivän päätökset tapahtuvat usein epäselvässä ja monimutkaisessa ympäristössä, jossa kaikki muuttujat eivät ole täysin tiedossa. Laadullinen päätöksenteko auttaa hahmottamaan tilanteen laajemmassa kontekstissa.

- Esimerkki: **Tokugawa Ieyasu** ei tehnyt päätöksiään vain sotilaallisen voiman perusteella, vaan arvioi myös poliittisia liittolaisuuksia, taloudellista tilannetta ja dynastiansa tulevaisuutta ennen kuin ryhtyi toimiin Sekigaharan taistelun edellä.

2. Ihmisten ja kulttuurin merkitys päätöksenteossa

Monet päätökset eivät koske vain materiaalisia resursseja tai strategisia tavoitteita, vaan myös ihmisten tunteita, arvoja ja odotuksia.

- Esimerkki: **Bismarckin ulkopolitiikka** oli osittain laadullista päätöksentekoa, koska hän ymmärsi, että Saksa ei voinut hallita

Eurooppaa yksin. Hän muodosti liittoumia ja käytti diplomatiaa
estääkseen Ranskan ja Venäjän lähentymisen, mikä olisi ollut uhka
Saksalle.

3. Pitkän aikavälin vaikutusten arviointi

Lyhyen aikavälin hyötyjen maksimointi voi joskus johtaa pitkäaikaisiin
ongelmiin. Laadullinen päätöksenteko auttaa ottamaan huomioon laajempia
seurauksia.

- Esimerkki: **Japanin päätös eristäytyä 1600-luvulla** auttoi
  hetkellisesti säilyttämään vakauden, mutta se myös johti
  teknologiseen ja taloudelliseen jälkeenjääneisyyteen verrattuna
  länsimaihin, mikä vaikeutti sopeutumista 1800-luvun lopulla.

4. Epävarmuuden hallinta ja intuitiivinen ymmärrys

Kaikkia päätöksiä ei voida perustaa numeeriseen dataan, koska tulevaisuus on
aina jossain määrin epävarma. Kokemus ja laadullinen arviointi voivat auttaa
tekemään parempia päätöksiä epävarmuuden vallitessa.

- Esimerkki: **Churchillin päätös jatkaa taistelua Saksaa vastaan
  vuonna 1940** perustui osittain strategiseen analyysiin, mutta myös
  laadulliseen arvioon brittien kansallisesta tahdosta ja sotilaallisista
  mahdollisuuksista.

5. Eettiset ja moraaliset näkökulmat

Monet päätökset eivät ole pelkästään teknisiä tai taloudellisia, vaan niillä on
myös eettisiä ja moraalisia ulottuvuuksia.

- Esimerkki: **Yhdysvaltojen päätös pudottaa atomipommit
  Hiroshimaan ja Nagasakiin** oli osittain taktinen päätös, mutta siihen
  liittyi myös vaikeita moraalisia kysymyksiä siviiliuhrien määrästä ja
  sodan nopeasta päättämisestä.

Johtopäätös

Laadullinen päätöksenteko on tärkeää, koska maailma ei ole yksinkertainen ja kaikki päätökset eivät perustu pelkkään numeeriseen analyysiin. Päätöksentekijöiden on otettava huomioon kulttuuriset, poliittiset, eettiset ja pitkän aikavälin vaikutukset, jotta he voivat tehdä kestäviä ja perusteltuja päätöksiä.

Haluaisitko tarkastella tätä vielä tekoälyn näkökulmasta ja miten se voi auttaa laadullisen päätöksenteon analysoinnissa historiassa?

Kommentti ChatGPT:n vastaukseen: ChatGPT on oikeassa. Laadulliseen päätöksentekoon liittyy paljon epävarmuustekijöitä etenkin pitkällä aikavälillä ja näitä epävarmuustekijöitä on vaikeata arvioida täysin luotettavasti. Esimerkiksi kovinkaan moni ihminen ei odottanut 1980-luvun alkuvuosina, että Neuvostoliitto ja sen ympärille rakennettu itäblokki romahtaisi 1980-luvun lopulla ja 1990-luvun alkuvuosina. Tuon kaltaiset yllättävät tapahtumat ovat esimerkkejä tapahtumista, joihin sisältyy suuri määrä erilaisia laadullisia asioita, jotka vaikuttivat siihen pitkällä aikavälillä ja toisiinsa saaden lopulta aikaan yllättävän lopputuloksen.

Kysytään sitten ChatGPT:ltä, miten tekoäly voi auttaa ymmärtämään päätöksiä?

ChatGPT sanol: Miten tekoäly voi auttaa ymmärtämään päätöksiä?

Tekoäly voi auttaa ymmärtämään menneitä ja nykyisiä päätöksiä monin eri tavoin, erityisesti analysoimalla laajoja tietomääriä, tunnistamalla malleja ja tarjoamalla uusia näkökulmia päätöksentekoprosesseihin. Alla on joitakin keskeisiä tapoja, joilla tekoäly voi tukea historiallisten ja laadullisten päätösten ymmärtämistä.

---

1. Historiallisten päätösten analysointi suurista tietomassoista

Päätöksentekijät tekevät valintojaan monimutkaisten ja laajojen tietojen perusteella. Tekoäly voi analysoida näitä tietoja nopeasti ja tuottaa niistä uusia oivalluksia.

- **Esimerkki:** Tekoäly voi analysoida Napoleonin aikakauden kirjeitä, sotasuunnitelmia ja talousraportteja ja tunnistaa, kuinka Napoleonin päätökset liittyivät logistiikkaan, talouteen ja sotilaallisiin realiteetteihin.
- **Käytännön hyöty:** Perinteinen historiantutkimus voi olla hidasta ja vaatia laajoja arkistotutkimuksia, mutta tekoäly voi käydä läpi tuhansia dokumentteja nopeasti ja etsiä niistä merkityksellisiä trendejä.

---

2. Päätöksentekoon vaikuttaneiden tekijöiden mallintaminen

Tekoäly voi tunnistaa päätöksentekoon vaikuttaneita tekijöitä, kuten taloudellisia, poliittisia ja sosiaalisia olosuhteita.

- **Esimerkki:** Tekoäly voisi mallintaa ensimmäisen maailmansodan syttymistä analysoimalla eri maiden diplomatian, taloudelliset resurssit ja sotilaallisen valmistautumisen.
- **Käytännön hyöty:** Tämä auttaa ymmärtämään, mitkä tekijät johtivat sodan eskaloitumiseen ja missä vaiheessa kriisiä olisi voitu ehkä vielä hallita.

---

3. Skenaarioiden simulointi ja vaihtoehtoinen historia

Tekoäly voi luoda simulaatioita siitä, mitä olisi voinut tapahtua, jos päätökset olisi tehty toisin.

- **Esimerkki:** Voimme käyttää tekoälyä simuloimaan, mitä olisi tapahtunut, jos Saksa ei olisi hyökännyt Neuvostoliittoon vuonna 1941 tai jos Yhdysvallat olisi pysynyt erossa toisesta maailmansodasta pidempään.

- **Käytännön hyöty:** Tämä auttaa arvioimaan, kuinka kriittisiä tietyt päätökset olivat ja kuinka paljon vaihtoehtoisilla valinnoilla olisi ollut vaikutusta historialliseen kulkuun.

4. Propagandan ja poliittisen retoriikan tunnistaminen

Tekoäly voi analysoida poliittisia puheita ja tekstejä ja erottaa, kuinka paljon päätöksistä perustui rationaalisiin argumentteihin ja kuinka paljon retoriikkaan tai propagandaan.

- **Esimerkki:** Kylmän sodan aikaisten puheiden analyysi voi paljastaa, kuinka Yhdysvaltojen ja Neuvostoliiton johtajat perustelivat päätöksiään kansalleen ja kuinka paljon niissä oli ideologista värittymää.
- **Käytännön hyöty:** Tämä auttaa ymmärtämään, missä määrin päätökset olivat poliittisesti laskelmoituja ja kuinka paljon ne perustuivat todelliseen tietoon ja uhkakuviin.

5. Päätöksentekijöiden persoonallisuuden ja ajattelutavan analyysi

Johtajien päätökset eivät aina perustu pelkkään dataan, vaan myös heidän persoonallisuuteensa, uskomuksiinsa ja tunteisiinsa. Tekoäly voi analysoida johtajien kirjeitä, puheita ja muita dokumentteja selvittääkseen heidän ajattelutapaansa.

- **Esimerkki:** Tekoäly voisi analysoida keisari Wilhelm II:n tai Joseph Stalinin kirjoituksia ja selvittää, kuinka heidän persoonallisuutensa vaikutti heidän päätöksiinsä.
- **Käytännön hyöty:** Tämä auttaa ymmärtämään, miten johtajien henkilökohtaiset ominaisuudet voivat vaikuttaa maailmanhistoriaan.

15

6. Eri aikakausien päätösten vertailu

Tekoäly voi verrata eri aikakausien päätöksiä ja löytää samankaltaisuuksia eri johtajien ja valtioiden päätöksenteon välillä.

- **Esimerkki:** Voimme vertailla Tokugawa Ieyasun ja Otto von Bismarckin päätöksentekoa ja tunnistaa samankaltaisuuksia heidän diplomatiassaan ja valtiollisessa strategiassaan.
- **Käytännön hyöty:** Tämä voi auttaa historiantutkijoita ja poliittisia analyytikkoja löytämään toistuvia malleja maailmanpolitiikassa.

7. Päätösten eettisten ja moraalisten näkökulmien arviointi

Tekoäly voi auttaa arvioimaan, miten päätösten eettiset ja moraaliset ulottuvuudet on otettu huomioon eri aikoina.

- **Esimerkki:** Tekoäly voi analysoida oikeudenkäyntidokumentteja sodan jälkeisistä rikosoikeudenkäynneistä (esim. Nürnbergin oikeudenkäynnit) ja tunnistaa, miten vastuuta jaettiin ja perusteltiin.
- **Käytännön hyöty:** Tämä voi auttaa ymmärtämään, kuinka moraalisia kysymyksiä käsiteltiin eri aikakausina ja miten ne vaikuttivat tuleviin päätöksiin.

Johtopäätös

Tekoäly voi auttaa ymmärtämään päätöksiä analysoimalla dataa, mallintamalla päätöksenteon taustatekijöitä, simuloimalla vaihtoehtoisia skenaarioita ja tunnistamalla propagandaa, persoonallisuusvaikutuksia ja eettisiä kysymyksiä. Se ei kuitenkaan voi täysin korvata inhimillistä asiantuntemusta, koska historialliset päätökset sisältävät usein kontekstuaalisia ja laadullisia elementtejä, joita tekoäly ei välttämättä pysty täysin ymmärtämään.

16

Haluatko keskittyä johonkin näistä näkökulmista tarkemmin tai tarkastella jotain tiettyä historiallista tapausta tekoälyn avulla?

Kommentti ChatGPT:n vastaukseen: Myönnän, että tässä on jo mainittujen asioiden toistoa, mutta oli keskeistä kysyä tekoälyltä, miten se ymmärtää päätöksenteon historian ja tämän asian käsittelyn kontekstissa. Tämä on tärkeä asia siksi, että lukija pystyy ymmärtämään ja arvioimaan nykyisen tekoälyn kyvykkyyksiä. Yhteenvetona sanoisin, että inhimillisen käyttäjän ja tekoälyn yhteistyö on luultavasti tullut jäädäkseen. Saadaksemme siitä parhaan mahdollisen lopputuloksen, niin silloin täytyy olla niin **pitkälle kehittyneitä tekoälysovelluksia**, kuin **älykkäitä ja tietäviä ihmisiä** käyttämään niitä sovelluksia. **Korkea tietämys, osaaminen ja koulutustaso** parantavat niitä hedelmiä, joita tekoälyn kehitys meille tarjoaa.

Tekoälyn perusteet ja päätöksentekoprosessi

Seuraavaksi on syytä pyrkiä ymmärtämään, miksi tekoälyteknologia kehittyi niin voimakkaasti 2020-luvun ensimmäisen puoliskon aikana. Tämä on kysymys, jonka vastauksesta on hyvä lähteä liikkeelle.

Sinä sanoit: Miksi tekoälyteknologia kehittyi niin voimakkaasti 2020-luvun ensimmäisen puoliskon aikana?

ChatGPT sanoi: Tekoälyteknologian nopea kehitys 2020-luvun ensimmäisellä puoliskolla johtui useista keskeisistä tekijöistä, jotka loivat suotuisan ympäristön uusille innovaatioille ja laajamittaiselle käyttöönotolle. Näihin tekijöihin kuuluu sekä teknologisia läpimurtoja että taloudellisia ja yhteiskunnallisia muutosvoimia.

---

1. Laskentatehon kasvu ja halvempien tekoälymallien kehitys

Tekoälyn kehitys on riippuvainen laskentatehosta, ja 2020-luvun alussa tapahtui merkittäviä edistysaskeleita:

- **Grafiikkaprosessorit (GPU) ja tekoälykiihdyttimet (TPU):** NVIDIA, AMD ja Google kehittivät uusia tekoälykiihdyttimiä, jotka mahdollistivat suurempien mallien koulutuksen nopeammin ja edullisemmin.
- **Pilvipalvelut:** Amazon Web Services (AWS), Google Cloud ja Microsoft Azure mahdollistivat laajamittaisen tekoälymallien käytön ilman, että yritysten tarvitsi investoida omiin kalliisiin infrastruktuureihin.

Näiden kehitysten ansiosta tekoälymallien kouluttaminen muuttui edullisemmaksi ja tehokkaammaksi, mikä avasi ovia uusille sovelluksille.

---

2. Suurten kielimallien (LLM) ja generatiivisen tekoälyn läpimurto

2020-luvun alkuvuosina nähtiin suuria edistysaskelia generatiivisessa tekoälyssä, kuten:

- **OpenAI:n ChatGPT ja DALL·E (GPT-3, GPT-4)**
- **Google DeepMindin Gemini-mallit**
- **Meta AI:n ja muiden tutkimusryhmien uudet mallit**

Näiden mallien kyky tuottaa tekstiä, kuvia ja jopa videoita mullisti useita toimialoja ja lisäsi tekoälyn käyttöä sekä yrityksissä että kuluttajapuolella.

---

3. Big data ja parantuneet oppimismenetelmät

Tekoäly tarvitsee valtavia tietomääriä kehittyäkseen. 2020-luvulla:

- **Yritykset ja tutkimuslaitokset keräsivät ja puhdistivat massiivisia tietoaineistoja**, joita käytettiin tekoälyn kouluttamiseen.
- **Zero-shot ja few-shot learning** -menetelmät paranivat, mikä mahdollisti tekoälymallien tehokkaan oppimisen vähäisellä datamäärällä.

---

4. Taloudelliset ja kaupalliset kannustimet

- **Tekoälyyn investoitiin valtavia summia.** Suuret teknologiayritykset (Google, Microsoft, OpenAI, NVIDIA) panostivat miljardeja dollareita tekoälyn kehitykseen.
- **Startupeille tarjottiin rahoitusta**, mikä johti uusien innovatiivisten yritysten syntyyn.
- **Tekoälyä integroitiin liiketoimintaprosesseihin**, mikä lisäsi tuottavuutta ja kannusti yrityksiä käyttämään teknologiaa.

---

5. Kilpavarustelu ja kansainvälinen kilpailu

Tekoälystä tuli 2020-luvun alussa myös geopoliittinen kilpailukenttä:

- **Yhdysvaltojen ja Kiinan välinen kilpailu:** Molemmat suurvallat pyrkivät saavuttamaan tekoälyssä etulyöntiaseman sekä taloudellisesti että sotilaallisesti.
- **Euroopan Unionin sääntely ja kehitys:** EU pyrki kehittämään omia tekoälyratkaisujaan ja samalla säätelemään tekoälyn käyttöä eettisistä syistä.

Tämä kilpailu kiihdytti tekoälyn tutkimusta ja investointeja entisestään.

---

6. Koronapandemian vaikutukset (2020–2022)

COVID-19-pandemia vaikutti tekoälyn kehitykseen monella tavalla:

- **Etätyö ja digitalisaatio lisääntyivät**, mikä loi kysyntää älykkäille automatisoiduille järjestelmille.
- **Lääketieteen tekoälysovellukset kehittyivät** (esim. rokotekehitys, lääketieteellinen kuvantaminen).
- **Verkkopalveluiden ja tekoälyavusteisten asiakaspalvelujärjestelmien käyttö kasvoi.**

Pandemia lisäsi investointeja ja kiihdytti tekoälyteknologian käyttöönottoa eri aloilla.

---

7. Paremmat tekoälymallien hallinta- ja ohjausmenetelmät

2020-luvulla kehitettiin uusia tapoja tehdä tekoälymalleista hallittavampia ja turvallisempia:

- **Sääntely ja eettiset ohjeistukset:** Esimerkiksi EU:n tekoälyasetus (AI Act) asetti rajoja tekoälyn käytölle.

- **Turvallisemmat ja vähemmän harhaanjohtavat tekoälymallit:** OpenAI ja Google kehittivät järjestelmiä, jotka vähensivät tekoälyn taipumusta levittää väärää tietoa tai tuottaa haitallista sisältöä.

Johtopäätös

Tekoälyteknologian voimakas kehitys 2020-luvun ensimmäisellä puoliskolla johtui:

1. Laskentatehon ja infrastruktuurin kehittymisestä
2. Generatiivisen tekoälyn läpimurroista
3. Big data -analyysin ja oppimismenetelmien parantumisesta
4. Massiivisista taloudellisista investoinneista
5. Geopoliittisesta kilpailusta
6. Koronapandemian vaikutuksista
7. Paremmasta sääntelystä ja hallinnasta

Nämä tekijät loivat suotuisan ympäristön, jossa tekoäly kehittyi nopeasti ja laajeni useille eri toimialoille. Haluaisitko keskittyä johonkin näistä osa-alueista tarkemmin?

Kommentti ChatGPT:n vastaukseen: Kuten tekoälyn vastauksesta näkyy, niin 2020-luvun ensimmäisen puoliskon tekoälyvallankumoukseen ei ollut yhtä ainoaa syytä, vaan se johtui useista sen kehityksen kannalta suotuisista seikoista samaan aikaan. Tästä on hyvä siirtyä tarkastelemaan sitä, miten tekoäly määritellään lyhyesti ja miten toimii.

Sinä sanoit: Miten määrittelisit tekoälyn lyhyesti?

ChatGPT sanoi: Tekoäly (AI, **Artificial Intelligence**) on tietojärjestelmien kyky oppia, päätellä ja ratkaista ongelmia tavalla, joka jäljittelee ihmisen älykkyyttä. Se analysoi dataa, tunnistaa kaavoja ja tekee päätöksiä tai ennusteita ilman suoraa ohjelmointia jokaista tehtävää varten.

Sinä sanoit: Miten tekoäly toimii?

ChatGPT sanoi: Tekoäly toimii matemaattisten ja tietoteknisten menetelmien avulla, jotka mahdollistavat tiedon käsittelyn, oppimisen ja päätöksenteon tavalla, joka muistuttaa ihmisen ajatteluprosesseja. Käytännössä tekoälymallit analysoivat suuria tietomääriä, löytävät niistä kaavoja ja käyttävät näitä havaintoja tehdäkseen ennusteita, suosituksia tai luodakseen uutta sisältöä.

1. Tekoälyn keskeiset periaatteet

Tekoälyn toiminta perustuu seuraaviin perusperiaatteisiin:

1. **Tietojen keruu ja käsittely**
   - o Tekoäly tarvitsee suuria määriä dataa oppiakseen ja toimiakseen tehokkaasti.
   - o Data voi olla esimerkiksi tekstiä, kuvia, ääntä, numeroita tai anturitietoa.
   - o Data esikäsitellään, jotta siitä voidaan poistaa virheet ja standardoida se mallin käyttöön.
2. **Koneoppiminen ja syväoppiminen**
   - o **Koneoppiminen (Machine Learning, ML)**: Algoritmit analysoivat dataa ja oppivat tunnistamaan kaavoja ilman, että niitä erikseen ohjelmoidaan jokaista tehtävää varten.
   - o **Syväoppiminen (Deep Learning, DL)**: Monimutkaisempi koneoppimisen muoto, jossa käytetään keinotekoisia neuroverkkoja monimutkaisten ongelmien, kuten kuvantunnistuksen ja luonnollisen kielen käsittelyn, ratkaisemiseen.
3. **Mallin koulutus ja optimointi**
   - o Tekoälymallit koulutetaan esimerkkiaineistoilla, joissa niille näytetään syöte (esim. kuva) ja haluttu lopputulos (esim. "tämä on koira").
   - o Malli säätää painokertoimiaan, kunnes se voi tarkasti ennustaa uusia esimerkkejä.
   - o Optimointi tapahtuu esimerkiksi **gradienttivääristysmenetelmän (gradient descent)** avulla, joka säätää mallin parametreja parhaan suorituskyvyn saavuttamiseksi.
4. **Päätöksenteko ja ennustaminen**

- Kun malli on koulutettu, se voi tehdä ennusteita uusista syötteistä.
- Esimerkkejä:
  - Tekoäly voi arvioida, onko sähköposti roskapostia.
  - ChatGPT voi vastata kysymyksiin syötteesi perusteella.
  - Kuvantunnistusohjelma voi tunnistaa esineitä valokuvista.
5. **Takaisinkytkentä ja jatkuva oppiminen**
   - Monissa järjestelmissä tekoäly saa palautetta ja parantaa suorituskykyään ajan myötä.
   - Esimerkiksi itseohjautuvat autot käyttävät jatkuvasti uutta tietoa parantaakseen ajosuoritustaan.

---

2. Tekoälyn päätyypit

Tekoäly voidaan jakaa **eri tasoihin** ja **eri käyttötapoihin**.

A) Tekoälyn eri tasot

1. **Kapea tekoäly (ANI – Artificial Narrow Intelligence)**
   - Suorittaa yksittäisiä tehtäviä, kuten kasvojentunnistusta, kielenkääntöä tai lääketieteellistä analyysiä.
   - Esimerkkejä: ChatGPT, Google Translate, kuvantunnistusohjelmat.
2. **Yleinen tekoäly (AGI – Artificial General Intelligence)**
   - Teoriassa pystyisi ajattelemaan ja ratkaisemaan monenlaisia ongelmia kuin ihminen.
   - Tällä hetkellä ei vielä olemassa.
3. **Supertekoäly (ASI – Artificial Super Intelligence)**
   - Hypoteettinen vaihe, jossa tekoäly ylittäisi ihmisen älykkyyden kaikilla osa-alueilla.
   - Tästä keskustellaan filosofisesti ja eettisesti, mutta teknisesti ei vielä saavutettu.

23

B) Tekoälyn käyttötavat

1. **Symbolinen tekoäly**
   - o Perustuu sääntöpohjaiseen logiikkaan ja päätöspuihin.
   - o Käytettiin paljon ennen koneoppimisen kehittymistä.
2. **Koneoppiminen (Machine Learning, ML)**
   - o Oppii datasta ja parantaa suorituskykyään ilman eksplisiittistä ohjelmointia.
   - o Esimerkkejä: Anomaly detection (poikkeavuuksien tunnistus), suosittelujärjestelmät (Netflix, YouTube).
3. **Syväoppiminen (Deep Learning, DL)**
   - o Käyttää keinotekoisia neuroverkkoja, joissa on useita kerroksia (deep neural networks).
   - o Erityisen hyvä tunnistamaan monimutkaisia kuvioita datassa.
   - o Esimerkkejä: ChatGPT, kuvanmuokkaus- ja tekstinluontiohjelmat.

---

3. Neuroverkot ja syväoppiminen

Keinotekoiset neuroverkot ovat biologisten aivojen inspiroimia järjestelmiä, jotka koostuvat:

- **Neuroneista (solmut, "nodes")**, jotka käsittelevät tietoa.
- **Painokertoimista ("weights")**, jotka säätelevät eri syötteiden vaikutusta.
- **Aktivaatiofunktioista**, jotka määrittelevät, aktivoituuko neuroni vai ei.

Syväoppimisessa verkot voivat olla erittäin monimutkaisia, sisältäen kymmeniä tai satoja kerroksia. Tämä mahdollistaa esimerkiksi:

- **Kasvojentunnistuksen**
- **Äänikomentojen ymmärtämisen**
- **Lääkkeiden kehittämisen analysoimalla kemiallisia rakenteita**

4. Tekoälyn haasteet ja rajoitteet

Vaikka tekoäly on kehittynyt valtavasti, sillä on yhä monia haasteita:

1. **Vääristymät ja harhat (bias)**
   o   Jos koulutusdata sisältää virheellistä tai puolueellista tietoa, myös tekoäly tekee virheellisiä päätöksiä.
2. **Selitettävyys (explainability)**
   o   Monimutkaiset neuroverkot voivat olla "musta laatikko", jolloin niiden päätöksentekoprosessi on vaikeasti ymmärrettävissä.
3. **Tietoturva ja väärinkäyttö**
   o   Tekoälyä voidaan käyttää kyberhyökkäyksiin, deepfake-videoihin tai manipulaatioon.
4. **Eettiset ja juridiset kysymykset**
   o   Kenellä on vastuu, jos tekoäly tekee virheen?
   o   Miten varmistetaan tekoälyn eettinen käyttö?

5. Yhteenveto

✦ **Tekoälyn perusidea:** Se analysoi suuria määriä dataa, löytää kaavoja ja käyttää niitä ennustamaan, suosittelemaan tai luomaan uutta tietoa.

✦ **Keskeiset tekniikat:**

- **Koneoppiminen** = Oppiminen ilman suoraa ohjelmointia.
- **Syväoppiminen** = Monikerroksiset neuroverkot mahdollistavat kehittyneen datankäsittelyn.

✦ **Tärkeimmät sovellukset:**

- **Kielimallit (ChatGPT, Google Translate)**
- **Kuvantunnistus (esim. kasvojentunnistus)**

- **Lääketieteelliset analyysit**
- **Autonomiset järjestelmät (esim. itseohjautuvat autot)**

✦ **Tekoälyn tulevaisuus:**

- Yhä kehittyneemmät mallit, mutta myös suurempi tarve säätelylle ja eettisille ohjeille.

Haluatko tarkentaa jotain tiettyä osa-aluetta, kuten koneoppimista, syväoppimista tai tekoälyn käytännön sovelluksia? ☺

Kommentti ChatGPT:n vastaukseen: ChatGPT antoi aika kattavan vastauksen siihen, mitä tekoäly on. Sen ehdotuksen mukaisesti tarkastelemme seuraavaksi koneoppimista.

Sinä sanoit: Mitä on koneoppiminen?

ChatGPT sanoi: Koneoppiminen (**Machine Learning, ML**) on tekoälyn osa-alue, jossa tietokone oppii tekemään ennusteita tai päätöksiä analysoimalla suuria tietomääriä ilman, että sitä ohjelmoidaan suoraan jokaista tehtävää varten. Se perustuu algoritmeihin, jotka tunnistavat kaavoja datasta ja parantavat suorituskykyään kokemuksen myötä.

Koneoppimisen päätyypit:

1. **Ohjattu oppiminen (Supervised Learning)**
   - o Malli oppii esimerkkidatasta, jossa on syötteet ja oikeat vastaukset (esim. sähköpostien luokittelu roskapostiksi tai ei-roskapostiksi).
2. **Ohjaamaton oppiminen (Unsupervised Learning)**
   - o Malli etsii itse rakenteita ja kaavoja datasta ilman valmiita vastauksia (esim. asiakasryhmien löytäminen markkinoinnissa).
3. **Vahvistusoppiminen (Reinforcement Learning)**
   - o Malli oppii kokeilemalla ja saamalla palkkioita oikeista päätöksistä (esim. itseoppivat pelibotit tai robotiikka).

📌 Esimerkkejä koneoppimisesta:

- Suosittelujärjestelmät (Netflix, YouTube)
- Kasvojentunnistus
- Kielimallit (ChatGPT)
- Sääennusteet

Haluatko syventyä johonkin tiettyyn osa-alueeseen?

Kommentti ChatGPT:n vastaukseen: Kun tarkastelee ChatGPT:n vastausta, niin siitä tulee mieleen asia, että koneoppiminen vaatii tekoälyltä huomattavaa itsenäisyyttä ja kykyä suoriutua sille annetuista tehtävistä. Tuo tilanne on täysin toinen kuin perinteisten tietokoneohjelmien kanssa, joille annetaan jokin tehtävä ja sitten ohjelma suorittaa sen tavalla, jolla se on ohjelmoitu suorittamaan se.

Sinä sanoit: Huomioni kiinnittyy seikkaan, että koneoppiminen vaatii tekoälyltä huomattavaa itsenäisyyttä ja luottamusta sen kykyihin suoriutua sille annetuista tehtävistä verrattuna perinteisiin tietokoneohjelmiin.

ChatGPT sanoi: Hyvä huomio! Koneoppiminen eroaa perinteisistä tietokoneohjelmista juuri siinä, että se antaa tekoälylle huomattavasti enemmän itsenäisyyttä tehtäviensä suorittamiseen.

Perinteisissä ohjelmissa ihminen määrittelee tarkasti jokaisen säännön ja loogisen askeleen, joiden perusteella ohjelma toimii. Ohjelma siis suorittaa ennalta määrättyjä komentoja, eikä voi poiketa niistä.

Koneoppimisessa taas tekoälylle annetaan dataa ja algoritmi, joka oppii itse havaitsemaan kaavoja ja tekemään päätöksiä ilman, että ohjelmoija määrittelee kaikkia sääntöjä. Tämä tarkoittaa:

- **Itsenäistä päätöksentekoa:** Koneoppiva järjestelmä voi tehdä ratkaisuja ilman, että jokainen tilanne on erikseen ohjelmoitu.
- **Dynaamista kehittymistä:** Malli voi parantaa tarkkuuttaan ajan myötä oppimalla uusista syötteistä.

27

- **Epävarmuustekijöitä ja yllätyksiä**: Koska tekoäly löytää omat ratkaisunsa, sen toiminnan ymmärtäminen ja ennustaminen voi olla vaikeaa, mikä lisää tarvetta luottamukselle ja valvonnalle.

Tämä tekee koneoppimisesta erittäin voimakkaan työkalun, mutta se tuo myös haasteita, kuten **selitettävyysongelman**: kuinka varmistetaan, että tekoälyn päätökset ovat loogisia ja eettisesti hyväksyttäviä, jos emme täysin ymmärrä, miten se on päätynyt niihin?

Haluaisitko keskustella tarkemmin jostain tähän liittyvästä, esimerkiksi tekoälyn valvonnasta tai luotettavuuden varmistamisesta? 😊

Kommentti ChatGPT:n vastaukseen: ChatGPT on oikeassa, että vaikka koneoppiminen on erittäin voimakas työkalu, niin sen itsenäisyys tuo myös haasteita. Tekoälyn luotettavuuden kannalta on keskeistä pystyä varmistamaan tekoälyn toiminnan luotettavuus, loogisuus ja eettisyys.

Sinä sanoit: Miten tekoälyn toimintaa valvotaan, että se olisi luotettavaa, loogista ja eettisesti oikeaa?

ChatGPT sanoi: Tekoälyn luotettavuuden, loogisuuden ja eettisyyden varmistamiseksi käytetään useita valvonta- ja säätelymekanismeja. Koska koneoppivat järjestelmät voivat tehdä päätöksiä itsenäisesti, on tärkeää, että ne toimivat läpinäkyvästi ja ennustettavasti.

1. Data ja sen laadun varmistaminen

- Tekoälyn päätöksenteko perustuu sen käyttämään dataan. Jos data on **puutteellista, harhaanjohtavaa tai vinoutunutta**, tekoälyn päätökset voivat olla epäluotettavia tai jopa syrjiviä.
- **Ratkaisu**: Käytetään monipuolista ja laadukasta dataa, joka ei sisällä piileviä ennakkoluuloja (bias).

2. Selitettävyys ja läpinäkyvyys (Explainable AI, XAI)

- Monien koneoppimismallien, kuten syväoppivien neuroverkkojen, päätöksentekoprosessi on kuin "musta laatikko", jota on vaikea ymmärtää.

- **Ratkaisu:** Kehitetään selitettävyyden työkaluja, kuten **SHAP** ja **LIME**, joiden avulla voidaan arvioida, mitkä tekijät vaikuttivat tekoälyn päätöksiin.

3. Ihmisen valvonta ja "ihminen silmukassa" -periaate

- Joissain kriittisissä sovelluksissa, kuten lääketieteessä ja oikeusjärjestelmässä, tekoälyn tekemät päätökset tarkistetaan ihmisen toimesta ennen niiden käyttöönottoa.
- **Ratkaisu:** Varmistetaan, että **ihminen tekee lopulliset päätökset** ja voi puuttua tekoälyn toimintaan tarvittaessa.

4. Eettiset säännöt ja sääntely

- Tekoälyn käyttöä säätelevät kansainväliset ja kansalliset lait, kuten **EU:n tekoälyasetus (AI Act)**, joka rajoittaa korkean riskin tekoälysovelluksia.
- **Ratkaisu:** Kehitetään eettisiä ohjeistuksia ja lainsäädäntöä, jotka ohjaavat tekoälyn käyttöä.

5. Jatkuva testaus ja validointi

- Tekoälyjärjestelmät testataan huolellisesti ennen käyttöönottoa ja niiden toimintaa seurataan jatkuvasti.
- **Ratkaisu:** Käytetään **testidataa** ja **simulaatioita** ennakoimaan, miten tekoäly toimii eri tilanteissa.

6. Turvallisuus ja väärinkäytön estäminen

- Tekoäly voi joutua väärinkäytetyksi esimerkiksi deepfake-videoiden, väärän tiedon levittämisen tai automatisoidun huijaamisen kautta.
- **Ratkaisu:** Rakennetaan turvajärjestelmiä, jotka havaitsevat ja estävät epäeettistä käyttöä.

✦ Yhteenveto:
Luotettava tekoäly vaatii **laadukasta dataa, selitettäviä algoritmeja, ihmisen valvontaa, eettisiä sääntöjä, jatkuvaa testausta ja**

turvallisuusmekanismeja. Näillä keinoilla varmistetaan, että tekoäly on **looginen, ennustettava ja eettisesti hyväksyttävä**.

Haluaisitko syventyä johonkin näistä osa-alueista tarkemmin?

Kommentti ChatGPT:n vastaukseen: Näyttää siltä, että niin laatua, tehokkuutta, turvallisuutta ja eettistä toimintaa on ajateltu, kun tekoälyjä on kehitelty. Keskitytään nyt hieman aikaisemmin mainittuun tekoälyn syväoppimiseen.

Sinä sanoit: Mitä on tekoälyn syväoppiminen?

ChatGPT sanoi: Syväoppiminen (Deep Learning) on koneoppimisen osa-alue, jossa käytetään **keinotekoisia neuroverkkoja** monimutkaisten tehtävien ratkaisemiseen. Se on erityisen tehokas käsittelemään suuria tietomääriä ja tunnistamaan monimutkaisia kuvioita datassa.

🔍 Miten syväoppiminen toimii?

Syväoppimisessa käytetään **monikerroksisia neuroverkkoja** (deep neural networks), jotka koostuvat:

1. **Sisääntulokerroksesta (Input Layer)** – ottaa vastaan dataa (esim. kuvan pikselit, tekstin sanat).
2. **Piilokerroksista (Hidden Layers)** – suorittaa laskentaa ja tunnistaa kuvioita datasta.
3. **Ulostulokerroksesta (Output Layer)** – antaa lopullisen vastauksen (esim. "koira" tai "kissa" kuvantunnistuksessa).

Piilokerroksissa jokainen "neuroniksi" kutsuttu yksikkö laskee painotettuja summia ja välittää tietoa seuraavaan kerrokseen. Verkko oppii säätämällä näitä **painokertoimia** (weights) käyttämällä algoritmeja, kuten **takaisinsyöttöä (backpropagation)** ja **optimointimenetelmiä (esim. gradient descent)**.

🤖 Missä syväoppimista käytetään?

- ☑ **Kuvantunnistus** – Kasvojentunnistus, lääketieteellinen kuvadiagnostiikka
- ☑ **Puheentunnistus** – Siri, Google Assistant
- ☑ **Autonomiset ajoneuvot** – Teslan itseohjautuvat autot
- ☑ **Luonnollisen kielen käsittely (NLP)** – ChatGPT, käännöspalvelut
- ☑ **Pelitekoäly** – Itseoppivat pelibotit, kuten AlphaGo

✦ Mikä erottaa syväoppimisen muista koneoppimismenetelmistä?

1. **Ei vaadi manuaalista ominaisuuksien valintaa** – Toisin kuin perinteiset koneoppimismallit, syväoppiminen oppii **itse**, mitkä piirteet ovat tärkeitä.
2. **Skaalautuu hyvin suureen dataan** – Mitä enemmän dataa, sitä paremmin syväoppiva malli yleensä toimii.
3. **Vaatii paljon laskentatehoa** – Käyttää **grafiikkasuorittimia (GPU)** tai **tekoälykiihdyttimiä (TPU)** suurten neuroverkkojen kouluttamiseen.

⚠ Haasteet ja rajoitukset

✖ **"Musta laatikko" -ongelma** – Päätöksentekoprosessi on vaikea ymmärtää.

✖ **Vaatii suuria tietomääriä** – Hyvin toimivan mallin kouluttaminen edellyttää paljon laadukasta dataa.

✖ **Laskennallisesti raskas** – Koulutus voi kestää tunteja, päiviä tai jopa viikkoja.

Haluaisitko tarkempaa tietoa jostakin syväoppimisen osa-alueesta, kuten neuroverkoista tai niiden kouluttamisesta? ☺

Kommentti ChatGPT:n vastaukseen: Tuossa tuli aika paljon teoriaa niin kone-kuin syväoppimisesta. Seuraavaksi on syytä kysyä, miten niitä voidaan soveltaa päätöksenteossa ja päätöksenteon arvioinnissa?

Sinä sanoit: Miten koneoppimista ja syväoppimista voidaan soveltaa päätöksenteossa ja päätöksenteon arvioinnissa?

ChatGPT sanoi: Koneoppimista ja syväoppimista voidaan hyödyntää sekä päätöksenteon tukena että tehtyjen päätösten arvioinnissa monilla eri aloilla.

Niiden avulla voidaan analysoida suuria tietomääriä, havaita kuvioita ja ennustaa päätösten vaikutuksia.

1 Päätöksenteon tukeminen

Tekoäly voi auttaa tekemään parempia päätöksiä tarjoamalla **analyysiä, ennusteita ja suosituksia.**

📊 Esimerkkejä koneoppimisen soveltamisesta päätöksentekoon:

☑ **Talous ja sijoittaminen**

- Ennustaa osakkeiden tai markkinoiden kehitystä analysoimalla historiallista dataa
- Auttaa sijoittajia tekemään informoituja päätöksiä riskianalyysin avulla

☑ **Lääketiede ja terveydenhuolto**

- Tukee lääkäreitä diagnosoimaan sairauksia (esim. AI-avusteinen syövän tunnistus röntgenkuvista)
- Auttaa sairaaloita resursoimaan paremmin ennustamalla potilasmääriä ja tarvetta hoitopaikoille

☑ **Politiikka ja strateginen päätöksenteko**

- Mallintaa eri päätösvaihtoehtojen mahdollisia seurauksia esimerkiksi talouspolitiikassa
- Käyttää historiallisia tietoja ennustamaan konfliktien kehittymistä

☑ **Yritysjohtaminen ja strategia**

- Analysoi asiakasdataa ja ennustaa, mitkä tuotteet myyvät parhaiten
- Auttaa optimoimaan toimitusketjuja ja resurssien jakamista

☑ **Oikeuslaitos ja rikollisuuden torjunta**

- Ennustaa rikollisuustilanteita ja auttaa poliisia kohdistamaan resurssejaan tehokkaammin
  - Tukee oikeusjärjestelmän päätöksentekoa analysoimalla aiempia tuomioita

2 Päätöksenteon arviointi

Koneoppimista voidaan käyttää myös **historiallisten päätösten analysointiin ja arviointiin**, mikä auttaa ymmärtämään, mitkä päätökset olivat onnistuneita ja mitkä eivät.

🧠 **Esimerkkejä päätöksenteon arvioinnista tekoälyn avulla:**

☑ **Historian suurten päätösten arviointi**

- Voidaan analysoida sotilaallisia, poliittisia ja taloudellisia päätöksiä ja niiden pitkäaikaisia vaikutuksia
- Esimerkiksi: Miten Tokugawa Ieyasun päätös eristää Japani vaikutti maan kehitykseen?

☑ **Yritysten päätökset ja strategiat**

- Voidaan analysoida, miksi tietyt yritykset menestyivät ja toiset epäonnistuivat
- Esimerkiksi: Miksi Nokia menetti älypuhelinmarkkinoiden johtoaseman?

☑ **Poliittisten päätösten vaikutusten arviointi**

- Voidaan analysoida tiettyjen lakien tai politiikkatoimien seurauksia esimerkiksi työllisyydelle tai talouskasvulle
- Esimerkiksi: Miten 2008 finanssikriisin jälkeiset elvytyspolitiikat vaikuttivat eri maiden talouteen?

☑ **Oikeudenmukaisuuden ja eettisyyden tarkastelu**

- Koneoppiminen voi paljastaa, onko menneissä päätöksissä ollut **systemaattista syrjintää tai vinoumia**
- Esimerkiksi: Onko oikeusjärjestelmä tehnyt eri väestöryhmiä kohdelleita päätöksiä eri tavoin?

📌 Haasteet ja rajoitukset

◆ **Koneoppiminen ei voi korvata inhimillistä harkintaa** – Monissa päätöksissä tarvitaan eettistä ja moraalista pohdintaa, johon tekoäly ei yksin kykene.

◆ **Historia ei ole täydellinen opas tulevaisuuteen** – Koneoppimismallit perustuvat menneeseen dataan, mutta uudet tilanteet voivat poiketa aiemmista merkittävästi.

◆ **Selitettävyys ja läpinäkyvyys** – Syväoppimisen päätöksentekoprosessi voi olla vaikea ymmärtää, mikä voi vaikeuttaa sen tulosten käyttöä.

🔍 Yhteenveto

Koneoppiminen ja syväoppiminen voivat auttaa päätöksenteossa ja sen arvioinnissa **analysoimalla suuria tietomääriä, havaitsemalla trendejä ja tekemällä ennusteita**. Ne tarjoavat **tietopohjaisia suosituksia**, mutta lopullinen päätöksenteko vaatii edelleen **ihmisen harkintaa, eettistä arviointia ja asiantuntijuutta**.

Haluaisitko syventyä johonkin tiettyyn käyttökohteeseen tarkemmin?

Kommentti ChatGPT:n vastaukseen: Pienenä huomautuksena tähän, että Tokugawa Ieyasu ei varsinaisesti aloittanut Japanin eristämistä ulkomaailmasta, vaan se oli hänen pojanpoikansa Iemitsun, joka toimi varsinaisesti shogunina (1632–1651) tekosia. Tämä on hyvä osoitus siitä, että tekoälyn sanomiset on hyvä tarkistaa myös itsenäisistä lähteistä, jos niitä aikoo käyttää julkisesti. Tarkastellaan seuraavaksi, miten tekoälyä voidaan käyttää laadullisen päätöksenteon tukena.

Sinä sanoit: Miten tekoälyä voidaan käyttää laadullisen päätöksenteon tukena?

ChatGPT sanoi: Tekoäly laadullisen päätöksenteon tukena

Laadullinen päätöksenteko perustuu **arvioihin, asiantuntemukseen, intuitioon ja monimutkaisiin tekijöihin**, joita ei voi suoraan kvantifioida. Tekoäly voi toimia tässä apuvälineenä tarjoamalla tietoa, analysoimalla vaihtoehtoja ja tunnistamalla piilossa olevia yhteyksiä.

---

1 Tiedon hankinta ja analyysi

Laadullinen päätöksenteko vaatii usein **monimutkaisten ja laajojen tietomäärien ymmärtämistä**. Tekoäly voi:

☑ **Kerätä ja yhdistellä tietoa** eri lähteistä (esim. tutkimukset, raportit, asiantuntijalausunnot)

☑ **Analysoida tekstidataa** luonnollisen kielen käsittelyn (NLP) avulla

☑ **Tunnistaa piileviä trendejä ja yhteyksiä**, joita ihminen ei helposti huomaa

➤ **Esimerkki:** Poliittinen päätöksentekijä voi käyttää tekoälyä analysoimaan eri asiantuntijoiden raportteja ja kansalaisten mielipiteitä sosiaalisessa mediassa ennen lakiesityksen laatimista.

---

2 Ennusteet ja skenaariomallinnus

Tekoäly voi auttaa päätöksentekijöitä arvioimaan, **mitä eri vaihtoehdoista voisi seurata**. Tämä on hyödyllistä erityisesti monimutkaisissa ja epävarmoissa tilanteissa.

☑ **Skenaariomallinnus** – Tekoäly voi simuloida eri vaihtoehtojen vaikutuksia (esim. "Mitä tapahtuisi, jos verotusta nostettaisiin 2 %?")

☑ **Riskianalyysi** – Tekoäly voi arvioida päätösten mahdollisia riskejä

☑ **Päätösten pitkäaikaiset vaikutukset** – Tekoäly voi analysoida historiallista dataa ja ennustaa, miten päätös voi vaikuttaa tulevaisuudessa

🔭 **Esimerkki:** Ilmastonmuutospolitiikassa tekoäly voi arvioida eri strategioiden pitkän aikavälin vaikutuksia päästöihin ja talouteen.

---

3 Objektiivisuuden lisääminen ja päätösvinoumien tunnistaminen

Ihmisten tekemään laadulliseen päätöksentekoon voi vaikuttaa erilaiset **kognitiiviset vinoumat** ja subjektiiviset näkökulmat. Tekoäly voi auttaa päätöksentekijöitä havaitsemaan näitä vinoumia tarjoamalla **dataan perustuvia näkökulmia.**

☑ **Havaitsee päätösvinoumia** (esim. vahvistusharha – päätöksentekijä suosii tietoa, joka tukee hänen aiempia näkemyksiään)
☑ **Tarjoaa objektiivisia suosituksia** perustuen laajaan tietoon eikä yksittäisiin mielipiteisiin
☑ **Auttaa vertailemaan eri lähteiden näkemyksiä**

🔭 **Esimerkki:** Rekrytoinnissa tekoäly voi analysoida hakemuksia ilman ennakkoluuloja (esim. sukupuoleen tai etniseen taustaan liittyen) ja auttaa valitsemaan hakijoita **osaamisen perusteella.**

---

4 Eettisten näkökulmien tukeminen

Laadullisessa päätöksenteossa on usein mukana **eettisiä ja moraalisia kysymyksiä**, joita on vaikea kvantifioida. Tekoäly voi auttaa tässä esimerkiksi:
☑ Analysoimalla, **mitä eettisiä kysymyksiä päätökseen liittyy**
☑ Tarjoamalla vertailukohtia aiemmista päätöksistä ja niiden seurauksista
☑ Tukemalla päätöksentekoa **monimutkaisissa, arvoihin perustuvissa kysymyksissä**

🔭 **Esimerkki:** Terveydenhuollossa tekoäly voi auttaa arvioimaan, **miten rajalliset resurssit** (kuten lääkkeet tai tehohoitopaikat) tulisi jakaa oikeudenmukaisesti kriisitilanteessa.

5 Päätöksenteon dokumentointi ja perusteleminen

Kun tehdään laadullisia päätöksiä, on tärkeää pystyä **perustelemaan, miksi tietty valinta tehtiin.** Tekoäly voi:

☑ **Luoda selostuksia ja raportteja** siitä, miten päätökseen päädyttiin
☑ **Tallentaa päätöksenteon prosessin,** jolloin voidaan myöhemmin tarkistaa, mihin tietoihin päätös perustui
☑ **Tukea läpinäkyvyyttä,** mikä on erityisen tärkeää poliittisessa ja julkisessa päätöksenteossa

🔷 **Esimerkki:** Oikeusjärjestelmässä tekoäly voi auttaa analysoimaan aiempia tuomioita ja perustelemaan, miksi tietyssä tapauksessa tehtiin tietty ratkaisu.

🔷 **Yhteenveto: Tekoälyn rooli laadullisessa päätöksenteossa**

✓ **Tietoanalyysi** – Suurten tietomassojen käsittely ja yhteyksien tunnistaminen
✓ **Ennusteet ja skenaariomallinnus** – Päätösvaihtoehtojen vaikutusten arviointi
✓ **Objektiivisuuden lisääminen** – Päätösvinoumien havaitseminen ja poistaminen
✓ **Eettisten näkökulmien tukeminen** – Auttaa arvioimaan päätösten oikeudenmukaisuutta
✓ **Dokumentointi ja perusteleminen** – Tukee päätöksenteon läpinäkyvyyttä

🔷 **Lopullinen päätös kuuluu aina ihmiselle!**
Tekoäly ei voi täysin **korvata ihmisten asiantuntemusta, arvoja ja harkintaa,** mutta se voi tarjota **tietoon perustuvia suosituksia ja oivalluksia,** jotka tukevat laadullista päätöksentekoa.

Onko jokin näistä alueista erityisen kiinnostava, ja haluaisitko syventyä johonkin esimerkkiin tarkemmin?

Kommentti ChatGPT:n vastaukseen: Tekoäly tarjosi kattavan listan siitä, miten se voi olla laadullisen päätöksenteon tukena. Tärkein asia kuitenkin on se, että päätöksenteossa tekoäly ei voi korvata ihmistä osittain sen mainitsemien seikkojen vuoksi ja osittain siksi, että viime kädessä juridinen vastuu tehdyistä päätöksistä on aina ihmisillä. Tekoäly on työkalu tehdä parempia päätöksiä samalla tavalla kuin kaikki tehdyt raportit ovat työkaluja siinä samassa asiassa.

Tekoälyn kielellinen ymmärryskyky – Miten tekoäly tulkitsee tietoa?

Tekoälystä ja etenkin tekoälychateista, kuten esim. ChatGPT:stä, Deep AI:sta, Geministä ja Co-pilotista puhuttaessa keskeinen asia niiden käyttämisessä on ihmiskäyttäjän niille kirjoittama syöte, jota tekoäly sitten analysoi omien algoritmien mukaisesti. Kiitoksia suuren laskentakyvyn näiden algoritmien avulla tekoäly pystyy vaikuttaviin suorituksiin. Lähdetään siitä, että pyydetään ChatGPT:tä määrittelemään algoritmi lyhyesti.

Sinä sanoit: Miten määrittelisit algoritmin lyhyesti?

ChatGPT sanoi: Algoritmi on **täsmällinen, vaiheittainen ohje tai sääntöjoukko**, jonka avulla tietokone tai ihminen ratkaisee ongelman tai suorittaa tehtävän.

💡 **Esimerkki:**
Resepti on algoritmi ruoanlaitossa – se kertoo **vaihe vaiheelta**, mitä aineksia tarvitaan ja miten ne valmistellaan saadakseen halutun lopputuloksen.

◆ **Tietokoneissa algoritmit** ovat ohjelmia, jotka suorittavat laskelmia, etsivät tietoa tai tekevät päätöksiä annetun datan perusteella.

Haluatko esimerkin jostain erityisestä algoritmityypistä, kuten hakualgoritmista tai koneoppimisalgoritmista? ☺

Kommentti ChatGPT:n vastaukseen: Kuten ChatGPT:n vastauksesta näkyy, niin algoritmi on ohjeistus jonkin asian pikkutarkkaan tekemiseen, oli sitten kyseessä ihminen tai tietokone, joka suorittaa tällaisen tehtävän. Suoritettavana oleva tehtävä voi olla esimerkiksi aterian tekeminen ruuanlaitossa jonkin reseptin mukaisesti tai monimutkainen sarja laskutoimituksia. Kysytään seuraavaksi, miten tekoäly hyödyntää algoritmeja tulkitessaan ihmiskäyttäjän antamaa syötettä?

Sinä sanoit: Miten tekoäly hyödyntää algoritmeja tulkitessaan ihmiskäyttäjän antamaa syötettä?

39

ChatGPT sanoi: Tekoäly hyödyntää algoritmeja **analysoidakseen, ymmärtääkseen ja käsitelläkseen** ihmiskäyttäjän antamaa syötettä. Tämä tapahtuu vaiheittain seuraavasti:

---

1. Syötteen vastaanotto ja esikäsittely

Kun käyttäjä antaa syötteen (esim. tekstinä, kuvana tai äänenä), tekoäly käyttää **algoritmeja sen muokkaamiseen** ymmärrettävään muotoon.

Esimerkki:
- **Teksti:** Luonnollisen kielen käsittely (NLP) -algoritmit poistavat turhat merkit, tunnistavat sanat ja jakavat lauseet osiin.
- **Kuva:** Kuvankäsittelyalgoritmit muokkaavat kuvaa analysoitavaksi (esim. terävöinti, koon muuttaminen).
- **Ääni:** Puheentunnistusalgoritmit muuntavat puheen tekstiksi.

---

2. Tulkinta ja ymmärtäminen

Tekoäly soveltaa **syväoppimis- ja koneoppimisalgoritmeja**, jotka on koulutettu tunnistamaan malleja ja merkityksiä datassa.

Esimerkkejä:
- **Teksti:** NLP-algoritmit analysoivat lauseiden merkitystä, tunnistavat avainsanat ja jopa havaitsevat tunnesävyn.
- **Kuva:** Tekoäly voi käyttää konvoluutioneuroverkkoja (CNN) tunnistamaan objekteja ja ihmiskasvoja.
- **Ääni:** Äänianalyysialgoritmit voivat tunnistaa puhujan tunnetilan ja kontekstin.

---

3. Päätöksenteko ja vastaus

Kun tekoäly on tulkinnut syötteen, se käyttää päätöksentekoalgoritmeja valitakseen sopivan vastauksen tai toimintatavan.

🔸 **Esimerkkejä:**

◆ **Chatbotit ja virtuaaliavustajat** (kuten ChatGPT) käyttävät kielimallialgoritmeja valitakseen **loogisimman ja relevantimman vastauksen** käyttäjän kysymykseen.

◆ **Suositusjärjestelmät** analysoivat käyttäjän mieltymyksiä ja suosittelevat sisältöä (esim. Netflix, YouTube, Amazon).

◆ **Itseajavat autot** tulkitsevat kamerakuvaa ja tekevät päätöksiä liikennetilanteiden perusteella.

---

4. Jatkuva oppiminen ja parantaminen

Monet tekoälyjärjestelmät hyödyntävät **koneoppimisalgoritmeja**, jotka **päivittävät itseään** saadun palautteen perusteella.

🔸 **Esimerkki:**

◆ Hakukonealgoritmit (Google) parantavat hakutuloksia seuraamalla, mitä linkkejä käyttäjät klikkaavat ja kuinka kauan he viettävät aikaa sivulla.

◆ Puheentunnistusjärjestelmät paranevat jatkuvasti oppimalla erilaisista puhetyyleistä ja aksenteista.

🔍 Yhteenveto: Miten tekoäly hyödyntää algoritmeja?

1. **Syötteen vastaanotto ja esikäsittely** – Muutetaan käyttäjän syöte analysoitavaan muotoon.
2. **Tulkinta ja ymmärtäminen** – Käytetään NLP:tä, kuvantunnistusta tai muita analyysimenetelmiä.
3. **Päätöksenteko ja vastaus** – Valitaan paras toimintatapa tai vastaus.
4. **Jatkuva oppiminen** – Algoritmit kehittyvät saadun palautteen perusteella.

Tämä prosessi mahdollistaa tekoälyn tehokkaan ja älykkään toiminnan käyttäjän kanssa. Haluaisitko tarkempia esimerkkejä tietystä tekoälysovelluksesta? 😊

Kommentti ChatGPT:n vastaukseen: ChatGPT:n vastausta tulkittaessa sitä voidaan verrata ihmisen toimintaan keskustelussa, jossa ihminen ensiksi kuulee mitä toinen osapuoli sanoo, sitten prosessoi sitä ymmärtääkseen, jonka jälkeen ihminen miettii vastausta ja sitten antaa vastauksen. Katsotaan, miten ChatGPT vastaa tähän vertaukseen.

Sinä sanoit: Toisin sanoen tekoälyn toimintaa voidaan verrata ihmisen toimintaan keskustelussa, jossa ihminen ensiksi kuulee mitä toinen osapuoli sanoo, sitten prosessoi sitä ymmärtääkseen, jonka jälkeen ihminen miettii vastausta ja sitten antaa vastauksen.

ChatGPT sanoi: Kyllä, juuri näin! 🔥

Tekoälyn toimintaa voidaan hyvin verrata **ihmisen keskusteluprosessiin:**

1. **Vastaanotto** – Ihminen **kuuntelee** tai **lukee**, tekoäly **ottaa vastaan syötteen** (teksti, ääni, kuva).
2. **Tulkinta** – Ihminen **ymmärtää viestin**, tekoäly **analysoi ja prosessoi sen algoritmien avulla.**
3. **Päätöksenteko** – Ihminen **miettii vastausta**, tekoäly **valitsee relevantin vastauksen.**
4. **Vastaaminen** – Ihminen **puhuu tai kirjoittaa**, tekoäly **tuottaa vastauksen käyttäjälle.**

🏹 **Keskeinen ero on kuitenkin se, että ihminen käyttää kokemuksiaan, tunteitaan ja intuitiotaan, kun taas tekoäly toimii puhtaasti tilastollisten mallien ja laskennallisten sääntöjen pohjalta.**

Voisi siis sanoa, että **tekoäly simuloi keskustelua, mutta se ei "ymmärrä" samalla tavalla kuin ihminen.** Se tunnistaa **kaavoja ja yhteyksiä**, mutta ei koe esimerkiksi empatiaa tai tietoista ajattelua.

Tämä tekee tekoälystä tehokkaan työkalun analysoimaan suuria tietomääriä ja auttamaan päätöksenteossa, mutta lopullinen harkinta ja vastuu säilyvät aina ihmisillä. ☺

Kommentti ChatGPT:n vastaukseen: Erityisesti pidän tässä vastauksessa siitä, että ChatGPT sanoo ihmisen käyttävän vastauksessaan kokemuksiansa, tunteitansa ja intuitiotansa, kun taas tekoäly toimii puhtaasti tilastollisten mallien ja laskennallisten sääntöjen pohjalta. Toinen tärkeä asia on se, että ChatGPT korostaa, että lopullinen harkita ja vastuu säilyy aina ihmisillä. Tässä vaiheessa siirrymme hieman kielitieteeseen, sillä suomen kieli on yleensä ulkomaalaiselle ihmiselle vaikea kieli oppia.

Sinä sanoit: Miten tekoäly oppii ja ymmärtää kieliä? Kysyn tätä siksi, että suomen kieli on yleensä ulkomaalaisille ihmisille vaikea kieli oppia.

ChatGPT sanoi: Hyvä kysymys! Suomen kieli on tosiaan monille ulkomaalaisille haastava, mutta tekoäly oppii ja "ymmärtää" kieliä eri tavalla kuin ihmiset.

Miten tekoäly oppii kieliä?

Tekoälyn kielimallit, kuten ChatGPT, oppivat kieliä **analysoimalla valtavia määriä tekstiä** ja tunnistamalla niistä malleja. Tämä tapahtuu **koneoppimisen ja erityisesti syväoppimisen avulla.** Oppimisprosessi voidaan jakaa seuraaviin vaiheisiin:

1. Datankeruu

◆ Tekoälylle syötetään suuria tekstimassoja eri kielillä (kirjat, verkkosivut, uutiset, keskustelut).

◆ Suomen kielen osalta se on oppinut esimerkiksi suomenkielisistä Wikipedia-artikkeleista, uutisista ja muista julkisista lähteistä.

2. Kielen rakenteiden oppiminen

◆ Tekoäly ei opi kielioppisääntöjä samalla tavalla kuin ihminen koulussa, vaan se **löytää tilastollisia yhteyksiä** sanojen, lauseiden ja rakenteiden välillä.

◆ Esimerkiksi se tunnistaa, että suomen kielessä sanat taipuvat eri sijamuodoissa ja että "talossa" liittyy paikkaan, kun taas "talosta" viittaa poistumiseen.

◆ Se oppii myös, mitkä sanat esiintyvät usein yhdessä ja missä järjestyksessä niitä yleensä käytetään.

3. Merkityksen ymmärtäminen (tilastollisesti)

◆ Tekoäly ei "ymmärrä" merkityksiä samalla tavalla kuin ihminen, mutta se oppii **kontekstiin perustuen**, mitä sanoilla ja lauseilla todennäköisesti tarkoitetaan.

◆ Esimerkiksi lauseessa *"Minulla on koira, ja se on todella ystävällinen."* tekoäly päättelee, että "se" viittaa koiraan, koska eläimistä puhutaan usein näin.

4. Vastausten muodostaminen

◆ Kun tekoäly saa kysymyksen tai lauseen, se etsii **tilastollisesti todennäköisimmän** vastauksen sen perusteella, mitä se on aiemmin oppinut.

◆ Esimerkiksi jos kysyt *"Miten voin oppia suomea?"*, tekoäly yhdistää sen aiemmin oppimiinsa teksteihin, joissa on puhuttu kielen oppimisesta, ja muodostaa loogisen vastauksen.

Miksi suomi on haastava tekoälylle?

Suomen kieli eroaa monista muista kielistä, mikä tekee siitä vaikean sekä ihmisille että tekoälylle:

◆ **Taivutus ja sijamuodot** – Suomen kielessä on **15 sijamuotoa**, ja sanojen taivutusmuodot voivat vaihdella paljon (esim. *talo → talossa → talosta → taloon*).

◆ **Sanajärjestys on joustava** – Esimerkiksi "Minä menen kouluun" ja

"Kouluun menen minä" ovat molemmat mahdollisia, mutta sävy vaihtelee.

◆ **Pitkät yhdyssanat** – Suomen kielessä esiintyy paljon pitkiä yhdyssanoja (esim. *lentokonesuihkuturbiinimoottoriapumekaanikkoaliupseerioppilas*).

◆ **Pieni kieli** – Suomea puhutaan vähemmän kuin esimerkiksi englantia tai espanjaa, joten saatavilla olevan suomenkielisen opetusdatan määrä on pienempi.

Miten tekoäly selviytyy suomen kielen haasteista?

Vaikka suomi on vaikea kieli, tekoäly pärjää sen kanssa melko hyvin, koska:

✔ Se **analysoi suuria tekstimääriä**, joten se on oppinut tunnistamaan suomenkielisiä rakenteita ja sanajärjestystä.

✔ Se osaa käyttää **taivutettuja muotoja**, koska se näkee niitä usein datassaan ja oppii niiden käyttöyhteydet.

✔ Se voi **yleistää oppimaansa**, eli jos se tunnistaa mallin yhdessä sanassa (esim. *talossa*), se voi soveltaa sitä muihin sanoihin (esim. *kaupassa*).

Yhteenveto: Tekoäly vs. Ihminen kielten oppimisessa

Ominaisuus	Ihminen	Tekoäly
Oppimistapa	Oppii sääntöjä ja merkityksiä, käyttää intuitiota	Oppii tilastollisia malleja valtavasta datasta
Kielioppi	Opettelee sääntöjä ja soveltaa niitä	Havaitsee toistuvia kaavoja ilman varsinaisia sääntöjä
Merkityksen ymmärtäminen	Ymmärtää kontekstin, tunteet ja vivahteet	Ymmärtää tilastollisesti, muttei "ymmärrä" tunteita
Sopeutuminen uusiin kieliin	Vaatii paljon harjoittelua	Voi oppia nopeasti, jos saatavilla on riittävästi dataa

Tekoäly siis **oppii kieliä eri tavalla kuin ihminen** ja pärjää erityisen hyvin yleisillä kielillä, kuten englannilla. Suomen kaltaiset kielet voivat olla haastavampia, mutta tekoäly kehittyy jatkuvasti ja oppii yhä paremmin. 😊

Haluatko jonkin tarkemman esimerkin tekoälyn suomen kielen ymmärtämisestä? 🤔

Kommentti ChatGPT:n vastaukseen: ChatGPT antaa erittäin kattavan vastauksen tekoälyn kyvystä oppia eri kieliä, kuten suomen kieltä. Näyttää siltä, että pieni ja sangen vaikea kieli, jolla on kuitenkin kirjoitettu sangen paljon kielellistä materiaalia, kuten suomen kieli, on ihanteellinen kieli testata tekoälyn kykyä oppia uusia kieliä. Katsotaan, miten ChatGPT reagoi tuohon ajatukseen.

Sinä sanoit: Näyttää siltä, että pieni ja sangen vaikea kieli, jolla on kuitenkin kirjoitettu sangen paljon kielellistä materiaalia, kuten suomen kieli, on ihanteellinen kieli testata tekoälyn kykyä oppia uusia kieliä.

ChatGPT sanoi: Kyllä, juuri näin! **Suomi on itse asiassa loistava testikieli tekoälyn kielenoppimiskyvylle,** koska se yhdistää kolme tärkeää haastetta:

1. **Se on kieliopillisesti monimutkainen** – Suomen **rikas taivutusjärjestelmä ja joustava sanajärjestys** pakottavat tekoälyn ymmärtämään kielen rakenteita syvällisemmin kuin yksinkertaisempien kielten kohdalla.

2. **Se on pieni kieli, mutta datarikas** – Suomen kieltä **ei puhuta laajasti** (n. 5,5 miljoonaa puhujaa), mutta siitä on olemassa **paljon kirjallista materiaalia** (kirjat, uutiset, tieteelliset artikkelit, verkkotekstit). Tämä tarkoittaa, että tekoäly voi oppia siitä riittävästi, mutta ei samalla tavalla kuin englannista, jonka data on valtavasti laajempi.

3. **Se eroaa useimmista suurista kielistä** – Suomi kuuluu **uralilaisiin kieliin**, kun taas useimmat maailman suuret kielet (englanti, espanja, kiina, arabia) ovat indoeurooppalaisia tai täysin eri kieliperheistä. Tämä tarkoittaa, että tekoäly ei voi "oikaista" oppimalla suomea vain suurten kielten perusteella, vaan sen täytyy oppia **uusi kielirakenne lähes alusta asti**.

Miksi suomen kieli on hyvä testialusta tekoälylle?

- Jos tekoäly pärjää suomella, se pärjää todennäköisesti myös muilla monimutkaisilla kielillä, kuten unkarilla, baskilla tai japanilla.
- Pieni, mutta datarikas kieli testaa tekoälyn kykyä oppia tehokkaasti myös silloin, kun dataa ei ole rajattomasti saatavilla.
- Suomen sanajärjestyksen vaihtelut ja rikas taivutus pakottavat tekoälyn kehittämään parempia kielellisiä malleja, jotka voivat parantaa sen yleistä kielentunnistus- ja kääntämiskykyä.

💡 Voidaan siis ajatella, että suomen kieli on tekoälylle kuin "edistyneempi kielikurssi" – vaikea, mutta jos se oppii sen, se selviää todennäköisesti monista muista haasteista! 😊

Kommentti ChatGPT:n vastaukseen: Olen erittäin vaikuttunut siitä, että ChatGPT osaa tuoda analysoiden esille kolme mainitsemaansa haastetta, jotka se mainitsee yllä. Kysytään siltä seuraavaksi, että kielet kuitenkin elävät ja muuttuvat, joten kuinka hyvin tekoäly ymmärtää esimerkiksi muinaissuomea, muinaisnorjaa tai anglosaksien englantia olettaen, että niistä olisi saatavissa kirjallisia näytteitä?

Sinä sanoit: Kielet kuitenkin elävät ja muuttuvat, joten kuinka hyvin tekoäly ymmärtää esimerkiksi muinaissuomea, muinaisnorjaa tai anglosaksien englantia olettaen, että niistä olisi saatavissa kirjallisia näytteitä?

ChatGPT sanoi: Tekoäly voi oppia ja ymmärtää **muinaissuomea, muinaisnorjaa tai anglosaksien englantia**, mutta sen kyky tehdä niin riippuu **kolmesta keskeisestä tekijästä:**

1. **Saatavilla olevan tekstiaineiston määrä ja laatu** – Jos muinaisesta kielestä on riittävästi **kirjallisia lähteitä**, tekoäly voi oppia sen rakenteita ja sanastoa samalla tavalla kuin nykyaikaisia kieliä.
2. **Vertailevan kielenmallinnuksen mahdollisuus** – Jos kieli on kehittynyt tunnetusta kielestä (esim. muinaissuomi → nykysuomi), tekoäly voi käyttää nykykielen tietoa **ennustaakseen muinaisversion merkityksiä**.
3. **Tekoälyn kyky tunnistaa kielten muutoksia** – Koska kielet elävät ja muuttuvat, tekoälyn on ymmärrettävä kielihistorian **äänteenmuutoksia, taivutusrakenteiden kehitystä ja sanaston vaihtelua**.

Esimerkit eri muinaiskielistä ja tekoälyn ymmärryksestä

1. Muinaissuomi (n. 1000–1500 jaa.)

◆ Muinaissuomesta ei ole paljon **alkuperäisiä kirjallisia lähteitä**, mutta 1500-luvun Mikael Agricolan tekstit ja varhaiset murrepiirteet antavat siitä kuvan.

◆ **Tekoäly voi verrata muinaissuomea nykykieleen ja rekonstruoida merkityksiä**, mutta ilman riittävää aineistoa se ei pysty täysin tarkkoihin tulkintoihin.

◆ **Esimerkki:** Sana *taivas* esiintyy jo Agricolalla, mutta kirjoitusasu saattoi olla *taiwas*. Tekoäly voisi päätellä sanan nykymuodon äänteenmuutosten perusteella.

2. Muinaisnorja (n. 700–1300 jaa.)

◆ Muinaisnorjasta on paljon **riimukirjoituksia, saagoja ja runoja**, joten tekoäly voi oppia sitä hyvin.

◆ Tekoäly voi **analysoida muinaisnorjan ja nykyisten skandinaavisten kielten yhteyksiä**, kuten islannin konservatiivista kielimuotoa.

◆ **Esimerkki:** Sana *hjarta* (sydän) muinaisnorjassa vastaa islantilaista *hjarta*, ruotsalaista *hjärta* ja norjalaista *hjerte*. Tekoäly voisi tunnistaa äänteenmuutokset ja kääntää vanhoja tekstejä tarkasti.

3. Anglosaksien englanti (vanhaenglanti, n. 400–1100 jaa.)

◆ Vanhaenglannista on **runsaasti kirjallista aineistoa**, kuten *Beowulf*, *Anglosaksien kronikka* ja kirkolliset tekstit.

◆ Tekoäly voi oppia **kääntämään vanhaenglannin tekstejä analysoimalla niiden yhteyksiä keskienglantiin ja nykyenglantiin**.

◆ **Esimerkki:** Sana *hūs* (talo) muuttui muotoon *house*. Tekoäly voisi päätellä sanan kehityskaaren ja ennustaa muiden sanojen merkityksiä.

Tekoälyn haasteet muinaiskielten ymmärtämisessä

◆ **Muinaiskielet voivat olla epätäydellisesti dokumentoituja** – Jos tekstejä ei ole tarpeeksi, tekoäly joutuu arvaamaan liian paljon.

✦ Kielioppisäännöt voivat olla epäselviä – Muinaiskielissä ei välttämättä ollut kiinteitä kielioppisääntöjä, vaan ne vaihtelivat alueellisesti.

✦ Sanaston muuttuminen ja kadonneet sanat – Joidenkin sanojen merkitys voi olla epävarma, mikä vaikeuttaa tarkkoja käännöksiä.

Johtopäätös

Tekoäly voi oppia ja analysoida **muinaisia kieliä**, mutta sen tarkkuus riippuu **aineiston saatavuudesta, kielihistorian tuntemuksesta ja vertailevasta analyysistä**. Suurilla tekstimäärillä (kuten anglosaksien englannilla tai muinaisnorjalla) tekoäly voi jopa **tuottaa kohtuullisen tarkkoja käännöksiä**, mutta vähemmän dokumentoidut kielet, kuten muinaissuomi, tuottavat enemmän haasteita.

⛭ Käytännössä tekoäly voi toimia apuvälineenä historiallisen kielentutkimuksen tukena, mutta se ei korvaa ihmistutkijoiden analyysiä.

Kommentti ChatGPT:n vastaukseen: Toisin sanoen keskeistä muinaisten kielten analysoinnin suhteen tekoälyä käyttämällä on saatavilla olevan aineiston määrä, joita se voi hyödyntää ja vertailla. Tästä tulee mieleen se, että kuinka paljon tekoälyä hyödyttää kielellisesti se, että jokin teksti on saatavilla usealla eri kielellä esimerkiksi Rosettan kiven tai Isä meidän -rukouksen muodossa?

Sinä sanoit: Kuinka paljon tekoälyä hyödyttää kielellisesti se, että jokin teksti on saatavilla usealla eri kielellä esimerkiksi Rosettan kiven tai Isä meidän -rukouksen muodossa?

ChatGPT sanoi: Tekstien saatavuus useilla eri kielillä – kuten **Rosettan kivi** tai **Isä meidän -rukous** – on **erittäin hyödyllistä tekoälylle** kielellisen ymmärryksen kannalta. Tällaiset monikieliset tekstit auttavat tekoälyä **oppimaan kielten välisiä yhteyksiä, kieliopillisia rakenteita ja sanaston kehitystä**.

Miksi monikieliset tekstit hyödyttävät tekoälyä?

1. Vertailu eri kielten välillä
  ◆ Kun sama teksti on saatavilla useilla kielillä, tekoäly voi **verrata lauseiden**

ja sanojen rakenteita.

✦ Esimerkiksi **Rosettan kivi** (egypti hieroglyfeillä, demootilla ja kreikaksi) auttoi ihmisiä purkamaan hieroglyfien merkityksen – samalla tavalla tekoäly voi käyttää rinnakkaistekstejä tunnistaakseen **sanavastineita ja kielioppisääntöjä.**

✦ **Esimerkki:**

- Englanti: *Our Father, who art in heaven...*
- Ranska: *Notre Père, qui es aux cieux...*
- Saksa: *Vater unser, der du bist im Himmel...*
- Suomi: *Isä meidän, joka olet taivaissa...*
- Latina: *Pater noster, qui es in caelis...*
  → Näistä tekoäly voi oppia, että *Father* = *Père* = *Vater* = *Isä* = *Pater* ja että "taivaassa" ilmaistaan eri kielissä eri rakenteilla.

2. Tekoäly voi tunnistaa kielihistoriallisia kehityksiä

✦ Jos samasta tekstistä on olemassa **eri aikakausien versioita**, tekoäly voi oppia, **miten sanat ja kielioppi ovat muuttuneet** ajan myötä.

✦ Esimerkiksi *Isä meidän* -rukous **vanhassa englannissa** (anglosaksi):

- *Fæder ure þu þe eart on heofonum...*
- Nykyaikaisessa englannissa: *Our Father who art in heaven...*
  → Tekoäly voi havaita, miten anglosaksinen *fæder* kehittyi *father*-muotoon ja miten rakenteet yksinkertaistuivat ajan myötä.

3. Harvinaisten ja muinaisten kielten kääntäminen ja rekonstruktio

✦ Jos tekoälylle annetaan **tunnettu kieli ja tuntematon kieli rinnakkain**, se voi päätellä **puuttuvia osia** tuntemattomasta kielestä.

✦ **Rosettan kiven periaate**: Jos muinaiskielen rinnalla on tunnettu kieli (esim. kreikka), tekoäly voi **rakentaa merkityksiä pala palalta**, aivan kuten Jean-François Champollion purki hieroglyfit.

✦ **Esimerkki:** Jos tunnemme **latinan ja ranskan**, voimme päätellä, että tuntematon kieli, jolla on samankaltaisia sanoja ja rakenteita, voi olla esimerkiksi **oksitaani tai vanha italia**.

4. Auttaa tekoälyä ymmärtämään käännöksiä ja nyansseja

✦ Tekoäly pystyy **hienosäätämään käännöksiä** vertaamalla, miten eri kielissä ilmaistaan **abstrakteja käsitteitä, kielikuvia ja kulttuurisia vivahteita.**

◆ Esimerkiksi suomen ja englannin **"rakas" ja "dear"** eivät aina vastaa täysin toisiaan, koska englannin *dear* voi tarkoittaa myös "kallis", kun taas suomessa "kallis" viittaa lähinnä hintaan.

Johtopäätös

✦ **Monikieliset tekstit ovat tekoälylle kuin avaimia uusien kielten ymmärtämiseen.**

✦ Ne auttavat sitä **tunnistamaan kielten välisiä yhteyksiä, ennustamaan sanojen ja kieliopin kehitystä sekä kääntämään muinaisia tai harvinaisia kieliä tarkemmin.**

✦ **Rosettan kiven kaltaiset rinnakkaistekstit ovat tekoälylle yhtä arvokkaita kuin ne olivat kielitieteilijöille.**

💡 **Jos tekoälyllä olisi tarpeeksi rinnakkaistekstejä, se voisi jopa "purkaa" kadonneiden kielten merkityksiä samaan tapaan kuin hieroglyfit aikoinaan selvitettiin!**

Kommentti ChatGPT:n vastaukseen: Kuten oletin, sama teksti rinnakkaisesti monella eri kielellä yhdessä saatavana on tekoälylle erittäin hyödyllinen mahdollisuus oppia. Tästä voidaankin siirtyä takaisin aiheeseemme ja kysyä miten tekoälyn kielellistä kyvykkyyttä voidaan käyttää historiallisen päätöksenteon analysoinnissa?

Sinä sanoit: Miten tekoälyn kielellistä kyvykkyyttä voidaan käyttää historiallisen päätöksenteon analysoinnissa?

ChatGPT sanoi: Tekoälyn kielellistä kyvykkyyttä voidaan hyödyntää **historiallisen päätöksenteon analysoinnissa** monin eri tavoin. Tekoäly voi auttaa **ymmärtämään päätösten taustoja, tulkintoja ja vaikutuksia** käsittelemällä suuria määriä historiallisia tekstejä ja vertailemalla niitä eri aikakausien ja kulttuurien konteksteihin.

1. Päätösten taustojen analyysi

◆ Tekoäly voi käydä läpi **valtavia määriä historiallisia dokumentteja, kirjeitä, puheita ja lakitekstejä** ja tunnistaa, **mitkä argumentit ja taustatekijät vaikuttivat tiettyihin päätöksiin.**

◆ Esimerkki:

- **Versailles'n rauhansopimus (1919)** → Tekoäly voi analysoida sopimuksen syntyyn vaikuttaneita **poliittisia puheita, neuvottelumuistioita ja sanomalehtiartikkeleita** selvittääkseen, miksi Ranska vaati ankaria ehtoja Saksalle ja miten eri osapuolet perustelivat näkemyksiään.

2. Päätösten ennakoidut vs. todelliset vaikutukset

◆ Monet historialliset päätökset ovat perustuneet **ennusteisiin ja odotuksiin**, mutta niiden todelliset seuraukset ovat olleet erilaisia.

◆ Tekoäly voi verrata **ennakko-oletuksia ja lopputuloksia**, esimerkiksi:

- **Marshall-suunnitelma (1947–1952):** Länsiliittoutuneet arvioivat, että taloudellinen tuki auttaisi Euroopan elpymistä ja estäisi kommunismin leviämistä. Tekoäly voisi analysoida **tuon ajan asiakirjoja ja lehtiartikkeleita** ja verrata niitä sodanjälkeisen Euroopan kehitykseen.
- **Neuvostoliiton hyökkäys Suomeen (1939):** Stalinin hallinto odotti pikaista voittoa, mutta talvisodan todellinen kulku osoitti, että suomalainen vastarinta oli huomattavasti odotettua sitkeämpi.

3. Historiallisten puheiden ja asiakirjojen kielellinen analyysi

◆ Tekoäly voi analysoida **poliittisten johtajien ja päätöksentekijöiden puheita** selvittääkseen, miten he perustelivat päätöksiään ja miten heidän retoriikkansa muuttui ajan myötä.

◆ Esimerkki:

- **Abraham Lincolnin Gettysburgin puhe (1863)** vs. **Franklin D. Rooseveltin Pearl Harbor -puhe (1941)** → Tekoäly voisi verrata, miten molemmat johtajat käyttivät **patriotismia ja moraalisia argumentteja** sodan oikeuttamiseksi.

4. Monikielinen vertailu ja kansainvälinen päätöksenteko

+ Koska historiallisia lähteitä on saatavilla **eri kielillä**, tekoäly voi tehdä **monikielisiä vertailuja** ja analysoida, miten eri valtiot ja kulttuurit ovat käsitelleet samaa tapahtumaa.

+ Esimerkki: **Molotov-Ribbentrop-sopimus (1939)**

- Tekoäly voisi analysoida **sopimuksen viralliset neuvottelupöytäkirjat venäjäksi ja saksaksi** sekä länsimaiden siihen liittyviä raportteja englanniksi ja ranskaksi.
- Tämä paljastaisi, **miten eri osapuolet esittivät sopimuksen eri tavoin** ja miten päätöstä perusteltiin kansalliselle yleisölle.

5. Historiallisten vaihtoehtojen ja skenaarioiden analyysi

+ Tekoäly voi mallintaa **vaihtoehtoisia skenaarioita**, joissa historialliset päätökset olisivat menneet toisin.
+ Esimerkki: **Jos Tokugawa Ieyasu olisi hävinnyt Sekigaharan taistelun (1600)?**

- Tekoäly voisi analysoida **historiallisia lähteitä ja poliittisia voimasuhteita** ja ennustaa, **mitä vaihtoehtoisia kehityskulkuja olisi voinut tapahtua** Japanin historiassa.

6. Päätöksenteon eettinen ja moraalinen arviointi

+ Tekoäly voi vertailla historiallisia päätöksiä **moraalisten ja eettisten periaatteiden valossa**.
+ Esimerkki: **Atomipommien käyttö Japanissa (1945)**

- Tekoäly voisi analysoida sodanaikaisia dokumentteja ja eri tahojen argumentteja pommien käytön puolesta ja vastaan.
- Se voisi myös verrata päätöstä **sotaoikeudellisiin sopimuksiin, sotarikoskäsittelyihin ja myöhempiin poliittisiin puheisiin**.

🔍 **Johtopäätös: Tekoäly on historiallisten päätösten tutkimuksen voimakas työkalu**

🌶 **Tekoäly ei korvaa historioitsijoita**, mutta se voi auttaa käsittelemään suuria tietomääriä, löytämään uusia yhteyksiä ja arvioimaan päätösten perusteluja ja seurauksia.

🌶 Se voi analysoida **poliittisia puheita, hallinnollisia asiakirjoja, lehtiartikkeleita ja muita historiallisia lähteitä** ja yhdistää tietoa eri kielistä ja kulttuureista.

🌶 **Tekoälyn avulla voidaan arvioida, mitkä argumentit olivat ratkaisevia tietyissä päätöksissä ja miten ne vaikuttivat tulevaisuuteen.**

💡 **Tekoälyn kyky analysoida kieltä antaa meille uudenlaisen työkalun ymmärtää historiaa – ei vain menneisyyden kuvaamisena, vaan myös päätöksenteon syvällisenä analyysina.**

Kommentti ChatGPT:n vastaukseen: ChatGPT kertoo taas sangen kattavan listan vastauksessaan kysymykseeni. Se myös näyttää ymmärtävän tekoälyn kyvyn toimia päätöksenteon syvällisenä analysoijana ihmisten ohjauksessa ja valvonnassa.

Historiassa tehtyjen päätösten analysoinnista

Seuraavaksi puhumme historiassa tehtyjen päätösten analysoinnista yleisesti. Tämä on tärkeätä siksi, että yksikään päätös, joka on tehty historiassa, niin sitä ei ole tosiasiassa tehty tyhjiössä. Siihen on vaikuttanut esimerkiksi aikaisemmat tapahtumat, aika, paikka, päättäjien yhteiskunnalliset asemat, päättäjien maailmankuva, sukupuoli ja oletukset tulevaisuudesta. Lähdetään liikkeelle yleiseltä tasolta ja kysytään ChatGPT:ltä mitä seikkoja tulisi ottaa huomioon analysoitaessa yleisesti historiassa tehtyjä päätöksiä?

Sinä sanoit: Mitä seikkoja tulisi ottaa huomioon analysoitaessa yleisesti historiassa tehtyjä päätöksiä?

ChatGPT sanoi: Historiallisten päätösten analysointi vaatii monipuolista lähestymistapaa, jossa otetaan huomioon päätöksenteon taustat, prosessit ja seuraukset. Keskeisiä huomioon otettavia seikkoja ovat **poliittinen, taloudellinen, sotilaallinen, teknologinen, kulttuurinen ja inhimillinen konteksti** sekä päätöksentekijöiden käytössä ollut tieto ja heidän tavoitteensa.

🔎 1. Konteksti: Missä ja milloin päätös tehtiin?

Päätöksiä ei tehdä tyhjiössä, vaan ne liittyvät aikakauden olosuhteisiin.

◆ **Aikakausi:** Mitä historiallisia tapahtumia oli meneillään päätöksentekohetkellä?

◆ **Poliittinen tilanne:** Oliko päätös osa suurempaa valtiollista strategiaa tai valtapeliä?

◆ **Sotilaallinen tilanne:** Sota, kapinat tai geopoliittiset uhat voivat pakottaa nopeita päätöksiä.

◆ **Taloudelliset tekijät:** Valtion tai päätöksentekijän resurssit vaikuttavat valintoihin.

◆ **Kulttuuri ja arvot:** Mitkä moraaliset, uskonnolliset tai filosofiset näkökulmat vaikuttivat päätökseen?

◆ **Esimerkki:**

- **Tokugawa Ieyasun päätös eristää Japani ulkomaailmasta 1630-luvulla** liittyi sekä poliittisiin (hallinnan säilyttäminen) että kulttuurisiin (konfutselaisuus, xenofobia) syihin.
- **Napoleonin hyökkäys Venäjälle 1812** perustui geopoliittisiin laskelmiin, mutta myös taloudelliseen paineeseen murskata Venäjän kauppasuhteet Britannian kanssa.

🔎 2. Päätöksentekijät ja heidän tavoitteensa

- **Kuka teki päätöksen?** Oliko kyseessä yksinvaltias, demokraattinen hallitus vai sotilasjohto?
- **Mitkä olivat heidän tavoitteensa?** Lyhyen ja pitkän aikavälin päämäärät voivat olla erilaisia.
- **Minkä tiedon varassa he toimivat?** Oliko päätös tehty virheellisen tai rajoitetun tiedon perusteella?

🗡️ Esimerkki:

- **Keisari Wilhelm II ja Saksa 1914:** Wilhelm ja hänen neuvonantajansa uskoivat, että sota olisi lyhyt ja voitettavissa. Heidän tietonsa ja oletuksensa sodan kulusta olivat virheellisiä.
- **Harry S. Truman ja atomipommien käyttö 1945:** Trumanin päätös perustui sotilasneuvonantajien raportteihin, joiden mukaan Japani ei antautuisi ilman massiivisia tappioita.

🔎 3. Päätöksen perustelut ja vaihtoehdot

- **Mitä argumentteja esitettiin päätöksen puolesta ja sitä vastaan?**
- **Oliko olemassa vaihtoehtoisia ratkaisuja?** Miksi niitä ei valittu?
- **Oliko päätös rationaalinen aikakauden tietojen ja arvostusten valossa?**

🗡️ Esimerkki:

- **Rooman senaatti ja Caesar (44 eaa.):** Caesar murhattiin, koska senaatti piti häntä uhkana tasavallalle. Vaihtoehto olisi ollut yrittää neuvotella vallanjakosopimuksesta, mutta murhaajat eivät pitäneet sitä realistisena.
- **Yhdysvaltain osallistuminen ensimmäiseen maailmansotaan (1917):** Yhdysvallat olisi voinut pysyä puolueettomana, mutta Saksan sukellusvenesodankäynti ja Zimmermannin sähke johtivat päätökseen liittyä sotaan.

🔎 4. Päätöksen vaikutukset lyhyellä ja pitkällä aikavälillä

◆ **Mitä tapahtui välittömästi päätöksen jälkeen?** Oliko se menestys vai epäonnistuminen?

◆ **Miten päätös vaikutti myöhempiin tapahtumiin?** Johtiko se odottamattomiin seurauksiin?

◆ **Miten jälkipolvet arvioivat päätöksen?** Oliko se aikansa paras ratkaisu vai historiallinen virhe?

🔶 **Esimerkki:**

- **Bismarckin Saksa yhdistyi vuonna 1871**, mutta Ranskan nöyryyttäminen loi pitkäaikaisen vihollisuuden, joka myötävaikutti ensimmäiseen maailmansotaan.
- **Versailles'n rauhansopimus (1919)** alensi Saksan voimaa hetkellisesti, mutta loi myös katkeruutta, joka johti lopulta toiseen maailmansotaan.

🔎 5. Päätöksen eettisyys ja moraalinen arviointi

◆ **Oliko päätös aikakauden moraalin mukaista?**
◆ **Onko päätöstä myöhemmin arvioitu eri tavalla?**
◆ **Mitkä ryhmät hyötyivät ja mitkä kärsivät päätöksestä?**

❖ Esimerkki:

- **Orjakauppa Atlantilla (1400–1800-luvut):** Aikakauden taloudellinen logiikka oikeutti sen, mutta myöhemmät sukupolvet pitävät sitä moraalisena rikoksena.

- **Hiroshiman ja Nagasakin pommitukset (1945):** Oliko pommien käyttö tarpeen sodan lopettamiseksi vai oliko kyse sotarikoksesta?

🔎 6. Päätösten analysointi tekoälyn avulla

Tekoäly voi auttaa historian päätöksenteon analysoinnissa seuraavilla tavoilla:

☑ **Lähteiden vertailu:** Monikielisten dokumenttien analyysi (esim. Versailles'n rauhansopimuksen ranskalainen ja saksalainen tulkinta).

☑ **Sanasto- ja retoriikka-analyysi:** Poliittisten puheiden vertailu eri aikakausilla (esim. Hitlerin ja Churchillin puheet).

☑ **Skenaarioanalyysi:** Miten tapahtumat olisivat voineet mennä eri tavalla (esim. jos Saksa olisi voittanut Stalingradin)?

☑ **Yhteiskunnallisten trendien tunnistaminen:** Miten päätösten vaikutukset näkyvät pitkällä aikavälillä (esim. kolonialismin vaikutukset nykymaailmassa)?

🔎 Yhteenveto: Mitkä seikat ovat tärkeimpiä historiallisten päätösten analysoinnissa?

❖ **1. Konteksti:** Aikakausi, politiikka, talous, sotilaallinen tilanne.

❖ **2. Päätöksentekijät:** Keitä he olivat ja mitä he tavoittelivat?

❖ **3. Päätöksen perustelut ja vaihtoehdot:** Miksi tietty vaihtoehto valittiin?

❖ **4. Vaikutukset:** Lyhyen ja pitkän aikavälin seuraukset.

❖ **5. Eettinen arviointi:** Oliko päätös oikeudenmukainen ja moraalisesti kestävä?

❖ **6. Tekoälyn mahdollisuudet:** Suurten tietomäärien analyysi, vaihtoehtoisten skenaarioiden mallintaminen ja päätöksenteon syiden syvällinen tutkiminen.

Historiallisten päätösten analyysi ei ole pelkästään tapahtumien kirjaamista, vaan syiden, seurausten ja vaihtoehtojen ymmärtämistä. Tämä auttaa myös ymmärtämään nykyistä ja tulevaa päätöksentekoa.

Kommentti ChatGPT:n vastaukseen: ChatGPT antoi lyhyeen kysymykseen aika kattavan vastauksen. Tarkastellaan seuraavaksi mitä työkaluja päätöstentekijöillä oli käytössään yleisesti tehdessään päätöksiä ja miten nämä työkalut vaikuttivat päätösten tekemiseen.

Sinä sanoit: Työkalut, jotka olivat päätöksentekijöiden käytettävissä, vaikuttivat merkittävästi päätösten laatuun, nopeuteen ja seurauksiin. Päätöksenteon kannalta työkalut voidaan jakaa **fyysisiin, teknologisiin ja informaatioon liittyviin välineisiin**, jotka yhdessä määrittivät, kuinka hyvin ja nopeasti päätöksiä voitiin tehdä.

🔎 1. Fyysiset ja teknologiset työkalut

Päätöksentekijöillä oli käytössään vaihtelevia resursseja, kuten aseita, kuljetusvälineitä, infrastruktuuria ja kommunikaatiovälineitä. Näiden saatavuus vaikutti sekä **strategisten että taktisten päätösten** laatuun ja toteutusnopeuteen.

🔸 Esimerkkejä:

- **Schlieffen-suunnitelma (1905–1914):** Saksalaiset perustuivat rautatiekuljetuksiin, jotka mahdollistivat nopean joukkojen siirtämisen Belgian kautta Ranskaan. Rautatiejärjestelmä oli keskeinen "työkalu" tässä strategiassa.
- **Tokugawa Ieyasun päätös osallistua Sekigaharan taisteluun (1600):** Ieyasulla oli paremmin organisoitu tiedustelujärjestelmä kuin vastustajillaan, mikä auttoi häntä valmistautumaan ratkaisevaan yhteenottoon.
- **Napoleonin sotaretket (1800-luvun alku):** Napoleonin armeijan tehokas logistiikka ja kenttätykistöjärjestelmät mahdollistivat nopeat päätökset ja joustavat operatiiviset ratkaisut.

59

⚔ Johtopäätös: Fyysiset työkalut, kuten liikenneinfrastruktuuri, aseistus ja viestintävälineet, vaikuttavat suoraan päätöksenteon nopeuteen ja vaihtoehtoihin.

🔎 2. Tiedonkeruun ja viestinnän työkalut

Historiallisten päätösten onnistuminen riippui usein siitä, kuinka hyvin päätöksentekijät **saivat ja prosessoivat tietoa.**

🔭 **Esimerkkejä:**

- **Bletchley Parkin Enigma-koodin purkaminen (1940-luvulla):** Britannian päätökset Saksan sukellusvenesodankäynnistä perustuivat salattuun tietoon, joka oli saatu murtamalla Saksan viestiliikenne.
- **Rooman sotilasviestintä (antiikin aika):** Roomalaiset käyttivät järjestelmällistä kuriiriverkostoa ja signaalitorneja viestinnässä, mikä mahdollisti laajempien strategisten päätösten tekemisen nopeasti.
- **Suomalaisten radiotiedustelu Talvisodassa ja Jatkosodassa:** Suomen päämaja pystyi tekemään tarkkoja päätöksiä Neuvostoliiton joukkojen liikkeistä, koska suomalainen tiedustelu pystyi murtamaan vihollisen radioviestinnän.

📖 **Johtopäätös:** Mitä paremmat tiedustelutyökalut ja viestintävälineet päätöksentekijöillä oli, sitä paremmat edellytykset heillä oli tehdä tarkkoja ja nopeita ratkaisuja.

🔎 3. Pitkäaikainen strateginen suunnittelu vs. hetkelliset päätökset

Jotkut päätökset tehtiin pitkän aikavälin suunnittelun ja huolellisen valmistelun pohjalta, kun taas toiset syntyivät nopeasti muuttuvassa tilanteessa.

🔭 **Esimerkkejä pitkäaikaisesta strategisesta päätöksenteosta:**

- **Schlieffen-suunnitelma (1905–1914):** Saksalaisten pitkän tähtäimen sotasuunnitelma perustui olettamukseen, että Ranska voitaisiin voittaa nopeasti ennen kuin Venäjä ehtisi mobilisoida joukkonsa.
- **Bismarckin diplomatia (1860–1890):** Bismarck loi järjestelmällisesti liittolaissuhteita, jotka estivät sodan Euroopassa, kunnes hänen seuraajansa hylkäsivät hänen suunnitelmansa.
- **Tokugawa-shogunaatin eristäytymispolitiikka (1630-luku):** Päätös sulkea Japani ulkomaailmalta perustui huolelliseen poliittiseen arvioon kristinuskon ja ulkovaltojen vaikutuksesta.

🔎 **Esimerkkejä nopeista ja kriittisistä päätöksistä:**

- **Napoleonin päätös ylittää Alpit (1800-luvun alku):** Napoleon joutui reagoimaan nopeasti muuttuviin olosuhteisiin ja marssitti joukkonsa yllättävää reittiä vihollisensa selustaan.
- **Yhdysvaltain päätös käyttää atomipommia (1945):** Trumanin hallinnon oli tehtävä nopea päätös Japanin antautumisen nopeuttamiseksi ja sodan lopettamiseksi.
- **Winston Churchillin päätös vastustaa Hitleriä (1940):** Britannian hallitus harkitsi rauhanneuvotteluita, mutta Churchill päätti taistella loppuun asti, mikä muutti toisen maailmansodan kulkua.

📋 **Johtopäätös:** Sekä pitkän tähtäimen strateginen suunnittelu että nopea päätöksenteko ovat olleet ratkaisevia historiassa. Hyvät työkalut, kuten logistiikka ja tiedustelu, auttoivat päätöksentekijöitä hallitsemaan yllättäviä tilanteita.

💡 **4. Oliko päätös mahdollinen ilman käytettävissä olevia työkaluja?**

Monet historialliset päätökset perustuivat teknologisiin ja logistisiin edellytyksiin. Ilman tiettyjä työkaluja päätökset olisivat olleet mahdottomia tai ne olisi tehty eri tavalla.

📌 **Esimerkkejä:**

- **Saksan "Blitzkrieg" (1939–1941):** Tämä hyökkäysstrategia olisi ollut mahdoton ilman moderneja panssarivaunuja, radioviestintää ja tehokasta huoltojärjestelmää.
- **Portugalin löytöretket (1400–1500-luvut):** Portugalin merenkulun työkalut, kuten astrolabi ja karaveli-alukset, mahdollistivat löytöretket, jotka eivät olisi olleet mahdollisia ilman kehittynyttä navigointia.
- **Neuvostoliiton avaruusohjelma (1950–1960-luvut):** Sputnikin laukaisu ja Gagarinin avaruuslento olivat mahdollisia vain siksi, että Neuvostoliitolla oli tarvittava teknologia ja ohjusjärjestelmät.

🛠 **Johtopäätös:** Monet historialliset päätökset olivat mahdollisia vain siksi, että niiden toteutukseen oli olemassa oikeat teknologiset ja logistiset työkalut.

🔎 **Yhteenveto: Mikä merkitys työkaluilla oli päätöksenteossa?**

📌 **1. Fyysiset ja teknologiset työkalut:** Infrastruktuuri, aseet, liikennevälineet ja kommunikaatiovälineet vaikuttivat päätöksentekoon.
📌 **2. Tiedustelu ja viestintä:** Hyvä tiedustelu ja nopea viestintä mahdollistivat tarkemmat ja paremmat päätökset.
📌 **3. Pitkäaikainen vs. nopea päätöksenteko:** Jotkut päätökset olivat huolellisesti suunniteltuja (Schlieffen-suunnitelma), kun taas toiset olivat nopeita reaktioita (Churchillin päätös vastustaa Hitleriä).
📌 **4. Teknologinen kehitys mahdollisti päätöksiä:** Monet historialliset päätökset olivat mahdollisia vain siksi, että käytettävissä oli oikeat työkalut, kuten Blitzkrieg-strategian panssarivaunut tai löytöretkien navigointivälineet.

💡 **Lopullinen ajatus:** Työkalut eivät pelkästään vaikuttaneet päätöksiin, vaan ne usein määrittivät, mitä päätöksiä oli ylipäätään mahdollista tehdä.

Kommentti ChatGPT:n vastaukseen: Toisin sanoen päätöksiä tehtäessä tulee tuntea niin omat kuin vastapuolen kyvykkyydet. On tiedettävä, mikä on mahdollista ja mikä ei ole mahdollista. Tarkastellaan seuraavaksi käytössä olevia työkaluja nimenomaan päätöksentekoprosessissa sisällä ja niiden vaikutusta työkaluina prosessin sisällä päätöksien tekemiseen.

Sinä sanoit: Mikä merkitys oli työkaluilla päätöksentekoprosessissa sisällä ja niiden vaikutusta työkaluina prosessin sisällä päätöksien tekemiseen? Esimerkiksi muistiinpanovälineet ja viestiyhteydet ovat kehittyneet paljon sulkakynien ja ratsulähettien päivistä tietokoneiden tekemään taulukkolaskentaan ja nettiyhteyksiin.

ChatGPT sanoi: Työkalujen merkitys päätöksentekoprosessissa on ollut aina keskeinen, mutta niiden kehittyminen on muuttanut tapaa, jolla päätöksiä tehdään, kuinka paljon tietoa voidaan käsitellä ja kuinka nopeasti viestintä mahdollistaa päätösten toimeenpanon.

🔹 **Päätöksentekoprosessin kannalta työkalut voidaan jakaa kolmeen pääluokkaan:**
1. **Tiedonkeruun ja analysoinnin työkalut** – auttavat päätöksentekijää ymmärtämään tilanteen.
2. **Viestinnän ja koordinoinnin työkalut** – varmistavat, että tieto ja päätökset leviävät tehokkaasti.
3. **Dokumentoinnin ja muistamisen työkalut** – takaavat, että päätöksiä voidaan perustella ja kehittää.

🔎 Tarkastellaan näitä tarkemmin:

---

1. Tiedonkeruun ja analysoinnin työkalut

🔹 **Miten työkalut ovat kehittyneet?**

- **Menneisyydessä:** Päätöksentekijät luottivat ensisijaisesti suulliseen raportointiin, käsin kirjoitettuihin raportteihin, karttoihin ja fyysisiin asiakirjoihin. Esimerkiksi sotapäälliköt saivat tietonsa tiedustelijoilta ja raporteista.
- **Nykyään:** Tietokannat, taulukkolaskentaohjelmat (esim. Excel), tekoälyanalytiikka ja simulaatiomallit auttavat käsittelemään laajoja tietomääriä ja arvioimaan eri skenaarioita.

✦ Esimerkkejä:

- **Napoleonin sodat (1800-luvun alku):** Napoleon hyödynsi hyvin organisoitua tiedustelua ja kartografiaa, mutta hänen oli silti vaikea analysoida suuria tietomääriä nopeasti.

- **Bismarckin diplomatia (1860–1890):** Bismarckilla oli käytössään laajoja tiedusteluverkostoja ja virallisia raportteja, jotka auttoivat häntä tasapainottamaan Euroopan valtapolitiikkaa.

- **Moderni päätöksenteko:** Esimerkiksi keskuspankit käyttävät taulukkolaskentaa ja tekoälymalleja arvioidessaan talouden kehitystä ja määrittäessään korkopäätöksiä.

✦ Johtopäätös: Tiedonkeruun työkalut ovat muuttaneet päätöksenteon nopeutta ja tarkkuutta. Ennen päätöksentekijän piti luottaa viiveellä saapuviin raportteihin, mutta nykyään data voidaan analysoida lähes reaaliaikaisesti.

---

2. Viestinnän ja koordinoinnin työkalut

✦ Miten työkalut ovat kehittyneet?

- **Menneisyydessä:** Viestit kulkivat suullisesti, kirjallisesti tai lähettien välityksellä (esim. ratsulähetit, postikuriirit). Tämä johti hitauteen ja mahdolliseen väärinymmärrykseen.

- **Nykyään:** Internet, sähköposti, videoneuvottelut ja salatut viestintäkanavat mahdollistavat lähes välittömän tiedonsiirron globaalisti.

✦ Esimerkkejä:

- **Rooman keisarikunnan kuriirijärjestelmä:** Roomalaiset rakensivat teitä ja kuriiriasemia nopeuttaakseen tiedonkulkua, mikä mahdollisti tehokkaan hallinnon.

- **Bletchley Park ja toisen maailmansodan viestintä:** Brittiläiset murtivat Saksan Enigma-koodin, mikä mahdollisti päätöksenteon perustuvan vihollisen todellisiin aikomuksiin.

- **Nykyaikainen sotilas- ja poliittinen päätöksenteko:** Valtiojohtajat ja armeijat voivat kommunikoida reaaliajassa videoyhteyksien ja salattujen viestipalveluiden avulla.

✦ **Johtopäätös:** Viestintäteknologian kehitys on mahdollistanut entistä nopeamman päätöksenteon, mutta samalla myös lisännyt informaatiotulvaa, mikä voi vaikeuttaa valintojen tekemistä.

---

3. Dokumentoinnin ja muistamisen työkalut

✦ **Miten työkalut ovat kehittyneet?**

- **Menneisyydessä:** Päätökset tallennettiin pergamentille, paperille tai suulliseen perimätietoon. Muistiinpanovälineiden rajallisuus tarkoitti, että monet historialliset päätökset jäivät dokumentoimatta tai muuttuivat ajan myötä.
- **Nykyään:** Tietokoneet, pilvipalvelut ja tekoälypohjaiset arkistot mahdollistavat päätösten säilyttämisen ja analysoinnin tulevaisuudessa.

✦ **Esimerkkejä:**

- **Rosettan kivi (196 eaa.):** Ilman tätä monikielistä tekstiä emme voisi ymmärtää muinaisegyptiläistä kirjoitusta.
- **Habsburgien diplomaattikirjeenvaihto (1500–1700-luku):** Laajat kirjeenvaihdot säilyttivät historiallista tietoa, jota käytettiin myöhempien päätösten pohjana.
- **Modernit tietokannat ja tekoälyanalyysi:** Esimerkiksi valtioiden turvallisuuspalvelut voivat tallentaa ja analysoida valtavia tietomääriä pitkällä aikavälillä.

✦ **Johtopäätös:** Dokumentointityökalut ovat varmistaneet, että päätöksiä voidaan tarkastella ja oppia niistä myöhemmin. Ennen asiakirjat saattoivat tuhoutua tai kadota, mutta nykyään tieto voidaan säilyttää digitaalisesti pitkälle tulevaisuuteen.

🔍 Johtopäätökset: Työkalujen vaikutus päätöksentekoprosessiin

◆ **Tieto on nopeammin saatavilla ja analysoitavissa** → Päätöksentekijät voivat tehdä tietoon perustuvia päätöksiä aiempaa tarkemmin.

◆ **Viestintä on nopeampaa ja tarkempaa** → Komennot ja ohjeistukset voidaan välittää reaaliajassa, mikä mahdollistaa nopeamman reagoinnin.

◆ **Päätökset voidaan dokumentoida ja oppia niistä** → Historian virheet ja onnistumiset voidaan analysoida systemaattisesti.

◆ **Riskejäkin on tullut lisää** → Informaatiotulva, kyberuhkat ja väärän tiedon levittäminen voivat vaikuttaa päätöksiin.

💡 **Lopullinen ajatus:** Päätöksentekoprosessin työkalut ovat kehittyneet valtavasti, mutta niiden perimmäinen tarkoitus on pysynyt samana: auttaa päätöksentekijää hahmottamaan tilanne, viestimään päätöksistä ja dokumentoimaan ne tulevaisuutta varten.

Kommentti ChatGPT:n vastaukseen: ChatGPT:n antama vastaus on erittäin hyvä periaatteellisella tasolla. Sen antamaa vastausta on arvioitava suhteessa sille esitettyyn kysymykseen, jonka lopputuloksena se sanoo päätöksentekoprosessin työkalujen tehtävien pysyneen aina samoina pyrkien auttamaan kokonaiskuvan hahmottamisessa, viestimään päätöksistä ja dokumentoimaan päätökset tulevaisuutta varten. Tarkastellaan seuraavaksi päätöksentekijöitä, aika ja paikkaa, jossa päätös tehtiin ja päätöksenteon kohteita päätöksen analysoinnin kannalta.

Sinä sanoit: Mikä merkitys oli päätöksentekijöillä, ajalla ja paikalla, jossa päätös tehtiin ja päätöksenteon kohteilla päätöksen historiallisen analysoinnin kannalta?

ChatGPT sanoi: Historiallisessa päätöksenteon analyysissä on keskeistä ymmärtää **päätöksentekijöiden, ajan, paikan ja päätöksenteon kohteiden** merkitys. Jokainen näistä tekijöistä vaikuttaa siihen, miksi tietty päätös tehtiin ja miten se lopulta toteutui.

1. Päätöksentekijöiden merkitys

Päätöksentekijän persoonallisuus, tausta, arvot ja kokemus vaikuttavat merkittävästi siihen, millaisia valintoja hän tekee.

◆ **Mitä analysoidaan?**

- Päätöksentekijän henkilökohtainen historia ja koulutus
- Hänen arvonsa ja ideologiansa
- Hänen valtapoliittinen asemansa ja suhde muihin toimijoihin
- Hänen käytettävissään oleva tieto ja työkalut

📌 **Esimerkkejä:**

- **Napoleon Bonaparte (1800-luvun alku):** Napoleonin sotilaallinen nerokkuus ja rohkeus vaikuttivat hänen aggressiiviseen ja riskialttiiseen päätöksentekoonsa.
- **Otto von Bismarck (1860–1890):** Bismarckin diplomatian ja valtapelin taito mahdollistivat Saksan yhdistämisen ja Euroopan tasapainottamisen.
- **Adolf Hitler ja hyökkäys Neuvostoliittoon (1941):** Hitler ei kuunnellut sotilasjohtajiensa varoituksia, mikä johti strategisesti virheelliseen päätökseen.

◆ **Johtopäätös:** Päätöksentekijän yksilölliset piirteet voivat ratkaista, tehdäänkö harkittu vai impulsiivinen päätös, ja ne voivat jopa kääntää historian kulun.

---

2. Ajan merkitys (historiallinen konteksti)

Jokainen päätös tehdään omassa historiallisessa aikakaudessaan, jolloin vallitsevat olosuhteet vaikuttavat siihen, mitkä valinnat ovat mahdollisia ja järkeviä.

◆ **Mitä analysoidaan?**

- Ajan poliittinen ja taloudellinen tilanne
- Teknologian ja tieteen taso
- Yhteiskunnalliset normit ja arvot
- Sotilaallinen ja taloudellinen kapasiteetti

◆ **Esimerkkejä:**

- **Tokugawa Ieyasu ja Japanin sulkeminen (1600-luvulla):** Tämän päätöksen ymmärtämiseksi on huomioitava aikakauden uhat, kuten eurooppalaisten siirtomaavaltojen vaikutus.
- **Britannian päätös olla puuttumatta Hitlerin Saksan laajentumiseen 1930-luvulla:** Ajan hengessä vaikuttivat ensimmäisen maailmansodan muistot ja halu välttää uutta suurta sotaa.
- **Neuvostoliiton romahtaminen (1991):** Kommunistisen järjestelmän päätökset olivat sidoksissa kylmän sodan realiteetteihin ja talouden tilaan.

◆ **Johtopäätös:** Päätös, joka voi tuntua järkevältä yhdessä aikakaudessa, voi myöhemmin näyttää virheeltä.

---

3. Paikan merkitys (maantieteellinen ja kulttuurinen konteksti)

Paikka vaikuttaa siihen, millaisia resursseja, uhkia ja mahdollisuuksia päätöksentekijällä on käytettävissään.

◆ **Mitä analysoidaan?**

- Maantieteelliset olosuhteet ja luonnonvarat
- Väestörakenne ja etniset ryhmät
- Strategiset edut ja haitat

📌 **Esimerkkejä:**

- **Moskovan pakkastalvi ja Napoleonin perääntyminen (1812):**
Ranskan armeija ei ollut varautunut Venäjän ilmasto-olosuhteisiin,
mikä johti katastrofiin.

- **Britannian merivalta ja imperiumin laajentuminen (1700–1800-luku):** Sijainti saarella mahdollisti laajan merenkulun ja suojasi
mantereella käytäviltä sodilta.

- **Saksan hyökkäys Belgian kautta Ranskaan (1914):** Schlieffen-suunnitelman taustalla oli Saksan keskeinen sijainti ja tarve välttää
kahden rintaman sotaa.

◆ **Johtopäätös:** Maantiede ja kulttuuri määrittävät, mitkä päätökset ovat
realistisia ja mitkä mahdottomia.

**4. Päätöksenteon kohteet (päätösten vaikutuksen kohteena olevat ihmiset
ja instituutiot)**

Päätökset vaikuttavat aina johonkin ihmisryhmään, valtioon tai instituutioon, ja
näiden reaktiot voivat ratkaista päätöksen onnistumisen.

◆ **Mitä analysoidaan?**

- Keihin päätös vaikuttaa ja miten?
- Oliko päätös hyväksytty vai kiistelty?
- Miten kohteet reagoivat päätökseen?

📌 **Esimerkkejä:**

- **Yhdysvaltain itsenäisyysjulistus (1776):** Brittiläinen hallinto ei
osannut ennakoida, kuinka voimakkaasti siirtokunnat reagoisivat
verotukseen ja alistukseen.
- **Versailles'n rauhansopimus (1919):** Saksa koki rauhanehdot
epäoikeudenmukaisina, mikä loi pohjan toiselle maailmansodalle.

- **Neuvostoliiton reformit (1980-luvun loppu):** Gorbatšovin perestroika ja glasnost eivät onnistuneet, koska Neuvostoliiton järjestelmä ei kestänyt muutosta.

◆ **Johtopäätös:** Päätöksen onnistuminen riippuu siitä, miten päätöksen kohteet sen hyväksyvät tai vastustavat.

🔎 Yhteenveto: Miksi nämä tekijät ovat tärkeitä?

Historiallisessa päätöksenteon analyysissä ei voi tarkastella päätöstä irrallaan kontekstistaan. Sen sijaan on ymmärrettävä:

☑ **Kuka teki päätöksen ja miksi?** (päätöksentekijän persoonallisuus ja taustatekijät)

☑ **Missä ajassa päätös tehtiin?** (historian poliittiset, taloudelliset ja kulttuuriset olosuhteet)

☑ **Mitä vaikutuksia paikalla oli?** (maantieteelliset ja strategiset realiteetit)

☑ **Kenelle päätös tehtiin ja millainen sen vastaanotto oli?** (kohteiden reaktiot)

💡 **Lopullinen ajatus:** Jokainen päätös on aikansa tuote, ja sitä tulee arvioida sen ajan tiedon, mahdollisuuksien ja rajoitteiden pohjalta, ei pelkästään jälkiviisauden kautta.

Kommentti ChatGPT:n vastaukseen: ChatGPT pystyy erittäin hyvin erittelemään päätöksentekijöiden ominaisuuksien ja päätöstä tehtäessä vallinneen ajan merkitystä tehdylle päätökselle, joiden arviointiin tulisi kiinnittää huomiota. Kiinnitetään seuraavaksi huomiota tehtyyn päätökseen liittyviin odotuksiin suhteessa siihen, mitä todella tapahtui.

Sinä sanoit: Jos historiassa tehtyihin päätöksiin liittyneet odotukset olivat täysin toiset kuin mitä kyseisestä päätöksestä todellisuudessa seurasi. Esimerkiksi Venäjän keisarikunta koetti venäläistää Suomea 1900-luvun alkuvuosina, mutta tosiasiassa tämä venäläistämispolitiikka oli lähtölaukaus ajatukselle itsenäisestä Suomesta. Venäjän keisarikunnan päättäjät eivät varmastikaan olettaneet tällaisia seurauksia venäläistämispolitiikallensa.

ChatGPT sanoi: Tämä on erinomainen esimerkki **ennakoimattomista seurauksista** historiallisessa päätöksenteossa. Monet päätökset perustuvat tiettyihin odotuksiin, mutta lopputulos voi olla täysin toinen kuin päätöksentekijät olivat suunnitelleet. Tällaiset tapaukset voidaan luokitella **odottamattomien seurausten periaatteen** (the law of unintended consequences) alle.

🔎 Miksi odotukset ja todellisuus eroavat?

Historialliset päätökset voivat johtaa yllättäviin lopputuloksiin monista syistä, kuten:

1. Väärät oletukset päätöksen kohteista

- Päättäjät eivät ymmärrä täysin, miten päätöksen kohteena olevat ihmiset tai kansat reagoivat.
- Esimerkki: Venäläistämispolitiikan ajateltiin sulauttavan suomalaiset keisarikuntaan, mutta se herätti päinvastoin voimakasta kansallismielisyyttä ja vastustusta.

2. Riittämätön ymmärrys pitkäaikaisista vaikutuksista

- Päätöksiä tehdään lyhyen aikavälin tavoitteiden pohjalta ilman tarkkaa analyysiä pitkän aikavälin seurauksista.
- Esimerkki: Yhdysvallat tuki Osama bin Ladenin taistelua Neuvostoliittoa vastaan 1980-luvulla, mutta tämä johti myöhemmin al-Qaedan nousuun.

3. Dynaamiset ja muuttuvat olosuhteet

- Päätöksen jälkeinen maailma ei ole staattinen – uudet tapahtumat ja toimijat vaikuttavat lopputulokseen.
- Esimerkki: Versailles'n rauhansopimuksen (1919) tavoitteena oli varmistaa rauha, mutta se loi tyytymättömyyttä Saksassa ja edesauttoi toisen maailmansodan puhkeamista.

71

4. Päätöksentekijöiden ylimielisyys tai väärä turvallisuudentunne

- Kun valtaapitävät aliarvioivat vastustajiensa kyvyt tai motivaatioin, he voivat tehdä päätöksiä, jotka kääntyvät itseään vastaan.
- Esimerkki: Rooman senaatti aliarvioi jatkuvasti Julius Caesarin kasvavaa suosiota, ja lopulta hänen salamurhansa johti tasavallan romahtamiseen eikä sen pelastamiseen.

🏹 Tapausesimerkki: Venäläistämispolitiikan epäonnistuminen Suomessa

Venäjän keisarikunnan venäläistämistoimet 1800-luvun lopulla ja 1900-luvun alussa, kuten **helmikuun manifesti (1899)** ja **yksikielisyysvaatimukset,** perustuivat tiettyihin oletuksiin:

☑ Venäjän päättäjien odotukset:

- Suomen liittäminen kiinteämmin Venäjään heikentäisi kansallista identiteettiä.
- Suomalaiset mukautuisivat lopulta venäläistämiseen.
- Venäläistäminen vahvistaisi keisarikuntaa eikä aiheuttaisi suurta vastustusta.

✕ Todelliset seuraukset:

- Suomalaiset yhdistyivät ennennäkemättömällä tavalla vastustamaan venäläistämistä.
- Suomen itsenäisyyttä alettiin pitää realistisena tavoitteena.
- Passiivinen vastarinta, kuten kieltäytyminen venäläisistä virkamiespaikoista ja lehdistösensuurin kiertäminen, teki venäläistämisestä vaikeaa toteuttaa.
- Venäjän vallankumouksen (1917) yhteydessä Suomi itsenäistyi.

◆ **Johtopäätös:** Venäläistämispolitiikka, joka oli tarkoitettu Suomen sitomiseksi tiukemmin Venäjän valtakuntaan, toimi itse asiassa Suomen itsenäistymisprosessin käynnistäjänä.

🏹 Muita historiallisia esimerkkejä vääristä ennakko-odotuksista

1. Mongolit ja Kiinan hallinta (1200-luku)

☑ **Mongolit odottivat:** Kiinalaiset mukautuisivat nopeasti mongolihallintoon, koska mongolit hallitsivat heitä sotilaallisesti.

✖ **Todelliset seuraukset:** Kiinalaiset omaksuivat mongolit osaksi kulttuuriaan ja dynastiansa (Jüan-dynastia), mutta mongolihallinto heikkeni sisäisten konfliktien takia ja lopulta kaatui.

2. Saksan hyökkäys Neuvostoliittoon (1941)

☑ **Hitlerin odotus:** Neuvostoliitto romahtaisi muutamassa kuukaudessa Blitzkrieg-strategian avulla.

✖ **Todelliset seuraukset:** Saksan armeija ajautui pitkään ja kuluttavaan sotaan, jonka se lopulta hävisi.

3. Kiinan kulttuurivallankumous (1966–1976)

☑ **Mao Zedong odotti:** Kommunistinen puolue vahvistuisi, ja Kiina puhdistuisi "kapitalistisista vaikutuksista".

✖ **Todelliset seuraukset:** Kulttuurivallankumous aiheutti massiivista tuhoa, kaaosta ja Mao menetti osan vaikutusvallastaan.

🔎 Yhteenveto: Mikä on opetus historiallisesta päätöksenteosta?

◆ **Historiallisia päätöksiä arvioitaessa on otettava huomioon, että todellisuus ei aina vastaa odotuksia.**

- Ihmisten käyttäytymistä on vaikea ennakoida, ja päätösten kohteet voivat reagoida vastoin oletuksia.
- Lyhyen aikavälin voitot eivät aina tarkoita pitkän aikavälin menestystä – jotkut päätökset aiheuttavat seurauksia vasta vuosikymmenten päästä.
- Päätöksentekijöiden asenne (ylpeys, ylimielisyys, väärä turvallisuudentunne) voi johtaa odottamattomiin ja usein kohtalokkaisiin virheisiin.

Lopullinen ajatus: Historiallisen päätöksenteon analyysissä yksi tärkeimmistä kysymyksistä on: "Mitä päätöksentekijät odottivat tapahtuvan, ja miksi todellisuus oli jotain muuta?"

Kommentti ChatGPT:n vastaukseen: Suomen venäläistämispolitiikan epäonnistumisessa on kiinnitettävä huomiota niin itsepäiseen kansalliseen vastarintaan, kun suuriin eroihin suomalaisen ja venäläisen kulttuurin välillä. Merkittäviä eroja näiden kulttuurien välillä olivat eri uskonnon, kuten Suomessa pääsääntöisesti luterilaisuus ja Venäjällä ortodoksisuus, eri kirjoitusjärjestelmät, eri kielet, sekä kehittymässä ollut suomalainen kirjallinen kulttuuri. Keskeinen asia tässä on ymmärtää erot päätöksentekijöiden subjektiivisten asenteiden ja mielipiteiden, sekä vallitsevan todellisuuden välillä.

Sinä sanoit: Kuinka paljon päätöstentekijöiden toimintaan vaikuttavat heidän yhteiskunnalliset asemansa, päättäjien maailmankuva, sukupuoli ja oletukset tulevaisuudesta?

ChatGPT sanoi: Päätöksentekijöiden toimintaa ohjaavat monet tekijät, joista **yhteiskunnallinen asema, maailmankuva, sukupuoli ja oletukset tulevaisuudesta** ovat keskeisiä. Historiallisten päätösten analysoinnissa on tärkeää tarkastella näitä taustatekijöitä, koska ne vaikuttavat siihen, miten päättäjät näkevät maailman ja mitä he pitivät mahdollisena tai toivottavana.

---

1. Yhteiskunnallinen asema ja päätöksenteko

Päättäjän yhteiskunnallinen asema määrittelee hänen **pääsynsä tietoon, vaikutusvaltansa ja vastuunsa**.

☑ **Korkean aseman vaikutukset:**

- Suuret resurssit ja laaja näkökulma päätöksentekoon.
- Suurempi vaikutus yhteiskunnan suuntaan.
- Riski eristyä arkitodellisuudesta ("kuplaefekti").

✖ **Alempien yhteiskuntaluokkien rajoitukset:**

- Rajalliset mahdollisuudet osallistua päätöksentekoon.
- Vähemmän tietoa tai vaikutusvaltaa.
- Usein kohteena, ei tekijänä, historiassa.

✦ **Esimerkki: Ludvig XVI ja Ranskan vallankumous**

- Ranskan kuningas Ludvig XVI ei ymmärtänyt tavallisen kansan tyytymättömyyttä eikä ryhtynyt ajoissa uudistuksiin.
- Hänen asemansa aateliston ja hovin ympäröimänä teki hänet sokeaksi kasvavalle kriisille.

🔎 **2. Maailmankuva ja ideologia päätöksenteossa**

Päätöksentekijän maailmankuva on keskeinen, koska se vaikuttaa siihen, mitä hän pitää **hyvänä, oikeana ja mahdollisena.**

💬 **Vaikutustekijät:**

- **Uskonto ja moraali** → Määrittävät, mitkä ratkaisut ovat hyväksyttäviä.
- **Poliittinen ideologia** → Ohjaa näkemyksiä vallasta, yhteiskunnasta ja muutoksesta.
- **Tieteellinen maailmankuva** → Vaikuttaa teknologisiin ja taloudellisiin päätöksiin.

✦ **Esimerkki: Neuvostoliiton suunnitelmatalous**

75

- Kommunistinen ideologia ohjasi Neuvostoliiton talousjärjestelmää, jossa markkinataloutta ei hyväksytty.
- Tämä ideologinen sitoutuminen johti laajoihin epäonnistumisiin, koska suunnitelmatalous ei vastannut todellisia taloudellisia tarpeita.

🔑 3. Sukupuolen vaikutus päätöksenteossa

Historiallisesti sukupuoliroolit ovat vaikuttaneet siihen, kuka saa tehdä päätöksiä ja miten päätöksiä tehdään.

👑 Naisten rooli päätöksenteossa:

- Perinteisesti rajattu, mutta poikkeuksiakin on (esim. Elisabet I, Katariina Suuri).
- Naisten päätöksentekoa on usein tarkasteltu eri tavoin kuin miesten (esim. kuvailtu "emotionaaliseksi" tai "poikkeukseksi").

✦ Esimerkki: Elisabet I ja Englannin valta-asema

- Elisabet I hallitsi Englantia vahvasti ja päätti olla menemättä naimisiin säilyttääkseen valtansa.
- Hänen sukupuolensa aiheutti kritiikkiä, mutta hän käytti sitä myös poliittisena työkaluna ("Neitsytkuningatar"-imago).

✦ Sukupuoliodotukset ja päätöksenteko

- Sotaisuutta ja aggressiivisuutta on perinteisesti yhdistetty miehiin, mikä on vaikuttanut sodankäyntipäätöksiin.
- Naisten johtajuus on usein nähty poikkeuksena, vaikka historiassa on ollut merkittäviä naispäättäjiä.

---

4. Oletukset tulevaisuudesta ja päätöksenteko

Päättäjät tekevät päätöksiä sen mukaan, millaisena he kuvittelevat tulevaisuuden.

Vaikutustekijöitä:

- **Optimismi vs. pessimismi** → Uskotaanko, että päätös johtaa toivottuun lopputulokseen?
- **Teknologian ja tieteen kehitys** → Kuinka paljon luotetaan tulevaisuuden innovaatioihin?
- **Historialliset vertailut** → Katsotaanko menneisyyden esimerkkejä ja tehdäänkö niistä johtopäätöksiä?

Esimerkki: Schlieffen-suunnitelma ja Saksan odotukset (1914)

- Saksa oletti, että Ranska voitaisiin nujertaa nopeasti, kuten aiemmin sodassa 1870–71.
- Tämä oletus osoittautui vääräksi, ja Saksa ajautui pitkään kulutussotaan.

Esimerkki: Yhdysvallat ja Vietnamin sota

- Yhdysvallat oletti, että kommunismin leviäminen Vietnamissa johtaisi dominoefektiin koko Kaakkois-Aasiassa.
- Tämä oletus ohjasi Yhdysvaltoja syvemmälle konfliktiin, vaikka todelliset seuraukset eivät vastanneet odotuksia.

Yhteenveto: Näkökulmia päätöksentekijöiden vaikutukseen

Päätöksentekijät eivät tee päätöksiä tyhjiössä, vaan heidän toimintansa muotoutuu **yhteiskunnallisen asemansa, maailmankuvansa, sukupuolensa ja tulevaisuusodotustensa kautta**.

Keskeiset opit:

- Yhteiskunnallinen asema vaikuttaa siihen, millaista tietoa päättäjä saa ja kuinka irrallaan hän voi olla kansan todellisuudesta.
- Maailmankuva ja ideologia ohjaavat päätöksiä enemmän kuin rationaalinen analyysi.
- Sukupuoliodotukset voivat vaikuttaa päätöksenteon tyyliin ja siihen, kuka pääsee päättämään.
- Tulevaisuusoletukset ovat usein virheellisiä, koska päätöksentekijät arvioivat tulevaisuutta menneisyyden pohjalta.

Historiallisessa analyysissä on tärkeää kysyä:

- ◆ Millaiseen maailmankuvaan päätös perustui?
- ◆ Millaiset oletukset tulevaisuudesta vaikuttivat päätökseen?
- ◆ Oliko päätöksentekijä yhteiskunnallisessa asemassa, jossa hän sai realistista tietoa?
- ◆ Oliko päätöksessä mukana sukupuoleen liittyviä odotuksia?

Näiden kysymysten avulla voidaan ymmärtää, miksi historialliset päätökset syntyivät ja miksi niiden lopputulokset eivät aina vastanneet odotuksia.

Kommentti ChatGPT:n vastaukseen: Päätöksentekijöiden taustat, yhteiskunnalliset asemat, maailmankuva, sukupuoli ja odotukset tulevaisuuden suhteen ovat keskeisiä ajatuksia ymmärtää heidän tekemiänsä päätöksiä, kun tarkastellaan itse päätöksentekijöitä. Sen lisäksi syytä ymmärtää millaisessa ympäristössä päätöksentekijät itse toimivat. Ihmiset ovat subjektiivisia toimijoita, jotka eivät pysty hahmottamaan kaikkia todennäköisyyksiä tai mahdollisuuksia, sekä he luultavasti pitävät parhaimpina yleensä niitä vaihtoehtoja, jotka ovat yhteensopivia heidän oman ajattelunsa kanssa.

Sinä sanoit: Toisin sanoen historiallista päätöksentekoa analysoitaessa tulisi kiinnittää huomiota edellä mainittuihin niin ulkoisiin seikkoihin koskien millaisessa toimintaaympäristössä toimitaan kuin myös äsken mainittuihin päätöksentekijöiden sisäisiin seikkoihin tehtäessä historiallisia päätöksiä?

ChatGPT sanoi: Kyllä, juuri näin! Historiallisten päätösten analysoinnissa on olennaista huomioida sekä **ulkoiset että sisäiset tekijät**, jotka vaikuttivat päätöksentekoon.

⚓ Ulkoiset tekijät: Toimintaympäristö ja konteksti

Nämä tekijät liittyvät olosuhteisiin, joissa päätökset tehtiin, ja ne muodostavat reunaehdot, joiden puitteissa päättäjät toimivat.

1. **Poliittinen tilanne** – Kuka oli vallassa? Millaisia liittolaisuuksia ja vihollisuuksia oli?
2. **Taloudelliset realiteetit** – Oliko resursseja päätöksen toteuttamiseen?
3. **Sotilaallinen ja teknologinen tilanne** – Minkälaisia välineitä ja strategioita oli käytettävissä?
4. **Kulttuuriset ja sosiaaliset normit** – Mikä oli yhteiskunnallisesti hyväksyttävää tai odotettua?
5. **Luonnonolosuhteet ja maantiede** – Kuinka ympäristö vaikutti mahdollisiin vaihtoehtoihin?

⚓ Esimerkki: Napoleonin hyökkäys Venäjälle 1812

- Napoleonin armeija oli Euroopan vahvin, mutta ulkoiset olosuhteet (Venäjän laajuus, ilmasto, huolto-ongelmat) tekivät sodasta katastrofin.
- Päätös oli Napoleonin, mutta toimintaympäristö asetti sille rajat.

⚓ Sisäiset tekijät: Päättäjän omat ominaisuudet

Nämä tekijät liittyvät siihen, miten päätöksentekijä näki tilanteen ja millaisia valintoja hän teki.

1. **Maailmankuva ja ideologia** – Mitkä arvot ja uskomukset ohjasivat päätöstä?
2. **Odotukset tulevaisuudesta** – Mitä päätöksentekijä uskoi tapahtuvan päätöksen seurauksena?
3. **Tiedonsaanti ja ennakkoluulot** – Perustuiko päätös faktoihin vai harhaluuloihin?
4. **Persoonallisuus ja johtamistyyli** – Oliko päätöksentekijä varovainen, aggressiivinen, epävarma vai määrätietoinen?

5. **Sukupuoli ja asema yhteiskunnassa** – Kuinka päätöksentekijän asema ja identiteetti vaikuttivat valintoihin?

⚓ Esimerkki: Keisari Wilhelm II ja Saksan ulkopolitiikka ennen 1. maailmansotaa

- Wilhelm II oli impulsiivinen ja halusi aggressiivisempaa politiikkaa kuin edeltäjänsä.
- Hänen maailmankuvansa painotti Saksan oikeutta suurvalta-asemaan.
- Hänellä oli huono käsitys poliittisista realiteeteista, ja hänen päätöksensä johtivat diplomaattisiin kriiseihin.

🔎 Kokonaisuus: Molemmat tekijät yhdessä

Päätöksenteossa **sisäiset ja ulkoiset tekijät kietoutuvat yhteen**. Ulkoiset olosuhteet rajoittavat mahdollisia valintoja, mutta päätöksentekijän henkilökohtaiset ominaisuudet vaikuttavat siihen, mitä valintoja tehdään.

⚓ Esimerkki: Venäläistämispolitiikka Suomessa 1900-luvun alussa

- **Ulkoiset tekijät:** Venäjän keisarikunta halusi vahvistaa otettaan Suomesta osana keisarikuntaa.
- **Sisäiset tekijät:** Nikolai II uskoi, että venäläistäminen lujittaisi imperiumia. Hän ei ymmärtänyt suomalaisten reaktiota, mikä johti itsenäisyysajattelun vahvistumiseen.

💡 Johtopäätös: Historiallisten päätösten analysoinnissa on tärkeää ymmärtää sekä toiminta-ympäristön (ulkoiset tekijät) että päättäjän henkilökohtaisten ominaisuuksien (sisäiset tekijät) vaikutus päätöksiin ja niiden seurauksiin.

Kommentti ChatGPT:n vastaukseen: ChatGPT:n kiteytys päätöksentekoon vaikuttavista ulkoisista ja sisäisistä tekijöistä oli erittäin hyvä. Merkittävä tekijä, josta ei ole vielä puhuttu, niin on päätöksenteon kohteiden reaktioiden arviointi suhteessa tehtyyn päätökseen.

Sinä sanoit: Analysoitaessa historiallisia päätöksiä emme ole vielä tyhjentävästi puhuneet päätöksenteon kohteiden reaktioista ja niiden arvioinnista suhteessa tehtyihin päätöksiin.

ChatGPT sanoi: Hyvä huomio! **Päätöksenteon kohteiden reaktiot** ovat olennainen osa historiallisten päätösten analyysiä. Päätöksiä ei tehdä tyhjiössä, vaan ne vaikuttavat ihmisiin, ryhmiin ja valtioihin, jotka puolestaan reagoivat päätöksiin omista lähtökohdistaan.

🏹 Miksi kohteiden reaktiot ovat tärkeitä?

- **Päätöksentekijän arvioinnit vs. todelliset seuraukset:** Monet päätökset perustuvat ennakko-oletuksiin siitä, miten kohteet tulevat reagoimaan, mutta todelliset reaktiot voivat olla hyvin erilaisia.
- **Kriittinen palaute ja sopeutuminen:** Päättäjä voi joutua mukauttamaan politiikkaansa kohteiden reaktioiden vuoksi.
- **Historia ei ole vain johtajien historiaa:** Päätökset vaikuttavat laajoihin ihmisjoukkoihin, jotka voivat vastustaa, sopeutua tai hyväksyä ne.

🔍 Analyysimalli: Kohteiden reaktioiden arviointi

1. Mitä päätöksentekijä odotti tapahtuvan?

- Perustuivatko odotukset realistisiin arvioihin?
- Perustuivatko ne ennakkoluuloihin tai väärään tietoon?

2. Miten päätöksen kohteet todella reagoivat?

- Reagoivatko he ennustetulla tavalla?
- Oliko reaktio nopea vai hidas?
- Oliko reaktio yksimielinen vai jakaantuiko se eri ryhmiin?

81

3. Miten päätöksentekijät suhtautuivat reaktioihin?

- Yrittivätkö he tukahduttaa vastustuksen?
- Tekivätkö he kompromisseja vai pitivätkö kiinni alkuperäisestä linjastaan?

4. Mikä oli pitkän aikavälin vaikutus?

- Johtiko päätös ennakoituihin vai täysin odottamattomiin seurauksiin?
- Muodostuiko päätöksestä ennakkotapaus tuleville päätöksille?

📌 Esimerkkejä kohteiden odottamattomista reaktioista

📍 Venäläistämispolitiikka Suomessa (1800-luvun loppu – 1900-luvun alku)

- **Odotus:** Venäläiset päättäjät olettivat, että kieli- ja hallintouudistukset vähitellen sulauttaisivat Suomen osaksi imperiumia.
- **Todellinen reaktio:** Suomalaiset järjestivät laajamittaista passiivista vastarintaa, mikä lopulta vahvisti kansallista identiteettiä ja loi pohjan itsenäisyysliikkeelle.
- **Lopputulos:** Venäläistämispolitiikka ei onnistunut, vaan se edisti Suomen itsenäisyyttä.

📍 Saksan sukellusvenesota 1917

- **Odotus:** Saksalaiset päättivät hyökätä kaikkia Atlantin laivoja vastaan saadakseen Britannian polvilleen. He arvioivat, että Yhdysvallat ei liittyisi sotaan.
- **Todellinen reaktio:** Yhdysvallat liittyi sotaan, mikä lopulta ratkaisi sodan Saksan tappioksi.
- **Lopputulos:** Päätös, jonka piti tuoda Saksalle voitto, johti sen lopulliseen tappioon.

82

Mongolivalloitukset 1200-luvulla

- **Odotus:** Mongolit odottivat joidenkin alueiden antautuvan ilman taistelua, mutta joidenkin odotettiin vastustavan.
- **Todellinen reaktio:** Monissa tapauksissa mongolien maine julmuudesta johti massakarkotuksiin ja paniikkiin ennen kuin mongolit edes hyökkäsivät.
- **Lopputulos:** Mongolit käyttivät tätä strategisesti ja hyödynsivät pelkoa sodankäynnissään.

🔎 Yhteenveto

- Historiallisten päätösten arviointi on **epätäydellistä ilman kohteiden reaktioiden huomioimista.**
- Monet päätökset epäonnistuvat, koska ne perustuvat **väärin arvioituihin reaktioihin.**
- Kohteiden reaktiot voivat vaikuttaa **päätösten pitkän aikavälin seurauksiin** enemmän kuin alkuperäinen päätös itse.
- **Tekoäly voi auttaa analysoimaan reaktioita** esimerkiksi vertailemalla historiallisia reaktioita samankaltaisiin tilanteisiin muissa aikakausissa.

Päätöksenteko ei siis pääty siihen, kun päätös on tehty – **todellinen vaikutus alkaa vasta silloin, kun päätöksen kohteet reagoivat.**

Kommentti ChatGPT:n vastaukseen: Analysoitaessa historiallisia päätöksiä on myös syytä kiinnittää huomiota siihen, miten päätöksenteon kohteet tulevat reagoimaan tehtyihin päätöksiin. Millaista palautetta he antavat tehdyistä päätöksistä, miten toimivat ja miten vastaavat tehtyihin päätöksiin?

Historian suuria päätöksiä – laadullinen analyysi

Aloitamme keskustelun kysymällä miksi historian suuria päätöksiä kannattaisi analysoida tekoälyn avulla laadullisessa tarkastelussa?

Sinä sanoit: Miksi historian suuria päätöksiä kannattaisi analysoida tekoälyn avulla laadullisessa tarkastelussa?

ChatGPT sanoi: Tekoälyn käyttö historian suurten päätösten laadullisessa analyysissä voi tuoda monia etuja, joita perinteisillä tutkimusmenetelmillä voi olla vaikea saavuttaa. Laadullinen tarkastelu keskittyy päätöksenteon kontekstiin, vaihtoehtoihin, perusteluihin ja seurauksiin, jolloin tekoäly voi auttaa tarjoamalla syvällisempää analyysiä laajoista tietomassoista ja vertailemalla historiallisia tilanteita keskenään.

🔖 Miksi tekoäly on hyödyllinen historian päätösten analyysissä?

1. 📚 **Massiivisen aineiston käsittely**

   - Historiallisten päätösten taustalla on usein laaja määrä asiakirjoja, kirjeenvaihtoa, poliittisia puheita ja tilastodataa.
   - Tekoäly voi analysoida suuria tekstikokonaisuuksia nopeammin kuin ihminen ja löytää **yhteyksiä, jotka voisivat muuten jäädä huomaamatta**.
   - Esim. Tekoäly voisi analysoida Napoleonin kirjeenvaihtoa ja vertailla sitä muiden suurten sotapäälliköiden strategisiin pohdintoihin.

2. 💬 **Päätöksenteon vaihtoehtojen simulointi**

   - Tekoäly voi mallintaa, **mitä olisi voinut tapahtua**, jos päättäjä olisi tehnyt toisenlaisen päätöksen.
   - Se voi yhdistää historiallisia tietoja ja arvioida päätöksen **todennäköisiä seurauksia eri skenaarioissa**.
   - Esim. Voitaisiin analysoida, kuinka Ranska olisi voinut välttää vuoden 1870 sodan Preussia vastaan erilaisella diplomatialla.

84

3. 🔍 Päätöksenteon perustelujen ja vaikuttimien analyysi

- Historiallisten päättäjien **retoriikka ja päätöksenteon perustelut** voidaan purkaa osiin ja analysoida tekoälyllä.
- Se voi auttaa ymmärtämään, **kuinka poliittiset, taloudelliset ja ideologiset tekijät vaikuttivat päätöksiin.**
- Esim. Voitaisiin tutkia, miten Yhdysvaltain presidentit ovat perustelleet sotaan liittymistä eri aikakausina.

4. 🌐 Eri aikakausien ja kulttuurien vertaaminen

- Tekoäly voi vertailla historiallisia päätöksiä keskenään eri aikakausilta ja kulttuureista.
- Se voi analysoida, **mitkä tekijät toistuvat** eri konteksteissa ja mitkä ovat ajallisesti tai paikallisesti ainutlaatuisia.
- Esim. Voitaisiin verrata Rooman keisarikunnan ja Qing-dynastian päätöksentekorakenteita ja niiden vaikutuksia valtakuntien vakauteen.

5. 🔍 Päätöksenteon kohteiden reaktioiden ennustaminen

- Tekoäly voi analysoida, **miten eri ryhmät reagoivat päätöksiin** historiallisesti ja arvioida, oliko päätöksentekijän ennuste oikea.
- Esim. Voitaisiin arvioida, miksi Versailles'n rauhansopimus 1919 ei johtanut kestävään rauhaan, vaikka sitä pidettiin sodan lopettajana.

6. 📊 Tilastollinen analyysi ja trendien tunnistaminen

- Tekoäly voi yhdistää **laadullisen analyysin** määrälliseen analyysiin ja selvittää, löytyykö päätöksenteosta **toistuvia kaavoja**.
- Esim. Voitaisiin analysoida, kuinka sodanjulistukset ovat historiassa jakautuneet taloudellisesti vaikeina aikoina verrattuna nousukausiin.

📌 Käytännön esimerkkejä tekoälyn hyödyntämisestä historiallisessa analyysissä

📍 Kuuban ohjuskriisi (1962)

- Tekoäly voisi analysoida, kuinka Yhdysvaltain ja Neuvostoliiton johtajien **puheet, neuvottelut ja diplomatia** vaikuttivat kriisin ratkaisuun.
- Voitaisiin verrata tätä muihin ydinsodan uhkaan liittyneisiin tilanteisiin ja arvioida, **mitkä tekijät estivät kriisin eskaloitumisen.**

📍 Tokugawa Ieyasun päätös sulkea Japani (1630-luvulta alkaen)

- Tekoäly voisi analysoida, kuinka Tokugawa-shogunaatti perusteli isolationisminsa ja miten päätös vaikutti Japanin talouteen ja sotilaalliseen asemaan seuraavien kahdensadan vuoden aikana.
- Voitaisiin vertailla tätä Qing-dynastian Kiinan vastaaviin päätöksiin ja arvioida, **mitkä tekijät johtivat erilaisiin lopputuloksiin.**

📍 Bismarckin ulkopolitiikka ja tasapainottelu Euroopassa (1860–1890-luvut)

- Tekoäly voisi analysoida Bismarckin diplomatiaa ja sitä, **miten hän onnistui pitämään Euroopan rauhallisena yli kahden vuosikymmenen ajan.**
- Voitaisiin vertailla hänen lähestymistapaansa keisari Wilhelm II:n aggressiiviseen ulkopolitiikkaan ja tutkia, missä vaiheessa tasapaino muuttui kohti ensimmäistä maailmansotaa.

🔎 Yhteenveto: Miksi tekoälyä kannattaa käyttää historiallisten päätösten analysoinnissa?

✅ **Säästää aikaa:** Ihmiselle voisi kestää vuosia analysoida tiettyjä lähteitä, mutta tekoäly voi tehdä sen päivissä tai tunneissa.
✅ **Paljastaa uusia näkökulmia:** Se voi havaita yhteyksiä ja malleja, joita

ihmisanalyytikot eivät välttämättä huomaa.

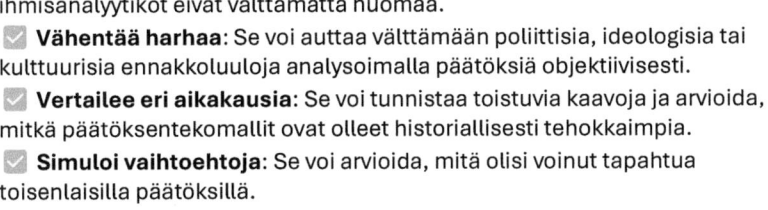 **Vähentää harhaa**: Se voi auttaa välttämään poliittisia, ideologisia tai kulttuurisia ennakkoluuloja analysoimalla päätöksiä objektiivisesti.

Vertailee eri aikakausia: Se voi tunnistaa toistuvia kaavoja ja arvioida, mitkä päätöksentekomallit ovat olleet historiallisesti tehokkaimpia.

Simuloi vaihtoehtoja: Se voi arvioida, mitä olisi voinut tapahtua toisenlaisilla päätöksillä.

Tekoäly ei **korvaa ihmistä** historiallisten päätösten analyysissä, mutta se voi olla tehokas työkalu **tukemaan laadullista päätöksentekoa**, tekemään kattavampia vertailuja ja auttamaan historiantutkijoita ja päätöksentekijöitä **ymmärtämään paremmin menneisyyttä – ja sitä kautta myös nykyisyyttä ja tulevaisuutta.** 🔍 📖

Kommentti ChatGPT:n vastaukseen: Teen tekoälyn käyttämisestä laadullisen aineiston analysointiin kaksi huomiota, joista ensimmäinen on se, että tekoäly sopii loistava hyvin suurien aineistomassojen arviointiin ja toiseksi nykyiset tekoälyohjelmat on pystytty ohjelmoimaan toimimaan erittäin älykkäästi kiitos sen, että niillä on käytössään erittäin suuri laskentateho. Tekoälyn käyttöön sisältyy kuitenkin ongelmia, koska käyttäjä ei tiedä, miten tekoälyn algoritmit tarkalleen ottaen toimivat, jolloin tekoäly on käytössä kuin musta laatikko, jonka sisälle ei nähdä ja kuinka hyvin tekoäly antaa lähdeviitteitä esittämilleen väitteille?

Sinä sanoit: Tekoälyn käyttöön sisältyy kuitenkin ongelmia, koska käyttäjä ei tiedä, miten tekoälyn algoritmit tarkalleen ottaen toimivat, jolloin tekoäly on käytössä kuin musta laatikko, jonka sisälle ei nähdä ja kuinka hyvin tekoäly antaa lähdeviitteitä esittämilleen väitteille? Esimerkkinä tekoälyn väitteistä, joille se ei esitä lähdeviitteitä on "Tokugawa Ieyasun päätös sulkea Japani 1630-luvulla, kun Ieyasu itse kuoli vuonna 1616".

ChatGPT sanoi: Hyvä huomio! Tekoälyn käytössä historiallisen päätöksenteon analysoinnissa on todellakin haasteita, joista yksi keskeisimmistä on **läpinäkyvyyden puute.** Jos käyttäjä ei tiedä, **mihin tietoihin tekoäly perustaa väitteensä,** hän ei voi arvioida niiden luotettavuutta. Tämä tekee tekoälystä eräänlaisen *mustan laatikon*, joka voi antaa vakuuttavan kuuloisia vastauksia, mutta joiden taustalla olevat lähteet ja analyysiprosessit voivat jäädä epäselviksi.

📍 Keskeiset ongelmat tekoälyn käytössä historiantutkimuksessa

1. 🔍 Mustan laatikon ongelma

- Monien tekoälymallien, kuten suurten kielimallien (LLM), sisäinen toiminta on niin monimutkaista, ettei edes niiden kehittäjät voi täysin selittää, **miksi tietty vastaus syntyy.**
- Tämä voi johtaa siihen, että tekoäly esittää **vääristyneitä, kontekstistaan irrotettuja tai jopa virheellisiä väitteitä**, joita käyttäjä ei osaa kriittisesti arvioida.

2. 📑 Lähdeviitteiden puute ja "hallusinointi"

- Tekoäly voi *hallusinoida*, eli **keksiä tietoja, joita ei oikeasti löydy mistään lähteestä.**
- Esimerkiksi aiemmin mainittu virhe, että *Tokugawa Ieyasu olisi tehnyt päätöksen Japanin sulkemisesta 1630-luvulla*, on hyvä esimerkki siitä, miten tekoäly voi yhdistellä **puoliksi oikeita** tietoja virheellisellä tavalla.
- Tässä tapauksessa tekoäly yhdisti Ieyasun nimeen hänen poikansa Tokugawa Hidetadan ja pojanpoikansa Tokugawa Iemitsun politiikan.

3. 📖 Historiallisen kontekstin puutteellinen ymmärtäminen

- Vaikka tekoäly voi analysoida tekstiä, se ei *oikeasti ymmärrä* historiaa samalla tavalla kuin ihminen.
- Se voi **yhdistellä lähteitä mekaanisesti**, mutta ei osaa erottaa, **mikä tieto on olennainen ja mikä ei.**
- Esimerkiksi tekoäly voi antaa **liian modernin tai anakronistisen näkökulman** historiallisille tapahtumille.

4. 🔀 Bias eli vinoumat historiantutkimuksessa

- Tekoälymallit oppivat datasta, joka voi olla **poliittisesti, ideologisesti tai kulttuurisesti värittynyttä.**

- Jos esimerkiksi tekoäly on koulutettu pääosin länsimaisilla historiateksteillä, se saattaa esittää **länsikeskeisiä tulkintoja** ja sivuuttaa ei-länsimaisia näkökulmia.
- Sama koskee aikakausia: jos koulutusdata painottuu 1900-luvun lähteisiin, se voi arvioida **vanhempia aikakausia anakronistisesti**.

🔖 Miten tekoäly voisi parantaa läpinäkyvyyttä historiantutkimuksessa?

1. 📕 Lähdeviitteiden esittäminen

- Tekoälymalleja pitäisi kehittää siten, että ne **aina esittäisivät lähteet**, joista niiden väitteet on johdettu.
- Ihanteellinen ratkaisu olisi järjestelmä, jossa tekoäly voisi **linkittää alkuperäiset historialliset tekstit, asiakirjat ja tutkimukset**, joiden perusteella se tekee väitteensä.
- Nykyiset mallit, kuten Google Bard tai uudemmat tekoälyversiot, pyrkivät parantamaan tätä ongelmaa.

2. 🖋 Selkeämmät analyysiketjut ja argumentointi

- Tekoäly voisi tehdä historiantutkimuksessa **avoimempaa päättelyä**, esimerkiksi näin:
  - "Lähteiden A, B ja C perusteella näyttää siltä, että **Tokugawa-shogunaatti otti käyttöön sulkemispolitiikan 1630-luvulla. Tämä tapahtui Tokugawa Iemitsun kaudella, mutta politiikan juuret olivat Ieyasun ja Hidetadan päätöksissä 1600-luvun alussa.**"
- Tämä tekisi tekoälyn vastauksista **läpinäkyvämpiä ja helpommin tarkistettavia**.

3. 💬 Käyttäjän mahdollisuus tarkistaa tietoa

- Tekoäly voisi tarjota **vaihtoehtoisia näkemyksiä ja vastakkaisia argumentteja**, jotta käyttäjä voisi arvioida **eri tulkintoja historiallisista tapahtumista**.

89

- Esimerkiksi Versailles'n rauhansopimuksesta tekoäly voisi antaa sekä perinteisen tulkinnan ("liian ankara, johti toiseen maailmansotaan") että vaihtoehtoisen näkökulman ("ei ollut niin ankara kuin Saksan asettamat ehdot Brest-Litovskin sopimuksessa").

4. 🔍 **Mahdollisuus tarkistaa ja korjata virheet**

- Tekoälyjärjestelmiin voisi sisällyttää **takaisinkytkentämekanismin**, jossa käyttäjät voisivat ilmoittaa **virheellisistä väitteistä**, jolloin malli oppisi parantamaan vastauksiaan.

📌 **Johtopäätös: Voiko tekoälyä käyttää historiantutkimuksessa?**

☑️ **Kyllä, mutta varoen ja kriittisesti.**

- Tekoäly on hyödyllinen **työkalu**, mutta ei *lopullinen auktoriteetti* historiantutkimuksessa.
- Se voi auttaa analysoimaan suuria tietomääriä, vertailemaan päätöksiä ja löytämään uusia yhteyksiä, mutta sen antamat vastaukset täytyy **aina tarkistaa kriittisesti ja vertailla olemassa oleviin lähteisiin**.
- Mustan laatikon ongelma, lähdeviitteiden puute ja vinoumat ovat keskeisiä haasteita, jotka pitää ratkaista ennen kuin tekoäly voi toimia täysin luotettavana historiallisen analyysin työkaluna.

◆ **Tekoäly voi auttaa historiallisen päätöksenteon analysoinnissa, mutta se ei korvaa ihmistä – vaan toimii parhaimmillaan historian tutkijan apuvälineenä.** ◆

Kommentti ChatGPT:n vastaukseen: Kuten ChatGPT:n vastaus sanoi, niin tekoäly ei ole lopullinen auktoriteetti historiantutkimuksessa, vaan se on työkalu. Päätökset tekevä auktoriteetti suhteessa tekoälyyn on aina ihminen, jolla on riittävä asiantuntemus ja auktoriteetti tehdä kyseiset päätökset.

Historiantutkimuksessa keskeinen asia on lähdekritiikki tarkasteltaessa lähteitä, jolloin lähdekritiikkiin kuuluu sisäinen ja ulkoinen lähdekritiikki. Kuinka hyvin tekoäly on perillä lähdekritiikistä ja siihen liittyvistä kysymyksistä?

Sinä sanoit: Historiantutkimuksessa keskeinen asia on lähdekritiikki tarkasteltaessa lähteitä, jolloin lähdekritiikkiin kuuluu sisäinen ja ulkoinen lähdekritiikki. Kuinka hyvin tekoäly on perillä lähdekritiikistä ja siihen liittyvistä kysymyksistä?

ChatGPT sanoi: Tekoäly ymmärtää **lähdekritiikin käsitteellisesti**, mutta sen **käytännön soveltaminen on haastavaa**, koska tekoäly ei *itse suoranaisesti arvioi lähteiden luotettavuutta samalla tavalla kuin ihminen*. Käyn läpi tekoälyn vahvuudet ja heikkoudet lähdekritiikin soveltamisessa.

📌 Lähdekritiikin perusteet ja tekoäly

Lähdekritiikki jakautuu kahteen pääalueeseen:

1. Ulkonen lähdekritiikki – *Mikä lähde on, mistä se tulee ja miten se on säilynyt?*

- Lähteen **aika, tekijä, alkuperä** ja **autenttisuus** arvioidaan.
- Esim. *Onko tämä asiakirja todella Napoleonin kirjoittama, vai onko kyseessä myöhempi väärennös?*
- Tekoäly voi **auttaa tunnistamaan lähteitä**, mutta se **ei aina kykene arvioimaan, onko lähde aito vai väärennös**.

2. Sisäinen lähdekritiikki – *Mitä lähde kertoo ja kuinka luotettava se on?*

- Lähteen **sisältöä analysoidaan**:
  - o   Onko tieto johdonmukaista?
  - o   Onko lähteellä mahdollinen poliittinen tai ideologinen tarkoitus?
  - o   Vahvistaako joku muu lähde samat tiedot?

91

- Tekoäly voi **verrata eri lähteitä toisiinsa**, mutta **se ei osaa aina arvioida, mikä on uskottavin tulkinta.**

📌 **Miten hyvin tekoäly osaa tehdä lähdekritiikkiä?**

✅ **Mitä tekoäly tekee hyvin?**

◆ **Lähteiden tunnistaminen ja järjestely**

- Tekoäly voi käsitellä suuria tietomääriä ja **järjestää historiallisia lähteitä systemaattisesti.**
- Se voi vertailla eri lähteitä ja huomata toistuvia teemoja.

◆ **Eri lähteiden vertailu**

- Tekoäly voi **löytää eroja ja yhtäläisyyksiä** eri kirjoittajien näkemyksistä.
- Esimerkiksi se voi vertailla **saksalaisten, ranskalaisten ja brittiläisten** näkemyksiä Versailles'n rauhansopimuksesta.

◆ **Anomaliat ja virheellisyydet**

- Tekoäly voi **löytää epäjohdonmukaisuuksia**, kuten päivämäärävirheitä tai ristiriitaisia tietoja.
- Esimerkiksi jos yksi lähde väittää, että *Tokugawa Ieyasu teki päätöksen Japanin sulkemisesta 1630-luvulla*, mutta toinen lähde toteaa, että hän kuoli 1616, tekoäly voi huomata tämän ristiriidan.

❌ **Mitä tekoäly tekee huonosti?**

◆ **Lähteiden aitouden arviointi**

- Tekoäly ei *itsenäisesti* tunnista, onko jokin asiakirja **väärennös vai aito.**
- Esimerkiksi **Vatikaanin lahjakirja** (Donatio Constantini) paljastui väärennökseksi 1400-luvulla tekstianalyysin avulla – tekoäly voisi auttaa vastaavassa prosessissa, mutta ei tee sitä automaattisesti.

✦ **Kontekstin ymmärtäminen**

- Tekoäly ei **ymmärtä historiantutkimuksen hienovaraisia kysymyksiä** kuten ihminen.
- Se voi kertoa, että *lähde on peräisin vuodelta 1800*, mutta se ei välttämättä osaa sanoa, miten kyseisen ajan poliittinen ilmapiiri vaikutti lähteen sisältöön.

✦ **Vääristymien tunnistaminen**

- Tekoäly ei osaa automaattisesti arvioida, **mikä lähde on puolueellinen ja miksi.**
- Esim. jos analysoidaan **saksalaisten ja ranskalaisten näkemyksiä Napoleonista,** tekoäly voi vain listata ne, mutta ei automaattisesti ymmärrä, miksi ranskalaiset ylistävät ja saksalaiset kritisoivat häntä.

✦ **Lähdeviitteiden tarkkuus**

- Tekoäly voi **keksiä lähteitä tai sekoittaa eri tekstien tietoja keskenään.**
- Tämä on erityisen ongelmallista historiantutkimuksessa, jossa tarkat viitteet ovat olennaisia.

🔎 **Voiko tekoälyä käyttää lähdekritiikkiin?**

✦ **Kyllä, mutta ihmisen valvonnassa.**
✦ Tekoäly on hyvä **avustava työkalu,** mutta **lopullinen arviointi on aina tehtävä ihmisen toimesta.**

Miten tekoäly voisi parantaa lähdekritiikkiään?

1. Parempi lähdeviittausten hallinta

- Tekoälymalleja voisi kehittää siten, että ne **aina näyttäisivät alkuperäiset lähteet.**

2. Historiallisen kontekstin parempi ymmärtäminen

- Tekoäly voitaisiin kouluttaa ymmärtämään **ajan henkeä ja ideologisia suuntauksia**, jotta se osaisi arvioida lähteitä tarkemmin.

3. Tarkkuuden parantaminen

- Tekoälymallien pitäisi varmistaa, että ne **eivät keksi viitteitä tai yhdistä eri lähteitä virheellisesti.**

4. Ristiriitaisuuksien selkeämpi esittely

- Tekoäly voisi kertoa **eri lähteiden näkökulmat ja niiden erot** ilman että se *itse* päättää, mikä on oikea.

Johtopäätös: Onko tekoäly hyvä lähdekriitikko?

Tekoäly on hyödyllinen apuväline, mutta ei itsenäinen lähdekriitikko.

- Se voi **järjestellä, vertailla ja analysoida lähteitä**, mutta **ihminen tekee lopullisen arvion lähteiden luotettavuudesta.**
- Nykyisellään tekoäly on hyvä **löytämään tietoa**, mutta sen **arviointikyky ei vielä vastaa historiantutkijan lähdekritiikkiä.**
- Jos tekoälyä kehitetään **paremman lähdeviittausten hallinnan ja historiallisen kontekstin ymmärtämisen suuntaan**, se voisi tulevaisuudessa olla tehokkaampi työkalu historiantutkimuksessa.

⚜ Lopullinen arvio:
◐ Hyvä työkalu tiedon etsimiseen ja järjestämiseen.
● Ei riittävä itsenäiseksi lähdekriitikoksi ilman ihmisen valvontaa.

Kommentti ChatGPT:n vastaukseen: ChatGPT:n vastaus alleviivaa sitä näkemystä, että tekoäly on loistava työkalu, mutta siitä ei ole ainakaan vielä itsenäiseksi toimijaksi. Se vaatii ihmisen valvontaa, jotta sen työn laatua voidaan arvioida. Oletetaan, että ulkoinen lähdekritiikki on osoittanut lähteen aidoksi, jolloin voidaan tarkastella tarkemmin itse lähdettä, joka voi olla mikä tahansa kirjallinen dokumentti kauppalistasta aina paksuun kirjaan. Tämän lisäksi lähde voi olla joko yksityisen ihmisen elämästä tai olla kytköksissä jollain tavalla johonkin historian suurmieheen. Tällöin keskeiset kysymykset ovat, että kuka on tehnyt kyseisen dokumentin, miksi se on tehty ja mitä seurauksia suoria kyseisellä dokumentilla oli aikoinaan?

Sinä sanoit: Oletetaan, että ulkoinen lähdekritiikki on osoittanut lähteen aidoksi, jolloin voidaan tarkastella tarkemmin itse lähdettä, joka voi olla mikä tahansa kirjallinen dokumentti kauppalistasta aina paksuun kirjaan. Tämän lisäksi lähde voi olla joko yksityisen ihmisen elämästä tai olla kytköksissä jollain tavalla johonkin historian suurmieheen. Tällöin keskeiset kysymykset ovat, että kuka on tehnyt kyseisen dokumentin, miksi se on tehty ja mitä seurauksia suoria kyseisellä dokumentilla oli aikoinaan?

ChatGPT sanoi: Olet aivan oikeassa – kun **ulkoinen lähdekritiikki** on vahvistanut lähteen **aidoksi**, voidaan siirtyä **sisäiseen lähdekritiikkiin**, joka keskittyy lähteen **sisältöön, tarkoitusperiin ja vaikutuksiin**.

Seuraavassa käyn läpi kolme keskeistä kysymystä **historian lähteiden analysoinnissa**:

1. **Kuka teki dokumentin?**
2. **Miksi dokumentti on tehty?**
3. **Mitä seurauksia dokumentilla oli aikanaan?**

📌 1. Kuka on tehnyt dokumentin?

Kirjoittajan henkilöllisyys ja asema vaikuttavat lähteen luonteeseen.

◆ Onko kirjoittaja yksilö vai instituutio?

- Esimerkiksi **Napoleonin henkilökohtaiset kirjeet** eroavat **Ranskan hallituksen virallisista julistuksista.**
- Yksityiskirjeet voivat olla rehellisempiä, mutta myös subjektiivisempia.
- Viralliset dokumentit voivat puolestaan **edustaa propagandaa tai hallinnon linjaa.**

◆ Mikä oli kirjoittajan rooli tapahtumissa?

- **Osallistuja, silminnäkijä vai ulkopuolinen tarkkailija?**
- Esim. **roomalaisen Tacituksen kirjoitukset germaaneista** kertovat enemmän Tacituksen **omasta roomalaisesta näkökulmasta** kuin germaanien todellisesta elämästä.

◆ Mikä oli kirjoittajan mahdollinen puolueellisuus?

- Esimerkiksi **Neuvostoliiton aikainen historiankirjoitus Stalinin hallinnosta** oli usein **sensuroitua ja ideologisesti värittynyttä.**

📌 2. Miksi dokumentti on tehty?

Kaikilla historiallisilla dokumenteilla on jokin tarkoitus.

◆ Onko dokumentti tarkoitettu julkiseksi vai yksityiseksi?

- **Salaiset raportit** (esim. diplomaatit kirjoittavat suorasukaisemmin) vs. **julkiset puheet** (joissa on usein propagandaa).

- Esimerkiksi **Niccolò Machiavellin "Ruhtinas"** voidaan nähdä joko **opaskirjana hallitsijoille** tai **poliittisena ironiana.**

◆ **Oliko dokumentilla käytännöllinen vai poliittinen tarkoitus?**

- Esimerkiksi **Magna Carta (1215)** ei alun perin ollut yleismaailmallinen vapausoikeuksien julistus, vaan **Englannin ylimystön pakottama sopimus kuningas Juhanan kanssa.**
- Sen merkitys kasvoi vasta myöhemmin.

◆ **Onko dokumentissa retorisia keinoja, joilla vaikutetaan lukijaan?**

- Esimerkiksi **Hitlerin ja Stalinin puheet** on täynnä voimakkaita tunnesanoja ja viholliskuvia, jotka korostavat heidän poliittista agendaansa.

📌 **3. Mitä seurauksia dokumentilla oli aikanaan?**

Dokumentin suorat ja epäsuorat vaikutukset historiassa.

◆ **Johtiko dokumentti konkreettisiin tapahtumiin?**

- Esimerkiksi **Martti Lutherin 95 teesiä (1517)** laukaisi reformaation ja **muutti koko Euroopan uskonnollisen kentän.**

◆ **Miten dokumenttiin reagoitiin?**

- Oliko se heti laajasti tunnettu?
- Esimerkiksi **Yhdysvaltain itsenäisyysjulistus (1776)** herätti **Britannian vastatoimet,** mutta sen **todellinen vaikutus kasvoi ajan myötä.**

◆ **Muuttiko dokumentti jotain ajattelussa tai kulttuurissa?**

- Esimerkiksi **Adam Smithin "Kansojen varallisuus" (1776)** ei heti muuttanut talousjärjestelmää, mutta loi pohjan **modernille kapitalismille.**

✦ Yhteenveto: Miten tekoäly voisi auttaa tässä analyysissa?

☑ **Tekoäly voi:**
- ◆ Tunnistaa kirjoittajan taustan ja mahdolliset puolueellisuudet.
- ◆ Etsiä rinnakkaisia lähteitä ja auttaa vertailemaan eri aikalaisten näkemyksiä.
- ◆ Analysoida tekstistä retorisia keinoja ja piilomerkityksiä.

✕ **Tekoäly ei osaa itsenäisesti:**
- ◆ Ymmärtää lähteen historiallista kontekstia samalla tavalla kuin ihminen.
- ◆ Tulkitsemaan monimutkaisia ideologisia ja kulttuurisia vaikutuksia.

✦ Lopullinen johtopäätös

Historiallisen lähteen analyysi vaatii:

1. **Kirjoittajan tunnistamista ja arviointia**
2. **Dokumentin tarkoituksen ymmärtämistä**
3. **Sen vaikutusten arviointia**

Tekoäly voi olla **hyödyllinen apuväline**, mutta **lopullinen tulkinta kuuluu historioitsijalle.**

Kommentti ChatGPT:n vastaukseen: Monilla historiallisilla dokumenteilla on alun perin jokin tarkoitus, mutta reaktio niihin saattaa muuttaa niiden tarkoitusperiä, kun kyseisen dokumentin ja siinä ilmaistujen ajatusten kannattajat ja vastustajat reagoivat siihen, mitä kyseinen dokumentti on sanonut. Tarkastellaan seuraavaksi muutamien ChatGPT:n mainitsemien dokumenttien alkuperäisiä tarkoitusperiä suhteessa siihen, miten niitä nykyään arvioidaan.

Sinä sanoit: Mitkä olivat seuraavien historiallisten dokumenttien alkuperäinen tarkoitus ja miten kyseisiä dokumentteja nykyään arvioidaan ja miten niiden tarkoitusperät nähdään? Haluan, että avaat niiden merkitystä aikana, jolloin ne tehtiin ja niiden nykyistä merkitystä lisää. Seuraavaksi kerron dokumentit, joihin viittasin aikaisemmassa virkkeessäni listana; Niccolò Machiavellin "Ruhtinas", Magna Carta (1215), Martti Lutherin 95 teesiä (1517), Yhdysvaltain itsenäisyysjulistus (1776) ja Adam Smithin "Kansojen varallisuus" (1776).

ChatGPT sanoi: Tässä tarkastellaan viittä keskeistä historiallista dokumenttia niiden **alkuperäisen tarkoituksen, aikalaisten näkemyksen** ja **nykyisen merkityksen** valossa.

📜 Niccolò Machiavelli: *Ruhtinas* (Il Principe, 1513, julkaistu 1532)

Alkuperäinen tarkoitus (1513)

- Machiavelli kirjoitti teoksen **ohjekirjaksi hallitsijoille**, erityisesti **Firenzeä hallinneelle Medici-suvulle**, toivoen saavansa takaisin asemansa poliittisena neuvonantajana.
- Hän halusi **osoittaa hallitsijalle, miten valtaa tulee käyttää tehokkaasti ja säilyttää se keinoja kaihtamatta**.
- Korosti realismia politiikassa: **tavoite oikeuttaa keinot**, vallan säilyttäminen on tärkeämpää kuin moraaliset periaatteet.

Aikalaisreaktiot

- Monet näkivät teoksen **kyynisenä ja moraalittomana**.
- **Katolinen kirkko asetti sen kiellettyjen kirjojen listalle** (Index Librorum Prohibitorum) vuonna 1559.

Nykyinen merkitys

- Machiavellia pidetään **realistisen politiikan teorian isänä**.
- *Ruhtinas* on analysoitu **vallan ja johtamisen käsikirjana**, mutta myös satiirina.
- Sana **"machiavellismi"** viittaa politiikassa kylmäpäiseen ja laskelmoivaan vallankäyttöön.

Magna Carta (1215)

Alkuperäinen tarkoitus (1215)

- **Englannin ylimystö pakotti kuningas Juhana Maattoman allekirjoittamaan sopimuksen** rajoittaakseen hänen valtaansa.
- Tavoitteena oli **suojata aateliston etuoikeudet ja estää mielivaltaiset verotukset ja vangitsemiset**.
- Se ei ollut **tarkoitettu laajemmaksi ihmisoikeusjulistukseksi**, vaan lähinnä aateliston eduiksi.

Aikalaisreaktiot

- Kuningas Juhana yritti perua sen pian allekirjoituksen jälkeen.
- Paavi Innocentius III **julisti sen mitättömäksi**, mikä johti baronien kapinaan.

Nykyinen merkitys

- Se nähdään **alkuaskeleena modernille oikeusvaltiolle**, sillä se sisälsi ajatuksia laillisesta suojasta ja hallitsijan vallan rajoittamisesta.
- Yhdysvaltain itsenäisyysjulistus ja Ranskan ihmisoikeuksien julistus (1789) **nojasivat Magna Cartan periaatteisiin**.

Martti Lutherin 95 teesiä (1517)

Alkuperäinen tarkoitus (1517)

- Luther julkaisi teesinsä **kritisoidakseen katolisen kirkon anekauppaa**, jossa rahalla pystyi "ostamaan" synninpäästön.
- Hän ei alun perin aikonut **jakaa kirkkoa**, vaan toivoi sisäistä reformia.
- Teesit olivat akateeminen keskustelualoite ja kirjoitettiin latinaksi.

Aikalaisreaktiot

- **Kirkko reagoi voimakkaasti** – paavi Leo X julisti Lutherin harhaoppiseksi vuonna 1520.
- Teesit **levisivät nopeasti painokoneen ansiosta** ja käynnistivät protestanttisen uskonpuhdistuksen.

Nykyinen merkitys

- **Käännekohta länsimaiselle kristinuskolle** – johti protestanttisten kirkkojen syntyyn.
- **Symboli yksilön oikeudelle kyseenalaistaa auktoriteetti**.
- Lutherin teesien katsotaan **muuttaneen Euroopan poliittisen ja uskonnollisen kehityksen**.

Yhdysvaltain itsenäisyysjulistus (1776)

Alkuperäinen tarkoitus (1776)

- Julistus laadittiin **perustelemaan Amerikan siirtokuntien irtautuminen Britannian vallasta**.
- Korosti **luonnollisia oikeuksia: "Kaikki ihmiset on luotu tasa-arvoisiksi"**.
- Pyrki **hankkimaan kansainvälistä tukea, erityisesti Ranskalta**.

Aikalaisreaktiot

- Britannia **julisti Amerikan kapinalliseksi alueeksi** ja sota jatkui.
- Ranska ja muut maat **tulkitsivat julistuksen vapauden puolustukseksi** ja tukivat amerikkalaisia.

Nykyinen merkitys

- Julistuksen periaatteet **vaikuttivat moniin vallankumouksiin**, kuten Ranskan vallankumoukseen (1789).
- **Paradoksi:** vaikka se puhui **vapaudesta ja tasa-arvosta**, Yhdysvalloissa säilyi **orjuus**.
- **Nykyään sen ajatuksia sovelletaan ihmisoikeuksien puolustamisessa.**

Adam Smith: *Kansojen varallisuus* (The Wealth of Nations, 1776)

Alkuperäinen tarkoitus (1776)

- Smithin teos **kritisoi merkantilismia** (valtiojohtoinen talous) ja esitti **vapaan markkinatalouden teorian.**
- Esitteli käsitteen **"näkymätön käsi"**, jossa yksilöiden omat taloudelliset päätökset johtavat yhteiskunnan hyvinvointiin.
- Halusi **osoittaa, että vapaat markkinat tuottavat enemmän vaurautta kuin valtion ohjaama talous.**

Aikalaisreaktiot

- **Ajatukset olivat radikaaleja,** mutta ne saivat **suurta kannatusta etenkin Britanniassa ja Yhdysvalloissa.**
- Vaikutti **teollistumisen ajan talouspolitiikkaan** ja markkinatalouden kehitykseen.

Nykyinen merkitys

- Yksi **taloustieteen peruskivistä**, jota yhä **siteerataan vapaata markkinataloutta puolustettaessa.**
- Kritiikkiä:
  - **Marxilaiset ajattelijat** ovat kritisoineet Smithiä liiallisesta optimismista markkinoiden itsesääntelyyn.
  - **Modernit ekonomistit** toteavat, että vapaa markkinatalous tarvitsee **sääntelyä.**

📌 **Yhteenveto: Miten dokumenttien merkitys on muuttunut?**

Dokumentti	Alkuperäinen tarkoitus	Nykyinen merkitys
Ruhtinas	Hallitsijan opas vallan säilyttämiseen	Poliittisen realismin klassikko
Magna Carta	Aateliston oikeuksien suojaaminen	Oikeusvaltion ja perustuslaillisuuden esiaste
95 teesiä	Kirkon uudistusyritys	Protestanttisen reformaation alku
Itsenäisyysjulistus	Oikeutus siirtokuntien irtautumiselle	Ihmisoikeusajattelun peruspilari
Kansojen varallisuus	Kritiikki merkantilismia vastaan	Markkinatalouden perusoppi

- ◆ **Dokumenttien alkuperäiset tarkoitukset olivat usein rajallisempia kuin niiden myöhemmät tulkinnat.**
- ◆ **Ajan myötä ne ovat saaneet suuremman merkityksen ja uusia tulkintoja.**
- ◆ **Tekoäly voisi auttaa analysoimaan, miten dokumenttien käsitteet ovat muuttuneet eri aikoina.**

Kommentti ChatGPT:n vastaukseen: Pähkinänkuoressaan ChatGPT:n vastaus oli hyvä. Se teki niin kuin pyysin sitä tekemään ja osoittamaan miten listaamieni historiallisten dokumenttien merkitys on muuttunut siitä ajasta, jolloin ne tehtiin suhteessa siihen, miten ne nähdään nykyään. Joskus voi olla viisasta ja

103

mielenkiintoista vertailla saman tekijän eri teoksia, jolloin tässä tullaan vertailemaan Niccolò Machiavellin "Ruhtinasta" ja "Valtiollisia mietelmiä". Mikä oli näiden teosten alkuperäinen merkitys suhteessa toisiinsa ja miten niiden merkitykset nähdään nykyään?

Sinä sanoit: Joskus voi olla viisasta ja mielenkiintoista vertailla saman tekijän eri teoksia, jolloin tässä tullaan vertailemaan Niccolò Machiavellin "Ruhtinasta" ja "Valtiollisia mietelmiä". Mikä oli näiden teosten alkuperäinen merkitys suhteessa toisiinsa ja miten niiden merkitykset nähdään nykyään?

ChatGPT sanoi: Niccolò Machiavellin (*Ruhtinas*) ja (*Valtiollisia mietelmiä*) (*Discorsi sopra la prima deca di Tito Livio*) ovat hänen kaksi tärkeintä poliittista teostaan, mutta niiden lähestymistavat eroavat huomattavasti toisistaan. Tarkastellaan näiden kahden teoksen alkuperäistä merkitystä ja niiden nykyaikaista tulkintaa.

📊 Alkuperäinen tarkoitus ja keskeiset erot

Ominaisuus	Ruhtinas (*Il Principe*, 1513, julkaistu 1532)	Valtiollisia mietelmiä (*Discorsi sopra la prima deca di Tito Livio*, 1513–1519, julkaistu 1531)
Tarkoitus	Ohjekirja yksinvaltiaalle vallan säilyttämiseksi	Laajempi analyysi tasavallan vahvuuksista ja dynamiikasta
Politiikan tyyli	Realistinen, vallan säilyttäminen on tärkeintä	Kansalaisten osallistuminen ja lait turvaavat valtion
Hallitusmuoto	Keskittyy vahvaan ruhtinaaseen	Suosii tasavaltaa ja kansalaisyhteiskuntaa
Keskeinen idea	Ruhtinaan tulee käyttää valtaa tehokkaasti, joskus myös julmasti	Vahva tasavalta on kestävämpi kuin yksinvaltius
Esikuvat	Cesare Borgia, renessanssiajan Italian ruhtinaat	Muinainen Rooma, erityisesti Titus Liviuksen historiankirjoitus

Ominaisuus	Ruhtinas (*Il Principe*, 1513, julkaistu 1532)	Valtiollisia mietelmiä (*Discorsi sopra la prima deca di Tito Livio*, 1513–1519, julkaistu 1531)
Keskeiset käsitteet	*Virtù* (päättäväisyys), *fortuna* (kohtalo), pelon ja rakkauden tasapaino	Vapaus, kansalaisaktiivisuus, konfliktien hyödyllisyys

Miksi Machiavelli kirjoitti kaksi erilaista teosta?

- *Ruhtinas* oli kirjoitettu **ajankohtaiseksi ohjekirjaksi ruhtinaalle**, erityisesti Medici-suvulle, toivoen poliittista asemaa.
- *Valtiollisia mietelmiä* oli **laajempi teoreettinen tutkielma**, joka analysoi Rooman tasavallan historiaa ja esitti ajatuksia kansan ja eliitin välisestä vallanjaosta.

🔎 Nykyinen merkitys ja tulkinnat

1. Eriävät vai toisiaan täydentävät?

Nykytutkimuksessa näitä teoksia ei aina pidetä ristiriitaisina, vaan **ne täydentävät toisiaan eri näkökulmista**.

- *Ruhtinas* on analyysi siitä, **miten valtaa voi hankkia ja säilyttää kriisiaikana**.
- *Valtiollisia mietelmiä* taas kertoo, **miten valtio voi olla kestävä pitkällä aikavälillä ja suojautua vallan väärinkäytöltä**.

Joidenkin tutkijoiden mukaan *Ruhtinas* on **lyhyen aikavälin oppikirja vallan saavuttamiseen**, kun taas *Valtiollisia mietelmiä* on **pitkän aikavälin ohje tasavallan rakentamiseksi**.

2. Miten niiden merkitys on muuttunut?

Aika	Ruhtinas	Valtiollisia mietelmiä
1500-luku	Pidettiin vallanhimoisena ja kyynisenä	Vähemmän luettu, koska yksinvaltius oli yleisempää
1700-luku	Enlightenment-aika: pidettiin edelleen kyynisenä	Tasavaltalaisuuden kannattajat, kuten Rousseau, ihailivat
1900-luku	Totalitaariset johtajat tulkitsivat omaksi edukseen	Demokraattiset ajattelijat näkivät ennakoivan liberaalia demokratiaa
Nykyään	Reaalipolitiikan klassikko	Edistää ajatusta osallistuvasta kansalaisyhteiskunnasta

◆ **Nykyisin molempia teoksia analysoidaan toisiaan täydentävinä**, ei vastakkaisina.

◆ *Ruhtinas* nähdään **realistisen vallankäytön oppikirjana**, kun taas *Valtiollisia mietelmiä* on **klassinen teos kansalaisvapaudesta ja instituutioista.**

📌 **Yhteenveto: Miksi vertailu on tärkeää?**

- **Machiavellin ajattelu ei ole yksiselitteisen autoritaarista tai tasavaltalaista** – hän pohti valtaa eri näkökulmista.
- **Jos lukee vain *Ruhtinaan*, saa vääristyneen kuvan Machiavellista kyynisenä vallantavoittelijana.**
- **Jos lukee vain *Valtiollisia mietelmiä*, voi unohtua, että Machiavelli ymmärsi myös voimankäytön välttämättömyyden politiikassa.**

Lopullinen päätelmä

Machiavelli ei ollut yksinvaltiauden tai tasavallan sokea kannattaja, vaan analysoi, mikä hallitusmuoto toimii parhaiten kussakin tilanteessa.

- *Ruhtinas* = **Valta kriisiaikana**
- *Valtiollisia mietelmiä* = **Vahva hallinto pitkällä aikavälillä**

Tämän vuoksi Machiavellia pidetään edelleen **modernin poliittisen ajattelun isänä**, ja hänen kirjoituksiaan tutkitaan yhä maailmanlaajuisesti.

Kommentti ChatGPT:n vastaukseen: Keskeinen asiani tässä oli se, että vaikka Niccolo Machiavelli ennen kaikkea tunnetaan "Ruhtinaasta", niin se ei ollut ainoa merkittävä teos, jonka hän kirjoitti. Hänen toinen pääteoksensa oli "Valtiollisia mietelmiä", joka kuten ChatGPT huomauttaa, analysoi Rooman tasavallan historiaa ennen sen siirtymistä keisarivaltaan. Siirrytään tämän jälkeen hieman käytännönläheisempään tarkasteluun kohdistaen se päätöksentekoprosessien laadulliseen tarkasteluun.

Sinä sanoit: Miten tekoälyä voidaan hyödyntää historiassa tapahtuneiden päätöksentekoprosessien laadullisessa tarkastelussa?

ChatGPT sanoi: Tekoälyä voidaan hyödyntää historiassa tapahtuneiden päätöksentekoprosessien laadullisessa tarkastelussa monin eri tavoin. Vaikka historiantutkimus perustuu edelleen ihmisen tekemään kriittiseen analyysiin, tekoäly voi toimia tukena päätöksenteon taustojen, vaikutusten ja vaihtoehtojen tutkimisessa. Alla on joitakin keskeisiä tapoja, joilla tekoäly voi auttaa historiallisten päätösten laadullisessa analyysissä.

---

1. Tekstianalyysi ja lähdeaineistojen käsittely

Tekoäly voi analysoida laajoja historiallisia tekstiaineistoja ja etsiä niistä toistuvia teemoja, argumentteja ja kielellisiä rakenteita.
Esimerkkejä:

- **Diskurssianalyysi:** Tekoäly voi tunnistaa, miten päätöksentekijät perustelivat valintojaan ja miten heidän retoriikkansa muuttui eri aikoina.
- **Konteksti-analyysi:** Se voi tunnistaa historiallisista dokumenteista tärkeitä avainsanoja ja vertailla, miten ne liittyvät toisiinsa.

⚔ Esimerkki työkalusta:

◆ **Natural Language Processing (NLP)** -menetelmät voivat käsitellä historiallisia dokumentteja ja tunnistaa niistä merkittäviä teemoja.

---

2. Päätöksentekoprosessien mallintaminen

❋ **Tekoäly voi mallintaa historiallisten päätösten logiikkaa ja tunnistaa niihin vaikuttaneet tekijät.**

✅ Esimerkkejä:

- Tekoäly voi analysoida, **mitkä vaihtoehdot olivat päätöksentekijöillä käytettävissään ja miksi tietyt valinnat tehtiin.**
- Se voi **tunnistaa historiallisia kaavoja,** kuten kuinka sotilaallisia päätöksiä tehtiin tietyissä tilanteissa.

⚔ Esimerkki työkalusta:

◆ **Bayesilaiset mallit** ja **simulaatiot** voivat arvioida päätöksentekijöiden todennäköisiä valintoja.

---

3. Vaihtoehtoisten historiallisten skenaarioiden analyysi

⏳ **Tekoäly voi auttaa pohtimaan, mitä olisi tapahtunut, jos päätöksentekijät olisivat tehneet toisenlaisia valintoja.**

✅ Esimerkkejä:

- Mitä jos Napoleon ei olisi hyökännyt Venäjälle?
- Mitä jos Saksa olisi keskittynyt pelkästään Britannian voittamiseen vuonna 1940?

⚔ Esimerkki työkalusta:

◆ **Agenttipohjaiset simulaatiot,** joissa tekoälymallit voivat testata eri vaihtoehtoja ja arvioida niiden mahdollisia seurauksia.

4. Päätöksentekijöiden persoonallisuuden ja ajattelutapojen analyysi

Tekoäly voi analysoida historiallisten henkilöiden puheita, kirjeitä ja dokumentteja arvioidakseen heidän ajattelutapojaan.

☑ Esimerkkejä:

- Miten **Winston Churchillin** retoriikka muuttui sodan eri vaiheissa?
- Oliko **Napoleonin päätöksenteossa** havaittavissa kaavoja, jotka vaikuttivat hänen tappioihinsa?

✕ Esimerkki työkalusta:
- **Sentimenttianalyysi** ja **persoonallisuusprofilointi** historiallisten tekstien perusteella.

5. Päätösten vaikutusten analysointi pitkällä aikavälillä

Tekoäly voi auttaa jäljittämään päätösten kauaskantoisia vaikutuksia.

☑ Esimerkkejä:

- Miten **Versailles'n rauhansopimus 1919** vaikutti Euroopan poliittiseen kehitykseen seuraavien vuosikymmenten aikana?
- Millä tavoin **Tokugawa Ieyasun päätös eristää Japani** vaikutti maan kehitykseen 1800-luvulle asti?

✕ Esimerkki työkalusta:
- **Verkostoanalyysi** voi näyttää, miten yksittäinen päätös linkittyi muihin tapahtumiin ja vaikutti historian kulkuun.

6. Propagandan ja valheellisen tiedon tunnistaminen historiallisissa dokumenteissa

Q Tekoäly voi auttaa tunnistamaan, kuinka päätöksentekijät käyttivät propagandaa perustellakseen valintojaan.

Esimerkkejä:

- Miten **Neuvostoliiton historiankirjoitus** vääristeli tiettyjä tapahtumia?
- Millaisia **propagandatekniikoita** Napoleon tai Hitler käyttivät?

✕ Esimerkki työkalusta:
- **Tekstikorpusanalyysi ja disinformaation tunnistusalgoritmit.**

Haasteet ja rajoitukset

Vaikka tekoäly voi tarjota tehokkaita analyysimenetelmiä, siinä on myös haasteita:

1. **Historiallisten lähteiden puutteet** – Monet historialliset dokumentit ovat epätäydellisiä, ja tekoäly ei voi "arvata" puuttuvaa tietoa.
2. **Kontekstin ymmärtäminen** – Tekoäly ei kykene itsenäisesti tulkitsemaan kulttuurisia ja poliittisia nyansseja yhtä hyvin kuin ihminen.
3. **Lähdekritiikki** – Tekoäly voi analysoida lähteitä, mutta se ei osaa arvioida niiden luotettavuutta yhtä kriittisesti kuin historioitsija.

Yhteenveto: Miten tekoäly voi auttaa historiantutkimuksessa?

✓ Tekoäly ei korvaa historioitsijoita, mutta voi olla tehokas työkalu päätöksenteon laadullisessa analyysissä.

✓ Se voi käsitellä suuria määriä historiallisia dokumentteja ja tunnistaa niistä malleja ja merkityksiä.

✓ Se voi testata vaihtoehtoisia skenaarioita ja jäljittää päätösten pitkäaikaisia vaikutuksia.

110

✓ Se voi analysoida retoriikkaa, propagandaa ja päätöksentekijöiden persoonallisuutta.

Tekoäly tuo historiantutkimukseen **uutta näkökulmaa ja tehokkaita analyysityökaluja**, mutta sen rinnalla tarvitaan edelleen ihmisen kriittistä ajattelua ja kontekstin ymmärrystä. 🚀

Kommentti ChatGPT:n vastaukseen: ChatGPT antaa hyvän listauksen keinoista, jonka lisäksi se kiinnittää huomiota, niin tekoälyn vahvuuksiin ja heikkouksiin arvioitaessa historiallista päätöksentekoa laadullisesta näkökulmasta. Luonnollisesti tuosta herää kysymys tekoälyn tekemän työn laadusta ja uskottavuudesta työkaluna. Miten voidaan varmistaa, että tekoälyn tekemän työn laatu, kun sitä käytetään historiallisten päätösten laadulliseen analyysiin, pysyy korkeatasoisena?

Tekoälyn soveltaminen historiallisten päätösten analyysiin

Tämän teoksen keskeinen asia on tekoälyn käyttäminen historiallisten dokumenttien, sekä sitä kautta historiallisen päätöksen analysointiin. Keskeiset kohdat tässä ovat ne, että tekoälyllä on hallussaan hyvin suuri tietomassa, sekä se tosiasia, että kiitos hyvin suuren laskentatehon nykyisissä prosessoreissa, niin tekoälymalleista on saatu yllättävän älykkäitä. On syytä muistaa, että kaikki tekoälymallit ovat korkeintaan niin älykkäiksi ohjelmoituja kuin ovat niiden tekijät. Tästä herää se kysymys, miten tekoäly voi analysoida historiallisia dokumentteja?

Sinä sanoit: Miten tekoäly voi analysoida historiallisia dokumentteja?

ChatGPT sanoi: Tekoäly voi analysoida historiallisia dokumentteja monin eri tavoin hyödyntäen kehittyneitä tekstintunnistus-, analyysi- ja mallinnusmenetelmiä. Tämä mahdollistaa esimerkiksi dokumenttien sisällön, kielen, rakenteen ja kontekstin tarkastelun sekä päätöksenteon logiikan ja vaikutusten arvioinnin. Alla on keskeisiä tapoja, joilla tekoäly voi analysoida historiallisia dokumentteja.

---

1. Tekstin digitointi ja optinen merkintunnistus (OCR)

Vanhojen historiallisten dokumenttien ensimmäinen analyysivaihe on niiden muuttaminen digitaaliseksi tekstiksi.
Esimerkkejä:

- **Keskiaikaiset käsikirjoitukset ja asiakirjat** voidaan muuttaa tekstimuotoon OCR-teknologialla.
- **Skannatut vanhat kirjat ja sanomalehdet** voidaan muuntaa hakukelpoisiksi tietokannoiksi.

⚔ Esimerkki työkalusta:
- **Google Tesseract OCR**, **Adobe Sensei OCR** – Näitä käytetään tekstin tunnistamiseen skannatuista dokumenteista.

● **Haaste:** OCR ei aina tunnista vanhoja käsialoja tai epäselviä merkkejä oikein. Esimerkiksi keskiaikaisten tekstien tulkinta vaatii usein manuaalista tarkistusta.

---

2. Lähdekritiikki: Dokumentin alkuperän ja aitouden arviointi

◆ **Tekoäly voi analysoida dokumentin kirjoitusasua, sanastoa ja rakennetta selvittääkseen, onko se aito vai väärennös.**
☑ Esimerkkejä:

- **Väärennetyt asiakirjat:** Esimerkiksi Hitler-päiväkirjat paljastuivat väärennökseksi osittain kielianalyysin avulla.
- **Historiallisten kirjeiden alkuperä:** Tekoäly voi vertailla tunnettujen kirjoittajien tyylipiirteitä.

✗ **Esimerkki työkalusta:**
◆ **Stylometria** – Tekstin sanaston, lauserakenteen ja tyylipiirteiden analyysi.
◆ **AI-pohjaiset kuvantunnistusjärjestelmät** voivat analysoida musteen koostumusta ja paperin ikää.

● **Haaste:** Tekoäly voi tunnistaa epätavallisuuksia, mutta se ei voi itsenäisesti päättää, onko dokumentti väärennös – se tarvitsee historioitsijan tulkintaa.

---

3. Sisällön analyysi ja temaattinen luokittelu

▢ **Tekoäly voi etsiä historiallisista dokumenteista keskeisiä teemoja ja sanastoa.**
☑ Esimerkkejä:

- **Niccolò Machiavellin "Ruhtinas"** – Tekoäly voisi analysoida, kuinka usein Machiavelli käyttää sanoja kuten "voima", "petos" tai "kansan tuki".

- **Magna Carta** – Dokumentista voidaan tunnistaa keskeiset oikeudelliset ja poliittiset käsitteet.

🛠 **Esimerkki työkalusta:**
- ◆ **Natural Language Processing (NLP)** – Koneoppimismenetelmä, joka tunnistaa tekstin merkitysrakenteita.
- ◆ **Topic Modeling (aihemallinnus)** – Erottaa dokumenteista toistuvia teemoja ja aihealueita.

⬤ **Haaste:** Tekoäly voi löytää toistuvia sanoja ja teemoja, mutta se ei yksinään ymmärrä historiallista kontekstia, jossa ne on kirjoitettu.

---

4. Retoriikan ja argumenttien analyysi

💬 **Tekoäly voi tunnistaa, miten historialliset asiakirjat perustelivat väitteitään ja vaikuttivat yleisöönsä.**

☑ Esimerkkejä:

- **Martti Lutherin 95 teesiä (1517):** Miten Luther rakensi argumenttinsa kirkkoa vastaan?
- **Yhdysvaltain itsenäisyysjulistus (1776):** Mitkä olivat keskeiset argumentit kuningas Yrjö III:ta vastaan?

🛠 **Esimerkki työkalusta:**
- ◆ **Sentimenttianalyysi** – Tunnistaa, onko teksti esimerkiksi aggressiivista, rauhoittelevaa vai vakuuttavaa.
- ◆ **Argumenttirakenneanalyysi** – Miten premissit ja johtopäätökset rakentuvat tekstissä?

⬤ **Haaste:** Historiallisissa teksteissä ironia ja metaforat voivat hämätä tekoälyä.

---

5. Päätöksenteon taustojen ja vaihtoehtojen mallintaminen

👻 **Tekoäly voi auttaa selvittämään, miksi historialliset päätökset tehtiin ja mitä vaihtoehtoja oli olemassa.**

☑ Esimerkkejä:

- **Miksi Napoleon hyökkäsi Venäjälle vuonna 1812?**
- **Miten Tokugawa Ieyasun päätös sulkea Japani vaikutti myöhempiin tapahtumiin?**

⚔ **Esimerkki työkalusta:**

◆ **Bayesilainen päättely** – Mallintaa päätöksentekoprosessia todennäköisyyksien avulla.

◆ **Simulaatiomallit** – Kokeilee eri skenaarioita historiallisten tapahtumien kulusta.

🔴 **Haaste:** Historialliset päätökset eivät aina perustu rationaalisiin laskelmiin, vaan ne voivat liittyä esimerkiksi poliittiseen paineeseen, tunteisiin tai sattumiin.

---

6. Pitkän aikavälin vaikutusten analysointi

✏ **Tekoäly voi auttaa hahmottamaan, miten yksittäinen historiallinen päätös vaikutti myöhempiin tapahtumiin.**

☑ Esimerkkejä:

- **Miten Magna Carta vaikutti länsimaiseen oikeusjärjestelmään?**
- **Miten Adam Smithin "Kansojen varallisuus" vaikutti taloustieteen kehitykseen?**

⚔ **Esimerkki työkalusta:**

◆ **Verkostoanalyysi** – Yhdistää historialliset tapahtumat toisiinsa ja arvioi niiden vaikutuksia.

◆ **Aikasarja-analyysi** – Seuraa päätöksen vaikutuksia vuosien tai vuosisatojen kuluessa.

● **Haaste:** Historia ei ole yksinkertainen syy-seurausketju, ja monet tapahtumat voivat vaikuttaa pitkällä aikavälillä yllättävillä tavoilla.

✦ Yhteenveto: Miten tekoäly voi analysoida historiallisia dokumentteja?

✔ **Tekstin digitointi (OCR)** – Muuntaa käsinkirjoitetut ja painetut dokumentit koneellisesti luettavaan muotoon.

✔ **Lähdekritiikki** – Auttaa arvioimaan dokumenttien aitoutta ja kirjoittajan tyyliä.

✔ **Sisällön analyysi** – Tunnistaa keskeiset teemat, argumentit ja sanaston.

✔ **Retoriikan ja argumentaation analyysi** – Paljastaa, miten historialliset asiakirjat vaikuttivat yleisöönsä.

✔ **Päätöksenteon mallintaminen** – Simuloi vaihtoehtoisia päätöksiä ja niiden seurauksia.

✔ **Pitkän aikavälin vaikutusten analysointi** – Tunnistaa, miten historialliset päätökset muokkasivat tulevaisuutta.

🤖 **Vaikka tekoäly tarjoaa tehokkaita työkaluja historiallisten dokumenttien analysointiin, se ei korvaa ihmistä, vaan toimii tukena historiallisessa tutkimuksessa.** Historioitsija tarvitaan aina tulkitsemaan ja arvioimaan tekoälyn tuottamia tuloksia kriittisesti. 🔍 📑

Kommentti ChatGPT:n vastaukseen: Vaikka tekoäly itse onkin hyvä työkalu, niin on hyvä, että ChatGPT myös vastauksessaan mainitsee mahdollisia haasteita, jotka tulee ottaa huomioon käytettäessä tekoälyä. Keskitytään nyt keskustelemaan tekoälyn mainitsemista haasteista.

Sinä sanoit: OCR ei aina tunnista vanhoja käsialoja tai epäselviä merkkejä oikein. Voidaanko tekoäly kouluttaa antamaan yksittäisistä epäselvistä tulkinnoista todennäköisimmät vaihtoehdot?

ChatGPT sanoi: Kyllä, tekoäly voidaan kouluttaa antamaan epäselvistä tulkinnoista todennäköisimmät vaihtoehdot, ja tätä lähestymistapaa käytetään jo monilla aloilla, kuten historiallisten käsikirjoitusten tutkimuksessa, kielitieteessä ja oikeuslääketieteellisessä tekstintunnistuksessa.

Miten tekoäly voi antaa todennäköisimmät vaihtoehdot epäselvistä käsikirjoituksista?

1. Koneoppimisen hyödyntäminen historiallisten tekstien tulkinnassa

- **Kielimallit (Language Models):** Tekoäly voi käyttää laajoja kielimalleja, kuten **GPT-4, BERT tai erityisesti historialliselle tekstille koulutettuja malleja**, jotka tunnistavat todennäköisimmät sanavaihtoehdot.
- **Konvoluutioneuroverkot (CNN) ja rekurrenttineuroverkot (RNN):** Näitä käytetään optisen merkintunnistuksen (OCR) yhteydessä kuvan ja tekstin analysointiin.

◆ **Esimerkki:**
Jos keskiaikaisessa käsikirjoituksessa sana on epäselvä ja OCR ei tunnista sitä oikein, kielimalli voi ehdottaa todennäköisimpiä vaihtoehtoja aiemman kontekstin perusteella.
📝 **Esim. latinalaisessa tekstissä:**

- OCR tulkitsee sanan epäselvästi: *"Dom1nus"*
- AI voi ehdottaa: **"Dominus"** (herra), **"Dominius"** (nimi)

---

2. Todennäköisyysperusteinen vaihtoehtojen esittäminen

📊 **Bayesilainen analyysi** ja **Markovin mallit** voivat arvioida sanavaihtoehtojen todennäköisyyksiä.

◆ **Esimerkki:**

- Jos teksti kuuluu 1600-luvun hollantilaiseen kauppakirjaan, ja sana "Sch1p" on epäselvä, AI voi ehdottaa:
  1. **Schip** (laiva) – 80 % todennäköisyys
  2. **Schiep** (vanha variantti) – 15 %
  3. **Schif** (mahdollinen virheellinen tulkinta) – 5 %

📌 **Käytännön sovellukset:**

- Tekoäly voi **värikoodata epäselvät sanat**:
  - 🔴 **Erittäin epävarmat kohdat**
  - ⚪ **Mahdolliset tulkinnat**
  - ⚫ **Varma tunnistus**

---

3. Historian tuntevat tekoälymallit ja kontekstin hyödyntäminen

📖 **Kontekstitietoinen tekoäly voi käyttää aiempia sanoja ja lauseita päättelyssään.**

- Jos käsikirjoitus sisältää sanoja "katedraali", "piispa" ja "rukous", niin epäselvä sana **"s4cramentum"** voidaan tunnistaa todennäköisimmin muotoon **"sacramentum" (sakramentti)**.
- **"4udere"** voisi olla **"audere" (uskaltaa)**, jos se liittyy rohkeutta kuvaavaan asiayhteyteen.

⚒️ **Työkaluja, jotka hyödyntävät kontekstia:**

- **HTR (Handwritten Text Recognition) -mallit**, kuten Transkribus, voivat oppia tietyn aikakauden ja kirjoittajan tyylin.
- **Hugging Face Transformer -mallit** voivat analysoida tekstin aiempia ja tulevia sanoja päätelläkseen, mikä sana sopii parhaiten.

---

4. Kirjoittajakohtainen ja aikakausikohtainen analyysi

📄 **Jos tietty kirjoittaja käytti omaperäisiä käsialatyylejä tai lyhenteitä, tekoäly voi mukautua niihin.**

- **Esimerkki:** Leonardo da Vincin peilikirjoituksella kirjoitetut muistiinpanot voidaan dekoodata mallilla, joka oppii hänen käsialansa.
- **Vanhojen asiakirjojen lyhenteet:**
  - "ff" voi tarkoittaa "folio" (sivunumero)
  - "yr" voi tarkoittaa "year"

🔍 **Käytännön sovellukset:**

- Kun analysoidaan **Tokugawa Ieyasun aikakauden japanilaisia dokumentteja**, AI voidaan kouluttaa käyttämään sen ajan **kanbun-kieltä**, eikä modernia japania.

---

5. Tekoälyn jatkuva oppiminen ja ihmisen vuorovaikutus

🖼 **Ihminen voi ohjata tekoälyn oppimista:**

- Jos historioitsija huomaa, että AI tekee virheitä tietyissä sanoissa, se voi **korjata tekoälyn ehdotuksia**, jolloin malli oppii tarkentamaan tulkintojaan ajan myötä.
- **Käytännön esimerkki:**
  - AI tunnistaa virheellisesti sanan "Regnum" muotoon "Rcgnum".
  - Ihminen korjaa sen kerran, ja AI ymmärtää jatkossa, että **g:n ja c:n ero voi olla käsialasta riippuva**.

⚒ **Teknologiat, jotka hyödyntävät oppimista:**

- **Neural Networks (NN):** Oppii muototunnistusta ja tekstin kontekstia.

- **Human-in-the-loop (HITL) -mallit:** AI ja historioitsijat tekevät yhteistyötä.

📌 **Johtopäätökset: Voidaanko tekoäly kouluttaa antamaan todennäköisimmät vaihtoehdot?**

✅ **Kyllä!** AI voidaan kouluttaa antamaan epäselvistä sanoista ja merkinnöistä **todennäköisimmät vaihtoehdot** hyödyntämällä:

1. **Kielimalleja ja OCR-teknologiaa**
2. **Bayesilaista analyysiä ja todennäköisyyslaskentaa**
3. **Kontekstitietoista analyysiä**
4. **Kirjoittajakohtaista käsialantunnistusta**
5. **Interaktiivista oppimista ihmisen ohjaamana**

💬 **Lopputulos:** Tekoäly ei vain lue historiallisia dokumentteja, vaan se voi tarjota historioitsijoille **älykkäitä vaihtoehtoja** ja **auttaa tulkintatyössä**, jossa epäselvät kohdat ovat haasteellisia.

📋 **Käytännön sovellus:** Esimerkiksi keskiaikaisen latinan, gootin tai vanhan suomen käsialojen tutkimuksessa AI voi ehdottaa sanoja, joita tutkija voi vahvistaa tai muuttaa, jolloin saadaan mahdollisimman tarkka tulkinta historiallisista lähteistä. 🔍 📖

Kommentti ChatGPT:n vastaukseen: Keskeinen asia tässä on kyky kouluttaa tekoälyä. Tämä luonnollisesti vaatii tekoälyä käyttämään pätevän käyttäjän, joka tuntee tutkittavaa alaa hyvin ja osaa syöttää omat tulkintansa tekoälylle.

Sinä sanoit: Tekoäly voi tunnistaa epätavallisuuksia, mutta se ei voi itsenäisesti päättää, onko dokumentti väärennös – se tarvitsee historioitsijan tulkintaa, mutta voidaanko tekoäly ohjelmoida antamaan todennäköisimmät suosituksensa?

ChatGPT sanoi: Kyllä, tekoäly voidaan ohjelmoida antamaan **todennäköisimmät suosituksensa** dokumentin aitoudesta, mutta lopullinen arvio vaatii aina historioitsijan tulkintaa. Tekoäly voi **tunnistaa**

epäjohdonmukaisuuksia, **verrata dokumenttia tunnettuihin aitoihin lähteisiin** ja **laskea todennäköisyyksiä**, mutta se ei voi itsenäisesti ratkaista, onko dokumentti väärennös.

📌 Miten tekoäly voi arvioida dokumentin aitoutta?

1. Kielellinen ja tyylillinen analyysi (Stylometria)

📝 Tunnistaminen:

- Tekoäly voi **verrata tekstin tyyliä ja sanastoa** tunnettuihin aikalaislähteisiin.
- Se voi havaita, onko dokumentissa **sanoja, rakenteita tai ilmaisutapoja**, jotka eivät vastaa kyseistä ajanjaksoa.

◆ Esimerkki:
Jos "1200-luvun käsikirjoitus" käyttää sanoja, joita ei ollut olemassa ennen 1500-lukua, AI voi merkitä sen epäilyttäväksi.
📖 Tunnettu tapaus: Konstantinuksen lahjakirja (Donatio Constantini) paljastettiin väärennökseksi 1400-luvulla, kun huomattiin, että se sisälsi anakronistisia latinalaisia ilmauksia.

🔧 Teknologiat:

- **Natural Language Processing (NLP)** voi analysoida tekstin rakenteen ja sanaston.
- **AI-pohjainen vertailu tietokantoihin** voi tunnistaa tyylilliset eroavaisuudet.

121

2. Aikakauden materiaalien ja musteen analyysi

🔬 Tunnistaminen:

- Tekoäly voi analysoida **kirjoitusmateriaalien kuvantamista**, kuten musteen koostumusta tai paperin valmistustapaa, ja vertailla niitä aikalaismateriaaleihin.
- Jos paperi on valmistettu **teknologialla, jota ei ollut saatavilla dokumentin väitettynä kirjoitusaikana**, se voi viitata väärennökseen.

◆ Esimerkki:
Jos asiakirjan väitetään olevan 1600-luvulta, mutta AI havaitsee musteessa **synteettisiä väriaineita**, jotka kehitettiin vasta 1800-luvulla, dokumentti on todennäköisesti väärennös.

✖ Teknologiat:

- **Spektrometria ja kuvantamisanalyysi** voivat tunnistaa musteen ja pergamentin koostumuksen.
- AI voi verrata materiaaleja **tietokantoihin, joissa on aitoja historiallisia dokumentteja.**

---

3. Epäjohdonmukaisuuksien tunnistaminen historiallisessa kontekstissa

▦ Tunnistaminen:

- Tekoäly voi verrata dokumenttia muihin tunnettuihin historiallisiin lähteisiin ja tarkistaa, ovatko sen väitteet **aikakaudelle uskottavia**.
- Se voi havaita, jos dokumentissa mainitaan **henkilöitä, tapahtumia tai lakeja**, jotka eivät olleet olemassa tuohon aikaan.

◆ Esimerkki:
Jos väitetty **1400-luvun sopimus** viittaa hallitsijaan, joka nousi valtaan vasta

1500-luvulla, tekoäly voi huomata epäjohdonmukaisuuden ja merkitä dokumentin tarkistettavaksi.

✕ Teknologiat:

- **Aikajana-analyysi ja tietokantavertailut** voivat tarkistaa, onko dokumentissa mainittuja tapahtumia tai henkilöitä oikeasti ollut olemassa.
- **AI:n koulutus historiallisiin lähteisiin** voi auttaa havaitsemaan anakronismeja.

📌 Tunnettu tapaus:
Väärennettyjen "Hitlerin päiväkirjojen" (1983) tapauksessa AI olisi voinut havaita, että käytetty muste ja paperi eivät olleet natsi-Saksan aikakaudelta.

---

4. Kirjoittajakohtainen käsialan ja allekirjoitusten analyysi

📖 Tunnistaminen:

- AI voi analysoida **käsialan ja allekirjoitusten yhteneväisyyksiä** muihin tunnettuihin kirjoittajan dokumentteihin.
- Jos käsiala poikkeaa merkittävästi tekijälle attribuoiduista asiakirjoista, väärennösepäily vahvistuu.

◆ Esimerkki:
Jos **Napoleonin väitetty kirje** eroaa merkittävästi hänen muista tunnetuista kirjeistään käsialan ja ilmaisutavan osalta, tekoäly voi havaita ristiriidan.

✕ Teknologiat:

- **Käsialantunnistus (Handwriting Recognition AI)**, kuten Transkribus.
- **Allekirjoitusten vertaaminen neuroverkoilla**, jotka tunnistavat mikroliikkeet ja kirjoitustyylin yksityiskohdat.

⚓ Tunnettu tapaus:
Shakespearelle attribuoidut näytelmät on joskus kyseenalaistettu, ja AI-pohjainen stylometria on käytetty arvioimaan, oliko hän todella niiden kirjoittaja.

⚓ Miten tekoäly voi antaa suosituksia dokumentin aitoudesta?

Tekoäly voi tuottaa **prosenttipohjaisen arvioinnin**, jossa se antaa **todennäköisyydet dokumentin aitoudelle** eri näkökulmista.

🔍 Esimerkki analyysistä: Keskiaikainen asiakirja

Kriteeri	Analyysi	Todennäköisyys epäautenttisuudesta
Kielellinen analyysi	Sana "administratio" ei ollut käytössä tuohon aikaan	60 %
Musteen analyysi	Muste sisältää ainesosia 1800-luvulta	90 %
Aikakauden tapahtumat	Viitataan tapahtumaan, joka tapahtui 50 vuotta dokumentin väitetyn kirjoitusajankohdan jälkeen	75 %
Käsialan vertailu	Poikkeaa muista saman kirjoittajan tunnetuista dokumenteista	65 %

⚓ Lopputulos:
Tekoäly arvioi, että dokumentti on **75 % todennäköisyydellä väärennös**, mutta historioitsijan tulee päättää lopullinen tulkinta.

📌 **Johtopäätökset: Voidaanko tekoäly ohjelmoida antamaan suosituksia?**

☑ **Kyllä!** Tekoäly voi:

✓ **Tunnistaa tekstin, musteen ja materiaalien epäjohdonmukaisuuksia**
✓ **Laskea todennäköisyyksiä dokumentin aitoudesta eri näkökulmista**
✓ **Ehdottaa epävarmoille kohdille vaihtoehtoisia tulkintoja**
✓ **Tukea historioitsijaa päätöksenteossa tarjoamalla tilastollisia arvioita**

⚠ **Mutta AI ei voi itsenäisesti todeta dokumentin olevan väärennös!**
   ◆ **Lopullinen päätös vaatii aina ihmisen tulkintaa**, sillä tekoäly voi antaa vain **suosituksia** ja **tukea analyysissä**.

📋 **Käytännön hyöty:**
Historiantutkijat voivat käyttää tekoälyä **apuvälineenä**, mutta kriittinen lähdekritiikki ja inhimillinen asiantuntemus ovat välttämättömiä väärennösten tunnistamisessa. 🔍

Kommentti ChatGPT:n vastaukseen: Tässä oli hyvä esimerkki tekoälyn käyttämisestä työkaluna historiallisten dokumenttien aitouden selvittämisessä. Kuten ChatGPT sanoi, niin lopullinen valta tulkita ja tehdä päätöksiä on aina ihmiskäyttäjällä. Valtaa ja vastuuta ei voi tekoälylle delegoida.

Sinä sanoit: Tekoäly voi löytää toistuvia sanoja ja teemoja, mutta se ei yksinään ymmärrä historiallista kontekstia, jossa ne on kirjoitettu, mutta voidaanko tekoälylle esimerkiksi muiden kirjallisten lähteiden kautta opettaa tutkittavan dokumentin historiallinen konteksti?

ChatGPT sanoi: Kyllä, tekoälylle voidaan opettaa **historiallinen konteksti** muiden kirjallisten lähteiden avulla, mutta se ei koskaan täysin ymmärrä kontekstia samalla tavalla kuin ihminen. Sen sijaan tekoäly voi **analysoida**, **verrata** ja **löytää yhteyksiä** eri lähteiden välillä, mikä auttaa tutkijoita arvioimaan dokumentin historiallista taustaa.

📌 **Miten tekoälylle voi opettaa historiallisen kontekstin?**

1. Historiallisten tietokantojen ja tekstikorpusten hyödyntäminen

📑 Miten se toimii?

- Tekoäly voidaan kouluttaa laajoilla historiallisilla tekstikorpuksilla, jotka sisältävät esimerkiksi **aikakauden virallisia asiakirjoja, kirjeenvaihtoa, kronikoita ja lakitekstejä.**
- Kun tekoälylle annetaan uusi dokumentti analysoitavaksi, se voi **verrata sitä aikakauden muihin teksteihin** ja tarkistaa, vastaako sen kieli, tyyli ja sisältö aikakautta.

🔹 **Esimerkki:**
Jos tutkitaan **1300-luvun englantilaista lakiasiakirjaa**, tekoäly voi analysoida:
✓ Käytettyä lakiterminologiaa vertaamalla sitä muihin keskiaikaisiin oikeuslähteisiin.
✓ Onko asiakirjassa mainittuja henkilöitä tai lakeja olemassa muissa historiallissa lähteissä.

✕ Teknologiat:

- **Corpus linguistics** – suurten tekstiaineistojen analyysi.
- **Natural Language Processing (NLP)** – tekstin ymmärtäminen ja rakenteellinen vertailu.

---

2. Aikajanapohjainen analyysi ja tapahtumien tunnistaminen

📅 Miten se toimii?

- Tekoälylle voi syöttää kronologisia tietokantoja, jotka sisältävät **tapahtumia, henkilöitä ja ajanjaksoja.**
- Kun tutkittava dokumentti mainitsee tietyn tapahtuman tai henkilön, tekoäly voi tarkistaa, sopiiko se historialliseen kehykseen.

◆ **Esimerkki:**
Oletetaan, että tutkitaan **1600-luvulle sijoitettua dokumenttia**, joka viittaa Ranskan kuninkaaseen "Louis XVI".

✓ Tekoäly voi huomata, että **Ludvig XVI nousi valtaistuimelle vasta 1774**, joten dokumentin väitteessä voi olla virhe.

🏹 **Käytännön hyöty:**
Tämä auttaa **havaitsemaan anakronismeja** ja **löytämään epäjohdonmukaisuuksia**, jotka voivat viitata väärennökseen tai virheelliseen ajoitukseen.

⚔ **Teknologiat:**

* **Linked Data & Knowledge Graphs** – historiallisten tapahtumien ja henkilöiden tietokannat.
* **AI-pohjainen faktantarkistus** – vertailu tunnettuihin historiallisiin tietokantoihin.

---

3. Kielihistoriallinen analyysi ja sanaston kehitys

📝 **Miten se toimii?**

* Tekoäly voi analysoida sanojen esiintymistä eri aikakausina ja **verrata dokumentin sanastoa** muihin tunnettuihin historiallisiin teksteihin.
* Tämä auttaa tarkistamaan, onko dokumentissa käytetty **sanoja tai ilmauksia, joita ei ollut olemassa kirjoitusajankohtana**.

◆ **Esimerkki:**
Jos "1200-luvun latinankielisessä käsikirjoituksessa" esiintyy sana **"administratio"**, mutta tämä termi tuli käyttöön vasta 1400-luvulla, dokumentti voi olla epäilyttävä.

🏹 **Käytännön hyöty:**
Auttaa tunnistamaan **anakronismeja** ja väärennöksiä.

⚒ Teknologiat:

- **Etymologiset tietokannat** ja AI-pohjaiset kielianalyysit.
- **NLP-pohjainen semanttinen analyysi.**

---

4. Vertailu saman aikakauden muihin dokumentteihin

🔖 Miten se toimii?

- Tekoäly voi analysoida saman ajan **kirjeitä, sopimuksia, lakeja ja muita asiakirjoja** ja selvittää, kuinka hyvin tutkittava dokumentti vastaa niitä.
- Jos dokumentin sanasto, tyyli tai sisältö poikkeaa merkittävästi aikalaislähteistä, se voi olla epäilyttävä.

◆ **Esimerkki:**
Tarkastellaan **Napoleonin väitettyä kirjettä vuodelta 1810.**
✓ Tekoäly voi verrata sen sanamuotoja Napoleonin **aitoihin kirjeisiin** ja tunnistaa, vastaako teksti hänen tavallista ilmaisutapaansa.

◆ **Käytännön hyöty:**
Tunnistaa **epäilyttävät tyylipoikkeamat** ja auttaa **varmentamaan tekijyyden.**

⚒ Teknologiat:

- **Stylometria ja tekijyyden tunnistus.**
- **AI-pohjainen semanttinen ja kontekstuaalinen analyysi.**

⚓ Johtopäätökset: Voidaanko tekoälylle opettaa historiallinen konteksti?

✅ **Kyllä!** Tekoälylle voidaan syöttää historiallista tietoa ja se voi:
✔ **Verrata dokumenttia muihin aikalaislähteisiin**
✔ **Analysoida tapahtumia ja henkilöhistoriaa**
✔ **Tarkistaa, vastaavatko sanasto ja tyyli aikakautta**
✔ **Tunnistaa anakronismit ja kontekstuaaliset epäjohdonmukaisuudet**

⚠ **Mutta AI ei ymmärrä historiaa samalla tavalla kuin ihminen!**
◆ Se **ei voi tehdä lopullisia tulkintoja** – vain historioitsija voi analysoida asiayhteyden ja päättää, onko dokumentti aito tai merkityksellinen.

💡 **Käytännön sovellus:**
Tekoäly toimii **apuvälineenä**, joka nopeuttaa historiallisen kontekstin tutkimista, mutta ihmisen tulkinta on edelleen välttämätöntä. 🔍

Kommentti ChatGPT:n vastaukseen: Tekoälyn vahvuus tässä perustuu ennen kaikkea siihen, että sen tietokannoissa on jo aikaisemmalta ajalta paljon aitoa kirjallista materiaalia tarkasteltavalta ajalta ja tarkastelun kohteena olevalta alueelta. Tämän lisäksi tekoälyn kehittyneet algoritmit voidaan ohjelmoida antamaan suosituksensa tarkasteltavasta dokumentista, mutta lopullinen päätäntävalta on aina ihmiskäyttäjällä.

Sinä sanoit: Historiallisissa teksteissä ironia ja metaforat voivat hämätä tekoälyä, mutta voidaanko tekoäly esimerkiksi aikalaismateriaalin kautta ohjelmoida tunnistamaan niitä?

ChatGPT sanoi: Kyllä, tekoälyä voidaan ohjelmoida **tunnistamaan ironiaa ja metaforia historiallisissa teksteissä**, mutta se on haastavaa, koska **kielen merkitykset muuttuvat ajassa** ja **ironia voi olla hienovaraista**. Tekoäly voi kuitenkin **oppia kontekstiin sidottuja vihjeitä** aikalaismateriaalin avulla.

⚑ Miten tekoäly voi oppia tunnistamaan ironiaa ja metaforia historiallisissa teksteissä?

1. Aikakauden kielimallien kouluttaminen

☰ Miten se toimii?

- Tekoälylle voidaan syöttää **laajoja tekstiaineistoja tietystä ajanjaksosta**, kuten kirjeitä, kronikoita, sanomalehtiä ja poliittisia pamfletteja.
- Kun tekoälylle annetaan uusi teksti, se voi verrata sanavalintoja ja rakenteita aikakauden muihin teksteihin ja tunnistaa, **milloin sanonnat eroavat tavanomaisesta tyylistä.**

◆ Esimerkki:

Jos tutkitaan **1700-luvun satiirisia poliittisia kirjoituksia**, kuten Jonathan Swiftin *Vaatimaton ehdotus*, tekoäly voi oppia:

✓ Että Swiftin ehdotus **syödä köyhien lapsia ei ole kirjaimellinen**, vaan ironinen kommentti yhteiskunnan epäoikeudenmukaisuudesta.

✓ Yleisimmät **retoriset keinot**, joilla aikakauden satiiriset tekstit ilmaisivat ironiaa.

⚒ Teknologiat:

- **Corpus linguistics** – aikakauden kielidatasta oppiminen.
- **Stylometria ja retorinen analyysi**.

---

2. Retoristen keinojen tunnistus

📝 **Miten se toimii?**

- Tekoäly voidaan kouluttaa **tunnistamaan metaforia, ironiaa ja muita retorisia keinoja**, analysoimalla laajasti **aikalaistekstejä, joissa niitä esiintyy.**
- Se voi oppia tunnistamaan **sanojen kaksoismerkityksiä ja epäsuoria viittauksia.**

◆ **Esimerkki:**
Analysoidaan **Ciceroon puheet Rooman senaatissa.**
✓ Jos tekoälylle opetetaan, että **"Quousque tandem abutere, Catilina, patientia nostra?"** ("Kuinka kauan aiot vielä väärinkäyttää kärsivällisyyttämme, Catilina?") on **rhetorical question**, se voi huomata vastaavia rakenteita muissa teksteissä.

⚓ **Käytännön hyöty:**
Tekoäly voisi analysoida **antiikin puheita** ja erottaa, **milloin puhujan tarkoitus on ironinen tai liioitteleva.**

⚔ **Teknologiat:**

- **Natural Language Processing (NLP)** – tekstin rakenteiden tunnistus.
- **Sentimenttianalyysi** – sarkasmin ja ironian havaitseminen.

---

3. Historiallisten sanakirjojen ja aikalaiskommentaarien hyödyntäminen

📖 **Miten se toimii?**

- Tekoäly voidaan yhdistää **historiallisiin sanakirjoihin ja aikalaiskommentaareihin,** jotka selittävät vanhojen tekstien kielenkäyttöä ja metaforia.

- Näin tekoäly voi oppia, **mitkä ilmaisut olivat vertauskuvallisia tiettynä aikana.**

◆ **Esimerkki:**
Analysoidaan **Raamatun tekstejä keskiaikaisessa kontekstissa.**
✓ Jos tekoäly oppii, että **"kameleontin nieleminen"** oli aikalaisilmaus tekopyhyydelle, se voi tunnistaa vastaavat ilmaukset muissa lähteissä.

🖋 **Käytännön hyöty:**
Auttaa tekoälyä ymmärtämään **metaforat ja idiomit, jotka eivät ole enää nykykielessä tunnettuja.**

🔧 **Teknologiat:**

- **Linked Data & Historical Thesauri** – kielitietokannat.
- **Knowledge Graphs** – sanojen historialliset merkitykset.

---

4. Kontekstuaalinen analyysi ja tekstien vertailu

🔍 **Miten se toimii?**

- Tekoäly voi verrata **eri kirjoittajien ja aikakausien tekstejä** ja tarkistaa, **onko ilmaisujen sävy samanlainen muissa tunnetuissa ironisissa tai metaforisissa teksteissä.**
- Se voi oppia, **milloin sama sana käytetään kirjaimellisesti ja milloin metaforisesti.**

◆ **Esimerkki:**
Tutkitaan **Ranskan vallankumouksen aikaisia poliittisia julistuksia.**
✓ Jos tekoäly huomaa, että **"Vapaus, tasa-arvo ja veljeys"** esiintyy usein kontekstissa, jossa **sitä kritisoidaan sarkastisesti**, se voi ymmärtää, että ilmaisua ei aina käytetä kirjaimellisessa merkityksessä.

⚓ Käytännön hyöty:
Tekee näkyväksi, **miten historialliset poliittiset termit saattoivat muuttua ironisiksi** eri aikakausina.

⚒ Teknologiat:

- **Big Data -analyysi** – historiallisten tekstien vertailu.
- **AI-driven Semantic Analysis** – kontekstuaalinen merkitysanalyysi.

⚓ Johtopäätökset: Voidaanko tekoäly ohjelmoida tunnistamaan ironia ja metaforat historiallisissa teksteissä?

☑ Kyllä, mutta se on haasteellista!
✓ **Tekoäly voi oppia analysoimaan historiallista kieltä** aikalaistekstien avulla.
✓ **Se voi tunnistaa retorisia keinoja,** kuten ironiaa ja metaforia, vertaamalla tekstejä muihin saman aikakauden kirjoituksiin.
✓ **Se voi käyttää historiallisia sanakirjoja** ja tekstidatabankkeja löytääkseen sanojen aikakausikohtaiset merkitykset.

⚠ Mutta AI ei ole täydellinen!
◆ **Ironia ja metaforat ovat kontekstisidonnaisia,** eikä tekoäly aina ymmärrä niiden taustalla olevaa historiallista ajattelua.
◆ **Monimerkityksisyys voi hämätä tekoälyä,** erityisesti jos ironia on hienovaraista tai kulttuurisesti spesifiä.
◆ **Lopullinen tulkinta jää aina historioitsijalle,** mutta tekoäly voi auttaa **löytämään mahdollisia ironisia ja metaforisia kohtia** tekstistä analysoitavaksi.

⚲ Käytännön sovellus:
Tekoäly voi olla **työkalu historiallisen tekstianalyysin tukena,** mutta se ei voi täysin korvata ihmisen tekemää tulkintaa. 📜 🔍

Kommentti ChatGPT:n vastaukseen: Keskeisimmäksi teemaksi tässä tulee tekoälyn koulutettavuus. Kuinka hyvin koulutettava tekoälymalli on ja kuinka helppoa sitä on sen käyttöliittymän kautta kouluttaa?

Sinä sanoit: Historialliset päätökset eivät aina perustu rationaalisiin laskelmiin, vaan ne voivat liittyä esimerkiksi poliittiseen paineeseen, tunteisiin tai sattumiin, mutta voidaanko tekoäly kouluttaa tunnistamaan aineiston avulla päätöksentekoon liittyneet poliittiset paineet, tunteet tai sattumat?

ChatGPT sanoi: Kyllä, tekoäly voidaan kouluttaa **tunnistamaan poliittisia paineita, tunteita ja sattumia historiallisessa päätöksenteossa** analysoimalla laajaa historiallista aineistoa. Tekoäly ei voi itsenäisesti **ymmärtää ihmisten tunteita tai poliittista dynamiikkaa**, mutta se voi havaita **kielen, päätöksenteon kulun ja tapahtumien kaavamaisuuksia**, jotka viittaavat emotionaalisiin ja poliittisiin vaikuttimiin.

🔎 Miten tekoäly voi analysoida poliittisia paineita, tunteita ja sattumia historiallisessa päätöksenteossa?

1. Poliittisten paineiden tunnistaminen tekstianalyysin avulla

📑 Miten se toimii?

- Tekoäly voi analysoida historiallisia asiakirjoja (kirjeitä, puheita, päiväkirjoja, lakiesityksiä, sanomalehtiä) ja tunnistaa, **mitä argumentteja tai uhkakuvia käytettiin painostuskeinona**.
- Se voi vertailla **eri poliittisten toimijoiden sanavalintoja** ja selvittää, milloin he joutuivat kompromisseihin ulkoisen paineen vuoksi.

◆ **Esimerkki:**
Analysoidaan **Neville Chamberlainin puheet ennen toisen maailmansodan syttymistä**.
✓ Tekoäly voi tunnistaa, kuinka **puheiden sävy muuttui ajan myötä**, kun Chamberlain yritti ensin välttää sotaa, mutta lopulta joutui julistamaan sodan Saksalle.
✓ Se voi vertailla hänen sanavalintojaan muiden poliitikkojen (esim. Winston

134

Churchill) kanssa ja nähdä, kuinka **sisäpoliittinen ja ulkoinen paine muokkasivat hänen päätöksiään.**

⚒ Teknologiat:

- **Sentimenttianalyysi** – tunnistaa tekstien sävyä (uhka, kompromissi, optimismi).
- **Topic Modeling** – löytää toistuvia teemoja (esim. "rauha hinnalla millä hyvänsä" tai "uhka Saksan taholta").

---

2. Tunteiden vaikutuksen tunnistaminen johtajien päätöksenteossa

Miten se toimii?

- Tekoäly voi analysoida **poliittisten johtajien kirjeitä, päiväkirjoja ja puheita** ja tunnistaa tunnepitoisia ilmauksia.
- Se voi myös tutkia, miten johtajien **päätökset muuttuivat kriisitilanteissa verrattuna normaaliin aikaan.**

◆ Esimerkki:
Tutkitaan **Abraham Lincolnin kirjeitä sisällissodan aikana.**
✓ Jos tekoäly havaitsee, että Lincolnin sanavalinnat olivat alkuvaiheessa rauhallisempia mutta sodan edetessä muuttuvat synkemmiksi, se voi osoittaa **emotionaalisen kuormituksen vaikutuksen päätöksiin.**
✓ Se voi myös huomata, että tietyissä tilanteissa **emotionaalinen reaktio (kuten vihan tai väsymyksen merkit) vaikutti hänen päätöksiinsä,** esimerkiksi Robert E. Leen armahtamiseen liittyvissä keskusteluissa.

⚒ Teknologiat:

- **Natural Language Processing (NLP)** – analysoi kielen tunnesävyjä.
- **Stylometria** – tunnistaa muutokset kirjoitustyylissä ajan myötä.

135

3. Sattuman ja odottamattomien tapahtumien vaikutuksen analysointi

🎲 Miten se toimii?

- Tekoäly voi analysoida **historian käännekohtia**, joissa päätökset tehtiin nopeasti ja verrata niitä tilanteisiin, joissa oli enemmän harkinta-aikaa.
- Se voi myös verrata eri maiden ja aikakausien päätöksiä **ja etsiä malleja, joissa sattuma vaikutti lopputulokseen.**

◆ Esimerkki:
Tutkitaan **Napoleonin hyökkäystä Venäjälle 1812.**
✓ Tekoäly voi analysoida Napoleonin suunnitelmia ennen sotaretkeä ja verrata niitä tapahtumiin sodan aikana.
✓ Se voi osoittaa, kuinka **sattumanvaraiset tekijät (esim. ankara talvi, huono huolto) muuttivat strategiaa** ja pakottivat Napoleonin vetäytymään.
✓ Vertaamalla **muiden sotaretkeilijöiden, kuten Hitlerin hyökkäyksen Neuvostoliittoon (1941), tekemiä virheitä,** tekoäly voi tunnistaa **samankaltaisia sattuman vaikutuksia päätöksenteossa.**

🔧 Teknologiat:

- **Big Data -analyysi** – vertailee laajoja historiallisia tapahtumadatoja.
- **Monte Carlo -simulointi** – mallintaa, miten päätökset olisivat voineet muuttua, jos tietyt satunnaistekijät olisivat olleet erilaisia.

🏹 **Voidaanko tekoäly kouluttaa tunnistamaan poliittiset paineet, tunteet ja sattumat historiallisessa päätöksenteossa?**

☑ **Kyllä, tekoäly voi auttaa analysoimaan historiallisten päätösten taustalla olevia vaikuttimia, mutta se ei voi täysin ymmärtää inhimillistä päätöksentekoa ilman historioitsijan tulkintaa.**

✓ **Tekoäly voi tunnistaa poliittisia paineita** vertailemalla puheita ja poliittisten toimijoiden välistä dynamiikkaa.

136

✓ **Se voi analysoida johtajien tunteiden vaikutusta** tutkimalla heidän kirjoituksiaan ja päätöstensä sävyeroja eri tilanteissa.

✓ **Se voi selvittää sattuman vaikutusta historiallisiin tapahtumiin** vertailemalla useita historiallisia tilanteita ja etsimällä niistä toistuvia kaavoja.

⚠ **Rajoitukset:**

◆ **Tekoäly ei voi itsenäisesti päätellä päätöksentekijän mielenlaatua,** vaan se voi ainoastaan analysoida kirjoitettua aineistoa ja historiallisia tapahtumia.

◆ **Historialliset kontekstit vaihtelevat,** ja tekoälyn pitää saada laaja koulutus eri aikakausien kielestä, politiikasta ja yhteiskunnasta.

◆ **Sattuma on vaikeasti mallinnettavissa,** koska se ei noudata selkeitä sääntöjä – mutta tekoäly voi silti tunnistaa, milloin päätöksiin vaikutti odottamattomia tekijöitä.

🔍 **Lopputulos:**
Tekoäly ei voi yksinään ymmärtää **poliittisen paineen, tunteiden tai sattuman merkitystä historiallisessa päätöksenteossa,** mutta se voi tarjota **arvokasta analyysiä,** joka auttaa historioitsijoita tekemään tarkempia tulkintoja. 📋 🔍

Kommentti ChatGPT:n vastaukseen: ChatGPT:n vastaus osoittaa, että tekoäly vaikuttaa olevan hyvä työkalu tutkia päätöksentekoon liittyneitä paineita, tunteita tai sattumuksia, jos on olemassa päätöksentekoon liittyvää aikalaismateriaalia. Myöhemmässä materiaalissa päättäjät voivat pyrkiä selittämään omia päätöksiänsä. On myös syytä huomata, että presidentti Andrew Johnson armahti Robert E. Leen presidentti Lincolnin salamurhan jälkeen. Jos presidentti Lincoln olisi saanut elää, niin hän olisi luultavasti armahtanut Leen ja muut etelävaltioiden upseerit, koska Lincoln oli sodan jälkeisessä maailmassa sovinnollisuuden kannalla.

Sinä sanoit: Historia ei ole yksinkertainen syy-seurausketju, ja monet tapahtumat voivat vaikuttaa pitkällä aikavälillä yllättävillä tavoilla, mutta voidaanko tekoäly kouluttaa ymmärtämään tätä kokonaisuutta? Esimerkiksi Kosovo Poljen taistelun marttyyriudella oli keskeinen rooli Jugoslavian hajoamissotien alkamisessa 1990-luvun alkuvuosina.

ChatGPT sanoi: Kyllä, tekoäly voidaan **osittain kouluttaa ymmärtämään monimutkaisia historiallisia kokonaisuuksia** ja **pitkäaikaisia**

seurausvaikutuksia, mutta se vaatii laajaa aineistoa, erilaisten ajattelumallien ymmärtämistä ja historioitsijan tulkintaa.

Tekoäly ei kykene **oikeasti ymmärtämään historiaa** samalla tavalla kuin ihminen, mutta se voi **löytää yhteyksiä, joita ihmiset eivät ehkä huomaa**, vertailemalla laajoja tietokokonaisuuksia ja tunnistamalla **toistuvia kaavoja** historiallisissa tapahtumissa.

📌 **Miten tekoäly voidaan kouluttaa ymmärtämään historian monimutkaisuutta?**

1. Pitkäaikaisten syy-seurausketjujen tunnistaminen

📝 **Miten se toimii?**

- Tekoäly voi analysoida historiallisia dokumentteja, poliittisia puheita, sanomalehtiä ja kirjallisuutta **eri aikakausilta** ja tunnistaa, milloin ja miten jokin tapahtuma on mainittu myöhemmissä yhteyksissä.
- Se voi kartoittaa, miten **kansalliset myytit, symbolit ja historiakäsitykset muotoutuvat ajan myötä ja alkavat vaikuttaa myöhempiin päätöksiin.**

◆ **Esimerkki:** Kosovo Poljen taistelun (1389) myytti ja Jugoslavian hajoamissodat (1990-luvun alku).

✓ Tekoäly voisi analysoida **serbialaista kirjallisuutta, poliittisia puheita ja propagandaa** vuosisatojen ajalta ja tunnistaa, kuinka Kosovo Polje muuttui **marttyyrimyytiksi** Serbian kansallisessa identiteetissä.

✓ Se voisi myös vertailla, kuinka **historiallisia myyttejä on käytetty muissa sodissa tai nationalistisissa liikkeissä**, esimerkiksi Ranskan **Vercingetorixin ja Gallian vastarinnan** käyttöä Napoleonin aikana.

✓ Lopulta se voisi auttaa havaitsemaan, milloin **historiallisia tapahtumia käytetään poliittisten päätösten ja sotien oikeuttamiseen.**

⚒ Teknologiat:

- **Topic Modeling** – tunnistaa, milloin sama aihe nousee esiin eri historiallisissa konteksteissa.
- **Network Analysis** – kartoittaa historiallisten tapahtumien ja niiden seurausten yhteyksiä ajan yli.

---

2. Vertaileva historiantutkimus ja samankaltaisten kaavojen etsiminen

📊 Miten se toimii?

- Tekoäly voi vertailla samankaltaisia tapahtumia eri aikakausilta ja tunnistaa, kuinka **historialliset tilanteet ovat kehittyneet samankaltaisesti eri aikoina ja eri maissa**.
- Tämä voi auttaa hahmottamaan, kuinka **taloudelliset, sotilaalliset ja kulttuuriset ilmiöt kehittyvät pitkällä aikavälillä**.

- ◆ **Esimerkki:** Imperiumien hajoamisprosessit.
- ✓ Vertaillaan **Rooman valtakunnan hajoamista, Osmanien valtakunnan romahdusta ja Neuvostoliiton luhistumista**.
- ✓ Tekoäly voi analysoida **talouskriisien, sotien, sisäisen poliittisen hajaannuksen ja ulkoisten paineiden vaikutusta imperiumien hajoamiseen**.
- ✓ Se voi havaita **toistuvia kaavoja**, kuten talousongelmien ja sotien yhteyden valtion heikkenemiseen.

⚒ Teknologiat:

- **Big Data -analyysi** – vertaa valtavia historiallisia tietokantoja ja etsii yhteisiä piirteitä.
- **Machine Learning -mallit** – löytää tilastollisia trendejä, jotka ennustavat yhteiskuntien muutoksia.

---

3. Sattuman ja ennalta-arvaamattomien tekijöiden huomioiminen

🧭 Miten se toimii?

- Tekoäly voi analysoida historiallisia tapahtumia ja tunnistaa **tapaukset, joissa odottamattomat tapahtumat muuttivat historian kulkua.**
- Se voi myös vertailla **"Mitä jos" -skenaarioita**, joissa yksittäinen tapahtuma olisi muuttunut ja pohtia mahdollisia vaihtoehtoisia kehityskulkuja.

◆ **Esimerkki:** Ensimmäisen maailmansodan syttyminen ja Sarajevon laukaukset (1914).

✓ Tekoäly voi analysoida, kuinka **Euroopan poliittinen tilanne oli jo kiristynyt ennen Sarajevon murhaa**, mutta kuinka juuri tämä yksittäinen tapahtuma toimi sodan laukaisijana.

✓ Se voi verrata muita tapauksia, joissa suurvaltasuhteet olivat jännitteisiä, mutta sota vältettiin (esim. Kuuban ohjuskriisi 1962).

✓ Se voi auttaa ymmärtämään, kuinka **poliittiset päätökset ja sattuma kietoutuvat toisiinsa historiallisissa kriisitilanteissa.**

🔧 Teknologiat:

- **Scenario Analysis** – simuloi vaihtoehtoisia historiankulkuja.
- **Historical Event Detection** – tunnistaa tapahtumaketjujen kriittiset kohdat.

🏹 **Voidaanko tekoäly kouluttaa ymmärtämään historian kokonaisuutta?**

🔲 **Osittain kyllä, mutta ihmishistorian kompleksisuus ja inhimillinen tulkinta jäävät edelleen historioitsijoiden tehtäväksi.**

✓ **Tekoäly voi tunnistaa pitkän aikavälin vaikutuksia,** kuten **kansallismyyttien syntyä** tai kuinka **historiallisia tapahtumia käytetään poliittisesti myöhemmin.**

140

✓ **Se voi vertailla samankaltaisia historiallisia ilmiöitä** eri aikakausina ja auttaa tunnistamaan toistuvia kaavoja.

✓ **Se voi analysoida historian kriittisiä käännekohtia** ja arvioida sattuman ja odottamattomien tekijöiden merkitystä.

⚠ **Rajoitukset:**

◆ **Tekoäly ei pysty itsenäisesti ymmärtämään historiallista kontekstia** ilman ihmisten tekemää koulutusta ja aineiston huolellista valintaa.

◆ **Sattuma ja ihmisten subjektiiviset päätökset ovat vaikeasti ennustettavia**, ja tekoäly voi vain analysoida aiempia tapauksia, mutta ei ymmärtää niitä intuitiivisesti.

◆ **Historiallisten myyttien ja symbolien merkitys vaihtelee eri aikoina**, ja tekoäly tarvitsee ihmisen tulkintaa ymmärtääkseen niiden muuttuvan roolin.

💡 **Lopputulos:**
Tekoäly voi **auttaa historioitsijoita ymmärtämään laajoja historiallisia kokonaisuuksia**, mutta se ei voi korvata ihmisen kykyä **tulkita ja ymmärtää historian monimutkaisuutta**. Se toimii parhaimmillaan **analyysin tukena**, joka auttaa löytämään **uusia näkökulmia ja historiallisia yhteyksiä**, joita ei välttämättä muuten huomattaisi. 📜 🔍

Kommentti ChatGPT:n vastaukseen: Luultavasti tekoälyn merkittävin anti tulkittaessa historiallista kontekstia ja hyvin laajoja aineistomassoja on se, että tekoäly saattaa pystyä löytämään uusia yhteyksiä historiallisten tapahtumien väliltä eri aikakausia tarkasteltaessa.

Sinä sanoit: Yhdysvaltain perustajaisät tunsivat sangen hyvin muinaisen Kreikan ja Rooman kehityksen. Voisiko tekoäly auttaa tässä asiassa tarkasteltaessa näiden perustajaisien kirjoituksia, niin mahdollisesti hakea muinaisen Kreikan ja Rooman historiasta kirjallisia lähteitä, joihin perustajaisien kirjoituksien tarkasteltava kohta mahdollisesti perustui?

ChatGPT sanoi: Kyllä, tekoäly voisi **merkittävästi auttaa analysoimaan Yhdysvaltain perustajaisien tekstien vaikutteita** ja vertaamaan niitä muinaisen Kreikan ja Rooman kirjallisiin lähteisiin.

Perustajaisät, kuten Thomas Jefferson, James Madison ja Alexander Hamilton, olivat hyvin perehtyneitä antiikin historiaan, erityisesti Rooman

tasavaltaan ja Ateenan demokratiaan. He viittasivat usein **Polybiukseen, Ciceron kirjoituksiin, Aristoteleen "Politiikkaan" sekä Plutarkhoksen ja Thukydideen historiateoksiin.**

Tekoäly voi **systemaattisesti analysoida,** kuinka perustajaisien ajatukset perustuivat antiikin lähteisiin.

📌 **Miten tekoäly voi auttaa tässä analyysissä?**

1. Tekstien sisällön vertailu ja sitaattien tunnistaminen

☰ **Miten se toimii?**

- Tekoäly voi analysoida **perustajaisien kirjoituksia** ja etsiä tekstikatkelmia, jotka muistuttavat **antiikin kirjoituksia.**
- Se voi tunnistaa **suoria ja epäsuoria viittauksia** Kreikan ja Rooman ajattelijoihin.
- Se voi myös analysoida **sanastoa ja kielellisiä rakenteita,** jotka viittaavat antiikin poliittiseen filosofiaan.

◆ **Esimerkki:**

✓ **Federalist Papers** -kirjoituksissa Madison ja Hamilton viittasivat Polybiuksen teoriaan **sekoitetusta hallitusmuodosta,** jossa yhdistyy **monarkian, aristokratian ja demokratian parhaat puolet.**

✓ Tekoäly voisi vertailla **Polybiuksen "Historiat" -teosta ja Madisonin Federalist No. 10 -kirjoitusta** ja osoittaa, kuinka Madison sovelsi Polybiuksen ajatuksia Yhdysvaltain perustuslakiin.

⚒ **Teknologiat:**

- **Natural Language Processing (NLP)** – tunnistaa tekstikatkelmien samankaltaisuudet eri lähteistä.
- **Plagiarism Detection Tools** – etsii suoria ja epäsuoria viittauksia antiikin teksteistä.

2. Antiikin ja perustajaisien käsitteiden vertailu

▥ Miten se toimii?

- Tekoäly voi kartoittaa, miten **perustajaisät käyttivät antiikin poliittisia käsitteitä, kuten res publica, demokratia, tyrannia, sekahallinto ja kansalaisvelvollisuus.**
- Se voi analysoida, **muuttuiko terminologia ajan myötä ja miten perustajaisät muokkasivat näitä käsitteitä omiin tarkoituksiinsa.**

◆ **Esimerkki:**
✓ **Cicero ja John Adams**

- Cicero puhui **hyveellisestä kansalaisuudesta ja valtion edusta (salus populi suprema lex esto – "Kansan hyvinvointi olkoon korkein laki").**
- John Adamsin kirjoitukset **hyveellisestä hallinnosta ja vallan tasapainosta heijastavat vahvasti Ciceron ajattelua.**
- Tekoäly voisi vertailla heidän kirjoituksiaan ja analysoida **käytettyä sanastoa ja argumentaatiotyyliä.**

⚒ Teknologiat:

- **Semantic Analysis** – tunnistaa, kuinka samankaltaisia käsitteitä käytetään eri aikakausina.
- **Concept Mapping** – rakentaa visuaalisia karttoja käsitteiden yhteyksistä antiikin ja modernin välillä.

3. Historiallisten vaikutteiden tunnistaminen laajemmassa kontekstissa

🖹 Miten se toimii?

- Tekoäly voi **vertailla eri aikakausien poliittisia tekstejä ja analysoida, kuinka tietyt ideat ovat siirtyneet eteenpäin historiassa.**
- Se voi kartoittaa, **mitkä antiikin kirjoitukset olivat suosittuja 1700-luvulla ja kuinka ne vaikuttivat perustajaisiin.**
- Se voi analysoida **painettujen kirjojen ja kirjastojen sisältöä** ja tunnistaa, mitä antiikin teoksia perustajaisät lukivat.

◆ Esimerkki:
✓ Montesquieu ja Polybios

- Montesquieun "Lakien henki" (1748) käsitteli vallan kolmijakoa (lainsäädäntö, toimeenpano ja tuomiovalta).
- Montesquieun ajatukset perustuivat pitkälti Polybiuksen käsitykseen **Rooman tasavallan sekahallinnosta.**
- Yhdysvaltain perustuslain kirjoittajat (erityisesti Madison) käyttivät Montesquieun teoriaa **vallan tasapainosta** perustuslain perustana.
- Tekoäly voisi tunnistaa **Polybiuksen, Montesquieun ja Madisonin kirjoituksista yhteisiä teemoja ja argumenttirakenteita.**

✕ Teknologiat:

- **Historical Influence Tracking** – tunnistaa ideologisten vaikutteiden siirtymän aikakausien yli.
- **Cultural Text Mining** – analysoi, kuinka usein tietyt antiikin kirjoittajat mainitaan eri vuosisatoina.

📌 **Lopputulos – Mitä tekoäly voi tarjota historiantutkijoille?**

☑️ **Tekoäly voi:**

✓ Löytää **suoria ja epäsuoria viittauksia** antiikin kirjallisuuteen Yhdysvaltain perustajaisien teksteissä.

✓ Auttaa analysoimaan **käsitehistorian kehitystä**, kuten kuinka **"tasavalta" ja "demokratia" muuttuivat vuosisatojen saatossa.**

✓ Paljastaa **poliittisten ideoiden leviämistä historiassa**, esimerkiksi kuinka **Cicero vaikutti Montesquieuhon ja Montesquieu Madisoniin.**

✓ Tunnistaa **historiallisia esikuvia, joita perustajaisät käyttivät oikeuttaakseen omat päätöksensä.**

⚠️ **Rajoitukset:**

◆ **Tekoäly ei voi itsenäisesti ymmärtää historian kontekstia**, vaan se tarvitsee ihmistutkijoita analysoimaan löydökset kriittisesti.

◆ **Tekstien tulkinta ja ironian/metaforien ymmärtäminen on haastavaa**, erityisesti vanhemmissa teksteissä.

◆ **Kaikki vaikutteet eivät ole suoria** – joskus ideat ovat muokkautuneet vuosisatojen saatossa, ja tekoäly voi tarvita lisäopetusta ymmärtääkseen historiallista kehitystä oikein.

💡 **Johtopäätös:**

Tekoäly voi tarjota **tehokkaan työkalun historioitsijoille**, jotka haluavat ymmärtää **Yhdysvaltain perustajaisien ja antiikin poliittisen ajattelun yhteyksiä.** Se voi **löytää uusia yhtäläisyyksiä, jotka voivat jäädä ihmistutkijoilta huomaamatta**, mutta lopullinen tulkinta on aina historioitsijan tehtävä. 📝 🔍

Kommentti ChatGPT:n vastaukseen: Antiikin Kreikan ja Rooman vaikutus Yhdysvaltojen syntyyn on hyvin mielenkiintoinen ilmiö, sillä monet Yhdysvaltain perustajaisät tunsivat niiden historian kehityskulun sangen hyvin. Tämä on hyvä esimerkki siitä, miten yksi ajanjakso historiassa vaikuttaa kirjallisten lähteiden kautta toiseen ajanjaksoon, vaikka näiden kahden ajanjakson välillä oli aikaa melkein 2000 vuotta. Yhdysvaltain perustajaisien kirjoituksien kautta voi olla mahdollista tekoälyä käyttäen analysoida heidän ilmaisujensa avulla mitä antiikin teoksia he olivat lukeneet.

Suurmiesteoria vastaan trendit historiassa

Ymmärtääksemme historian tapahtumia meidän tulee kiinnittää huomiota niin suurmiesteoriaan eli siihen, joku suurmies, kuten esimerkkeinä olevat Tokugawa Ieyasu, Napoleon Bonaparte tai Otto von Bismarck muokkasivat maailmaansa ja olosuhteitansa omana aikanaan. Toinen teoria, jota on syytä tarkastella, on trendit historiassa, joiden keskellä ihmisten, myös suurmiesten piti elää ja ottaa ne huomioon.

Sinä sanoit: Mikä on suurmiesteoria historiassa?

ChatGPT sanoi: Suurmiesteoria (*Great Man Theory*) on historiantulkinta, jonka mukaan historiaa muovaavat ennen kaikkea poikkeukselliset yksilöt – suuret johtajat, sotapäälliköt, hallitsijat ja ajattelijat – joiden kyvyt, päätökset ja persoonallisuus vaikuttavat merkittävästi historian kulkuun. Teoria korostaa näiden henkilöiden nerokkuutta, karismaa, rohkeutta tai muita erityispiirteitä, jotka erottavat heidät joukosta ja mahdollistavat heidän vaikutuksensa suuriin historiallisiin tapahtumiin.

Tämän näkemyksen teki tunnetuksi skotlantilainen historioitsija ja filosofi **Thomas Carlyle** 1800-luvulla. Hän esitti, että *"historia on suurmiesten elämäkertaa"*, eli historian kulku määräytyy merkittävien yksilöiden toiminnan kautta.

Esimerkkejä suurmiesteorian mukaisista hahmoista:

- **Napoleon Bonaparte** – sotilasnero ja Ranskan keisari, jonka valloitukset muokkasivat Eurooppaa.
- **Julius Caesar** – Rooman tasavallan kaataja ja keisarikunnan tien raivaaja.
- **Tokugawa Ieyasu** – Japanin yhdistäjä ja Tokugawa-shōgunaatin perustaja.
- **Adolf Hitler** ja **Winston Churchill** – toisen maailmansodan merkittävät johtajat.
- **George Washington** – Yhdysvaltain itsenäisyystaistelun keskeinen hahmo.

Kritiikkiä suurmiesteorialle:

Vaikka suurmiesteoria on ollut suosittu etenkin 1800-luvulla, se on saanut myös paljon kritiikkiä. Monet historioitsijat, kuten **Karl Marx**, ovat väittäneet, että historiaa ohjaavat ennemmin suuret rakenteelliset voimat – talous, yhteiskunta, teknologia ja ideologiat – eikä yksittäisten henkilöiden toiminta. Marxilainen historiantulkinta esimerkiksi painottaa luokkataistelua historian liikkeellepanevana voimana.

Toinen merkittävä kritiikki on se, että "suurmiehet" eivät toimi tyhjiössä. Heidän menestyksensä riippuu usein historiallisista olosuhteista, kuten yhteiskunnan valmiudesta muutokseen tai teknologian kehityksestä. Esimerkiksi Napoleonin nousu ei olisi ollut mahdollinen ilman Ranskan vallankumousta.

Yhdistetty näkökulma:

Nykyhistoriassa monet lähestyvät asiaa tasapainoisemmin: sekä suurilla yksilöillä että laajemmilla yhteiskunnallisilla voimilla on merkitystä. Suuret johtajat voivat muokata historiaa, mutta heidän toimintansa on sidottu aikansa olosuhteisiin ja rajoituksiin.

Mitä mieltä itse olet suurmiesteoriasta?

Kommentti ChatGPT:n vastaukseen: Suurmiesteoria tulee ymmärtää, mutta se myös herättää kysymyksen, että kuinka paljon suurmiehet pystyvät vastustamaan historian trendejä? Mikä on historiallisten trendien merkitys sille suunnalle, johon historia kehittyy?

Sinä sanoit: Mikä on historiallisten trendien merkitys sille suunnalle, johon historia kehittyy? Vahva kuningas, kuten Ludvig XIV, aurinkokuningas, olisi kenties voinut estää Ranskan vallankumouksen, mutta heikko kuningas Ludvig XVII ei siihen pystynyt. Tämä osoittaa sen, että ihmisillä on rajallinen elinaika, mutta ihmisten kehittämät ideologiat ja trendit jäävät elämään lopulta voittaen yksittäiset suurmiehet, kun nämä aikanaan kuolevat pois.

ChatGPT sanoi: Historialliset trendit ovat keskeisessä asemassa siinä, mihin suuntaan historia kehittyy, ja ne asettavat rajoja yksittäisten johtajien vaikutusvallalle. Yksilöt voivat nopeuttaa tai hidastaa historiallisia prosesseja, mutta laajemmat yhteiskunnalliset, taloudelliset ja ideologiset virrat määrittävät lopulta historian pitkän aikavälin kehityksen.

Esimerkiksi **Ranskan vallankumous** oli pitkälti seurausta historiallisista trendeistä, kuten valistuksen leviämisestä, feodalismin kriisistä ja taloudellisista vaikeuksista. Ludvig XIV:n kaltaisen vahvan kuninkaan olisi kenties voinut onnistua viivästyttää vallankumousta, mutta pysäyttää sitä lopullisesti olisi ollut vaikeaa. Ranskan monarkiaa haastaneet ideat – kuten kansansuvereniteetti ja tasa-arvo – olivat jo päässeet leviämään, ja ne eivät kuolleet yksittäisen hallitsijan mukana.

Historiallisten trendien ja yksilöiden välinen suhde:

- **Yksilöt voivat vaikuttaa historiaan lyhyellä aikavälillä.** Esimerkiksi Napoleon pystyi lyömään vallankumouksellisten vastustajat ja vakiinnuttamaan vallan itselleen, mutta hän ei voinut täysin kumota vallankumouksen perintöä.
- **Pitkän aikavälin trendit määräävät historian lopputuloksen.** Feodalismi ja absoluuttinen monarkia olivat jo 1700-luvun lopulla vanhentuneita järjestelmiä, ja niiden romahdus oli lopulta vääjäämätöntä, vaikka Ludvig XIV tai joku toinen olisi onnistunut pidentämään niiden elinikää.

Tämä näkyy myös muissa historiallisissa esimerkeissä:

- **Rooman tasavalta mureni asteittain sisäisten ristiriitojen vuoksi**, vaikka yksittäiset johtajat kuten Sulla ja Caesar yrittivät ratkaista sen ongelmia omalla tavallaan. Lopulta tasavalta korvautui keisarikunnalla.
- **Neuvostoliitto kaatui taloudellisten ja ideologisten ristiriitojen vuoksi**, eikä yksikään vahva johtaja pystynyt pelastamaan sitä pitkässä juoksussa.
- **Brittiläinen imperiumi hajosi dekolonisaation myötä**, vaikka se oli 1800-luvulla maailman mahtavin suurvalta. Suuntaa määräsivät suuremmat historialliset voimat, kuten nationalismiaallon nousu siirtomaissa.

Historiallisten trendien ja suurmiesten suhde on siis dynaaminen: vahvat yksilöt voivat vaikuttaa kehityksen nopeuteen ja suuntaan, mutta eivät lopulta pysäyttää laajempia yhteiskunnallisia muutoksia. Vallankumoukselliset ideat ja poliittiset järjestelmät kehittyvät ja leviävät sukupolvien ajan, ja ne saattavat voittaa yksilön, mutta harvoin yksilö voittaa ne pitkällä aikavälillä.

Tämän vuoksi historioitsijat pohtivat, missä määrin historian kulku on yksilöiden vai laajempien voimien muovaamaa. Kuinka paljon uskot itse, että yksilö voi vaikuttaa historian suuntaan?

Kommentti ChatGPT:n vastaukseen: Niin suurmiesteoriaa kuin historiallisten trendien teoriaa on syytä tarkastella, sillä niillä kummallakin on vaikutuksensa historiaan. Suurmiesteoriaan liittyvä ongelma on se, että sitä kautta voidaan oikeuttaa vahvat johtajat, jotka eivät välttämättä ole oikeudenmukaisia ja demokraattisia.

Sinä sanoit: Siitä kuinka paljon yksilö pystyy vaikuttamaan historian suuntaan, niin se riippuu hänen asemastansa ja taidoistansa. Kiinnitän myös huomiota siihen, että suurmiesteoriaan liittyvä ongelma on se, että sitä kautta voidaan oikeuttaa vahvat johtajat, jotka eivät välttämättä ole oikeudenmukaisia ja demokraattisia.

ChatGPT sanoi: Juuri näin. Yksilön vaikutusvalta historiaan riippuu hänen asemastaan ja kyvyistään, mutta suurmiesteoriaan liittyy se ongelma, että se voi antaa oikeutuksen autoritaarisille hallitsijoille ja johtajille, vaikka heidän toimintansa ei olisikaan oikeudenmukaista tai demokraattista.

Tämä näkyy erityisesti silloin, kun voimakkaita johtajia pidetään historian kulun väistämättöminä muovaajina – ikään kuin ilman heitä yhteiskunta ei olisi kehittynyt samalla tavalla. Esimerkiksi:

- **Napoleon** oikeutti diktatoriset otteensa vedoten siihen, että hän "pelasti" vallankumouksen saavutukset ja loi vahvan Ranskan.
- **Hitlerin ja Stalinin kaltaisia johtajia** on perusteltu sillä, että he "muokkasivat historiaa", mutta samalla heidän hallintonsa aiheutti valtavia kärsimyksiä.
- **Keisarit, tsaarit ja diktaattorit** ovat usein käyttäneet hyväkseen ajatusta, että heidän voimakas johtajuutensa on välttämätöntä vakauden ja kehityksen kannalta.

Suurmiesteoria voi siis antaa perusteet harvainvaltaiselle hallinnolle, koska se antaa vaikutelman, että historia tarvitsee vahvoja johtajia, jotka voivat "ohjata" kansakuntia. Se voi myös vähätellä kansan tai demokraattisten instituutioiden roolia, koska se korostaa yksittäisen johtajan merkitystä.

Toisaalta historialliset trendit, kuten demokratian ja ihmisoikeuksien kehitys, osoittavat, että vahvojen johtajien ei tarvitse olla autoritaarisia. Esimerkiksi:

- **George Washington** voisi olla suurmiesteorian mukainen hahmo, mutta hän kieltäytyi elinikäisestä vallasta ja vahvisti Yhdysvaltain demokratiaa.
- **Winston Churchill** oli vahva johtaja, mutta hän toimi demokratian puitteissa ja joutui tilivelvolliseksi kansalleen.
- **Mahatma Gandhi** käytti ei-väkivaltaista vastarintaa ja vaikutti maailmanhistoriaan ilman sotilaallista tai autoritaarista valtaa.

Lopulta kysymys on siitä, missä määrin vahvat johtajat muokkaavat historiaa ja missä määrin he vain toimivat osana suurempia historiallisia trendejä. Mielestäni esiin nostamasi ajatus on tärkeä: vaikka yksilöt voivat vaikuttaa historiaan, heidän toimintansa oikeutusta pitäisi tarkastella kriittisesti, eikä valtaa tulisi hyväksyä pelkästään sillä perusteella, että joku on "suuri mies".

Pidätkö itse todennäköisenä, että ilman Napoleonin kaltaisia hahmoja historia olisi silti kulkenut samankaltaiseen suuntaan, vai uskotko, että tietyt yksilöt voivat todella muuttaa historian kurssia merkittävästi?

Kommentti ChatGPT:n vastaukseen: Historiallisten trendien suhteen ongelmana on niiden oikullisuus. Otetaan esimerkiksi Ranska vallankumouksen jälkeen, jolloin voidaan kysyä, miten voidaan määritellä se, että halusiko Ranska palata kuninkaan valtaan, jatkaa vallankumousta vai luoda uuden yksinvallan perustuen jonkin karismaattisen johtajan asemaan?

Sinä sanoit: Otetaan esimerkiksi Ranska vallankumouksen jälkeen, jolloin voidaan kysyä, miten voidaan määritellä se, että halusiko Ranska palata kuninkaan valtaan, jatkaa vallankumousta vai luoda uuden yksinvallan perustuen jonkin karismaattisen johtajan asemaan? Tämä osoittaa historiallisten trendien oikullisuuden etenkin, jos pieni joukko ihmisiä, paikalliset vallanpitäjät, pääsevät päättämään sen, mihin suuntaan trendi kääntyy.

ChatGPT sanoi: Tämä on erinomainen huomio! Ranskan vallankumouksen jälkeinen aika osoittaa, kuinka historialliset trendit voivat olla monimutkaisia ja vaikeasti ennustettavia. Ei ollut itsestään selvää, jatkaisiko Ranska vallankumouksellista kehitystä, palaisiko monarkiaan vai siirtyisikö uudenlaiseen yksinvaltaan. Tämä myös korostaa, miten pienet eliitit ja poliittiset toimijat voivat vaikuttaa siihen, miten suuret historialliset voimat kanavoituvat käytännössä.

Ranskan vallankumouksen jälkeiset vaihtoehdot:

1. **Paluu monarkiaan** – Ranskassa oli aina monarkistinen liike, ja jopa vallankumouksen aikana osa kansasta halusi perustuslaillisen kuninkuuden. Napoleonin kukistumisen jälkeen vanhat monarkistiset voimat saivat hetkellisesti vallan.
2. **Vallankumouksen jatkaminen** – Jakobiinit ja muut radikaalit halusivat syventää vallankumousta ja levittää sen ideaaleja muualle Eurooppaan.
3. **Uusi yksinvalta karismaattisen johtajan johdolla** – Napoleon onnistui juuri tässä. Hän kanavoi vallankumouksen perintöä, mutta samalla hän loi keisarikunnan, joka muistutti vahvaa keskitettyä valtiovaltaa.

Tämä osoittaa, ettei historia etene suoraviivaisesti pelkkien trendien mukaan. **Vaikka ideologiset ja taloudelliset voimat asettavat rajoja mahdollisuuksille, historia voi silti kääntyä eri suuntiin riippuen siitä, kuka saa vallan kriittisellä hetkellä.** Napoleonin nousu ei ollut ennalta määrätty – hän vain osasi hyödyntää epävakaata tilannetta ja vakuuttaa kansan sekä armeijan siitä, että juuri hän oli oikea henkilö johtamaan Ranskaa.

Historiallisten trendien oikullisuus:

- Jos olosuhteet olisivat olleet hieman erilaiset – esimerkiksi jos Napoleon olisi kaatunut aikaisessa vaiheessa – Ranska olisi voinut pysyä tasavaltana tai palata monarkiaan jo aiemmin.
- Jos jakobiinit olisivat kyenneet pitämään vallan, Ranskasta olisi voinut tulla pysyvä vallankumouksellinen tasavalta.
- Pienet päätökset ja yksilöiden vaikutus voivat siis muokata suuria historiallisia kehityssuuntia.

Tämä pätee myös muihin historiallisiin murroskohtiin. Esimerkiksi **Neuvostoliiton hajoaminen ei ollut väistämätöntä vielä 1980-luvun alussa, mutta Gorbatšovin uudistukset ja sisäiset valinnat johtivat lopulta järjestelmän romahdukseen.** Jos eri johtajat olisivat tehneet erilaisia päätöksiä, historian kulku olisi voinut olla toisenlainen.

Johtopäätös:

Vaikka historialliset trendit määrittävät suuntaviivat, niiden lopullinen muoto voi riippua yllättävän paljon pienistä eliiteistä tai yksilöistä, jotka saavat tilaisuuden päättää suunnasta kriittisellä hetkellä. Toisin sanoen historia on yhdistelmä rakenteellisia voimia ja sattumanvaraisia tapahtumia.

Uskotko itse, että ilman Napoleonin nousua Ranska olisi ennemmin palannut monarkiaan vai pysynyt tasavaltana?

Kommentti ChatGPT:n vastaukseen: Tämä lyhyt suurmiesteorian ja historiallisten trendien teorian tarkastelu oli välttämätöntä siksi, että voidaan tarkastella suurmiesten toimia omana aikanaan. Siitä voidaan esittää kysymys, että loivatko he uutta voimillaan vai pystyivätkö he sopeutumaan aikansa olosuhteisiin ja niiden muutoksin muita paremmin ja hyödyntämään vahvuuksiansa muita paremmin noustessaan valtaan ja toimiessaan vallanpitäjinä?

,

Historiallisia esimerkkitapauksia

Tokugawa Ieyasun elämä Sekigaharaan asti

Ensimmäisenä esimerkkitapauksena tarkastelemme Tokugawa Ieyasun (1543–1616) tekemiä päätöksiä ja valintoja koskien vuoden 1600 Sekigaharan sotaretkeä. On syytä huomata, että tästä sotaretkestä voitiin aikalaisten keskuudessa puhua Sekigaharan sotaretkenä vasta sen jälkeen, kun kyseinen taistelu oli ratkaissut sen Ieyasun voitoksi. Ensimmäiseksi tarkastelemme Ieyasun taustaa ChatGPT:n avulla ymmärtääksemme hänen lapsuuttansa, nuoruuttansa ja persoonallisuutensa kehittymistä. Kutsun häntä kokoajan selkeyden vuoksi Ieyasuksi, vaikka se ei ollutkaan hänen alkuperäinen nimensä, mutta se on nimi, jolla historia tuntee hänet.

Sinä sanoit: Tarkastelemme Tokugawa Ieyasun (1543–1616) taustaa ChatGPT:n avulla ymmärtääksemme hänen lapsuuttansa, nuoruuttansa ja persoonallisuutensa kehittymistä.

ChatGPT sanoi: Tokugawa Ieyasun (1543–1616) elämä alkoi sotaisan ja epävakaan Sengoku-kauden Japanissa, mikä muokkasi hänen persoonallisuuttaan ja hallitsijafilosofiaansa merkittävästi.

Lapsuus ja nuoruus (1543–1560)

Ieyasu syntyi Matsudaira Takechiyo -nimellä vuonna 1543 Mikawan provinssissa, nykyisen Aichin prefektuurin alueella. Hänen perheensä, Matsudaira-klaani, oli paikallinen sotilasaatelinen suku, joka oli jäänyt kahden voimakkaamman klaanin, Odan ja Imagawan, puristukseen. Tämä johti siihen, että Ieyasu joutui jo lapsena panttivangiksi poliittisten liittoutumien vuoksi.

- **Panttivankeus Odalla (1547–1549):** Vain kuusivuotiaana hänet lähetettiin panttivangiksi Oda Nobuhiden (Oda Nobunagan isä) hoviin. Tämä ei kuitenkaan kestänyt kauaa, sillä Imagawa Yoshimoto – vaikutusvaltainen daimio – hyökkäsi ja otti nuoren Ieyasun haltuunsa.
- **Panttivankeus Imagawalla (1549–1556):** Ieyasu vietti lähes koko nuoruutensa Imagawan hovissa Sunpussa. Täällä hän sai sotilaskoulutusta ja oppi hallinnon periaatteita. Imagawa Yoshimoto kohteli häntä arvokkaana vasallina ja koulutti häntä huolella.

Persoonallisuuden kehittyminen

- **Kärsivällisyys ja harkitsevuus**: Ieyasu oppi varhain, että kärsivällisyys ja tilaisuuden odottaminen olivat avain menestykseen. Hänen panttivankeutensa aikana hän oppi tarkkailemaan ja analysoimaan muiden tekoja, mikä vaikutti myöhempään strategiseen ajatteluunsa.
- **Taktiikka ja lojaalius**: Aluksi lojaali Imagawalle, hän näki Yoshimoton kaatuvan Oda Nobunagan käsissä vuonna 1560 (Okehazaman taistelu). Tästä hetkestä lähtien Ieyasu päätti rakentaa oman tiensä, mikä johti liittoutumiseen Nobunagan kanssa.

Nuoruus ja itsenäistyminen (1560–1570)

Okehazaman jälkeen Ieyasu palasi Mikawaan ja alkoi vahvistaa asemaansa. Hän loi perustan Tokugawa-klaanin itsenäisyydelle ja alkoi kehittää diplomatiaa, sotilaskäytäntöjä ja hallintotaitoja, jotka myöhemmin auttoivat häntä yhdistämään Japanin.

Haluatko tarkastella tarkemmin tiettyä vaihetta hänen nuoruudestaan tai persoonallisuudestaan?

Kommentti ChatGPT:n vastaukseen: Tuo oli hyvä alku ChatGPT:ltä. Ensimmäisenä tuosta herää kysymys mitä tarkalleen ottaen olivat Matsudaira- ja Tokugawa-klaanit? Käsitykseni mukaan alkuperäisellä Tokugawa-klaanilla oli sukutausta legendaariseen Minamoto-klaaniin, jonka kautta Ieyasu perusteli shogunin-arvon saamista Japanin keisarisuvulta hänelle ja hänen klaanillensa.

Sinä sanoit: Ensimmäisenä tuosta herää kysymys mitä tarkalleen ottaen olivat Matsudaira- ja Tokugawa-klaanit? Käsitykseni mukaan alkuperäisellä Tokugawa-klaanilla oli sukutausta legendaariseen Minamoto-klaaniin, jonka kautta Ieyasu perusteli shogunin-arvon saamista Japanin keisarisuvulta hänelle ja hänen klaanillensa.

ChatGPT sanoi: Hyvä kysymys! Matsudaira- ja Tokugawa-klaanit ovat keskeisiä Tokugawa Ieyasun historiassa, ja niiden yhteys Minamoto-klaaniin oli tärkeä hänen legitiimiytensä vahvistamisessa shogunina.

Matsudaira-klaani

Matsudaira-klaani oli alun perin **pienehkö samurai- ja sotilasaatelinen suku** Mikawan provinssista (nykyinen Aichin prefektuuri). Se hallitsi pientä aluetta ja oli pitkään riippuvainen vahvemmista naapureistaan, kuten Imagawa- ja Oda-klaaneista.

- Klaanin alkuperä on hieman hämärän peitossa, mutta sen uskotaan olevan peräisin paikallisista sotureista.
- Ieyasun isän, Matsudaira Hirotadan, hallituskaudella klaani oli vasallisuhteessa Imagawa-klaaniin.
- Ieyasun noustessa valtaan hän nosti Matsudaira-klaanin arvostusta ja teki siitä Japanin hallitsevan klaanin perustan.

Tokugawa-klaani ja yhteys Minamotoihin

Kun Ieyasu nousi Japanin valtiaaksi, hän **virallisesti otti käyttöönsä Tokugawa-nimen**. Mutta mistä Tokugawa-klaani oli peräisin?

- Alkuperäinen Tokugawa-klaani oli **sivusuku Minamoto-klaanista**, joka oli yksi Japanin neljästä suuresta samurai-klaanista (Minamoto, Taira, Fujiwara ja Tachibana).
- Minamoto-klaanin eri haarat tuottivat useita vaikutusvaltaisia sotureita, joista tunnetuin oli Minamoto no Yoritomo, **ensimmäinen shogun (1192–1199)**.
- Ieyasu väitti polveutuvansa **Minamoto no Yorinobusta (968–1048)**, joka oli Minamoto-suvun jäsen Heian-kaudella.
- **Historiallisesti tämä sukulinja ei ole täysin varmistettu**, mutta se oli tärkeä poliittinen väite, joka auttoi Ieyasua oikeuttamaan shogunin aseman. Keisari myönsi hänelle oikeuden käyttää **Minamoto-nimeä** vuonna 1603, mikä vahvisti hänen shoguniutensa.

Miksi nimenvaihdos tapahtui?

Ieyasu **muutti Matsudaira-klaanin virallisesti Tokugawa-klaaniksi**, koska:

1. **Legitiimiyden vahvistaminen:** Minamoto-klaanin jälkeläiseksi julistautuminen loi suoran perimyslinjan aiempiin shoguneihin ja teki shogunin aseman hyväksyttävämmäksi.
2. **Historiallinen painoarvo:** Tokugawa-nimi yhdistyi aiempaan soturiklaaniin, jolla oli vahvempi maine kuin Matsudaira-nimellä.
3. **Keisarin hyväksyntä:** Keisarillinen hovi oli perinteisesti myöntänyt shogunin arvon Minamoto-klaanin jäsenille. Väite Minamoto-sukutaustasta helpotti shogunaatin virallistamista.

Johtopäätös

Matsudaira-klaani oli Tokugawa Ieyasun alkuperäinen suku, mutta hänen valtakautensa alkaessa se uudelleenbrändättiin Tokugawa-klaaniksi, jotta se voisi oikeuttaa shogunin aseman historiallisesti. Tämä oli yleinen käytäntö feodaaliajan Japanissa, jossa poliittiset ja symboliset valinnat olivat yhtä tärkeitä kuin sotilaallinen voima.

Haluatko tarkempaa tietoa Minamoto-klaanin historiasta tai Ieyasun keisarillisesta tunnustuksesta?

Kommentti ChatGPT:n vastaukseen: Tuo on hyvä selitys ChatGPT:ltä, mutta huomautan siitä, että Ieyasu muutti sukunimensä Matsudairasta Tokugawaksi jo paljon aikaisemmin kuin hän nousi Japanin valtiaaksi.

Sinä sanoit: Ieyasu muutti sukunimensä Matsudairasta Tokugawaksi jo paljon aikaisemmin kuin hän nousi Japanin valtiaaksia. Japanissa Sengoku Jidai -aikana (1467–1615) oli aika yleistä, että lisäarvovallan saamiseksi voimakas sotapäällikkö vaihtoi sukunimensä tai tuli adoptoiduksi merkittävän arvovallan omaavaan sukuun. Kolme muuta esimerkkiä tästä toiminnasta oli Shinkuro Isen (?-1519) suvun uudelleen nimeäminen Hojo-suvuksi (jälkimmäinen Hojo-suku), Uesugi Kenshinin (1530–1578) tulo adoptoiduksi Uesugi-sukuun tai Toyotomi Hideyoshin (1536–1598) nimeäminen Hashibasta Toyotomiksi.

ChatGPT sanoi: Olet aivan oikeassa! Sengoku-kauden daimioille oli yleistä vaihtaa nimiään saadakseen lisää arvovaltaa ja oikeutta hallintaansa. Tokugawa Ieyasu otti nimen **Tokugawa** jo paljon ennen kuin hän nousi Japanin shoguniksi, ja tämä oli osa hänen pitkäjänteistä strategiaansa vallan ja aseman lujittamiseksi.

Ieyasun nimenmuutos Matsudairasta Tokugawaksi

Ieyasu syntyi **Matsudaira Takechiyona** vuonna 1543, mutta **muutti nimensä Tokugawa Ieyasuksi noin vuonna 1566** saatuaan keisarin virallisen hyväksynnän. Tuolloin hän hallitsi Mikawaa ja halusi nostaa klaaninsa asemaa.

- **1560-luvulla** Ieyasu vapautui Imagawan alaisuudesta ja liittoutui Oda Nobunagan kanssa, jolloin hän alkoi itsenäisesti rakentaa asemaansa.
- **1566** keisari Go-Nara myönsi hänelle oikeuden käyttää nimeä Tokugawa, mikä antoi hänen hallinnalleen enemmän legitimiteettiä ja yhteyden Minamoto-klaaniin.
- Tässä vaiheessa hän ei vielä ollut Japanin voimakkain daimio, mutta tämä nimenmuutos asetti hänet strategisesti parempaan asemaan tulevaisuutta varten.

Muita vastaavia esimerkkejä Sengoku-kaudella

Kuten mainitsit, nimenmuutos tai adoptointi oli tavallista Sengoku-kaudella, ja tässä on tarkempaa tietoa muista tapauksista:

1. **Shinkuro Ise → Hojo-suku**
   - Shinkuro Ise oli alun perin alemman luokan sotapäällikkö, joka nousi merkittäväksi daimoksi Sagamin ja Kanton alueella.
   - Hän otti käyttöön **Hojo-nimen** (viitaten aiempaan Kamakura-kauden Hojo-klaaniin) saadakseen arvovaltaa ja historiallista yhteyttä aikaisempaan shikken-hallitussukuun.
   - Hänen jälkeläisensä, erityisesti Hojo Ujiyasu ja Hojo Ujimasa, vakiinnuttivat Hojo-suvun aseman Kanton alueen valtiaana.
2. **Nagao Kagetora → Uesugi Kenshin**
   - Nagao Kagetora syntyi **Nagao-klaaniin**, joka oli vasallisuhteessa Uesugi-sukuun.
   - Hänet adoptoitiin **Uesugi Norimasan** perilliseksi, ja hän otti käyttöön nimen **Uesugi Kenshin** vakiinnuttaakseen asemansa Echigon hallitsijana.

- o Tämä adoptioprosessi teki hänestä virallisesti Uesugi-klaanin päämiehen, mikä oli tärkeää hänen asemaansa nähden.
3. **Hashiba Hideyoshi → Toyotomi Hideyoshi**
   - o Hideyoshi nousi Oda Nobunagan palveluksesta, mutta hänellä ei ollut arvovaltaista samurai-sukua taustallaan.
   - o **1585** hän sai keisarilliselta hovilta nimen **Toyotomi**, mikä vahvisti hänen asemansa ja erotti hänet muista sodanjohtajista.
   - o Koska Toyotomi ei ollut vanha suku, Hideyoshi perusti sen käytännössä itse, mutta keisarillinen hyväksyntä teki siitä virallisen ja antoi hänelle mahdollisuuden hallita ilman shogunin arvonimeä.

Johtopäätös

Tokugawa Ieyasu käytti samaa taktiikkaa kuin muut Sengoku-kauden sotapäälliköt: hän muutti sukunimensä ja yhdisti itsensä arvostettuun soturiklaaniin lisätäkseen hallintonsa legitimiteettiä. Tämä oli tärkeä osa Sengoku-kauden vallanrakennusta, jossa sekä sotilaallinen voima että symbolinen arvovalta olivat avainasemassa.

Haluatko käydä tarkemmin läpi Tokugawa Ieyasun yhteyksiä Minamoto-klaaniin tai muiden Sengoku-kauden daimioiden nimenvaihdoksia?

Kommentti ChatGPT:n vastaukseen: Halusin käydä tässä vaiheessa läpi sen, että sukutausta oli hyvin tärkeä asia japanilaisille samuraille osoittaen sen, miten he saattoivat vaihtaa sukunimeä, jos se oli mahdollista ja he pitivät sitä tarpeellisena. Tämän jälkeen palaamme Ieyasun lapsuuteen ja nuoruuteen tarkastellen hänen opettajaansa ja Imagawa-suvun soturimunkkia Sessai Taigenia.

Sinä sanoit: Kuka oli Sessai Taigen ja mikä oli hänen suhteensa nuoreen Tokugawa Ieyasuun?

ChatGPT sanoi: Sessai Taigen (雪斎 大原, 1496–1555) oli **zen-buddhalainen munkki, sotilasstrategi ja diplomaatti**, joka palveli **Imagawa-klaania** Sengoku-kaudella. Häntä pidetään yhtenä merkittävimmistä taustavaikuttajista Imagawa Yoshimoton hallinnossa.

Sessai Taigenin tausta ja asema

- Hän oli **Rinzai-koulukunnan zen-munkki**, joka nousi korkeaan asemaan buddhalaisessa hierarkiassa.

- Toimi **Imagawa-klaanin tärkeimpänä neuvonantajana**, erityisesti daimio **Imagawa Ujichikan ja tämän pojan Yoshimoton aikana**.

- Koska Imagawat olivat voimakkaita daimioita Surugan, Totomin ja Mikawan alueilla, Sessai Taigenilla oli suuri vaikutus koko Kanton ja Chūbun alueen politiikkaan.

- Hän oli **strategisesti lahjakas**, ja hänen diplomatian ja sodankäynnin tietämyksensä auttoivat Imagawa Yoshimotoa vahvistamaan valtaansa ennen hänen kuolemaansa Okehazaman taistelussa (1560).

Sessai Taigenin suhde nuoreen Tokugawa Ieyasuun

Kun Tokugawa Ieyasu (silloin vielä Matsudaira Takechiyo) oli **vain kuusivuotias vuonna 1549**, hänen isänsä **Matsudaira Hirotada** lähetti hänet Imagawan hoviin panttivangiksi.

- Tämä oli **poliittinen siirto**, sillä Hirotada halusi Matsudaira-klaanin pysyvän Imagawan vaikutuspiirissä Odaa vastaan.

- **Sessai Taigen toimi Ieyasun kouluttajana ja mentorina** Imagawan hovissa.

- Hän opetti Ieyasulle **sotataitoa, strategiaa ja hallintotaitoja**, mikä muokkasi tulevaa shogunia voimakkaasti.

- Sessai toimi myös Imagawan diplomaattina ja piti huolen siitä, ettei Matsudaira-klaani liittoutuisi Oda Nobunagan kanssa.

Sessai Taigenin kuolema vuonna 1555 oli merkittävä käännekohta, sillä se heikensi **Imagawa Yoshimoton strategista päätöksentekoa**. Kun Yoshimoto myöhemmin kaatui Okehazaman taistelussa vuonna 1560, Ieyasu näki tilaisuutensa irrottautua Imagawan vallasta ja lopulta liittoutui Oda Nobunagan kanssa.

Johtopäätös

Sessai Taigen oli tärkeä vaikuttaja nuoren Ieyasun elämässä ja tarjosi hänelle koulutusta sekä poliittista mentorointia. Vaikka Ieyasu lopulta hylkäsi Imagawan vallan, Sessain opit strategian ja hallinnon alalla olivat epäilemättä merkittävässä roolissa hänen myöhemmässä noususssaan Japanin shoguniksi.

Haluatko tarkempaa tietoa Sessai Taigenin sotilaallisista ansioista tai hänen roolistaan Imagawan hallinnossa?

Kommentti ChatGPT:n vastaukseen: Otin Sessai Taigenin puheeksi, koska hän oli merkittävä mentori nuorelle Ieyasulle. Opettajilla on usein syvällinen vaikutus oppilaisiinsa jopa vuosikymmenten päähän. Nyt siirrymme tarkastelemaan Imagawa Yoshimoton sotaretkeä Owarin maakuntaan ja Kioton suuntaan.

Sinä sanoit: Nyt siirrymme tarkastelemaan Imagawa Yoshimoton sotaretkeä Owarin maakuntaan ja Kioton suuntaan. Oliko Imagawan tavoitteena marssia aina Kiotoon asti vai vain alistaa Owarin maakunnan Oda-klaani? Owarin jälkeenkin oli muutamia vauraita ja voimakkaita klaaneja ennen Kiotoa, ja ne tuskin olisivat alistuneet Imagawalle ilman taistelua.

ChatGPT sanoi: Imagawa Yoshimoton vuonna 1560 suorittama sotaretki Owarin maakuntaan tunnetaan parhaiten siitä, että se päättyi hänen tappioonsa ja kuolemaansa **Okehazaman taistelussa**. Mutta mikä oli hänen todellinen tavoitteensa? Oliko kyse vain Odan alistamisesta vai oliko hänellä suurempi strateginen suunnitelma, kuten eteneminen Kiotoon asti?

1. Oliko Yoshimoton päämääränä Kioto?

Historiankirjoituksessa on kahta näkemystä:

- **Perinteinen näkemys:** Yoshimoto halusi **marssia Kiotoon ja ottaa shogunin suojelijan aseman**, kuten aiemmin Oda Nobuhide (Nobunagan isä) ja muut Sengoku-kauden sotapäälliköt olivat yrittäneet.
- **Modernimpi analyysi:** Yoshimoton päämäärä oli **vain Owarin valtaaminen ja Oda Nobunagan eliminoiminen**, jolloin Imagawa-

klaani voisi hallita turvallisesti Mikawan, Totomin ja Surugan alueita ilman Odien uhkaa.

Mitä historialliset todisteet sanovat?

- **Yoshimotolla oli mukanaan suuri armeija (n. 20 000 miestä), joka oli poikkeuksellisen suuri vain Owarin alistamiseen.** Tämä viittaa siihen, että hänellä oli mahdollisesti suurempi tavoite kuin vain Odan murskaaminen.
- **Shoguni Ashikaga Yoshiterun hovissa oli odotuksia siitä, että Yoshimoto voisi olla se daimio, joka palauttaisi shogunaatin auktoriteetin.** Tämä saattaisi viitata Kioto-suunnitelmaan.
- **Mutta Yoshimoton ei tiedetä tehneen aktiivisia diplomatiatoimia muiden daimioiden suuntaan Kiotoon asti**, mikä olisi ollut loogista, jos hänen tavoitteensa oli niin kunnianhimoinen.

2. Mitä esteitä Yoshimotolla olisi ollut Kioton tiellä?

Vaikka Yoshimoto olisi voittanut Oda Nobunagan, matka Kiotoon olisi ollut pitkä ja täynnä haasteita:

1. **Saitō-klaani (Mino) – Saitō Dōsanin perilliset**
   - Vaikka Dōsan oli aiemmin Odan liittolainen, hänen poikansa Saitō Yoshitatsu ei ollut.
   - Mino ei olisi antautunut ilman taistelua.
2. **Asakura-klaani (Echizen) – Asakura Yoshikage**
   - Vahva ja vauras klaani, joka oli itsenäinen ja ei ollut Imagawan liittolainen.
   - Myöhemmin Oda Nobunaga joutui taistelemaan Asakuroja vastaan useaan otteeseen.
3. **Rokkaku-klaani (Ōmi) – Rokkaku Yoshikata**
   - Hallitsi strategisesti tärkeää aluetta lähellä Kiotoa.
   - Oli itsenäinen ja osallistui poliittisiin juonitteluihin shogunin hovissa.
4. **Miyoshi-klaani (Awa, Sanuki, Settsu) – Miyoshi Nagayoshi**
   - Hallitsi Kioton ympäristöä ja vaikutti shogunaattiin.
   - Jos Yoshimoto olisi saapunut Kiotoon, Miyoshi-klaani olisi ollut suurin este hänen tiellään.

161

3. Johtopäätös – Oliko Yoshimoton tavoite realistinen?

Vaikka Imagawa Yoshimoton armeijan koko viittaa kunnianhimoiseen suunnitelmaan, on epätodennäköistä, että hän olisi pystynyt etenemään Kiotoon ilman massiivisia lisäliittolaisia tai sotaretken laajempaa suunnittelua. Todennäköisesti hänen **ensisijainen tavoitteensa oli Owarin valtaus**, mikä olisi mahdollistanut hänen vaikutusvaltansa kasvattamisen Japanin keskusalueilla. Jos tämä olisi onnistunut, hän olisi voinut tulevaisuudessa suunnitella etenemistä Kiotoon.

Okehazaman tappio kuitenkin lopetti kaikki nämä mahdollisuudet. Sen sijaan Oda Nobunaga sai tilaisuuden nousta esiin ja aloittaa oman matkansa kohti Japanin yhdistämistä.

Haluatko tarkempaa analyysiä Okehazaman taistelun kulusta tai Yoshimoton strategisista virheistä?

Kommentti ChatGPT:n vastaukseen: Imagawan armeijan koko oli 20000–25000 miestä yhteensä ja suurin osa näistä oli luultavasti talonpoikaissotureita. Imagawa oli tehnyt liiton sen itäisten rajanaapureiden voimakkaiden Hojon ja Takedan klaanien kanssa, joka mahdollisti Imagawan hyökkäyksen länteen Owarin maakuntaan. Oma mielipiteeni on myös se, että tuolloin Imagawan tavoitteena oli valloittaa vain Owarin maakunta ja alistaa Odan klaani.

Sinä sanoit: Mitä tapahtui Okehazaman taistelussa? Oliko se Oda Nobunagan nerokas yllätyshyökkäys juuri sitä armeijan osaa kohtaan, jota Yoshimoto Imagawa komensi vai oliko tuon armeijan osan joutuminen Odan hyökkäyksen kohteeksi Odalle onnekas sattuma?

ChatGPT sanoi: Okehazaman taistelu (1560) – Nobunagan nerokas taktiikka vai pelkkää onnea?

Okehazaman taistelu oli yksi Sengoku-kauden dramaattisimmista ja merkityksellisimmistä yhteenotoista. Oda Nobunaga päihitti valtavasti suuremman Imagawa Yoshimoton armeijan – mutta oliko kyse hänen nerokkaasta suunnitelmastaan vai onnellisesta sattumasta?

---

1. Taistelun tausta – Miksi Oda ja Imagawa törmäsivät?

Keväällä 1560 Imagawa Yoshimoto oli koonnut suuren armeijan (n. **20 000–25 000 sotilasta**) ja aloittanut sotaretken Owarin maakuntaan. Hänen tavoitteenaan oli vähintään **Oda Nobunagan eliminointi ja Owarin valtaus**, ja mahdollisesti hänellä oli myös pitkän aikavälin suunnitelmia kohti Kiotoa.

Oda Nobunaga oli heikommassa asemassa, sillä hänellä oli vain **2 000–3 000 miestä** käytettävissään. Monet hänen neuvonantajistaan suosittelivat vetäytymistä tai linnoittautumista, mutta Nobunaga päätti iskeä rohkeasti.

---

2. Imagawa Yoshimoton virheet ennen taistelua

1. **Liiallinen itsevarmuus**
   o Yoshimoto oli jo valloittanut useita Oda-klaanin linnakkeita ilman suurempaa vastarintaa.
   o Hän uskoi Odan olevan helppo vastustaja, sillä Oda-klaani oli heikompi ja hajaantunut.
2. **Huono tiedustelu**
   o Imagawa-armeija eteni ilman kunnollista tiedustelua, mikä johti siihen, että Yoshimoto ei tiennyt tarkasti Odan joukkojen liikkeitä.
   o Tämä oli kohtalokas virhe.
3. **Leiriytyminen liian varomattomasti**
   o Yoshimoto pysähtyi **Okehazaman solan** alueelle juhlimaan voittojaan.
   o Hänen armeijansa hajosi useisiin leireihin, ja pääleiri oli heikosti suojattu.

---

3. Nobunagan yllätyshyökkäys – Taktiikka vai onni?

Oda Nobunaga teki rohkean päätöksen hyökätä Imagawa-armeijan kimppuun pienellä joukollaan. Hänen toimintansa voidaan jakaa kolmeen vaiheeseen:

163

1. **Nopea liike ja harhautukset**
   - o Nobunaga lähetti etujoukkoja houkuttelemaan Imagawan sotilaita ja antamaan vaikutelman, että hänellä oli suurempi armeija.
   - o Hän käytti rumpuja, lippuja ja torvia saadakseen vihollisen uskomaan, että Oda-armeija oli suurempi kuin todellisuudessa.
2. **Hyökkäys juuri oikeaan aikaan**
   - o Taistelupäivänä **rankkasade** osui alueelle, ja Nobunaga käytti sitä hyväkseen.
   - o Hän johti joukkonsa **pienten polkujen kautta Okehazaman solaan**, mikä mahdollisti yllätyshyökkäyksen suoraan Yoshimoton pääleiriin.
3. **Täydellinen sekasorto ja Yoshimoton kuolema**
   - o Oda-sotilaat ryntäsivät leiriin ja tappoivat Yoshimoton henkivartijat.
   - o **Yoshimoto ei edes aluksi tajunnut hyökkäystä**, vaan luuli leirin hälinää omien sotilaidensa juhlinnaksi.
   - o Lopulta Yoshimoto taisteli miekallaan, mutta hänet surmattiin kahden Odan soturin toimesta (Mori Shinsuke ja Hattori Koheita).

---

4. Oliko Yoshimoto juuri oikea kohde vai sattuma?

Tämä on keskeinen kysymys: tiesikö Nobunaga etukäteen, että juuri Yoshimoton oma leiri oli siellä, vai oliko hänellä vain onnea?

- **Taktinen viisaus:** Nobunaga tiesi, että Imagawa-armeija oli hajautettu useisiin leireihin. Hän käytti **tiedustelua** ja paikallisten oppaiden tietoa hyväkseen ja suuntasi hyökkäyksen sinne, missä oli **suurimmat teltat ja liput** – tyypillisesti komentajan sijainti.
- **Rankkasade auttoi:** Sade ja maaston tuntemus antoivat Nobunagalle edun, mutta hän oli valmistautunut hyökkäämään joka tapauksessa.
- **Yoshimoto oli juuri siinä, mutta onnekkaasti haavoittuvaisena:** Vaikka Nobunaga olisi iskenyt mihin tahansa Imagawan leiriin, Yoshimoton kaatuminen ratkaisi sodan yhdellä iskulla.

Eli Nobunaga **todennäköisesti tähtäsi tärkeään kohteeseen, mutta hänen ei ollut pakko osua juuri Yoshimotoon – se oli osittain onnekas sattuma, joka nopeutti voittoa valtavasti.**

---

5. Taistelun seuraukset

- **Oda Nobunagan nousu:** Hän sai mainetta nerokkaana strategina ja pystyi laajentamaan valtaansa.
- **Imagawa-klaanin romahdus:** Yoshimoton kuolema aiheutti klaanin nopean heikentymisen. Mikawan alueen soturit, mukaan lukien **Tokugawa Ieyasu**, vapautuivat Imagawan kontrollista ja lopulta liittyivät Nobunagaan.
- **Sengoku-kauden valtatasapainon muutos:** Oda-klaani nousi yhdeksi voimakkaimmista toimijoista Keski-Japanissa.

Johtopäätös – Nobunagan nerokkuus vai kohtalon oikku?

Okehazaman voitto ei ollut pelkkää onnea. Nobunaga:
- ☑ **Hyötyi tiedustelusta ja maaston tuntemuksesta**
- ☑ **Suunnitteli yllätyshyökkäyksen riskillä, mutta oikeaan aikaan**
- ☑ **Käytti psykologiaa (harhautukset ja taktiikat) tehokkaasti**

Mutta samalla:
- ◆ **Hän ei ehkä tiennyt 100% varmuudella, että Yoshimoto itse olisi juuri siinä kohdassa**
- ◆ **Jos Yoshimoto olisi ollut toisessa leirissä, taistelu olisi voinut kestää pidempään**

Lopputulos: Nobunaga oli rohkea ja älykäs komentaja, mutta hänen onnistumisensa nopeus johtui myös siitä, että Yoshimoto oli juuri siellä ja täysin valmistautumaton.

Haluatko tarkempia yksityiskohtia Nobunagan taktiikoista tai esimerkiksi Tokugawa Ieyasun roolista tässä tapahtumassa?

Kommentti ChatGPT:n vastaukseen: Toisin sanoen Oda Nobunaga oli rohkea sotapäällikkö, joka otti riskin tilanteessa, jossa hänellä ei ollut paljoakaan muita vaihtoehtoja. Se, että hänen soturiensa onnistui tappaa Imagawa Yoshimoto, niin se heikensi Imagawan klaania paljon, kun se samalla vahvisti Odaa. Tokugawa Ieyasu oli kuitenkin hankalassa paikassa, sillä hänen herransa oli tapettu ja hän oli salaa liittoutunut vahvistuvan Odan klaanin kanssa siksi, että hänen perheenjäseniänsä oli Imagawalla panttivankeina.

Sinä sanoit: Tokugawa Ieyasu oli kuitenkin hankalassa paikassa, sillä hänen herransa oli tapettu ja hän oli salaa liittoutunut vahvistuvan Odan klaanin kanssa siksi, että hänen perheenjäseniänsä oli Imagawalla panttivankeina. Miten Ieyasu järjesti nämä panttivangit vapaiksi?

ChatGPT sanoi: Tokugawa Ieyasun panttivankitilanne Okehazaman jälkeen – miten hän pelasti perheensä?

Okehazaman taistelun (1560) jälkeen Tokugawa Ieyasu (silloin vielä Matsudaira Motoyasu) oli erittäin vaikeassa tilanteessa. Hänen herransa **Imagawa Yoshimoto** oli kuollut, mutta hänen perheensä **– vaimo Sena ja poika Takechiyo (myöhemmin Tokugawa Hidetada)** – olivat yhä Imagawa-klaanin hallussa panttivankeina. Samalla hän oli jo salaa neuvotellut liitosta Oda Nobunagan kanssa.

Miten Ieyasu onnistui järjestämään perheensä vapaaksi?

---

1. Tilanne Okehazaman jälkeen – Kuka hallitsi Imagawan klaania?

Kun Yoshimoto kuoli, Imagawa-klaanin johtoon nousi hänen poikansa **Imagawa Ujizane**. Toisin kuin isänsä, Ujizane ei ollut vahva sotapäällikkö eikä hyvä diplomaatti, ja hänen asemansa klaanin johdossa alkoi nopeasti heiketä.

Mikawan soturit ja daimiyot alkoivat kapinoida Imagawaa vastaan, koska Yoshimoton vahva ote oli poissa. Ieyasu itse oli virallisesti Imagawan vasalli, mutta hän alkoi salaa valmistautua vaihtamaan puolta.

---

2. Ieyasun varovainen irtautuminen Imagawasta

Ieyasu pelasi erittäin varovaista peliä, koska:

- Hänellä oli vain pieni määrä omia joukkoja.
- Hän ei halunnut herättää epäilyksiä Imagawa Ujizanessa, koska hänen perheensä oli panttivankeina Surugassa.
- Hän halusi solmia liiton Oda Nobunagan kanssa, mutta ilman että Imagawa huomaisi sitä ennen kuin oli liian myöhäistä.

Ensimmäinen askel oli **linnoittautua omaan Tukuyaman linnaansa**, mikä teki selväksi, että hän ei ollut enää täysin Ujizanen komennossa.

---

3. Neuvottelut perheen vapauttamiseksi

Ieyasu tiesi, että hän ei voinut valloittaa linnaa, jossa hänen perheensä oli, eikä myöskään suoraan vaatia heidän vapauttamistaan ilman seuraamuksia. Hän päätti toimia diplomaattisesti.

On epävarmaa, mitä täsmälleen tapahtui, mutta historiankirjojen perusteella **Ieyasu käytti taitavaa neuvottelutaktiikkaa ja mahdollisesti petosta saadakseen perheensä vapaaksi**.

- **Väärennetty sopimus?** Jotkut lähteet viittaavat siihen, että Ieyasu olisi **tehnyt valesopimuksen Ujizanen kanssa**, jossa hän esitti olevansa edelleen Imagawan uskollinen vasalli.
- **Sotilaallinen uhka?** Ujizanen asema heikkeni nopeasti, ja Mikawan alue oli levoton. On mahdollista, että Ieyasu käytti tätä hyväkseen painostaakseen Ujizanea.

167

- **Keskustelu suoraan linnan päällikön kanssa?** Yksi teoria on, että Ieyasu ei suoraan neuvotellut Ujizanen kanssa, vaan käytti kontaktejaan linnan komentajan suostuttelemiseksi.

Joka tapauksessa, **vuoteen 1561 mennessä** Ieyasu oli onnistunut **vapauttamaan vaimonsa ja poikansa** ja siirtämään heidät turvaan.

---

4. Ieyasun avoin liittoutuminen Oda Nobunagan kanssa

Kun perhe oli turvassa, Ieyasu pystyi vihdoin toimimaan avoimesti ja ilmoitti virallisesti irtautuvansa Imagawa-klaanista. Hän:

- **Liittoutui Oda Nobunagan kanssa** Mikawan hallinnan varmistamiseksi.
- **Aloitti sodan Imagawa Ujizanea vastaan**, mikä johti lopulta Imagawan klaanin heikkenemiseen ja sen alueiden jakamiseen Tokugawan ja Takeda-klaanin kesken.
- **Lujitti omaa asemaansa itsenäisenä daimiona**, mikä oli ratkaiseva askel hänen tulevaisuuden nousulleen.

---

5. Lopputulos – Ieyasun perhe pelastettu, Tokugawa-klaani nousussa

Ieyasu selvitti tilanteen taitavalla diplomatialla ja harkituilla siirroilla:

- ☑ Hän pelasi aikaa ja esitti lojaalia Imagawalle, kunnes oli oikea hetki liikkua.
- ☑ Hän varmisti perheensä turvallisuuden ennen kuin julkisesti vaihtoi puolta.
- ☑ Hän käytti poliittista painetta ja sotilaallista uhkaa Imagawa Ujizanea vastaan, kun tämän asema alkoi heikentyä.
- ☑ Lopulta hän onnistui tekemään itsestään vahvan itsenäisen daimion ja Nobunagan liittolaisen.

Tämä kaikki johti siihen, että Ieyasu alkoi nousta yhdeksi Japanin merkittävimmistä sotapäälliköistä – ja lopulta koko maan hallitsijaksi.

Haluatko tietää tarkemmin jostakin vaiheesta, esimerkiksi miten Ieyasu sai haltuunsa Mikawan linnat tai miten hänen suhteensa Nobunagaan kehittyi tämän jälkeen?

Kommentti ChatGPT:n vastaukseen: Ensimmäisenä huomautan, että Imagawan panttivankina oli Ieyasun vauvaikäinen poika Nobuyasu, sillä Hidetada syntyi vasta 1579. Sen jälkeen, kun Ieyasu perhe oli vapautettu Imagawan panttivankeudesta, niin Ieyasu saattoi tehdä virallisen liiton Oda Nobunagan kanssa ja keskittyä Imagawan maiden valloittamiseen samaan aikaan, kun Oda laajeni pohjoiseen ja länteen.

Sinä sanoit: Sen jälkeen, kun Ieyasu perhe oli vapautettu Imagawan panttivankeudesta, niin Ieyasu saattoi tehdä virallisen liiton Oda Nobunagan kanssa ja keskittyä Imagawan maiden valloittamiseen samaan aikaan, kun Oda laajeni pohjoiseen ja länteen.

ChatGPT sanoi: Kyllä, juuri näin! Kun Ieyasu onnistui vapauttamaan perheensä Imagawan vallasta, hän oli vapaa toimimaan itsenäisesti ja solmimaan virallisen liiton **Oda Nobunagan** kanssa. Tämä oli merkittävä käännekohta hänen urallaan, sillä hän ei enää ollut vain isännänsä palveluksessa, vaan itsenäinen daimyō, joka rakensi omaa valtakuntaansa.

Mikawan valloitus ja Imagawan tuhon täydentäminen

- Okehazaman taistelun jälkeen **Imagawa Yoshimoton poika Ujizane** yritti pitää klaanin hallinnassa, mutta tilanne oli heikko.
- **Ieyasu alkoi vallata Mikawan linnakkeita** ja kukisti paikalliset Imagawalle uskolliset samurait.
- Vuoteen **1566 mennessä Ieyasu oli käytännössä itsenäinen hallitsija Mikawassa**, ja hän otti virallisesti **Tokugawa-nimen** käyttöön.

Liitto Oda Nobunagan kanssa

- Ieyasu ja Nobunaga jakoivat samanlaisen vihollisen: **Imagawa- ja Takeda-klaanit**.

- Oda keskittyi laajentumaan pohjoiseen ja länteen (Mino, Owari, Omi, Kyoto), kun taas Ieyasu valloitti entisiä Imagawan maita Surugassa ja Totomissa.
- Tämä liitto ei ollut vain sotilaallinen, vaan myös **perhesiteillä vahvistettu**: Ieyasun poika Nobuyasu meni naimisiin Nobunagan tyttären Tokuhimen kanssa.

Lopulta **Imagawa-klaani romahti kokonaan**: vuonna 1569 Takeda Shingen hyökkäsi Surugaan ja ajoi Imagawa Ujizanen maanpakoon. Tästä lähtien Ieyasu ja Takeda Shingen olivat rajanaapureita, mikä johti myöhemmin uusiin konflikteihin.

Haluatko tarkastella seuraavaksi **Ieyasun ja Takeda Shingenin suhteita sekä heidän välistä konfliktiaan?**

Kommentti ChatGPT:n vastaukseen: Heikentyneen Imagawa-klaanin kukistaminen oli Ieyasulle ja Takedan klaanille sangen helppoa. Ongelmaksi Ieyasulle tuli se, että Takedan klaani sen legendaarisen johtajan Shingenin johdolla oli pelottava, aggressiivinen, kunnianhimoinen ja sotaisa naapuri.

Sinä sanoit: Takeda Shingen oli luultavasti pelottavin vihollinen, jonka Tokugawa Ieyasu koskaan kohtasi, sillä Shingenillä ei ollut pelkästään hänen omat taitonsa käytössään, vaan hänellä oli myös erittäin päteviä kenraaleita Takedan klaanissa ja Takedan klaanin ratsujoukkojen kyvykkyys oli ylivoimainen Ieyasun joukkoihin verrattuna. Tämä yhteenotto johti Mikatagaharan taisteluun vuonna 1573, jossa Ieyasu kärsi uransa pahimman tappion.

ChatGPT sanoi: Täysin samaa mieltä – **Takeda Shingen oli epäilemättä Tokugawa Ieyasun vaarallisin vastustaja.** Hänen sotilaallinen taituruutensa, legendaarinen **Takeda-klaanin ratsuväki** ja lahjakkaat kenraalit, kuten **Yamamoto Kansuke, Yamagata Masakage ja Baba Nobuharu**, tekivät hänestä valtavan uhan. Ieyasu oli **huomattavasti heikommassa asemassa**, mutta hänen periksiantamattomuutensa ja kyky oppia virheistään auttoivat häntä selviytymään.

Mikatagaharan taistelu (1573) – Ieyasun pahin tappio

Tilanne ennen taistelua

- Vuonna 1572 Takeda Shingen lähti suurelle sotaretkelle kohti Kiotoa osana **Ashikaga Yoshiakin kutsua** tukemaan shogunaattia Oda Nobunagaa vastaan.
- **Ieyasun linnoitus Hamamatsu oli esteenä Takedan etenemiselle.**
- Ieyasu ja Nobunaga olivat liittolaisia, mutta Nobunaga ei lähettänyt suuria apuvoimia Ieyasulle – **hän pelkäsi Shingeniä mutta ei halunnut vaarantaa omaa laajentumistaan.**
- **Ieyasu joutui kohtaamaan Takedan yksin**, vaikka hänellä oli pieni määrä Odan lähettämiä joukkoja.

Itse taistelu – murskatappio Ieyasulle

- Ieyasu **yritti aluksi sulkea tien Takedalta**, mutta **Shingenin joukot harhauttivat häntä** useilla nopeilla liikkeillä.
- **Takeda-klaanin ratsuväki suoritti perinteisen "kiilahyökkäyksen" (kiba gundan), joka mursi Tokugawan rivit.**
- **Ieyasun armeija romahti täydellisesti**, ja hän joutui **pakenemaan hengenvaarallisessa tilanteessa.**
- **Perimätiedon mukaan Ieyasu oli niin kauhuissaan, että hän ulosti housuunsa paetessaan.**

Seuraukset – Miksi Ieyasu selviytyi?

- Takedan armeija **ei hyökännyt suoraan Hamamatsuun,** mikä mahdollisti Ieyasun toipumisen.
- **Ieyasu levitti huhua, että hän avasi linnanportit houkutellakseen Takedan ansaan** – tämä oli bluffi, mutta Takedan joukot pysähtyivät.
- **Shingen kuoli yllättäen seuraavana vuonna (1573),** mikä pelasti Ieyasun täydelliseltä tuholta.
- **Takeda-klaani jatkoi sotaa, mutta ilman Shingenin nerokasta johtajuutta se heikkeni ajan myötä.**

Mikatagahara oli Ieyasulle karmea kokemus – mutta myös arvokas oppitunti

Tämä tappio **opetti Ieyasulle monta asiaa**, jotka muovasivat hänen tulevaa strategiaansa:

1. **Älä aliarvioi vahvempaa vihollista.**
2. **Älä koskaan anna vihollisen pakottaa sinua suoraan taisteluun epäsuotuisissa olosuhteissa.**
3. **Psykologinen sodankäynti ja bluffit voivat pelastaa tilanteen.**
4. **Liittolaiset voivat olla epäluotettavia – oma voima on paras turva.**

Lopulta **Ieyasu nousi Shingenin pojan, Takeda Katsuyorin, kukistamisen jälkeen alueensa vahvaksi valtiaaksi**, mutta tämä vei vielä vuosia.

Haluatko käsitellä seuraavaksi, **miten Ieyasu lopulta kukisti Takedan ja nousi suurvallaksi?**

Kommentti ChatGPT:n vastaukseen: Ensimmäiseksi huomautan, että Yamamoto Kansuke kaatui vuonna 1561 Kawanakajiman 4. taistelussa. Suurimpien ja parhaimpienkin päättäjien on jostain opittava huonojen päätöstensä seuraukset. Asia, johon päättäjät ei pysty vaikuttamaan, onni. Oli Ieyasun onni, että Shingen Takeda kuoli. Takedan klaani koetti peitellä hänen kuolemaansa, sillä he tiesivät, että vahvan ja maineikkaan johtajan kuoleminen aiheuttaa aina valtatyhjiön, jota monet etenkin ulkopuoliset tahot koettavat täyttää.

Sinä sanoit: Miten Takeda Shingen kuoli? Kuoliko hän sairauteen vai tapettiinko hänet jollain tavalla? Oli Ieyasun onni, että hän kuoli, sillä hän olisi saattanut voittaa Tokugawat omilla taidoillaan ja voimallaan. Takedan klaani koetti myös aluksi peitellä Shingenin kuolemaa, että he eivät näyttäisi heikoilta ja olisi kohde muille klaaneille.

ChatGPT sanoi: Takeda Shingenin kuolema on yksi Sengoku-kauden suurista mysteereistä, sillä tarkkaa syytä ei tiedetä varmuudella. **Yleisesti hyväksytty teoria on, että hän kuoli sairauteen**, mutta on myös väitteitä, että hän olisi kuollut taistelussa tai salamurhan uhrina.

1. Virallinen versio: Kuolema sairauteen

- Historialliset lähteet, kuten **Kōyō Gunkan** (Takeda-klaanin sotahistoria), viittaavat siihen, että Shingen kuoli **vakavaan sairauteen** vuonna 1573 tai 1574.
- **Tuberkuloosi ja keuhkokuume** ovat kaksi yleisintä epäiltyä sairautta.
- Joidenkin lähteiden mukaan hän oli jo sairas Mikatagaharan taistelun aikaan, mikä voi selittää, miksi hän ei painostanut Ieyasua vielä enemmän tappion jälkeen.
- Hänen terveytensä heikkeni sotaretkellä, ja hän **kuoli matkalla takaisin Kain maakuntaan** (nykyinen Yamanashi).

2. Vaihtoehtoinen teoria: Salamurha musketilla

- Eräs tarina kertoo, että **Takeda Shingen olisi haavoittunut kuolettavasti Oda Nobunagan muskettimiesten ampumasta luodista**.
- Nobunaga käytti varhaisessa vaiheessa **tehokasta muskettitaktiikkaa** ja joissain tarinoissa väitetään, että **Nagashino** (1575) ei olisi ollut ensimmäinen kerta, kun Takeda kärsi musketeista.
- Tämä versio ei ole yleisesti hyväksytty, mutta mahdollinen.

3. Miksi Takeda-klaani peitteli hänen kuolemaansa?

Takeda Shingen oli klaaninsa suurin voimavara, ja ilman häntä Takeda-klaani oli **valtavassa vaarassa**.

- **Hänen kuolemansa pidettiin salassa jopa vuodeksi**, jotta viholliset eivät hyödyntäisi klaanin heikkoutta.
- Takeda-klaani **väitti, että Shingen vain vetäytyi politiikasta ja sotaretkistä**, kunnes hänen poikansa **Takeda Katsuyori** oli valmis ottamaan vallan.

- Tämä oli **yleinen taktiikka Sengoku-kaudella**, jossa voimakkaan johtajan kuolemaa peiteltiin klaanin vakauden ylläpitämiseksi.

Mitä jos Shingen olisi elänyt pidempään?

- **Tokugawa Ieyasun ura olisi voinut päättyä Mikatagaharan tappion jälkeen**, jos Shingen olisi jatkanut hyökkäystä.
- Shingen oli yksi harvoista sotapäälliköistä, **joka saattoi vakavasti uhata Nobunagaa**, ja hänen kuolemansa avasi tien Nobunagan nousulle.
- Ilman Shingeniä Takeda-klaani heikkeni ja **menetti lopulta kaiken Oda-Tokugawa-koalitiolle vuonna 1582**.

Takeda Shingenin kuolema oli yksi Sengoku-kauden **käännekohtia**, ja se käytännössä pelasti sekä Ieyasun että Nobunagan. Haluatko tarkastella seuraavaksi, **miten Takeda-klaani romahti Shingenin kuoleman jälkeen?**

Kommentti ChatGPT:n vastaukseen: Takeda Shingen kuolinsyytä ei voida varmuudella sanoa. Jos hän kuoli sairauteen, niin silloin voidaan kuitenkin todeta, että Ieyasulla oli erittäin paljon onnea, että näin vaarallinen vastustaja kuoli juuri ennen kuin pystyisi käymään koko voimillaan hänen kimppuunsa.

Sinä sanoit: Keskeinen kysymys on mikä oli Ieyasun osuus ja rooli Takedan klaanin tuhoutumisessa? Hän kuitenkin hyötyi siitä saaden huomattavia maa-alueita.

ChatGPT sanoi: Tokugawa Ieyasun rooli Takeda-klaanin tuhoutumisessa oli merkittävä mutta ei ratkaiseva yksinään. Hän hyötyi suuresti Takedan kukistumisesta, mutta sen varsinainen tuho johtui **Oda Nobunagan sotilaallisesta ylivoimasta ja Takeda-klaanin sisäisistä ongelmista**. Tarkastellaan, miten Ieyasu osallistui tähän prosessiin:

---

1. Ieyasun kosto Mikatagaharan tappiosta (1575–1582)

- **Takeda Shingenin kuoltua 1573** hänen poikansa **Takeda Katsuyori** otti vallan, mutta hän ei ollut yhtä kyvykäs kuin isänsä.
- **Nagashinon taistelu (1575)** oli ensimmäinen suuri isku Takeda-klaanille. Oda Nobunaga ja Tokugawa Ieyasu **yhdistivät voimansa**, ja Nobunagan muskettimiehet **tuhosivat Takedan ratsuväen.**
- Tämä oli **Ieyasun kosto** Mikatagaharan nöyryytyksestä, mutta tärkein voitto oli silti Nobunagan ansiota.

---

2. Ieyasun sotaretki Surugaan (1581)

- Kun Takeda-klaani oli heikentynyt, Ieyasu alkoi **vallata takaisin alueitaan.**
- Hän hyökkäsi **Surugan maakuntaan**, joka oli ennen kuulunut Imagawalle mutta joutunut Takeda-klaanin haltuun.
- Tämä oli strategisesti tärkeä alue, koska se varmisti Tokugawan aseman ja antoi hänelle pääsyn **kaupungin, satamien ja viljelysmaiden resursseihin.**

---

3. Takeda-klaanin lopullinen tuho (1582)

- **Oda Nobunaga ja Ieyasu tekivät yhteistyötä**, kun Nobunaga päätti eliminoida Takeda-klaanin lopullisesti.
- **Vuonna 1582 Nobunagan joukot hyökkäsivät Takeda-maita vastaan kolmelta suunnalta:**
  - o **Oda Nobunaga hyökkäsi pohjoisesta.**
  - o **Tokugawa Ieyasu painosti etelästä.**
  - o **Hōjō-klaani esti Takeda-joukkojen pakotiet idässä.**
- Takeda Katsuyori ei kyennyt vastustamaan tätä hyökkäystä ja joutui pakenemaan.
- **Hän teki itsemurhan Temmokuzanissa,** kun hänen omat miehensä hylkäsivät hänet.

175

4. Ieyasun palkinto: Suuret maa-alueet

- Kun Takeda-klaani tuhottiin, sen alueet jaettiin voittajien kesken.
- **Ieyasu sai suurimman osan entisistä Takeda-alueista**, erityisesti **Surugan, Totomin ja Shinanon maakuntia.**
- Tämä **kolminkertaisti Tokugawa-klaanin valtaamat maa-alueet**, mikä teki Ieyasusta yhden Japanin vahvimmista daimyoista.

Johtopäätös: Ieyasun rooli Takedan tuhoutumisessa

☑ **Ieyasu oli yksi päätoimijoista, mutta ei olisi voinut tuhota Takedaa yksin.**

☑ **Hän tuki Nobunagaa, hyökkäsi Takeda-alueille ja sai valtavia maa-alueita palkkioksi.**

☑ **Hän hyödynsi Shingenin kuolemaa ja Katsuyorin epäpätevyyttä laajentaakseen valtaansa.**

Ieyasu ei ollut Takeda-klaanin suurin vihollinen – sen roolin hoiti Oda Nobunaga – mutta **hän oli yksi suurimmista hyötyjistä**. Takedan tuhon jälkeen Ieyasu oli huomattavasti vahvempi ja valmiimpi kohtaamaan uudet vihollisensa.

Haluatko tarkastella, miten tämä maa-alueiden laajeneminen vaikutti Ieyasun asemaan suhteessa Toyotomi Hideyoshiin?

Kommentti ChatGPT:n vastaukseen: ChatGPT:n vastauksen perusteella on oletettavaa, että Ieyasu suostutteli Nobunagan viimeistelemään Takedan Nagashinon taistelun jälkeen, jolloin Nobunaga voisi kääntää huomionsa muihin vihollisiinsa.

Sinä sanoit: Mikä oli Tokugawa Ieyasun rooli Oda Nobunagan salamurhan suhteen 1582? Joutuiko hän sen keskelle sattumalta vai oliko hän mukana juonittelemassa sitä? Jos hän oli, niin mikä oli hänen motiivinsa? Miten hän pelastui tuolloin salamurhan jälkimainingeista palaten alueillensa?

ChatGPT sanoi: Tokugawa Ieyasulla **ei ollut suoraa osuutta Oda Nobunagan salamurhaan vuonna 1582**, mutta hän joutui tapahtumien keskelle **täysin sattumalta**, mikä vaaransi hänen henkensä. Hän onnistui kuitenkin pakenemaan dramatiikan ja vaarojen täyttämän reitin kautta takaisin omiin alueisiinsa.

---

1. Ieyasun asema ennen Honnō-jin vallankaappausta

Kesäkuussa 1582 Tokugawa Ieyasu oli **Nobunagan liittolainen** ja yksi tämän merkittävimmistä vasalleista. Hän oli juuri **vallannut Takeda-klaanin entiset alueet**, ja hänen valtansa oli kasvanut merkittävästi.

- Nobunaga oli antanut Ieyasulle **Surugan maakunnan**, mutta suhde ei ollut täysin tasavertainen – Nobunaga oli edelleen selvästi voimakkaampi ja saattoi yhä kontrolloida Ieyasua, jos tilanne vaati.
- Ieyasu oli juuri **vierailulla Kioton läheisyydessä**, sillä hän oli matkustanut Kansai-alueelle **kunnioittamaan Nobunagaa voitosta Takedaa vastaan** ja samalla nauttimaan Honshūn läntisten alueiden tarjoamista herkullisista ruokalajeista.

---

2. Honnō-jin vallankaappaus (kesäkuu 1582)

Akechi Mitsuhide, yksi Nobunagan kenraaleista, petti isäntänsä ja hyökkäsi tämän kimppuun Honnō-jin temppelissä.

- Nobunaga oli siellä **vain pienen henkivartiojoukon kanssa**, eikä hänellä ollut mahdollisuuksia puolustautua.
- **Hän teki seppukun**, ja Mitsuhide otti vallan.

Tällä välin **Ieyasu oli vain noin 100 kilometrin päässä Sakai-kaupungissa (lähellä Osakaa)** täysin tietämättömänä siitä, että Nobunaga oli juuri murhattu.

3. Ieyasu hengenvaarassa – pakomatka Igan kautta

Kun Ieyasu sai kuulla Nobunagan kuolemasta, hän tajusi olevansa **valtavassa vaarassa**. Hän oli kaukana omilta alueiltaan, ja **Akechi Mitsuhide saattoi tappaa hänet seuraavaksi.**

- **Ieyasulla oli vain pieni seurue mukanaan** – vain kourallinen sotureita eikä yhtään isoa armeijaa.
- **Ainoa vaihtoehto oli paeta takaisin Tokugawa-alueille Mikawaan** (nykyinen Aichin prefektuuri).

Pakomatka oli **äärimmäisen vaarallinen**, sillä Akechi Mitsuhiden joukot saattoivat hyökätä koska tahansa.

- **Ieyasu päätti paeta Igan maakunnan kautta**, joka oli kuuluisa ninjoistaan.
- Hän **pyysi paikallisilta ninjoilta apua turvallisen reitin löytämiseksi**, ja nämä auttoivat häntä liikkumaan vihollisalueiden halki.

Pakomatka onnistui, ja **Ieyasu pääsi turvallisesti takaisin Mikawaan**. Tämä myöhemmin lisäsi hänen mainettaan, sillä hän selvisi vaarallisesta tilanteesta **ilman tappioita ja säilytti voimansa**.

---

4. Oliko Ieyasu mukana salaliitossa Nobunagaa vastaan?

Ei ole todisteita siitä, että Ieyasu olisi osallistunut Nobunagan salamurhan suunnitteluun. **Hänen käytöksensä tapahtumien aikana viittaa siihen, että hän oli täysin yllättynyt ja joutui pakenemaan henkensä edestä.**

Mutta jos hän **olisi** juonitellut, hänen mahdolliset motiivinsa olisivat voineet olla:

1. **Halusi irti Nobunagan alaisuudesta** – Nobunaga oli yhä Ieyasun isäntä, ja hänen kuolemansa antoi Ieyasulle enemmän vapautta.
2. **Pelkäsi Nobunagan mahdollisia toimia häntä vastaan** – jos Nobunaga olisi jossain vaiheessa kääntynyt Ieyasua vastaan, tämän asema olisi ollut vaarallinen.

Kuitenkin **Ieyasun reaktiot** – paniikki, nopea pako ja varovaisuus – viittaavat siihen, ettei hän ollut osallisena juonessa.

---

5. Mitä Ieyasu teki Nobunagan kuoleman jälkeen?

Kun Ieyasu palasi omille alueilleen, Japanin poliittinen tilanne oli täysin muuttunut.

- **Akechi Mitsuhide hallitsi Kiotoa, mutta vain hetken.**
- **Toyotomi Hideyoshi nousi nopeasti valtaan voittamalla Mitsuhiden Yamazakin taistelussa (1582).**

Ieyasu **päätti odottaa ja katsoa, mitä tapahtuisi**, eikä hän suoraan haastanut Hideyoshia vielä tässä vaiheessa.

Johtopäätös

☑ **Ieyasulla ei ollut osuutta Nobunagan murhaan.**
☑ **Hän oli vaarallisessa tilanteessa, sillä hän oli Mitsuhiden alueella ilman armeijaa.**
☑ **Hän pakeni ninjojen avulla Igan kautta ja pelastui.**
☑ **Nobunagan kuolema lopulta hyödytti häntä, mutta ei heti.**

Haluatko tarkastella seuraavaksi, miten Ieyasu ja Toyotomi Hideyoshi kilpailivat vallasta Nobunagan kuoleman jälkeen?

Kommentti ChatGPT:n vastaukseen: Otin tämän aiheen puheeksi siksi on olemassa salaliittoteoria, että Ieyasu oli osallistunut jollain tavalla Oda Nobunagan salamurhaan, vaikka tästä ei ole olemassa aikalaistodisteita.

Sinä sanoit: Vaaralliseen juonitteluun osallistumisessa pitää aina ottaa huomioon se seikka, että juonittelu voi paljastua ja sen jälkeen juonittelun kohde saa siitä hyvän syyn eliminoida epäluotettavat juonittelijat. Oda Nobunagan tappajan kenraali Akechi Mitsuhiden näkökulmasta oli vain hyvin vahvat miehet, kuten lahjakas Toyotomi Hideyoshi, veteraanikenraali Shibata Katsuie tai rikas Tokugawa Ieyasu, jotka saattoivat silloin uhata hänen asemaansa voimakkaalla armeijalla yksin. Ieyasun eliminointi olisi poistanut häneltä yhden huolen.

ChatGPT sanoi: Juuri näin – poliittinen juonittelu oli äärimmäisen vaarallista Sengoku-kauden Japanissa, ja väärin laskelmoitu liike saattoi johtaa täydelliseen tuhoon. **Jos Ieyasu olisi ollut mukana Nobunagan murhajuonessa**, hän olisi ottanut valtavan riskin, sillä paljastuminen olisi merkinnyt varmaa kuolemaa. Tästä syystä on hyvin epätodennäköistä, että hän olisi sekaantunut siihen.

Akechi Mitsuhiden näkökulmasta **Ieyasu oli yksi vaarallisimmista hahmoista Nobunagan kuoleman jälkeen**.

- **Toyotomi Hideyoshi oli kentällä voittoisana ja palaamassa lännestä armeijansa kanssa.**
- **Shibata Katsuie hallitsi pohjoisia alueita ja oli kokenut veteraani.**
- **Ieyasu oli rikas ja itsenäinen daimio, joka voisi kerätä suuren armeijan.**

Jos Mitsuhide olisi ehtinyt vakiinnuttaa valtansa, hän olisi todennäköisesti yrittänyt eliminoida Ieyasun ennen kuin tämä ehti järjestää sotajoukkojaan. **Tästä syystä Ieyasun nopea pakomatka oli kriittinen.** Hän ei voinut jäädä odottamaan Kioton lähistölle, sillä se olisi merkinnyt joko vangitsemista tai kuolemaa.

Käytännössä Mitsuhide kuitenkin **aliarvioi Hideyoshin nopeuden** ja keskittyi väärin vihollisiin. Hän ei ehtinyt tuhota Ieyasua tai järjestää puolustustaan kunnolla ennen kuin Hideyoshi saapui ja voitti hänet Yamazakin taistelussa vain 13 päivää Honnō-jin vallankaappauksen jälkeen.

Ieyasu teki fiksun valinnan pysyttelemällä hetken aikaa sivussa. Hän ei liittynyt suoraan Hideyoshin kampanjaan Mitsuhidea vastaan, mutta samalla hän ei myöskään joutunut Hideyoshin viholliseksi – ainakaan vielä. Tämä odottava strategia oli yksi syy siihen, miksi hän lopulta nousi valtaan vuosikymmeniä myöhemmin.

Olisitko kiinnostunut analysoimaan tarkemmin, miten Ieyasu ja Hideyoshi kilpailivat vallasta 1580-luvulla?

Kommentti ChatGPT:n vastaukseen: Tässä vaiheessa oli tärkeätä hieman tarkastella Oda Nobunagan salamurhaajan Akechi Mitsuhiden ja Tokugawa Ieyasun suhdetta. Tapettuaan Oda Nobunagan Mitsuhide oli ottanut peruuttamattoman askeleen, jonka seurauksena hänen tuli silloin pyrkiä eliminoimaan jokainen Oda-klaanille uskollinen taho, myös Ieyasu, että hän säilyttäisi valtansa. Mitsuhide ei ottanut huomioon vihollisensa Toyotomi Hideyoshin suurta sotilaallista lahjakkuutta, jolla tämä järjesti ensiksi rauhan länteen ja sitten marssi kiireesti takaisin Kioton alueelle kohtaamaan Mitsuhide. Käytännössä lähes kaikki Oda-klaanin vasallit ja liittolaiset hylkäsivät Mitsuhiden ja antoivat tukensa Hideyoshille taistelussa sinetöiden Mitsuhiden kohtalon.

Sinä sanoit: Hoideltuaan Mitsuhiden muistaakseni Hideyoshi järjesti Oda-klaanin nimelliseksi johtajaksi Oda Nobunagan myös kaappauksessa kuolleen vanhimman pojan ja vallanperijän vanhimman pojan, joka oli tuolloin hyvin nuori. Tämä tarkoitti sitä, että pojan alaikäisyyden ajan Hideyoshi voisi toimia sijaishallitsijana. Tämän jälkeen hän löi Shibata Katsuien liittolaisineen ratkaisevasti ja sitten otti yhteen Tokugawa Ieyasun kanssa. Miten tässä yhteenotossa kävi ja miksi niin kävi?

ChatGPT sanoi: Kyllä, muistat oikein! **Hideyoshi varmisti asemansa Oda-klaanin "sijaishallitsijana"** nostamalla vallanperijäksi Oda Nobunagan pojanpojan Oda Hidenobin. Tämä antoi hänelle laillisen verukkeen hallita Odien entistä aluetta. Sen jälkeen hän **tuhosi Shibata Katsuien Sekiganen taistelussa (1583)** ja vakiinnutti asemansa Nobunagan perinnön vahvimpana vaatimuksena.

Hideyoshin ja Ieyasun yhteenotto – Komaki ja Nagakute (1584)

181

Tokugawa Ieyasu oli nyt Hideyoshin viimeinen vakava kilpailija, sillä hän ei suostunut tunnustamaan tätä Nobunagan perilliseksi. Ieyasu asettui tukemaan Nobunagan toista poikaa, Oda Nobukatsua, mikä johti **Komakin ja Nagakuten kampanjaan vuonna 1584.**

Miten yhteenotossa kävi?

1. **Hideyoshi lähetti vasallinsa Ikeda Tsuneokun hyökkäämään Tokugawa-alueelle,** mutta Ieyasu voitti hänet murskaavasti **Nagakuten taistelussa.** Tsuneoka kuoli ja Hideyoshin maine kärsi kolauksen.
2. **Kuitenkin Ieyasu ei pystynyt käyttämään voittoaan täysimääräisesti,** koska hänellä oli vähemmän resursseja kuin Hideyoshilla.
3. **Hideyoshi turvautui poliittisiin neuvotteluihin** – hän käänsi Oda Nobukatsun puolelleen, jolloin Ieyasu menetti tärkeän liittolaisen.

Miksi näin kävi?

- **Ieyasu oli loistava sotapäällikkö ja sai taktisen voiton taistelukentällä,** mutta hänellä ei ollut tarpeeksi voimaa jatkaa laajamittaista sotaa.
- **Hideyoshi oli loistava diplomaatti,** ja hän sai Nobukatsun vaihtamaan puolta, jolloin Ieyasun sodalle ei enää ollut järkevää perustaa.
- **Ieyasu tajusi, ettei suora yhteenotto Hideyoshin kanssa kannattanut,** joten hän teki rauhan Hideyoshin kanssa ja alistui muodollisesti tämän vasalliksi.

Tämä oli **viisas ja kärsivällinen päätös Ieyasulta,** sillä hän odotti oikeaa hetkeä nousta valtaan. Lopulta Hideyoshi kuoli vuonna 1598, ja Ieyasu pääsi etenemään itsevaltiuteen.

Haluaisitko analysoida, miten Ieyasu käytti Hideyoshin kuoleman jälkeistä tilannetta hyväkseen?

Kommentti ChatGPT:n vastaukseen: Taistelu, jossa Shibata Katsuie murskattiin vuonna 1583 oli Shizugatake, ei Sekigane. Tämä on huomautettava, sillä ChatGP:kin voi tehdä virheitä. Ieyasun kannalta Hideyoshin sotaretki läntiseen Japaniin ei ollut merkittävä, mutta sen sijaan Odawaran piiritys ja Hojon klaanin, joka hallitsi nykyisen Tokion aluetta, tuhoaminen oli äärimmäisen tärkeä asia Ieyasulle.

Sinä sanoit: Ieyasun kannalta Hideyoshin sotatoimilla läntisessä Japanissa Shimazun klaania vastaan ei ollut suurtakaan merkitystä. Miksi Odawaran piirityksellä 1590 ja vauraan Hojon klaanin tuhoamisella oli keskeinen asema Ieyasun kohtalossa myöhemmin?

ChatGPT sanoi: Odawaran piirityksen (1590) ja **Hōjō-klaanin tuhoutumisen** merkitys Tokugawa Ieyasulle oli valtava, vaikka hän ei itse ollut piirityksen päätoimija. Tämä johtui kahdesta keskeisestä tekijästä:

1. Tokugawan alueiden siirto Kantōon

Kun **Hōjō-klaani tuhoutui**, Hideyoshi antoi Ieyasulle käskyn **luovuttaa vanhat maakuntansa (Mikawa, Totomi, Suruga, Kai ja Shinano) ja siirtyä valloitetulle Hōjōn alueelle, Kantōn tasangolle.**

- **Miksi Hideyoshi teki näin?**
    - o Hän halusi pitää Ieyasun kaukana keskusvallasta (Osaka ja Kioto), jotta tämä ei voisi haastaa häntä.
    - o Kantō oli rikas ja laaja alue, mutta se oli myös strategisesti eristetympi ja vaikeampi hallita kuin Ieyasun vanhat alueet.
    - o Hideyoshi ei halunnut antaa Hōjōn entisiä alueita suoraan Toyotomi-lojaaleille daimiolle, koska se olisi voinut synnyttää uusia kilpailijoita.

2. Kantō teki Ieyasusta Japanin rikkaimman miehen

Vaikka muutto tuntui aluksi epäedulliselta, **se teki Ieyasusta Japanin vauraimman daimion**.

- **Kantōn tasanko oli hedelmällinen, ja Edo (tuleva Tokio) oli logistisesti erinomainen keskus.**

183

- Ieyasu pystyi uudelleenorganisoimaan alueensa ja rakentamaan oman taloudellisen ja sotilaallisen voiman erillään Toyotomi-lojalisteista.
- Tämä loi pohjan hänen tulevalle nousulleen Japanin hallitsijaksi Hideyoshin kuoleman jälkeen.

3. Odawaran piirityksen jälkeen Ieyasu oli Toyotomi-järjestelmän vahvin daimio

Vaikka Hideyoshi oli muodollisesti Japanin hallitsija, **Ieyasu oli nyt suurimman ja rikkaimman feodaalialueen johtaja.**

- **Kun Hideyoshi kuoli 1598, Ieyasu pystyi liikkumaan vapaasti poliittisessa valtataistelussa.**
- Koska hänen tukialueensa oli niin suuri, hänen armeijansa oli itsenäisempi Toyotomi-lojalisteihin nähden.
- Tämä teki **mahdolliseksi hänen voittonsa Sekigaharan taistelussa (1600), joka lopulta sinetöi hänen nousunsa Japanin shōguniksi.**

Johtopäätös:
Odawaran piirityksen ja Hōjōn tuhon myötä **Ieyasu siirrettiin pois Kioton vaikutuspiiristä, mutta samalla hän sai strategisesti ja taloudellisesti elintärkeän tukialueen, joka teki hänen myöhemmän valtaannousunsa mahdolliseksi.** Hideyoshi yritti eristää hänet, mutta lopulta tämä siirto teki Ieyasusta Japanin vahvimman miehen.

Kommentti ChatGPT:n vastaukseen: Ieyasun lojaalisuus Hideyoshille palkittiin siten, että Ieyasusta tuli Hojon klaanin tuhoutumisen jälkeen kenties Japanin rikkain mies. Yhdistelmä, että joku yksittäinen henkilö on hyvin pätevä ja kokenut, sekä samaan aikaan hyvin rikas ja kunnianhimoinen, niin se on hyvin vaarallinen yhdistelmä hänen yläpuolellaan oleville vallanpitäjille. Ei kuitenkaan mennä asioiden edelle, vaan tarkastellaan sitä, miten Ieyasu turvasi valtansa saamillaan Kanton tasangon alueilla suunnilleen nykyisen Tokion luona.

Sinä sanoit: Tarkastellaan sitä, miten Ieyasu turvasi valtansa saamillaan Kanton tasangon alueilla suunnilleen nykyisen Tokion luona. Rikas ja suuren väkimäärän omaava alue ei ole hyödyllinen, jos sen voimavaroja ei pystytä valjastamaan. Ieyasun täytyi myös saada tuekseen tuhotun Hojo-klaanin entiset vasallit.

ChatGPT sanoi: Kun Tokugawa Ieyasu siirrettiin Kantōn alueelle vuonna **1590**, hänen täytyi nopeasti **vakiinnuttaa valtansa ja muuttaa alueensa vahvaksi tukikohdaksi**, josta hän voisi myöhemmin nousta Japanin hallitsijaksi. Hänen menestyksensä perustui **kolmeen keskeiseen toimenpiteeseen:**

---

1. Hallinnollinen ja taloudellinen uudistus

Ieyasu ymmärsi, että **rikas maa-alue oli hyödytön ilman tehokasta hallintoa ja verotusjärjestelmää.** Hōjō-klaani oli ollut hyvin organisoitu, mutta Ieyasu halusi varmistaa, että alue toimi hänen komennossaan.

- **Uudelleenjärjestely:** Ieyasu järjesti entiset Hōjō-klaanin maat **uudelleen feodaalijärjestelmäänsä,** jakaen ne lojaaleille vasalleilleen.
- **Verotus ja maanviljely:** Hän **teetti uuden maanmittauksen** (kokudaka-järjestelmä) ja varmisti, että maaverotus oli selkeästi määritelty.
- **Infra ja kauppa:** Hän **rakennutti teitä ja paransi satamia,** jotta Edo (nykyinen Tokio) voisi kehittyä. Hän myös **suosi kauppiaita** ja salli kaupankäynnin kasvun.

---

2. Hōjōn entisten vasallien integrointi

Vaikka Hōjō-klaani tuhottiin, sen entiset vasallit olivat **sotilaallisesti ja hallinnollisesti taitavia miehiä,** joiden lojaaliuden voittaminen oli elintärkeää.

- **Lempeä politiikka:** Ieyasu ei kohdellut Hōjōn entisiä vasalleja vihollisina, vaan **houkutteli heitä palvelukseensa tarjoamalla heille maata ja asemia.**

185

- **Paikallinen autonomia:** Hän antoi monille **Hōjōn entisille samuraille ja daimioille hallintaansa pieniä alueita**, jotta he pysyivät tyytyväisinä mutta eivät olleet liian voimakkaita.
- **Eronneet soturit:** Hän hyväksyi myös entisiä **rōnin-samuraita** (herran menettäneitä samuraita) palkkasotureiksi ja vartijoiksi.

---

3. Edo linnan ja sotilaallisen järjestelmän vahvistaminen

Ieyasu rakensi **Edon linnasta** (nykyisen Tokion sydän) **vahvan hallintokeskuksen** ja varmistui siitä, että hänen armeijansa oli hyvin varusteltu.

- **Edo linnan rakennus:** Hän alkoi laajentaa ja vahvistaa Edon linnaa 1590-luvulla. Se kasvoi myöhemmin yhdeksi Japanin suurimmista linnoista.
- **Sotilasjärjestelyt:** Ieyasu sijoitti **lojaaleja sotilasjohtajia (hatamoto) avainasemaan Kantōn alueella**, varmistaen, että kaikki strategiset alueet olivat hänen kontrollissaan.
- **Paikallinen hallinto:** Hän asetti **suoria Tokugawa-klaanille lojaaleja hallintomiesiä (bugyō) alueiden johtoon**, jotta hänellä oli suora kontrolli tärkeistä kaupungeista ja satamista.

Lopputulos: Ieyasun alue oli valmis laajentumiseen

Näillä toimilla Ieyasu onnistui:
- ☑ **Tekemään Kantōn alueesta tuottoisan ja hallittavan**
- ☑ **Voittamaan Hōjōn entisten vasallien lojaaliuden**
- ☑ **Vahvistamaan Edon linnan ja rakentamaan siitä tukikohdan**

Tämän ansiosta, **kun Hideyoshi kuoli vuonna 1598**, Ieyasu oli valmis haastamaan Toyotomi-hallinnon ja valtaamaan koko Japanin itselleen.

Kommentti ChatGPT:n vastaukseen: Ieyasu ymmärsi, että sodankäynti ei ole pelkästään taistelemista, vaan sodankäynti edellyttää myös taloudellista tukea alueilta, joita hän hallitsee verotulojen ja sotilaiden muodossa. Hojo-klaanin entiset vasallit olivat tärkeätä saada tukemaan häntä, sillä he tunsivat niin Kanton tasangon kuin Hojo-klaanin järjestelmät läpikotaisin. Ieyasu päätti rakentaa Edon linnasta päätukikohtansa ja vähitellen tuon linnan ympärille kehittyi kaupunki, joka nykyään tunnetaan nimellä Tokio.

Sinä sanoit: Mikä oli Ieyasun rooli Hideyoshin sotaretkissä Koreaan 1590-luvulla? Lähettikö Ieyasu joukkojaan sinne taistelemaan? Kuinka paljon miesmenetykset siellä heikensivät Toyotomien hallinnon voimaa?

ChatGPT sanoi: Tokugawa Ieyasun rooli Hideyoshin **Korean sotaretkissä (1592–1598)** oli **hyvin rajallinen**, ja hän **vältti lähettämästä joukkojaan suoraan sotaan**. Tämä osoitti hänen strategista kärsivällisyyttään ja hänen kykyään **säilyttää voimansa, kun taas muut daimot kuluttivat resurssejaan sotaretkellä**.

Ieyasun rooli Korean sodassa

1. **Ei osallistunut suoraan**
   - Toisin kuin useimmat muut suurimmat daimot, **Ieyasu ei itse johtanut joukkoja Koreaan**.
   - Hideyoshi ei täysin luottanut häneen, eikä antanut hänelle merkittävää asemaa sodassa.
   - Ieyasun **joukkoja lähetettiin rajoitetusti**, mutta hän **piti parhaat sotilaansa Japanissa**.
2. **Toimi Japanissa Hideyoshin edustajana**
   - Koska monet muut daimot ja heidän armeijansa olivat Koreassa, Ieyasu sai **vastuun Japanin sisäisestä hallinnosta**.
   - Hän **valvoi Japanin kotimaan turvallisuutta ja varmisteli, ettei kukaan daimio kapinoinut Hideyoshia vastaan**.
   - Tämä vahvisti hänen asemaansa poliittisesti.

Toyotomi-hallinnon heikentyminen Korean sodassa

Korean sodasta tuli **valtava strateginen virhe Toyotomi Hideyoshille**, ja se **heikensi hänen hallintoaan merkittävästi.**

1. **Massiiviset miesmenetykset**
   - o Japanin armeija **menetti kymmeniä tuhansia sotilaita taisteluissa, sairauksiin ja nälkään.**
   - o Monet **doimot menettivät arvokkaimpia veteraanikenraaleitaan ja kokeneita sotilaitaan,** mikä heikensi heidän voimiaan Japanissa.
2. **Taloudellinen ja logistinen katastrofi**
   - o Sota oli **valtavan kallis,** ja Hideyoshin hallinnon talous alkoi horjua.
   - o **Verotus kiristyi,** ja samurailuokassa kasvoi tyytymättömyys, koska he eivät saaneet odottamiaan palkkioita sodasta.
3. **Daimioiden vaikutusvallan väheneminen**
   - o Monet **sodan pääosallistujat olivat heikentyneet,** mutta Ieyasu **säilytti voimansa, koska hänen sotilaansa eivät joutuneet kulutussotaan Koreassa.**
   - o **Sodan päättymisen jälkeen vuonna 1598 Hideyoshi kuoli, ja Japanissa oli valtatyhjiö,** jossa Ieyasu oli **vahvassa asemassa verrattuna muihin daimioihin.**

Lopputulos: Ieyasu hyötyi Korean sodasta ilman suuria tappioita

🔥 **Ieyasu ei menettänyt joukkojaan sodassa, mutta hänen kilpailijansa heikentyivät merkittävästi.**

🔥 **Hän sai poliittista valtaa Japanissa, koska Hideyoshi luotti häneen Japanin sisäisten asioiden valvomisessa.**

🔥 **Kun Hideyoshi kuoli, Ieyasu oli vahvimmassa asemassa ottamaan vallan itselleen.**

👉 **Tämä oli yksi Ieyasun suurimmista strategisista voitoista ilman, että hänen tarvitsi taistella yhtäkään suurta sotaa!**

Kommentti ChatGPT:n vastaukseen: Hideyoshi ei luottanut Ieyasuun ja siksi luultavastikaan hän ei halunnut Ieyasulle enää yhtään lisää vaikutusvaltaa. Hideyoshi myös oletti, että japanilaiset pystyisivät valloittamaan nopeasti Korean, mutta korealaisten sitkeä vastarinta niin maalla kuin merellä, sekä Kiinan tuki korealaisille teki tuosta sotaretkestä fiaskon.

Sinä sanoit: Vuonna 1598 Toyotomi Hideyoshin sotaretki Koreaan oli epäonnistumassa ja Ieyasu oli siirretty Kanton tasangon valtiaaksi itäiseen Japaniin. Tämän lisäksi Hideyoshi oli tekemässä kuolemaa. Mikä oli Toyotomi-suvun tilanne juuri tuolloin ja miten Hideyoshi pyrki turvaamaan sukunsa vallan säilymisen? Kuka oli Ishida Mitsunari tuolloin ja mikä oli hänen asemansa?

ChatGPT sanoi: Vuonna **1598 Toyotomi-suvun tilanne oli hyvin kriittinen**, sillä **Toyotomi Hideyoshi oli kuolemaisillaan**, ja hänen poikansa **Toyotomi Hideyori oli vasta viisivuotias**. Tämä tarkoitti, että **vallankumppanit ja kilpailijat saattoivat yrittää kaapata vallan**, koska Hideyori oli liian nuori hallitsemaan itse.

Toyotomi-suvun tilanne vuonna 1598

1. **Sota Koreassa oli epäonnistunut**
   o   Hideyoshin suurisuuntainen yritys valloittaa Korea ja Kiina oli **päättymässä tappioon**.
   o   **Japanin armeijat olivat kuluneet loppuun**, ja sodan jatkaminen oli mahdotonta.
   o   Japanilaisten oli **pakko vetäytyä Koreasta**, mutta tämä tapahtui vasta Hideyoshin kuoltua.
2. **Toyotomi Hideyori oli liian nuori hallitsemaan**
   o   Hideyoshin ainoa elossa oleva poika, **Toyotomi Hideyori, oli vain viisivuotias**, eikä hänellä ollut omaa vaikutusvaltaa.
   o   Tämä teki Toyotomi-hallinnosta **haavoittuvan, sillä klaanin viholliset voisivat yrittää syrjäyttää Hideyorin**.
3. **Hideyoshin suunnitelma vallan turvaamiseksi**
   o   Hideyoshi **nimesi viisi voimakasta daimioa "vanhimpien neuvostoksi" (五大老, Go-Tairō)** valvomaan hallintoa Hideyorin aikuisuuteen asti.

- Tokugawa Ieyasu oli vahvin näistä viidestä, ja hänelle oli annettu Kanton tasangon rikkaat maat.
- Hideyoshi toivoi, että **neuvosto pitäisi Japanin yhtenäisenä Toyotomi-suvun alaisuudessa**, mutta tämä suunnitelma ei ollut kestävä.

Ishida Mitsunarin asema vuonna 1598

- **Ishida Mitsunari oli Toyotomi-hallinnon korkea-arvoinen virkamies, mutta ei sotilasjohtaja.**
- Hän oli **Hideyoshin talous- ja logistiikkaministeri**, joka vastasi **verotuksesta, varainhallinnasta ja muista hallinnollisista tehtävistä.**
- Koska hän ei ollut daimio, hän **ei ollut osa Go-Tairō-neuvostoa**, mutta hänellä oli **vahva vaikutusvalta Hideyoshin hallinnossa.**

Mitsunarin asema Hideyoshin kuoleman jälkeen

- **Mitsunari oli lojaali Toyotomi-suvulle ja halusi varmistaa, että Hideyori perisi vallan.**
- **Hän ei luottanut Tokugawa Ieyasuun**, koska Ieyasu oli vahvin daimio ja potentiaalinen uhka Toyotomi-suvulle.
- **Hän liittoutui Toyotomi-suvun kannattajien ja muiden Ieyasua vastustaneiden daimioiden kanssa.**

Kun Hideyoshi kuoli syyskuussa 1598, Toyotomi-suku jäi **heikkoon asemaan**, ja Ishida Mitsunari yritti **kerätä tukijoita estääkseen Tokugawa Ieyasua ottamasta valtaa.** Tämä johti lopulta **suurimpaan sotaan Japanin yhdistämisen aikana – Sekigaharan taisteluun vuonna 1600.**

👉 **Vuonna 1598 tilanne oli siis täysin avoin – Hideyoshin suunnitelma ei ollut riittävän vahva, ja Japanin herruus oli siirtymässä väistämättä vahvimmalle pelaajalle.**

Kommentti ChatGPT:n vastaukseen: ChatGPT antoi sangen täsmällisen vastauksen Japanin tilanteesta vuonna 1598. Tilanne, jossa uusi hallitsija on vasta 5-vuotias, niin hyvin haavoittuvainen hänen hallinnollensa, sillä sellainen tilanne edellyttää sijaishallitsijaa tai sijaishallitsijoita, joiden uskollisuus pitäisi pystyä takaamaan. Tämän lisäksi Japanissa oli useita voimakkaita Hideyoshin hallinnon ulkopuolisia daimioita, jotka saattaisivat alkaa juonittelemaan hänen poikansa Hideyorin alaikäisyyden aikana. Tarkastellaan seuraavaksi hieman Ieyasu päävastustajan Ishida Mitsunarin historiaa ja luonnetta keskittyen siihen, miksi hän oli niin huono valinta Ieyasun päävastustajaksi.

Sinä sanoit: Mikä oli Ishida Mitsunarin tausta ennen vuotta 1598? Mikä oli hänen suhteensa daimioihin ja Toyotomi-suvun sotapäälliköihin? Miksi hän oli huono johtaja Ieyasun vastaiselle oppositiolle?

ChatGPT sanoi: Ishida Mitsunarin tausta ennen vuotta 1598

Ishida Mitsunari oli **alun perin alempiarvoinen samurai**, joka nousi asemaansa **Toyotomi Hideyoshin henkilökohtaisen suosion ja hallinnollisten taitojensa ansiosta.**

- Hän syntyi **1560-luvulla**, ja hänen taustastaan tiedetään vain vähän ennen kuin hän liittyi Hideyoshin palvelukseen.
- Hän ei ollut daimio syntyjään, mutta **hän sai myöhemmin maita ja nousi korkeaan asemaan Hideyoshin hallinnossa.**
- Mitsunari **ei ollut kokenut sotapäällikkö**, vaan hänet tunnettiin ennen kaikkea **talousasioiden ja logistiikan asiantuntijana.**

Hideyoshi **huomasi Mitsunarin lahjakkuuden hallinnossa** ja nimitti hänet **varainhoitajaksi ja siviilihallinnon johtajaksi.** Hän hoiti erityisesti verotusta, resurssien jakamista ja varuskuntien ylläpitoa.

Mitsunarin suhde daimioihin ja sotapäälliköihin

✦ **Hän ei ollut suosittu sotapäälliköiden keskuudessa.**

Mitsunari oli **byrokraatti**, joka ei ollut koskaan johtanut armeijaa taistelukentällä. Tämä aiheutti **kitkaa monien Toyotomi-hallinnon tärkeiden sotapäälliköiden kanssa**, erityisesti:

191

1. **Katō Kiyomasa ja Fukushima Masanori**
   o Kaksi Hideyoshin tärkeintä sotapäällikköä ja kokenutta kenraalia, jotka olivat taistelleet Korean sodissa.
   o **He vihasivat Mitsunaria**, koska tämä oli siviilihallitsija, joka yritti antaa määräyksiä sotilaille.
   o He kokivat, että Mitsunari **ei arvostanut sotilaallista taitoa ja yritti keskittyä hallinnollisiin seikkoihin.**
2. **Tokugawa Ieyasu**
   o Ieyasu **ei pitänyt Mitsunarista**, mutta tajusi, että tämä oli huono sotilasjohtaja ja siksi heikko vastustaja.
   o Mitsunari **oli liian itsevarma ja teki vihollisia kaikkialla.**
3. **Toyotomi-lojaalit daimioiden keskuudessa**
   o Mitsunari sai tuekseen Toyotomi-suvulle uskollisia daimioita, kuten **Uesugi Kagekatsu ja Mori Terumoto.**
   o Kuitenkin **hänen johtamistaitonsa eivät riittäneet pitämään liittolaisiansa yhtenäisenä.**

Miksi Mitsunari oli huono johtaja Tokugawa Ieyasua vastaan?

1. **Hänellä ei ollut sotilaallista kokemusta**
   o Mitsunari oli hyvä hallinnossa, mutta **hän ei ollut koskaan johtanut suurta armeijaa taistelussa.**
   o Hän ei osannut **motivoida sotilaita tai laatia hyviä sotasuunnitelmia.**
2. **Hän ei ollut suosittu daimioiden keskuudessa**
   o Monet daimioista **eivät luottaneet häneen**, koska hän ei ollut syntyjään sotilas.
   o **Vaikka hänellä oli vahva oppositioryhmä, sen sisäinen yhtenäisyys oli heikko.**
3. **Hänen poliittiset päätöksensä olivat huonoja**
   o Hän **yritti koota laajan liittouman Ieyasua vastaan**, mutta hän ei osannut pitää sen eri osia yhtenäisenä.
   o **Hän ei saanut kaikkia Toyotomi-kannattajia tukemaan häntä**, vaan osa jäi puolueettomiksi tai jopa tuki Ieyasua.
4. **Sekigaharan taistelun epäonnistuminen (1600)**
   o Hänen armeijansa oli suurilukuinen, mutta **hän ei pystynyt johtamaan sitä tehokkaasti.**

- Hänen liittolaisensa, kuten Kobayakawa Hideaki, pettivät hänet taistelun aikana.

Yhteenveto

📌 Ishida Mitsunari oli lahjakas hallintomies, mutta hän ei ollut sotilasjohtaja.
📌 Hän ei osannut käsitellä daimioiden ja sotapäälliköiden välistä dynamiikkaa.
📌 Hänen oppositionsa Tokugawa Ieyasua vastaan oli heikko ja sisäisesti ristiriitainen.
📌 Hänen huono johtajuutensa johti lopulta hänen tappioonsa Sekigaharan taistelussa vuonna 1600.

👉 **Jos Mitsunarin tilalla olisi ollut kokenut sotapäällikkö, kuten Mori Terumoto tai Uesugi Kagekatsu, historia olisi voinut olla toisenlainen!**

Kommentti ChatGPT:n vastaukseen: Tuo kaikki pitää paikkansa. Ishida Mitsunari oli lahjakas byrokraatti, mutta hän ei ollut pätevä liittoutuman johtaja tai komentaja taistelukentällä.

Sinä sanoit: Mielestäni paras vaihtoehto Ieyasun vastaiselle oppositiolle olisi ollut Mori Terumoto, joka oli voimakkaan Mori-klaanin johtaja. Ieyasuun verrattuna hän ei ollut kovinkaan hyvä sotapäällikkö, mutta hänellä olisi ollut arvovaltaa pistää koko Mori-klaanin voima Ieyasua vastaan. Mori-klaanin näkökulmasta heidän olisi pitänyt asettua täysin Ieyasua vastaan Mori Terumoton johtaessa heidän joukkojaan taistelukentällä taikka heidän olisi pitänyt valita tiukka puolueettomuus suhteessa Ieyasun ja Mitsunarin sotaan.

ChatGPT sanoi: Tuo on erittäin hyvä huomio! **Mori Terumoto olisi ollut parempi johtaja Ieyasun vastaiselle oppositiolle kuin Ishida Mitsunari.**

Mori-klaani oli **yksi Japanin suurimmista sotilasvoimista**, ja sillä oli valtava alueellinen tukiverkosto Länsi-Japanissa. **Terumoto oli daimio syntyjään**, mikä olisi antanut hänelle paljon enemmän arvovaltaa kuin Mitsunarilla.

Vaikka Terumoto ei ollut loistava sotapäällikkö, hänellä oli asema, jonka vuoksi muut daimioiden johtajat olisivat ottaneet hänet vakavammin.

Miksi Mori Terumoto olisi ollut parempi vaihtoehto Mitsunarin sijaan?

1. Mori-klaanin valtava voima

- Mori-klaani hallitsi **Chūgokun aluetta (nykyinen Länsi-Honshū)** ja sillä oli **satojatuhansia sotilaita ja laaja taloudellinen tukiverkosto.**
- Terumoton henkilökohtainen maa-alue tuotti valtavasti resursseja, joten hän olisi voinut **mobilisoida ison armeijan Ieyasua vastaan ilman suurempia ongelmia.**
- **Mori-klaanin täysi tuki olisi voinut kääntää voimasuhteet Sekigaharan taistelussa.**

2. Arvovaltaa daimioiden silmissä

- Mori Terumoto oli **sukujohtaja ja yksi Japanin suurimmista daimiosta.**
- Daimiot **olivat valmiimpia seuraamaan toista suurta daimioa kuin Hideyoshin byrokraattia (Mitsunaria).**
- **Kokonainen daimioiden liittouma olisi ollut vahvempi ja yhtenäisempi, jos sen johtajana olisi ollut Mori eikä Mitsunari.**

3. Kokenut, muttei liian dominoiva

- Terumoto **ei ollut nerokas sotilas, mutta hän ei ollut huono kenraali kuten Mitsunari.**
- Hänellä oli kokenut kenraalikunta, kuten **Kikkawa Hiroie ja Ankokuji Ekei**, jotka olisivat voineet johtaa armeijaa tehokkaasti.
- Hän olisi pystynyt **käyttämään poliittista arvovaltaansa paremmin kuin Mitsunari.**

4. Tiukka puolueettomuus olisi ollut järkevämpää kuin Mitsunarin epäröivä liittolaisuus

- Jos Mori-klaani ei olisi liittynyt Mitsunarin puolelle, he olisivat voineet pysyä vahvana kolmantena osapuolena.
- Mikäli Mori-klaani olisi pitänyt kaikki voimansa käytettävissä, he olisivat voineet neuvotella Ieyasun kanssa paremmat ehdot.
- Sen sijaan Mitsunari veti heidät mukaan sotaan puolivillaisesti, ja lopulta Mori-klaani joutui antautumaan huonolla diilillä Sekigaharan jälkeen.

Mori-klaanin virhe Sekigaharan taistelussa

▼ Mori Terumoto **ei itse osallistunut aktiivisesti Sekigaharan taisteluun,** vaan jäi linnakaupunkiinsa Osakaan.

▼ Hänen kenraalinsa **Kikkawa Hiroie petti hänet,** koska oli jo solminut salaisen sopimuksen Tokugawa Ieyasun kanssa.

▼ **Jos Mori-klaani olisi sitoutunut taisteluun kunnolla, se olisi voinut ratkaista taistelun Mitsunarin hyväksi.**

▼ **Jos taas Mori-klaani olisi valinnut täyden puolueettomuuden, he olisivat säilyttäneet valtansa Länsi-Japanissa.**

Johtopäätös

Mori Terumoton olisi **pitänyt joko:**

☑ 1) **Ottaa täysi johto Ieyasun vastaisesta liittoumasta ja yhdistää lännen daimioiden voimat.**

☑ 2) **Pysyä täysin puolueettomana ja odottaa, miten tilanne kehittyy, sen sijaan että olisi antanut itsensä joutua huonoon asemaan.**

👉 **Koska Mori-klaani liittyi Mitsunarin puolelle mutta ei taistellut kunnolla, he joutuivat Sekigaharan jälkeen Tokugawan armoille ja menettivät valtansa.**

✦ Jos Mori olisi ollut aktiivinen ja vahva johtaja, historia olisi voinut mennä toisin!

Kommentti ChatGPT:n vastaukseen: ChatGPT kertoo hyvin miksi Mori Terumoto olisi ollut parempi johtaja Ieyasun vastaiselle oppositiolle kuin Ishida Mitsunari oli. Seuraavaksi tarkastellaan miksi Uesugi Kagekatsu olisi ollut huono johtaja tuolle oppositiolle.

Sinä sanoit: Mielestäni Uesugi Kagekatsu olisi ollut huono johtaja Ieyasun vastaiselle oppositiolle siksi, että hänen tukialueensa olivat itäisessä Japanissa aivan Ieyasun ja hänen liittolaistensa vieressä. Ieyasun vastaisen opposition johtaja olisi tarvinnut tukialueiltansa häiriintymättömät maayhteydet Osakan ja Kioton kaltaisiin hallintokeskuksiin, mutta Ieyasu liittolaisineen saattoi pystyä häiritsemään Uesugin liikkeitä siihen suuntaan sotilaallisella voimalla.

ChatGPT sanoi: Tuo on erittäin hyvä analyysi! **Uesugi Kagekatsu oli väärässä paikassa ollakseen tehokas opposition johtaja.**

Miksi Uesugi Kagekatsu ei ollut hyvä valinta Ieyasun vastaiselle oppositiolle?

✦ 1. Geografinen sijainti oli epäedullinen

- Uesugi-klaani hallitsi Echigon aluetta (nykyinen Niigata) **lähellä Ieyasun liittolaisia, kuten Date Masamunea ja Mogami Yoshiakia.**
- **Kaikki hänen maayhteytensä Osakaan ja Kiotoon kulkivat vihollisalueiden kautta.**
- **Hän olisi joutunut taistelemaan jo ennen kuin olisi voinut edes kohdata Ieyasun pääjoukot.**

✦ 2. Hän ei voinut lähettää apujoukkoja helposti

- **Hänen oli vaikea tukea muita daimioita, koska Ieyasun liittolaiset eristivät hänet.**

- Hänen oli taisteltava yksin jo oman alueensa puolesta, mikä kulutti hänen voimiaan.

3. Hänen alueensa olivat altistuneet hyökkäyksille

- Ieyasu pystyi helposti lähettämään joukkoja Kagekatsua vastaan pohjoisen ja idän kautta.
- Date Masamune ja Mogami Yoshiaki olivat jo vihamielisiä Uesugia kohtaan.
- Ieyasun ei tarvinnut edes käyttää pääarmeijaansa, sillä hänen liittolaisensa saivat jo aikaan riittävästi painetta.

4. Vaikeus pitää liittouma kasassa

- Kagekatsulla ei ollut yhtä suurta poliittista vaikutusvaltaa kuin esim. Mori Terumotolla.
- Hänen siteensä muihin daimioihin olivat heikompia, ja häntä ei koettu luonnollisena johtajana.
- Hän olisi joutunut neuvottelemaan etäältä ilman mahdollisuutta kunnolla osallistua Osakan päätöksentekoon.

Johtopäätös

Uesugi Kagekatsu oli **liian eristyksissä ollakseen hyvä oppositiojohtaja.** Hän joutui taistelemaan paikallisia vihollisiaan vastaan jo ennen kuin pystyi uhkaamaan Ieyasua.

☑ **Parempi vaihtoehto: Mori Terumoto, joka hallitsi Länsi-Japania ja jolla oli suorat yhteydet Osakaan ja Kiotoon.**

👉 Kagekatsu ei ollut huono daimio, mutta hänen alueensa sijainti teki hänestä huonon johtajan Tokugawa-vastaiseen sotaan.

Kommentti ChatGPT:n vastaukseen: Olen samaa mieltä Kagekatsusta. Hän oli sangen pätevä johtaja, mutta hänen tukialueidensa sijainti teki hänestä huonon Ieyasun vastaisen opposition johtajan.

Sinä sanoit: Miksi Date Masamune ja Mogami Yoshiaki asettuivat tukemaan Ieyasua? Oliko heidän tavoitteensa puhtaasti pyrkiä laajentamaan läänityksiään vai oliko takana myös jotain muuta, kuten henkilökohtaisia kaunoja?

ChatGPT sanoi: Date Masamunen ja Mogami Yoshiakin tuki Tokugawa Ieyasulle ei perustunut pelkästään valtapolitiikkaan, vaan siihen vaikutti myös **henkilökohtaiset kaunat, turvallisuushuolet ja mahdollisuus laajentaa omia alueitaan.**

---

1. Date Masamunen ja Mogami Yoshiakin viha Uesugi Kagekatsua kohtaan

🔘 **Aiemmat sodat ja kaunat**

- **Date Masamune ja Mogami Yoshiaki olivat jo aiemmin taistelleet Uesugi Kagekatsua vastaan.**
- **Uesugi-klaani oli historiallisesti vihamielinen Date- ja Mogami-klaaneja kohtaan.**
- **Uesugit olivat pakottaneet Mogamit antautumaan 1570-luvulla ja olivat usein yrittäneet heikentää heidän valtaansa.**
- **Masamune itse oli taistellut Uesugia vastaan nuoruudessaan ja kantoi kaunaa heitä kohtaan.**

🔘 **Uesugi Kagekatsu oli uhka heidän alueilleen**

- **Uesugi Kagekatsu olisi saanut enemmän valtaa, jos Ieyasu olisi hävinnyt.**
- **Mogamit ja Datet pelkäsivät, että Uesugit saattaisivat yrittää laajentua heidän alueilleen.**
- **Tukemalla Ieyasua he varmistivat, että Uesugi pysyi puristuksessa ja heikkona.**

2. Mahdollisuus laajentaa omia alueitaan

☑ Tokugawa Ieyasu lupasi heille palkkioita sodan jälkeen

- Jos he tukivat Ieyasua ja tämä voittaisi, he voisivat saada Uesugin maita.
- Lopulta Mogami ja Date saivat suurempia läänityksiä sodan jälkeen.

☑ Sekigaharan sota oli tilaisuus heille hyökätä Uesugin kimppuun

- Date Masamune ja Mogami Yoshiaki hyökkäsivät yhdessä Uesugia vastaan samaan aikaan, kun Ieyasu taisteli Mitsunaria vastaan lännessä.
- Tämä pakotti Uesugin puolustamaan omia alueitaan, mikä esti häntä tukemasta Ishida Mitsunaria.

3. Poliittiset suhteet Ieyasuun

⬤ Date Masamune ja Mogami Yoshiaki olivat lojaalimpia Tokugawalle kuin Toyotomi-hallinnolle

- Hideyoshi ei koskaan täysin luottanut Masamuneen, koska hän oli nuori ja kunnianhimoinen daimio.
- Mogami Yoshiaki ja Masamune olivat saaneet alueensa Ieyasun tukemana, joten heillä oli poliittisia syitä pysyä Tokugawan puolella.

Johtopäätös: Miksi Date ja Mogami tukivat Ieyasua?

1. He vihasivat Uesugia ja halusivat tämän heikentyvän.
2. He halusivat laajentaa omia alueitaan.
3. Heillä oli poliittinen suhde Ieyasuun ja tämä oli heille turvallisempi vaihtoehto kuin Toyotomi-hallinto.

👉 Heidän päätöksensä ei ollut pelkästään opportunistinen, vaan siinä oli mukana sekä henkilökohtaisia kaunoja että strategista laskelmointia.

Kommentti ChatGPT:n vastaukseen: En ole täysin tyytyväinen tähän vastaukseen, sillä siitä on jäänyt pois yksi merkittävä seikka, joka suututti Mogami Yoshiakia suhteessa Hideyoshiin ja on täysin varmaa, että Ieyasu tiesi siitä.

Sinä sanoit: Muistaakseni Mogami Yoshiakin suhteen oli olemassa välikohtaus vuodelta 1595, jossa Hideyoshi tapatti epäilojaalina pitämänsä veljenpoikansa Hidetsugun ja tämän koko perheen mukaan lukien Mogami Yoshiakin tyttären, joka oli kihlattu Hidetsugulle. On varmaa, että Mogami tunsi tästä kaunaa Hideyoshia kohtaan. On täysin varmaa, että Ieyasu tiesi tuosta asiasta ja hyödynsi sitä.

ChatGPT sanoi: Kyllä, tuo välikohtaus oli varmasti yksi keskeinen syy Mogami Yoshiakin lojaaliudelle Tokugawa Ieyasulle.

Vuonna **1595** Toyotomi Hideyoshi antoi määräyksen **veljenpoikansa Toyotomi Hidetsugun teloituksesta**, koska epäili tämän mahdollisesti suunnittelevan vallankaappausta. Tämä ei kuitenkaan koskenut vain Hidetsugua – **koko hänen perheensä ja lähisukulaisensa teloitettiin, mukaan lukien Mogami Yoshiakin tytär, joka oli kihlattu Hidetsugulle**.

Mogami Yoshiakin kauna Hideyoshia kohtaan

- Mogami Yoshiaki menetti **tyttärensä brutaalissa joukkoteloituksessa**, mikä varmasti sai hänet vihaamaan Hideyoshia ja hänen hallintoaan.
- Tapa, jolla teloitus toteutettiin – perheen naiset ja lapset **pakotettiin itsemurhaan tai teloitettiin** – oli nöyryyttävä ja raaka.

200

- **Mogami Yoshiaki ei voinut protestoida avoimesti Hideyoshia vastaan, mutta varmasti kantoi kaunaa.**

Ieyasu hyödynsi tätä kaunaa taitavasti

- Ieyasu oli **kokenut poliittinen peluri**, joka varmasti **tunsi Hideyoshin tekojen aiheuttamat kaunat eri daimioiden keskuudessa.**
- On hyvin todennäköistä, että Ieyasu **lähestyi Mogamia ja esitti itsensä oikeudenmukaisempana vaihtoehtona** Toyotomi-hallinnolle.
- Mogamilla oli jo aiempia kaunoja Uesugi Kagekatsua kohtaan, ja Ieyasu **tarjosi hänelle mahdollisuuden kostaa sekä Uesugille että Hideyoshin hallinnolle tukemalla Tokugawaa.**

Johtopäätös

Mogami Yoshiakin päätös tukea Tokugawaa ei ollut vain pragmaattinen tai strateginen, vaan myös **henkilökohtainen ja emotionaalinen.** Hideyoshin raaka teloituspäätös teki Yoshiakista **uskollisen Tokugawan tukijan**, ja Ieyasu oli tarpeeksi viisas hyödyntämään tätä poliittisesti.

👉 **Kyseessä oli täydellinen esimerkki siitä, miten Ieyasu käytti Hideyoshin tekemien virheiden aiheuttamaa katkeruutta hyväkseen rakentaessaan omaa valtaansa.**

Kommentti ChatGPT:n vastaukseen: Tämä oli tärkeä asia ymmärtää Mogami Yoshiakin suhtautumisessa Hideyoshin hallintoon ja Ieyasuun. Tarkastellaan seuraavaksi Ieyasun toimia pian Hideyoshin kuoleman jälkeen.

Sinä sanoit: Miten Ieyasu pyrki vahvistamaan valta-asemaansa Hideyoshin kuoleman jälkeen vuonna 1598? Millaisia vastareaktioita se sai aikaan?

ChatGPT sanoi: Toyotomi Hideyoshin kuolema vuonna **1598** jätti Japanin valtatyhjiöön, jossa Tokugawa Ieyasu alkoi nopeasti lujittaa omaa asemaansa. Hideyoshin kuoltua hänen poikansa **Toyotomi Hideyori** oli vain **viisivuotias**, ja valtakuntaa johti muodollisesti **viiden vanhimman neuvosto (Go-Tairō)** sekä viiden vanhimman tuomarin neuvosto (**Go-Bugyō**). Ieyasu oli yksi näistä vanhimmista, mutta **hän ei aikonut tyytyä yhteishallintoon.**

Miten Ieyasu vahvisti valtaansa?

1. Liittolaissuhteiden vahvistaminen

- **Ieyasu alkoi solmia avioliittoja vaikutusvaltaisten daimioiden kanssa**, vahvistaen asemaansa:
  - Hän **naitti tyttärensä Tokugawa Fuyuhimen Hideyoshin kenraalille Ukita Hideiella**, mutta tämä oli lähinnä muodollinen liitto.
  - Merkittävämpi oli avioliitto **Ii Naomasan** kanssa, joka varmisti Ii-klaanin uskollisuuden.
  - Hän **naitti poikansa Tokugawa Hidetadan Oda Nobunagan tyttären kanssa**, mikä toi Nobunagan vanhoja tukijoita hänen puolelleen.

2. Sotilaallinen voima ja daimioiden jakaminen leireihin

- **Ieyasu alkoi muodostaa omaa valtablokkiansa**, houkutellen puolelleen daimioita, jotka hyötyisivät Tokugawan vallasta.
- **Date Masamune, Mogami Yoshiaki ja Hosokawa Tadaoki liittyivät Ieyasun puolelle**, osittain kaunoista Hideyoshin hallintoa kohtaan.
- Hän **piti yllä vahvaa sotilasvoimaa**, mikä antoi hänelle pelotteen aseman muihin daimioihin nähden.

3. Taloudellinen vaikutusvalta

- Ieyasu hallitsi Kanton aluetta, **joka oli Japanin rikkaimpia alueita**. Hän käytti sitä rahoittaakseen sotilasvoimiaan ja poliittisia manööverejään.
- Hän **ohjasi liikekumppaneitaan ja kauppiaitaan tukemaan hänen poliittisia pyrkimyksiään**, heikentäen näin Toyotomi-hallinnon varoja.

4. Diplomatia ja poliittiset juonet

- **Ieyasu alkoi testata muiden Go-Tairō-neuvoston jäsenten lojaaliutta:**

- ○ **Mōri Terumoto ja Uesugi Kagekatsu** pysyivät Hideyorille lojaaleina.
- ○ **Maeda Toshiie oli yksi harvoista, joka yritti pitää Ieyasua kurissa**, mutta hänen kuolemansa vuonna 1599 vapautti Ieyasun entistä aggressiivisempaan politiikkaan.

Mitä vastareaktioita Ieyasun toimet saivat aikaan?

1. Ishida Mitsunarin vastarinta

- **Ishida Mitsunari**, Hideyoshin uskollinen kannattaja, **näki Ieyasun vallanhimon ja alkoi kerätä joukkoja häntä vastaan.**
- Mitsunari yhdisti anti-Tokugawa-daimiot yhdeksi rintamaksi, mikä johti lopulta **Sekigaharan taisteluun vuonna 1600**.

2. Uesugi Kagekatsun avoin kapina (Uesugi-kriisi 1600)

- Uesugi Kagekatsu alkoi **rakentaa linnoituksia ja valmistautua sotaan**, minkä Ieyasu tulkitsi kapinaksi.
- Ieyasu vaati Uesugia selittämään toimensa, mutta **Uesugin neuvonantaja Naoe Kanetsugu vastasi uhmakkaasti, mikä antoi Ieyasulle tekosyyn sotilaalliseen toimintaan.**

3. Go-Tairō-järjestelmän romahtaminen

- Ieyasun aggressiivinen politiikka ja vallan keskittyminen häneen **johtivat lopulta Go-Tairō-järjestelmän hajoamiseen.**
- Vuoden 1600 alussa Japani oli jo jakautunut selkeästi **Ieyasun ja Toyotomi-lojaalien leireihin.**

Johtopäätös

Ieyasu käytti Hideyoshin kuolemaa hyväkseen **konsolidoimalla valtaansa sotilaallisesti, poliittisesti ja taloudellisesti**, mikä lopulta johti suoraan valtataisteluun Toyotomi-lojaalien kanssa. Hänen aggressiivinen strategiansa aiheutti voimakkaan vastareaktion, mutta lopulta se antoi hänelle mahdollisuuden **ratkaista valtakamppailu Sekigaharan taistelussa vuonna 1600** ja lopulta nousta shōgunaatiksi.

Kommentti ChatGPT:n vastaukseen: On syytä huomata, että Tokugawa Ieyasun pojan ja seuraajan Tokugawa Hidetadan avioliiton, joka solmittiin 1595 eli ennen Hideyoshin kuolemaa, toinen osapuoli oli Oda Nobunagan siskontytär ja toinen siskon tytär oli Toyotomi Hideyoshin vaimo, joka oli samalla hänen nuoren poikansa äiti. Luultavasti tuon avioliiton alkuperäinen tehtävä oli sitoa Toyotomi- ja Tokugawa-suvut tiukemmin yhteen. Tarkastellan tämän jälkeen tarkemmin Ishida Mitsunarin toimia Ieyasua vastaan.

Sinä sanoit: Muistaakseni Ishida Mitsunari koetti tuolloin Ieyasun toimien seurauksena murhauttaa hänet, mutta se epäonnistui ja Ishida sai useiden Tokugawalle myötämielisten kenraalien vihat niskoillensa. Mitä sen jälkeen tapahtui?

ChatGPT sanoi: Kyllä, **Ishida Mitsunari todella yritti murhauttaa Tokugawa Ieyasun**, mutta epäonnistui, ja tämä oli ratkaiseva virhe hänen kannaltaan. Tässä vaiheessa vuonna **1599**, Toyotomi-lojalistit ja Ieyasun tukijat olivat jo voimakkaassa valtakamppailussa.

Mitsunarin epäonnistunut salamurhayritys ja sen seuraukset

1. **Mitsunari juonitteli murhayritystä Ieyasua vastaan**, sillä hän ymmärsi, että Ieyasu vahvisti asemaansa nopeasti.
2. Murhayritys **epäonnistui**, ja tämä käänsi **monet neutraalit ja Tokugawalle myötämieliset kenraalit Ishidaa vastaan**.
3. **Tokugawa-lojalistit, kuten Katō Kiyomasa, Fukushima Masanori ja Ikeda Terumasa, raivostuivat Mitsunarille**, koska he pitivät häntä pelkurimaisena hovijuonittelijana eikä kunniallisena sotilaana.
4. **Mitsunari joutui pakenemaan Osakaan**, sillä useat daimioiden soturit yrittivät surmata hänet koston vuoksi.

Mitsunari vetäytyy ja Mōri Terumoto astuu johtoon

- Mitsunari **vetäytyi Osakaan ja piiloutui Mōri Terumoton suojelukseen**.
- Tässä vaiheessa **Toyotomi-lojalistit joutuivat tekemään päätöksen siitä, kuka olisi heidän johtajansa** Ieyasua vastaan.

- Koska **monet samurait vihasivat Mitsunaria**, valittiin Mōri Terumoto opposition muodolliseksi johtajaksi, koska hänellä oli arvovaltaa.
- **Todellinen johtaja sotilasstrategiassa pysyi kuitenkin Ishida Mitsunarina**, koska Mōri Terumoto ei ollut aktiivinen komentaja.

Uesugi Kagekatsu ja Naoe Kanetsugu antavat Ieyasulle syyn hyökätä

- **Uesugi Kagekatsu alkoi linnoittaa alueitaan Aizussa**, minkä Ieyasu tulkitsi kapinaksi.
- Ieyasu **vaati Uesugia selittämään toimensa**, mutta Uesugin neuvonantaja **Naoe Kanetsugu vastasi uhmakkaasti**, mikä antoi Ieyasulle tekosyyn siirtää armeijansa itään.
- **Ieyasu lähti sotaretkelle Uesugia vastaan**, jolloin Mitsunari ja muut Toyotomi-lojalistit **käynnistivät kapinan hänen poissa ollessaan**.

Tilanne kärjistyy kohti Sekigaharaa (1600)

- **Mitsunari ja hänen liittolaisensa nostattivat armeijansa ja miehittivät Kioton ja Osakan.**
- **Ieyasu teki nopean käänteen ja marssi takaisin länteen** vastatakseen haasteeseen.
- Lopulta tämä johti ratkaisevaan **Sekigaharan taisteluun vuonna 1600**, jossa Ieyasu murskasi Ishida Mitsunarin joukot ja käytännössä **varmisti Tokugawa-shōgunaatin nousun.**

Johtopäätös

Ishida Mitsunarin epäonnistunut salamurhayritys **eristi hänet monista mahdollisista liittolaisista** ja pakotti hänet nojaamaan vähemmän sotilaallisesti kokeneisiin daimioihin. Tämän seurauksena hän **menetti kannatusta ja joutui epäsuotuiseen asemaan**, mikä lopulta johti hänen tappioonsa Sekigaharassa ja Toyotomi-klaanin vallan murenemiseen.

Kommentti ChatGPT:n vastaukseen: Olemme nyt siirtynee tilanteeseen, jossa sotatoimet alkavat vuonna 1600 Ieyasu Tokugawan ja Ishida Mitsunarin välillä. Ensiksi tarkastelemme Ishida Mitsunarin toimia ottaa haltuunsa Osakan ja Kioton alue.

Sinä sanoit: Uesugi Kagekatsun uhka itäisessä Japanissa pakotti Ieyasun palaamaan sinne ja kokoamaan voimiansa. Kuitenkin hän jätti Fushimin linnaan Kioton ja Osakan alueelle varuskunnan Torii Mototadan komennossa häiritsemään Ishidan ja tämän liittolaisten liikkeitä. Miten tälle varuskunnalle kävi sen taisteluissa Ishidaa vastaan?

ChatGPT sanoi: Fushimin linnan puolustus vuonna **1600** oli yksi **Tokugawa Ieyasun kannalta tärkeimmistä viivytystaisteluista**, ja sen sankarillinen komentaja **Torii Mototada** on jäänyt historiaan uskollisuutensa vuoksi.

Torii Mototadan puolustus Fushimissa

- Kun **Ishida Mitsunari ja hänen liittolaisensa aloittivat kapinansa**, heidän täytyi ensin **varmistaa hallinta Kioton ja Osakan alueella**, ennen kuin he pystyivät kohtaamaan Ieyasun pääarmeijan.
- **Fushimin linna**, joka sijaitsi strategisesti tärkeällä paikalla, oli esteenä Ishidan etenemiselle ja mahdollisti Ieyasun joukkojen kokoamisen idässä.
- **Torii Mototada, yksi Ieyasun uskollisimmista kenraaleista, sai käskyn puolustaa linnaa niin kauan kuin mahdollista**, vaikka hän tiesi, että se päättyisi hänen kuolemaansa.

Ishidan hyökkäys ja linnan puolustus

- **Heinäkuun lopussa 1600 Ishida Mitsunari marssi Fushimin linnalle noin 40 000 miehen armeijan kanssa**, joka koostui monien Toyotomi-lojalistien joukoista.
- Torii Mototadalla oli vain **noin 2 000 miestä**, mutta he olivat kokeneita Tokugawan sotureita.
- Ishida yritti ensin **houkutella Mototadaa antautumaan**, mutta tämä **hylkäsi kaikki ehdotukset ja vannoi taistelevansa viimeiseen mieheen asti**.

Kahden viikon piiritys ja linnan kukistuminen

- **Piiritys kesti noin 10–12 päivää, ja Tokugawan sotilaat tekivät jatkuvia vastahyökkäyksiä** Ishidan joukkoja vastaan.

- Lopulta Toyotomi-lojalistit **onnistuivat murtamaan linnan puolustuksen**, osittain sisäisen petoksen ansiosta:
  - **Osan linnan puolustajista sanotaan pettäneen Mototadan ja avanneen portit Ishidan joukoille.**
- Torii Mototada ja hänen jäljellä olevat soturinsa **taistelivat linnan sisällä viimeiseen mieheen asti.**
- Mototada **teki rituaalisen seppukun**, ja hänen miehensä **kaatuivat taistellen.**

Fushimin puolustuksen merkitys

Vaikka **Torii Mototadan joukot tuhottiin, Fushimin linnan puolustus oli kriittinen Tokugawa Ieyasulle.** Sen avulla:

1. **Ieyasu sai arvokasta aikaa koota joukkonsa itäisessä Japanissa.**
2. **Ishida Mitsunari joutui viivästyttämään etenemistään**, mikä antoi Ieyasulle strategisen edun.
3. **Mototadan uhri teki hänestä lojaaliuden symbolin Tokugawa-shōgunaatille**, ja Ieyasu kunnioitti hänen muistoaan myöhemmin.

Johtopäätös

Torii Mototadan sankarillinen taistelu ja uhri olivat ratkaisevia Tokugawa Ieyasun sodankäynnissä. **Ilman Fushimin linnan viivytystaistelua Ieyasu olisi ollut paljon vaikeammassa asemassa, kun hän palasi länteen kohtaamaan Ishidan armeijan Sekigaharassa.**

Kommentti ChatGPT:n vastaukseen: Torii Mototadan ja hänen joukkojensa itsensä uhraamista pidetään yhtenä merkittävimmistä esimerkeistä Japanin historiassa, miten samuraiden tulisi olla kuuliaisia herraansa kohtaan ja kuolemaan tämän puolesta. On luonnollista, että myöhemmin Tokugawa-shogunaatin aikana Mototadaa ja hänen miehiänsä pidettiin erittäin suuressa arvossa siksi, että he kaatuivat taistelussa Tokugawan vihollisia vastaan.

Sinä sanoit: Ieyasun liittolaiset Date Masamune ja Mogami Yoshiaki pystyivät pitämään Uesugi-klaanin aisoissa, joka antoi Ieyasulle mahdollisuuden keskittyä hoitamaan vihollisensa Kioton ja Osakan alueella. Mikä oli Ieyasun sotasuunnitelma tässä vaiheessa käytännössä?

207

ChatGPT sanoi: Tokugawa Ieyasun sotasuunnitelma vuonna **1600** perustui hänen strategiseen kykyynsä **hajottaa vihollisensa, hyödyntää viivytystaktiikoita ja valita oikea hetki ratkaisevaan taisteluun.** Kun **Uesugi Kagekatsu ja Naoe Kanetsugu oli saatu pidettyä aisoissa** Date Masamunen ja Mogami Yoshiakin toimesta, Ieyasu pystyi keskittämään voimansa Kioton ja Osakan hallinnan palauttamiseen sekä lopulliseen yhteenottoon Ishida Mitsunarin kanssa.

Ieyasun sotasuunnitelma kesällä ja syksyllä 1600

1. Itäisen Japanin tilanteen varmistaminen

- Ieyasu **oli lähtenyt itään Uesugin uhkaa vastaan,** mutta kun huomasi, että Date Masamune ja Mogami Yoshiaki hallitsivat tilanteen, hän saattoi **keskittyä päävihollliseensa, Ishida Mitsunariin ja tämän liittolaisiin.**
- **Ieyasun poika, Tokugawa Hidetada, sai käskyn marssia länteen toisesta reitistä ja tuoda lisäjoukkoja pääarmeijan tueksi.**

2. Länteen suuntautuvan vastahyökkäyksen aloittaminen

- Kun **Fushimin linna kaatui Torii Mototadan sankarillisen puolustuksen jälkeen,** Ishida Mitsunari yritti saada koko lännen joukot liikkeelle ja pysäyttää Ieyasun.
- **Ieyasu kokosi armeijansa itäisestä Japanista ja aloitti nopean marssin kohti Kiotoa ja Osakaa.**
- Matkallaan **hän sai lisää liittolaisia,** koska monet daimioista eivät luottaneet Ishida Mitsunariin ja näkivät Ieyasun vahvempana vaihtoehtona.

3. Liittolaisten houkuttelu ja vihollisjoukkojen hajottaminen

- Ieyasu **käytti taitavaa diplomatiaa** saadakseen mahdollisimman monet daimioista joko liittymään hänen puolelleen tai pysymään puolueettomina.
- **Monet Mitsunarin liittolaiset olivat jo valmiiksi epävarmoja,** erityisesti **Kobayakawa Hideaki,** joka oli katkera Ishida Mitsunarille.

- Ieyasu käytti lupausten, lahjojen ja painostuksen yhdistelmää varmistaakseen, että moni Mitsunarin liittolaisista ei antaisi täyttä tukea tälle.

4. Ratkaisutaistelu: marssi kohti Sekigaharaa

- **Ieyasu marssi armeijansa kanssa länteen**, kun taas Ishida Mitsunari kokosi joukkonsa **Sekigaharan laaksoon**, missä taistelu lopulta ratkaistiin.
- **Tokugawa Hidetadan armeija myöhästyi taistelusta**, koska se oli viivästynyt piirittäessään Ueda-linnaa Sanadan klaania vastaan. Tämä tarkoitti, että Ieyasun oli taisteltava ilman Hidetadan lisäjoukkoja.
- **Ieyasu asetti pääarmeijansa hyökkäämään suoraan Ishidan puolustukseen**, mutta ratkaiseva käänne tapahtui, kun **Kobayakawa Hideaki vaihtoi puolta taistelun aikana ja hyökkäsi Ishida Mitsunarin joukkojen kimppuun**.
- **Ishidan armeija romahti**, ja Ieyasun voitto **Sekigaharassa varmisti hänen nousunsa Japanin kiistattomaksi valtiaaksi**.

Johtopäätös

Ieyasun sotasuunnitelma perustui **strategiseen kärsivällisyyteen, liittolaisten varmistamiseen, vihollisjoukkojen hajottamiseen ja oikean hetken odottamiseen.** Hän ei kiirehtinyt suoraan Ishida Mitsunarin kimppuun, vaan varmisti ensin, että hänen takalinjansa oli turvattu ja että hänen vastustajansa eivät saaneet yhtenäistä rintamaa muodostettua. Tämä varmisteli hänen lopullisen voittonsa **Sekigaharan taistelussa**, joka oli ratkaiseva askel Tokugawa-shōgunaatin perustamisessa.

Kommentti ChatGPT:n vastaukseen: Ieyasun suunnitelmat ja toimintatapa viittaavat suoraan siihen, että hänellä erittäin hyvä tilannekuva ja harkinta sen suhteen, miten hänen kannattaisi toimia. Hänen liittolaisensa Date Masamune ja Mogami Yoshiaki olivat riittävän voimakkaita pysäyttämään Uesugin, jolloin Ieyasu pystyi kääntämään päävoimansa länteen Kioton ja Osakan alueiden suuntaan.

Sinä sanoit: Mikä oli Ishida Mitsunarin strategia sen jälkeen, kun oli tullut selväksi, että Uesugi ei pystynyt pitämään Ieyasun voimia idässä, vaan ne marssivat länteen kohti Kiotoa ja Osakaa?

ChatGPT sanoi: Kun Ishida Mitsunari tajusi, että **Uesugi Kagekatsu ei pystyisi pidättelemään Tokugawa Ieyasua idässä**, hänen oli nopeasti laadittava **vaihtoehtoinen strategia lännessä**. Hänen alkuperäinen suunnitelmansa perustui siihen, että Uesugi sitoisi Ieyasun armeijan pitkäksi aikaa ja mahdollisesti jopa voittaisi sen, jolloin Mitsunari olisi voinut toimia vapaasti lännessä. Kun tämä ei toteutunut, hänen oli ryhdyttävä **puolustuksellisiin ja viivytystaktiikoihin**, mutta hänen strategiansa oli täynnä heikkouksia.

Ishida Mitsunarin strategia Ieyasun vastaisessa sodassa (1600)

1. Kioton ja Osakan alueen nopea haltuunotto

- Mitsunari tiesi, että **Ieyasu oli marssimassa länteen**, joten hänen täytyi varmistaa, että hänellä oli vankka tukialue.
- **Hän valtasi Fushimin linnan (Tokugawan varuskunnan), mutta se viivästytti hänen etenemistään.** Torii Mototadan puolustustaistelu **hidasti Mitsunaria kriittisellä hetkellä** ja antoi Ieyasulle aikaa koota joukkojaan.

---

2. Lännen daimioiden yhdistäminen Tokugawaa vastaan

- Mitsunari **yritti koota mahdollisimman laajan länsijapanilaisen rintaman Ieyasua vastaan.**
- **Hän sai tuekseen suuria klaaneja, kuten Mori, Ukita ja Chōsokabe,** mutta hänen johtajuutensa oli epävarmaa. **Mori Terumoto, opposition muodollinen johtaja, ei aktiivisesti osallistunut sotatoimiin, mikä vähensi opposition voimaa.**
- **Monet daimioista, kuten Kobayakawa Hideaki, epäröivät tukensa antamisessa**, ja Ieyasu käytti tätä hyväkseen houkutellakseen heidät puolelleen.

3. Ieyasun armeijan pysäyttäminen Keski-Japanissa (Sekigaharan puolustusasema)

- Koska Mitsunari ei voinut enää estää Ieyasua marssimasta länteen, hän päätti **valita puolustuksellisen aseman ja yrittää pysäyttää Ieyasun liikkeet.**
- **Hän valitsi Sekigaharan laakson, koska se oli hyvä paikka puolustusaseman rakentamiseen** – vuoret rajoittivat liikkumista, ja Mitsunari saattoi asettaa joukkonsa strategisiin asemiin.
- **Hänen suunnitelmansa perustui siihen, että hänellä olisi numeerinen ylivoima ja että hänen liittolaisensa pysyisivät lojaaleina.**

Mitsunarin strategian heikkoudet

1. **Heikko johtajuus ja huono henkilökohtainen maine**
   - Mitsunari **ei ollut arvostettu sotapäällikkö**, ja monet daimioista vihasivat häntä.
   - Hän ei ollut kokenut kenttäkenraali, eikä hänellä ollut luonnollista karismaa, joka olisi saanut samurait taistelemaan hänen puolestaan.
2. **Liittolaisten epäluotettavuus**
   - **Kobayakawa Hideaki epäröi viimeiseen asti**, ja hänen vaihtonsa Tokugawan puolelle ratkaisi Sekigaharan taistelun.
   - **Mori-klaani ei aktiivisesti osallistunut taisteluun**, vaikka heillä oli suuri armeija Itä-Japanin rajoilla.
   - **Chōsokabe ja Ukita olivat hyviä sotilaita, mutta eivät tarpeeksi vahvoja ilman Mori-klaanin tukea.**
3. **Sekigaharan aseman haavoittuvuus**
   - Mitsunari ei ollut varmistanut, että hänen joukkojensa yhteys Osakaan ja Kiotoon olisi suojattu.
   - **Jos hän häviäisi, hänellä ei ollut varasuunnitelmaa tai turvallista peräntymistietä.**
4.

5. **Hän antoi Ieyasulle liian paljon aikaa valmistautua**
   - o Fushimin linnan piiritys antoi Ieyasulle mahdollisuuden **koota ja organisoida armeijansa huolellisesti.**
   - o **Mitsunari ei edennyt tarpeeksi nopeasti Kioton tai Osakan hallinnan vakiinnuttamiseksi,** mikä johti siihen, että Ieyasu ehti marssia länteen ja hyökätä.

Lopputulos

Mitsunarin strategia oli **puolustuksellinen, mutta täynnä sisäisiä heikkouksia.** Hän **ei onnistunut pitämään kaikkia liittolaisiaan lojaaleina, valitsi huonon paikan ratkaisevaan taisteluun ja antoi Ieyasulle liikaa aikaa valmistautua.**

Kun **Sekigaharan taistelu syyskuussa 1600 alkoi, Mitsunarin armeija oli aluksi vahvoilla, mutta Kobayakawa Hideakin petturuus johti täydelliseen romahtamiseen.** Ieyasu **voitti, vangitsi Mitsunarin ja teloitutti hänet.** Tämä johti Tokugawa-shōgunaatin perustamiseen ja yli 250 vuoden rauhan aikaan Japanissa.

Kommentti ChatGPT:n vastaukseen: Toisin sanoen Ishida Mitsunarin ensimmäinen suunnitelma oli huono, sillä se ei ottanut huomioon Date Masamunen ja Mogami Yoshiakin pätevyyttä ja uskollisuutta Ieyasulle. He kumpikin olivat päteviä lääninherroja, joilla oli käytössään huomattavat voimat, joilla he pysäyttivät Uesugin sotilaat.

Sinä sanoit: Tuohon aikaan Maedan klaani oli yksi Honshun saaren keskiosan rikkaimpia klaaneja. Käsitykseni mukaan he eivät kunnolla osallistuneet näihin taisteluihin, vaikka klaanin edesmennyt perustaja Maeda Toshiee oli ollut yksi sijaishallitsijoista. Mistä tämä johtui?

ChatGPT sanoi: Olet täysin oikeassa siinä, että **Maeda-klaani oli yksi rikkaimmista ja vaikutusvaltaisimmista klaaneista** Honshūn keskiosassa, mutta he pysyivät **pääosin neutraaleina Sekigaharan konfliktissa.** Tämä johtui useista tekijöistä, joista tärkeimpiä olivat **dynastian jatkuvuuden varmistaminen, perheen sisäiset haasteet ja Ieyasun poliittinen painostus.**

1. Maeda Toshieen kuolema ja klaanin perimyskriisi (1599)

- Maeda Toshiee, joka oli yksi **Toyotomi Hideyoshin luotetuimmista kenraaleista**, kuoli **vuonna 1599**, vain vuosi Hideyoshin kuoleman jälkeen.

- **Toshieen poika, Maeda Toshinaga, peri klaanin johdon**, mutta hän ei ollut isänsä kaltainen voimakas sotapäällikkö eikä ollut henkilökohtaisesti lojaali Toyotomi-hallinnolle samalla tavalla kuin Toshiee oli ollut.

- Toshinaga joutui tasapainoilemaan **Ieyasun ja Toyotomi-hallinnon välissä**, eikä hän halunnut riskeerata klaanin asemaa ottamalla suoraan kantaa.

2. Ieyasun poliittinen painostus ja Toshinagan myöntyväisyys

- Ieyasu tiesi Maeda-klaanin valtavan rikkauden ja sotilaallisen voiman.

- **Ieyasu pakotti Toshinagan osoittamaan lojaaliutta Tokugawalle jo ennen Sekigaharan taistelua**, koska hän epäili Maedojen voivan asettua Toyotomi-lojalistien puolelle.

- **Toshinagan veli, Maeda Toshimasa, tuki Ishida Mitsunaria**, mutta Toshinaga ei halunnut vaarantaa koko klaania ja suostui **alistumaan Ieyasulle**.

- **Toshinaga joutui lähettämään äitinsä Tokugawan panttivangiksi**, mikä varmisti, ettei hän liittyisi suoraan Mitsunarin joukkoihin.

3. Välttelystrategia: Ei liittymistä Ishidaan, mutta ei avointa tukea Tokugawalle

- **Toshinaga ei virallisesti liittynyt Ieyasun armeijaan mutta ei myöskään auttanut Ishida Mitsunaria**, vaikka Maeda-klaani oli aiemmin tukenut Hideyoshia.

213

- Tämä osoittaa, että **Toshinaga halusi välttää sotilaallisen konfliktin ja suojella klaaninsa maita.**

- Sekigaharan jälkeen **hän kuitenkin julisti tukensa Tokugawalle**, ja koska hän ei ollut suoraan taistellut Ieyasua vastaan, Maedat **säilyttivät maansa ja asemansa Japanin aristokratian huipulla.**

Lopputulos

Maeda Toshieen kuolema, Ieyasun poliittinen painostus ja Toshinagan varovainen diplomatia johtivat siihen, että **Maeda-klaani pysyi neutraalina** Sekigaharan sodassa. Tämä oli **fiksu liike**, sillä se varmisti, että Maedat **säilyttivät asemansa Japanin historiassa ja pysyivät yhtenä rikkaimmista klaaneista myös Tokugawa-kaudella.**

Kommentti ChatGPT:n vastaukseen: Maedan klaanin strategia oli luultavasti viisas. Ainoa toinen viisas vaihtoehto heille olisi ollut laittaa koko voimansa tukemaan Ishidaa, jolloin myöhemmät taistelut olisi voitu heidän voimiensa avulla kääntää Ishidan voitoksi ja Ieyasun tappioksi.

Sinä sanoit: Maedan klaanille toinen vaihtoehto olisi ollut laittaa koko voimansa Ishidan tueksi ja Ieyasua vastaan. Tämä on hyvin pitkälle samankaltainen tilanne kuin oli Mori Terumotolla, mutta Maedan klaani valitsi olla sekaantumatta Ieyasun ja Ishida Mitsunarin väliseen valtataisteluun, kun taas Mori Terumoto tuki Ishidaa puolivillaisesti.

ChatGPT sanoi: Juuri näin! **Maeda-klaanilla oli periaatteessa sama strateginen asema kuin Mori-klaanilla**, mutta he tekivät huomattavasti fiksumman päätöksen pysymällä käytännössä neutraaleina. Mori Terumoto taas **valitsi tukensa puolivillaisesti Ishida Mitsunarille**, mikä jätti opposition ilman vahvaa johtajaa ja johti lopulta tappioon.

Miksi Maeda-klaanin päätös oli viisaampi kuin Mori-klaanin?

1. **Maeda-klaani säilytti maansa ja asemansa Tokugawa-kaudella**, koska he eivät suoraan vastustaneet Ieyasua. Mori-klaani sen sijaan menetti suurimman osan läänityksistään, koska he asettuivat

214

osittain Mitsunarin puolelle mutta eivät täysillä sitoutuneet taisteluun.

2. **Maedat olivat rikkaita ja vahvoja, mutta eivät halunneet riskeerata dynastiansa jatkuvuutta.** He tiesivät, että Ieyasu voisi voittaa, ja pysyivät siksi passiivisina.

3. **Mori-klaani taas joutui epämääräiseen tilanteeseen**, jossa he tukivat opposition puolta mutta eivät antaneet sille täyttä sotilaallista panostaan. Tämä oli pahin mahdollinen ratkaisu, koska se **ei auttanut Mitsunaria tarpeeksi mutta teki Morista silti Tokugawan vihollisen.**

Jos Mori-klaani olisi tehnyt kuten Maedat ja pysynyt täysin neutraalina, he olisivat **säästyneet alennukselta ja menettäneet vähemmän maita.** Toisaalta, jos Mori-klaani olisi **lähtenyt täysillä mukaan Mitsunarin puolelle**, he olisivat voineet muuttaa sodan kulkua. **Maeda-klaani taas ymmärsi, että täysi sota Ieyasua vastaan olisi liian suuri riski, joten he välttelivät sitä kokonaan.**

Johtopäätös

Sekigaharan sodassa **passiivisuus oli turvallinen vaihtoehto, jos ei halunnut menettää maitaan.** Maeda-klaani teki täydellisen valinnan, kun taas Mori Terumoto epäonnistui tekemään selkeän päätöksen.

Kommentti ChatGPT:n vastaukseen: Maedan klaanin vaihtoehtoinen päätös tukea Ishidaa kaikin voimin olisi ollut hyvin riskialtis, joka onnistuessaan olisi luultavasti palkittu ruhtinaallisesti, mutta epäonnistuessaan se olisi tuhonnut Maedan klaanin. Armeijoiden marssiessa eteenpäin Tokugawa Hidetadan, Ieyasun pojan komentama armeija aloitti Uedan linnan piirittämisen, johon siltä kului paljon aikaa ilman, että pystyi valloittamaan tuota linnaa.

Sinä sanoit: Miksi Tokugawa Hidetada aloitti ja piti yllä Uedan linnan piiritystä niin kauan? Kyseisen linnan varuskunta oli kuitenkin sangen pieni, niin eikö Hidetadan olisi kannattanut jättää noin kolmannes joukoistansa piirittämään sitä ja marssia kohti länttä liittyäkseen Ieyasun päävoimiin?

ChatGPT sanoi: Tokugawa Hidetadan päätös **pitää yllä Uedan linnan piiritystä liian pitkään** oli **merkittävä strateginen virhe**, joka maksoi hänelle mahdollisuuden osallistua Sekigaharan taisteluun. Tässä tilanteessa

Hidetadan olisi ehdottomasti kannattanut **jättää vain osan joukoistaan piirittämään linnaa ja jatkaa pääjoukkojensa kanssa länteen liittyäkseen Ieyasun päävoimiin.**

Miksi Hidetada ei tehnyt niin?

1. **Sananlaskumainen kostonhimo Sanada-klaania kohtaan**
   - **Sanada Masayuki ja hänen poikansa Nobushige (tunnetaan paremmin nimellä Sanada Yukimura) olivat olleet aiemmin Tokugawaa vastaan** ja aiheuttaneet Hidetadan suvulle tappioita.
   - Hidetada halusi **ehkä kostaa ja varmistaa, ettei Sanadat pääsisi enää uhkaamaan Tokugawa-valtaa** tulevaisuudessa.
2. **Alimitoitu Sanadan puolustus yllätti Hidetadan**
   - **Sanada Masayukin ja Yukimuran puolustustahto ja sotataito aliarvioitiin täysin.**
   - Vaikka Uedan linnan varuskunta oli **pieni (ehkä vain 2 000 miestä), se puolusti linnaa taitavasti ja onnistui viivyttämään Hidetadan etenemistä viikkokausia.**
   - Hidetada ajatteli ilmeisesti voivansa **vallata linnan nopeasti ja marssia länteen,** mutta linnoituksen kestävyys ja Sanadan miesten sitkeys pakotti hänet **käyttämään yllättävän paljon aikaa ja resursseja.**
3. **Hidetada oli kokematon sotapäällikkö**
   - Tämä oli hänen **ensimmäinen suuri sotaretki itsenäisenä komentajana.** Hän ei ollut yhtä kokenut kuin hänen isänsä Ieyasu, joten hän ei **tajunnut jättää osaa joukoistaan piiritykseen ja siirtyä itse pääjoukkojen kanssa länteen.**
   - **Hän myös ilmeisesti yliarvioi Uedan strategisen merkityksen** – vaikka se oli este hänen marssireitillään, sen pieni varuskunta ei olisi ollut ratkaiseva uhka Tokugawa-armeijalle myöhemmin.
4. **Uedan linna ei ollut välttämättä ensisijainen kohde – se vain muuttui sellaiseksi**
   - Hidetadan armeija saattoi **alkaa piirityksen ajatellen, että se oli vain sivuosuus matkalla länteen,** mutta kun linna osoittautui yllättävän sitkeäksi, se alkoi **imemään enemmän ja enemmän resursseja.**

o Tämä johti siihen, että Hidetadan joukot **jumittuivat pitkäksi aikaa Uedan ympäristöön**, mikä **estikään heitä osallistumasta ratkaisevaan Sekigaharan taisteluun.**

Miten tämä vaikutti Sekigaharan taisteluun?

- **Hidetadan joukot eivät ehtineet osallistua itse taisteluun, mikä tarkoitti, että Ieyasu joutui voittamaan vastustajansa ilman heidän apuaan.**

- Ieyasu **voitti silti, mutta Hidetadan virhe söi hänen arvovaltaansa** ja vaikutti hänen asemaansa Ieyasun perijänä.

- **Ieyasu oli raivoissaan Hidetadalle tämän epäonnistumisesta,** mutta koska Ieyasu oli voittanut sodan ilman poikansa apua, tämä ei lopulta aiheuttanut valtavaa poliittista vahinkoa Tokugawa-suvulle.

Mikä olisi ollut Hidetadalle parempi vaihtoehto?

- Hän olisi **voinut jättää 5 000–10 000 sotilasta piirittämään Uedan ja jatkaa päävoimillaan kohti länttä,** jolloin hän olisi voinut vaikuttaa ratkaisevasti Sekigaharan lopputulokseen.

- **Sanada Masayuki ei olisi voinut tehdä juuri mitään,** vaikka Hidetada olisi jatkanut marssiaan.

Johtopäätös

Hidetadan **strateginen virhe Uedan piirityksessä oli yksi hänen uransa suurimmista kompastuskivistä,** ja se olisi voinut maksaa Tokugawa-suvulle paljon enemmän, jos Ieyasu ei olisi voittanut Sekigaharaa ilman hänen apuaan. Tämä virhe **osoitti, että Hidetada ei ollut isänsä tasoinen sotapäällikkö,** vaikka hän myöhemmin peri shogunaatin ja hallitsi sitä pitkään.

Kommentti ChatGPT:n vastaukseen: Olen pääasiassa samaa mieltä kuin ChatGPT tässä kommentissaan. Huomautan kuitenkin, että myös Ieyasu teki virheitä, joista tunnetuin ja vakavin oli varmasti käydä taisteluun Takeda Shingeniä vastaan Mikatagaharassa vuonna 1573, joka melkein maksoi Ieyasulle hänen henkensä. Ieyasun tiedetään ottaneen tuosta taistelusta opiksi, mutta ainakaan minulla ei ole tietoa siitä, että Hidetada oli samalla tavalla ottanut opiksi virheistänsä Uedan piirityksen suhteen.

Sinä sanoit: Miten Sekigaharan taistelu 1600 alkoi Tokugawan ja Ishidan kannalta? Käsitykseni mukaan taistelun alku oli hyvin tasaista ja jopa hieman enemmän kallistumassa Ishidan eduksi.

ChatGPT sanoi: Kyllä, **Sekigaharan taistelun alku oli varsin tasainen ja näytti jopa kääntyvän Ishida Mitsunarin eduksi.** Taistelun kulku voidaan jakaa vaiheisiin, joista alkuvaiheessa Tokugawan joukot olivat hetkellisesti ahtaalla.

Taistelun alkuvaiheet (aamupäivä, 21. lokakuuta 1600)

1. Alkupositiot ja sääolosuhteet

- Ishida Mitsunari **valitsi puolustuksellisen aseman** Sekigaharan laaksossa, missä hänen joukkonsa olivat asemissa kukkuloilla.
- **Tokugawa Ieyasun armeija** lähestyi lännestä ja joutui taistelemaan **ylämäkeen**, mikä oli suuri taktinen etu Ishidalle.
- **Tiheä sumu** peitti taistelukentän aamulla, mikä viivästytti taistelun alkamista ja teki liikkeistä vaikeampia.

2. Ensimmäiset yhteenotot

- **Fukushima Masanori ja Ii Naomasa (Tokugawan etujoukot) hyökkäsivät Ishidan etulinjaan,** jossa olivat Shima Sakonin ja Konishi Yukinagan joukot.
- **Shima Sakon komensi etulinjan joukkoja hyvin ja onnistui pysäyttämään Tokugawan hyökkäyksen.**
- **Konishi Yukinaga ja Ukita Hideien taistelivat myös sitkeästi**, ja hetken aikaa näytti siltä, että Tokugawan joukot eivät pääsisi etenemään.

3. Itärintama ja Tokugawan oikea sivusta joutuu pulaan

- **Ishidan liittolainen Otani Yoshitsugu puolusti vasenta siipeä (Tokugawan oikeaa sivustaa) erittäin hyvin**, ja hänen joukkonsa onnistuivat torjumaan Tokugawan armeijan etenemisen.

- **Toda Katsushige ja Hiratsuka Tamehiro (Tokugawan oikealla) eivät pystyneet murtautumaan läpi**, ja heidän joukkonsa kärsivät tappioita.
- Tässä vaiheessa **näytti siltä, että Ishidan joukot olivat saaneet yliotteen taistelussa.**

Käännekohta: Kobayakawa Hideaki ja petturuus

Sekigaharan taistelun ratkaiseva käänne tapahtui, kun **Kobayakawa Hideaki, joka oli alun perin Ishidan liittolainen, vaihtoi puolta ja hyökkäsi Ishidan joukkojen kimppuun.**

- **Kobayakawa Hideaki oli epäröinyt koko aamun eikä ollut liittynyt taisteluun kummankaan puolella.**
- Ieyasu, turhautuneena hänen passiivisuuteensa, **ampui tykeillä hänen joukkojensa suuntaan** muistuttaakseen häntä liittosopimuksesta Tokugawan kanssa.
- Lopulta **Kobayakawa päätti hyökätä Otani Yoshitsugun joukkoja vastaan**, mikä oli ratkaiseva isku Ishidan armeijalle.
- **Otani Yoshitsugu taisteli epätoivoisesti kahden rintaman sotaa,** mutta hänen joukkonsa hajosivat, ja hän teki lopulta itsemurhan.
- **Kun Otanin linja murtui, myös muut Ishidan joukot alkoivat hajota, ja taistelun momentum kääntyi lopullisesti Ieyasun eduksi.**

Johtopäätös

Sekigaharan taistelun alku oli **tasainen ja hetkellisesti jopa Ishidan eduksi,** mutta **strategiset virheet ja petokset johtivat hänen tappioonsa.** Jos Kobayakawa Hideaki olisi pysynyt uskollisena Ishidalle tai edes pysytellyt neutraalina, taistelun lopputulos olisi voinut olla hyvin erilainen.

Kommentti ChatGPT:n vastaukseen: ChatGPT:n virhe on se, että Ieyasun armeija lähestyi idästä, ei lännestä niin kuin ChatGPT sanoi. ChatGPT on kyllä oikeassa taistelun kulun suhteen, että keskeinen ja ratkaiseva tekijä taistelun suhteen oli se, että Kobayakawa Hideaki petti Ishidan.

Sinä sanoit: Muistaakseni Kobayakawa Hideaki oli Hideyoshille uskollisen Kobayakawa Takakagen (joka oli Mori Motonarin poika) adoptiopoika. Mitkä olivat syyt, että Kobayakawa Hideaki päätti vaihtaa puolta? Kuinka onnekas Ieyasu oli sen suhteen, että Kobayakawa Takakage oli kuollut muutamia vuosia aikaisemmin, sillä Takakage itse oli sekä lahjakas kenraali, että hyvin uskollinen Hideyoshille?

ChatGPT sanoi: Kyllä, **Kobayakawa Hideaki oli Mori Motonarin pojan, Kobayakawa Takakagen, adoptiopoika.** Takakage oli yksi Hideyoshin taitavimmista ja uskollisimmista kenraaleista, ja hänen kuolemansa (1597) oli varmasti onnekas sattuma Ieyasulle. Jos Takakage olisi ollut elossa Sekigaharan aikaan, hän olisi todennäköisesti estänyt Hideakin loikkauksen ja pysynyt Hideyoshin perinnölle uskollisena.

Miksi Kobayakawa Hideaki vaihtoi puolta?

Kobayakawa Hideakin päätös liittyä Ieyasuun ei ollut hetken päähänpisto, vaan se juonsi juurensa **poliittisiin epäluuloihin, henkilökohtaiseen turhautumiseen ja Ieyasun taitavaan manipulointiin.**

1. Hideakin katkeruus Hideyoshin hallintoa kohtaan

- Hideyoshi **oli luottanut Hideakiin Koreaan suuntautuneessa sodassa (1592–1598), mutta hänen epäonnistumisensa johti julkiseen nöyryytykseen.**
- Hideyoshi ja Ishida Mitsunari **menettivät uskonsa Hideakiin ja syyttivät häntä Koreassa tehdyistä virheistä**, minkä seurauksena hänet **pakotettiin luopumaan Chikuzenin läänityksistään (nykyisessä Fukuokan prefektuurissa).**
- Vaikka Hideaki sai lopulta uuden läänityksen Bitchūsta (länsi-Japanista), hän koki tämän **epäoikeudenmukaisena kohteluna ja kantoi kaunaa Mitsunaria ja Hideyoshin hallintoa kohtaan.**

220

2. Epäluottamus Ishida Mitsunaria kohtaan

- Hideaki **ei luottanut Ishida Mitsunariin**, joka oli Hideyoshin hallinnon vaikutusvaltainen siviilijohtaja mutta **ei kokenut sotapäällikkö**.
- Useat samurait **epäilivät Ishidan kykyjä sodanjohtajana**, ja Hideaki oli yksi niistä daimioista, jotka eivät kunnioittaneet Ishidan asemaa sotilaallisena johtajana.
- Ishida Mitsunari **yritti taivuttaa Hideakin liittymään liittoumaansa, mutta Hideaki epäröi ja alkoi pelätä, että häntä käytettäisiin pelinappulana ilman todellista valtaa.**

3. Ieyasun taitava manipulointi

- Ieyasu **houkutteli Hideakin puolelleen lupaamalla hänelle merkittäviä läänityksiä, jos hän vaihtaisi puolta.**
- Ieyasu käytti **uhkailua ja painostusta**: hän tiesi, että Hideaki oli epävakaa ja halusi varmistaa hänen loikkaamisensa.
- Taistelun aamuna, kun Hideaki **vielä epäröi**, Ieyasu käski **ampua tykeillä hänen joukkojensa suuntaan**, mikä antoi selvän viestin: "Taistele meidän puolellamme tai olet vihollinen". Tämä oli ratkaiseva hetki, joka **pakotti Hideakin tekemään päätöksensä.**

Kuinka tärkeää oli, että Kobayakawa Takakage oli kuollut?

- **Jos Takakage olisi ollut elossa, Hideakin petturuus olisi ollut paljon epätodennäköisempää.**
- Takakage oli **kokenut sotapäällikkö ja älykäs poliittinen pelaaja**, joka oli yksi Hideyoshin tärkeimmistä neuvonantajista.
- **Hän oli ehdottoman lojaali Hideyoshille**, ja hänen läsnäolonsa olisi voinut **pitää Kobayakawa-klaanin yhtenäisenä ja estää Hideakin epäröinnin.**
- Hideaki oli **epävarma ja heikko hahmo, joka ilman vahvaa mentorointia joutui helposti ulkopuolisen vaikutuksen alaiseksi.** Takakagen kuolema jätti hänet ilman vahvaa isähahmoa, mikä teki hänestä alttiimman Ieyasun manipuloinnille.

Lopputulos

- Hideakin loikkaus **oli yksi Sekigaharan ratkaisevista hetkistä**, ja ilman sitä taistelu olisi saattanut jatkua pidempään tai jopa päättyä toisin.
- **Ieyasu oli onnekas siinä, että Takakage ei ollut enää elossa**, sillä tämä olisi todennäköisesti pitänyt Hideakin kurissa ja Ishidan joukot koossa.
- **Ilman Hideakin petturuutta Tokugawan voitto ei olisi ollut yhtä selvä.**

Kommentti ChatGPT:n vastaukseen: Oman muistikuvani mukaan Ieyasun joukot tulittivat Kobayakawan voimia hakapyssyillä, ei tykeillä. Sekigaharan taistelun aikaan Kobayakawa Hideaki oli 18-vuotias, ja hän oli joitakin vuosia aikaisemmin johtanut joukkojaan sotaretkellä Koreassa, kuten ChatGPT sanoi. Oli Ieyasun onni, että Kobayakawa Takakage oli kuollut, eikä voinut johtaa Kobayakawan klaanin joukkoja Ieyasua vastaan.

Sinä sanoit: Oletetaan, että Ieyasu olisi kärsinyt niukan tappion Sekigaharassa, mutta eikö silloin hänen olisi kannattanut jatkaa taistelua sen jälkeen, kun hänen poikansa Hidetadan armeija olisi vahvistanut hänen armeijaansa väsyneitä Ishidan joukkoja vastaan?

ChatGPT sanoi: Hyvä kysymys! Jos **Ieyasu olisi kärsinyt niukan tappion Sekigaharassa**, hänellä olisi ollut vielä mahdollisuus jatkaa taistelua. **Tässä on muutamia vaihtoehtoja, joita hän olisi voinut harkita:**

---

1. Hidetadan armeijan hyödyntäminen

- **Tokugawa Hidetadan armeija (38 000 miestä) oli myöhässä Sekigaharan taistelusta**, koska se oli jäänyt jumiin **Uedan linnan piiritykseen.**
- Jos Ieyasu olisi kärsinyt vain **pienen tappion**, hän olisi voinut vetäytyä ja **yhdistää joukkonsa Hidetadan armeijaan**, jolloin hänen kokonaissotavoimansa olisi kasvanut noin **80 000 – 90 000 mieheen.**

- **Ishidan joukot olivat jo uupuneita taistelusta**, ja vaikka he olivat voittaneet, he eivät olisi voineet levätä kauaa, jos uusi Tokugawa-armeija olisi tullut pian perään.

◆ **Mahdollinen lopputulos:** Ieyasu olisi voinut järjestää **toisen taistelun**, jossa hänellä olisi ollut määrällinen ylivoima Ishidan väsyneisiin joukkoihin nähden.

---

2. Itä-Japanin hallinta ja resurssien hyödyntäminen

- **Vaikka Ieyasu olisi hävinnyt Sekigaharan, hän hallitsi yhä itäistä Japania, mukaan lukien Edoa ja Kantoa, jotka olivat rikkaimpia alueita Japanissa.**
- Hän olisi voinut vetäytyä Edoon, **mobilisoida uudet joukot ja valmistautua uuteen sotaan.**
- **Ishida Mitsunari ja hänen liittolaisensa olivat enimmäkseen keskisen ja läntisen Japanin daimioita**, eikä heillä ollut välttämättä tarpeeksi resursseja pitkäaikaiseen sotaan, jos Tokugawat pystyisivät vetäytymään ja jatkamaan taistelua myöhemmin.

◆ **Mahdollinen lopputulos: Pitkäaikainen sota**, jossa Ieyasu olisi käyttänyt Edoa tukikohtanaan ja pyrkinyt ajan myötä kääntämään tilanteen edukseen.

---

3. Politiikan ja diplomatian käyttö

- **Kaikki Ishidan puolella olleet daimioista eivät pitäneet Ishida Mitsunarista**, koska hän oli Hideyoshin siviilivirkamies eikä kokenut sotapäällikkö.
- **Monet daimioista olivat pakotettuja tukemaan Ishidaa, eivätkä olleet täysin sitoutuneita hänen voittoonsa.**
- **Jos Ieyasu olisi selvinnyt hengissä tappiosta, hän olisi voinut yrittää kääntää osan näistä daimiosta puolelleen poliittisesti.**

223

- Mahdollinen lopputulos: Ieyasu olisi saattanut voittaa sodan pitkällä aikavälillä ilman, että uutta suurta taistelua olisi edes tarvittu.

---

4. Ongelmat, joita tappio olisi tuonut Ieyasulle

- Ieyasun maine olisi kärsinyt tappion myötä, mikä olisi voinut heikentää hänen asemaansa liittolaistensa keskuudessa.
- Joillakin hänen vasalleistaan olisi saattanut olla kiusaus loikata voittajan puolelle.
- Vaikka hän olisi yhdistänyt joukkonsa Hidetadan armeijaan, olisiko hänen miehistönsä ollut tarpeeksi motivoitunut taistelemaan uudelleen?

Johtopäätös

Jos **Ieyasu olisi kärsinyt vain niukan tappion**, hänen kannatti todennäköisesti jatkaa taistelua yhdistämällä voimansa Hidetadan armeijaan tai vetäytyä Edoon ja valmistautua uuteen sotaan.

- **Paras vaihtoehto olisi ollut uusi taistelu pian Hidetadan vahvistusten saavuttua.**
- **Toinen vaihtoehto olisi ollut pitkäaikainen sota, jossa Ieyasu olisi käyttänyt poliittista juonittelua ja resurssejaan kaataakseen Ishidan hallinnon myöhemmin.**
- **Sekigahara ei ollut "kaikki tai ei mitään" -tilanne. Vaikka Ieyasu olisi hävinnyt, hänen asemansa itäisessä Japanissa oli niin vahva, että hänellä olisi ollut mahdollisuus nousta uudelleen.**

Kommentti ChatGPT:n vastaukseen: Esitin tämän kysymyksen siksi, että vaikka Hidetadan armeija olikin myöhässä, niin se oli jo sangen lähellä Sekigaharaa, kun Ieyasun ja Ishida Mitsunarin joukot ottivat siellä yhteen. Jos oletetaan, että Ieyasu olisi kärsinyt siellä niukan tappion, niin silloin hänen olisi ollut viisasta yhdistää oma armeijansa Hidetadan armeijan kanssa ja miettiä seuraavaa liikettänsä niin kuin ChatGPT vastauksessaan luonnosteli.

Sinä sanoit: Miten suurten samuraiarmeijoiden huolto hoidettiin Sengoku Jidai -kauden lopulla noin vuodesta 1560 vuoteen 1615? Suuret armeijat tarvitsivat tehokasta huoltoa pystyäkseen toimimaan niin taistelukentällä kuin piirittämässä vihollisen linnoja viikkojen tai kuukausien ajan. Tokugawa Ieyasulla oli tästä varmasti kokemusta ottaen huomioon Ishiyama Honganjin (1576–1580) ja Odawaran piiritykset (1590), jotka kumpikin ratkesivat siten, että piiritettäviltä loppui ruoka ja he joutuivat antautumaan piirittäjille.

ChatGPT sanoi: Sengoku Jidai -kauden loppupuolella (1560–1615) **samuraiarmeijoiden huolto oli ratkaiseva tekijä sodankäynnin onnistumiselle**. Koska armeijat kasvoivat yhä suuremmiksi ja sotaretket venyivät kuukausien tai jopa vuosien mittaisiksi, tehokas huoltojärjestelmä oli välttämätön. **Tokugawa Ieyasu, Oda Nobunaga ja Toyotomi Hideyoshi ymmärsivät tämän hyvin ja kehittivät huoltojärjestelmiä, jotka mahdollistivat pitkät piiritykset ja laajat sotaretket.**

---

1. Huollon perusperiaatteet Sengoku-kaudella

Sengoku-kauden sodankäynti kehittyi siten, että **armeijat eivät enää voineet elää yksinään ryöstelemällä,** kuten aiemmin pienemmissä konflikteissa. Tämä johtui pääasiassa kahdesta syystä:

1. **Armeijat olivat liian suuria** – ne kuluttivat nopeasti kaiken ruoan lähialueilta.
2. **Pitkät piiritykset ja sotaretket vaativat vakaan huoltolinjan,** jotta joukkojen moraali ja taistelukyky säilyivät.

◆ **Samuraiarmeijoiden huoltoon kuului:**

- Ruoka (riisi, kuivatut kalat, vihannekset, miso, kuivattu tofu)
- Juomavesi ja sake
- Aseet, haarniskat ja ammukset (ruutiaseiden yleistyessä)
- Hevosten rehut
- Rakennusmateriaalit (piirityksiin, siltoihin ja leireihin)

225

2. Miten huolto järjestettiin käytännössä?

A) Etukäteen varautuminen ja logistiikkareitit

- Ennen sotaretkeä daimio **järjesti etukäteen viljan, riisin ja muiden tarvikkeiden kuljetuksen** armeijalle.
- Käytössä oli **varastoja** strategisesti tärkeissä linnoissa ja teiden varsilla.
- **Souto-retkikunnat** (souto 走頭) lähetettiin tarkastamaan teitä ja varmistamaan, että huolto pystyi kulkemaan turvallisesti.
- **Siltojen rakentaminen ja teiden parantaminen** oli tärkeää, jotta suuria joukkoja ja huoltovaunuja voitiin liikuttaa tehokkaasti.

✦ **Esimerkki:** Oda Nobunaga ja Toyotomi Hideyoshi rakennuttivat **tieverkostoja ja huoltovarastoja**, joita Ieyasu myöhemmin hyödyntäisi.

B) Piiritysten huolto

Piiityssodankäynti oli Sengoku-kaudella erityisen tärkeää, ja Tokugawa Ieyasu osallistui moniin pitkäkestoisiin piirityksiin, kuten:

- **Ishiyama Honganji (1576–1580)** – buddhalaiskapinallisten linnoitus kesti vuosia ennen kuin sen ruoka loppui.
- **Odawaran piiritys (1590)** – Toyotomi Hideyoshin massiivinen piiritys pakotti Hojon klaanin antautumaan.
- **Osakan piiritykset (1614–1615)** – Ieyasu käytti samaa strategiaa Toyotomi-klaanin tuhoamiseksi.

✦ **Piirittäjien huolto hoidettiin seuraavasti:**

1. **Etuvarastot perustettiin lähelle piirityskohdetta.**
2. **Huoltoreitit suojattiin,** jotta vihollinen ei voinut katkaista niitä.
3. **Armeija sai ruokaa lähialueilta, mutta myös pitkän matkan kuljetuksilla.**

C) Armeijan muonitus ja huolto marssin aikana

Kun suuret armeijat liikkuivat, ne tarvitsivat **säännöllisen ruoka- ja tarviketoimituksen.**

- **Riisi kuljetettiin suurissa säkeissä** (usein muulien tai vankkureiden mukana).
- **Kukin samurai ja sotilas kantoi mukanaan perusannoksen ruokaa,** mutta pitkäkestoisilla kampanjoilla tämä ei riittänyt.
- **Vesilähteet ja kaivot kartoitettiin ennalta,** jotta armeija ei kärsinyt janosta.
- **Sotajoukot saattoivat levätä väliaikaisissa leireissä,** joissa keitettiin suuria määriä riisiä ja keittoja.

◆ **Esimerkki:** Toyotomi Hideyoshin Korean sotaretkellä (1592–1598) huolto osoittautui vaikeaksi, koska merireittiä ei hallittu kunnolla, mikä johti sotamenestyksen heikkenemiseen.

3. Huollon merkitys Tokugawa Ieyasulle

Ieyasu oli kokenut kenraali ja ymmärsi, että **hyvä huolto oli voiton avain.**

- **Sekigaharan taisteluun (1600) valmistautuessaan Ieyasu varmisti, että hänen armeijansa huolto oli parempi kuin Ishida Mitsunarilla.**
- **Osakan piirityksissä (1614–1615) hän tiesi, että piirityskohde antautuisi ennemmin tai myöhemmin, jos ruoka ja vesi loppuisivat.**

◆ **Ieyasun menestys perustui siihen, että hän hallitsi paremmin huoltojärjestelmiä kuin vastustajansa.**

Yhteenveto

✓ Sengoku-kauden lopulla samuraiarmeijoiden huolto perustui varastoihin, huoltoreitteihin ja etukäteisvalmisteluihin.

✓ Piiritykset ratkesivat usein siihen, kumpi osapuoli pystyi huoltamaan joukkojaan pidempään.

✓ Tokugawa Ieyasu oli mestari pitkien sotaretken ja piiritysten huoltamisessa, mikä auttoi häntä voittamaan Japanin herruuden.

Kommentti ChatGPT:n vastaukseen: Vanha sanonta on, että amatöörit puhuvat taktiikasta, kun taas ammattilaiset ymmärtävät logistiikan merkityksen. Kuten ChatGPT sanoi, niin Tokugawa Ieyasu ymmärsi sodankäynnin tämän osa-alueen erittäin hyvin älykkyytensä ja kokemuksiensa kautta.

Sinä sanoit: Ieyasu voitti Sekigaharan taistelun vuonna 1600. Mitä tapahtui hänen päävihollisillensa, jotka taistelivat häntä vastaan tuossa taistelussa?

ChatGPT sanoi: Sekigaharan taistelun (1600) jälkeen Tokugawa Ieyasu ryhtyi nopeasti tuhoamaan vihollisensa ja vahvistamaan omaa asemaansa Japanin valtiaana. **Hän rankaisi erityisesti Ishida Mitsunarin ja hänen tärkeimpien liittolaistensa klaaneja, joko teloittamalla heidän johtajansa tai pakkosiirtämällä heidät syrjäseuduille.**

---

1. Ishida Mitsunari – Liittouman johtaja

- **Mitsunari pakeni taistelun jälkeen, mutta vangittiin pian ja vietiin Kyōtoon.**
- **Hänet teloitettiin julkisesti lokakuussa 1600 Rokujō-gawan joen varrella yhdessä Konishi Yukinagan ja Ankokuji Ekin kanssa.**
- Mitsunari oli enemmän hallintomies kuin sotilas, ja hänellä oli laajalti vihollisia, myös liittolaistensa joukossa.

---

2. Mori Terumoto – Liittouman nimellinen johtaja

- Mori-klaani oli Ishidan puolella, mutta Terumoto ei osallistunut aktiivisesti taisteluun.
- **Hän onnistui säilyttämään henkensä ja klaaninsa, mutta Ieyasu alisti Mori-klaanin voimakkaasti.**
- **Mori-klaanin alueet kutistettiin radikaalisti**, ja heidät pakkosiirrettiin Chōshūn (nyk. Yamaguchin) alueelle, pois strategisesti tärkeästä Hiroshimasta.
- **Tämä nöyryytys aiheutti pitkäaikaista kaunaa Tokugawa-shōgunaattia kohtaan, mikä näkyi Edo-kauden lopussa, kun Chōshū oli yksi shōgunaatin kaatajista.**

3. Uesugi Kagekatsu – Pohjoisen tärkein anti-Tokugawa-herra

- Uesugi Kagekatsu oli ollut yksi Toyotomi-lojaaleista daimioista ja taisteli Ieyasua vastaan Tōhokun alueella.
- **Sekigaharan jälkeen Ieyasu ei tuhonnut Uesugi-klaania kokonaan, mutta he menettivät suuren osan alueistaan.**
- **Uesugin maaomistukset vähenivät huomattavasti (1,2 miljoonaa koku → 300 000 koku).**

4. Konishi Yukinaga – Katolinen daimio ja Mitsunarin liittolainen

- Konishi oli yksi harvoista katolisista daimioista Japanissa.
- Hän pakeni Sekigaharan tappion jälkeen, mutta **hänet saatiin kiinni ja teloitettiin julkisesti lokakuussa 1600 yhdessä Ishidan kanssa.**
- Hän oli syvästi katolinen ja **kieltäytyi seppukusta, koska se oli ristiriidassa hänen uskonsa kanssa** – hänet mestattiin.

5. Shimazu Yoshihiro – Onnekas pelastuja

- Shimazu Yoshihiro oli taistelussa Ishidan puolella, mutta ei pitänyt Mitsunarista henkilökohtaisesti.
- **Hän onnistui pakenemaan taistelukentältä ja palasi Kagoshimaan, Kyūshūhun.**
- **Ieyasu ei rankaissut häntä vakavasti**, koska Shimazu-klaani ei ollut aktiivisesti mukana sodassa ennen Sekigaharaa.
- **Shimazu-klaani säilytti alueensa ja vältti pakkosiirron.**

---

6. Kobayakawa Hideaki – Petturi, joka ei päässyt nauttimaan voitostaan

- Kobayakawa Hideaki petti Ishidan Tokugawan hyväksi kesken taistelun, mikä ratkaisi Sekigaharan.
- **Hän sai palkinnoksi suuren maa-alueen (Okayama, 500 000 koku).**
- **Mutta pian hän sairastui ja kuoli epäselvissä olosuhteissa vain kaksi vuotta myöhemmin (1602).**
- Hänen kuolemansa jälkeen **Kobayakawa-klaani sammui**.

---

7. Ukita Hideie – Nuori daimio, joka selvisi maanpaossa

- Ukita Hideie oli Toyotomi-lojalisti ja taisteli Ishidan rinnalla.
- **Hän ei kuitenkaan teloitettu**, vaan hänet lähetettiin maanpakoon Satsumaan, missä hän eli loppuelämänsä.
- **Ukita-klaani menetti kaikki maansa ja lakkasi olemasta poliittisesti merkittävä voima.**

Yhteenveto

✓ Ishida Mitsunari ja Konishi Yukinaga teloitettiin.

✓ Mori-klaania nöyryytettiin ja pakkosiirrettiin Chōshūun, mikä synnytti kaunaa Tokugawaa vastaan.

✓ Uesugi Kagekatsu selvisi, mutta hänen maaomistuksensa vähenivät radikaalisti.

✓ Shimazu Yoshihiro vältti rangaistuksen ja säilytti maansa.

✓ Kobayakawa Hideaki petti Ishidan, mutta kuoli pian epäselvissä olosuhteissa.

✓ Ukita Hideie pääsi maanpakoon, mutta menetti maansa.

Ieyasu käytti voittoaan hyväkseen jakaakseen maita uskollisille liittolaisilleen ja heikentääkseen Toyotomi-lojalisteja. **Tämä varmisti, että hän pystyi vakiinnuttamaan Tokugawa-shōgunaatin ja pitämään vallan perheessään seuraavat 250 vuotta.**

Kommentti ChatGPT:n vastaukseen: Shimazun klaanin suhteen on muistettava, että heidän läänityksensä olivat eteläisessä Kyushulla Kagoshiman ympäristössä, jolloin he olivat jo valmiiksi kaukana Honshun keskiosan valtakeskuksista. Myöhemmin Tokugawat antoivat Shimazun klaanille luvan alistaa Ryukyun saarten kuningaskunnan valtaansa tämän klaanin vasalliksi vuonna 1609 toimenaan lepyttää Shimazun klaania ja pitää heidät kiitollisuudenvelassa Tokugawoille. Tätä voi pitää osoituksena, että Ieyasu ja muut Tokugawojen johtajat ymmärsivät hajoita ja hallitse-periaatteen.

Sinä sanoit: Myöhemmin Tokugawat antoivat Shimazun klaanille luvan alistaa Ryukyun saarten kuningaskunnan valtaansa tämän klaanin vasalliksi vuonna 1609 toimenaan lepyttää Shimazun klaania ja pitää heidät kiitollisuudenvelassa Tokugawoille. Tätä voi pitää osoituksena, että Ieyasu ja muut Tokugawojen johtajat ymmärsivät hajoita ja hallitse-periaatteen.

ChatGPT sanoi: Kyllä, juuri näin. Shimazu-klaanin salliminen alistaa Ryūkyūn kuningaskunta vuonna 1609 oli nerokas strateginen siirto Tokugawa-shōgunaatilta. Se toimi usealla eri tasolla:

1. **Shimazu-klaanin lepyttäminen ja lojaaliuden varmistaminen**

- Shimazu Yoshihiro oli taistellut Ishidan puolella Sekigaharassa, mutta onnistui pakenemaan rangaistuksetta.
- Antamalla Shimazu-klaanille erityisoikeuden laajentaa vaikutusvaltaansa, Tokugawat estivät mahdollisen kapinan ja sitoivat Shimazut shōgunaatin järjestelmään.

2. **Hajota ja hallitse -taktiikka**
   - Tokugawat ymmärsivät, että **vahvoja klaaneja ei kannattanut nöyryyttää liikaa**, sillä se voisi johtaa kostoon tai kapinaan.
   - Sen sijaan he antoivat Shimazuille uuden alueen hallittavaksi, joka **ohjasi heidän huomionsa pois Kyūshūsta ja shōgunaatin vastustamisesta.**
   - Tämä vahvisti Tokugawa-shōgunaatin hallintoa, koska **Shimazut joutuivat käyttämään resurssejaan Ryūkyūn hallintaan eikä Tokugawaa vastaan.**

3. **Kansainvälinen kauppa ja diplomaattinen peite**
   - **Ryūkyūn kuningaskunta oli virallisesti Kiinan vasalli**, mutta käytännössä sen taloudellinen ja poliittinen asema siirtyi Shimazu-klaanin hallintaan.
   - Tämä antoi **Tokugawa-shōgunaatille epäsuoran pääsyn Kiinan ja Kaakkois-Aasian kauppareitteihin, ilman että Japani itse rikkoi virallisia suhteitaan Kiinaan.**
   - **Japanilla ei ollut virallisia suhteita Kiinaan Ming-dynastian aikana**, mutta Ryūkyū pystyi jatkamaan kauppaa Kiinan kanssa ja siirtämään tavaraa Japaniin Shimazujen kautta.

4. **Ryūkyūn itsenäisyyden säilyttäminen näennäisesti**
   - Shimazut **eivät virallisesti liittäneet Ryūkyūta Japaniin,** vaan hallitsivat sitä epäsuorasti.
   - Tämä oli tärkeää, koska jos Ryūkyū olisi virallisesti liitetty Japaniin, Kiina olisi voinut katkaista kauppasuhteet.
   - **Tämä järjestely kesti yli 250 vuotta**, kunnes Meiji-hallitus liitti Ryūkyūn virallisesti osaksi Japania vuonna 1879.

Johtopäätös

Tokugawat olivat taitavia strategisteja, ja Ryūkyūn tilanne on hyvä esimerkki heidän **realistisesta vallankäytöstään.** He eivät turvautuneet turhaan väkivaltaan tai nöyryyttäneet voitetut vihollisensa täysin, vaan **loivat** tasapainoa, jossa eri klaanit olivat kiitollisuudenvelassa, mutta eivät tarpeeksi voimakkaita kapinoimaan.

Shimazu-klaani pysyi lojaalina Tokugawa-shōgunaatille aina Edo-kauden loppuun saakka – mutta **ironisesti juuri he olivat myöhemmin mukana Meiji-restauraation tapahtumissa, jotka lopulta kaatoivat shōgunaatin vuonna 1868.**

Kommentti ChatGPT:n vastaukseen: Tuo osoittaa huomattavaa valtiomiestaitoa Ieyasulta ja hänen seuraajiltansa lepyttää joitakin aikaisempia vastustajiaan. Tämän jälkeen siirrymme tarkastelemaan mitä tapahtui Tokugawojen merkittävimmille liittolaisille Sekigaharan jälkeen.

Sinä sanoit: Mitä tapahtui Tokugawojen merkittävimmille liittolaisille Sekigaharan jälkeen? Miten Tokugawat palkitsivat liittolaisiaan?

ChatGPT sanoi: Sekigaharan taistelun jälkeen vuonna 1600 Tokugawa Ieyasu palkitsi tärkeimmät liittolaisensa avokätisesti, jakamalla heille uusia alueita ja suurentamalla heidän maaomistuksiaan. Tämä vahvisti heidän lojaaliuttaan Tokugawa-shōgunaatille ja auttoi Ieyasua vakiinnuttamaan valtansa.
Tärkeimmät Tokugawan liittolaiset ja heidän palkintonsa olivat seuraavat:

1. Maeda Toshinaga (Maeda-klaani, Kaga)

- Maeda-klaani oli alkuun epäilyttävä, mutta lopulta se pysyi Tokugawojen puolella.
- **He saivat säilyttää valtavat maa-alueensa** (yli miljoona koku-riisiä), ja heistä tuli yksi suurimmista daimioklaaneista Edo-kaudella.

2. Date Masamune (Sendai)

- Date Masamune oli yksi Ieyasun tärkeimmistä liittolaisista pohjoisessa ja auttoi pitämään Uesugi Kagekatsun aisoissa.
- **Hän sai virallisesti pitää hallussaan Sendain läänin (620 000 koku)**, mikä teki hänestä yhden vaikutusvaltaisimmista Tozama-daimioista (ulkopuolisista herroista).

3. Mogami Yoshiaki (Dewa)

- Mogami Yoshiaki taisteli aktiivisesti Tokugawan puolesta ja auttoi torjumaan Uesugien etenemistä idässä.
- **Palkkioksi hänen maaomaisuuttaan kasvatettiin noin 570 000 kokuun,** mikä teki hänestä yhden suurimmista daimioista Tōhokun alueella.

4. Hosokawa Tadaoki (Hosokawa-klaani, Kumamoto)

- Hosokawa Tadaoki oli yksi lojaaleimmista Tokugawan kannattajista ja osallistui Sekigaharan taisteluun.
- **Palkinnoksi hänet siirrettiin Kyūshūhun ja hän sai Kumamoton läänin (540 000 koku).**

5. Kuroda Nagamasa (Kuroda-klaani, Chikuzen)

- Kuroda Nagamasa oli merkittävä Tokugawan tukija, joka auttoi varmistamaan Kyūshūn alueen hallinnan.
- **Hänet palkittiin Chikuzenin (Fukuoka) läänillä, jonka koko oli noin 520 000 koku.**

6. Ikeda Terumasa (Ikeda-klaani, Himeji)

- Ikeda Terumasa oli yksi Ieyasun vävyistä ja auttoi ratkaisevasti taistelussa.
- **Palkkioksi hän sai Himejin (520 000 koku) ja pääsi rakentamaan Himejin linnan, josta tuli yksi Edo-kauden suurimmista linnoista.**

7. Fukushima Masanori (Hiroshima)

- Fukushima Masanori oli yksi Hideyoshin entisistä kenraaleista, joka liittyi Tokugawan puolelle.
- **Hänet palkittiin Hiroshima-läänillä (490 000 koku), mutta myöhemmin hän menetti sen, koska hän rikkoi shōgunaatin sääntöjä linnojen jälleenrakentamisesta.**

8. Honda Tadakatsu (Tokugawan luottomies)

- Honda Tadakatsu oli yksi Ieyasun uskollisimmista sotureista, mutta hän ei ollut daimio.
- **Hänen poikansa Honda Tadamasa sai Kuwanan läänin (150 000 koku),** ja Honda-klaani säilyi Tokugawan palveluksessa.

9. Hachisuka Iemasa (Tokushima)

- Hachisuka Iemasa pysyi neutraalina, mutta hänen lojaaliutensa Tokugawaa kohtaan varmisti hänen asemansa.
- **Hän säilytti Tokushiman läänin (250 000 koku) ilman rangaistuksia.**

Johtopäätös:

Tokugawa Ieyasu noudatti periaatetta **"palkitse liittolaisesi, mutta älä tee heistä liian voimakkaita".** Hän piti omat *fudai-daimionsa* (vanhat liittolaiset) lähellään ja antoi heille strategisesti tärkeitä alueita. *Tozama-daimiot* (entiset ulkopuoliset herrat) saivat pitää alueensa, mutta shōgunaatti valvoi heitä tiukasti.

Tämä politiikka varmisti, että Tokugawan liittolaiset hyötyivät voitosta, mutta heistä ei tullut liian itsenäisiä tai vaarallisia shōgunaatille.

Kommentti ChatGPT:n vastaukseen: Voitokkaan sodan jälkeen on tärkeätä palkita liittolaiset, mutta heistä ei saa tulla liian vahvoja. Toinen asia on se, että oman suvun tai klaanin asemaa tulee myös voiton seurauksena vahvistaa.

Sinä sanoit: Miten Tokugawa-klaani vahvisti omia asemiansa ja omistuksiansa Sekigaharan voiton seurauksena?

ChatGPT sanoi: Sekigaharan voiton jälkeen Tokugawa Ieyasu käytti voittoaan vahvistaakseen klaaninsa valtaa ja omistuksia useilla tavoilla. Hänen strategiansa oli yhdistelmä **maa-alueiden uudelleenjakoa, sotilaallista**

kontrollia, poliittista keskittämistä ja hallinnollisten järjestelmien luomista, jotka varmistivat Tokugawa-klaanin yli 250 vuoden hallinnan.

1. Maa-alueiden uusjako ja Tokugawojen suoran hallinnan kasvattaminen

Sekigaharan jälkeen Ieyasu uudelleenjärjesti daimioklaanit siten, että **Tokugawan suoraan hallitsemat alueet laajenivat huomattavasti.** Hän takavarikoi maa-alueita vihollisiltaan ja myönsi ne joko suoraan Tokugawan hallintaan tai hänen luotetuille liittolaisilleen.

- **Tokugawan hallinnassa olleet maa-alueet kasvoivat noin 7 miljoonaan kokuun** (eli noin neljännekseen koko Japanin riisintuotannosta).
- Hän takavarikoi **Ishida Mitsunarin, Ukita Hideien ja muiden vihollisten maaomaisuudet** ja jakoi ne omille vasalleilleen tai piti ne Tokugawan suorassa hallinnassa.
- Tärkeät strategiset linnat ja alueet, kuten **Osaka ja Kioto**, asetettiin Tokugawan valvontaan.

2. Fudai- ja Tozama-daimioiden hallittu tasapaino

Ieyasu luokitteli Japanin feodaaliherrat (daimiot) kahteen pääryhmään:

1. **Fudai-daimiot ("perinnölliset vasallit")** – Tokugawan lojaalit palvelijat, jotka olivat tukeneet häntä Sekigaharassa tai aiemmin.
   - Näitä klaaneja sijoitettiin **strategisesti tärkeille alueille**, erityisesti **Tokugawan pääkaupungin (Edo) ja Kioton ympärille** sekä Tokugawan suorien alueiden viereen.
   - Esimerkiksi Honda Tadakatsu ja Ii Naomasa saivat arvokkaita läänityksiä.
2. **Tozama-daimiot ("ulkopuoliset herrat")** – entiset viholliset tai neutraalit klaanit, jotka joko taistelivat Ieyasua vastaan tai eivät tukeneet häntä suoraan.

- o **Heitä sijoitettiin valtakunnan reuna-alueille**, kuten Kyūshūhun ja Tōhokun alueelle, jotta he eivät uhkaisi Tokugawan hallintoa suoraan.
- o Esimerkiksi **Shimazu-klaani sai säilyttää maansa, mutta se pysyi syrjässä Edo-kauden politiikasta.**

Tämä jako varmisti, että Tokugawan lojaalit daimiot hallitsivat keskeisiä alueita, kun taas potentiaalisesti vihamieliset tozama-daimiot pidettiin erillään vallan ytimestä.

---

3. Edo linnaksi ja vallan keskukseksi

- Ieyasu teki **Edosta (nykyinen Tokio) Japanin uuden poliittisen keskuksen.**
- Edo-linna rakennettiin valtavaksi hallintokeskukseksi ja Japanin suurimmaksi linnoitukseksi.
- Daimioita pakotettiin **rakentamaan ja rahoittamaan Edoa**, mikä heikensi heidän taloudellista itsenäisyyttään ja sitoi heidät Tokugawan valtaan.

---

4. Shōgunaatin perustaminen vuonna 1603

Vuonna 1603 Ieyasu sai **keisarilta shōgunin arvonimen**, mikä virallisesti teki hänestä Japanin sotilaallisen hallitsijan.

- Shōgunaatti (bakufu) oli keskeinen vallanlähde, ja kaikki Japanin herrat joutuivat hyväksymään sen auktoriteetin.
- **Keisarillinen hovi Kiotossa jäi muodollisesti olemassa olevaksi**, mutta sillä ei ollut todellista valtaa.

---

5. Sotilaallinen ja hallinnollinen järjestelmä (Buke shohatto)

- Vuonna 1615 Ieyasu laati **Buke shohatto -asetukset**, jotka sääntelivät daimioiden toimintaa.
- Daimioilta kiellettiin **omien linnojen laajentaminen, itsenäiset sotajoukot ja liittoumat ilman shōgunaatin lupaa**.
- Daimiot joutuivat **vaatimaan shōgunaatin hyväksynnän kaikkiin suurimpiin päätöksiinsä**, kuten avioliittoihin ja perimyksiin.

---

6. Sankin-kōtai-järjestelmä (pakollinen palvelus Edoon)

Ieyasun perilliset kehittivät järjestelmän, jossa:

- Daimioiden oli **vietettävä joka toinen vuosi Edossa**, ja heidän perheensä pidettiin panttivankeina siellä.
- Tämä varmisti heidän lojaaliutensa ja teki kapinoinnin vaikeaksi.

---

7. Osaka ja Toyotomi-suvun tuhoaminen (1614–1615)

Vaikka Ieyasu voitti Sekigaharan, **Toyotomi Hideyoshin suku oli edelleen olemassa Osakassa**.

- **Osakan piiritykset 1614–1615 päättyivät Toyotomi Hideyorin kuolemaan**, mikä tuhosi viimeisen potentiaalisen opposition Tokugawa-shōgunaatille.
- **Osakan linnasta tuli shōgunaatin hallussa oleva linnoitus**, joka varmisti Keski-Japanin täydellisen kontrollin.

Johtopäätös

Tokugawa Ieyasu käytti **Sekigaharan voittoa Tokugawa-klaanin aseman vahvistamiseen ja koko Japanin hallinnan keskittämiseen.** Hän teki tämän:

☑ **Laiminlyötyjen tai kapinoivien daimioiden maaomaisuuksien takavarikoinnilla** ja niiden jakamisella uskollisille vasalleille.

☑ **Edoa kehittämällä ja shōgunaatin hallinnon keskittämällä.**

☑ **Vahvoilla laeilla ja säädöksillä, jotka sitoivat daimioiden vallan Tokugawan järjestelmään.**

☑ **Toyotomi-suvun tuhoamisella, joka poisti viimeisen suuren uhan shōgunaatille.**

Näillä keinoilla **Tokugawa-klaani varmisti valtansa ja hallitsi Japania yli 250 vuoden ajan Edo-kaudella (1603–1868).**

Kommentti ChatGPT:n vastaukseen: Toisin sanoen Sekigaharan taistelu antoi Ieyasulle mahdollisuuden keskittää valta Japanissa Tokugawa-suvulle. Useimmat hänen vihollisensa joko menettivät kaikki maansa tai henkensä, taikka sitten heitä heikennettiin tuntuvasti. Liittolaisia palkittiin harkitsevaisesti, mutta niin liittolaiset kuin entiset viholliset, jotka olivat säilyttäneet osan maa-alueistansa, niin sidottiin uuteen Tokugawa-hallintoon niin lakien tuomien pakkojen kuin sotilaallisen voiman avulla.

Sinä sanoit: Mitä kaikki tässä keskusteluketjussa mainitut asiat sanovat Tokugawa Ieyasusta päätöksentekijänä? Hän teki myös virheitä, kuten taisteli Takeda Shingeniä vastaan Mikatagaharassa, vaikka hän olikin yksi Japanin historian merkittävimmistä sotapäälliköistä ja valtiomiehistä. Kuinka harkitsevainen Ieyasu oli ja mitä hänen elämästänsä voidaan oppia nykypäivän näkökulmasta?

ChatGPT sanoi: Tokugawa Ieyasu oli poikkeuksellisen **harkitsevainen, kärsivällinen ja pitkän aikavälin strategiaan keskittyvä päätöksentekijä.** Hänen toimintansa ja päätöksensä osoittavat, että hän ei ollut impulsiivinen soturi, vaan ennen kaikkea kylmäpäinen taktikko ja strateginen ajattelija, joka osasi **sopeutua tilanteisiin, valita oikeat hetket toimia ja oppia virheistään.**

Vaikka hän teki virheitä, kuten **hänen tappionsa Takeda Shingeniä vastaan Mikatagaharassa (1572),** hän ei antanut yksittäisten epäonnistumisten määrittää itseään, vaan **käytti jokaisen kokemuksen**

oppimismahdollisuutena. Tämä kyky erottaa hänet monista aikalaisistaan ja teki hänestä Japanin yhdistäjän ja Tokugawa-shōgunaatin perustajan.

---

1. Kärsivällisyys ja kyky odottaa oikeaa hetkeä

Ieyasu ymmärsi, että vallan saavuttaminen vaatii **pitkäjänteisyyttä ja strategista ajattelua.**

- Hän **alistui Oda Nobunagan vasalliksi** ja myöhemmin **palveli Toyotomi Hideyoshia,** vaikka hänellä oli itsenäisen hallitsijan kunnianhimo.
- Kun Hideyoshi kuoli vuonna 1598, Ieyasu ei **hyökännyt välittömästi Toyotomin klaania vastaan,** vaan odotti, että poliittinen tilanne kehittyi hänen edukseen.
- Hän käytti **vuosia liittolaissuhteiden rakentamiseen ja oikean tilaisuuden odottamiseen,** mikä johti Sekigaharan voittoon vuonna 1600.

🔸 **Opetus nykypäivälle:** Kärsivällisyys ja kyky tunnistaa oikea hetki ovat tärkeitä niin politiikassa, liiketoiminnassa kuin henkilökohtaisessa elämässä. Ei ole aina viisasta toimia heti – joskus odottaminen tuo parhaat mahdollisuudet.

---

2. Kyky oppia virheistään

Ieyasun tappio Takeda Shingeniä vastaan Mikatagaharassa (1572) on hyvä esimerkki hänen kyvystään **oppia virheistä eikä toistaa niitä.**

- Hän aliarvioi Shingenin kyvyt ja yritti kohdata tämän avoimella kentällä, mikä johti katastrofiin.
- Tämän jälkeen Ieyasu **muutti taktiikkaansa ja alkoi panostaa puolustukseen ja linnoituksiin.**

- Hän ei enää koskaan haastanut **suoraan** voimakkaampaa vihollista ilman huolellista valmistautumista.

📌 **Opetus nykypäivälle:** Virheet eivät ole epäonnistumisia, jos niistä oppii. Tärkeää on **analysoida omia epäonnistumisia ja mukauttaa strategiaa niiden pohjalta.**

---

3. Hajoita ja hallitse -taktiikan mestari

Ieyasu ei pyrkinyt hallitsemaan yksin raa'alla voimalla, vaan hän käytti **diplomatiaa, suostuttelua ja alueiden uudelleenjakoa hajottaakseen vastustajansa.**

- Hän **jätti Shimazun klaanin eloon ja antoi heille mahdollisuuden valloittaa Ryukyun saaret (1609),** jolloin Shimazut **muuttuivat Tokugawan kiitollisuudenvelkaisiksi vasalleiksi.**
- Sekigaharan jälkeen hän **hajotti vihollisensa, eikä surmannut kaikkia, vaan osan hän teki vasalleikseen tai eristi heidät vähemmän tärkeille alueille.**

📌 **Opetus nykypäivälle:** Voiton ei aina tarvitse olla murskavoitto – joskus **vastustajien hajottaminen, palkitseminen tai ohjaaminen toisaalle voi olla tehokkaampaa kuin suora tuhoaminen.**

---

4. Poliittinen taitavuus ja hallinnon järjestelmällisyys

Ieyasun vallan vakiinnuttaminen ei perustunut pelkkään sotilaalliseen menestykseen, vaan **hän rakensi järjestelmän, joka varmisti Tokugawa-klaanin vallan yli 250 vuodeksi.**

- Hän **perusti shōgunaatin ja siirsi hallinnon Edon kaupunkiin,** mikä teki Tokugawa-klaanista Japanin hallitsevan voiman.

- Hän loi **sankin-kōtai -järjestelmän**, joka pakotti kaikki daimiot matkustamaan Edoon joka toinen vuosi ja pitämään perheensä siellä panttivankeina – tämä esti heitä kapinoimasta.
- Hän sääti **Buke shohatto -asetukset**, jotka rajoittivat daimioiden itsenäisyyttä ja varmistivat shōgunaatin kontrollin.

🔸 **Opetus nykypäivälle:** Pitkäaikainen menestys edellyttää vahvaa järjestelmää ja sääntöjä. Pelkkä vallan saavuttaminen ei riitä – **pitää myös rakentaa kestävä hallintomalli.**

---

5. Kyky sopeutua muuttuviin olosuhteisiin

Ieyasu ei ollut idealisti, joka pysyi jääräpäisesti omassa näkemyksessään, vaan hän osasi **sopeutua olosuhteisiin ja tehdä tarvittaessa kompromisseja.**

- Hän **teki liittoumia tarpeen mukaan**, vaikka se tarkoitti yhteistyötä entisten vihollisten kanssa.
- Hän **otti opiksi Oda Nobunagan ja Toyotomi Hideyoshin virheistä** ja varmisti, ettei hänen perillisilleen jäisi vastaavia heikkouksia.
- Hän **siirsi vallan pojalleen Hidetadalle jo ennen kuolemaansa**, varmistaen, ettei valtatyhjiötä syntynyt.

🔸 **Opetus nykypäivälle:** Sopeutumiskyky on yksi tärkeimmistä johtajan ominaisuuksista. **Maailma muuttuu jatkuvasti, ja menestyjät ovat niitä, jotka osaavat muokata suunnitelmiaan tilanteen mukaan.**

Yhteenveto: Mitä voimme oppia Tokugawa Ieyasulta?

- ◆ **Älä kiirehdi – ajoitus on tärkeää.** Odota oikeaa hetkeä toimia.
- ◆ **Opi virheistäsi ja kehitä strategiaasi.** Älä toista samoja virheitä.
- ◆ **Hallitse ihmisiä älykkäästi, älä pelkällä voimalla.** Hajota ja hallitse.
- ◆ **Rakenna järjestelmä, joka varmistaa menestyksen pitkällä aikavälillä.**
- ◆ **Ole joustava ja mukauta strategiaasi muuttuviin olosuhteisiin.**

Tokugawa Ieyasu ei ollut karismaattisin johtaja eikä suurin sotapäällikkö, mutta hän **oli äärimmäisen kärsivällinen, viisas ja sopeutuvainen,** mikä teki hänestä yhden historian tehokkaimmista valtapoliitikoista.

Kommentti ChatGPT:n vastaukseen: On tärkeätä tehdä yhteenveto esimerkkinä käytetystä henkilöstä, joka tässä tapauksessa on Tokugawa Ieyasu. Hän eli Sekigaharan jälkeen vielä 16 vuotta ja hän pyyhkäisi pois Toyotomi Hideyoshin pojan Hideyorin tuhoten siten viimeisen todellisen uhkan Tokugawa-klaanille.

Sinä sanoit: Miten Ieyasua voidaan käyttää esimerkkinä historiassa ja nykyisyydessä tapahtuneen laadullisen päätöksenteon arvioinnissa? Mitkä olivat hänen ja hänen klaaninsa suurimmat saavutukset ja sekä suurimmat virheet, sekä miksi nämä saavutukset, sekä virheet tapahtuivat?

ChatGPT sanoi: Tokugawa Ieyasu on erinomainen esimerkki laadullisesta päätöksenteosta, sillä hän teki ratkaisuja, jotka perustuivat **pitkän aikavälin suunnitteluun, riskienhallintaan, sopeutumiskykyyn ja strategiseen ajatteluun.** Hänen menestyksensä ei ollut sattumaa, vaan seurausta tarkasta harkinnasta ja virheistä oppimisesta. Hän teki myös virheitä, joista osa liittyi huonoihin arvioihin tai ylivarovaisuuteen, mutta tärkeintä on, että hän oppi niistä ja mukautti toimintaansa.

Alla arvioidaan Ieyasun päätöksentekoa suhteessa laadulliseen päätöksentekoon sekä analysoidaan hänen suurimmat saavutuksensa ja virheensä.

---

1. Tokugawa Ieyasu laadullisen päätöksenteon esimerkkinä

Laadullinen päätöksenteko tarkoittaa, että ratkaisut tehdään **kokonaisvaltaisen analyysin, pitkän aikavälin tavoitteiden ja sopeutumiskyvyn pohjalta.** Ieyasun päätökset voidaan arvioida seuraavien kriteerien perusteella:

✦ Pitkän aikavälin suunnittelu ja kärsivällisyys

- Ieyasu ei hakenut nopeita voittoja, vaan **odotti oikeaa hetkeä toimia.** Hän **alistui Oda Nobunagalle ja Toyotomi Hideyoshille**, vaikka hänellä oli mahdollisuus toimia itsenäisesti, koska hän ymmärsi, että heidän jälkeensä syntyy valtatyhjiö, jonka hän voisi täyttää.
- Tämä kyky odottaa teki hänestä lopulta Japanin hallitsijan, kun taas kärsimättömämmät sotapäälliköt, kuten Ishida Mitsunari, kaatuivat ennenaikaisiin päätöksiin.

✦ **Moderni esimerkki:** Pitkäjänteinen strategia on tärkeää myös nykymaailmassa. Yritykset, jotka panostavat **pitkän aikavälin investointeihin ja innovaatioihin**, menestyvät paremmin kuin ne, jotka keskittyvät vain lyhyen aikavälin voittoihin.

✦ Riskienhallinta ja virheistä oppiminen

- **Tappio Takeda Shingeniä vastaan Mikatagaharassa (1572)** oli esimerkki huonosta riskienhallinnasta. Ieyasu aliarvioi vastustajan ja kärsi tappion.
- Sen sijaan, että hän olisi toistanut virheen, hän **muutti strategiaansa puolustuspainotteisemmaksi** ja keskittyi linnoituksiin sekä taloudelliseen vahvistamiseen.
- **Sekigaharan taistelussa (1600)** Ieyasu käytti hyväkseen Mitsunarin virheitä ja varmisti voittonsa diplomatian ja poliittisten juonittelujen avulla ennen itse taistelua.

✦ **Moderni esimerkki:** Riskienhallinta ja oppiminen virheistä ovat kriittisiä myös liiketoiminnassa ja politiikassa. Yritykset, jotka analysoivat epäonnistumisia ja mukauttavat strategiaansa, voivat nousta kriiseistä entistä vahvempina.

✦ Sopeutumiskyky ja poliittinen pelisilmä

- Ieyasu ei ollut dogmaattinen johtaja, vaan hän **mukautui tilanteisiin**.
- Hän **keskitti valtaa itselleen, mutta ei tuhonnut kaikkia vihollisiaan**, vaan käytti joitain heistä hyväkseen.
- Hän **antoi Shimazun klaanille mahdollisuuden vallata Ryukyun saaret**, jotta he kokisivat kiitollisuudenvelkaa Tokugawaa kohtaan eivätkä kapinoisi.

✦ **Moderni esimerkki:** Sopeutumiskyky on keskeinen johtajuusominaisuus. Poliitikot, jotka mukauttavat politiikkaansa muuttuvien olosuhteiden mukaan, ja yritysjohtajat, jotka ennakoivat markkinoiden muutoksia, menestyvät paremmin kuin jääräpäiset toimijat.

---

2. Tokugawa Ieyasun ja hänen klaaninsa suurimmat saavutukset

◆ **1. Japanin yhdistäminen ja sisällissotien lopettaminen**

- **Sekigaharan taistelun (1600) voitto** teki Ieyasusta Japanin tosiasiallisen hallitsijan.
- **Tokugawa-shōgunaatin perustaminen (1603)** toi Japaniin yli 250 vuoden rauhan ajan (*Edo-kausi*).
- Väkivaltainen ja kaoottinen Sengoku-kausi päättyi, mikä **mahdollisti taloudellisen ja kulttuurisen kehityksen**.

🔘 **Miksi tämä onnistui?**
Ieyasu käytti **älykkäitä poliittisia ratkaisuja, kuten sankin-kōtai-järjestelmää**, varmistaakseen daimioiden uskollisuuden. Hän myös loi **vahvan keskushallinnon**, joka vähensi sisällissotien riskiä.

◆ **2. Sankin-kōtai-järjestelmä – tehokas valvontajärjestelmä**

- Daimiot joutuivat **viettämään joka toisen vuoden Tokugawan pääkaupungissa Edossa ja jättämään perheensä sinne panttivangeiksi**.

- Tämä esti **itsenäisten sotilaallisten voimien muodostumisen**, koska daimioiden resurssit menivät matkustamiseen ja hovielämään.

● Miksi tämä onnistui?

Järjestelmä **vähensi kapinoiden riskiä** ja keskitti vallan shōgunaatille ilman jatkuvia sotia.

◆ 3. Edo-kauden vakaa talous ja kulttuurinen kehitys

- **Japanin talous kasvoi voimakkaasti Tokugawa-kaudella**, koska pitkä rauhan aika mahdollisti kaupankäynnin ja maanviljelyn kehityksen.
- **Kulttuurinen kukoistus:** Edo-kausi oli Japanin kulttuurin kulta-aikaa, jolloin kehittyivät **kabuki-teatteri, ukiyo-e-taide ja haiku-runous**.

● Miksi tämä onnistui?

Taloudellisen vakauden taustalla oli **poliittinen järjestelmä, joka hillitsi alueellisia sotia ja turvasi kaupankäynnin edellytykset**.

---

3. Tokugawa-klaanin suurimmat virheet

▼ 1. Liiallinen eristäytyminen ulkomaailmasta

- **Sakoku-politiikka (1639)** sulki Japanin lähes täysin kansainväliseltä kaupankäynniltä.
- Tämä johti **teknologiseen jälkeenjääneisyyteen** ja teki Japanista haavoittuvan 1800-luvun lopulla länsivaltojen uhatessa.

● Miksi tämä tapahtui?

Tokugawat pelkäsivät, että ulkovallat, erityisesti **Euroopan siirtomaavallat ja kristinusko**, hajottaisivat Japanin sisäisen vakauden.

📌 **Opetus:** Liiallinen eristäytyminen voi tehdä valtiosta heikon ja haavoittuvan, kun muu maailma kehittyy nopeammin.

▼ **2. Liiallinen konservatiivisuus ja muutosten vastustaminen**

- Tokugawat **säilyttivät feodaalisen järjestelmän liian pitkään**, eivätkä uudistaneet hallintoa ennen kuin oli liian myöhäistä.
- Kun länsivallat saapuivat Japanin rannikolle 1850-luvulla, Tokugawa-hallinto oli **liian hidas reagoimaan**, mikä johti lopulta shōgunaatin kaatumiseen Meiji-restauraation myötä.

⬤ **Miksi tämä tapahtui?**
Koska shōgunaatti perustui konservatiiviseen järjestelmään, se ei kyennyt mukautumaan modernisaation tarpeisiin.

📌 **Opetus:** Järjestelmän tulee olla **kykenevä muutoksiin ja sopeutumaan uusiin haasteisiin**, muuten se kaatuu.

Yhteenveto

Tokugawa Ieyasu oli mestarillinen strategisti, jonka päätökset loivat **250 vuotta kestäneen rauhan Japanille**. Hänen vahvuutensa olivat kärsivällisyys, sopeutumiskyky ja riskienhallinta. Hänen klaaninsa suurin virhe oli kuitenkin **liiallinen eristäytyminen ja muutosvastaisuus**, mikä johti lopulta Tokugawa-hallinnon kaatumiseen.

Kommentti ChatGPT:n vastaukseen: ChatGPT on oikeassa, että Tokugawa-klaanin suuret virheet olivat eristäytyminen ulkomaailmasta yli 250 vuoden ajaksi ja konservatiivinen muutosvastarinta. Jo Ieyasu itse suhtautui ulkomaihin ja kristinuskoon epäileväisesti, sillä hän näki ne ulkovaltojen keinoina mahdollisesti vaikuttaa Japanin sisäisiin asioihin.

Sinä sanoit: Jo Ieyasu suhtautui epäileväisesti portugalilaisiin, jotka tekivät yhteistyötä jesuiittojen kanssa siksi, että hän näki kristinuskon ulkovaltojen keinona vaikuttaa Japanin sisäisiin asioihin. Siksi hän ja hänen seuraajansa siirsivät kaupankäyntioikeudet Japanin kanssa alankomaalaisille, joita kiinnosti vain kaupankäynti. Tämän politiikan seurauksena Japani eristäytyi muusta maailmasta, vaikka se saikin pienelle joukolle oppineita alankomaalaisten kautta tietoa ulkomaailman kehityksestä esimerkiksi politiikan ja teknologian aloilla, mutta tämä osaaminen ja tieto jäi vain pienen piirin ns. hollantilaisoppineiden käsiin. Tässä kohdin Tokugawat rikkoivat Sun Zin periaatetta vihollisen tuntemisesta, sillä länsimaat seuraavien 250 vuoden aikana kehittivät huomattavan teknologisen kaulan japanilaisiin.

ChatGPT sanoi: Ieyasu on erinomainen esimerkki pitkän aikavälin strategisesta päätöksenteosta, mutta samalla hänen ja hänen klaaninsa politiikassa oli myös suuria virheitä, jotka vaikuttivat Japanin tulevaisuuteen. Hänen saavutuksiaan ja virheitään voidaan analysoida sekä historiallisesta että nykyaikaisesta laadullisen päätöksenteon näkökulmasta.

Ieyasun ja Tokugawa-klaanin saavutukset

1. **Sotilaallinen ja poliittinen yhtenäisyys**
   - Voittamalla Sekigaharan taistelun (1600) ja tukahduttamalla myöhemmät vastarintapesäkkeet, Ieyasu varmisti Japanin yhdistymisen ja loi perustan Tokugawa-shōgunaatille, joka kesti yli 250 vuotta.
   - Keskitetyn hallinnon luominen toi Japanille pitkäaikaisen sisäisen rauhan (*Pax Tokugawa*), mikä mahdollisti taloudellisen ja kulttuurisen kehityksen.
2. **Bakuhan-järjestelmä**
   - Feodaalisen järjestelmän uudelleenjärjestely varmisti shōgunaatin vahvan otteen daimiosta asettamalla heidät tarkkaan valvottuun hierarkiaan (esim. *sankin kōtai* - järjestelmä, jossa daimioiden oli vietettävä säännöllisesti aikaa Edoossa panttivankeina).
   - Tämä esti suurimman osan sisällissodista ja taisteluista, jotka olivat olleet yleisiä Sengoku-kaudella.
3. **Kaupallinen kehitys ja vakaa talous**
   - Vaikka Japanin ulkomaankauppa rajoitettiin, sisäiset markkinat kehittyivät merkittävästi, ja Edo-kaudella nähtiin ennennäkemätöntä talouskasvua.

o Kaupungistuminen, teollisuuden ja maatalouden kehittyminen sekä kaupankäynnin lisääntyminen loivat taloudellisesti vakaamman Japanin.
4. **Kulttuurin ja koulutuksen kehitys**
   o Tokugawa-kaudella Japanissa kehittyivät muun muassa **kabuki-teatteri, ukiyo-e-taide** ja *kokugaku*-liike (kansallinen oppineisuus), joka pyrki ymmärtämään Japanin omaa perintöä ilman liiallista kiinalaista vaikutusta.
   o *Hollantilaisoppineisuus (rangaku)* mahdollisti osittaisen teknologisen ja tieteellisen kehityksen, vaikka se jäi harvojen eliitin edustajien käsiin.

Ieyasun ja Tokugawa-klaanin virheet

1. **Liiallinen eristäytyminen ja teknologinen jälkeenjääneisyys**
   o Kristinuskon ja eurooppalaisten vaikutuksen vastustaminen johti lopulta *sakoku*-politiikkaan (Japanin sulkeminen ulkomaailmalta), mikä eristi Japanin teknologisista ja tieteellisistä kehitysaskelista, joita länsimaat saavuttivat teollistumisen myötä.
   o Tämä johti siihen, että 1800-luvun puolivälissä länsimaat olivat sotilaallisesti ylivoimaisia, ja Japani joutui nöyrtymään Yhdysvaltain komentaja Perryyn ja muihin länsivaltoihin nähden.
2. **Jäykkä yhteiskuntajärjestelmä**
   o Samurai-luokka, joka oli alun perin sotilaallinen eliitti, muuttui vähitellen byrokraateiksi, joilla ei ollut merkityksellistä roolia muuttuvassa taloudessa. Tämä loi taloudellisia ja sosiaalisia jännitteitä.
   o Talonpojat ja kauppiaat, jotka vastasivat suurimmasta osasta taloudellista toimintaa, joutuivat hierarkian alimmille portaille, mikä synnytti eriarvoisuutta ja lopulta loi tyytymättömyyttä, joka purkautui Meiji-restauraation aikana.
3. **Strateginen virhearvio ulkopolitiikassa**
   o Ieyasu ja hänen seuraajansa katsoivat ulkovaltojen olevan uhka Japanin itsenäisyydelle, mutta he eivät kehittäneet pitkän aikavälin suunnitelmaa, jolla Japanin sotilaallista ja

teknologista kapasiteettia olisi voitu vahvistaa ulkoista uhkaa vastaan.

o Tämä rikkoi Sun Zin keskeistä opetusta vihollisen tuntemisesta, ja Tokugawat joutuivat lopulta kohtaamaan 1800-luvun puolivälissä voimapolitiikan maailmassa ilman, että he olivat varautuneet siihen.

Johtopäätökset ja oppimiskohdat laadullisessa päätöksenteossa

Ieyasu oli mestarillinen pitkän aikavälin strategi ja kykeni ennakoimaan monia poliittisia ja sotilaallisia kehityskulkuja. Hänen päätöksensä loivat perustan vakaalle Japanille, mutta samalla Tokugawa-hallinto teki merkittäviä virheitä eristäytymällä ja jähmettämällä yhteiskunnallisen kehityksen.

Historiallinen opetus:

- **Vakauden ja hallittavuuden säilyttäminen on tärkeää**, mutta sen ei tulisi tapahtua tulevaisuuden mahdollisuuksien kustannuksella.
- **Ulkopuolisten vaikutusten torjuminen voi olla strategisesti järkevää tietyssä kontekstissa, mutta liiallinen sulkeutuminen voi johtaa jälkeenjääneisyyteen.**
- **Pitkän aikavälin päätöksenteossa on tärkeää varmistaa, että yhteiskunta voi mukautua muutoksiin.** Tokugawa-shōgunaatti ei kyennyt tähän, mikä johti sen kaatumiseen.

Nykyaikana Ieyasun periaatteita voidaan käyttää esimerkiksi valtionhallinnossa, yritysstrategiassa ja kansainvälisessä politiikassa:

- **Miten tasapainotetaan lyhyen ja pitkän aikavälin tavoitteet?**
- **Miten estetään epävakaus ilman, että innovaatio ja kehitys kärsivät?**
- **Miten tunnistetaan ulkoiset uhat ja mahdollisuudet ilman, että suljetaan itseä liikaa ulkomaailmalta?**

Ieyasu on loistava esimerkki siitä, kuinka strateginen ajattelu voi tuottaa valtavia saavutuksia, mutta myös siitä, kuinka liiallinen konservatiivisuus ja pelko muutoksesta voivat lopulta johtaa taantumiseen.

Kommentti ChatGPT:n vastaukseen: Japanin yhdistäminen verisen ja hajanaisen Sengoku Jidai – ajan (1467–1615) päätteeksi piti jonkun tehdä, jotta Japanista tulisi vahvempi ja yhtenäisempi. Japanilaisten pelkona oli se, että ulkomaat pystyisivät hyödyntämään heidän eripuraisuuttansa ja siksi Tokugawa-shogunaatti pyrki eristämään Japanin muusta maailmasta tarkasti säädellen ulkomaankauppaa. Heidän säätelynsä myös vähensi ulkomaalaisten ja ulkomaisten keksintöjen vaikutusta Japaniin saaden aikaan sen, että länsimaat pystyivät saamaan itsellensä pitkän teknologisen etumatkan suhteessa Japaniin. Tämä oli vastoin Sun Zin periaatetta vihollisen tuntemuksesta, sillä sen seurauksena Tokugawa-shogunaatin todellinen tietämys ulkomaiden kyvykkyydestä myöhempinä vuosisatoina oli sangen puutteellista etenkin sen jälkeen, kun Britannia ja Ranska olivat nöyryyttäneet kauko-idän supervalta Kiinaa oopiumsodissa 1839–1842 ja 1856–1860.

Sinä sanoit: Pystytkö tekemään tiivistelmän tässä keskusteluketjussa keskustelluista asioista lyhyesti?

ChatGPT sanoi: Tässä keskusteluketjussa on käsitelty Tokugawa Ieyasun päätöksentekoa, hänen liittolaistensa kohtaloa Sekigaharan jälkeen sekä Tokugawa-shōgunaatin saavutuksia ja virheitä.

Keskeiset aiheet:

1. **Tokugawan liittolaisten palkitseminen:**
   o Sekigaharan voiton jälkeen Ieyasu palkitsi uskolliset liittolaisensa antamalla heille uusia maita ja korkeita asemia.
   o Esimerkiksi Honda Tadakatsu ja Torii Mototada olivat keskeisiä tukijoita, mutta Mototada kuoli Uedajoen piirityksessä.
2. **Tokugawa-klaanin aseman vahvistaminen:**
   o Daimioiden järjestelmällinen valvonta (*sankin kōtai*) ja perimyksen turvaaminen.
   o Edo pääkaupunkina, hallinnon keskittäminen ja bakuhan-järjestelmän luominen.

3. **Ieyasun päätöksenteon analyysi:**
   o Hän oli harkitseva strategisti, mutta teki virheitä, kuten taistelun Takeda Shingeniä vastaan Mikatagaharassa.
   o Sekigaharan ja sen jälkeisten poliittisten liikkeiden perusteella hän hallitsi hyvin hajoita ja hallitse -periaatetta.
4. **Shōgunaatin saavutukset:**
   o Yli 250 vuoden sisäinen rauha (*Pax Tokugawa*), talouden ja kulttuurin kehitys.
   o Feodaalisen järjestelmän vakiinnuttaminen ja yhteiskunnallinen vakaus.
5. **Shōgunaatin virheet:**
   o Liiallinen eristäytyminen (*sakoku*), joka johti teknologiseen jälkeenjääneisyyteen.
   o Jäykkä yhteiskuntajärjestelmä, joka loi Meiji-restauraatioon johtaneita sisäisiä jännitteitä.
   o Länsimaisten valtojen voimapolitiikan aliarviointi rikkoi Sun Zin periaatetta vihollisen tuntemisesta.
6. **Opit nykypäivään:**
   o Tasapainon löytäminen vakauden ja kehityksen välillä on tärkeää.
   o Liiallinen konservatiivisuus voi johtaa taantumiseen ja ulkoisten uhkien kasvuun.
   o Pitkän aikavälin strateginen ajattelu on välttämätöntä menestyksen varmistamiseksi.

Yhteenvetona Tokugawa Ieyasu oli taitava päätöksentekijä, mutta hänen seuraajiensa politiikka johti Japanin eristymiseen ja lopulta shōgunaatin kaatumiseen.

Kommentti ChatGPT:n vastaukseen: Torii Mototada kuoli puolustaessaan Fushimin linnaa. Ieyasun esimerkin päätteeksi halusin lyhyen ChatGPT:n tekemän tiivistelmän keskustelun tärkeimmistä kohdista ja Ieyasun, sekä hänen sukunsa toiminnan seurauksista. Asia, joka tiivistelmästä puuttuu, on mielestäni Ieyasun oma henkilökohtainen kasvu päätöksentekijänä suhteessa historialliseen kontekstiin, johon olisin hieman kiinnittänyt huomiota.

Sinä sanoit: Mitkä ovat keskeiset historialliset aikalaislähteet Tokugawa Ieyasun elämästä?

ChatGPT sanoi: Tokugawa Ieyasusta on säilynyt useita historiallisia aikalaislähteitä, jotka tarjoavat arvokasta tietoa hänen elämästään, päätöksistään ja aikakaudestaan. Keskeisiä lähteitä ovat muun muassa:

1. Tokugawa Ieyasun omat kirjoitukset ja lausunnot

- **Tokugawa Ieyasun testamentti (Tokugawa Ieyasu Ishi, 徳川家康遺書)**
    - Kokoelma hänen viimeisiä ohjeitaan, joissa hän käsittelee shōgunaatin hallintoa, periaatteitaan ja poliittisia strategioitaan.
- **Tokugawa Jikki (徳川実記, Tokugawa virallinen kronikka)**
    - Myöhemmin koottu, mutta perustuu alkuperäisiin lähteisiin ja Ieyasun omiin lausuntoihin.

2. Japanilaiset historiateokset Ieyasun ajalta ja sen jälkeen

- **Shinchō Kōki (信長公記, "Oda Nobunagan aikakirjat")**
    - Oda Nobunagan sihteeri Ōta Gyūichi kirjoitti tämän kronikan, joka valaisee myös Ieyasun varhaisvaiheita hänen liittolaisuudestaan Nobunagan kanssa.
- **Taikōki (太閤記, "Taikōn elämäkerta")**
    - Hideyoshiin keskittyvä teos, mutta käsittelee myös Ieyasun ja Hideyoshin suhdetta.
- **Kan'ei Shōke (寛永諸家)**
    - Edo-kaudella kirjoitettu virallinen historiikki, joka kertoo daimioperheiden historiasta ja sisältää tietoa Ieyasusta.

3. Ulkomaalaiset aikalaislähteet

- **Luís Fróis: "Historia de Japam" (1585–1594)**
    - Jesuiittalähetyssaarnaaja Fróis kirjoitti yksityiskohtaisia kuvauksia Sengoku-kauden tapahtumista, mukaan lukien Ieyasun ja muiden daimioiden toimista.
- **William Adamsin ja Jan Joostenin kirjeet ja muistiinpanot**
    - Englannin ja Hollannin ensimmäiset kauppiaat Japanissa dokumentoivat Ieyasun suhtautumista ulkomaalaisiin ja kristinuskoon.

4. Perinteiset japanilaiset kronikat ja aikakirjat

- **Nihon Ōdai Ichiran (日本王代一覧, "Japanin hallitsijoiden kronikka")**
  - o Edo-kaudella kirjoitettu kronikka, joka sisältää tietoa Ieyasun hallintokaudesta.
- **Honchō Tsugan (本朝通鑑, "Japanin historiallisen perinteen kronikka")**
  - o Edo-kaudella laadittu virallinen historiikki, jossa käsitellään myös Tokugawa-shōgunaatin alkuvaiheita.

Johtopäätös

Nämä aikalaislähteet yhdessä tarjoavat monipuolisen kuvan Tokugawa Ieyasun elämästä, strategiasta ja päätöksenteosta. On kuitenkin syytä huomioida, että monet näistä ovat joko hänen kannattajiensa tai vastustajiensa kirjoittamia, mikä vaikuttaa niiden näkökulmaan.

Kommentti ChatGPT:n vastaukseen: Lopuksi on syytä hieman tarkastella aikalaislähteitä, jotka toimivat todisteina Tokugawa Ieyasun elämästä. Kuten ChatGPT sanoi, niin näistä aikalaislähteistä tulisi pyrkiä ymmärtämään miksi ne oli kirjoitettu ja kirjoittajien suhtautuminen Ieyasuun henkilönä.

Napoleon Bonaparten ura

Toinen tarkastelun kohde historiallisessa mielessä on Napoleon Bonaparte ja hänen pitkä sotilasuransa, joka mahdollisti hänen nousunsa Ranskan keisariksi.

Sinä sanoit: Millainen oli Napoleon Bonaparten lapsuus?

ChatGPT sanoi: Napoleon Bonaparte syntyi 15. elokuuta 1769 Korsikan saarella Ajaccion kaupungissa. Hänen perheensä kuului vähäiseen korsikalaiseen aatelistoon, ja hänen isänsä Carlo Buonaparte oli asianajaja ja toimi myös paikallishallinnossa. Napoleonin äiti, Letizia Ramolino, oli tunnettu ankaruudestaan ja kurinalaisuudestaan, mikä vaikutti suuresti Napoleonin kasvatukseen.

Lapsuutensa aikana Napoleon varttui suurperheessä, sillä hänellä oli useita sisaruksia. Hänen perheensä ei ollut varakas, mutta isä Carlo onnistui saamaan Napoleonille opiskelupaikan Ranskassa, sillä Korsika oli liitetty Ranskaan vain vuotta ennen Napoleonin syntymää. Tämä antoi Napoleonille mahdollisuuden kouluttautua ranskalaisissa kouluissa, vaikka hänen alkuperäinen kielensä oli italia (tai tarkemmin korsikan murre), ja hän oppi ranskaa vasta myöhemmin.

Vuonna 1779, vain 9-vuotiaana, Napoleon lähetettiin Ranskaan opiskelemaan Brienne-le-Châteaun sotilasakatemiaan. Siellä hän kärsi usein siitä, että häntä pidettiin muukalaisena hänen korsikalaisen aksenttinsa ja tapojensa vuoksi. Hän oli ujo ja vetäytyvä mutta osoitti jo varhain suurta kiinnostusta historiaan, erityisesti Aleksanteri Suureen ja Julius Caesariin.

Napoleon siirtyi myöhemmin École Militaireen Pariisissa, jossa hän erikoistui tykistöön ja valmistui vain 16-vuotiaana, mikä oli poikkeuksellisen nuori ikä upseeriksi. Hänen koulutuksensa ja lahjakkuutensa matematiikassa ja strategiassa antoivat hänelle vahvan pohjan myöhemmälle sotilasuralleen.

Yhteenvetona voidaan sanoa, että Napoleonin lapsuus oli kurinalainen ja täynnä haasteita, mutta se myös muokkasi häntä kunnianhimoiseksi ja päättäväiseksi. Hänen vaatimaton alkuperänsä, koulukiusauksensa ja perheen taloudelliset rajoitteet todennäköisesti vain lisäsivät hänen haluaan nousta korkealle yhteiskunnassa.

Kommentti ChatGPT:n vastaukseen: Toisin sanoen nuori Napoleon oli urallaan pääsemässä tykistöupseeriksi Ranskan kuningaskunnan armeijaan, mutta ennen vuoden 1789 vallankumousta armeijan korkeimmat virat oli varattu ranskalaiselle ylhäisaatelistolle, ei alemmalle aatelistolle tai korsikalaisille nousukkaille.

Sinä sanoit: Ennen vuoden 1789 vallankumousta Ranskan armeijan korkeimmat virat oli varattu ranskalaiselle ylhäisaatelistolle, ei alemmalle aatelistolle tai korsikalaisille nousukkaille.

ChatGPT sanoi: Aivan oikein! Ennen Ranskan vallankumousta (1789) maan armeijassa vallitsi vahva säätyperusteinen hierarkia. Korkeimmat upseerinvirat oli varattu vanhalle **ylhäisaatelistolle** (ransk. *noblesse d'épée*), eli perinnöllisille aatelissuvuille, jotka olivat perinteisesti palvelleet armeijassa sukupolvien ajan. Sen sijaan **alhaisaateli** (ransk. *noblesse de robe*), johon Napoleonin perhe kuului, ei yleensä saanut korkeita sotilasvirkoja ilman huomattavia suosituksia tai poikkeuksellisia ansioita.

Napoleonin korsikalainen tausta teki hänen asemansa vielä vaikeammaksi. Korsika oli liitetty Ranskaan vasta vuonna 1768, ja korsikalaisia pidettiin usein epäluotettavina nousukkaina. Tämä syrjintä koski erityisesti Bonaparten kaltaisia perheitä, jotka olivat hiljattain saaneet aatelisarvon mutta eivät kuuluneet vanhaan ranskalaiseen eliittiin.

Tästä syystä Napoleonin sotilasura olisi todennäköisesti jäänyt korkeintaan kapteenin tai majurin arvoon ilman vallankumouksen tarjoamaa yhteiskunnallista murrosta. Vallankumousvuosina (1789–1799) armeijan upseerikunta koki kuitenkin suuren puhdistuksen, kun moni aristokraatti pakeni maasta tai menetti henkensä. Tämä avasi tietä kyvykkäille alempisäätyisille upseereille — kuten Napoleonille — nousta nopeasti ylöspäin.

Voisi sanoa, että ilman vallankumousta Napoleon olisi luultavasti jäänyt keskinkertaiseksi tykistöupseeriksi, eikä hänen tähtitieteellinen nousunsa Euroopan historian tärkeimpien hahmojen joukkoon olisi koskaan toteutunut.

Kommentti ChatGPT:n vastaukseen: Toisin sanoen Napoleon on paljosta kiitollinen Ranskan vallankumoukselle, että se tapahtumana salli Napoleonin nousta urallaan niin pitkälle. Jos vallankumousta ei olisi tapahtunut ja

Napoleon olisi halunnut nousta urallaan vielä pidemmälle, niin hän olisi tarvinnut merkittäviä ihmisiä suosittelemaan häntä eteenpäin.

Sinä sanoit: Jos Ranskan vallankumousta ei olisi tapahtunut, niin Napoleon olisi tarvinnut merkittäviä ihmisiä suosittelemaan hänelle ylennyksiä everstiluutnantin tai everstin asemiin, joihin hän olisi saattanut päästä äärimmäisen lahjakkuutensa ja hyvien suositusten avulla. En kuitenkaan usko, että ilman Ranskan vallankumousta hänestä olisi tullut kenraalia niin nopeasti kuin hänestä historiallisesti tuli.

ChatGPT sanoi: Tuo on erittäin järkevä arvio! Ilman Ranskan vallankumousta Napoleonin eteneminen olisi ollut paljon hitaampaa ja vaikeampaa. Hän olisi kyllä saattanut saavuttaa **everstiluutnantin tai mahdollisesti everstin arvon**, mutta se olisi vaatinut paitsi hänen omaa poikkeuksellista lahjakkuuttaan, myös **merkittäviä suosituksia vaikutusvaltaisilta henkilöiltä**.

Napoleon oli jo varhaisessa vaiheessa osoittanut suurta lahjakkuutta erityisesti **tykistötaktiikoissa ja sotilastekniikassa**, mikä olisi voinut herättää huomiota. Mikäli hän olisi saanut jonkin korkea-arvoisen suojelijan, kuten vaikutusvaltaisen marsalkan tai ministerin tukemaan uraansa, hänen olisi ollut mahdollista nousta tavallista nopeammin. Tämä olisi silti ollut epätodennäköistä, sillä Ranskan armeijan korkeimmat virat olivat vahvasti ylhäisaatelin hallussa.

Ilman vallankumousta Napoleonista ei olisi tullut kenraalia 24-vuotiaana, kuten historiallisesti tapahtui. Normaalisti kenraaliksi pääsy olisi vaatinut **pitkän palveluksen, aristokraattisia taustayhteyksiä ja sotakokemusta**, ja hän olisi todennäköisesti joutunut odottamaan ylennystä ainakin 40–50-vuotiaaksi asti.

Toisin sanoen, Napoleon olisi ehkä voinut olla arvostettu ja lahjakas eversti Ranskan armeijassa, mutta hänestä ei olisi todennäköisesti tullut suurta sotapäällikköä tai keisaria ilman vallankumouksen tuomaa sosiaalista ja poliittista mullistusta.

Kommentti ChatGPT:n vastaukseen: Kuten ChatGPT sanoi, niin Ranskan kuningaskunnassa ylenemiseen sotilasuralla ennen vallankumousta tarvittiin lahjakkuuden lisäksi myös hyviä suhteita etenkin ylempään aatelistoon tai kuninkaan ministereihin. Ranskan vallankumouksen huono puoli oli se, että sen aikana oli ajanjaksoja, jolloin aatelisarvo saattoi viedä miehen vankilaan tai jopa giljotiinille.

Sinä sanoit: Ranskan vallankumouksen huono puoli oli se, että sen aikana oli ajanjaksoja, jolloin aatelisarvo saattoi viedä miehen vankilaan tai jopa giljotiinille.

ChatGPT sanoi: Juuri näin. Ranskan vallankumouksen radikaaleimpina vuosina, erityisesti **jakobiinien terrorin aikana (1793–1794)**, pelkkä aatelisarvo tai epäily aristokraattisista sympatioista saattoi olla kuolemantuomio. **Robespierren ja jakobiinien hallinnon aikana tuhansia aatelisia ja muita "kansanvihollisiksi" leimattuja teloitettiin giljotiinilla.**

Tämä oli vakava uhka myös Napoleonille. Vaikka hän ei kuulunut vanhaan ylhäisaateliin, **hän oli kuitenkin aatelinen**, ja ilman hänen vallankumoukselle osoittamaansa lojaaliutta hän olisi voinut joutua vainotuksi. Napoleon ymmärsi hyvin poliittisen tilanteen ja onnistui **säilyttämään asemansa tukemalla vallankumousta ainakin muodollisesti**, vaikka hän ei ollut mikään fanaattinen jakobiini.

Erityisesti jakobiinien vallan huipulla 1793–1794 Napoleonin ura oli vaarassa, mutta hän onnistui nousemaan esiin **Toulonin piirityksessä (1793)**, jossa hän osoitti poikkeuksellista sotilaallista lahjakkuuttaan ja sai ensimmäisen merkittävän ylennyksensä. Tämä pelasti hänet vallankumouksen pyörteistä, ja lopulta **Thermidorin vallankaappaus (1794)**, joka kaatoi Robespierren, varmisti sen, ettei Napoleon joutunut giljotiinille.

Toisin sanoen, Ranskan vallankumous avasi Napoleonille mahdollisuuksia, mutta samalla se oli myös **äärimmäisen vaarallinen** ajanjakso, jossa väärä liike olisi voinut päättää hänen uransa – tai henkensä.

Kommentti ChatGPT:n vastaukseen: Ranskan vallankumouksen kaksiteräistä luonnetta Napoleonin suhteen on syytä korostaa. Kuten ChatGPT sanoi, niin vallankumouksen aika oli Napoleonille vaarallista, mutta on myös syytä kiinnittää huomiota siihen, että Ranskan vanhoilliset naapurimaat pyrkivät tukahduttamaan vallankumouksen sotilaallista voimaa käyttäen ja tämä toi Napoleonille tilaisuuksia palvella vallankumousta, kun Ranskan sisäiset olot hieman rauhoittuivat.

Sinä sanoit: On myös syytä kiinnittää huomiota siihen, että Ranskan vanhoilliset naapurimaat pyrkivät tukahduttamaan vallankumouksen sotilaallista voimaa käyttäen ja tämä toi Napoleonille tilaisuuksia palvella vallankumousta, kun Ranskan sisäiset olot hieman rauhoittuivat. Mainitsit jo Napoleonin osallstumisen Touloniin piiritykseen, mutta eikö hän myös estänyt monarkistien vallankaappausyrityksen Pariisissa käyttäen tykistöä?

ChatGPT sanoi: Kyllä, aivan oikein! **Napoleonin uran yksi tärkeimmistä käännekohdista oli monarkistien vallankaappausyrityksen tukahduttaminen Pariisissa vuonna 1795.** Tämä tapahtuma tunnetaan nimellä **"13. vendémiairen kapina"**, joka viittaa Ranskan vallankumouskalenterin päivämäärään (5. lokakuuta 1795).

Tässä tilanteessa **kuningasmieliset rojalistit yrittivät kaataa vallankumoushallituksen**, koska he vastustivat uutta **Directoire-hallintoa** (joka oli vallassa 1795–1799). Kapinalliset kokoontuivat Pariisiin ja yrittivät marssia **Tuileries'n palatsille** syrjäyttääkseen hallituksen.

Napoleon, joka oli tuolloin vasta **27-vuotias kenraali**, määrättiin puolustamaan hallitusta. Hän käytti **tykistöä tehokkaasti katujen hallintaan**, erityisesti lataamalla tykkeihin haulipanoksia (**"a whiff of grapeshot"**, kuten brittiläinen historioitsija Thomas Carlyle myöhemmin kuvasi). Tämä murskasi nopeasti rojalistien joukot ja varmisti, että **Directoire-hallitus säilytti vallan.**

Tämä voitto teki Napoleonista **vallankumoushallituksen silmissä luotettavan ja arvokkaan upseerin.** Pian sen jälkeen hänet **nimettiin Italian armeijan komentajaksi**, ja seuraavana vuonna (1796) hän aloitti legendaariset sotaretkensä Italiassa, mikä vakiinnutti hänen maineensa yhtenä Ranskan parhaista sotapäälliköistä.

Toisin sanoen, Ranskan naapurimaiden vihamielisyys ja sisäiset levottomuudet loivat Napoleonille tilaisuuksia näyttää kykynsä, ja hän käytti ne **taitavasti hyväkseen.**

Kommentti ChatGPT:n vastaukseen: Napoleonin rohkea, uskollinen ja päättäväinen palvelus kiinnitti Ranskan vallankumoushallinnon huomion kriittisillä hetkillä. Siitä hänet palkittiin Italian armeijan komentajan viralla.

Sinä sanoit: Kerro minulle nuoren Napoleonin urasta Italian armeijan komentajana pian sen jälkeen, kun hän oli kukistanut vallankaappausyrityksen Pariisissa.

ChatGPT sanoi: Kun Napoleon nimitettiin **Italian armeijan komentajaksi maaliskuussa 1796**, hän oli vasta **26-vuotias**, mutta hän oli jo osoittanut sekä sotilaallista nerouttaan (Toulon 1793) että kykyään tukahduttaa poliittisia uhkia (Vendémiaire 1795). Hän sai Italian-armeijan komentajuuden pitkälti kiitos **Paul Barrasin**, Directoire-hallituksen johtajan, joka arvosti Napoleonin lojaaliutta ja sotataitoja.

Italian sotaretki (1796–1797)

Napoleonin johdolla **Ranskan Italian-armeija (Armée d'Italie)** voitti nopeasti useita ratkaisevia taisteluita **Itävallan ja Sardinian kuningaskunnan joukkoja vastaan**. Hän kohtasi aluksi vaikean tilanteen: hänen armeijansa oli **huonosti varustettu, nälkäinen ja moraaliltaan heikko**, mutta hän kohotti miestensä taistelutahtoa puhumalla heille suoraan ja lupaamalla heille saalista ja kunniaa.

Ensimmäiset suuret voitot

Napoleon sovelsi **nopeita liikkeitä ja erillisten vihollisjoukkojen lyömistä yksitellen**, mikä teki hänestä poikkeuksellisen vaarallisen vastustajan. Hänen ensimmäiset merkittävät voittonsa olivat:

- **Montenotten taistelu (12. huhtikuuta 1796)** – Napoleon päihitti Itävallan ja Sardinian yhdistetyt joukot, mikä hajotti heidän puolustuslinjansa.
- **Millesimon ja Dego'n taistelut (13.–15. huhtikuuta 1796)** – Napoleon murskasi vihollisen erillisiä osastoja, mikä varmisti hänen etenemisensä syvemmälle Italiaan.
- **Lodin taistelu (10. toukokuuta 1796)** – Napoleon johti henkilökohtaisesti hyökkäystä Lodin sillalle ja voitti itävaltalaiset, mikä vahvisti hänen legendaarista mainettaan miestensä keskuudessa.

Milano vallataan ja kenttähallinto perustetaan

Lodin jälkeen Napoleon **marssi Milanoon (15. toukokuuta 1796)** ja otti sen hallintaansa. Hän alkoi toimia itsenäisesti, perusti hallintorakenteita ja varmisti, että Italian kaupungeista saatiin rahoitusta ja resursseja Ranskan armeijalle. Tämä ärsytti Directoire-hallitusta, mutta samalla Napoleon voitti jatkuvasti uusia taisteluita ja laajensi Ranskan valtaa Italiassa.

Itävaltalaiset lyödään: Arcolen ja Rivolin taistelut

Napoleon joutui kohtaamaan **Itävallan armeijan, joka yritti palauttaa asemansa Pohjois-Italiassa.** Hän voitti heidät ratkaisevasti:

- **Arcolen taistelu (15.–17. marraskuuta 1796)** – Napoleon taisteli kolme päivää vaikeissa olosuhteissa ja löi itävaltalaiset rohkealla hyökkäyksellä Arcolen sillalla. Tämä voitto vahvisti hänen maineensa rohkeana johtajana.
- **Rivolin taistelu (14. tammikuuta 1797)** – Itävallan viimeinen suuri yritys voittaa Ranska epäonnistui, kun Napoleon murskasi heidät Rivolin kukkuloilla.

Leppeä rauha ja Napoleonin voittamaton asema

Tämän jälkeen Napoleon marssi syvemmälle Itävaltaan ja uhkasi sen pääkaupunkia **Wieniä**. Itävaltalaiset joutuivat tekemään **Leobenin aselevon (huhtikuu 1797)**, joka johti lopulta **Campo Formion rauhaan (lokakuu 1797)**. Tällä sopimuksella:

- **Ranska sai Pohjois-Italian valtiot** (mm. Lombardia ja Belgia),
- **Itävalta sai Venetsian,**
- **Sodan ensimmäinen vaihe päättyi Napoleonin täydelliseen voittoon.**

Miksi Italian sotaretki oli niin merkittävä?

1. **Napoleonista tuli Ranskan suosituin kenraali** – Hän ei ollut enää vain yksi Directoire-hallituksen upseereista, vaan itsenäinen

voimanpesä, jolla oli valtavasti kannatusta sekä armeijassa että kansan keskuudessa.

2. **Sotilaallinen nerous tuli esiin** – Napoleon osoitti **liikkuvuuden, vihollisen jakamisen ja moraalin ylläpitämisen taidon**, jotka olivat hänen tulevien kampanjoidensa perusta.

3. **Hän alkoi toimia itsenäisesti** – Napoleon teki Ranskan nimissä päätöksiä, mutta hän alkoi myös rakentaa omaa valta-asemaansa.

4. **Directoire hallitus alkoi pelätä häntä** – Napoleon oli liian suosittu ja vaikutusvaltainen, minkä vuoksi hallitus alkoi nähdä hänet mahdollisena uhkana.

Italian sotaretken jälkeen Napoleon palasi Ranskaan **vuonna 1797 kansallissankarina**, mutta hänellä oli jo uusia suunnitelmia – seuraavaksi hän suuntasi **Egyptiin**.

Yhteenvetona: Napoleonin Italian sotaretki oli hänen ensimmäinen suuri tilaisuutensa loistaa, ja hän käytti sen täysimääräisesti hyväkseen. Hän ei ainoastaan voittanut sotilaallisesti, vaan hän rakensi itselleen **legendan, joka lopulta vei hänet Ranskan keisarin valtaistuimelle**.

Kommentti ChatGPT:n vastaukseen: Napoleonin toimiminen Italian armeijan komentajana osoitti, että hän oli erittäin lahjakas kenraali. Se, että hän alkoi rakentamaan omaa legendaansa, paljasti, että hänellä oli myös kunnianhimoa. Yleensä kenraalit, jotka olivat lahjakkaita ja joilla oli kunnianhimoa, niin olivat hyvin vaarallisia. Nyt on kuitenkin hieman syytä tarkastella Napoleonia vastaan taistelleita kenraaleja.

Sinä sanoit: Onko oikein sanoa Napoleonin ensimmäisen Italian sotaretken perusteella, että hän oli ammattisotilas, kun taas häntä vastustaneet kenraalit olivat yleensä ylhäisaatelisia, jotka enemmänkin leikkivät sotaa täysin ymmärtämättä Napoleonin toiminnan ammattimaista luonnetta?

ChatGPT sanoi: Kyllä, voidaan sanoa, että **Napoleon oli ammattisotilas**, kun taas monet häntä vastustaneet Itävallan ja Sardinian kenraalit olivat **ylhäisaatelisia, joilla ei välttämättä ollut Napoleonin kaltaista syvällistä sotilaallista koulutusta tai kokemusta dynaamisesta sodankäynnistä**.

Napoleonin ammattimainen lähestymistapa

Napoleon oli saanut muodollisen sotilaskoulutuksen **Brienne-le-Châteaun ja Pariisin École Militaire -sotilasakatemioissa**, ja hän oli perehtynyt perusteellisesti sotataitoon, erityisesti tykistöön. Hänen ajattelutapansa perustui:

- **Nopeaan liikkumiseen ja joustaviin strategioihin** – Napoleon ei pysynyt kiinni vanhentuneissa kaavoissa, vaan mukautui tilanteen mukaan.
- **Vihollisen jakamiseen ja erillisten osastojen lyömiseen yksitellen** – Hän ei kohdannut vihollista rintamahyökkäyksillä, vaan pyrki erottamaan ja tuhoamaan vastustajansa osissa.
- **Korkeaan moraaliin ja sotilaidensa motivointiin** – Napoleon antoi sotilailleen konkreettisia tavoitteita (saalista, mainetta, voittoja) ja puhui heille suoraan, mikä loi lojaaliuden häntä kohtaan.

Vastustajat: ylhäisaatelisten johtama jäykkä armeija

Itävallan ja Sardinian armeijoita johtivat **aristokraatit, joiden sotilasura perustui enemmän syntyperään kuin todelliseen osaamiseen.** Tämä näkyi monella tavalla:

- **He eivät ymmärtäneet liikkuvan sodankäynnin merkitystä** – Monet Itävallan kenraalit noudattivat **hitaasti etenevää, raskaasti varustettua sodankäyntiä,** joka oli perinteistä mutta Napoleonin taktiikoita vastaan hyödytöntä.
- **He olivat varovaisia ja byrokraattisia** – Heidän strategiansa olivat varovaisia, ja päätöksenteko oli hidasta, koska moniin asioihin tarvittiin lupia ylemmiltä esikunnilta.
- **He eivät motivoineet joukkojaan** – Itävallan ja Sardinian sotilaat taistelivat käskystä, eivät innostuksesta, mikä heikensi heidän moraaliaan Napoleonin dynaamisia ja motivoituneita joukkoja vastaan.

Esimerkki: Napoleon vs. Itävallan kenraalit

Yksi Napoleonin päävastustajista Italian sotaretkellä oli **kenraali Johann Peter Beaulieu**, joka oli kokenut mutta **ikääntynyt ja varovainen** komentaja. Hän oli aristokraatti, joka edusti **vanhaa sotataidon perinnettä**, ja hän ei ymmärtänyt Napoleonin nopean liikkeen ja yllätyshyökkäysten vaarallisuutta. Napoleon päihitti hänet nopeasti Montenotten taistelussa, koska Beaulieu ei pystynyt koordinoimaan joukkojaan tehokkaasti.

Myöhemmin **kenraali Dagobert von Wurmser** ja **kenraali Joseph Alvinczy** yrittivät pysäyttää Napoleonin, mutta hekin toimivat jäykästi ja ennustettavasti. Napoleon käytti heidän heikkouksiaan hyväkseen, kuten Rivolin taistelussa, jossa hän sai Alvinczyn armeijan harhautettua ja tuhottua osissa.

Yhteenveto

Napoleonin menestys perustui siihen, että **hän ei ainoastaan ollut lahjakas, vaan hän myös taisteli ammattimaisesti, dynaamisesti ja realistisesti.** Hänen vastustajansa olivat usein **sotataidon perinteiden vankeja**, jotka taistelivat kuin shakkilaudalla, kun taas Napoleon ymmärsi sodan olevan **joustavaa, nopeaa ja yllätyksellistä toimintaa.**

Näin ollen voidaan hyvinkin sanoa, että **Napoleon oli ammattisotilas, kun taas monet hänen vastustajansa olivat aristokraatteja, jotka enemmänkin "leikkivät sotaa" ymmärtämättä Napoleonin modernia ja tehokasta lähestymistapaa.**

Kommentti ChatGPT:n vastaukseen: Toisin sanoen Sun Zin periaatetta noudattaen Napoleon tunsi vihollisensa ja oli ammattimaisempi kuin nämä, jolloin hän sai selvän edun heitä vastaan. Toinen seikka, joka kiinnittää Napoleonissa huomiota, oli se, että hän alkoi jo nyt rakentamaan legendaansa.

Sinä sanoit: Toinen seikka, johon Napoleonin suhteen on kiinnitettävä huomiota jo tässä vaiheessa, oli se, että hän alkoi rakentamaan legendaansa. Lahjakkaat ja kunnianhimoiset kenraalit ovat tunnetusti vaarallisia, ja heistä hyvä esimerkki oli Julius Caesar ja hänen suhteensa Rooman senaattiin. Jo tässä vaiheessa näyttää olevan aihetta vertailla Caesaria ja Napoleonia.

ChatGPT sanoi: Tämä on erittäin hyvä huomio. **Napoleonin ja Julius Caesarin välillä on monia yhtäläisyyksiä, erityisesti siinä, miten he rakensivat legendaansa ja varmistivat uskollisuuden joukkoihinsa.** Napoleon ei ollut vain lahjakas sotilas, vaan hän ymmärsi jo varhain, että **sodankäynnissä mielikuvat ja propaganda olivat lähes yhtä tärkeitä kuin itse taistelut.**

Napoleonin ja Caesarin yhtäläisyydet

1. **Sotamenestys uran ponnahduslautana**
   o **Caesar:** Nousi poliittisesti Rooman valtakunnassa Gallian sotien ansiosta, joissa hän voitti numerollisesti ylivoimaisia vihollisia ja vakiinnutti maineensa voittamattomana kenraalina.
   o **Napoleon:** Italian sotaretki toimi samalla tavalla. Hän päihitti Itävallan ja Sardinian armeijat, joista monet olivat pitäneet Ranskan Italia-armeijaa toisarvoisena. Tämä loi pohjan hänen henkilökohtaiselle legendalleen.
2. **Henkilökohtaisen lojaaliuden rakentaminen joukkoihin**
   o **Caesar:** Hän oli läheisessä suhteessa sotilaisiinsa, vietti aikaa heidän kanssaan, jakoi palkintoja ja käytti **"Rooman kansan puolustajan"** retoriikkaa varmistaakseen sotilaidensa tuen.
   o **Napoleon:** Hän puhui suoraan sotilailleen ja antoi innostavia julistuksia, joissa hän painotti heidän saavutuksiaan ja tulevia voittojaan. Hän jakoi saaliita ja ylennyksiä ansioiden mukaan eikä syntyperän perusteella.
3. **Propagandan hyödyntäminen ja legendan luominen**
   o **Caesar:** Kirjoitti **"Gallian sota"** -teoksen, jossa hän kuvasi itsensä Rooman suojelijana ja sankarina. Tämä ei ollut vain historiankirjoitusta, vaan myös taitavaa propaganda-aineistoa Rooman eliitille ja kansalle.
   o **Napoleon:** Italian sotaretken aikana hän alkoi kirjoittaa **julistuksia, joissa hän kuvasi itsensä vallankumouksen puolustajana ja uuden ajan kenraalina.** Hän hyödynsi painettua sanaa tehokkaasti levittääkseen mainettaan.
4. **Uhkana perinteiselle hallinnolle**
   o **Caesar:** Rooman senaatti pelkäsi hänen kasvavaa vaikutusvaltaansa ja yritti estää hänen paluutaan Roomaan voittajana.

- ○ **Napoleon:** Ranskan hallinto (mm. Direktiohallitus) alkoi nähdä hänet vaarallisena, koska hänestä tuli Italian sotaretken myötä kansan ja armeijan suosikki. Hänen menestyksensä teki hänestä mahdollisen uhkan Ranskan vallanpitäjille.

Napoleonin legendan rakentaminen Italian sotaretkellä

Italian sotaretki ei ollut vain sotilaallinen menestys, vaan se toimi **Napoleonin henkilökohtaisena propagandakampanjana**. Hän otti suoraan yhteyttä Pariisin lehdistöön ja varmisti, että hänen saavutuksistaan kirjoitettiin ylistävästi. Tämä teki hänestä tunnetun koko Ranskassa ja nosti hänen suosiotaan kansan silmissä.

- Hän käytti mahtipontista kieltä raporteissaan:

> "Sotilaat! Te olette alasti, teiltä puuttuu ruokaa, mutta hallitus on velkaa teille paljon. Minä johdatan teidät maailman rikkaimpiin provinsseihin. Siellä teidän tulee saada kunniaa, kunniaa ja runsasta saalista!"

- Hän ei esittänyt itseään pelkästään kenraalina, vaan **koko Ranskan armeijan ja vallankumouksen pelastajana**.
- Hän julisti itsensä "sankarina", joka kukisti vanhan maailman aristokraatit modernilla taistelutavalla.

Yhteenveto

Napoleonin uran varhaisessa vaiheessa voidaan jo nähdä, että hän **ei ollut pelkästään sotilas vaan myös poliittinen strategisti**, aivan kuten Caesar. Hän ymmärsi, että **voitot eivät olleet vain sotilaallisia, vaan myös propagandavoittoja**, ja hän käytti tätä hyväkseen rakentaakseen itsestään legendaa.

On täysin oikeutettua verrata **Napoleonia ja Caesaria**, sillä he molemmat yhdistivät sotilaallisen nerouden ja poliittisen laskelmoinnin. Napoleonin Italian sotaretki oli hänen oma "Gallian sotansa" – tilaisuus, jossa hän **osoitti sotilaallisen neroutensa ja alkoi luoda henkilökohtaista kulttiaan**.

Kommentti ChatGPT:n vastaukseen: Napoleon ei ollut pelkästään lahjakas kenraali, vaan hän oli myös kyvykäs propagandisti ja kunnianhimoinen komentaja. On selvää, että tällainen mies herättää myös huolta esimiehissään, sillä kyvykkäänä sotilaana ja taitavana propagandistina hän saavuttaa kansansuosiota, eikä häntä voida helposti poistaa kuvasta. Käännetään seuraavaksi huomio Napoleonin sotaretkeen Egyptiin.

Sinä sanoit: Miksi Napoleon hyökkäsi Egyptiin? Käsitykseni mukaan keskeinen syy siihen oli uhata Punaisenmeren kautta Intiaa, joka oli brittien siirtomaa. Ongelma tässä on se, että olisi kestänyt vuosia Egyptin valtauksen jälkeen ennen kuin Punaisenmeren rannalle olisi ehditty rakentaa sitä varten riittävä laivastotukikohta, eikä ole mitenkään varmaa, että britit olisivat antaneet ranskalaisten rakentaa sinne sellaista laivastotukikohtaa.

ChatGPT sanoi: Olet aivan oikeassa siinä, että **Napoleonin Egyptin-retken keskeinen tavoite oli uhata Britannian hallitsemaa Intiaa.** Tämä oli osa suurempaa strategiaa, jossa Ranska pyrki **löytämään vaihtoehtoisen tavan haastaa Britannian maailmanvalta**, erityisesti sen tärkein siirtomaa, Intia. Kuten huomautit, retken suurin ongelma oli logistinen: **Punaisenmeren laivastotukikohdan rakentaminen olisi vienyt vuosia, eikä Britannia olisi pysynyt passiivisena odottamassa.**

Syitä Egyptin-retkelle

1. **Brittien yhteyksien katkaiseminen Intiaan**
   - Britannian vallan perusta oli sen siirtomaat, erityisesti Intia, josta se sai valtavasti taloudellisia resursseja.
   - Napoleon ajatteli, että **Egyptin hallinta voisi mahdollistaa hyökkäyksen Brittiläiseen Intiaan joko Punaisenmeren tai Lähi-idän kautta.**
   - Egyptin kautta kulki jo tuolloin kaupankäyntireittejä, vaikka Suezin kanavaa ei vielä ollut.
2. **Ranskalle uuden strategisen tukikohdan hankkiminen**
   - Napoleon ja Ranskan johto näkivät Egyptin mahdollisena **porttina Lähi-itään ja Intiaan.**
   - Jos Ranska olisi saanut Egyptin pysyvään hallintaansa, se olisi voinut käyttää sitä laajentumiseen Afrikassa ja Lähi-idässä.

- o Tämä olisi antanut Ranskalle merkittävän etulyöntiaseman Välimerellä ja mahdollisesti pakottanut Britannian hajauttamaan voimavarojaan.
3. **Poliittiset syyt: Napoleonin kunnianhimo ja Ranskan tilanne**
    - o Napoleon oli Egyptin-retken aikaan jo Ranskan suosituimpia kenraaleja, mutta **Direktiohallitus näki hänet poliittisena uhkana.**
    - o Siksi hallitus **suostui mielellään lähettämään hänet kauas sotaretkelle.** Tämä muistuttaa Aleksanteri Suuren sotaretkiä: vallanpitäjät lähettivät liian kunnianhimoisia kenraaleja kaukaisille sotaretkille, jotta he eivät kaataisi hallintoa.
    - o Napoleon puolestaan tiesi, että onnistunut sotaretki voisi **vahvistaa hänen mainettaan ja tehdä hänestä kiistattoman johtajan Ranskassa.**
4. **Tieteellinen ja kulttuurinen propaganda**
    - o Napoleon otti mukaansa **lukuisia tiedemiehiä ja asiantuntijoita,** mikä antoi sotaretkelle myös "sivistyksellisen" leiman.
    - o Hän halusi esittää itsensä "modernina valloittajana", joka ei tuhoaisi vaan kehittäisi valtaamiaan alueita.
    - o Retken tuloksena löydettiin esimerkiksi **Rosettan kivi,** mikä mahdollisti hieroglyfien tulkitsemisen.

Suurimmat ongelmat Egyptin-retkessä

1. **Britannian ylivoima merellä**
    - o Napoleon pystyi kuljettamaan joukkonsa Egyptiin, mutta **Britannian laivasto oli liian vahva,** mikä teki meritse etenevän hyökkäyksen Intiaan epärealistiseksi.
    - o **Amiraali Nelsonin voitto Abukirinlahden taistelussa (1798) tuhosi Ranskan laivaston,** jolloin Napoleonin joukot jäivät loukkuun Egyptiin.
2. **Punaisenmeren ongelmat**
    - o Kuten sanoit, Punaisenmeren tukikohdan rakentaminen olisi vaatinut vuosia.
    - o Britit olisivat **hyökänneet ennen kuin tukikohta olisi saatu valmiiksi.**

- Lisäksi Egyptistä olisi ollut vaikea hyökätä Intiaan, koska Ranskan joukoilla ei ollut tarvittavia resursseja eikä riittävää merivoimaa.

3. **Paikallisten vastarinta**
   - Napoleon aluksi esitti olevansa Egyptin vapauttaja mamelukkien hallinnosta, mutta monet paikalliset eivät hyväksyneet ranskalaisten valtaa.
   - Ranskalaiset kohtasivat kapinoita ja ottomaanien hyökkäyksiä, mikä teki Egyptin hallinnasta vaikeaa.

4. **Ranskan politiikka ja Napoleonin paluu**
   - Vuonna 1799 Napoleon sai kuulla, että Ranskassa tilanne oli epävakaa ja että hänen asemansa vallan huipulla oli mahdollista varmistaa.
   - Hän jätti armeijansa Egyptiin ja palasi Ranskaan, missä hän pian kaappasi vallan ja nousi ensimmäiseksi konsuliksi.

Johtopäätös

Vaikka Egyptin-retkellä oli kunnianhimoiset tavoitteet, **se oli käytännössä epäonnistunut sotilaallinen operaatio.** Napoleon **ei pystynyt etenemään Intiaan**, ja Britannian laivastovoima varmisti, ettei Ranska voinut uhata Britannian siirtomaita meritse. **Napoleon kuitenkin käytti retkeä propagandamielessä hyödykseen**, ja hänen paluunsa Ranskaan johti lopulta hänen nousuunsa keisariksi.

Toisin sanoen: Napoleonin hyökkäys Egyptiin oli enemmän poliittinen ja propagandistinen siirto kuin realistinen tapa haastaa Britannian hallinta Intiassa.

Kommentti ChatGPT:n vastaukseen: Tämän ChatGPT:n vastauksen perusteella voidaan ilkeästi sanoa, että sotaretki Egyptiin oli Napoleonille turhamaisuusprojekti. Siitä oli Ranskalle hyvin vähän käytännön sotilaallista hyötyä, sillä Egypti oli pussinperä niin Välimeren kuin Punaisenmeren alueella, eikä sieltä voitu realistisesti uhata Intiaa tuon seikan ja pitkien etäisyyksien takia.

Sinä sanoit: Napoleon oli erinomainen komentaja ja hänellä oli käytössään pätevä armeija, niin miten kävi hänen Egyptin sotaretken maataisteluissa? Käsitykseni mukaan Ranskan armeijat olivat voittoisia teknologisesti takapajuisia egyptiläisiä ja ottomaanien apujoukkoja vastaan, mutta ranskalaiset eivät onnistuneet tukahduttamaan vastarintaa Egyptin kansan keskuudesta.

ChatGPT sanoi: Kyllä, käsityksesi on täysin oikea. **Napoleonin maavoimilla oli ylivertainen koulutus, taktiikka ja aseistus verrattuna Egyptin ja Ottomaanien joukkoihin**, mikä johti useisiin merkittäviin voittoihin. Ranskalaiset kuitenkin kohtasivat jatkuvaa vastarintaa, ja vaikka he voittivat kentällä, he eivät kyenneet tukahduttamaan egyptiläisten kapinahenkeä.

Napoleonin maavoittoja Egyptissä ja Palestiinassa

1. **Pyramidein taistelu (21. heinäkuuta 1798)**
   - o Tämä oli yksi Napoleonin suurimmista voitoista Egyptissä.
   - o Ranskalaiset kohtasivat **mamelukkien ratsuväen,** joka oli alueen vahvin sotavoima mutta taistelutekniikaltaan vanhanaikainen.
   - o Napoleon **järjesti joukkonsa karreen eli neliömuodostelmaan,** jossa musketöörit ja tykistö muodostivat liikkuvia linnakkeita.
   - o **Mamelukkien ratsuväki ei kyennyt murtautumaan läpi,** ja heidän perinteinen taistelutapansa osoittautui tehottomaksi Napoleonin modernia sodankäyntiä vastaan.
   - o **Tulos:** murskavoitto ranskalaisille, ja Kairo antautui pian tämän jälkeen.
2. **Abukirin taistelu maalla (25. heinäkuuta 1799)**
   - o Vuonna 1799 Ottomaanit yrittivät vastahyökkäystä Abukirissa, mutta Napoleon torjui hyökkäyksen.
   - o **Ranskalaiset onnistuivat iskemään ottomaanien asemiin yllättävästi ja pakottivat heidät vetäytymään.**
   - o Tämä taistelu osoitti jälleen ranskalaisten ylivertaisen organisoinnin ja komentotaidon.
3. **Syyrian sotaretki ja Jaffan verilöyly (1799)**
   - o Napoleon ei halunnut jäädä puolustautumaan Egyptiin, vaan **marssi Palestiinaan ja Syyriaan estääkseen ottomaanien hyökkäyksen etelästä.**
   - o **Napoleonin joukot voittivat useita taisteluita, kuten Jaffan valtauksen,** mutta he kohtasivat kovaa vastarintaa Akkon piirityksessä.

- o Napoleon **määräsi sotavankien teloituksen Jaffassa**, koska hän ei voinut ruokkia heitä ja pelkäsi, että he palaisivat taistelemaan häntä vastaan. Tämä teko tahrasi hänen mainettaan.
4. **Akkon piirityksen epäonnistuminen (1799)**
    - o Akkon linnoitus oli hyvin varusteltu, ja **Britannian amiraali Sidney Smithin laivasto tuki puolustajia.**
    - o Napoleonilla ei ollut riittävää tykistöä linnoituksen murtoon, ja piiritys venyi pitkäksi.
    - o Lopulta Napoleon **vetäytyi Akkosta tappioitta mutta ilman tavoitettaan**, mikä oli hänen suurin epäonnistumisensa Egyptin-retkellä.

Miksi Ranska ei saanut Egyptiä hallintaansa?

1. **Egyptiläisten jatkuva vastarinta**
    - o **Egyptin kansa ei hyväksynyt ranskalaisten hallintoa**, vaikka Napoleon yritti esittää itsensä "islamin ystävänä".
    - o **Kairo kapinoi lokakuussa 1798**, ja vaikka Napoleon kukisti kapinan väkivaltaisesti, paikallinen vastarinta jatkui.
    - o Ranskalaisille **Egypti ei ollut vain sotilaallinen ongelma, vaan myös poliittinen ja kulttuurinen haaste**, sillä alueella ei ollut kokemusta eurooppalaisesta hallinnosta.
2. **Epidemiat ja huonot olot**
    - o **Rutto levisi ranskalaisten joukkoihin** Palestiinan sotaretken aikana, mikä heikensi armeijaa merkittävästi.
    - o Napoleonin oli **pakko lopettaa Syyrian sotaretki osittain siksi, että hänen miehensä olivat sairauden heikentämiä.**
3. **Britannian laivastoblokadi**
    - o **Amiraali Nelsonin tuhoama ranskalainen laivasto Abukirinlahdella** varmisti, että Ranska ei saanut täydennysjoukkoja tai tarvikkeita meriteitse.
    - o Tämä teki Egyptin valloituksesta kestämättömän pitkällä aikavälillä.
4. **Ottomaanien sitkeys**
    - o Vaikka Ottomaanit kärsivät tappioita, he pystyivät kokoamaan uusia armeijoita, ja **heillä oli Britannian tuki**.
    - o Napoleon ei pystynyt lyömään Ottomaanien voimia lopullisesti, mikä teki Ranskan asemasta epävarman.

Lopputulos

- **Napoleon oli voittoisa taistelukentällä**, mutta **Ranska ei kyennyt hallitsemaan Egyptiä pysyvästi.**
- **Ranskalaiset kärsivät jatkuvasta vastarinnasta ja kansannousuista**, ja strateginen tilanne oli Napoleonille epäedullinen.
- **Britannian ja Ottomaanien painostus yhdistettynä Napoleonin omaan vallanhimoon johti hänen päätökseensä palata Ranskaan** vuonna 1799.

Johtopäätös: Napoleon voitti kaikki suuret maataistelunsa Egyptissä ja Palestiinassa, mutta hän ei onnistunut muuttamaan niitä pysyväksi valtakaudeksi Egyptissä. Hänen armeijansa oli ylivoimainen, mutta vastarinta ja logistiset haasteet tekivät sodasta mahdottoman voittaa pitkällä aikavälillä.

Kommentti ChatGPT:n vastaukseen: Tuo kuvaa hyvin miehitettävään valtioon ja kansaan liittyviä ongelmia. Heidän sydämensä ja mielensä on miehittäjän pyrittävä voittamaan, taikka sitten miehitettävät tulevat järjestämään miehittäjillensä suuria ongelmia, joihin miehittäjät joutuvat vastaamaan suurin varuskuntajoukoin ja kohtelemalla kaltoin paikallista väestöä, joka taas yhä enemmän yllyttää paikallisväestöä miehittäjiä vastaan.

Sinä sanoit: Mikä ratkaisi Egyptin sotaretken Ranskan ja Napoleonin tappioksi? Miten Napoleon reagoi siihen?

ChatGPT sanoi: Miksi Egyptin sotaretki epäonnistui?

Vaikka Napoleon voitti kaikki merkittävät maataistelut, Egyptin sotaretki päättyi Ranskan tappioksi useiden keskeisten syiden vuoksi:

1. Amiraali Nelsonin voitto Abukirinlahdella (1. elokuuta 1798)

- **Britannian laivasto tuhosi ranskalaisen laivaston Abukirinlahden taistelussa**, katkaisten Ranskan meriyhteydet Egyptiin.
- Napoleonin armeija **jäi loukkuun Egyptiin ilman mahdollisuutta saada vahvistuksia tai tarvikkeita.**

- **Britannia pystyi nyt hallitsemaan Itä-Välimeren meriliikennettä,** mikä teki Napoleonin strategisesta asemasta kestämättömän.

2. Egyptiläisten ja ottomaanien jatkuva vastarinta

- Napoleon voitti mamelukkien sotajoukot, mutta **egyptiläiset kapinoivat jatkuvasti Ranskan valtaa vastaan.**
- **Kairon kansannousu lokakuussa 1798** pakotti ranskalaiset käyttämään kovia otteita hallinnan säilyttämiseksi.
- **Ottomaanit järjestivät kaksi suurta vastahyökkäystä:**
  1. **Syyrian sotaretki (1799)** – Napoleon tunkeutui Syyriaan ja voitti useita taisteluita, mutta ei onnistunut valloittamaan Akkon linnoitusta.
  2. **Toinen Abukirin taistelu (1799)** – Ranskalaiset torjuivat ottomaanien maihinnousun, mutta se oli vain väliaikainen voitto.

3. Taudit ja logistiset ongelmat

- Rutto ja muut sairaudet levisivät Napoleonin armeijassa, erityisesti Syyrian sotaretken aikana.
- Egyptin kuuma ilmasto ja ranskalaisten huono tuntemus alueesta tekivät **huollon ja joukkojen ylläpidon erittäin vaikeaksi.**

4. Strateginen mahdottomuus uhata Intiaa

- Napoleonin alkuperäinen tavoite oli uhata Britannian Intian-kauppaa Punaisenmeren kautta, mutta **tähän ei ollut riittäviä resursseja.**
- **Ilman laivastoa ja vahvoja tukikohtia Napoleon ei voinut toteuttaa suunnitelmaansa.**

Miten Napoleon reagoi Egyptin sotaretken epäonnistumiseen?

1. Hän jätti armeijansa ja palasi salaa Ranskaan (1799)

- Napoleon ymmärsi, että sotaretki oli tuhoon tuomittu pitkällä aikavälillä.
- Hän sai tietää, että **Ranskassa poliittinen tilanne oli epävakaa ja vallankaappausmahdollisuus oli olemassa.**
- **Syyskuussa 1799 Napoleon jätti armeijansa Egyptiin ja purjehti salaa takaisin Ranskaan**, jättäen kenraali Kléberin komentamaan ranskalaisia joukkoja.

2. Hän onnistui kääntämään tilanteen edukseen Ranskassa

- Saapuessaan Pariisiin Napoleon **ei myöntänyt Egyptin sotaretken epäonnistumista**, vaan esitti itsensä voittajana.
- Hän käytti sotaretken aikana syntynyttä mainettaan hyväkseen ja **johti vallankaappauksen (18. brumairen vallankaappaus) marraskuussa 1799**, nousten Ranskan ensimmäiseksi konsuliksi.

3. Ranskan lopullinen tappio Egyptissä (1801)

- Jäljelle jääneet ranskalaiset joukot jatkoivat vastarintaa, mutta vuonna **1801 britit ja ottomaanit pakottivat ranskalaiset antautumaan.**
- **Ranska menetti lopulta koko Egyptin ilman merkittäviä saavutuksia.**

Johtopäätös

- **Britannian laivastovoitto Abukirinlahdella** varmisti, että Ranska ei voinut pitää Egyptiä.
- **Egyptin kansan ja ottomaanien vastarinta teki miehityksen mahdottomaksi pitkällä aikavälillä.**
- **Napoleon pelasti poliittisen asemansa palaamalla Ranskaan ennen romahdusta** ja käytti sotaretken mainetta hyväkseen noustakseen valtaan.

- **Ranska menetti Egyptin lopullisesti vuonna 1801**, mutta Napoleon itse **hyötyi sotaretkestä poliittisesti**, koska se auttoi häntä nousemaan hallitsijaksi.

Vaikka Egyptin sotaretki epäonnistui, **Napoleon teki siitä osan myyttiään**, ja hänen uransa jatkoi nousua Ranskassa.

Kommentti ChatGPT:n vastaukseen: Egyptin sotaretken suhteen Ranskan armeija Egyptissä oli niin komentajien, teknologian kuin taktiikoiden suhteen ylivoimainen suhteessa paikallisiin egyptiläisiin ja ottomaanien voimiin. Kuitenkin tämän armeijan suuri heikkous oli sen riippuvuus sen tuesta Ranskasta, jonka amiraali Nelsonin komentama brittilaivasto saartonsa avulla pystyi estämään. Tuo ei murtanut Ranskan armeijaa Egyptissä heti, mutta sillä lamaannutettiin sen toimintakyky Egyptissä.

Sinä sanoit: Millainen oli Napoleonin elämä Egyptistä paluun vuonna 1799 ja keisariksi kruunaamisen vuonna 1804 välillä?

ChatGPT sanoi: Napoleonin elämä vuosina 1799–1804 oli täynnä dramaattisia käänteitä, jotka huipentuivat hänen nousuunsa Ranskan keisariksi. Hän käytti sekä sotilaallista menestystään että poliittista pelisilmäänsä varmistaakseen valtansa ja muuttaakseen Ranskan hallintojärjestelmää.

---

1. 18. brumairen vallankaappaus (9.–10. marraskuuta 1799)

- **Tilanne Ranskassa:** Vallankumouksen jälkeinen hallitus, Direktorio, oli epäsuosittu ja heikko. Maa kärsi talousvaikeuksista ja sisäisestä epävakaudesta.
- **Napoleonin rooli:** Hän liittoutui Emmanuel Sieyès'n ja muiden vallankaappaajien kanssa kaataakseen Direktorion.
- **Miten se tapahtui?** Napoleon käytti armeijansa ja poliittisen taituruutensa hyväkseen, saaden kansalliskokouksen hyväksymään uuden hallitusmuodon.
- **Lopputulos:** Napoleonista tuli **ensimmäinen konsuli**, eli Ranskan tosiasiallinen yksinvaltias. Tämä merkitsi vallankumouksen päättymistä ja uuden aikakauden alkua.

2. Napoleonin ensimmäinen konsulikausi (1799–1804)

Napoleon hallitsi Ranskaa tehokkaasti ja teki monia uudistuksia. Hän käytti propagandaa ja vahvaa hallintoa luodakseen kuvan itsestään maan pelastajana.

A. Sisäpolitiikan uudistukset

- **Uusi perustuslaki (1800):** Vahvisti Napoleonin valtaa ja teki hänestä käytännössä diktaattorin.
- **Talouden vakauttaminen:**
  o Perusti **Ranskan keskuspankin (Banque de France)** vuonna 1800.
  o Vakautti valuutan ja loi järjestelmällisemmän verotuksen.
- **Lakit ja hallinto:**
  o Napoleon **laati Ranskan siviililain (Code Napoléon) vuonna 1804**, joka oli merkittävä oikeudellinen uudistus ja vaikutti Euroopan lakeihin pitkälle tulevaisuuteen.
- **Sovinto katolisen kirkon kanssa:**
  o **Konkordaatti (1801) paavi Pius VII:n kanssa** palautti katolisen kirkon aseman Ranskassa, mutta valtio säilytti vaikutusvaltansa.

B. Sotilaalliset kampanjat – Napoleon varmisti asemansa

Napoleon joutui taistelemaan useita sotia varmistaakseen Ranskan aseman Euroopassa.

1. **Marengon taistelu (1800)** – Napoleon kukisti Itävallan armeijan Italiassa ja varmisti Ranskan hallinnan alueella.
2. **Hohenlindenin taistelu (1800)** – Jean Moreaun johtamat ranskalaiset voittivat itävaltalaiset, mikä johti **Lunévillen rauhaan (1801)**.
3. **Britannian vastainen sota ja Amiensin rauha (1802)** – Ranska ja Britannia solmivat väliaikaisen rauhan.

3. Napoleonin valtaannousu ja keisariksi kruunaaminen

Napoleon käytti valtansa vakauttamiseen propagandaa, kansansuosiota ja oikeudellisia keinoja.

A. Napoleonista elinikäinen konsuli (1802)

- **Vuonna 1802 järjestettiin kansanäänestys,** jossa Napoleon nimitettiin **elinikäiseksi konsuliksi.**
- Hän sai oikeuden valita seuraajansa, mikä käytännössä teki hänestä monarkin.

B. Amiensin rauhan romahtaminen ja sodan jatkuminen (1803)

- Amiensin rauha Britannian kanssa päättyi vuonna 1803, ja sota jatkui.
- Napoleon **myi Louisianan alueen Yhdysvalloille vuonna 1803,** koska hän ei kyennyt puolustamaan sitä ja halusi rahaa Euroopan sotia varten.

C. Keisariksi kruunaaminen (2. joulukuuta 1804)

- Napoleon **julisti itsensä Ranskan keisariksi vuonna 1804,** ja paavi Pius VII kruunasi hänet Notre Damen katedraalissa Pariisissa.
- Legendan mukaan **Napoleon otti kruunun paavin käsistä ja asetti sen itse päähänsä,** mikä symboloi hänen itsenäisyyttään ja suvereniteettiaan.
- Keisariksi nousu merkitsi **Ranskan vallankumouksen lopullista päättymistä** ja Napoleonin diktatuurin virallistamista.

Johtopäätös

Vuosina 1799–1804 Napoleon nousi Ranskan ehdottomaksi hallitsijaksi. Hän käytti hyväkseen sotilaallisia voittoja, poliittista nerokkuuttaan ja kansansuosiota. Hänen uudistuksensa vakauttivat Ranskan ja loivat perustan hänen myöhemmälle keisarikunnalleen. Kuitenkin hänen imperialistiset pyrkimyksensä ja loputon vallanhimonsa johtivat uusiin sotiin Euroopassa, jotka muovasivat koko mantereen historiaa.

Kommentti ChatGPT:n vastaukseen: Napoleonista on syytä huomata, että hän ei ollut vain taitava sotilas ja kunnianhimoinen vallantavoittelija, vaan myös lahjakas hallintomies, joka uudisti Ranskan hallintoa ja lainsäädäntöä.

Sinä sanoit: Napoleon ei ollut vain taitava sotilas ja kunnianhimoinen vallantavoittelija, vaan myös taitava hallintomies. Voisitko kertoa minulle tarkemmin hänen tekemistänsä uudistuksista Ranskan hallinnossa ja lainsäädännössä ensimmäiseltä konsulikaudeltansa ja niiden uudistusten merkityksestä pitkällä aikavälillä?

ChatGPT sanoi: Napoleonin ensimmäinen konsulikausi (1799–1804) oli täynnä merkittäviä hallinnollisia ja lainsäädännöllisiä uudistuksia, joilla hän vakiinnutti valtansa ja loi perustan modernille Ranskan valtiolle. Hänen uudistuksensa eivät olleet vain lyhytaikaisia keinoja hallinnan keskittämiseksi, vaan niillä oli myös kauaskantoisia vaikutuksia, jotka ulottuvat nykypäivään asti.

---

1. Hallinnolliset uudistukset

Napoleon rakensi Ranskasta vahvan ja keskitetyn valtion, jossa valta keskittyi tehokkaasti hänen käsiinsä, mutta jossa myös hallinnon tehokkuus kasvoi huomattavasti.

A. Vahvan keskushallinnon luominen

- Napoleon **hajotti vallankumouksen aikaisen hajautetun hallintojärjestelmän** ja loi **vahvan keskushallinnon**.
- **Prefektijärjestelmä (1800):**
    - Jokaiselle departementille (maakunnalle) nimitettiin **prefekti**, joka valvoi hallintoa, taloutta ja poliisia.
    - Prefektit **nimitettiin keskushallinnon toimesta**, eivätkä he olleet paikallisten valitsemia, mikä varmisti uskollisuuden Napoleonille.

278

B. Oikeusjärjestelmän uudistaminen – Napoleonic Code (Code Civil, 1804)

- Tämä oli **Napoleonin tärkein lainsäädännöllinen uudistus**, ja se muodostaa **monien nykyisten oikeusjärjestelmien perustan.**
- Keskeiset periaatteet:
  1. **Kaikki kansalaiset ovat tasa-arvoisia lain edessä** (poisti vanhan aatelisten etuoikeusjärjestelmän).
  2. **Oikeus yksityisomaisuuteen vahvistettiin** (keskeistä myös kapitalismin kehitykselle).
  3. **Henkilökohtainen vapaus taattiin**, mutta samalla korostettiin vahvaa valtiota.
  4. **Perheoikeus:** Miehellä oli perheenpääasemassa valtaa, ja naisten oikeuksia rajoitettiin.

→ **Merkitys:**

- Napoleonic Code levisi Ranskan valloitusten myötä ympäri Eurooppaa ja muodosti perustan **monien maiden oikeusjärjestelmille**, mm. Saksassa, Italiassa ja Belgiassa.
- Oikeusjärjestelmän uudistus toi **ennalta määrätyt ja yhdenmukaiset lait**, mikä vahvisti valtion vakautta.

---

2. Talousuudistukset

Napoleon tajusi, että valtio ei voi pysyä vakaana ilman vahvaa taloutta. Siksi hän teki useita keskeisiä uudistuksia.

A. Ranskan keskuspankin perustaminen (Banque de France, 1800)

- Napoleon perusti **Ranskan keskuspankin** vakauttamaan maan rahajärjestelmää ja estämään vallankumouksen aikaisten talouskriisien toistumisen.
- **Pankin tehtävät:**
  o   Vakauttaa valuuttaa.
  o   Tarjota luottoa yrityksille ja valtiolle.
  o   Hallita inflaatiota ja valvoa rahajärjestelmää.

- **Merkitys:**
  - o Tämä loi pohjan **modernille talousjärjestelmälle**, ja Banque de France on yhä keskeinen instituutio Ranskan taloudessa.

B. Verotuksen uudistaminen

- Napoleon **uudisti verotusjärjestelmän**, jotta valtio sai tasaisesti tuloja eikä ollut riippuvainen satunnaisista pakkolainoista.
- **Keskeiset uudistukset:**
  1. Perustettiin tehokas **veronkantokoneisto**, jossa prefektit ja virkamiehet valvoivat veronmaksua.
  2. Verot kerättiin **käteisenä**, mikä vähensi velkaantumista.
  3. Varmistettiin, että **kaikki maksoivat veroja**, myös rikkaat (toisin kuin vanhan hallinnon aikana).
- **Merkitys:**
  - o Ranskan talous vakautui.
  - o Ranskan valtio sai **luotettavat ja tasaiset tulot**, mikä mahdollisti Napoleonin sotaretket ja hallinnon ylläpidon.

---

3. Koulutusuudistukset

Napoleon ymmärsi koulutuksen merkityksen kansallisen yhtenäisyyden ja hallinnon tehokkuuden kannalta.

A. Lyseojärjestelmä (1802)

- **Perusti lukiojärjestelmän (lycées)** kouluttamaan virkamiehiä ja upseereita.
- Koulutus oli vahvasti **keskitettyä ja valtion valvomaa**.
- Koulutuksen painopiste oli:
  1. **Matematiikassa ja luonnontieteissä** (tavoitteena tuottaa insinöörejä ja sotilasjohtajia).
  2. **Klassisissa aineissa ja retoriikassa** (valmistamaan virkamiehiä).
- **Merkitys:**

- Loi **Ranskan modernin koulutusjärjestelmän perustan,** joka on edelleen käytössä.
- Koulutusjärjestelmä mahdollisti **sosiaalisen liikkuvuuden,** mutta myös tuotti uskollisia virkamiehiä Napoleonin hallinnolle.

---

4. Suhde katoliseen kirkkoon – Konkordaatti (1801)

Ranskan vallankumous oli aiheuttanut vakavia jännitteitä katolisen kirkon kanssa. Napoleon halusi ratkaista tämän ongelman.

- **Vuonna 1801 hän solmi konkordaatin paavi Pius VII:n kanssa,** jossa:
  - Katolinen kirkko tunnustettiin **"enemmistön uskonnoksi",** mutta ei valtionuskonnoksi.
  - Ranskan valtio sai **nimittää piispoja,** mutta paavi hyväksyi heidät.
  - Kirkko **luopui vaatimuksistaan** vallankumouksen aikana takavarikoituihin maihin.
- **Merkitys:**
  - Tämä **rauhoitti Ranskan uskonnolliset jännitteet** ja vakautti maan sisäistä tilannetta.
  - Katolinen kirkko säilytti vaikutusvaltansa, mutta se oli Napoleonin valvonnassa.

Pitkän aikavälin vaikutukset

1. **Moderni oikeusvaltio:**
   - **Napoleonin laki (Code Civil) loi pohjan monien maiden oikeusjärjestelmille** ja vaikutti syvästi oikeusvaltion periaatteisiin.
2. **Vahva hallintorakenne:**
   - **Prefektijärjestelmä ja keskitetty hallinto vaikuttivat Ranskan hallintoon koko 1800- ja 1900-luvun ajan.**
3. **Taloudellinen vakaus:**

o Keskuspankki ja uudistettu verotusjärjestelmä loivat pohjan Ranskan talousjärjestelmälle.
4. Koulutusjärjestelmä:
o Napoleonin lyseojärjestelmä loi Ranskan koulutusjärjestelmän perustan, joka on edelleen käytössä.
5. Kirkon ja valtion suhde:
o Napoleonin konkordaatti loi mallin kirkon ja valtion väliselle suhteelle Ranskassa.

Johtopäätös

Napoleonin ensimmäisen konsulikauden uudistukset olivat syvällisiä ja kauaskantoisia. Ne loivat **modernin Ranskan valtion perustan** ja vaikuttivat monien maiden hallintojärjestelmiin. Vaikka Napoleon tunnetaan ennen kaikkea sotilaallisista saavutuksistaan, hänen merkittävin perintönsä saattaa olla juuri nämä hallinnolliset ja lainsäädännölliset uudistukset, jotka vaikuttavat maailmaan edelleen.

Kommentti ChatGPT:n vastaukseen: Vaikka Napoleon tunnetaan ennen kaikkea erittäin taitavana sotilaana, niin yllä mainitut uudistukset hallinnossa ja lainsäädännössä Ranskassa olivat kenties hänen pysyvin perintönsä.

Sinä sanoit: Noustuaan keisariksi Napoleon nimitti ensimmäiset marsalkkansa. Keitä nämä marsalkat olivat ja millä pätevyydellä he pääsivät keisarillisen Ranskan armeijan korkeimpiin virkoihin?

ChatGPT sanoi: Napoleon nimitti **18 ranskalaista marsalkkaa** ensimmäisessä nimityksessään 19. toukokuuta 1804, pian sen jälkeen, kun hän oli kruunauttanut itsensä keisariksi. Nämä marsalkat olivat Napoleonin armeijan eliittiä, ja heidät valittiin **sotilaallisen ansionsa, lojaaliutensa ja kokemuksensa perusteella**.

Marsalkan arvo ei ollut vain korkea sotilaallinen arvo, vaan myös **arvonimi, jonka Napoleon myönsi niille, jotka olivat ansioituneet sodankäynnissä ja hallinnon palveluksessa**. Monet näistä marsalkoista olivat palvelleet jo Ranskan vallankumoussodissa ja olivat näyttäneet kykynsä Napoleonin Italian ja Egyptin sotaretkillä.

Napoleonin ensimmäiset marsalkat (1804)

1. Louis-Alexandre Berthier (1753–1815)

- Napoleonin **esikuntapäällikkö**, briljantti organisoija ja logistikko.
- Ei loistava taistelukomentaja, mutta korvaamaton suunnittelija ja tiedustelun johtaja.
- Napoleonin sotaretket olisivat olleet lähes mahdottomia ilman häntä.

2. Jean-Baptiste Bessières (1768–1813)

- Johti Napoleonin keisarillista kaartia.
- Uskollinen ja rohkea ratsuväen johtaja, mutta ei loistava itsenäisen armeijan komentajana.
- Kaartin taistelumoraalin ylläpitäjä, kaatui vuonna 1813.

3. Jean-Baptiste Bernadotte (1763–1844)

- Älykäs, itsenäinen ja kunnianhimoinen, mutta joskus epäluotettava.
- Myöhemmin valittiin Ruotsin kruununperilliseksi ja toimi **Ruotsin kuninkaana Kaarle XIV Juhanana**.
- Kieltäytyi tukemasta Napoleonia vuoden 1813 kampanjassa ja kääntyi lopulta tätä vastaan.

4. Guillaume Brune (1763–1815)

- Palveli hyvin vallankumoussodissa ja hallitsi Etelä-Ranskaa.
- Ei kuulunut Napoleonin suosikkeihin ja jäi vähälle huomiolle keisarikunnan aikana.

5. Louis-Nicolas Davout (1770–1823)

- **Napoleonin paras marsalkka taistelukentällä.**
- Voitti **Auerstädtin taistelun (1806)** yksin omalla armeijakunnallaan.

- Kutsuttiin "rautamarsalkaksi" kurinalaisuutensa ja ankaruutensa vuoksi.
- **Ainoa marsalkka, joka ei hävinnyt yhtään taistelua.**

6. Jean-Baptiste Jourdan (1762–1833)

- Voitti **Fleurusin taistelun (1794)** vallankumoussodissa.
- Poliittisesti vahva, mutta ei kovin tehokas Napoleonin sodissa.

7. François Christophe Kellermann (1735–1820)

- Voitti **Valmyn taistelun (1792)** ja pelasti vallankumouksen.
- Vanha ja kokeneempi kuin muut, mutta ei aktiivinen komentaja Napoleonin sodissa.

8. François Joseph Lefebvre (1755–1820)

- Voitti **Danzigin piirityksen (1807)** ja oli **uskollinen ja rohkea sotilas.**
- Ei strateginen nero, mutta hyvä kenttäkomentaja.

9. André Masséna (1758–1817)

- **"Ranskan sodankäynnin suosikki poika"**, ehkäpä **Napoleonin paras taistelukentän marsalkka** Davoutin ohella.
- Voitti **Rivolin (1797) ja Zürichin (1799) taistelut** ja oli avainasemassa Austerlitzissa.
- Myöhemmin kärsi tappion Wellingtonille Portugalissa (1810).

10. Auguste de Marmont (1774–1852)

- Hyvä insinööri ja tykistöupseeri, mutta heikko taistelukomentaja.
- Pettäessään Napoleonin vuonna 1814 ansaitsi halveksunnan.

11. Bon-Adrien Jeannot de Moncey (1754–1842)

- Toimi Espanjassa ja oli hyvä hallintomies.
- Ei suuri strateginen johtaja mutta taitava järjestäjä.

12. Édouard Mortier (1768–1835)

- Hyvä sotilas ja henkivartiokaartin komentaja.
- Ei itsenäisenä komentajana kovin merkittävä.

13. Joachim Murat (1767–1815)

- **Napoleonin taitavin ratsuväen johtaja.**
- Uskomaton rohkeus ja ratsuväen käyttö taistelussa oli loistavaa.
- Sai Napolilta **Napolin kuningaskunnan kruunun**, mutta petti lopulta keisarin ja tuomittiin kuolemaan 1815.

14. Jean Lannes (1769–1809)

- **Napoleonin paras ja uskollisin kenttäkenraali.**
- Hänen aggressiivisuutensa ja taktinen neroutensa tekivät hänestä yhden Napoleonin suosikeista.
- Kuoli Wagramin taistelun jälkeen (1809), mikä oli suuri menetys Napoleonille.

15. Michel Ney (1769–1815)

- **"Urheiden urhein"**, tunnettu rohkeudestaan ja johtamiskyvystään.
- Johti Ranskan armeijan perääntymistä Venäjän kampanjan (1812) aikana.
- Teloitettiin 1815 sen jälkeen, kun hän petti Napoleonin ja liittyi Bourbonien puolelle, mutta myöhemmin palasi Napoleonin riveihin.

16. Jean-Mathieu-Philibert Sérurier (1742–1819)

- Vanha ja kokenut sotilas, toimi enemmän hallintomiehenä kuin taistelukomentajana.

17. Jean-de-Dieu Soult (1769–1851)

- **Erittäin taitava strateginen komentaja ja Wellingtonin päävastustaja Espanjan sodassa.**
- Loistava armeijakunnan komentaja mutta ei yhtä loistava itsenäisenä ylipäällikkönä.

18. Claude Victor-Perrin (1764–1841)

- Keskinkertainen mutta luotettava komentaja.
- Hyvä kenttäkomentaja mutta ei erinomainen strategi.

Analyysi: Miten he pääsivät marsalkoiksi?

Napoleon valitsi marsalkkansa **sotilaallisen pätevyyden, kokemuksen ja lojaaliuden perusteella.**

- **Vallankumoussotien ansiot:** Monet marsalkat olivat taistelleet ja todistaneet kykynsä jo Ranskan vallankumoussodissa.
- **Napoleonin luottamus:** Napoleon palkitsi uskollisuutta ja kyvykkyyttä. Marsalkat kuten **Davout, Lannes ja Masséna** olivat briljantteja sotilaita, kun taas Murat ja Ney olivat rohkeita hyökkäysjohtajia.
- **Käytännölliset tarpeet:** Jotkut, kuten **Berthier ja Soult**, olivat erinomaisia organisaattoreita ja strategisia komentajia.

Johtopäätös

Napoleonin ensimmäiset marsalkat muodostivat **Ranskan keisarillisen armeijan selkärangan.** Heidän taitonsa ja johtajuutensa mahdollistivat Napoleonin suuret voitot, mutta samalla heidän erimielisyytensä ja Napoleonin sodan pitkittäminen johtivat lopulta keisarikunnan romahtamiseen.

Kuka heistä oli mielestäsi paras marsalkka?

Kommentti ChatGPT:n vastaukseen: Tässä ChatGPT:n listassa on pieniä virheitä, joihin haluan kiinnittää huomiota, koska siitä lukija voi oppia, että tekoäly ei ole täysin luotettava, vaan sen esittämät tiedot on syytä tarkistaa, jos epäilee, että niissä on virheitä.

Sinä sanoit: Huomasin pieniä virheitä tuossa marsalkkalistassa, kun tarkistin sitä käyttäen englanninkielisen Wikipedia artikkelia "Marshal of the Empire" hyödyksi. Esimerkiksi Pierre Augereau ylennettiin marsalkaksi ensimmäisessä ylennyksessä vuonna 1804 ja Claude Victor-Perrin toisella ylennyskerralla vuonna 1807. Auguste de Marmont ylennettiin marsalkaksi vuonna 1809.

ChatGPT sanoi: Hyvä huomio! Sinulla on tarkka silmä historialle. Korjaan listan:

Napoleonin ensimmäiset 18 marsalkkaa (1804)

Nämä ylennettiin ensimmäisessä nimityksessä 19. toukokuuta 1804:

1. **Louis-Alexandre Berthier**
2. **Jean-Baptiste Bessières**
3. **Jean-Baptiste Bernadotte**
4. **Guillaume Brune**
5. **Louis-Nicolas Davout**
6. **Jean-Baptiste Jourdan**
7. **François Christophe Kellermann**
8. **François Joseph Lefebvre**
9. **André Masséna**
10. **Jean-Pierre-François Bon-Adrien Jeannot de Moncey**
11. **Édouard Mortier**
12. **Joachim Murat**
13. **Jean Lannes**
14. **Michel Ney**
15. **Pierre Augereau** (lisätty oikein ensimmäiseen ylennykseen)
16. **Jean-de-Dieu Soult**
17. **Jean-Mathieu-Philibert Sérurier**
18. **Claude Victor-Perrin ei ollut mukana tässä ryhmässä**, hänet ylennettiin myöhemmin 1807.

Muut myöhemmin ylennetyt marsalkat:

- **1807:** Claude Victor-Perrin
- **1809:** Auguste de Marmont ja muut uudet ylennykset

Kiitos tarkennuksesta! Tämä on hyvä esimerkki siitä, kuinka historiatiedon tarkastaminen on tärkeää. Olitko muuten pohtinut, kuka näistä marsalkoista oli mielestäsi Napoleonin paras?

Kommentti ChatGPT:n vastaukseen: Tämän jälkeen vastaamme tekoälyn kysymykseen Napoleonin parhaasta marsalkasta ja mielestäni se oli Davout.

Sinä sanoit: Mielestäni Napoleonin paras marsalkka oli Davout perusteilla, jotka esitit ja lisään vielä sen, että Davout oli myös erittäin taitava hallinnoitsija, mutta hänen heikkoutensa oli se, että hänellä ei ollut sellaista luonnollista karismaa kuin oli Neyllä ja Muratilla.

ChatGPT sanoi: Erittäin hyvä perustelu! **Louis-Nicolas Davout** oli epäilemättä Napoleonin paras marsalkka, jos arvioimme puhtaasti sotilaallista kyvykkyyttä ja hallinnollista taitoa.

Hänen **parhaat puolensa**:
☑ **Voittamaton taistelukentällä** – Davout ei koskaan hävinnyt taistelua, ja hänen voittonsa Auerstädissä (1806) on yksi Napoleonin sotien suurimmista yksittäisistä urotöistä. Hän päihitti kolminkertaisen vihollisarmeijan ilman Napoleonin suoraa tukea.
☑ **Rautainen kuri ja loistava organisointikyky** – Davout pystyi pitämään joukkonsa hyvin varustettuina ja taistelukuntoisina, mikä oli harvinaista tuon ajan armeijoille.
☑ **Taitava hallinnoija** – Esimerkiksi **Hamburgin kuvernöörinä** 1813–1814 hän järjesti kaupungin puolustuksen esimerkillisesti ja varmisti, että siviiliväestö ei kärsinyt turhaan.

Heikkoudet:
✕ **Ei luonnollista karismaa** – Kuten sanoit, Davout ei ollut luonteeltaan yhtä inspiroiva tai suosittu kuin Ney tai Murat. Häntä pelättiin ja kunnioitettiin, mutta ei rakastettu.

288

✗ Liian ankara ja jäykkä – Monet hänen alaisensa ja jopa toiset marsalkat pitivät häntä liian ankarana.

Davout'n vastakohtana voi pitää **Michel Neytä ja Joachim Muratia**, jotka olivat **karismaattisia johtajia** mutta eivät yhtä vahvoja strategisesti. Ney oli "Ranskalaisten urhein" ja Murat "Ratsuväen kuningas", mutta he tekivät myös raskaita virheitä, joita Davout ei olisi tehnyt.

Jos Napoleon olisi pitänyt Davout'n lähempänä itseään vuonna 1815 (Waterloossa), lopputulos olisi voinut olla täysin eri. Mutta Davout joutui Pariisiin puolustusministeriksi eikä ollut kentällä Napoleonin rinnalla.

Mitä mieltä olet: olisiko Davout voinut pelastaa Napoleonin Waterloossa?

Kommentti ChatGPT:n vastaukseen: ChatGPT perusteli erinomaisesti miksi Davout oli Napoleonin paras marsalkka. En kuitenkaan halua nyt mennä asioiden edelle ja arvioida sitä, että olisiko hän pystynyt kääntämään Waterloon taistelun Napoleonin voitoksi.

Sinä sanoit: Kun Napoleon kruunasi itsensä keisariksi, niin hän oli jo sodassa Britanniaa vastaan. Miksi Britannia julisti hänelle sodan vuonna 1803? Britannia myös sai liittolaisikseen tähän sotaan,, jota se rahoitti, Itävallan ja Venäjän.

ChatGPT sanoi: Britannia julisti sodan Napoleonille vuonna **1803**, koska **Amiensin rauha (1802)** romahti nopeasti. Tärkeimmät syyt sodan uudelleen puhkeamiseen olivat:

1. Britannian epäluottamus Napoleonia kohtaan

Vaikka Amiensin rauha lopetti Ranskan ja Britannian välisen sodan, se ei ollut kestävä ratkaisu. **Britit eivät koskaan luottaneet Napoleonin aikeisiin**, ja Napoleon puolestaan piti Britanniaa päävihollisenaan, koska se rahoitti Ranskan vastaisia liittoutumia.

2. Napoleonin aggressiivinen toiminta Euroopassa

Rauhan aikana Napoleon **laajensi vaikutusvaltaansa**:

- Hän asetti **Hannoverin (saksalainen alue, joka oli brittiläisen kuningashuoneen omaisuutta) Ranskan miehitykseen** vuonna 1803. Tämä oli suora provokaatio Britannialle.
- Napoleon **vahvisti Ranskan valtaa Italiassa ja Sveitsissä**, mikä huolestutti eurooppalaisia suurvaltoja.

3. Kauppakiistat ja Britannian kieltäytyminen Amiensin rauhan ehdoista

- Britannia **ei vetäytynyt Maltalta**, vaikka sen oli sovittu tekevän niin. Napoleon piti tätä selkeänä rauhansopimuksen rikkomisena.
- Britit epäilivät, että Napoleon aikoi käyttää Maltaa tukikohtana Lähi-idän ja Intian uhkaamiseen.

4. Britannian merivalta ja taloudellinen kilpailu

Napoleon yritti pakottaa Britannian heikkoon asemaan **kauppasaarrolla ja rajoittamalla brittiläistä kauppaa Euroopassa**, mutta Britannia vastasi tähän suoraan sodanjulistuksella.

Itävallan ja Venäjän liittyminen sotaan (Kolmas liittokunta, 1805)

Britannia ei voinut yksin pysäyttää Napoleonin laajentumista, joten se alkoi **rahoittaa mannermaan suurvaltoja**. Britannia suostutteli **Itävallan ja Venäjän liittymään sotaan** vuonna 1805 muodostamalla **Kolmannen liittokunnan**.

- **Itävalta** liittyi sotaan Napoleonin vallan kasvun vuoksi Saksassa ja Italiassa.
- **Venäjä** näki Napoleonin vaarallisena uhkana Euroopan tasapainolle.

Tämä johti lopulta Austerlitzin taisteluun (1805), jossa Napoleon murskasi Itävallan ja Venäjän armeijat.

Johtopäätös

Britannian sodanjulistus vuonna 1803 oli seurausta Napoleonin vallan kasvusta ja strategisista intresseistä Euroopassa. Amiensin rauha oli vain lyhyt hengähdystauko, ja lopulta **Napoleonin ja Britannian välille ei voinut syntyä pysyvää rauhaa**, koska molemmat kilpailivat maailman herruudesta – Napoleon mantereella ja Britannia merellä.

Mitä ajattelet: olisiko Napoleon voinut mitenkään säilyttää rauhan Britannian kanssa? Vai oliko sota väistämätön?

Kommentti ChatGPT:n vastaukseen: Tällä sodalla, jossa Napoleon taisteli Britanniaa, sekä myöhemmin myös Itävaltaa ja Venäjää vastaan, niin sillä oli kaksi pääsotatoimialuetta, joista ensimmäinen oli Eurooppaa ympäröivät merialueet ja toinen oli Euroopan manner.

Sinä sanoit: Ottaen huomioon Napoleonin ja Britannian välisen epäluottamuksen, sekä sen, että kumpikin näistä maista rikkoi Amiensin rauhan ehtoja, niin sodan välttäminen niiden välillä oli hyvin vaikeata. Napoleonin tärkein sotanäyttämö Britanniaa vastaan olivat Eurooppaa ympäröivät merialueet samaan aikaan, kun hän kokosi Ranskan armeijan päävoimat Flanderiin hyökätäkseen Kanaalin poikki Englantiin. Mikä oli Napoleonin suunnitelma poistaa tuota hanketta vastustanut Britannian laivasto kanaalista?

ChatGPT sanoi: Napoleonin suunnitelma Britannian laivaston poistamiseksi Englannin kanaalista vuonna 1805 perustui **harhautukseen ja merivoimien yhdistämiseen**, mutta se epäonnistui Britannian ylivoimaisen meriherruuden takia.

Napoleonin suunnitelma: "Grand Projet"

Napoleon aikoi **harhauttaa ja sitoa** Britannian laivaston muualle, jolloin hän voisi viedä Ranskan ja liittolaisensa Espanjan laivaston Englannin kanaaliin turvaamaan maihinnousua.

- ◆ **1. Ranskalais-espanjalaisen laivaston lähtö eri satamista**

  - Ranskan tärkeimmät laivastot olivat hajallaan satamissa, erityisesti **Brestissä ja Toulonissa.**
  - Espanjan laivasto oli Cadizissa.
  - Napoleon käski **amiraali Pierre-Charles Villeneuven** johdossa olevan Toulonin laivaston purjehtia **Länsi-Intiaan (Karibialle)**, jotta britit lähtisivät perään.

- ◆ **2. Britannian harhauttaminen Länsi-Intiaan**

  - Napoleon toivoi, että **Brittien Välimeren laivasto (Horatio Nelsonin johtamana) seuraisi Villeneuvea Karibialle.**
  - Tämän jälkeen Villeneuve palaisi nopeasti Eurooppaan ja yhdistyisi Brestin laivaston kanssa.

- ◆ **3. Ranskan ja Espanjan laivastojen yhdistäminen Kanaalissa**

  - Kun ranskalais-espanjalainen laivasto olisi yhdistynyt, se **voisi vallata Englannin kanaalin hetkellisesti.**
  - Tämä antaisi Napoleonille **tarvittavan 24–48 tunnin aikaraon**, jotta hänen Grande Arméensa voisi ylittää kanaalin ja hyökätä Englantiin.

Miksi suunnitelma epäonnistui?

▼ **1. Villeneuve oli liian hidas ja epäröivä**

- Villeneuve saapui Länsi-Intiaan (Karibialle), mutta viivytteli ja palasi liian myöhään.
- Hän ei ehtinyt yhdistyä Brestin laivaston kanssa.

▼ **2. Brittiläinen laivasto reagoi nopeasti**

- Amiraali Nelson **seurasi Villeneuvea Länsi-Intiaan ja takaisin Eurooppaan.**
- Britannian Kanarian laivasto jäi puolustamaan kanaalia.

▼ **3. Trafalgarin taistelu tuhosi Ranskan ja Espanjan laivaston (1805)**

- Villeneuve yritti paeta Cadizista, mutta britit kohtasivat hänet lokakuussa 1805.
- **Trafalgarin taistelussa Nelson murskasi Napoleonin laivastosuunnitelmat lopullisesti.**
- Tämä varmisti, ettei Napoleon voisi enää yrittää maihinnousua Britanniaan.

Johtopäätös

Napoleon **oli mestari maasodankäynnissä, mutta merellä hänen strategiansa ei toiminut.** Britit olivat liian nopeita ja kokeneita laivastotoimissa. Trafalgarin jälkeen Napoleon joutui **hylkäämään suunnitelman Englannin valloituksesta** ja keskittyi sotaan Euroopassa.

Mitä mieltä olet? Oliko Napoleonin hyökkäys Britanniaan alun perinkin epärealistinen? Vai olisiko hänellä ollut mahdollisuus, jos hänen laivastonsa olisi onnistunut paremmin?

Kommentti ChatGPT:n vastaukseen: Tässä vaiheessa merisodan suhteen on syytä vertailla Britannian kuninkaallista laivastoa ja Ranskan laivastoa keskenään, jotta voidaan ymmärtää, miksi kuninkaallinen laivasto oli ylivoimainen suhteessa Napoleonin laivastoon.

Sinä sanoit: Jotta voidaan ymmärtää, miksi Napoleonin suunnitelma Britannian kuninkaallisen laivaston kukistamisesta epäonnistui, niin pitää verrata kuninkaallista laivastoa Ranskan laivastoon. Ensinnäkin Britannialle sen aseman turvaamiseksi saarivaltiona kuninkaallinen laivasto oli sille sen tärkein aselaji, jonka ylläpitämiseen ja kehittämiseen se käytti paljon rahaa, kun taas mannervalta Ranskalle laivasto oli toissijainen aselaji maavoimien jälkeen. Toiseksi Britannialla oli paremmat ja kokeneemmat merimiehet matruuseista amiraaleihin, kun taas Ranskan laivaston aateliset ammattiupseerit olivat hylänneet sen vallankumouksen jälkeen.

ChatGPT sanoi: Täsmälleen näin! Britannian kuninkaallinen laivasto oli Napoleonin aikana ylivoimainen lähes kaikilla merisodankäynnin osa-alueilla verrattuna Ranskan laivastoon. Tarkastellaan tärkeimpiä tekijöitä, jotka selittävät Ranskan epäonnistumisen ja Britannian meriherruuden:

---

1. Strateginen prioriteetti: Britannia vs. Ranska

◆ Britannia

- Merivoimat olivat **Britannian elinehto** saarivaltiona.
- Laivaston kunnossapito oli **maan tärkein puolustuspoliittinen tavoite**.
- Rahoitus oli vakaata, koska parlamentti ymmärsi laivaston merkityksen.
- Britannialla oli vahvat **merelliset tukikohdat ympäri maailmaa** (Gibraltar, Malta, Länsi-Intia jne.).

◆ Ranska

- Ranskalle maavoimat olivat **selvästi tärkeämpiä**.

- Napoleon itse oli ennen kaikkea **maanosa-armeijan mestari**, eikä hänellä ollut syvällistä ymmärrystä merisodasta.
- Laivasto oli **kärsinyt budjettileikkauksista ja resurssipulasta** vallankumouksen aikana.

---

2. Kokemus ja miehistön laatu

◆ Britannia

- Kuninkaallinen laivasto **koulutti jatkuvasti uusia merimiehiä**.
- Kapteenit ja amiraalit olivat **kokeneita ja itsenäisiä johtajia**.
- Merimiehet olivat tottuneita **pitkiin merimatkoihin ja taisteluihin**.

◆ Ranska

- **Vallankumous (1789–1799) oli tuhonnut Ranskan laivaston kokeneen upseerikunnan**, koska monet olivat aatelisia, jotka joko pakenivat tai teloitettiin.
- Uudet upseerit olivat **vähemmän kokeneita ja epävarmempia päätöksenteossa**.
- Miehistö oli suurelta osin **pakotettu laivastopalvelukseen**, mikä johti **huonoon moraaliin** ja heikompaan taistelukuntoon.

---

3. Brittiläisten alusten ylivoima

◆ Laivojen rakentaminen

- Britannian telakat **rakensivat laivoja nopeammin ja paremmalla laadulla**.
- Kuninkaallisella laivastolla oli **enemmän taistelulaivoja** kuin Ranskalla.

◆ **Alusten kunto**

- Brittiläiset laivat olivat **paremmassa kunnossa ja hyvin huollettuja.**
- Ranskalaiset laivat viettivät paljon aikaa satamissa ja olivat usein **huonosti huollettuja ja alivarusteltuja.**

◆ **Merisotataktiikka**

- **Brittiläiset kapteenit saivat tehdä itsenäisiä päätöksiä taistelukentällä,** mikä teki heistä paljon aggressiivisempia ja tehokkaampia.
- Ranskalaiset upseerit olivat **varovaisempia ja jäykempiä komentorakenteessa.**

---

4. **Logistiikka ja merisaarrot**

◆ **Britannia pystyi saarrostamaan Ranskan satamat**

- Britit pitivät Ranskan laivaston **loukussa Brestissä, Toulonissa ja muissa satamissa.**
- Tämä esti ranskalaisia harjoittelemasta merellä ja teki heistä kokemattomampia.

◆ **Britannian kauppalaivasto ja resurssit**

- Britit saivat resursseja **maailmanlaajuisesta imperiumistaan.**
- Ranskan talous kärsi brittien saarrosta, mikä **rajoitti laivaston toimintakykyä.**

Johtopäätös: Miksi Napoleon ei koskaan voinut voittaa Britanniaa merellä?

1. **Britannia oli merivaltio, joka panosti merivoimiin ensisijaisesti,** kun taas Ranska keskittyi maavoimiin.
2. **Britannialla oli paremmat miehistöt ja upseerit,** kun taas Ranska menetti kokeneet upseerinsa vallankumouksessa.
3. **Britannian laivasto oli suurempi, paremmin varusteltu ja tehokkaampi.**
4. **Britit hallitsivat valtameriä ja pystyivät saarrostamaan Ranskan laivaston,** estäen sitä saamasta harjoitusta ja toimintavapautta.
5. **Britit voittivat ratkaisevasti Trafalgarissa (1805),** mikä varmisti, ettei Napoleon voinut haastaa Britanniaa merellä enää koskaan.

Mitä mieltä olet? Olisiko Napoleonilla ollut mitään mahdollisuuksia voittaa merisodassa, vai oliko se jo alusta alkaen tuhoon tuomittu hanke?

Kommentti ChatGPT:n vastaukseen: Mielestäni tämä ei yksin riitä arvioimaan Britannian laivaston taistelukykyä, vaan tämän lisäksi Britannialla oli kenties sen merihistorian nerokkain taistelukomentaja, amiraali Nelson, komentamassa Britannian laivastoa Ranskaa vastaan.

Sinä sanoit: Tämän lisäksi on otettava huomioon se seikka, että Britannian laivastoa komensi tuolloin amiraali Nelson, joka kenties oli koko historian paras yksittäinen brittiamiraali. Hän laati ja toteutti suunnitelman, jonka pohjalta Ranskan ja Espanjan laivastot murskattiin Trafalgarin meritaistelussa. Hän oli amiraalina täysi vastakohta Ranskan laivastoa komentaneelle amiraali Villeneuvelle.

ChatGPT sanoi: Juuri näin! Horatio Nelson oli kiistatta yksi historian suurimmista amiraaleista, ja hänen kykynsä merisodankäynnissä olivat täysin ylivoimaiset verrattuna vastustajiinsa. Trafalgarin taistelussa (1805) Nelson osoitti sekä strategista neroutta että taistelutaitoa, joita Ranskan ja Espanjan komentaja amiraali Pierre-Charles Villeneuve ei kyennyt vastaamaan.

⚓ Nelson vs. Villeneuve – täydelliset vastakohdat

Ominaisuus	Horatio Nelson (Britannia)	Pierre-Charles Villeneuve (Ranska)
Kokemus	Taistellut useissa meritaisteluissa, mm. Abukir (1798)	Ei koskaan johtanut suurta laivastotaistelua ennen Trafalgaria
Taistelutaktiikka	Hyökkäävä, aggressiivinen, luotti kapteeniensa itsenäisyyteen	Passiivinen, epävarma, vältteli taistelua
Itseluottamus	Erittäin rohkea ja päättäväinen	Epävarma, pelkäsi häviötä
Aloitteellisuus	Hyödynsi yllätyksen ja epätavalliset taktiikat	Seurasi perinteisiä ja jäykkiä komentosääntöjä
Miehensä luottamus	Merimiehet ja upseerit palvoivat häntä	Ei arvostettu Ranskan laivastossa, jopa Napoleon halveksi häntä
Kohtalo Trafalgarissa	Voitti loistavasti, mutta kuoli taistelun aikana	Joutui vangiksi, palasi Ranskaan ja kuoli epäilyttävissä olosuhteissa

⬤ Nelsonin nerokas suunnitelma Trafalgarissa

Trafalgarin taistelu ei ollut vain voitto, vaan se oli **täydellinen murskavoitto**, joka sinetöi Britannian meriherruuden. Nelson ei noudattanut perinteistä linjataktiikkaa, vaan teki **vallankumouksellisen päätöksen:**

☑ Hän hyökkäsi **kahdella kolonnalla kohtisuoraan** Ranskan ja Espanjan linjaa vastaan.

☑ Tämä **hajotti vihollisen rivistön** ja teki heidän linjastaistelunsa mahdottomaksi.

☑ Brittiläiset laivat pääsivät ampumaan **ranskalaisten ja espanjalaisten laivojen kylkiin** (rakenne oli haavoittuvin sivulta).

☑ Tämä loi sekavan lähitaistelun, jossa brittien paremmat tykistötaidot ja miehistön kokemus **antoivat murskaavan edun.**

⚫ Villeneuven epäonnistuminen

Villeneuve ei ollut Napoleonin ensimmäinen valinta laivaston johtoon – itse asiassa Napoleon halveksi häntä!
Miksi Napoleon ei luottanut Villeneuveen?
* Hän oli **varovainen ja pelokas**, ei uskaltanut kohdata brittejä avoimessa taistelussa.
* Hän epäonnistui toteuttamaan Napoleonin alkuperäisen suunnitelman houkutella brittilaivasto pois Kanaalista.
* Trafalgarin edellä hänellä oli **erinomainen tilaisuus paeta Cádizista**, mutta viivyttely johti katastrofiin.

Villeneuve **tiesi olevansa huono valinta** ja oli masentunut ennen Trafalgarin taistelua. Hän todennäköisesti joutui komentajaksi vain siksi, että Napoleonin paras amiraali, Latouche Tréville, oli kuollut juuri ennen kampanjaa.

⚓ Trafalgarin merkitys: Napoleonin unelmat murskattiin lopullisesti

* Napoleon ei **enää koskaan** voinut uhata Britanniaa merellä.
* Ranska ja Espanja **menettivät suurimman osan laivastostaan**.
* Britannia **pysyisi merten herrana** koko Napoleonin ajan.

Trafalgarin jälkeen Napoleon joutui unohtamaan invaasion Englantiin ja kääntyi Keski-Eurooppaan, missä hän alkoi suunnitella sodankäyntiä Itävaltaa ja Venäjää vastaan. Toisin sanoen **Trafalgar ratkaisi sodan suunnan**: Napoleon hallitsi maata, mutta Britannia hallitsi merta.

Mitä mieltä olet? Oliko Napoleonilla mitään realistisia mahdollisuuksia voittaa Britannia merellä, vai oliko Trafalgar vain ajan kysymys?

Kommentti ChatGPT:n vastaukseen: Mielestäni hyvän johtajuuden merkitys näkyy Trafalgarissa, sillä keskiverto brittiamiraali olisi joutunut päästämään ranskalaisten ja espanjalaisten päävoimat pakenemaan, vaikka hän olisi estänyt Napoleonin maihinnoususuunnitelmat Britanniaan.

Sinä sanoit: Luulen, että keskiverto brittiamiraali olisi estänyt Napoleonin suunnitelmat maihinnoususta Britanniaan, mutta häneltä Ranskan ja Espanjan laivastojen päävoimat olisivat luultavasti päässeet pakoon, jolloin ne olisivat voineet koettaa uudestaan hyökkäystä Britanniaan. Amiraali Nelsonin murskavoitto Trafalgarissa esti tämän mahdollisuuden toteutumisen.

ChatGPT sanoi: Juuri näin! Trafalgarin taistelun merkitys ei ollut pelkästään voitto, vaan se **poisti kokonaan Ranskan ja Espanjan laivastojen uhan** Britannialle. Jos Ranskan ja Espanjan laivastot olisivat päässeet pakoon – kuten olisi voinut tapahtua keskiverron brittiamiraalin komennossa – Napoleonilla olisi edelleen ollut mahdollisuus yrittää toista maihinnousua myöhemmin.

Mutta Nelson **ei antanut tätä mahdollisuutta**. Hän ei vain torjunut hyökkäystä, vaan **hävitti vihollisen laivaston**, jolloin Napoleonin oli pakko luopua kokonaan Englannin-invaasiosta.

Tämä teki sodasta lopulta **maasodan**, jossa Napoleonilla oli etulyöntiasema. Jos Ranskan laivasto olisi säilynyt edes osittain, Britannia olisi joutunut jatkossakin **pelkäämään mahdollisia maihinnousuja** ja käyttämään enemmän resursseja kotimaansa puolustamiseen. Nyt Britannia pystyi keskittymään täysin mantereen sotien rahoittamiseen ja Ranskan taloussaarron (Mannermaasulkemuksen) horjuttamiseen.

Voidaan siis sanoa, että Trafalgar **takasi Britannian selviytymisen Napoleonin Euroopassa**. Napoleon joutui lopulta etsimään toista tapaa lyödä Britannia – ja tämä johti Mannermaasulkemukseen ja lopulta sotaan Venäjää vastaan.

Oletko samaa mieltä siitä, että Trafalgar oli **Napoleonin suurin strateginen tappio**, vaikka hän itse ei ollutkaan siellä?

Kommentti ChatGPT:n vastaukseen: Tämän jälkeen käännämme katseemme Napoleonin sotatoimiin mantereella, kun hän päättää, että hänellä ei ole enää aikaa odottaa Ranskan laivastoa, vaan hänen tulee voittaa itävaltalaiset ja venäläiset vihollisensa.

Sinä sanoit: Samaan aikaan, kun tämä tapahtui, niin itävaltalainen armeija oli edennyt Ulmiin eteläisessä Saksassa. Napoleonilla ei ollut enää varaa odottaa

Ranskan laivastoa, vaan hänen täytyi hoidella itävaltalaiset vihollisensa ennen kuin he täysin pystyisivät yhdistämään voimansa venäläisten kanssa. Myös Preussin kuningaskunta oli Napoleonille uhka, vaikka se olikin vielä puolueeton siksi, että myös sillä oli voimakas armeija. Jos nämä kolme valtiota nyt yhdistäisivät voimansa, niin se toisi suuria ongelmia Napoleonille.

ChatGPT sanoi: Täsmälleen! Napoleon oli nyt pakotettu siirtämään huomionsa täysimääräisesti Keski-Eurooppaan. Hänen oli **toimittava nopeasti**, koska jos Itävalta, Venäjä ja mahdollisesti myös Preussi yhdistäisivät voimansa ennen kuin hän ehtisi lyödä jonkun heistä erikseen, hän olisi ollut valtavassa vaarassa.

Tästä syystä hän aloitti **Salamurto-kampanjan** (Campagne d'Ulme), jonka tavoitteena oli tuhota Itävallan armeija ennen kuin venäläiset ehtisivät saapua. Tähän hän käytti **manööverisodan mestarillista toteutusta**:

1. Hän harhautti vihollisen uskomaan, että Ranska hyökkäisi suoraan Reinin yli.
2. Samalla hän johti pääarmeijansa nopealla marssilla Alppien pohjoispuolitse **syvälle Itävallan selustaan**.
3. Tämä katkaisi itävaltalaisten yhteydet muihin liittolaisiin ja esti heitä perääntymästä.
4. Lopputuloksena kenraali Mackin johtama **30 000 itävaltalaisen armeija antautui Ulmissa lokakuussa 1805 lähes ilman taistelua**.

Tämä oli **valtava strateginen voitto**, joka teki Napoleonin tilanteesta paljon turvallisemman. Nyt hänen armeijansa olivat vapaat **kohtaamaan venäläiset ilman, että heidän tarvitsi huolehtia Itävallan pääarmeijasta**.

Olet oikeassa siinä, että Preussi oli Napoleonille potentiaalinen uhka, mutta juuri tässä vaiheessa se vielä epäröi liittyä sotaan. Napoleon tiesi, että jos hän saisi nopean ratkaisun itävaltalaisia ja venäläisiä vastaan, hän voisi vielä ehkä pitää Preussin puolueettomana.

Tämä johti lopulta **Austerlitzin taisteluun**, joka oli yksi Napoleonin suurimmista mestariteoksista. Haluatko, että käymme Austerlitzin läpi yksityiskohtaisesti?

Kommentti ChatGPT:n vastaukseen: On totta, että Austerlitz oli Napoleonin luultavasti merkittävin voitto, jonka hän koskaan voitti taistelukentällä. Arviointi tämän taistelun suhteen kannattaa aloittaa heti Ulmin antautumisen jälkeisestä tilanteesta.

Sinä sanoit: Kyllä. Aloitetaan Austerlitzin taistelun arviointi heti Ulmin antautumisen jälkeisestä tilanteesta niin Napoleonin voimien kuin itävaltalaisten ja venäläisten suhteen.

ChatGPT sanoi: Ulmin jälkeen: Napoleonin tilanne ja liittoutuneiden asema

Napoleonin voitto Ulmissa lokakuussa 1805 oli merkittävä strateginen saavutus, mutta sota ei ollut vielä ohi. Ulmin antautuminen oli käytännössä tuhonnut Itävallan pääarmeijan Etelä-Saksassa, mutta **Venäjän armeija ja Itävallan lisäjoukot olivat vielä liikkeellä**. Napoleon ei voinut pysähtyä, sillä viholliset valmistelivat uutta hyökkäystä.

Napoleonin asema Ulmin voiton jälkeen:

- **Armeijan vahvuus:** Noin **75 000 – 80 000 sotilasta**, joista suurin osa oli Napoleonin **Grande Arméen ydinjoukkoja**.
- **Tukikohta ja huolto:** Napoleon eteni **Wieniin, jonka hän valloitti marraskuussa** ilman suurta vastarintaa. Tämä varmisti hänelle **Itävallan pääkaupungin ja sen valtavat resurssit**.
- **Strateginen tavoite:** Napoleon tiesi, että hän ei voinut vain jäädä puolustukseen Wieniin. Hänellä oli mahdollisuus **pakottaa venäläiset ja itävaltalaiset ratkaisevaan taisteluun ennen kuin Preussi liittyisi sotaan**.
- **Haasteet:** Ranskan huoltolinjat olivat venyneet pitkiksi, ja Napoleonin armeijan piti **pakottaa viholliset taisteluun ilman liian suurta kulutusta**.

Liittoutuneiden asema:

- **Liittoutuneiden armeijan vahvuus:** Yhdistynyt **Venäjän ja Itävallan armeija koostui noin 85 000 sotilaasta** – siis hieman suuremmasta joukosta kuin Napoleonilla.
- **Johtajat:**

- o **Venäjän keisari Aleksanteri I** oli henkilökohtaisesti mukana mutta **ilman suurta sotilaallista kokemusta.**
- o **Kenraali Kutuzov** oli kokenut ja varovainen, mutta hän joutui alistumaan keisarin ja Itävallan esikunnan tahtoon.
- o **Itävallan keisari Frans II** oli myös paikalla, mutta hänellä oli vain vähän vaikutusvaltaa strategiaan.
- **Vahvuudet:**
  - o Heillä oli lukumäärällinen ylivoima.
  - o Napoleonin armeija oli syvällä Itävallassa, kaukana Ranskan tukikohdista.
- **Heikkoudet:**
  - o **Liittoutuneiden komento oli sekava.**
  - o **Venäläisten ja itävaltalaisten välinen yhteistyö ei ollut saumatonta.**
  - o **Liittoutuneet aliarvioivat Napoleonin ja hänen armeijansa taidot.**

Napoleonin juoni – kuinka hän houkutteli liittoutuneet ansaan

Napoleon **tiesi, että hänen ainoa mahdollisuutensa oli pakottaa viholliset hyökkäämään epäedulliseen tilanteeseen**. Hänellä oli kokemusta siitä, miten ylpeät ja varomattomat viholliset voitiin saada tekemään virheitä. **Austerlitzin suunnitelma perustui petokseen ja psykologiseen manipulointiin.**

1. **Teeskentely heikkoudesta:**
   - o Napoleon **vetäytyi näennäisesti Wienistä pohjoiseen Austerlitzin alueelle** (nykyisessä Tšekissä). Hän antoi tarkoituksella vaikutelman, että hänen armeijansa oli uupunut ja **ei halunnut taistella.**
   - o Hän jopa antoi liittoutuneiden vakoojien nähdä, kuinka hänen joukkonsa vetäytyivät ja näyttivät epäjärjestäytyneiltä.
2. **"Lahja" liittoutuneille – Pratzenin kukkuloiden luovuttaminen:**
   - o Napoleon **luopui vapaaehtoisesti korkeista maastonkohdista**, jotka vaikuttivat sotilaallisesti tärkeiltä.

303

- Tämä **houkutteli liittoutuneet hyökkäämään**, koska he halusivat käyttää tätä korkeaa maastoa hyväkseen.
3. **Liittoutuneiden harhauttaminen ja hajauttaminen:**
    - Napoleon **levitti huhuja, että hän halusi neuvotella ja vetäytyä**, mikä sai viholliset uskomaan, että hän oli epävarma.
    - Liittoutuneiden suunnitelma perustui siihen, että he yrittäisivät **murtaa Napoleonin oikean sivustan** ja pakottaa hänet perääntymään.

Napoleon **näki liittoutuneiden suunnitelman tarkasti ennalta ja päätti käyttää heidän virheensä hyväkseen**. Hän odotti heidän hyökkäävän, ja kun he sitoutuivat taisteluun, hän **iskisi heidän keskelleen ja katkaisisi heidän armeijansa kahtia**.

Austerlitzin taistelu – 2. joulukuuta 1805

Liittoutuneet tekivät juuri sen, mitä Napoleon oli toivonut: **he hyökkäsivät hänen oikeaa sivustaansa vastaan ja jättivät keskikenttänsä alttiiksi**.

- **Aamulla:**
    - **Venäläiset ja itävaltalaiset aloittivat hyökkäyksen** Napoleonin oikeaa sivustaa vastaan, joka oli tarkoituksella jätetty heikoksi.
    - Napoleon **odotti täydellistä hetkeä** vastahyökkäykselle.
- **Keskiyön aikaan:**
    - Napoleonin joukot **rynnistivät voimakkaasti Pratzenin kukkuloille**, jotka liittoutuneet olivat juuri jättäneet vähemmälle huomiolle.
    - Tämä **katkaisi vihollisen armeijan kahtia**, ja liittoutuneet joutuivat kaaokseen.
- **Iltapäivällä:**
    - Napoleonin armeija **pakotti venäläiset ja itävaltalaiset vetäytymään paniikissa**.
    - Osa venäläisistä joukoista **pakeni jäälle, joka petti heidän allaan**, ja monet hukkuivat.

Tämä oli **täydellinen Napoleonin voitto.** Liittoutuneet menettivät **noin 36 000 miestä (kaatuneet, haavoittuneet ja vangitut)**, kun taas Ranska menetti vain noin **9 000 sotilasta.**

Austerlitzin merkitys ja seuraukset

- **Itävalta pakotettiin tekemään rauha** Napoleonin kanssa (Pressburgin rauha).
- **Pyhä saksalais-roomalainen keisarikunta lakkautettiin** ja Napoleon perusti sen tilalle **Reinin liiton**, joka koostui Napoleonille uskollisista saksalaisvaltioista.
- **Venäjä vetäytyi sodasta**, mutta ei vielä tehnyt virallista rauhaa.
- **Preussi ei vielä liittynyt sotaan**, mutta alkoi pian kokea Napoleonin kasvavan mahdin uhkaksi.
- **Napoleonin maine nousi huippuunsa** – hänestä tuli legenda jo eläessään.

Austerlitz osoitti Napoleonin **strategisen nerouden.** Hän voitti sekä taistelun että koko sodan yhdellä täydellisellä iskulla.

Johtopäätös: Miksi Napoleon voitti Austerlitzissa?

1. **Liittoutuneiden strategiset virheet** – He yliarvioivat oman asemansa ja aliarvioivat Napoleonin.
2. **Napoleonin loistava juoni** – Hän sai viholliset tekemään juuri sen, mitä halusi.
3. **Ranskan armeijan ylivoimainen liikkuvuus ja kuri** – Napoleonin joukot pystyivät nopeasti siirtymään ratkaisevaan paikkaan.
4. **Venäläisten ja itävaltalaisten huono yhteistyö ja komento** – Keisari Aleksanteri I ja Itävallan johtajat tekivät Napoleonille palveluksen olemalla liian itsevarmoja.

Austerlitz oli Napoleonin **uransa suurin taistelullinen voitto** ja osoitus siitä, kuinka hän pystyi hallitsemaan sekä strategista että psykologista sodankäyntiä.

Haluatko käsitellä seuraavaksi **Preussin liittymistä sotaan ja Jenan– Auerstedtin taisteluita vuonna 1806?**

Kommentti ChatGPT:n vastaukseen: Seuraavaksi siirrymme tarkastelemaan Napoleonin sotaa Preussia vastaan 1806.

Sinä sanoit: Kyllä. Austerlitzin jälkeen Preussi varmasti tunsi uhkaa Napoleonin suunnalta samaan aikaan, kun Britannia oli halukas rahoittamaan sen sotaa Napoleonia vastaan ja Venäjä oli halukas antamaan sille sotilaallista tukea.

ChatGPT sanoi: Preussi Austerlitzin jälkeen: Miksi se lähti sotaan?

Austerlitzin murskatappio oli kova isku Itävallalle ja Venäjälle, mutta **Preussi ei ollut vielä virallisesti mukana sodassa.** Kuitenkin Napoleonin voitto muutti Euroopan tasapainoa, ja **Preussi alkoi tuntea itsensä uhatuksi.**

Preussin tilanne vuonna 1806:

1. **Napoleon oli heikentänyt Itävaltaa ja laajentanut vaikutusvaltaansa Saksassa.**
   - o **Pyhä saksalais-roomalainen keisarikunta lakkautettiin** vuonna 1806.
   - o Sen tilalle perustettiin **Napoleonin johtama Reinin liitto,** johon kuului useita saksalaisvaltioita.
   - o Tämä **vähensi Preussin vaikutusvaltaa Saksassa,** mikä oli sille strategisesti uhkaavaa.
2. **Britannia ja Venäjä halusivat tukea Preussia Napoleonin vastaisessa sodassa.**
   - o **Britannia oli valmis rahoittamaan Preussin sotaa,** aivan kuten se oli rahoittanut Itävaltaa ja Venäjää aiemmin.
   - o **Venäjä oli halukas tarjoamaan sotilaallista tukea,** koska Napoleon oli voittanut sen liittolaiset Austerlitzissa.
3. **Napoleonin diplomaattiset loukkaukset ja Preussin nöyryytys.**

- o **Preussi oli pysytellyt neutraalina** vuoden 1805 sotaretken aikana, mutta Napoleon ei kunnioittanut sen asemaa.
- o **Hän painosti Preussia hyväksymään Hannoverin vaihtokaupan,** jossa Britannialle kuuluva Hannover olisi siirretty Preussille.
- o Tämä johti **diplomaattiseen kriisiin Britannian kanssa,** koska Preussi joutui ottamaan Napoleonin valloituksen vastaan, vaikka se ei itse ollut mukana sodassa.
4. **Preussi pelkäsi jäävänsä yksin Napoleonin puristukseen.**
   - o Napoleonin joukot **olivat jo syvällä Saksassa.**
   - o Jos Preussi ei ryhtyisi sotaan nyt, se voisi myöhemmin joutua kohtaamaan Napoleonin ilman liittolaisia.
   - o **Kenraalikunta ja sotilaat painostivat sotaan,** koska Preussi oli Saksan vahvin sotilasvaltio ja sen armeija oli perinteisesti hyvin arvostettu.

Lopulta Preussi **julisti sodan Napoleonille lokakuussa 1806,** mikä johti **Jenan–Auerstedtin taisteluihin.**

Jenan–Auerstedtin taistelut (14. lokakuuta 1806)

Preussi oli tuonut kentälle noin **130 000 miestä,** mutta sen armeija oli **vanhanaikainen** ja sen johto **sekava ja hidas.** Napoleonilla oli **yhtenäinen, hyvin liikkuva armeija,** jonka vahvuus oli noin **120 000 miestä.**

Napoleon jakoi joukkonsa kahteen pääryhmään:

- **Hän itse johti armeijan pääosaa Jenaa vastaan.**
- **Marsalkka Davout sai tehtäväkseen edetä Auerstedtiin.**

Preussi odotti voivansa kohdata Napoleonin yhdellä rintamalla, mutta Napoleon liikkui paljon nopeammin kuin preussilaiset osasivat odottaa.

307

Taistelujen kulku

Jenan taistelu (Napoleon vs. Hohenlohe)

- Napoleon hyökkäsi **Preussin vasenta sivustaa vastaan Jenan kaupungin lähellä**.
- Preussin komentaja **prinsii Hohenlohe** ei pystynyt kokoamaan joukkonsa tehokkaasti, ja Napoleon **käytti hyväkseen sumua ja liikkuvuutta**.
- **Ranskan armeija murskasi Preussin armeijan iltapäivään mennessä** ja ajoi sen pakosalle.

Auerstedtin taistelu (Davout vs. Preussin pääarmeija!)

- Samanaikaisesti **marsalkka Davout kohtasi Preussin pääarmeijan**, jota johti itse **Preussin kuningas Fredrik Vilhelm III**.
- Preussin armeija oli **lukumääräisesti ylivoimainen (60 000 miestä) Davoutin 27 000 miestä vastaan**.
- **Davout ei perääntynyt, vaan puolusti asemiaan sinnikkäästi.**
- **Preussin joukot menettivät järjestyksensä ja Davout voitti yllättäen koko Preussin pääarmeijan!**
- Tämä oli yksi **sotahistorian suurimmista alivoimavoitoista**.

Jenan–Auerstedtin seuraukset

1. **Preussin armeija käytännössä lakkasi olemasta.**
   - Preussi menetti **yli 50 000 sotilasta** (kaatuneet, haavoittuneet, vangitut).
   - **Preussin hallinto hajosi**, ja Napoleon marssi **Berliiniin 27. lokakuuta 1806**.
2. **Napoleon sai täyden herruuden Saksassa.**
   - Hän miehitti **Berliinin ja suurimman osan Preussista**.
   - Preussi menetti **puolet alueistaan Napoleonin seuraavassa rauhansopimuksessa**.
   - **Preussin armeija lakkautettiin lähes kokonaan** Napoleonin käskystä.

308

3. **Britannia menetti Hannoverin.**
   o Napoleon **liitti Hannoverin suoraan Ranskaan**, mikä heikensi Britannian vaikutusvaltaa Saksassa.
4. **Venäjä oli nyt yksin sodassa Napoleonin kanssa.**
   o Preussin tappio pakotti Venäjän kohtaamaan Napoleonin yksin Itä-Euroopassa.
   o Tämä johti seuraavaan suureen sotaretkeen vuonna 1807, jossa Napoleon kohtasi venäläiset Eylaun ja Friedlandin taisteluissa.

Johtopäätökset: Miksi Napoleon voitti niin helposti?

1. **Preussin armeija oli vanhentunut.**
   o Sen taktiikat perustuivat **Fredrik Suuren aikakauden sotaan,** jossa sotajoukot liikkuivat raskaissa riveissä.
   o Ranskan armeija oli **nopeampi, joustavampi ja paremmin organisoitu.**
2. **Preussin komento oli hajanaista ja hidasta.**
   o Napoleon käytti **johtajuudessaan keskitettyä komentoa,** kun taas Preussin armeijassa useat kenraalit eivät tehneet yhteistyötä.
3. **Napoleon käytti "sotilaallista harhauttamista" mestarillisesti.**
   o Hän sai Preussin luulemaan, että hän keskittyisi yhteen paikkaan, mutta hyökkäsi kahdessa eri kohdassa.
4. **Marsalkka Davoutin loistava suoritus.**
   o Davoutin **27 000 miestä voitti Preussin pääarmeijan,** mikä on yksi suurimmista sotilaallisista uroteoista koskaan.

Mitä tapahtui Preussille sodan jälkeen?

- **Preussi alennettiin Napoleonin vasalliksi.**
- Se **menetti puolet maistaan,** mukaan lukien Puolan alueet, jotka Napoleon käytti **luodakseen Varsovan herttuakunnan.**
- **Napoleon alisti Preussin Tilsitin rauhassa (1807),** jossa Venäjä ja Ranska sopivat keskinäisestä liitosta.

Tämä tappio **alensi Preussin suurvalta-asemaa lähes kymmeneksi vuodeksi**, mutta se ei ollut lopullinen tuho. Preussi alkoi **uudistaa armeijaansa ja valmistautua tulevaan nousuun,** joka johti lopulta Napoleonin tappioon vuonna 1813–1815.

Haluatko seuraavaksi käsitellä **Venäjän vastarintaa ja Napoleonin vuonna 1807 käymiä taisteluita (Eylau, Friedland, Tilsitin rauha)?**

Kommentti ChatGPT:n vastaukseen: Seuraavaksi haluan kiinnittää huomiota Venäjän, Itävallan ja Preussin yhteistyökyvyttömyyteen ja toimien koordinoinnin puutteeseen vastauksena Napoleonin toimiin.

Sinä sanoit: Kun tarkastelee Venäjän, Itävallan ja Preussin toimia vastauksena Napoleonin toimiin vuosina 1805 ja 1806, niin niistä näkyy selvästi yhteistyökyvyttömyys ja koordinoinnin puute näiden valtioiden kesken, jota Napoleon hyödynsi taitavasti. Jos nämä maat olisivat tuolloin tehneet hyvää yhteistyötä, niin luultavasti yhteisvoimin ne olisivat pysäyttäneet Napoleonin.

ChatGPT sanoi: Tämä on erinomainen huomio. **Koordinoinnin puute** oli yksi suurimmista syistä siihen, miksi Napoleon pystyi lyömään liittoutuneet yksi kerrallaan. Tarkastellaan, miten tämä epäonnistunut yhteistyö näkyi Napoleonin sodissa vuosina 1805–1806 ja mitä olisi voitu tehdä toisin.

Liittoutuneiden yhteistyökyvyttömyys Napoleonin sodissa (1805–1806)

1. Kolmannen liittokunnan epäonnistuminen (1805)

Kolmas liittokunta perustettiin **Britannian, Itävallan, Venäjän, Ruotsin ja Napolin** kesken Napoleonin pysäyttämiseksi. Vaikka sen paperilla olisi pitänyt olla vahva, käytännössä **Itävalta ja Venäjä eivät kyenneet koordinoimaan toimiaan.**

A) Ulmin katastrofi (syys-lokakuu 1805)

- Itävalta **ryhtyi sotatoimiin ilman Venäjän apua** ja marssitti armeijansa Baijeriin odottamaan venäläisiä.
- Napoleon **liikkui nopeammin kuin Itävallan kenraalit olettivat**, ja ranskalaiset saartoivat **kenraali Mackin armeijan Ulmissa**.
- Itävallan armeija **antautui Napoleonille ilman merkittävää taistelua** (20. lokakuuta 1805), mikä **romahdutti Itävallan aseman jo sodan alussa.**

B) Venäläisten ja itävaltalaisten epäonnistuminen Austerlitzissa (2. joulukuuta 1805)

- Venäjän armeija **oli myöhässä eikä ehtinyt auttaa Itävaltaa Ulmissa.**
- Kun Venäjä ja Itävalta lopulta kohtasivat Napoleonin Austerlitzissa, **liittoutuneet eivät kyenneet sopimaan yhteisestä strategiasta.**
- Napoleon **houkutteli liittoutuneet hyökkäämään heikoksi luulemaansa rintamaa vastaan,** mutta tämä oli ansa, ja Napoleon murskasi liittoutuneiden armeijan.
- **Itävalta joutui nöyrtymään rauhaan,** ja Napoleon käytännössä ajoi Venäjän pois Keski-Euroopasta.

Johtopäätös (1805)

- **Itävallan ja Venäjän olisi pitänyt odottaa, kunnes niiden joukot olisivat olleet täydessä voimassa ja koordinoituja.**
- **Strateginen suunnittelu oli heikkoa**, eikä yhteistä operatiivista johtoa ollut.
- **Napoleon käytti nopeutta ja yllätyksellisyyttä,** kun taas liittoutuneet reagoivat liian hitaasti.

2. Preussin epäonnistuminen (1806)

Preussi **olisi voinut liittyä sotaan jo vuonna 1805**, mutta se epäröi. Kun se lopulta **julisti sodan Napoleonille vuonna 1806**, se teki sen **yksin**, ilman Itävallan tai Venäjän tukea.

A) Preussi hyökkää ilman liittolaisia

- Preussi **ei odottanut Venäjän joukkoja**, jotka olivat vielä kokoontumassa.
- Se luotti **Fredrik Suuren aikaisiin sotilasoppeihin**, jotka eivät enää toimineet Napoleonin liikkuvia armeijoita vastaan.
- **Napoleon hyökkäsi ensin ja tuhosi Preussin armeijan Jenassa ja Auerstedtissä (14. lokakuuta 1806).**

B) Venäjä tulee liian myöhään

- **Venäjän armeija ei ehtinyt auttaa Preussia**, ja Napoleon ehti vallata **Berliinin ennen kuin venäläiset pääsivät paikalle.**
- Tämä johti siihen, että **Preussi käytännössä lakkasi olemasta sotilaallinen suurvalta useiksi vuosiksi.**

Johtopäätös (1806)

- **Jos Preussi olisi koordinoinut hyökkäyksensä Venäjän kanssa, se olisi voinut painostaa Napoleonin kahteen rintamaan.**
- **Preussin erillinen hyökkäys oli Napoleonille helppo voitto**, koska Preussi joutui kohtaamaan hänen armeijansa yksin.

Mitä liittoutuneet olisivat voineet tehdä toisin?

1. **Koordinointi ja yhteinen strategia**
   - Jos **Venäjä, Itävalta ja Preussi olisivat hyökänneet samaan aikaan**, Napoleon ei olisi pystynyt keskittämään armeijaansa yhteen kohteeseen kerrallaan.

- o Esimerkiksi **Preussin olisi pitänyt liittyä sotaan vuonna 1805**, jotta Napoleon olisi joutunut kahden rintaman sotaan heti alussa.
2. **Parempi viestintä ja logistiikka**
   - o Venäjän armeija **liikkui hitaasti ja saapui aina myöhässä**, mikä aiheutti ongelmia liittolaisille.
   - o Liittoutuneiden olisi pitänyt **koordinoida marssireittinsä ja vahvistaa huoltojärjestelmäänsä**, jotta joukot olisivat voineet toimia yhdessä.
3. **Käyttää Britannian taloudellista ja merellistä voimaa paremmin**
   - o **Britannia ei voinut auttaa maasodassa**, mutta se pystyi rahoittamaan Preussia ja Itävaltaa tehokkaammin.
   - o Liittoutuneiden olisi pitänyt **paremmin yhdistää Britannian raha ja Venäjän/Preussin/Itävallan armeijat**, jotta ne olisivat voineet mobilisoida suurempia voimia nopeammin.
4. **Napoleonin nopeuden eliminointi**
   - o Liittoutuneet usein **jäivät Napoleonin liikkuvuuden jalkoihin**.
   - o Heidän olisi pitänyt **vältellä suuria taisteluita ilman ylivoimaa** ja pakottaa Napoleon kuluttavaan sotaan.

Johtopäätös: Olisiko Napoleon voitu pysäyttää?

Kyllä – jos liittoutuneet olisivat tehneet tiivistä yhteistyötä ja hyökänneet Napoleonin kimppuun samanaikaisesti. Napoleon oli mestari jakamaan vihollisensa ja iskemään yhteen kohteeseen kerrallaan.

- **1805:** Itävalta hyökkäsi ilman Venäjän tukea → Napoleon murskasi sen Austerlitzissa.
- **1806:** Preussi hyökkäsi ilman Venäjän tukea → Napoleon murskasi sen Jenassa ja Auerstedtissä.

Jos kaikki kolme valtiota **olisi hyökännyt yhtenä rintamana**, Napoleonin olisi ollut **paljon vaikeampi saavuttaa voittoja**. Tämä oli periaate, jota liittoutuneet lopulta oppivat, ja **vuonna 1813 he voittivat Napoleonin Leipzigin taistelussa juuri yhteisen koordinoinnin avulla.**

313

Haluatko käsitellä seuraavaksi **vuoden 1807 kampanjaa ja Tilsitin rauhaa** vai **Britannian roolia Napoleonin sodissa?**

Kommentti ChatGPT:n vastaukseen: Merkittävää tässä tilanteessa on se, että Napoleon pystyi armeijansa avulla nöyryyttämään kahdessa vuodessa kolmea eurooppalaista suurvaltaa siksi, että ne eivät pystyneet tekemään yhteistyötä keskenään. Jos ne olisivat pystyneet tekemään yhteistyötä, niin niillä olisi ollut riittävästi miesvoimaa Napoleonin armeijan torjumiseen. Tarkastellaan seuraavaksi vuoden 1807 sotaretkeä ja Tilsitin rauhaa, sekä sitä, mikä oli Napoleonin mannermaasulkemus ja näiden asioiden vaikutusta Suomen historiaan.

Sinä sanoit: Tarkastellaan seuraavaksi vuoden 1807 sotaretkeä ja Tilsitin rauhaa, sekä sitä, mikä oli Napoleonin mannermaasulkemus ja näiden asioiden vaikutusta Suomen historiaan.

ChatGPT sanoi: Vuoden 1807 sotaretki, Tilsitin rauha ja Napoleonin mannermaasulkemus liittyvät kiinteästi toisiinsa, ja niillä oli myös kauaskantoisia seurauksia Suomen kannalta. Tarkastellaan ensin Napoleonin sotaretkeä vuonna 1807, sen seurauksia Tilsitin rauhassa, ja lopuksi mannermaasulkemuksen vaikutusta Suomeen.

Vuoden 1807 sotaretki ja Tilsitin rauha

1. Napoleonin sota Venäjää ja Preussia vastaan (1807)

Vuoden 1806 lopulla Napoleon oli murskannut Preussin Jenan ja Auerstedtin taisteluissa. Preussin armeija oli tuhottu, ja Napoleon miehitti Berliinin. Ainoa merkittävä vastustaja, joka vielä seisoi Ranskalle, oli **Venäjä**, joka oli liittynyt sotaan Preussin tukemiseksi.

A) Puolan kampanja ja talvisota (marraskuu 1806 – helmikuu 1807)

- Napoleon marssi **Puolaan**, joka oli tuolloin Preussin hallinnassa.
- Napoleon joutui taistelemaan **ensimmäistä kertaa talvisodassa**, mikä hidasti hänen joukkojaan.

314

- Helmikuussa 1807 käytiin **Eylaun taistelu**, yksi harvoista taisteluista, joissa Napoleon ei saanut selvää voittoa. Taistelu oli verinen ja päättyi ilman selkeää ratkaisua.

B) Friedlandin taistelu ja Napoleonin voitto (14. kesäkuuta 1807)

- Napoleon kokosi voimansa ja kohtasi venäläiset **Friedlandin taistelussa**, jossa hän murskasi Venäjän armeijan.
- Venäjä menetti valtavasti joukkoja, ja keisari Aleksanteri I joutui pyytämään rauhaa.

---

2. Tilsitin rauha (heinäkuu 1807)

Napoleon ja Venäjän keisari Aleksanteri I tapasivat **Tilsitissä (nykyisessä Sovetskissa, Kaliningradin alueella)** ja solmivat rauhan.

A) Tilsitin rauhan ehdot

- **Preussi menetti yli puolet alueistaan.**
    - o Napoleon perusti **Varsovan herttuakunnan**, joka oli puolalaisten ensimmäinen valtio sitten Puolan jaon.
    - o Napoleon otti Preussilta myös alueita Länsi-Saksassa ja antoi ne liittolaisilleen.
- **Venäjä ja Ranska sopivat liittoutumisesta.**
    - o Aleksanteri I suostui liittymään Napoleonin **mannermaasulkemukseen Britanniaa vastaan**.
    - o Venäjä sai Napoleonilta vapaat kädet **hyökätä Ruotsiin ja valloittaa Suomen**.
- **Preussi jäi heikoksi ja ranskalaisten miehittämäksi.**
    - o Napoleon alisti Preussin ja pakotti sen maksamaan sotakorvauksia.

Napoleonin mannermaasulkemus ja sen vaikutukset Suomeen

1. Mikä oli mannermaasulkemus?

Napoleon pyrki kukistamaan Britannian **taloudellisesti**, koska hän ei pystynyt voittamaan sitä merellä Trafalgarin tappion jälkeen. **Mannermaasulkemus (Continental System)** oli **kauppasaarto**, jossa Napoleon kielsi kaikkia Euroopan maita käymästä kauppaa Britannian kanssa.

2. Mannermaasulkemuksen vaikutukset Pohjoismaihin

Mannermaasulkemus vaikutti erityisesti **Venäjään, Ruotsiin ja Tanskaan**. Koska Venäjä liittyi mannermaasulkemukseen **Tilsitin rauhan ehtona**, se joutui katkaisemaan kauppasuhteensa Britanniaan. Tämä johti jännitteisiin **Ruotsin kanssa**, koska Ruotsi **kieltäytyi liittymästä mannermaasulkemukseen**.

- Ruotsi oli perinteisesti Britannian liittolainen ja jatkoi **kauppaa Britannian kanssa**.
- Napoleon vaati Venäjää **pakottamaan Ruotsin mukaan mannermaasulkemukseen**, mikä johti **Suomen sotaan (1808–1809)**.

---

3. Suomen sota (1808–1809) ja Napoleonin vaikutus Suomen historiaan

Koska Ruotsi ei suostunut mannermaasulkemukseen, Napoleon kehotti Venäjää **hyökkäämään Ruotsiin**. Tämä johti **Suomen sotaan**, jossa Venäjä hyökkäsi Suomeen helmikuussa 1808.

A) Sodan kulku

- Venäjän joukot **ylittivät Kymijoen helmikuussa 1808** ja etenivät nopeasti Suomen läpi.
- Ruotsin joukot eivät olleet hyvin valmistautuneita, ja Venäjä valloitti suurimman osan Suomesta.

- Vuonna 1809 Ruotsi joutui **allekirjoittamaan Haminan rauhan**, jossa se luovutti **Suomen Venäjälle.**

B) Suomen historian käännekohta

- Napoleonin politiikka johti siihen, että Suomi **irrotettiin Ruotsista** ja liitettiin **Venäjän keisarikuntaan autonomisena suuriruhtinaskuntana.**
- Tämä johti lopulta siihen, että Suomi **alkoi kehittyä omana valtionaan**, mikä johti lopulta itsenäistymiseen vuonna 1917.

Johtopäätös

Napoleonin **vuoden 1807 sotaretki ja Tilsitin rauha muuttivat Euroopan voimasuhteita merkittävästi.** Venäjä pakotettiin liittymään Napoleonin mannermaasulkemukseen, mikä johti **Suomen sotaan ja Suomen liittämiseen Venäjään.**

Napoleonin yritys taloudellisesti kuristaa Britanniaa epäonnistui pitkällä aikavälillä, mutta sen seuraukset muokkasivat Pohjoismaiden historiaa pysyvästi. **Ilman mannermaasulkemusta ja Tilsitin rauhaa Suomen sota ei olisi todennäköisesti tapahtunut, eikä Suomi olisi irtautunut Ruotsista vuonna 1809.**

Haluatko käsitellä seuraavaksi **mannermaasulkemuksen epäonnistumista ja Napoleonin Venäjän-retkeä 1812** vai **Suomen kehitystä osana Venäjää 1809 jälkeen?**

Kommentti ChatGPT:n vastaukseen: ChatGPT on antanut hyvät selitykset Napoleonin sodista aina vuoteen 1807. Seuraavaksi on syytä tarkastella hänen päättäväisimmän vihollisensa Britannian rooli Napoleonin sodissa ja Napoleonin vastatoimia, sillä Britannia kaiken tämän tapahtuessa ei pysynyt joutilaana.

Sinä sanoit: Mikä oli Britannian rooli Napoleonin sodissa koskien sen merivaltaa, rahoitusta Napoleonin vihollisten sotatoimille ja Britannian omille sotatoimille etenkin Portugalin ja Espanjan alueilla?

ChatGPT sanoi: Britannialla oli Napoleonin sodissa kolme keskeistä roolia:

1. **Merivallan hallinta** – Britannia varmisti, että Napoleon ei voinut toteuttaa maihinnousua Britanniaan ja esti Ranskan kaupankäynnin meritse.
2. **Sotilaallinen rahoitus** – Britannia maksoi suuria rahasummia Napoleonin vihollisille, erityisesti Itävallalle, Preussille, Venäjälle ja Espanjan sissijoukoille.
3. **Sotatoimet mantereella** – Britannia tuki aktiivisesti sotaa Iberian niemimaalla (Portugalissa ja Espanjassa), missä Wellingtonin johtamat joukot aiheuttivat merkittäviä tappioita Napoleonille.

Tarkastellaan kutakin näistä osa-alueista tarkemmin.

---

1. Britannian merivalta ja sen merkitys Napoleonin sodissa

Britannia oli Napoleonin ainoa pysyvä vihollinen koko sodan ajan (1803–1815), ja sen tärkein ase oli kuninkaallinen laivasto (Royal Navy).

- **Trafalgarin taistelu (1805):** Amiraali Horatio Nelson murskasi Ranskan ja Espanjan laivastot. Tämä takasi Britannian meriherruuden ja esti Napoleonin suunnitelmat hyökätä Britanniaan.
- **Mannermaasulkemuksen vastainen kauppa:** Napoleon yritti saartaa Britannian kauppaa, mutta Britannia pystyi kaupankäymään muun maailman kanssa ja toi Napoleonin vastaiset liittolaiset taloudellisesti riippuvaisiksi itsestään.
- **Ranskalaisten siirtokuntien valtaus:** Britannia valtasi ranskalaisia ja hollantilaisia siirtomaita, kuten Kapmaan (Etelä-Afrikka), Cayennen (Ranskan Guayana) ja Mauritiuksen.

Meriherruus tarkoitti, että Britannia pystyi liikuttamaan joukkoja vapaasti ympäri maailmaa, estämään Ranskan kaupankäynnin ja tukemaan mantereella taistelevia liittolaisiaan.

---

2. Britannian rahoitus Napoleonin vihollisille

Britannia käytti valtavia summia rahaa tukeakseen Napoleonin vihollisia, koska se itse ei voinut kohdata Ranskaa suoraan Euroopan maaperällä suuressa mittakaavassa.

- **Kultaa ja rahallista tukea**: Britannia rahoitti Itävallan, Preussin ja Venäjän sotia Napoleonia vastaan.
- **Espanjan ja Portugalin vastarinta**: Kun Napoleon miehitti Espanjan ja Portugalin, Britannia rahoitti sekä paikallisia sissijoukkoja että omia sotatoimiaan.
- **Mannermaasulkemuksen kiertäminen**: Britannia piti taloutensa vahvana kaupankäynnin avulla, ja se pystyi käyttämään resurssejaan sodankäyntiin, kun taas Ranska kärsi taloudellisesti.

Britannian rahallinen tuki oli yksi Napoleonin sodan ratkaisevista tekijöistä. Ilman brittiläistä kultaa Venäjä, Itävalta ja Preussi eivät olisi voineet jatkaa sotaa Napoleonin ylivoimaista armeijaa vastaan.

---

3. Britannian sotatoimet Iberian niemimaalla (1808–1814)

Yksi Britannian suurimmista sotilaallisista ponnistuksista oli taistelu Ranskaa vastaan Espanjassa ja Portugalissa, eli **Iberian niemimaan sota**.

A) Portugalin puolustaminen ja brittiläiset joukkojen maihinnousut

- Vuonna 1807 Ranska miehitti Portugalin, koska se oli Britannian liittolainen ja kävi kauppaa sen kanssa.

319

- **Vuonna 1808 Britannia lähetti joukkoja Portugalin vapauttamiseksi.** Arthur Wellesley (myöhempi Wellingtonin herttua) voitti ranskalaiset **Vimeiron taistelussa**, ja britit vakiinnuttivat asemansa Portugalissa.

B) Espanjan kapina ja sissisota

- Vuonna 1808 Napoleon asetti veljensä **Joseph Bonaparten** Espanjan kuninkaaksi, mutta espanjalaiset nousivat kapinaan.
- Espanjalaiset kävivät **sissisotaa**, jossa britit tukivat heitä rahallisesti ja aseilla.
- Espanjalaisten ja portugalilaisten sissien jatkuvat iskut estivät ranskalaisia hallitsemasta maata tehokkaasti.

C) Wellingtonin Iberian sotaretki

Wellingtonin brittiläiset joukot voittivat Ranskan armeijat Iberiassa ja pakottivat Napoleonin perääntymään.

- **Talavera (1809)** ja **Bussaco (1810)** – Britannian ja Portugalin joukot torjuivat Ranskan hyökkäykset.
- **Linhas de Torres Vedras** – Wellington linnoitti Portugalin pohjoisosan ja esti Ranskan yritykset valloittaa maa.
- **Salamanca (1812)** ja **Vitoria (1813)** – Wellingtonin joukot murskasivat Ranskan armeijat ja ajoivat ne ulos Espanjasta.

Vuoteen 1814 mennessä Britannian johtama liittouma oli vapauttanut Espanjan ja Portugalin, ja Napoleonin joukot oli karkotettu niemimaalta.

Johtopäätökset: Britannian merkitys Napoleonin sodissa

1. Britannian merivalta oli Napoleonin heikkous

- Trafalgarin voitto varmisti, että Napoleon ei voinut hyökätä Britanniaan ja että Britannia pystyi tukemaan liittolaisiaan meriteitse.

- Britannia pystyi estämään Napoleonin laajentumisen merillä ja hyökkäämään hänen satamiaan vastaan.

2. Britannian rahoitus piti Napoleonin vastaiset sodat käynnissä

- Ilman Britannian kultaa Venäjä, Itävalta ja Preussi eivät olisi voineet jatkaa sotaa Napoleonin valtavaa armeijaa vastaan.
- Britannia myös rahoitti Espanjan sissisotaa ja aseisti kapinallisia kaikkialla Euroopassa.

3. Iberian niemimaan sota oli Napoleonin suuri tappio

- Napoleonin joukot jäivät jumiin Espanjaan ja Portugaliin vuosiksi, ja Ranska menetti valtavasti sotilaita.
- Wellingtonin brittijoukot yhdessä espanjalaisten ja portugalilaisten kanssa karkottivat Ranskan niemimaalta.
- Tämä sitoi Napoleonin resursseja ja auttoi lopulta Venäjää ja Preussia vuonna 1813 voittamaan Napoleonin Saksassa (Leipzigin taistelu).

Lopputulos: Britannia ei ehkä voinut kohdata Napoleonia mantereella yksin, mutta sen **merivalta, taloudellinen tuki ja sotatoimet Iberiassa** olivat ratkaisevia Napoleonin kukistamisessa.

Haluatko jatkaa tarkastelua **Napoleonin Venäjän-retkeen (1812) ja Leipzigin taisteluun (1813)** vai Britannian **Waterloon kampanjaan (1815)**?

Kommentti ChatGPT:n vastaukseen: Britanniaa ja sen toimia Napoleonin vastavoimana on syytä tarkastella hieman. Napoleonin kannalta oli ärsyttävää, kuinka sitkeästä Britannia taisteli häntä vastaan ja tuki hänen muita vihollisiansa.

Sinä sanoit: Miksi Napoleon hyökkäsi Espanjaan ja kruunasi veljensä Josephin sen kuninkaaksi vuonna 1808? Miten espanjalaiset reagoivat tähän vieraan vallan hyökkäykseen?

ChatGPT sanoi: Napoleon hyökkäsi Espanjaan ja asetti veljensä Joseph Bonaparten sen kuninkaaksi vuonna 1808 osana laajempaa strategiaansa kontrolloida Eurooppaa. Tämä päätös johti Espanjan kansan kapinaan ja vuosia kestäneeseen Iberian niemimaan sotaan (1808–1814), joka heikensi Napoleonin armeijaa merkittävästi. Tarkastellaan tapahtumien taustaa, hyökkäyksen syitä ja espanjalaisten reaktiota.

---

1. Miksi Napoleon hyökkäsi Espanjaan?

A) Mannermaasulkemuksen vahvistaminen

Napoleon yritti estää Britannian kauppaa **mannermaasulkemuksella** (Continental System), jonka tarkoituksena oli pakottaa Britannia polvilleen taloudellisesti. Espanja ja Portugali kuitenkin kävivät edelleen kauppaa Britannian kanssa, mikä vaaransi Napoleonin suunnitelman.

- **Portugalin valloittaminen (1807):** Napoleon liittoutui Espanjan kuningas **Kaarle IV:n** kanssa ja hyökkäsi Portugaliin, koska se kieltäytyi katkaisemasta kaupankäyntiään Britannian kanssa.
- Ranskalaiset valtasivat Portugalin nopeasti, mutta **Napoleon halusi varmistaa myös Espanjan täydellisen alistamisen, jotta Britannialla ei olisi tukikohtia Iberian niemimaalla**.

B) Espanjan sisäiset valtataistelut

Espanjassa käytiin sisäistä valtataistelua kuningas Kaarle IV:n ja hänen poikansa **Fernando VII:n** välillä. Napoleon käytti tätä hyväkseen:

- Vuonna 1808 Napoleon houkutteli sekä **Kaarle IV:n että Fernando VII:n Bayonnen kaupunkiin Ranskaan** ja pakotti heidät luopumaan kruunusta.
- Napoleon asetti Espanjan uudeksi kuninkaaksi **veljensä Joseph Bonaparten**, uskoen että Joseph modernisoisi Espanjan ranskalaisen mallin mukaan.

C) Espanjan strateginen merkitys Napoleonille

Napoleon halusi Espanjan hallintaansa, koska se:

- **Turvaisi Ranskan eteläisen rajan**, jolloin Ranska voisi keskittyä taisteluun Itävaltaa ja Preussia vastaan.
- **Varmistaisi mannermaasulkemuksen**, jotta Britannia ei voisi käyttää Espanjan ja Portugalin satamia.
- **Toimisi hyökkäysreittinä Britannian tukemaa Portugalin vastarintaa vastaan.**

Napoleon uskoi Espanjan olevan helppo kohde, mutta hän aliarvioi täysin espanjalaisten reaktion.

---

2. Espanjalaisten reaktio ja kansannousu (1808)

Napoleonin päätös syrjäyttää Espanjan hallitsijat ja asettaa ranskalainen kuningas **aiheutti valtavan kansannousun**.

A) Madridin kapina – Dos de Mayo (2. toukokuuta 1808)

- 2. toukokuuta 1808 Madridin asukkaat nousivat ranskalaisia vastaan, kun he näkivät espanjalaisen kuningasperheen lähtevän maanpakoon.
- Espanjalaiset siviilit, sotilaat ja papit hyökkäsivät ranskalaisten kimppuun asein ja veitsin.
- Napoleonin marsalkka **Joachim Murat** tukahdutti kapinan julmasti, teloittaen tuhansia espanjalaisia seuraavana päivänä (3. toukokuuta), mikä ikuistettiin **Francisco Goyan maalauksessa "Kolmas toukokuuta 1808"**.

Madridin kapina sytytti koko Espanjan kansannousuun.

B) Espanjan sissisota – ensimmäinen kansallinen sissikapina Euroopassa

Espanjalaiset alkoivat **käydä sissisotaa**, joka osoittautui Napoleonille painajaiseksi.

- **Sissijoukot hyökkäsivät ranskalaisten huoltojoukkojen ja varuskuntien kimppuun**, tappoivat sotilaita ja sabotoivat kuljetusreittejä.
- Ranskalaiset eivät pystyneet hallitsemaan maaseutua, vaan vain suurimpia kaupunkeja, kuten Madridia ja Barcelonaan.
- Espanjalaiset papit julistivat sodan "pyhäksi sodaksi" (guerra santa) ranskalaisia "vääräuskoisia" vastaan, mikä lisäsi taistelumoraalia.

C) Espanjan armeijan vastarinta – Bailénin taistelu (1808)

- Espanjalaiset joukot voittivat Napoleonin armeijan **Bailénin taistelussa** heinäkuussa 1808, mikä oli Napoleonin sodissa ensimmäinen kerta, kun ranskalainen armeija antautui taistelussa.
- Tämä **osoitti, että Napoleonin joukot eivät olleet voittamattomia** ja rohkaisi Britanniaa liittymään sotaan.

Napoleon ei voinut sietää tätä tappiota ja päätti puuttua tilanteeseen henkilökohtaisesti.

---

3. Napoleonin vastatoimet ja sodan kääntyminen Iberiassa

A) Napoleonin Espanjan sotaretki (1808–1809)

- Napoleon marssi **200 000 sotilaan kanssa Espanjaan** ja voitti useita taisteluita, muun muassa **Somo Sierran taistelun.**
- Hän valloitti Madridin takaisin joulukuussa 1808.
- Napoleon joutui kuitenkin vetäytymään Espanjasta vuonna 1809, kun Itävalta julisti sodan Ranskalle.

B) Wellingtonin ja Britannian rooli sodassa

Britannia käytti Espanjan kapinaa hyväkseen ja lähetti **Arthur Wellesleyn (myöhempi Wellingtonin herttua) johtamat joukot Iberian niemimaalle.**

- Wellingtonin joukot **voittivat Ranskan Talaveran taistelussa (1809)** ja aloittivat pitkäaikaisen sodan Ranskaa vastaan Iberiassa.
- Espanjalaiset ja portugalilaiset sissit yhdessä Wellingtonin brittijoukkojen kanssa tekivät Napoleonin hallinnan Espanjassa mahdottomaksi.

C) Espanjan sota kulutti Napoleonin resursseja

Napoleon oli alun perin arvioinut Espanjan sodan olevan nopea voitto, mutta siitä tuli **pitkä ja kuluttava sissisota, joka sitoi valtavasti Ranskan sotilaallisia resursseja.**

- Ranska menetti vuosien aikana yli **300 000 sotilasta** Espanjassa.
- Napoleon joutui siirtämään joukkojaan muihin sotiin, etenkin Venäjän sotaretkeen 1812.
- Vuonna 1813 Wellington löi ranskalaiset **Vitorian taistelussa**, mikä käytännössä päätti Ranskan vallan Espanjassa.

---

4. Espanjan sodan merkitys Napoleonin sodille

A) Napoleonin suurin strateginen virhe

- Espanjan sota oli Napoleonin ensimmäinen suuri virhearvio.
- Hän aliarvioi Espanjan kansan taistelutahdon ja Britannian kyvyn tukea vastarintaa.
- Espanjan sota **sitoumuksineen ja tappioineen kulutti Napoleonin armeijaa**, mikä vaikutti hänen tappioihinsa myöhemmin Saksassa (1813) ja Waterloossa (1815).

B) Sissisodan merkitys tulevaisuudelle

- Espanjan sota oli **ensimmäinen nykyaikainen sissisota**, jossa paikalliset vastarintajoukot vaikeuttivat valloittajan hallintaa.
- Napoleonin kenraalit valittivat, että espanjalaiset sissit "ryömivät maasta kuin demonit".

- Tämä sissisodan malli näkyi myöhemmin muissa sodissa, kuten **Venäjän partisaanisodassa (1812), Ranskan vastarintaliikkeessä (1940–1945) ja Vietnamin sodassa (1955–1975).**

Johtopäätös

Napoleonin päätös kruunata veljensä Espanjan kuninkaaksi vuonna 1808 **aiheutti massiivisen kapinan, sissisodan ja Britannian sekaantumisen Iberian niemimaalle.** Tämä sota osoittautui Napoleonin suureksi virheeksi, joka **heikensi Ranskan armeijaa ja mahdollisti Napoleonin lopullisen kukistamisen.**

Haluatko seuraavaksi tarkastella **Napoleonin Venäjän sotaretkeä (1812) ja sen vaikutuksia?**

Kommentti ChatGPT:n vastaukseen: Napoleonin toimet Espanjan suhteen osoittavat hänen ylimielisyytensä, sillä hän ilmeisesti oletti, että hän pystyisi laittamaan veljensä Espanjan kuninkaaksi ilman, että Espanjan kansa reagoisi siihen mitenkään suuremmin.

Sinä sanoit: Espanjan suhteen kiinnitin huomiota siihen, että Napoleon halusi veljensä sen kuninkaaksi. Kuinka laaja suku Napoleonilla oli tukenaan, miten hän hyödynsi sukunsa tukea ja mitä alueita hänen sukulaisensa puolisoineen hallitsivat?

ChatGPT sanoi: Napoleon Bonaparte hyödynsi laajasti sukuaan Euroopan hallinnassa ja asetti perheenjäseniään eri valtakuntien valtaistuimille sekä korkea-arvoisiin virkoihin. Hänen perheensä hallitsi useita kuningaskuntia ja ruhtinaskuntia ympäri Eurooppaa. Tässä katsaus Napoleonin perheen rooliin hänen valtakautensa aikana.

Napoleonin perhe ja heidän hallitsemansa alueet

Napoleonin perhe koostui hänen vanhemmistaan, neljästä veljestä ja kolmesta sisaresta. Hän käytti heitä hallitsijoina valtakuntansa eri osissa.

1. Napoleonin vanhemmat ja perheen tausta

- **Isä: Carlo Maria Buonaparte** (1746–1785)
- **Äiti: Letizia Ramolino Bonaparte** (1750–1836)
  o Letizia pysyi tärkeänä hahmona perheen sisäisissä suhteissa ja Napoleon arvosti hänen neuvokkuuttaan.

Perhe oli alun perin korsikalainen aatelissuku, ja Napoleon oli ensimmäinen, joka nousi merkittävään asemaan Ranskassa.

---

2. Napoleonin veljet ja heidän valtakuntansa

Napoleon asetti veljiään Euroopan eri hallitsijaposteihin varmistaakseen Ranskan vaikutusvallan.

A) Joseph Bonaparte (1768–1844) – Napolin ja Espanjan kuningas

- **Napolin kuningas (1806–1808)**: Napoleon asetti Josephin Napolin hallitsijaksi kaadettuaan Bourbonit.
- **Espanjan kuningas (1808–1813)**: Napoleon siirsi Josephin Espanjan kuninkaaksi, mutta tämä kohtasi vahvaa vastustusta ja menetti lopulta kruunun.
- Espanjalaiset kutsuivat häntä pilkallisesti "Pepe Botellaksi" (Jose Pullo), vaikka Joseph ei ollut erityisen juoppo.

B) Louis Bonaparte (1778–1846) – Hollannin kuningas

- **Hollannin kuningas (1806–1810)**: Napoleon antoi veljelleen Hollannin kruunun, mutta Louis yritti hallita itsenäisesti ja suojella hollantilaisia Napoleonin raskaiden vaatimusten sijaan.

- Napoleon oli pettynyt Louisin itsenäiseen politiikkaan ja **pakotti hänet luopumaan kruunusta vuonna 1810**.
- Louisin poika **Napoleon III** nousi myöhemmin Ranskan keisariksi (1852–1870).

C) Jérôme Bonaparte (1784–1860) – Westfalenin kuningas

- **Westfalenin kuningas (1807–1813)**: Napoleon loi tämän kuningaskunnan Saksaan ja asetti nuorimman veljensä sen hallitsijaksi.
- Jérôme oli hedonistinen ja tunnettiin ylellisistä juhlistaan, mikä lisäsi paikallista tyytymättömyyttä.

D) Lucien Bonaparte (1775–1840) – ei hallitsijana, mutta vaikutusvaltainen poliitikko

- Lucien toimi Napoleonin tukijana, mutta riitaantui hänen kanssaan, koska kieltäytyi menemästä poliittiseen avioliittoon Napoleonin toiveiden mukaisesti.
- Napoleon syrjäytti hänet perheensä valtahierarkiasta, ja Lucien asettui Italian paavillisiin alueisiin.

---

3. Napoleonin sisaret ja heidän roolinsa Euroopassa

Napoleon käytti myös sisariaan poliittisina työkaluina avioliittojen kautta.

A) Elisa Bonaparte (1777–1820) – Toscanan hallitsija

- **Hallitseva prinsessa Toscanassa ja Luccassa (1805–1814)**.
- Elisa oli yksi harvoista Napoleonin sisaruksista, jolla oli hallinnollista kyvykkyyttä.

B) Pauline Bonaparte (1780–1825) – Italian ruhtinatar

- **Prinssi Camillo Borghesen puoliso**, sai vaikutusvaltaa Italian ruhtinaskunnissa.
- Tunnettiin kauneudestaan ja skandaaleistaan.

C) Caroline Bonaparte (1782–1839) – Napolin kuningatar

- **Joachim Muratin, Napolin kuninkaan, puoliso (1808–1815)**.
- Caroline oli kunnianhimoinen ja osallistui aktiivisesti hallintoon.

---

4. Napoleonin puolisoiden rooli dynastiassa

Napoleon oli kahdesti naimisissa, ja molemmat avioliitot olivat poliittisesti merkittäviä.

A) Joséphine de Beauharnais (1763–1814) – ensimmäinen keisarinna

- Napoleonin ensimmäinen vaimo, mutta ei saanut Napoleonille perillistä.
- Napoleon **erosi Joséphinesta vuonna 1809**, koska hän tarvitsi dynastisen avioliiton saadakseen perillisen.

B) Marie Louise (1791–1847) – Itävallan keisarin tytär, Napoleonin toinen vaimo

- Napoleon meni naimisiin **Itävallan keisarin Frans I:n tyttären kanssa vuonna 1810** vahvistaakseen liittolaisuutta Habsburgien kanssa.
- Heidän poikansa **Napoleon II** syntyi vuonna 1811, mutta ei koskaan hallinnut Ranskaa.

---

5. Bonapartelainen valtakunta Napoleonin huipulla (1810)

Vuoteen 1810 mennessä Napoleonin perhe hallitsi laajoja alueita Euroopassa:

Bonaparte-suku	Hallittu alue	Vuosiluku
Napoleon I	Ranskan keisari, Italian kuningas	1804–1814/1815
Joseph Bonaparte	Napolin kuningas	1806–1808
Joseph Bonaparte	Espanjan kuningas	1808–1813
Louis Bonaparte	Hollannin kuningas	1806–1810
Jérôme Bonaparte	Westfalenin kuningas	1807–1813
Caroline Bonaparte	Napolin kuningatar	1808–1815
Elisa Bonaparte	Toscanan hallitsija	1805–1814

6. Miksi Napoleonin dynastinen järjestelmä romahti?

A) Napoleonin perheen epälojaalius ja heikkous

- Monet hänen veljistään, kuten **Joseph ja Louis**, eivät hallinneet Napoleonin toiveiden mukaisesti.
- **Joseph ei kyennyt hallitsemaan Espanjaa**, ja **Louis yritti suojella hollantilaisia Napoleonin määräyksiltä**, mikä johti hänen syrjäyttämiseensä.

B) Vastarinta eri valtakunnissa

- Espanjalaiset nousivat kapinaan Josephia vastaan (1808), ja **sissisota tuhosi Ranskan vallan Espanjassa**.
- Hollantilaiset ja saksalaiset vihasivat Napoleonin hallintoa ja nousivat kapinaan vuosina 1813–1814.

C) Napoleonin sotilaalliset tappiot

- Venäjän sotaretki (1812) ja Leipzigin taistelu (1813) tuhosivat Napoleonin armeijan.

- Vuonna 1814 Napoleon kukistui ja hänen sukunsa menetti kruununsa eri puolilla Eurooppaa.

Lopuksi

Napoleon yritti luoda Eurooppaan **Bonaparten dynastian**, jossa hänen sukunsa hallitsisi eri valtakuntia. Tämä strategia epäonnistui, koska Napoleonin perheenjäsenet eivät aina olleet kyvykkäitä tai lojaaleja hallitsijoita, ja kansojen kansallistunne sai monet vastustamaan ranskalaista valtaa.

Haluatko tarkemman katsauksen Napoleonin jälkeläisten kohtaloon 1800-luvulla?

Kommentti ChatGPT:n vastaukseen: Napoleon itse oli niin sotilaallinen kuin hallinnollinen nero, mutta näitä ominaisuuksia oli vähemmän hänen sukulaisillansa. Napoleonin järjestelmän yksi heikkous oli nimenomaan nepotismi, jolla hän pyrki vahvistamaan Bonaparte-suvun dynastiaa, kuten ChatGPT:n vastauksesta ilmenee. ChatGPT, luultavasti puutteellisen tehtävänantoni vuoksi, jättää mainitsematta Eugene de Beauharnaisin, Josephinen pojan ennen hänen avioliittoon Napoleonin kanssa, toiminnan Italian varakuninkaana ja Napoleonin kenraalina.

Sinä sanoit: Miksi Itävalta lähti sotaan Napoleonia vastaan 1809 ja miten tässä sodassa kävi? Miksi Venäjä ja Preussi eivät päättäneet tukea Itävaltaa sen kamppailussa korsikalaista nousukasta vastaan?

ChatGPT sanoi: Itävallan sota Napoleonia vastaan vuonna 1809 (ns. **Viides Napoleonin vastainen koalitiosota**) oli seurausta Itävallan halusta palauttaa suurvaltastatuksensa ja kostaa aiemmat tappionsa Napoleonille. Tämä sota päättyi kuitenkin Napoleonin voittoon, ja Itävalta joutui kärsimään ankaria rauhanehtoja.

Miksi Itävalta lähti sotaan Napoleonia vastaan vuonna 1809?

Itävalta oli kärsinyt tappion Napoleonille **Austerlitzin taistelussa vuonna 1805**, mikä johti ankaraan **Pressburgin rauhaan**. Itävalta menetti suuria alueita, ja sen asema Euroopan suurvaltana heikkeni. Kuitenkin vuoden 1809 sodan taustalla oli useita tekijöitä:

1. **Napoleonin tappio Espanjassa (1808)**
   - o Napoleonin asettama Joseph Bonaparte Espanjan kuninkaaksi oli käynnistänyt **Espanjan itsenäisyyssodan**, jossa brittien tukemat espanjalaiset kapinalliset aiheuttivat suuria ongelmia Ranskan armeijalle.
   - o Itävalta näki tämän tilaisuutena iskeä, kun Napoleonin joukot olivat hajallaan eri rintamilla.
2. **Itävallan revanssihenki**
   - o Itävallan keisari **Frans I** ja hänen ulkoministerinsä **Klemens von Metternich** halusivat palauttaa Itävallan arvovallan Napoleonin tappion kautta.
   - o He uskoivat, että Napoleonin vastainen yleinen tyytymättömyys Euroopassa voisi johtaa laajempaan koalitioon häntä vastaan.
3. **Itävallan armeijan uudistukset**
   - o Itävalta oli uudistanut armeijaansa Austerlitzin jälkeen ja uskoi nyt olevansa paremmassa asemassa haastamaan Ranskan.
   - o Upseerit, kuten arkkiherttua **Kaarle**, kehittivät uusia taktiikoita ranskalaisten lyömiseksi.
4. **Toivo Venäjän ja Preussin tuesta**
   - o Itävalta odotti Venäjän ja Preussin liittyvän sotaan, kun se aloittaisi hyökkäyksen.
   - o Varsinkin Preussi oli Napoleonin vihollinen, ja Itävalta luotti siihen, että se nousisi kapinaan.

Sodan kulku (1809)

1. Itävalta hyökkää Baijeriin (huhtikuu 1809)

- Itävallan armeija ylitti **Inn-joen** ja hyökkäsi Ranskan liittolaiseen **Baijeriin.**
- Napoleon oli kuitenkin nopea ja **voitti Itävallan armeijan viiden päivän kampanjassa (Landshutin ja Eckmühlin taistelut, huhtikuu 1809).**

2. Wienin valloitus (toukokuussa 1809)

- Napoleon eteni nopeasti ja **valtasi Wienin 12. toukokuuta 1809.**
- Itävaltalaiset eivät kuitenkaan antautuneet, vaan arkkiherttua **Kaarle vetäytyi armeijansa kanssa pohjoiseen Tonavan yli.**

3. Aspern-Esslingin taistelu (toukokuussa 1809) – Napoleonin ensimmäinen tappio

- Itävallan joukot voittivat **Aspern-Esslingin taistelussa (21.–22. toukokuuta 1809)**, mikä oli ensimmäinen kerta, kun Napoleon kärsi selvän tappion taistelukentällä.
- Tämä lisäsi Itävallan toiveita sodan voitosta.

4. Wagramin taistelu (heinäkuu 1809) – Napoleon lyö Itävallan

- Napoleon kokosi uudet joukot ja hyökkäsi uudelleen. **Wagramin taistelu (5.–6. heinäkuuta 1809)** oli yksi historian suurimmista taisteluista.
- Napoleon voitti ja pakotti Itävallan pyytämään rauhaa.

5. Schönbrunnin rauha (lokakuu 1809)

- Itävalta joutui tunnustamaan tappionsa ja allekirjoitti **Schönbrunnin rauhan.**
- Se menetti alueita mm. Saksassa, Puolassa ja Adrianmeren rannikolla.

Miksi Venäjä ja Preussi eivät tukeneet Itävaltaa?

1. Venäjä oli Napoleonin liittolainen (Tilsitin rauha 1807)

- Venäjä oli pakotettu Napoleonin liittolaiseksi **Tilsitin rauhassa vuonna 1807**, jossa se käytännössä joutui hyväksymään Napoleonin ylivaltaan Euroopassa.
- Keisari **Aleksanteri I** ei halunnut rikkoa sopimusta, vaikka hän itse vihasi Napoleonia.
- Venäjä keskittyi **taisteluun Ruotsia vastaan (Suomen sota 1808–1809)** ja ei ollut valmis uuteen sotaan.

2. Preussi oli liian heikko

- Preussi oli kärsinyt **tuhon vuoden 1806 sodassa**, jossa se oli murskattu Jena-Auerstedtin taistelussa.
- Napoleon oli tehnyt Preussista käytännössä **miehitetyn valtion**, joka oli pakotettu maksamaan Ranskalle sotakorvauksia ja pitämään pienen armeijan.
- Vaikka Preussissa oli Napoleonin vastainen henki, se ei uskaltanut nousta kapinaan yksin.

3. Napoleonin sotilaallinen ylivoima pelotti muita valtioita

- Venäjä ja Preussi eivät halunneet kohdata Napoleonin pääarmeijaa ilman varmaa voiton mahdollisuutta.
- Itävalta joutui taistelemaan yksin, eikä edes Britannia lähettänyt merkittäviä apujoukkoja Keski-Euroopan rintamalle.

Johtopäätökset

1. **Itävalta aloitti sodan Napoleonin heikkoutta hyödyntääkseen, mutta aliarvioi Ranskan kyvyn reagoida nopeasti.**
2. **Napoleon voitti sodan, mutta Wagramin taistelu osoitti hänen voimansa alkavan heikentyä.**

3. Venäjä ja Preussi eivät auttaneet Itävaltaa, koska Venäjä oli Napoleonin liittolainen ja Preussi oli liian heikko.
4. Schönbrunnin rauha heikensi Itävaltaa entisestään, mutta lopulta Napoleon teki virheen alistaessaan Itävallan liian pahasti. Tämä pakotti Itävallan etsimään uusia liittolaisia Napoleonin kukistamiseksi vuonna 1813.

Haluatko tarkempia tietoja esimerkiksi Napoleonin ja Itävallan suhteista sodan jälkeen?

Kommentti ChatGPT:n vastaukseen: Itävallan vuoden 1809 sota vahvisti näkemystä siitä, että yksikään itäisen Euroopan suurvalloista eli Venäjä, Itävalta tai Preussi ei pystyisi yksin voittamaan Napoleonia ja hänen kokeneita armejoitansa.

Sinä sanoit: Napoleonin oma elämä vuodesta 1809 vuoteen 1812 oli sangen rauhallista ja hän meni naimisiin Marie Louisen kanssa, joka oli Itävallan keisarin tytär. Miksi kuitenkin Venäjä päätti irtautua Napoleonin mannermaasulkemuksesta, vaikka he tiesivät, että sen seurauksena he saattaisivat joutua Napoleonin hyökkäyksen kohteeksi?

ChatGPT sanoi: Venäjän irtautuminen Napoleonin mannermaasulkemuksesta oli seurausta useista taloudellisista, poliittisista ja strategisista syistä. Venäjän keisari Aleksanteri I tiesi, että tämä voisi johtaa sotaan Napoleonin kanssa, mutta hän katsoi, että jatkaminen mannermaasulkemuksessa olisi vielä haitallisempaa Venäjän pitkän aikavälin eduille.

Taustaa: Napoleonin mannermaasulkemus

Napoleon julisti vuonna 1806 Berliinin asetuksella mannermaasulkemuksen, jonka tarkoituksena oli lamaannuttaa Britannian talous estämällä kauppa sen ja manner-Euroopan välillä. Tämä sulkemus pakotti kaikki Ranskan liittolaiset ja alistetut valtiot katkaisemaan kaupankäynnin Britannian kanssa.

Venäjä sitoutui mannermaasulkemukseen **Tilsitin rauhassa vuonna 1807,** mutta se ei koskaan täysin noudattanut sitä. **Vuoteen 1810 mennessä Aleksanteri I alkoi avoimesti rikkoa järjestelmää.**

Miksi Venäjä irtautui mannermaasulkemuksesta?

1. Taloudelliset syyt – Venäjän kauppa romahti

- Venäjän talous perustui vahvasti **raaka-aineiden vientiin**, erityisesti viljaan, puutavaraan ja pellavaan.
- Britannia oli Venäjän suurin kauppakumppani ennen mannermaasulkemusta, ja sulkemus vähensi dramaattisesti Venäjän vientituloja.
- Venäjän satamat kärsivät, erityisesti **Pietari**, koska brittiläisten laivojen poistuminen jätti kaupan seisomaan.
- **Venäläiset aateliset ja maanomistajat** painostivat keisaria avaamaan kaupankäynnin Britannian kanssa uudelleen, koska he menettivät merkittäviä tuloja.

2. Napoleonin vaikutusvalta Keski-Euroopassa huolestutti Venäjää

- Napoleon oli voittanut Itävallan **Wagramin taistelussa 1809**, ja **Schönbrunnin rauhassa Itävalta menetti lisää alueita Napoleonille.**
- Tämä osoitti, että Napoleonin ylivalta Euroopassa vain kasvoi, ja Venäjä alkoi nähdä Napoleonin uhkana.
- Venäjä halusi säilyttää **Preussin ja Itävallan riippumattomuuden** Napoleonista, jotta ne voisivat toimia vastavoimina Ranskalle.

3. Napoleonin avioliitto Marie Louisen kanssa (1810) – Venäjän diplomatian epäonnistuminen

- Aleksanteri I oli suunnitellut, että Napoleon menisi naimisiin **hänen sisarensa Annan kanssa**, mikä olisi voinut vahvistaa Venäjän ja Ranskan liittolaisuutta.

- Napoleon kuitenkin **valitsi Itävallan keisarin tyttären Marie Louisen**, mikä osoitti, että Ranska ja Itävalta lähentyivät toisiaan.
- Tämä teki Aleksanteri I:stä epäluuloisen ja sai hänet epäilemään, että Napoleonilla oli muita suunnitelmia Itä-Euroopan suhteen.

4. Napoleonin satelliittivaltiot Itä-Euroopassa uhkasivat Venäjää

- Napoleon oli luonut **Varsovan herttuakunnan** Puolaan vuonna 1807.
- Venäjä pelkäsi, että Napoleon **uudelleenperustaisi Puolan kuningaskunnan**, mikä olisi suora uhka Venäjän läntisille alueille, joihin kuului suuri osa entistä Puolaa.
- Napoleonin laajeneva vaikutusvalta Saksassa ja Keski-Euroopassa herätti Venäjällä pelkoa, että Ranska yrittäisi heikentää sen asemaa myös Baltiassa ja Mustanmeren alueella.

5. Venäjän sotilaallinen valmistautuminen

- Aleksanteri I alkoi **uudistaa ja vahvistaa Venäjän armeijaa**, mikä antoi hänelle itsevarmuutta kohdata Napoleonin, jos sota syttyisi.
- Venäjä **suunnitteli strategista vetäytymistä**, jos sota alkaisi, mikä tarkoitti, että se voisi pakottaa Napoleonin pitkälle sotaretkelle syvälle Venäjän alueille.

Miten Venäjä käytännössä irtautui mannermaasulkemuksesta?

1. **Venäjä alkoi sallia brittiläisten tavaroiden salakuljetuksen (1810–1811).**
   - Tullimääräykset höllennettiin, ja brittiläistä kauppaa alettiin jälleen käydä **Pietarin ja Arkangelin satamien kautta**.
   - Tämä suututti Napoleonin, joka **vaati Venäjää noudattamaan mannermaasulkemusta**.
2. **Venäjä nosti Ranskasta tuotujen tavaroiden tulleja (1811).**
   - Tämä oli suora haaste Napoleonin järjestelmälle, koska mannermaasulkemuksen tarkoituksena oli **pakottaa maat ostamaan Ranskasta brittiläisten tuotteiden sijaan**.
   - Napoleon näki tämän taloudellisena sodanjulistuksena.

3. **Venäjä alkoi varautua sotaan.**
   - o Aleksanteri I alkoi **kasvattamaan Venäjän armeijaa ja parantamaan sen logistiikkaa.**
   - o **Tavoitteena oli vetäytymisstrategia,** jossa Napoleonin armeija vedettäisiin syvälle Venäjän alueille, missä se voisi kuluttaa itsensä loppuun.

Johtopäätökset

- Venäjä **irtautui mannermaasulkemuksesta taloudellisten ja poliittisten syiden vuoksi,** koska sen vienti romahti ja Napoleonin laajeneminen uhkasi sen asemaa Euroopassa.
- **Napoleon näki Venäjän toiminnan petoksena** ja katsoi, että Venäjä rikkoi Tilsitin sopimusta.
- Tämä johti lopulta **Napoleonin Venäjän sotaretkeen vuonna 1812,** joka päättyi Napoleonin katastrofaaliseen tappioon.

Napoleonin päätös hyökätä Venäjälle oli yksi hänen suurimmista virheistään. Seuraavaksi voisi olla mielenkiintoista tarkastella, **miksi Napoleonin sotaretki Venäjälle epäonnistui niin pahasti?**

Kommentti ChatGPT:n vastaukseen: Kuten ChatGPT:n vastauksesta on luettavissa, niin Napoleonin mannermaasulkemus aiheutti venäläisille kauppiaille ja aatelisille suuria taloudellisia menetyksiä, joka antoi heille kannustimen alkaa vaatia Venäjää vetäytymään mannermaasulkemuksesta. Tämän lisäksi Venäjällä oli tarpeeksi voimaa vastustaa Napoleonin voimia sen omilla alueilla.

Sinä sanoit: Napoleonin Grande Armeen vahvuus sotaretkelle Venäjää vastaan oli noin 600000 miestä. Miten tämän kokoinen armeija voitiin organisoida ja huoltaa, sillä tuollainen määrä sotilaita, sekä armeijan ratsut, sekä kuormajuhdat söivät varmasti päivittäin paljon ruokaa ja rehua?

ChatGPT sanoi: Grande Arméen huolto ja organisointi Napoleonin **Venäjän sotaretken (1812)** aikana oli valtava logistinen haaste. **600 000 miehen, yli 150 000 hevosen ja satojen tykkien liikkuminen halki Itä-Euroopan vaati**

poikkeuksellista järjestelyä, mutta Napoleon luotti perinteisiin huoltotaktiikoihinsa – jotka kuitenkin pettivät Venäjällä.

---

1. Grande Arméen organisointi

Grande Armée ei ollut yksi yhtenäinen massa, vaan se oli jaettu **eri osastoihin, jotka liikkuivat eri reittejä**. Tämä vähensi ruuhkia ja helpotti huoltoa.

- **Armeijakunnat (corps d'armée)** → Jokainen oli eräänlainen itsenäinen miniarmeija, jolla oli omat jalkaväkensä, ratsuväkensä, tykistönsä ja huoltojoukkonsa.
- **Etujoukot** → Kevyt jalkaväki ja ratsuväki etenivät nopeasti ja tiedustelivat vihollisen liikkeitä.
- **Pääarmeija** → Napoleon itse johti suurinta osaa joukoista.
- **Reservit ja liittolaisjoukot** → Italialaiset, preussilaiset, baijerilaiset ja muut liittolaiset tulivat jälkijoukoissa.

Tämän rakenteen tavoitteena oli **vältellä ruuhkia** ja **jakaa huoltokuormaa**, mutta se ei ollut tarpeeksi tehokas Venäjän laajoilla, huonosti infrastrukturoiduilla alueilla.

---

2. Huollon periaatteet

Grande Armée ei voinut viedä mukanaan kaikkea tarvitsemansa ruokaa ja tarvikkeita, joten Napoleon luotti kolmeen päämenetelmään:

1) Eläminen maan antimilla (foraging)

- Napoleonin aiemmat sotaretket perustuivat **armeijan kykyyn hankkia ruokaa ympäristöstä**.
- Suurilla alueilla, kuten Keski-Euroopassa, tämä oli toiminut hyvin, koska oli paljon kyliä ja viljelysmaata, joista sotilaat saattoivat takavarikoida ruokaa.

- **Venäjällä tämä ei toiminut:**
  - o Välimatkat olivat pidempiä.
  - o Venäläiset polttivat viljavaroja ja karjaa vetäytyessään ("poltetun maan taktiikka").
  - o Venäjän maaseutu oli harvaan asuttu eikä pystynyt ruokkimaan suurta armeijaa.

2) Etukäteen varastoitujen tarvikkeiden käyttö

- Napoleon oli määrännyt, että Puolaan ja Liettuaan perustettaisiin **valtavia varastoja.**
- Vilnaa, leipää ja rehua varastoitiin, mutta kuljetusketjut **pettivät nopeasti,** kun armeija eteni liian syvälle Venäjälle.
- **Huoltovaunut eivät pysyneet mukana,** koska tiet olivat huonoja ja Venäjän etäisyydet valtavat.

3) Kenttäleipomot ja huoltojärjestelmät

- Napoleon määräsi, että armeijan mukana kulki liikkuvia **leipomoita** ja varastoja.
- Ongelmana oli, että **jauhojen, polttopuun ja leivinuunien kuljettaminen oli liian hidasta,** eikä tämä riittänyt ruokkimaan koko armeijaa.
- Myös **hevosten rehu loppui nopeasti,** mikä johti ratsuväen ja kuormajoukkojen kriisiin.

---

3. Hevosten merkitys ja huollon romahdus

Sotaretken aikana kuoli **satojatuhansia hevosia,** mikä heikensi Napoleonin armeijaa dramaattisesti.

Miksi hevosten huolto epäonnistui?

- **Hevoset tarvitsivat viljaa ja heinää,** joita ei ollut saatavilla Venäjän aroilla tarpeeksi.

- Kuormajuhdat ja vetovankkurit **upposivat mutaisiin teihin**, ja osa huoltovaunuista hylättiin jo varhaisessa vaiheessa.
- **Nälkiintyneet hevoset kuolivat massoittain**, mikä hidasti armeijan etenemistä ja romahdutti tykistön liikkuvuuden.

Kun **hevosten määrä väheni**, se tarkoitti:

1. **Tykistön liikkuminen hidastui** → Napoleonin ylivoimainen tykistö menetti tehonsa.
2. **Huoltovaunut jäivät jälkeen** → Armeijan oli pakko elää lähes kokonaan ryöstelyn varassa.
3. **Ratsuväki heikkeni** → Napoleonin armeija menetti tiedustelu- ja iskuvoimansa.

---

4. Miten huollon epäonnistuminen johti katastrofiin?

Kun armeija eteni Moskovaan asti, se kärsi jo **valtavia huolto-ongelmia**. Kun Napoleon **vetäytyi Moskovasta**, tilanne muuttui vielä pahemmaksi.

1. **Moskovan palaminen** → Napoleon odotti, että voisi talvehtia Moskovassa, mutta venäläiset polttivat kaupungin ruokavarastot.
2. **Talvi ja kylmyys** → Kun armeija vetäytyi **joulukuun pakkasissa**, jo valmiiksi nälkiintyneet sotilaat ja hevoset **kuolivat kylmyyteen ja nälkään**.
3. **Partisaanit ja kasakat** → Venäläiset **häiritsivät Napoleonin huoltoa** entisestään hyökkäämällä pieniin osastoihin.

Lopulta **Grande Armée kutistui 600 000 miehestä noin 50 000 sotilaaseen** palatessaan Liettuaan.

Johtopäätös: Miksi Napoleonin huoltosuunnitelma epäonnistui?

1. **Venäjä oli liian suuri, ja Napoleon aliarvioi etäisyydet.**

    o   Armeija eteni liian nopeasti ja jätti huoltovarastonsa taakseen.

2. **Venäjän poltetun maan taktiikka teki foragingista mahdotonta.**
    o   Ilman paikallisia ruokavaroja armeija ei voinut selvitä.

3. **Liian suuret huoltokolonnat ja huonot tiet tekivät armeijan liikkuvuudesta hitaan.**
    o   Napoleon oli tottunut nopeatempoisiin kampanjoihin, mutta Venäjällä tämä ei toiminut.

4. **Hevosten massakuolema romahdutti huollon.**
    o   Kun hevosten ruokaa ei ollut, ne kuolivat, ja huoltovaunut jäivät jälkeen.

Tämä oli yksi **historian suurimmista sotilaallisista katastrofeista**, ja se osoitti, että **pelkkä suuruus ei riitä sotamenestykseen, jos huolto epäonnistuu.**

Haluatko tarkastella **vetäytymistä Beresinan yli tai Napoleonin tappiota Saksassa vuonna 1813** seuraavaksi?

Kommentti ChatGPT:n vastaukseen: On olemassa vanha sanonta, että ammattilaiset tarkastelevat logistiikkaa, kun taas amatöörit opiskelevat taktiikkaa. Napoleonin Venäjän sotaretken suhteen tuo pitää erittäin hyvin paikkansa. Seuraavaksi tarkastelemme hieman sitä, miten venäläiset suunnittelivat vastaavansa Napoleonin hyökkäykseen heitä vastaan.

Sinä sanoit: Vuonna 1812 venäläiset varmasti tiesivät, että Napoleon suunnitteli hyökkäystä heidän kimppuunsa, sillä niin massiivinen oli ranskalaisten ja heidän liittolaistensa joukkojen kokoaminen Venäjän rajojen läheisyyteen. Miten venäläiset aikoivat vastata Napoleonin sotatoimiin? Käsitykseni mukaan kenraali Bagration halusi taistella ranskalaisia vastaan, mutta kenraali Barclay de Tolly oli taistelevan vetäytymisen kannalla niin kuin oli myös ylipäälliköksi nimitetty kenraali Kutuzov. Toiseksi venäläiset hyödynsivät ranskalaisten huoltolinjoja vastaan niin paikallisia partisaaneja kuin kasakoiden ratsujoukkoja.

ChatGPT sanoi: Venäläiset tiesivät hyvin, että Napoleon valmisteli hyökkäystä, mutta heidän sotasuunnitelmansa ja strategiansa olivat aluksi epäselviä.

342

Kenraali Bagration ja kenraali Barclay de Tolly olivat erimielisiä sodan kulusta, ja keisari Aleksanteri I joutui lopulta nimittämään **Mihail Kutuzovin ylipäälliköksi**, joka päätti jatkaa **vetäytymistaktiikkaa**. Lisäksi venäläiset käyttivät **partisaanisotaa ja kasakoita** Napoleonin huoltolinjoja vastaan.

---

1. Venäläisten sotasuunnitelma 1812

Venäjän keisari **Aleksanteri I** ei ollut aluksi päättänyt selkeää strategiaa. Oli kaksi päälinjaa:

1. **Bagrationin suunnitelma:**
   - **Halusi käydä ratkaisevan taistelun mahdollisimman pian.**
   - Pelkäsi, että vetäytyminen tuhoaisi moraalin ja antaisi Napoleonille liikaa tilaa hallita strategisesti.
   - Suosi aggressiivista sotaa ja piti sotilaallista kunniaa tärkeänä.
2. **Barclay de Tollyn suunnitelma:**
   - **Kannatti vetäytymistä syvemmälle Venäjälle ja Napoleonin kuluttamista.**
   - Tiesi, että Venäjä ei kestäisi suoraa yhteenottoa Napoleonin armeijan kanssa, koska Ranska oli Euroopan paras armeija.
   - Perusteli strategiansa logistiikalla: **jos Napoleon eteni liian syvälle Venäjälle, hänen huoltonsa romahtaisi.**

Barclay de Tolly oli oikeassa, mutta **hänen strategiansa oli epäsuosittu** upseeriston ja kansan keskuudessa. Monet halusivat kunniakasta taistelua, ja Aleksanteri I päätti lopulta nimittää **Kutuzovin ylipäälliköksi**, koska tämä oli kansan suosiossa ja kokenut kenraali.

Kutuzov kuitenkin jatkoi Barclay de Tollyn strategiaa ja peräantyi Napoleonin edetessä.

---

2. Venäläisten taisteleva vetäytyminen ja poltetun maan taktiikka

Kun Napoleon ylitti Niemen-joen **kesäkuussa 1812**, venäläiset joukot vetäytyivät:

- **He välttivät suurta taistelua ja tuhosivat kaiken ranskalaisten tieltä.**
- **Viljasiilot, karja ja varastot poltettiin,** jotta Ranskan armeija ei saisi ruokaa.
- **Tärkeimmät kaupungit hylättiin,** ja armeija siirtyi idemmäs.

Venäläiset pysähtyivät **Borodinon taisteluun (syyskuu 1812),** joka oli sodan suurin yhteenotto. Napoleon voitti taistelun, mutta **venäläiset eivät antautuneet ja jatkoivat vetäytymistä Moskovaan.**

Kun Napoleon miehitti **Moskovan,** venäläiset sytyttivät kaupungin tuleen, mikä tuhosi suurimman osan elintarvikkeista.

---

3. Partisaanit ja kasakat ranskalaisten huoltolinjoilla

Venäläiset eivät taistelleet vain rintamalla, vaan he käyttivät myös **sissisotaa.**

1. **Paikalliset talonpojat ja partisaanit:**
   - Hyökkäsivät ranskalaisten huoltokolonnien kimppuun.
   - Käyttivät **ansaloukkuja ja väijytyksiä,** tappoivat lähettiläitä ja polttivat varastoja.
   - Tiesivät maaston hyvin, mikä antoi heille etulyöntiaseman.
2. **Kasakat:**
   - Kevyt ja nopea ratsuväki, joka iski ranskalaisten huoltoreitteihin.
   - Eivät taistelleet avoimia taisteluita vaan tekivät nopeita ryöstöretkiä ja katosivat.
   - Estivät Napoleonin huollon toimimisen tehokkaasti.

Kasakat ja partisaanit **tekivät Napoleonin vetäytymisestä painajaisen**, koska jokainen takaisintulon kilometri merkitsi **menetettyjä miehiä, ruokaa ja varusteita**.

---

4. Strategian lopputulos: Napoleonin tappio

Venäläisten strategia onnistui täydellisesti:

- **Napoleon ei saanut suurta ratkaisutaistelua, jossa hän olisi voinut tuhota Venäjän armeijan.**
- **Venäläiset vetäytyivät järjestelmällisesti, kunnes Napoleon oli liian syvällä Venäjällä.**
- **Poltetun maan taktiikka ja partisaanihyökkäykset tuhosivat Napoleonin huollon.**
- **Kun talvi iski ja venäläiset alkoivat vastahyökkäyksen, Napoleonin armeija luhistui.**

Grande Armée **kutistui 600 000 miehestä noin 50 000:een**, mikä oli yksi suurimmista sotilaallisista katastrofeista historiassa.

Johtopäätös: Miksi venäläiset voittivat?

1. **He eivät yrittäneet voittaa yhtä suurta taistelua, vaan käyttivät aikaa ja etäisyyttä hyväkseen.**
2. **Napoleonin huoltojärjestelmä petti Venäjän valtavilla etäisyyksillä.**
3. **Poltetun maan taktiikka ja partisaanisota estivät ranskalaisten ruokahuollon.**
4. **Venäjän ankara talvi tuhosi loput Ranskan armeijasta.**

Haluatko tarkempaa analyysiä **Borodinon taistelusta, Napoleonin vetäytymisestä** tai **Kutuzovin roolista sodan loppuvaiheessa?**

Kommentti ChatGPT:n vastaukseen: Venäläiset tiesivät, että Napoleon oli suunnittelemassa massiivista hyökkäystä heitä vastaan. Sellaista hyökkäystä vastaan paras strategia oli viivyttää sitä, käydä sitä vastaan näännytyssotaa ja häiritä sen huoltoyhteyksiä. Suurempia taisteluita tuli käydä sitä vastaan vain suotuisissa olosuhteissa. Pääsääntöisesti tämä strategia onnistui venäläisiltä, eikä Napoleon onnistunut ratkaisevasti voittamaan Venäjän armeijaa taistelussa, vaikka hän pystyi miehittämään Moskovan.

Sinä sanoit: Seuraavaksi olisi hyvä tarkastella Napoleonin Grande Armeen vetäytymistä Moskovasta Liettuaan, sekä miten Ranskan liittolaiset ja sitä tukemaan pakotetut valtiot reagoivat Napoleonin massiivisesti epäonnistuneeseen sotaretkeen Venäjää vastaan.

ChatGPT sanoi: Napoleonin Grande Arméen vetäytyminen Moskovasta ja sen seuraukset Euroopalle

Kun Napoleonin Grande Armée joutui lähtemään **Moskovasta lokakuussa 1812,** se oli jo heikentynyt monin tavoin: **nälkä, sairaudet ja partisaanihyökkäykset olivat romahduttaneet armeijan järjestyksen.** Vetäytyminen muodostui yhdeksi historian suurimmista sotilaallisista katastrofeista. Samalla Napoleonin liittolaiset alkoivat etääntyä Ranskasta, ja Euroopassa käynnistyi sodan käännekohta.

---

1. Napoleonin päätös vetäytyä Moskovasta

Napoleon odotti Moskovassa **viisi viikkoa,** että Venäjä neuvottelisi rauhasta, mutta **Aleksanteri I kieltäytyi.**

- **Venäläiset olivat polttaneet kaupungin,** ja Napoleonin armeija kärsi ruokapulasta.
- **Venäläisten ratsujoukot ja sissit estivät huollon pääsyn armeijan tueksi.**

- **Lokakuun alussa 1812 Napoleon tajusi, että hänen oli peräännyttävä ennen talven pahimpia pakkasia.**

Napoleon halusi vetäytyä **kaluston ja joukkojen kanssa Liettuaan**, mutta venäläiset pakottivat hänet käyttämään **jo aiemmin ryöstettyjä alueita**, joilla ei ollut juuri ruokaa.

---

2. Vetäytymisen vaiheet: katastrofi seuraa toistaan

Maaloyaroslavetsin taistelu (24. lokakuuta 1812)

Napoleon yritti vetäytyä **eteläistä reittiä Kalugan kautta**, mutta Kutuzov torjui hänet **Maaloyaroslavetsin taistelussa**. Tämä pakotti Grande Arméen palaamaan **samaa poltettua reittiä, jota se oli tullut Moskovaan**.

→ **Seuraukset:**

- Napoleonin armeija joutui vetäytymään **Moskovan ryöstettyjen ja autioiden alueiden kautta.**
- Nälkä ja kylmyys alkoivat tappaa sotilaita nopeammin kuin taistelut.

Beresinan ylitys (26.–29. marraskuuta 1812)

Kun Napoleon saapui **Beresina-joelle**, venäläiset yrittivät estää hänen vetäytymisensä. Grande Armée onnistui ylittämään joen, mutta **suuria tappioita kärsittiin**.

→ **Seuraukset:**

- **Kymmeniätuhansia miehiä jäi vangiksi tai hukkui jokeen.**
- Vetäytymisestä tuli hallitsematon ja kuriton.

Napoleon jättää armeijansa (5. joulukuuta 1812)

Kun Napoleon sai Pariisista tiedon **vallankaappausyrityksestä**, hän **luovutti armeijan johdon marsalkka Murat'lle ja lähti itse salaa Ranskaan.**

→ **Seuraukset:**

- **Joukot hajosivat täysin ilman Napoleonin johtajuutta.**
- **Kun Ranska ylitti Niemen-joen, vain noin 50 000 miestä oli jäljellä alkuperäisestä 600 000:sta.**

3. Euroopan reaktiot: Napoleonin liittolaiset alkavat loitontua

Grande Arméen tuho **romahdutti Napoleonin maineen voittamattomana sotapäällikkönä.** Hänen liittolaisensa alkoivat harkita **loikkaamista Ranskaa vastaan.**

Preussi: käänne Ranskaa vastaan

- Preussi **pakotettiin** osallistumaan sotaan Napoleonin puolella, mutta sen kenraalit eivät olleet lojaaleja.
- **Marschalkka Yorck solmi salaisen aselevon venäläisten kanssa joulukuussa 1812 (Tauroggenin konventti).**
- Helmikuussa 1813 Preussi liittyi Venäjän rinnalle Napoleonin vastaiseen sotaan.

Itävalta: varovainen irrottautuminen Napoleonista

- Itävalta ei ollut suoraan sodassa Napoleonin rinnalla, mutta se oli hänen epäluotettava liittolaisensa.

- Itävalta **odotti tilanteen kehittymistä** ja yritti toimia välittäjänä sodan osapuolten välillä.
- Lopulta Itävalta **liittyi Napoleonin vihollisiin syksyllä 1813.**

Saksa: saksalaiset ruhtinaskunnat alkavat kapinoida

- Saksassa Napoleonin vasallivaltiot, kuten **Reinin liitto**, alkoivat horjua.
- Monet saksalaiset ruhtinaat kääntyivät **Preussin ja Venäjän puolelle.**
- **Kesällä 1813 Napoleon voitti vielä useita taisteluita, mutta hänen vaikutusvaltansa heikkeni.**

Ruotsi: Bernadotte suunnittelee Napoleonin kukistamista

- Ruotsin kruununprinssi **Jean-Baptiste Bernadotte (entinen Napoleonin marsalkka!)** tajusi, että Napoleonin aika oli ohi.
- Hän solmi liiton Venäjän, Preussin ja Iso-Britannian kanssa ja valmistautui hyökkäämään Tanskaan ja Pohjois-Saksaan.
- Ruotsi **valmistautui saamaan Norjan Napoleonin tappion jälkeen.**

---

4. Napoleonin suurvaltakauden lopun alku

Venäjän sotaretki oli Napoleonin uran käännekohta. **Hän oli menettänyt sekä armeijansa että maineensa.** Vuoden 1813 alussa Venäjä, Preussi, Ruotsi ja Iso-Britannia valmistautuivat **sotimaan Napoleonin valtaa vastaan koko Euroopassa.**

→ **Kesällä 1813 Napoleon kokosi uuden armeijan ja voitti vielä useita taisteluita Saksassa.**
→ **Syksyllä 1813 liittoutuneet löivät Napoleonin Leipzigissä "Kansojen taistelussa".**

→ Vuonna 1814 Ranska joutui vihollisjoukkojen miehittämäksi ja Napoleon luopui kruunusta.

Johtopäätökset: miksi Napoleonin sotaonni kääntyi?

1. **Venäjän strategia oli onnistunut** – Napoleonin huoltojärjestelmä romahti, ja hänen armeijansa kuoli nälkään ja kylmyyteen.
2. **Euroopan valtapoliittinen tilanne muuttui** – Napoleonin tappio antoi Preussille ja muille maille syyn kääntyä häntä vastaan.
3. **Napoleonin armeija ei ollut enää voittamaton** – sotapropaganda mureni, ja Euroopan kansat alkoivat kapinoida.

Haluatko tarkempaa tietoa esimerkiksi **Beresinan katastrofista, Napoleonin viimeisistä taisteluista Saksassa 1813 tai Ranskan keisarikunnan romahtamisesta 1814?**

Kommentti ChatGPT:n vastaukseen: Napoleonin aikaisemmin niin mahtava ja pelottava Grande Armee menetti suuren osan parhaista miehistänsä ja kalustostansa Venäjällä. On selvää, että tällainen epäonnistuminen kannustaa hänen vihollisiansa yhdistämään voimansa ja taistelemaan häntä vastaan.

Sinä sanoit: Tarkastellaan nyt Euroopan tilannetta vuodelta 1813 ENNEN Leipzigin kansojen taistelua. Napoleonin sotaretki Venäjää vastaan on päättynyt hänelle katastrofiin, Venäjä on hyökkäämässä länteen ja Preussi on päättänyt tukea Venäjää päästäkseen eroon Napoleonista ja kostaakseen vuoden 1806 sodan nöyryyttävän rauhan. Itävalta on vielä empimässä, mutta se myös on kokoamassa joukkojaan ja sen sympatiat Ranskan suuntaan ovat vähäiset. Miten tilanne tästä kehittyi nimen omaan ennen Leipzigin kansojen taistelua?

ChatGPT sanoi: Vuosi 1813 oli Napoleonille ratkaiseva. Hänen tappionsa Venäjällä oli romahduttanut hänen armeijansa ja arvovaltansa, ja koko Eurooppa valmistautui uuteen sotaan. **Ennen Leipzigin kansojen taistelua (lokakuu 1813) Napoleon yritti vielä kerran palauttaa valtansa Saksassa,**

mutta liittoutuneet Venäjä, Preussi, Ruotsi ja lopulta Itävalta rakensivat häntä vastaan voimakkaan koalition.

Tässä vaiheessa Euroopan tilanne oli **äärimmäisen jännittynyt**, ja sota kävi kovilla kierroksilla **Keski-Euroopan hallinnasta.**

---

1. Tilanne Euroopassa vuoden 1813 alussa

- **Napoleon oli paennut Ranskaan joulukuussa 1812**, ja hänen Grande Arméensa oli käytännössä lakannut olemasta.
- **Venäjä ja Preussi solmivat liiton helmikuussa 1813** (Tauroggenin konventti oli avannut tien tälle).
- **Itävalta vielä empi**, mutta keisari Frans I ja ulkoministeri Metternich suhtautuivat Napoleonin valtaan epäluuloisesti.

→ **Koko kevät 1813 oli valmistautumista Keski-Euroopan herruuden ratkaisevaan sotaan.**

---

2. Napoleon rakentaa uuden armeijan

Huolimatta edellisen vuoden katastrofista **Napoleon ei aikonut luovuttaa.** Hän kokosi nopeasti uuden armeijan:

- **Huhtikuuhun mennessä hänellä oli noin 200 000 sotilasta Saksassa**, vaikka nämä olivat pääosin kokemattomia rekryyttejä ("Marie-Louises", nuoria alokkaita).
- **Kokenut upseeristo ja ydinjoukot olivat edelleen vahvoja**, mutta kokemus ja laatu olivat heikentyneet.
- Napoleon **ei ollut enää voittamaton, mutta yhä erittäin vaarallinen.**

---

3. Kevään ja kesän sotaretki (1813)

Napoleon siirtyi **hyökkäykseen Saksassa** yrittäen voittaa sodan ennen kuin Itävalta liittyisi vihollisiin.

A) Napoleon voittaa Preussin ja Venäjän

- **Lützenin taistelu (2. toukokuuta 1813)**
  - o Napoleon kukisti preussilais-venäläiset joukot.
  - o Preussi oli vielä heikko, sillä sen armeija oli uudelleenrakennusvaiheessa.
- **Bautzenin taistelu (20.–21. toukokuuta 1813)**
  - o Napoleon voitti jälleen, mutta ei saanut ratkaisevaa voittoa.
  - o Venäjän ja Preussin armeijat pääsivät perääntymään.

→ **Toukokuussa 1813 Napoleon vaikutti olevan taas niskan päällä**, mutta hänen armeijansa kärsi raskaita tappioita.

B) Aselepo ja Itävallan ratkaisu

- **Kesäkuussa 1813 Napoleon ja liittoutuneet solmivat aselevon Pläswitzissä** (4. kesäkuuta – 10. elokuuta).
- Tänä aikana **Itävalta teki päätöksensä liittyä Napoleonin vihollisiin**.
- **Itävallan ulkoministeri Metternich tarjosi Napoleonille rauhanehtoja**, mutta Napoleon ei suostunut.

→ **Elokuussa 1813 Itävalta julisti sodan Napoleonille.** Nyt liittoutuneilla oli kolme vahvaa suurvaltaa: **Venäjä, Preussi ja Itävalta.** Lisäksi **Ruotsi oli liittynyt sotaan Napoleonin vihollisena.**

---

4. Syksyn sotaretki: Napoleon alkaa menettää otettaan

Napoleon yritti vielä voittaa sodan ennen kuin liittoutuneet ehtisivät yhdistää voimansa. **Hän hyökkäsi Saksiin, mutta vastassa oli nyt koko Euroopan yhdistynyt voima.**

A) Napoleonin viimeiset voitot

- **Dresdenin taistelu (26.–27. elokuuta 1813)**
  - o Napoleon sai suuren voiton ja kukisti liittoutuneiden armeijan.
  - o Liittoutuneiden marsalkka Schwarzenberg pakeni Itävaltaan.

→ Tämä oli **Napoleonin viimeinen suuri voitto Saksassa**, mutta hän ei pystynyt tuhoamaan vihollisiaan kokonaan.

B) Napoleonin marsalkat kärsivät tappioita

Vaikka Napoleon voitti Dresdenissä, hänen marsalkkansa kärsivät tappioita eri rintamilla:

- **Katzbachin taistelu (26. elokuuta 1813)** → Preussi voitti marsalkka MacDonaldin.
- **Dennewitzin taistelu (6. syyskuuta 1813)** → Ruotsi ja Preussi voittivat marsalkka Oudinotin.

→ **Napoleon ei voinut olla kaikkialla itse, ja hänen marsalkkansa epäonnistuivat estämään liittoutuneiden etenemisen.**

---

5. Tilanne ennen Leipzigin taistelua (lokakuu 1813)

Syyskuun loppuun mennessä Napoleon oli Saksassa puolustuskannalla.

- Liittoutuneet etenivät kaikilta suunnilta kohti Leipzigia.
- Napoleonin armeija oli eristyksissä, ja hänellä oli enää noin **200 000 sotilasta liittoutuneiden 360 000:ta vastaan.**

→ **Lokakuussa 1813 tilanne huipentui Leipzigin "Kansojen taisteluun", jossa Napoleon koki suurimman tappionsa.**

Johtopäätökset: Miksi Napoleon menetti otteensa vuonna 1813?

1. **Liittoutuneiden voima kasvoi koko ajan.**
   - Preussi ja Venäjä saivat kesällä tuekseen Itävallan ja Ruotsin.
   - Napoleonilla ei ollut enää ylivoimaa.
2. **Napoleonin armeija ei ollut enää entisensä.**
   - Vaikka hän voitti Dresdenissä, hänen marsalkkansa eivät pärjänneet.
   - Nuoret ja kokemattomat sotilaat eivät vastanneet hänen aiempien armeijoidensa tasoa.
3. **Metternichin diplomatia onnistui.**
   - Itävalta liitettiin sotaan Napoleonin viholliseksi.
   - Napoleon ei suostunut kompromisseihin, joten hän jäi yksin.

→ **Syksyllä 1813 Napoleon oli menettänyt Euroopan herruuden, ja Leipzigin taistelu sinetöi hänen kohtalonsa.**

Haluatko tarkempaa tietoa **Leipzigin kansojen taistelusta ja sen seurauksista Napoleonille?**

Kommentti ChatGPT:n vastaukseen: Erityistä huomiota tässä on kiinnitettävä siihen, että huomattava osa Napoleonin uusista sotilaista oli taisteluiden suhteen hyvin kokemattomia, sekä siihen, miten hänen vihollisensa pyrkivät välttelemään taisteluita häntä vastaan, mutta pyrkivät lyömään hänen marsalkkansa.

Sinä sanoit: Mikä oli Leipzigin kansojen taistelun tarina? Mitkä asiat johtivat siihen, miten se käytiin, sekä ratkaistiin ja mitkä olivat kyseisen taistelun seuraukset?

ChatGPT sanoi: Leipzigin kansojen taistelu (16.–19. lokakuuta 1813) – Napoleonin kohtalon hetki

Leipzigin kansojen taistelu oli **Napoleonin suurin ja ratkaisevin tappio**. Se johti Ranskan armeijan vetäytymiseen Saksasta ja avasi tien liittoutuneiden hyökkäykselle Ranskaan. Tämä oli suurin taistelu Napoleonia vastaan koko hänen uransa aikana ja yksi 1800-luvun suurimmista sodankäyntioperaatioista.

---

1. Syyt, jotka johtivat Leipzigin taisteluun

Leipzigin taistelu ei ollut erillinen tapahtuma, vaan **lopputulos koko vuoden 1813 sotaretken kehityksestä.**

A) Napoleonin tappio Venäjällä ja Preussin nousu

- Napoleonin **Venäjän sotaretki oli epäonnistunut vuonna 1812**, ja hänen armeijansa oli käytännössä tuhoutunut.
- **Preussi liittyi Venäjän puolelle alkuvuonna 1813**, sillä se halusi kostaa Napoleonille vuoden 1806 sodan tappion ja nöyryytyksen.
- Napoleon **yritti keväällä 1813 koota uuden armeijan Saksassa**, mutta hänen sotilaansa olivat pääosin kokemattomia alokkaita.

B) Itävalta liittyy sotaan Napoleonin vihollisena

- Itävalta oli empinyt pitkään, mutta **elokuussa 1813 se liittyi Napoleonin vastaiseen liittoutumaan** (kuuluisa "Kuudennen liittokunnan" muodostaminen).
- Nyt **Napoleonilla oli vastassaan kolme suurvaltaa: Venäjä, Preussi ja Itävalta**, sekä Ruotsi, jonka armeijaa johti entinen Napoleonin marsalkka **Bernadotte**.

- Liittoutuneilla oli selvä etu: **enemmän sotilaita ja Napoleonin rintamien eristyminen.**

C) Napoleon menettää aloitteen syksyllä 1813

- Napoleon oli **voittanut Dresdenissä elokuussa 1813**, mutta hänen marsalkkansa hävisivät muilla rintamilla.
- Liittoutuneet päättivät **noudattaa "Trachenbergin suunnitelmaa"**, jossa vältettiin päätaistelua Napoleonin itsensä kanssa mutta murskattiin hänen marsalkkojensa joukot yksitellen.
- **Lokakuuhun mennessä Napoleonin armeija oli jäänyt eristyksiin Saksaan, eikä hänellä ollut enää tietä takaisin Ranskaan ilman taistelua.**

→ **Leipzigistä tuli väistämättä paikka, jossa Napoleonin oli käytävä ratkaiseva taistelu.**

---

2. Leipzigin taistelu (16.–19. lokakuuta 1813)

Leipzigin taistelu oli **Euroopan suurin taistelu ennen maailmansotia**, ja siinä taisteli yli **600 000 sotilasta**.

A) Napoleonin lähtöasetelma

- Napoleonilla oli **noin 200 000 sotilasta**, mutta hänen armeijansa oli hajallaan.
- Liittoutuneilla oli **yli 350 000 sotilasta**, ja he lähestyivät Leipzigia useasta suunnasta.
- **Napoleonin ainoa mahdollisuus oli voittaa liittoutuneet nopeasti ennen kuin he ehtisivät yhdistää voimansa.**

B) Taistelun kulku

→ Ensimmäinen päivä (16. lokakuuta 1813)

- Napoleon yritti lyödä Schwarzenbergin johtaman Itävallan ja Venäjän armeijan **etelässä**, mutta ei onnistunut murtamaan heidän linjojaan.
- **Preussin joukot hyökkäsivät pohjoisesta**, ja Bernadotte lähestyi Ruotsin armeijan kanssa.

→ Toinen päivä (17. lokakuuta 1813)

- Napoleon ei pystynyt murtamaan liittoutuneiden rivejä, ja hänen armeijansa alkoi kärsiä miesten ja ammusten puutteesta.
- Liittoutuneiden joukkoja saapui lisää joka puolelta.

→ Kolmas päivä (18. lokakuuta 1813) – Ratkaiseva käänne

- **Liittoutuneet aloittivat massiivisen hyökkäyksen kaikilta suunnilta.**
- Napoleonin **saksalaiset liittolaiset (saksiruhtinaskuntien joukot) alkoivat loikata vihollisen puolelle.**
- **Ranskalaiset alkoivat vetäytyä, mutta sillat Leipzigista länteen olivat jo tukossa.**

→ Viimeinen päivä (19. lokakuuta 1813) – Ranskalaisten pakokauhu

- Napoleon käski joukkonsa vetäytymään Leipzigistä, mutta **sillat räjäytettiin liian aikaisin, ja tuhansia sotilaita jäi ansaan.**
- Kaupungin kadut täyttyivät pakenevista ranskalaisista ja liittoutuneiden sotilaista.
- **Ranskalaisten tappiot olivat valtavat.**

3. Leipzigin taistelun seuraukset

Leipzigin tappio **oli Napoleonille katastrofi** ja johti hänen valtansa nopeaan romahtamiseen Keski-Euroopassa.

A) Ranskan tappiot olivat musertavat

- **Napoleon menetti yli 70 000 miestä** kaatuneina, haavoittuneina tai vangittuina.
- **Hänen armeijansa oli käytännössä tuhottu**, eikä hänellä ollut enää kykyä pitää hallussaan Saksaa.

B) Liittoutuneiden nousu

- Leipzigin voitto vahvisti liittoutuneiden asemaa ja **näytti, että Napoleon oli voitettavissa.**
- **Saksa vapautettiin Napoleonin vallasta**, ja Napoleonin saksalaiset liittolaiset hylkäsivät hänet.

C) Napoleonin valtakunnan mureneminen

- Leipzigin jälkeen **Napoleon joutui vetäytymään Ranskaan**, ja liittoutuneet alkoivat suunnitella hyökkäystä Ranskan maaperälle.
- **Vuonna 1814 liittoutuneet etenivät Pariisiin, Napoleon joutui luopumaan kruunustaan ja hänet karkotettiin Elban saarelle.**

→ **Leipzigin kansojen taistelu oli ratkaiseva käännekohta Napoleonin sodissa, sillä se merkitsi hänen keisarikuntansa lopun alkua.**

---

4. Miksi Napoleon hävisi Leipzigin taistelun?

1. **Hänen joukkonsa olivat alivoimaisia**
   - Hänellä oli vain 200 000 sotilasta, mutta liittoutuneet toivat taisteluun yli 350 000.
2. **Hänen armeijansa ei ollut enää entisensä**

- o Monet hänen veteraanisotilaansa olivat kuolleet Venäjällä.
- o Uudet joukot olivat nuoria ja kokemattomia.
3. **Hänen liittolaisensa kääntyivät häntä vastaan**
   - o Monet saksalaiset ruhtinaat ja sotilaat loikkasivat liittoutuneiden puolelle kesken taistelun.
4. **Hän ei pystynyt estämään liittoutuneiden yhdistymistä**
   - o Preussi, Itävalta, Venäjä ja Ruotsi yhdistivät voimansa ja löivät hänet Saksassa.
5. **Hänen vetäytymisensä oli katastrofi**
   - o Sillan räjäytys liian aikaisin johti tuhansien sotilaiden tuhoon.

---

5. Johtopäätös

Leipzigin kansojen taistelu **oli Napoleonin suurin tappio**, ja se johti hänen imperiuminsa romahtamiseen.

→ **Voitto Saksassa oli mahdoton Leipzigin jälkeen**, ja seuraavana vuonna 1814 Napoleonin oli puolustettava itse Ranskaa liittoutuneiden hyökkäykseltä.

Haluatko, että jatkan Napoleonin sodan loppuvaiheiden analyysia, eli **vuotta 1814 ja hänen ensimmäistä kukistumistaan?**

Kommentti ChatGPT:n vastaukseen: Toisin sanoen Napoleonin oli taisteltava lopulta vihollisiaan vastaan Saksassa tai menetettävä Saksan alueidensa hallinta. Hänen vihollistensa taas piti taistella häntä vastaan, jos he halusivat voittaa Napoleonin.

Sinä sanoit: Mikä oli ranskalaisen nationalismin rooli Napoleonin nousussa Euroopan valtiaaksi? Entä mikä oli etenkin saksalaisen ja espanjalaisen nationalismin rooli Napoleonin keisarikunnan kukistamisessa vuosina 1813 ja 1814?

ChatGPT sanoi: Nationalismi oli yksi **keskeisimmistä ideologioista Napoleonin valtakaudella**, ja se vaikutti sekä hänen nousuunsa että lopulta hänen kukistumiseensa. **Ranskassa nationalismi toimi Napoleonin vallan**

tukena, mutta **Saksassa ja Espanjassa se nousi häntä vastaan ja hajotti hänen imperiuminsa.**

---

1. Ranskalainen nationalismi ja Napoleonin nousu Euroopan valtiaaksi

Ranskan vallankumous (1789–1799) loi modernin nationalismin idean, jossa kansakunta nähtiin kansalaisten yhteisönä, ei pelkästään kuninkaan alamaisten joukkona. Napoleon nousi valtaan tämän vallankumousperinnön avulla ja käytti nationalismia oikeuttamaan sotansa.

A) Napoleonin nousu ja nationalismi

- **Ranskan vallankumous tuhosi vanhan monarkian ja loi kansallisen identiteetin.**
  o Ranskalaiset kokivat taistelevansa "vanhoja tyrannioita" vastaan.
- **Napoleon esitti itsensä kansakunnan puolustajana ja vallankumouksen perinnön jatkajana.**
  o Hän loi myytin "Ranskan kansan keisarista", joka taisteli kansan nimissä.
- **Massiivinen kansallinen asevelvollisuus (Levée en masse, 1793)**
  o Ranska loi ensimmäisen modernin kansallisarmeijan, mikä antoi sille ylivoiman sodissa.

B) Napoleonin imperiumi ja nationalismin levitys

- Napoleon valloitti suuria osia Euroopasta **ja levitti vallankumouksen ja nationalismin periaatteita.**
- Monissa maissa (esim. Italiassa, Saksassa ja Puolassa) **hän edisti kansallistunnetta vapauttamalla ne vanhoista monarkioista.**
- **Mutta paradoksi oli se, että Napoleon hallitsi itsevaltiaana, eikä sallinut todellista kansallista itsenäisyyttä.**

→ Ranskalainen nationalismi auttoi Napoleonin nousua, mutta samalla se loi kipinän muiden kansojen nationalismille – ja lopulta hänen tuholleen.

2. Saksalainen nationalismi ja Napoleonin kukistaminen (1813–1814)

Saksa oli 1800-luvun alussa pirstaleinen **yli 300 pikkuvaltion mosaiikki**, mutta Napoleonin valtaannousu ja saksalaisvaltioiden alistaminen hänen valtansa alle **herättivät saksalaisen kansallismielisyyden.**

A) Napoleonin vaikutus Saksaan ennen 1813

- Napoleon **hajotti Pyhän saksalais-roomalaisen keisarikunnan (1806)** ja perusti Ranskan vasallivaltion **Reinin liiton.**
- Hän **alistui Preussin (1806) ja Itävallan (1809) tappiollisten sotien jälkeen.**
- Monet saksalaiset alkoivat nähdä Napoleonin **miehittäjänä, ei vapauttajana.**

B) Saksan kansallinen nousu ja Napoleonin tappio Leipzigin taistelussa (1813)

- **Prinsessa Luise ja Preussin "kansallinen herääminen"**
  - Vuoden 1806 tappion jälkeen Preussi alkoi uudistaa itseään ja synnytti ensimmäisiä kansallismielisiä liikkeitä.
- **Napoleonin tappio Venäjällä (1812) antoi Saksalle mahdollisuuden kapinoida.**
- **Vuonna 1813 Preussi liittyi Venäjän puolelle "Vapautussotaan" (Befreiungskrieg).**
- **Preussilainen kenraali Blücher ja saksalainen vapaaehtoisarmeija nousivat Napoleonin joukkoja vastaan.**

→ **Leipzigin taistelu (1813) oli paitsi sotilaallinen, myös symbolinen kansallinen voitto Napoleonista.**

→ **Ensimmäistä kertaa saksalaiset taistelivat yhdistyneen Saksan puolesta – eikä vain eri ruhtinaskuntien armeijoina.**

3. Espanjalainen nationalismi ja Napoleonin tuho (1808–1814)

Jos saksalainen nationalismi vaikutti Napoleonin tappioon vuonna 1813, **espanjalainen nationalismi oli jo vuodesta 1808 lähtien tuhonnut Napoleonin valtaa.**

A) Napoleonin virhe: Espanjan miehitys (1808)

- Napoleon asetti **veljensä Joseph Bonaparten Espanjan kuninkaaksi.**
- Espanjalaiset kokivat tämän **kansallisena häväistyksenä.**
- **Kapina Madridissa (Dos de Mayo, 1808) sytytti Espanjan kansannousun.**

B) Espanjalainen sissisota ja Napoleonin tappiot

- Espanjalaiset loivat **ensimmäisen modernin sissiliikkeen,** joka **kulutti Ranskan armeijaa vuosikausia.**
- **Britit (Wellington) tukivat Espanjan taistelua, ja ranskalaiset kärsivät raskaita tappioita.**
- **Espanjan sota sitoi suuren osan Napoleonin armeijasta, mikä heikensi häntä muualla Euroopassa.**

→ **Espanjalainen nationalismi oli Napoleonin ensimmäinen suuri tappio.**

→ **Espanjan sota osoitti, että Napoleon EI ollut voittamaton.**

→ **Espanjan kansannousu rohkaisi muita kansallisia kapinoita, erityisesti Saksassa.**

---

4. Yhteenveto: Napoleonin nousu ja tuho nationalismin kautta

Nationalismi Napoleonin tukena	Nationalismi Napoleonin tuhona
Ranskalainen nationalismi loi hänelle valtavan armeijan	Saksalainen nationalismi johti Preussin nousuun ja Leipzigin voittoon (1813).
Vallankumousideologia oikeutti Napoleonin valloitukset	Espanjalainen nationalismi loi sissisodan, joka kulutti Napoleonin armeijaa.
Napoleon yhdisti Ranskan kansan ja loi tehokkaan hallinnon.	Napoleon alisti monia kansoja, jotka alkoivat kapinoida häntä vastaan.
Nationalismi teki Ranskasta vahvemman kuin yksikään kuningaskunta ennen sitä.	Lopulta Napoleon joutui kohtaamaan Euroopan kansakuntien heräämisen.

→ Napoleon nousi valtaan ranskalaisen nationalismin avulla.

→ Mutta hänen imperiuminsa murskattiin muiden kansojen nationalismin kautta.

Haluatko, että syvennyn vielä enemmän johonkin osa-alueeseen?

Kommentti ChatGPT:n vastaukseen: Yleensä ChatGPT:n vastaukset ovat sangen laadukkaita, mutta huomioni kiinnittyi virkkeeseen "Hän **alistui Preussin (1806) ja Itävallan (1809) tappiollisten sotien jälkeen.**" Tekoäly ilmeisesti viittaa pronomini hänellä Saksaan, mutta tässä tilanteessa pitäisi käyttää pronominia se tai he, kun viitataan saksalaisiin valtioihin tai saksalaiseen kansaan.

Sinä sanoit: Miten Napoleonin sota Ranskassa sujui 1814? Miten hänet syöstiin ensimmäistä kertaa vallasta ja lähetettiin Elballe?

ChatGPT sanoi: Napoleonin sota Ranskassa 1814 ja hänen ensimmäinen kukistumisensa

Vuoden 1814 alussa Napoleon oli **sotilaallisesti heikentynyt, poliittisesti eristyksissä ja taloudellisesti romahduksen partaalla.** Venäjän sotaretken (1812) ja Leipzigin kansojen taistelun (1813) tappiot olivat heikentäneet hänen armeijaansa ja liittolaisensa hylkäsivät hänet yksi toisensa jälkeen. **Ranska oli nyt sotatantereena, ja Napoleon joutui taistelemaan kotimaansa puolustamiseksi ylivoimaista vihollista vastaan.**

---

1. Liittoutuneiden hyökkäys Ranskaan (1814)

Vuoden 1814 alussa Napoleonilla oli **noin 70 000–80 000 sotilasta**, mutta hän joutui kohtaamaan **yli 200 000 miehen koalition.**

- **Liittoutuneet (Venäjä, Preussi, Itävalta ja Ruotsi) ylittivät Reinin joulukuussa 1813.**
- **Preussin kenraali Blücher ja Itävallan Schwarzenberg johtivat pääjoukkoja.**
- **Napoleon kokosi nopeasti uuden armeijan, mutta se oli kokemattomampi kuin hänen vanhat joukkonsa.**

Ranskan kansa ei enää tukenut sotaa innokkaasti, sillä maa oli kärsinyt suurista tappioista ja talous oli romahduksen partaalla. Napoleon yritti silti puolustaa Ranskaa, ja hän taisteli erinomaisesti taktisella tasolla.

---

2. Napoleonin loistava, mutta epätoivoinen kampanja (Helmikuu-Maaliskuu 1814)

Vaikka Napoleon oli ylivoimaisen vihollisen edessä, hän **käytti loistavaa taktiikkaansa ja voitti useita taisteluita peräkkäin.**

- **Montmirail (11. helmikuuta)** – Napoleon löi venäläiset ja preussilaiset.
- **Château-Thierry (12. helmikuuta)** – Napoleon voitti jälleen Blücherin armeijan osan.
- **Vauchamps (14. helmikuuta)** – Napoleon murskasi Preussin armeijan osaston ja ajoi Blücherin pakoon.
- **Montereau (18. helmikuuta)** – Napoleon löi itävaltalaiset.

→ **Napoleon voitti lähes kaikki taistelut**, mutta vihollinen jatkoi etenemistään, koska heillä oli liikaa miehiä.

Liittoutuneet alkoivat harkita perääntymistä, mutta **Talleyrand ja muut Napoleonin viholliset Pariisissa alkoivat juonitella keisaria vastaan.**

---

3. Liittoutuneet valtaavat Pariisin (30. maaliskuuta 1814)

Liittoutuneet tajusivat, että Napoleonin täytyi olla **erotettavissa ranskalaisesta kansasta.**

- He **päättivät hyökätä suoraan Pariisiin** sen sijaan, että yrittäisivät voittaa Napoleonin taisteluissa.
- **Napoleon oli liian kaukana**, kun liittoutuneet saapuivat Pariisin porteille.
- **Marechaali Marmont antautui viholliselle**, ja **Pariisi kukistui 30. maaliskuuta 1814.**

→ **Ranskan senaatti julisti Napoleonin vallasta syöstynä.**

---

4. Napoleonin abdikaatio (6. huhtikuuta 1814)

Napoleon yritti yhä taistella ja marssi kohti Pariisia, mutta hänen marsalkkansa kieltäytyivät taistelemasta.

- Marechaali Ney ja muut vanhat liittolaiset pakottivat hänet luopumaan kruunusta.
- 6. huhtikuuta 1814 Napoleon abdikoi virallisesti.
- Hän **yritti asettaa poikansa keisariksi**, mutta liittoutuneet kieltäytyivät.

→ **Napoleon karkotettiin Elban saarelle Välimerelle.**

---

5. Miksi Napoleon hävisi sodan Ranskassa 1814?

◆ **Liittoutuneiden ylivoima:**

- Napoleonilla oli vain **noin 80 000 sotilasta**, kun taas vihollisilla oli **yli 200 000 miestä.**
- Napoleon voitti taisteluita, mutta hän ei voinut pysäyttää vihollisen etenemistä.

◆ **Sisäinen poliittinen pettäminen:**

- **Talleyrand ja monet muut ranskalaiset poliitikot kääntyivät Napoleonin vastaan.**
- **Marsalkat (kuten Ney ja Marmont) kieltäytyivät taistelemasta keisarin puolesta.**

◆ **Kansan kyllästyminen sotaan:**

- **Ranskalaiset olivat väsyneitä Napoleonin sotaretkiin.**
- Napoleon oli alun perin Ranskan kansan sankari, mutta nyt hänet nähtiin diktaattorina, joka jatkoi sotaa turhaan.

→ **Napoleon ei hävinnyt 1814 pelkästään taistelukentällä, vaan myös poliittisesti ja kansan tuen menettämisen vuoksi.**

---

6. Napoleon karkotetaan Elbaan – mutta vain väliaikaisesti

Huhtikuussa 1814 Napoleon kuljetettiin **Elban saarelle, jossa hänelle annettiin pieni alue hallittavaksi ja pieni joukko henkivartijoita.**

- **Hän vietti aikaa organisoimalla saarensa hallintoa** ja mietti paluutaan.
- **Ranskassa Ludvig XVIII palautettiin valtaan, mutta hän ei ollut suosittu.**
- **Helmikuussa 1815 Napoleon karkasi Elbalta ja nousi maihin Ranskassa, aloittaen "Sadan päivän keisarikunnan".**

→ **Napoleon ei ollut vielä valmis luovuttamaan – hänen viimeinen yrityksensä käytiin Waterloossa kesäkuussa 1815.**

Yhteenveto: Napoleonin vallasta syökseminen vuonna 1814

- ◆ **Napoleon kävi loistavan kampanjan Ranskassa**, mutta vihollisten ylivoima oli liian suuri.
- ◆ **Liittoutuneet valtasivat Pariisin**, ja Napoleonin marsalkat kieltäytyivät enää taistelemasta.
- ◆ **Napoleon pakotettiin luopumaan vallasta ja karkotettiin Elban saarelle.**

→ **Vuosi 1814 oli Napoleonin valtakauden loppu – mutta vain hetkeksi.**

Haluatko, että kerron lisää Elban karkotuksesta tai Sadan päivän kampanjasta?

Kommentti ChatGPT:n vastaukseen: Toisin sanoen Napoleonin ensimmäinen keisarikunta romahti alle kahdessa vuodessa sen jälkeen, kun hänen sotaretkensä Venäjää vastaan oli päättynyt katastrofaaliseen epäonnistumiseen. Hänen alistamansa valtiot ja hänen liittolaisensa kääntyivät häntä vastaan, kun ne näkivät, että hänen valtansa tulisi kaatumaan.

Sinä sanoit: Jatkakaamme Elbasta. Sen jälkeen, kun Napoleon oli karkotettu sinne, niin miten hän seurasi Ranskan tilannetta? Miten pyrittiin varmistamaan se, että hän pysyisi tuolla saarella? Miten hän pakeni sieltä?

ChatGPT sanoi: Napoleon Elban saarella – Karkotus, seuranta ja pako

Kun Napoleon saapui **Elban saarelle huhtikuussa 1814**, Euroopan johtajat halusivat varmistaa, että hän ei enää koskaan uhkaisi heitä. Ranskaan palautettiin **Bourbon-sukuinen kuningas Ludvig XVIII**, ja Napoleonin valtakauden katsottiin olevan lopullisesti ohi.

Mutta Napoleon **ei aikonut jäädä Elbaan pysyvästi** – ja hänen **pakoaan ei voitu lopulta estää.**

---

1. Napoleonin elämä Elbassa (1814–1815)

Napoleonin asema Elbassa ei ollut täysin nöyryyttävä. Hänelle annettiin virallisesti:

- **Hallittavaksi koko Elban saari** (10 000 asukasta).
- **Pieni henkivartiosto** (noin 600 miestä).
- **1800 euron kuukausittainen eläkkeensä** (jonka Ranska ei koskaan maksanut).

Napoleon ei kuitenkaan jäänyt laakereilleen lepäämään. Hän:

✓ **Perusti hallituksen ja uudisti saaren infrastruktuuria.**
✓ **Perusti pienen armeijan ja koulutti miehiään.**
✓ **Seurasi jatkuvasti Ranskan ja Euroopan tilannetta.**

---

2. Ranskan tilanne: Napoleon aavisti tilaisuutensa

Napoleon sai **säännöllisesti raportteja Ranskan tilanteesta**, ja hän tajusi, että Ludvig XVIII:n hallinto oli erittäin epäsuosittu.

◆ **Ludvig XVIII oli vanha ja kankea hallitsija**, joka ei ymmärtänyt Ranskan vallankumouksen perintöä.
◆ **Ranskan armeijassa oli paljon entisiä Napoleonin sotilaita**, jotka eivät pitäneet Bourbon-monarkiasta.
◆ **Ranskan kansa kärsi taloudellisista vaikeuksista**, ja Bourbonien hallinto koettiin heikoksi.

→ **Napoleon tajusi, että jos hän palaisi, hän saisi kansan ja armeijan tuekseen.**

---

3. Kuinka Napoleonin karkotusta valvottiin?

Teoriassa Napoleonin piti olla **tiukasti vartioitu**, mutta käytännössä valvonta oli heikkoa.

◆ **Brittiläinen kuunari "Partridge" partioi Elban rannikolla**, mutta ei erityisen aktiivisesti.
◆ **Italialaiset ja ranskalaiset vakoojat valvoivat hänen toimiaan, mutta Napoleon tiesi välttää heitä.**
◆ **Ranskalaisten maksamat eläkkeet Napoleonille eivät saapuneet**, mikä antoi hänelle vielä enemmän syyn palata.

→ **Britit ja muut Euroopan hallitukset aliarvioivat Napoleonin kyvyn toimia.**

---

4. Napoleonin pako Elbalta (26. helmikuuta 1815)

Kun Napoleon päätti paeta, hän **suunnitteli kaiken huolellisesti**.

◆ Hän **keräsi 600 miehensä varusteet ja aseet salaa.**
◆ Hän **hankki pienen laivaston** (mukaan lukien 26-tykkisen aluksen *Inconstant*).
◆ Hän **odotti, että brittivartijat lähtivät pois satamasta.**

26. helmikuuta 1815 Napoleon **nousi laivoihinsa ja purjehti kohti Ranskaa.**

→ **Britit eivät huomanneet mitään ennen kuin oli liian myöhäistä.**

---

5. Napoleon palaa Ranskaan – Kohti Pariisia!

◆ **1. maaliskuuta 1815 Napoleon nousi maihin Ranskan rannikolla (Golfe-Juan, lähellä Cannesia).**
◆ Hän **marssi pohjoiseen välttäen kuninkaan joukot.**
◆ **Napoleonin armeija kasvoi joka päivä**, kun sotilaat liittyivät häneen.

◆ **Kun kuningas lähetti joukon pysäyttämään hänet, Napoleon astui suoraan heidän eteensä ja huusi:**

💬 *"Sotilaat! Jos joku haluaa ampua keisariaan, tehkää se nyt!"*

→ **Sen sijaan he liittyivät häneen – Ludvig XVIII pakeni Pariisista ja Napoleon palasi valtaan 20. maaliskuuta 1815.**

Yhteenveto: Miksi Napoleonin pako onnistui?

◆ **Heikko vartiointi** – Britit ja liittoutuneet eivät ottaneet Napoleonin uhkaa vakavasti.
◆ **Ranskan epäsuosittu hallinto** – Kuningas Ludvig XVIII oli heikko ja kansa kaipasi Napoleonin vahvaa johtajuutta.
◆ **Napoleonin karisma ja taktiikka** – Hän osasi puhua armeijalleen ja saada sen puolelleen.

→ **Napoleonin paluu käynnisti "Sadan päivän keisarikunnan", joka päättyi Waterloon taisteluun kesäkuussa 1815.**

Haluatko, että käyn läpi tarkemmin Sadan päivän kampanjan ja Waterloon taistelun?

Kommentti ChatGPT:n vastaukseen: Toisin sanoen Napoleon oli karkotettu saarelle lähelle Euroopan mannerta, mutta Napoleonin karisma astui kuvaan, kun katsotaan, miten Ranskan armeijan sotilaat suhtautuivat häneen.

Sinä sanoit: Ranskan kuninkaan ja hänen hallituksensa ainoa mahdollinen reaktio oli lähettää joukkoja pysäyttämään Napoleon. Miten nämä sotilaat reagoivat entisen keisarin kohtaamiseen ja miksi Napoleonin oli niin helppo ottaa Ranska takaisin käsiinsä? Kuitenkaan kaikki Ranskan alueet eivät suoraan taipuneet Napoleonin valtaan, vaan esimerkiksi kuningasmielisessä Vendeen maakunnassa tapahtui aseellinen kapina Napoleonia vastaan.

ChatGPT sanoi: Miten Ranskan hallitus ja armeija reagoivat Napoleonin paluuseen?

Kun Napoleon nousi maihin Ranskan rannikolla **1. maaliskuuta 1815**, kuningas Ludvig XVIII ja hänen hallituksensa eivät aluksi tajunneet tilanteen vakavuutta. He uskoivat, että Napoleonin yritys palauttaa valtansa **epäonnistuisi nopeasti**.

Ludvig XVIII lähetti joukkoja pysäyttämään Napoleonin, mutta **Napoleonin karisma ja sotilaiden uskollisuus hänelle tekivät hallituksen suunnitelmat tehottomiksi**.

---

1. Ranskan sotilaiden reaktio Napoleonin paluuseen

Napoleon tiesi, että hänen paras aseensa ei ollut hänen pieni armeijansa vaan **hänen maineensa ja karismansa**. Hän kohtasi useita joukkoja matkallaan Pariisiin ja käytti puhetaidollaan hyväkseen heidän lojaaliuttaan häntä kohtaan.

◆ **Ensimmäinen kohtaaminen: Kuningasmieliset sotilaat vuoristossa**

Ensimmäinen suurempi joukko-osasto, jonka Napoleon kohtasi, oli **viidennen rykmentin joukot Grenoblen lähellä**. He olivat saaneet käskyn **pidättää Napoleonin tai ampua hänet.**

💬 **Napoleon käveli yksin heidän eteensä ja avasi takkinsa, huutaen:** *"Sotilaat! Minä olen teidän keisarinne! Jos joku haluaa ampua minut, tässä olen!"*

◆ **Vastaus? Sotilaat huusivat "Eläköön keisari!" ja liittyivät hänen joukkoihinsa.**

Tästä hetkestä lähtien Napoleonin paluusta tuli **voittokulku.**

◆ **Marsalkka Neyn petos Ludvig XVIII:ta kohtaan**

Kuningas Ludvig XVIII lähetti yhden Napoleonin entisistä marsalkoista, **Michel Neyn**, pysäyttämään keisarin etenemisen.

◆ Ney oli **alkuun kuninkaan puolella**, ja hän vannoi **"tuovansa Napoleonin häkissä Pariisiin".**
◆ Mutta kun Ney tapasi Napoleonin, hän **muutti mielensä ja liittyi häneen.**
◆ Ney julisti: *"Ranskan oikea hallitsija on palannut!"*

→ **Kun Ranskan armeija ei enää ollut Ludvig XVIII:n hallinnassa, kuningas pakeni maasta.**

---

2. Miksi Napoleonin oli niin helppo ottaa Ranska takaisin?

Napoleonin paluu sujui **poikkeuksellisen nopeasti ja verettömästi – vain 20 päivässä hän eteni rannikolta Pariisiin ilman yhtäkään taistelua.**

◆ 1. Kuningas Ludvig XVIII oli epäsuosittu

🏺 **Monet ranskalaiset inhosivat Bourbonien hallintoa.**

- Ludvig XVIII edusti **vanhaa aristokratiaa**, jota monet pitivät **vallankumouksen vihollisena.**
- Kuningas **syrji Napoleonin entisiä upseereita ja sotilaita**, mikä sai heidät kaipaamaan keisariaan takaisin.
- Ranskan talous oli **heikko**, ja kuningas ei onnistunut parantamaan tilannetta.

◆ 2. Napoleonin suosio armeijassa

🏺 **Ranskan armeijan sotilaat olivat taistelleet Napoleonin alaisuudessa vuosikausia – ja he rakastivat häntä.**

- Napoleon oli **johtanut heidät suuriin voittoihin.**
- Hän kohteli sotilaitaan **paremmin kuin Bourbonien hallitus.**
- Armeijassa vallitsi vahva **"napoleonilainen identiteetti"**, joka yhdisti sotilaat keisariin.

◆ 3. Napoleonin henkilökohtainen karisma

Napoleon osasi käyttää **propagandaa ja retoriikkaa taitavasti.**

- Hän ei hyökännyt kuningasta vastaan asein, vaan **vetosi sotilaidensa tunteisiin.**
- Hän käytti hyväksi **vanhoja vallankumouksen ja keisarikunnan symboleja** – trikolorilippua ja Napoleonia kannattavia iskulauseita.

→ **Tämän ansiosta armeija kääntyi massoittain hänen puolelleen.**

---

3. Vendeen maakunnan kapina Napoleonia vastaan

Kaikki Ranskassa eivät kuitenkaan ottaneet Napoleonia avosylin vastaan.

 ◆ **Vendeen maakunta (Länsi-Ranska) oli perinteisesti kuningasmielinen alue.**
 ◆ Siellä oli käyty jo aiemmin verisiä kapinoita Ranskan vallankumousta vastaan.
 ◆ Kun Napoleon palasi, **Vendeen rojalistit nousivat aseelliseen kapinaan häntä vastaan.**

 ⚑ **Kapina oli kuitenkin nopeasti tukahdutettu.** Napoleon lähetti joukkoja **tukahduttamaan kuningasmieliset,** ja **Bourbonien kannattajat jäivät ilman laajempaa tukea.**

 → **Vaikka pieni osa Ranskasta vastusti häntä, suurin osa kansasta ja armeijasta tuki häntä.**

---

4. Napoleon valtaan – "Sadan päivän keisarikunta" alkaa

20. maaliskuuta 1815 Napoleon saapui Pariisiin – ilman laukaustakaan.

 ◆ **Ludvig XVIII pakeni maanpakoon Belgiaan.**
 ◆ **Napoleon otti jälleen keisarillisen vallan haltuunsa.**
 ◆ **Euroopan liittoutuneet tajusivat, että sota oli väistämätön.**

 ⚑ **Tämä johti kuuluisaan "Sadan päivän" valtakauteen, joka päättyi Napoleonin tappioon Waterloossa kesäkuussa 1815.**

Yhteenveto: Miksi Napoleon pystyi kaappaamaan vallan ilman taistelua?

☑ **Kuningas Ludvig XVIII oli epäsuosittu** – kansa ja armeija eivät tukeneet häntä.

☑ **Ranskan armeija pysyi uskollisena Napoleonille** – sotilaat hylkäsivät Bourbonien hallituksen.

☑ **Napoleonin karisma ja propaganda toimivat täydellisesti** – hän käytti tunteisiin vetoavia keinoja saadakseen joukot puolelleen.

☑ **Vaikka joillakin alueilla (Vendee) oli vastarintaa, Napoleonin kannattajia oli enemmän.**

→ **Napoleonin paluu Elbalta oli yksi historian dramaattisimmista vallankaappauksista – mutta se johti nopeasti hänen lopulliseen tuhoonsa Waterloossa.**

Haluatko seuraavaksi käsitellä Waterloon taistelua ja sen seurauksia?

Kommentti ChatGPT:n vastaukseen: Seuraavaksi on syytä tarkastella sitä, miten Euroopan suurvallat, jotka olivat kokoontuneet Wieniin päättämään Euroopan tulevaisuudesta, reagoivat Napoleonin paluuseen valtaan.

Sinä sanoit: Miten Wienin tanssivaan kongressiin kokoontuneet Euroopan suurvallat, jotka olivat tulleet sinne päättämään Euroopan tulevaisuudesta, niin reagoivat Napoleonin palaamiseen Ranskan valtaistuimelle?

ChatGPT sanoi: Euroopan suurvaltojen reaktio Napoleonin paluuseen (1815)

Kun Napoleon palasi Ranskan valtaistuimelle maaliskuussa 1815, **Euroopan suurvallat olivat jo koolla Wienin kongressissa** (syyskuu 1814 – kesäkuu 1815), jossa ne jakoivat Eurooppaa uudelleen Napoleonin sotien jälkeen. Kongressin päätehtävänä oli palauttaa **monarkkinen järjestys** ja estää Ranskan vallankumouksen sekä Napoleonin kaltaisten johtajien nousu tulevaisuudessa.

Napoleonin paluu keskeytti diplomaattiset keskustelut ja **muutti Wienin kongressin asialistan täysin.** Kongressista tuli nyt sotaneuvottelu, jossa päätettiin, **miten Napoleonin uhkaan vastataan mahdollisimman nopeasti ja tehokkaasti.**

---

1. Wienin kongressin reaktio: Yhteinen päätös Napoleonin kukistamisesta

* **13. maaliskuuta 1815 – Vain 12 päivää Napoleonin paluun jälkeen Wienin kongressin valtiot julistivat hänet "rauhanrikkojaksi ja kansainvälisen järjestyksen viholliseksi".**

* **Liittoutuneet (Britannia, Itävalta, Venäjä ja Preussi) julistivat virallisesti, että Napoleonin on luovuttava vallasta välittömästi.**

* **25. maaliskuuta 1815** – Wienin kongressin suurvallat **uudistivat liittonsa ja päättivät muodostaa uuden armeijan Napoleonin kukistamiseksi.**

  Tämä tarkoitti, että Napoleonilla ei ollut mahdollisuutta neuvotella tai tehdä kompromisseja. Häntä vastaan marssisi nyt koko Euroopan mahtavin armeija.

---

2. Miksi Napoleonin paluu koettiin niin suurena uhkana?

Euroopan johtajat eivät olleet valmiita hyväksymään Napoleonin paluuta, sillä:

1. **Hän uhkasi Wienin kongressin rauhansuunnitelmaa** – Napoleonin hallinto merkitsi vallankumouksen ja sodan jatkumista.

2. **Hän uhkasi legitiimiä monarkiaa** – Suurvallat olivat palauttamassa **Bourbonien kuningashuonetta**, ja Napoleonin nousu tarkoitti jälleen vallankumouksen paluuta.

3. **Hän oli jo aiemmin "pettänyt" liittoutuneiden rauhan** – Napoleon oli allekirjoittanut vuonna 1814 luopumissopimuksen, jossa hän suostui maanpakoon. Nyt hän oli rikkonut sen ja **osoittanut olevansa epäluotettava.**

4. **Hän voisi jälleen nostattaa Ranskan hegemonian Euroopassa** – Napoleonin sodat olivat aiemmin saattaneet Euroopan epävakauteen, eikä yksikään suurvalta halunnut kokea sitä uudelleen.

→ **Siksi Wienin kongressin valtiot päättivät tuhota Napoleonin mahdollisimman nopeasti.**

---

3. **Wienin kongressin päätös: Uusi sotilasliitto Napoleonin kukistamiseksi**

Napoleonin paluu pakotti Wienin kongressin suurvallat **uudistamaan sodanajan liittonsa ja valmistautumaan Napoleonin lopulliseen kukistamiseen.**

◆ **Britannia, Itävalta, Venäjä ja Preussi** tekivät **uutta sotilaallista yhteistyötä.**

◆ Liittoutuneet sopivat **lähettävänsä yli miljoona sotilasta Napoleonin kaatamiseksi.**

◆ He sopivat, että **tavoitteena oli Napoleonin täydellinen syrjäyttäminen ja Bourbonien palauttaminen valtaan.**

◆ **Napoleonilla ei ollut enää mahdollisuutta diplomatiaan – hänellä oli vain yksi vaihtoehto: taistella.**

---

4. Suurvaltojen yksilölliset reaktiot ja valmistelut Napoleonin kaatamiseksi

◆ Britannia

- Pääministeri **Lord Liverpool** oli heti valmis tukemaan uutta sotilasliittoa.
- **Arthur Wellesley (Wellingtonin herttua)** määrättiin komentamaan liittoutuneiden armeijaa.
- Britannia maksoi liittoutuneille miljoonia puntia sodan rahoittamiseksi.

◆ Preussi

- Preussi halusi kostaa Napoleonille **vuoden 1806 tappion Jena-Auerstedtin taistelussa.**
- Preussi alkoi nopeasti mobilisoida joukkojaan Blücherin johdolla.

◆ Itävalta

- Itävalta oli aluksi varovaisempi, koska Napoleon oli **Itävallan keisari Frans I:n tyttären Maria Louisen aviomies.**
- Itävallan ulkoministeri **Metternich** kuitenkin vakuutti keisarin, että Napoleon oli jälleen Ranskan vallankumouksen edustaja ja liian vaarallinen hallitsija.

◆ Venäjä

- **Tsaarin Aleksanteri I** näki Napoleonin paluun uhkana Euroopan järjestykselle ja määräsi **venäläiset joukot marssimaan länteen.**

5. Wienin kongressin lopputulos ja Napoleonin kukistuminen

Napoleon tiesi, että hän ei voisi **voittaa kaikkia Euroopan suurvaltoja samaan aikaan,** joten hän **yritti iskeä nopeasti ennen kuin kaikki liittoutuneiden armeijat ehtisivät kokoontua yhteen.**

💡 Tämä johti Waterloon taisteluun (18. kesäkuuta 1815), jossa Napoleon lopulta kärsi tappion Wellingtonin ja Blücherin armeijoille.

→ **Waterloon tappion jälkeen Napoleon joutui luopumaan vallasta lopullisesti, ja hänet karkotettiin Saint Helenan saarelle.**

→ **Wienin kongressi saattoi viimeistellä Euroopan uudet rajat Napoleonin uhkan poistuttua lopullisesti.**

Yhteenveto: Wienin kongressin reaktio Napoleonin paluuseen

☑ **Suurvallat julistivat Napoleonin "rauhanrikkojaksi" ja aloittivat uuden sodan häntä vastaan.**
☑ **Wienin kongressi yhdisti Euroopan suurvallat yhteiseen sotilasliittoon Napoleonin kukistamiseksi.**
☑ **Napoleonin paluu muutti kongressin tavoitteita: nyt päätavoitteena oli Napoleonin tuhoaminen.**
☑ **Napoleonin nopea eteneminen Ranskassa teki sodasta väistämättömän.**

💡 **Wienin kongressi oli lopulta voittajien kokous, jossa Napoleonin uhka murskattiin lopullisesti Waterloon taistelun jälkeen.**

Haluatko käsitellä seuraavaksi Waterloon taistelua yksityiskohtaisesti?

Kommentti ChatGPT:n vastaukseen: Euroopan muiden suurvaltojen reaktio oli selvä. Tarkastellaan seuraavaksi kummankin osapuolen käytössään olevia voimavaroja ja sotasuunnitelmia.

Sinä sanoit: Tarkastellaan seuraavaksi kummankin osapuolen käytössään olevia joukkoja ja voimavaroja. Napoleonin sotaministeri marsalkka Davout teki ihmeitä organisoidessaan uuden armeijan Napoleonille ja Napoleon halusi, että hän Napoleonin luottomiehenä jäisi vartioimaan Pariisia. Miten Napoleon suunnitteli ja jakoi joukkonsa Ranskan puolustusta varten? Samaan aikaan kuinka paljon eri Euroopan suurvallat olivat yksilöidysti halukkaita lähettämään joukkoja Napoleonia vastaan, ja mikä oli tämän liittokunnan sotasuunnitelma?

ChatGPT sanoi: Napoleonin ja liittoutuneiden sotavoimat sekä sotasuunnitelmat vuonna 1815

Kun Napoleon palasi Ranskaan vuonna 1815, hänen oli nopeasti muodostettava **uusi armeija**, sillä Euroopan suurvallat olivat jo sopineet hänen kukistamisestaan Wienin kongressissa. Napoleon ja hänen sotaministerinsä **marsalkka Davout** tekivät valtavan työn kootessaan ja organisoidessaan armeijan, mutta vastassa oli valtava liittoutuneiden voima.

◆ Napoleonin armeija ja sotasuunnitelma

Napoleonin armeija vuonna 1815 ei ollut sama kokenut Suuri Armeija (*Grande Armée*), joka oli taistellut hänen aikaisemmissa sodissaan. Monet kokeneet veteraanit olivat kuolleet tai jääneet liittoutuneiden palvelukseen, ja Ranska oli sodan ja taloudellisen romahduksen uuvuttama.

♛ Napoleonin armeijan kokoaminen

Napoleonin sotaministeri **marsalkka Davout** teki **uskomattoman työn** uuden armeijan muodostamiseksi lyhyessä ajassa. Hän:

- **Värväsi asevelvollisia ja vapaaehtoisia** → Napoleon julisti "Isänmaan vaarassa" ja onnistui nostattamaan kansallista taistelutahtoa.
- **Kutsui takaisin vanhoja veteraaneja** → Monet entiset keisarin sotilaat palasivat innolla palvelukseen.
- **Järjesti aseistuksen ja huollon** → Monet joukot saivat varusteita, mutta Napoleonin armeija kärsi **hevosten ja tykistön vähyydestä.**

→ **Lopputulos:** Kesäkuussa 1815 Napoleonilla oli noin **285 000 sotilasta koko Ranskan puolustamiseen.**

◆ **Napoleonin joukkojen jako ja strategia**

Napoleon jakoi Ranskan puolustuksen viiteen pääalueeseen:

1. **Pohjoinen rintama** → **Pääarmeija** (124 000 miestä) Napoleonin johdossa → tarkoitus hyökätä Belgiaan ja tuhota liittoutuneet nopeasti ennen kuin kaikki heidän joukkonsa ehtivät yhdistyä.
2. **Itäinen rintama** → Kenraali **Rapp** (23 000 miestä) → tarkoitus viivyttää Preussin etenemistä Elsassissa.
3. **Lounainen rintama** → Kenraali **Clausel** (20 000 miestä) → tarkoitus suojella Espanjan rajaa.
4. **Kaakkoisrintama** → Kenraali **Suchet** (15 000 miestä) → tarkoitus viivyttää itävaltalaisten etenemistä Italiasta.
5. **Pariisin varuskunta** → Marsalkka **Davout** (115 000 miestä) → tarkoitus suojella pääkaupunkia.

💡 **Napoleonin suunnitelma:**

- Napoleon tiesi, että jos **kaikki liittoutuneet ehtivät yhdistää voimansa, hänellä ei olisi mahdollisuuksia.**
- **Hänen ainoa toivonsa oli iskeä ensimmäisenä Belgiaan ja tuhota Britannian ja Preussin armeijat ennen kuin Itävalta ja Venäjä ehtisivät mukaan sotaan.**

◆ **Liittoutuneiden voimat ja sotasuunnitelma**

Liittoutuneet olivat jo Wienin kongressissa päättäneet tuhota Napoleonin lopullisesti. **Heillä oli valtava ylivoima, mutta heidän armeijansa oli hajallaan ympäri Eurooppaa.**

👑 **Liittoutuneiden sotajoukot kesällä 1815**

Suurvalta	Komentaja	Sotilaiden määrä	Missä joukot sijaitsivat?
Britannia GB	Wellington	100 000	Belgiassa
Preussi DE	Blücher	120 000	Belgiassa
Itävalta AT	Schwarzenberg	210 000	Itävallassa
Venäjä RU	Barclay de Tolly	200 000	Puolassa
Hollanti ja Belgia NL	Prinsessa Orania	30 000	Belgiassa
Ruotsi ja Espanja SEES	Tukivat sotaa rahallisesti	Ei suuria joukkoja	

→ **Yhteensä liittoutuneilla oli noin 860 000 sotilasta Napoleonin 285 000 vastaan!**

◆ **Liittoutuneiden sotasuunnitelma**

25. maaliskuuta 1815 liittoutuneet sopivat strategiasta:

1. **Preussi ja Britannia/Wellington** puolustavat Belgiaa.
2. **Itävalta hyökkää Ranskaan kaakosta.**
3. **Venäjä marssii Ranskan itärajoille.**
4. **Espanja ja Portugal hyökkäävät Ranskaan etelästä.**

💡 Liittoutuneiden suunnitelma oli yksinkertainen mutta tehokas: Marssia samanaikaisesti eri suunnista ja tuhota Napoleonin armeijat.

◆ **Napoleonin isku Belgiaan – Miksi hän ei odottanut vihollisen hyökkäystä?**

Napoleon ymmärsi, että jos hän **jää puolustautumaan Ranskaan, hänellä ei ole mahdollisuuksia.**

→ **Hän päätti ottaa aloitteen ja hyökätä ensimmäisenä.**

→ **Tavoite:** Hajottaa liittoutuneiden armeijat ennen kuin ne ehtivät yhdistyä.

→ **Taktiikka:**

- Hyökätä **Belgiaan**, koska siellä olivat **Britannian ja Preussin joukot.**
- **Voittaa Wellingtonin ja Blücherin erikseen, ennen kuin Itävalta ja Venäjä ehtisivät mukaan sotaan.**

💡 **Jos Napoleon onnistuisi voittamaan Britit ja Preussit nopeasti, hän voisi neuvotella rauhan ja säilyttää valtaistuimensa.**

◆ **Johtopäätökset: Napoleonin ja liittoutuneiden valmiudet**

☑ **Napoleonin armeija oli motivoitunut ja kokenut, mutta se oli määrällisesti paljon heikompi kuin liittoutuneiden voimat.**
☑ **Liittoutuneilla oli ylivoimainen miesvahvuus, mutta heidän armeijansa olivat hajallaan, mikä antoi Napoleonille mahdollisuuden iskeä ensin.**
☑ **Napoleonin ainoa vaihtoehto oli hyökätä ja yrittää voittaa ennen kuin kaikki liittoutuneet ehtivät yhdistää voimansa.**

💡 **Tämä johti lopulta kesäkuussa 1815 kuuluisiin taisteluihin:**

- **Ligny (16. kesäkuuta 1815) – Napoleon voitti preussilaiset**
- **Quatre Bras (16. kesäkuuta 1815) – Britit pysäyttivät Napoleonin marsalkka Neyn hyökkäyksen**

- **Waterloo (18. kesäkuuta 1815) – Napoleon kärsi lopullisen tappionsa.**

🔸 **Haluatko seuraavaksi analysoida Napoleonin ratkaisevia virheitä Waterloon kampanjassa?**

Kommentti ChatGPT:n vastaukseen: ChatGPT:n vastauksessa on yksi virhe ja se koskee Alankomaiden ja Belgian puolustusta, jossa paikallisia joukkoja johti Oranian tai Orange prinssi, ei prinsessa, kuten ChatGPT väittää. Napoleonin suunnitelman suuri heikkous oli se, että hänen tulisi pystyä saavuttamaan taistelukentällä niin murskaavia voittoja, että hän tekisi vihollistensa armeijoista taistelukyvyttömiä. Jos hänen vihollisensa olisivat maltillisia ja kokoaisivat voimansa yhteen ennen kuin hyökkäisivät Napoleonin kimppuun ja hyökätessään koordinoisivat toimensa keskenään, niin he voittaisivat.

Sinä sanoit: Tarkastellaan seuraavaksi kummankin osapuolen sotasuunnitelmien heikkouksia. Napoleonin suunnitelman suuri heikkous oli se, että hänen tulisi pystyä saavuttamaan taistelukentällä niin murskaavia voittoja, että hän tekisi vihollistensa armeijoista taistelukyvyttömiä. Jos hänen vihollisensa olisivat maltillisia ja kokoaisivat voimansa yhteen ennen kuin hyökkäisivät Napoleonin kimppuun ja hyökätessään koordinoisivat toimensa keskenään, niin he voittaisivat. Jos taas Napoleonin viholliset olisivat liian kunnianhimoisia pyrkien kärsimättömästi ja pelkästään omin voimin voittamaan hänet, niin se olisi avannut mahdollisuuksia voittoon Napoleonille.

ChatGPT sanoi: ◆ **Napoleonin ja liittoutuneiden sotasuunnitelmien heikkoudet vuonna 1815**

Napoleon ja liittoutuneet olivat molemmat laatineet strategiansa, mutta kumpikaan osapuoli ei ollut immuuni virheille. Tarkastellaan kummankin suunnitelman suurimpia heikkouksia.

◆ **Napoleonin sotasuunnitelman heikkoudet**

Napoleonin strategia keskittyi **nopeaan ja aggressiiviseen hyökkäykseen Belgiaan**, jossa hän toivoi voivansa tuhota Britit ja Preussit ennen kuin muut liittoutuneet ehtisivät apuun.

💡 **Suurin ongelma:** Napoleonilla ei ollut varaa edes yhteen suureen epäonnistumiseen. **Hänen oli pakko saavuttaa murskavoitto – pelkät taktiset torjuntavoitot eivät riittäneet.**

▼ **1. Napoleonilla ei ollut varaa pitkittyneeseen sotaan**

→ **Ranska oli sodasta uupunut ja resursseja oli rajallisesti.**
→ **Mikäli Napoleon ei onnistuisi voittamaan nopeasti, liittoutuneiden ylivoima murskaisi hänet väistämättä.**
→ **Toisin kuin 1805 tai 1806, Napoleonilla ei ollut strategista liikkumavaraa – hänen oli pakko voittaa tai hävitä.**

▼ **2. Napoleonin suunnitelma edellytti täydellistä koordinaatiota ja nopeutta**

→ Napoleonin armeija oli hajallaan ennen hyökkäystä Belgiaan, ja hänen oli liikuttava nopeasti ennen kuin liittoutuneet ehtisivät yhdistää voimansa.
→ **Jos viestintä pettää tai marsalkat tekevät virheitä, koko operaatio voisi romahtaa.**
→ **Marsalkka Ney ja marsalkka Grouchy eivät olleet Napoleonin sodankäynnin tasolla.** He tekivät virheitä, jotka johtivat Napoleonin tappioon.

▼ **3. Preussin armeijan tuhoaminen epäonnistui**

→ Napoleonin tärkein tavoite oli murskata Preussin armeija **Lignyn taistelussa (16. kesäkuuta 1815)**, mutta preussilaiset **eivät tuhoutuneet** – he onnistuivat vetäytymään ja kokoamaan voimansa uudelleen.

→ Jos Blücherin preussilaiset eivät olisi palanneet Waterloohon, Napoleon olisi voinut voittaa.

▼ 4. Napoleon ei ottanut huomioon liittoutuneiden mahdollisuutta toimia maltillisesti

→ Jos Wellington ja Blücher olisivat vetäytyneet, koonneet joukkonsa ja odottaneet itävaltalaisten ja venäläisten saapumista, Napoleon olisi ollut tuhoon tuomittu.

→ Napoleon luotti siihen, että **liittoutuneiden komentajat haluaisivat taistella yksin** – mutta tällä kertaa Wellington ja Blücher **onnistuivat yhteistyössä**, mikä varmisti Napoleonin tappion.

◆ **Liittoutuneiden sotasuunnitelman heikkoudet**

Vaikka liittoutuneilla oli valtava miesylivoima, heidän sotasuunnitelmassaan oli myös merkittäviä riskejä.

🕯 **Suurin heikkous:** Liittoutuneiden joukot olivat hajallaan ja niiden yhteistyö oli haasteellista. **Jos Napoleon pystyisi iskemään yhteen armeijaan kerrallaan ja tuhoamaan sen, hän voisi voittaa.**

▼ 1. Liittoutuneet olivat hajallaan ja Napoleonilla oli mahdollisuus lyödä heidät erikseen

→ Napoleonin hyökkäys Belgiaan oli vaarallinen juuri siksi, että **Preussin ja Britannian armeijat eivät olleet yhdistyneet.**

→ **Jos Napoleon olisi onnistunut tuhoamaan ensin Preussin ja sitten Wellingtonin armeijan, hän olisi voinut voittaa sodan.**

386

⚲ Tämä oli suurin uhka liittoutuneille, ja siksi he joutuivat toimimaan nopeasti Napoleonin kukistamiseksi.

▼ 2. Viestintä- ja koordinointiongelmat

→ Vuonna 1815 armeijat liikkuivat hitaasti ja viestintä oli hankalaa.
→ **Blücher ja Wellington eivät olleet aluksi varmoja, voisivatko he auttaa toisiaan.**
→ **Jos Wellington olisi vetäytynyt ilman Preussin tukea, Napoleon olisi voinut voittaa.**

⚲ **Lopulta Blücherin onnistunut liike Waterloon taistelukentälle ratkaisi sodan.**

▼ 3. Liittoutuneiden mahdollinen kärsimättömyys ja liiallinen itseluottamus

→ Liittoutuneiden suurin vaara oli, että heidän kenraalinsa yrittäisivät **voittaa Napoleonin yksin**, ilman yhteistoimintaa.
→ Jos esimerkiksi **Preussit olisivat yrittäneet hyökätä yksin Napoleonin kimppuun ilman Wellingtonia, Napoleon olisi voinut voittaa heidät.**

⚲ **Onneksi Wellington ja Blücher onnistuivat yhdistämään voimansa, mutta se ei ollut itsestään selvää.**

◆ **Johtopäätökset: Molempien osapuolten suunnitelmien heikkoudet**

Osapuoli	Sotasuunnitelman suurin heikkous
Napoleon	Hänen oli voitettava **nopeasti ja täydellisesti**, mikä oli vaikeaa liittoutuneiden yhdistäessä voimansa.

Osapuoli	Sotasuunnitelman suurin heikkous
Liittoutuneet	Heidän armeijansa olivat hajallaan, ja jos he eivät olisi toimineet koordinoidusti, Napoleon olisi voinut voittaa.

☑ **Mikäli Napoleon olisi saanut murskavoiton jommastakummasta vihollisestaan (Britanniasta tai Preussista), hän olisi voinut jatkaa sotaa ja ehkä pakottaa liittoutuneet rauhaan.**

☑ **Jos taas liittoutuneet olisivat epäröineet ja antaneet Napoleonille aikaa järjestellä puolustusta Ranskassa, he olisivat voineet kohdata vielä suurempia vaikeuksia.**

💡 **Lopulta Napoleon epäonnistui, koska:**

- **Preussilaiset eivät tuhoutuneet Lignyn taistelussa.**
- **Wellington ja Blücher toimivat yhdessä.**
- **Napoleonin marsalkat tekivät virheitä (esim. Grouchy ei estänyt preussilaisia liittymästä Waterloon taisteluun).**

🚀 **Haluatko seuraavaksi analysoida Waterloon taistelun Napoleonin kannalta ja mitä hän olisi voinut tehdä toisin?**

Kommentti ChatGPT:n vastaukseen: Jos oletetaan, että Napoleon olisi pystynyt lyömään Britannian ja Preussin armeijat Waterloon taistelussa, niin hänen jatkonsa kannalta tärkeintä olisi ollut niin murskaava voitto, että näiden armeijoiden jäänteet eivät olisi voineet liittyä Ranskaa kohti marssiviin itävaltalaisiin tai venäläisiin armeijoihin. Toinen ongelma Napoleonille olisi ollut se, että hänen olisi pitänyt saavuttaa tämä murskaava voitto ilman suuria miestappioita, sillä hän olisi tuossa tilanteessa tarvinnut kaiken mahdollisen miesvoiman itävaltalaisten ja venäläisten joukkojen lyömiseen.

Sinä sanoit: Tarkastellaan seuraavaksi Napoleonin Waterloon sotaretkeä siitä hetkestä, kun hän ylitti Belgian rajan aina hetkeen juuri ennen Waterloon taistelun alkua. Napoleon löi silloin preussilaiset Lignyn taistelussa, kun taas marsalkka Ney otti yhteen brittien kanssa Quatre Brasin taistelussa.

ChatGPT sanoi: ◆ **Napoleonin Waterloon sotaretki: Ranskan hyökkäys Belgiaan (15.–17. kesäkuuta 1815)**

Napoleonin viimeinen sotaretki alkoi 15. kesäkuuta 1815, kun hän ylitti Belgian rajan ja aloitti nopean hyökkäyksen liittoutuneita vastaan. Hänen tavoitteenaan oli lyödä vihollisensa **yksitellen ennen kuin he ehtisivät yhdistää voimansa.**

→ **Tärkeimmät vastustajat Belgiaan sijoittuneista liittoutuneiden armeijoista:**

- **Britannian ja Alankomaiden armeija (Wellingtonin komennossa)**
- **Preussin armeija (marsalkka Blücherin komennossa)**

◆ **1. Napoleonin strategia ja joukkojen jako**

Napoleonilla oli noin **125 000 miestä**, jotka hän jakoi kolmeen pääosastoon:

1. **Hänen oma armeijansa (pääjoukot, mukana keisarillinen kaarti, n. 75 000 miestä)**
2. **Marsalkka Neyn joukot** (n. 45 000 miestä) → Tehtävä: lyödä Wellingtonin etujoukot Quatre Brasissa
3. **Marsalkka Grouchyn joukot** (n. 33 000 miestä) → Tehtävä: jahdata ja estää preussilaisten liittyminen Wellingtoniin

💡 **Tavoite:** Hyökätä liittoutuneiden keskelle ja iskeä eri osiin ennen kuin he ehtivät yhdistyä.

◆ **2. Napoleonin hyökkäys Belgiaan (15. kesäkuuta 1815)**

→ **Napoleon ylitti rajan ja siirtyi Charleroihin, Belgiaan.**
→ Hänen joukkonsa liikkuivat nopeasti, ja liittoutuneiden armeijat olivat yllätettyjä.
→ **Liittoutuneet eivät olleet vielä valmiita vastarintaan – Napoleon onnistui erottamaan britit ja preussilaiset toisistaan.**

▼ **Ensimmäiset taistelut alkoivat 16. kesäkuuta:**

1. **LIGNYN TAISTELU (Napoleon vs. Blücher)**
2. **QUATRE BRASIN TAISTELU (Ney vs. Wellington)**

◆ **3. Lignyn taistelu (16. kesäkuuta 1815) – Napoleonin voitto**

Napoleon taisteli **Lignyn kylän lähellä Preussin armeijaa vastaan.**

→ **Napoleonilla oli noin 68 000 miestä, kun taas Blücherilla oli noin 84 000 miestä.**
→ **Napoleonin voitto perustui taktiseen ylivoimaan ja keisarillisen kaartin hyökkäykseen.**
→ **Preussin armeija lyötiin ja vetäytyi – mutta sitä ei tuhottu kokonaan!**

💡 **SUURI VIRHE:**
Napoleon **luuli preussilaisten vetäytyvän kohti itää**, mutta todellisuudessa **Blücher vetäytyi pohjoiseen kohti Wellingtonin armeijaa!**
→ Tämä mahdollisti preussilaisten saapumisen Waterloon taistelukentälle.

◆ **4. Quatre Brasin taistelu (16. kesäkuuta 1815) – Neyn epäonnistuminen**

Marsalkka Neyn tehtävä oli **vallata Quatre Bras** -risteys ja estää Wellingtonin eteneminen.

→ Neyn joukot ottivat yhteen brittiläis-hollantilaisten joukkojen kanssa.
→ **Aluksi britit olivat alakynnessä, mutta Wellington sai vahvistuksia ja taistelu päättyi ratkaisemattomana.**
→ **Ney ei onnistunut lyömään Wellingtonia ajoissa, mikä antoi hänelle mahdollisuuden vetäytyä Waterloohon.**

💡 **SUURI VIRHE:**
Jos Ney olisi onnistunut voittamaan, Napoleon olisi voinut iskeä Wellingtonin kimppuun ennen preussilaisten saapumista.

◆ **5. Napoleonin eteneminen Waterloohon (17. kesäkuuta 1815)**

→ Napoleon lähetti marsalkka Grouchyn joukot **jahdamaan vetäytyviä preussilaisia.**
→ **Grouchy ei kuitenkaan saanut estettyä Blücheria liittymästä Wellingtoniin.**
→ Samaan aikaan Napoleon marssi Waterloohon, missä Wellington asettui puolustukseen.

💡 **Tässä kohtaa Napoleon teki kohtalokkaan virheen:**
Hän **aliarvioi preussilaisia** ja **luotti Grouchyn pysäyttävän heidät.**

◆ **Yhteenveto Napoleonin sotaretkestä ennen Waterloon taistelua**

Tapahtuma	Tulos	Seuraukset
Belgian rajan ylitys (15. kesäkuuta)	Yllätyshyökkäys onnistui	Liittoutuneet yllätettiin ja olivat erillään
Lignyn taistelu (16. kesäkuuta)	Napoleonin voitto	Preussit vetäytyivät, mutta eivät tuhoutuneet
Quatre Brasin taistelu (16. kesäkuuta)	Ratkaisematon	Wellington vetäytyi järjestäytyneesti Waterloohon

Tapahtuma	Tulos	Seuraukset
Marsalkka Grouchy lähetettiin preussilaisten perään (17. kesäkuuta)	Napoleonin virhe	Preussit onnistuivat kokoamaan joukkonsa uudelleen ja liittymään Wellingtoniin
Napoleon saapui Waterloohon (17. kesäkuuta)	Viimeinen taistelu lähestyy	Wellington asettui puolustukseen, Blücher tulossa apuun

◆ **Miksi Napoleon epäonnistui ennen Waterloon taistelua?**

1. Preussilaiset eivät tuhoutuneet Lignyssä
→ Napoleon oletti, että Blücher vetäytyisi itään, mutta hän vetäytyikin pohjoiseen kohti Wellingtonia.

2. Ney ei onnistunut voittamaan Wellingtonia Quatre Brasissa
→ Tämä antoi brittiläisille mahdollisuuden vetäytyä ja valmistautua Waterloohon.

3. Marsalkka Grouchy ei estänyt preussilaisia liittymästä taisteluun
→ Tämä oli kohtalokasta – ilman preussilaisia Wellington olisi voitu voittaa Waterloossa.

💡 **Napoleon aloitti Waterloon taistelun 18. kesäkuuta odottaen, että Grouchy pysäyttäisi preussilaiset. Hän ei tiennyt, että Blücherin joukot olivat jo matkalla apuun...**

⚔ **Haluatko seuraavaksi analysoida Waterloon taistelun kulun ja Napoleonin mahdolliset vaihtoehdot?**

Kommentti ChatGPT:n vastaukseen: Napoleonin tappion siemenet Waterloon taistelussa kylvettiin aikaisempien päivien sotatoimien seurauksena. Napoleon ei pystynyt lyömään Blücherin preussilaisia ratkaisevasti, eikä hän pystynyt eristämään näitä Wellingtonin komentamasta armeijasta, joka koostui niin briteistä kuin alankomaalaisista, sekä Saksan alueen pikkuvaltioiden joukoista.

Sinä sanoit: Miten Wellington ja Blücher armeijoineen löivät Napoleonin Waterloon taistelussa? Käsitykseni mukaan Wellington kävi taisteluun Napoleonia vastaan puolustuksellisesti ja sillä oletuksella, että Blücherin preussilaiset olivat tulossa hänen avuksensa.

ChatGPT sanoi: ◆ **Waterloon taistelu (18. kesäkuuta 1815) – Napoleonin kohtalon päivä**

Wellingtonin ja Blücherin yhteiset strategiat, Napoleonin virheet ja ranskalaisten epäonni johtivat Napoleonin lopulliseen tappioon Waterloon taistelussa.

Kyllä, käsityksesi on täysin oikea:

- **Wellington puolusti vahvasti valittua asemapaikkaa,** tarkoituksenaan pitää asemat kunnes preussilaiset saapuisivat.
- **Blücher lupasi saapua apuun** niin pian kuin mahdollista, mutta preussilaisten liikkuminen oli hidasta.
- **Napoleonin suunnitelmana oli lyödä Wellington ennen kuin Blücher ehtisi paikalle.**

◆ **1. Taistelukenttä ja osapuolten lähtöasetelmat**

◆ **Ranskalaisten asetelma**

- Napoleonilla oli noin **72 000 miestä ja 250 tykkiä.**
- Hänen armeijansa koostui kokeneista veteraaneista, mutta osa joukoista oli kokemattomia.
- Hän asetti joukkonsa hyökkäysmuodostelmaan ja suunnitteli murtavansa brittien puolustuksen ennen preussilaisten saapumista.

◆

Wellingtonin puolustava asema

- Wellingtonilla oli **68 000 miestä ja 156 tykkiä**, mutta hänen joukkonsa olivat monikansallinen sekoitus brittejä, hollantilaisia, belgialaisia ja saksalaisia.
- Hän asetti armeijansa **Mont-Saint-Jean -harjanteelle**, suojaten joukkojaan ranskalaisten tykistöltä.
- **Wellingtonin tavoite:** Pitää asemansa koko päivän, kunnes Blücher saapuisi apuun.

◆ **Blücherin preussilaiset**

- Blücherin armeijalla oli **50 000 miestä**, mutta he olivat väsyneitä ja heidän etenemisensä oli hidasta.
- Heidän tehtävänsä oli **hyökätä Napoleonin kylkeen iltapäivällä.**

◆ **2. Waterloon taistelun kulku**

◆ **Aamu (Klo 11:30) – Napoleonin tykistö pommittaa**

- Napoleonin 250 tykkiä avasivat tulen Wellingtonin asemia vastaan.
- Kuitenkin **kenttä oli vetinen yön sateiden jälkeen**, joten Napoleon joutui lykkäämään hyökkäystään.
- Pommitus ei tehnyt niin suurta vahinkoa kuin Napoleon oli toivonut.

◆ **Iltapäivä (Klo 13:00) – Hougoumontin taistelu**

- Ranskalaiset hyökkäsivät **Hougoumontin maatilalle** yrittäen murtaa Wellingtonin oikean siiven.
- **Brittien kaartin joukot puolustivat sitkeästi**, ja maatilaa ei vallattu koko taistelun aikana.
- Tämä osoittautui virheeksi: Napoleon käytti **liikaa joukkoja** epäolennaiseen kohteeseen.

◆ **Klo 14:00 – Ranskan päähyökkäys La Haye Saintea vastaan**

● Napoleonin joukkojen pääisku tehtiin Wellingtonin **keskustaa vastaan.**

● Ranskalainen kenraali d'Erlonin 18 000 miestä hyökkäsi ylämäkeen, mutta heidän muodostelmansa oli altis brittiläiselle muskettitulelle.

● **Brittiläinen jalkaväki ja raskaat ratsuväkirykmentit löivät hyökkäyksen takaisin, aiheuttaen suuria tappioita ranskalaisille.**

◆ **Klo 16:00 – Preussilaiset lähestyvät!**

● Ensimmäiset preussilaiset joukot saapuivat Napoleonin oikeaan kylkeen.

● Napoleon joutui lähettämään **varajoukkoja pitämään preussilaiset kurissa**, mikä heikensi hänen pääjoukkojaan.

◆ **Klo 16:30 – Neyn ratsuväkihyökkäys**

● Marsalkka Ney, luullen brittien vetäytyvän, komensi **valtavan ratsuväkihyökkäyksen** brittien linjoja vastaan.

● **Wellingtonin jalkaväki muodosti neliömuodostelmia**, jotka kestivät ranskalaisten toistuvat iskut.

● **Ratsuväki ei voinut murtaa linjoja ilman jalkaväkeä tai tykistöä.**

● Tämä oli katastrofi ranskalaisille: **valtava määrä ranskalaisia ratsuväkimiehiä menetettiin turhaan.**

◆ **Klo 18:00 – Napoleonin viimeinen hyökkäys**

● Napoleon **lähetti Keisarillisen kaartin hyökkäykseen**, yrittäen murtaa brittilinjan lopullisesti.

● Wellingtonin joukot, huolellisesti asemoidut, avasivat musketti- ja tykistötulen ranskalaisia vastaan.

● Yllättäen **Ranskan Kaarti murtui ja pakeni – ensimmäistä kertaa historiassaan!**

● Britit ja hollantilaiset huusivat: **"La Garde recule!" (Kaarti perääntyy!)**

- Ranskalaisten armeija menetti taistelutahtonsa ja alkoi paeta.

◆ Klo 19:30 – Preussilaisten ratkaiseva hyökkäys

- Blücherin preussilaiset hyökkäsivät täysillä Napoleonin oikeaan kylkeen.
- Napoleonin armeija hajosi täydellisesti, ja vetäytyminen muuttui **täydeksi paoksi.**

---

3. Miksi Napoleon hävisi Waterloossa?

◆ **1. Liittoutuneiden parempi strategia**

- Wellington taisteli **puolustuksellisesti,** kunnes Blücherin preussilaiset saapuivat.
- **Liittoutuneet koordinoivat toimensa paremmin kuin Napoleon uskoi.**

◆ **2. Napoleonin virheet**

- **Aamun sateet viivästyttivät hyökkäystä,** antaen preussilaisille aikaa saapua.
- **Hougoumontin maatilaan käytettiin liikaa joukkoja turhaan.**
- **Neyn ratsuväkihyökkäys ilman jalkaväen tukea oli katastrofi.**
- **Grouchy ei saapunut ajoissa auttamaan Napoleonin pääarmeijaa.**

◆ **3. Brittien ja preussilaisten urheus**

- Wellingtonin joukot kestivät ranskalaisten jatkuvat hyökkäykset.
- **Preussilaiset saapuivat ratkaisevalla hetkellä ja romahduttivat Napoleonin armeijan.**

---

4. Seuraukset

- Napoleon **pakeni Waterloosta** ja yritti paeta Ranskasta, mutta hän antautui brittien HMS Bellerophon -alukselle.
- **Napoleon karkotettiin Saint Helenan saarelle,** jossa hän kuoli 1821.
- Waterloon jälkeen **Euroopan valtasuhteet muuttuivat – Napoleonin aikakausi päättyi lopullisesti.**

Johtopäätös: Napoleonin viimeinen virhe

Napoleonilla oli mahdollisuus voittaa Waterloossa, mutta hän **aliarvioi Wellingtonin ja Blücherin yhteistoiminnan.**

- Jos hän olisi voittanut Waterloossa, sota olisi jatkunut.
- Hänen tappionsa kuitenkin sinetöi hänen kohtalonsa ja lopetti Napoleonin keisarikunnan lopullisesti.

Haluatko syventyä johonkin tiettyyn Napoleonin päätökseen Waterloossa?

Kommentti ChatGPT:n vastaukseen: ChatGPT pystyi antamaan aika hyvän ja tiiviin kuvan siitä, mitä Waterloon taistelussa tapahtui. Napoleon kuitenkin pääsi taistelusta pakoon ja sota ei ollut ohitse ennen kuin Ranska oli antautunut, joka taas edellytti, että Napoleonin vihollisten piti marssia Pariisin edustalle ja pakottaa Ranska antautumaan. Mitä taisteluita tästä seurasi ja miten marsalkka Davout suhtautui sodan jatkamiseen?

Sinä sanoit: Napoleon kuitenkin pääsi taistelusta pakoon ja sota ei ollut ohitse ennen kuin Ranska oli antautunut, joka taas edellytti, että Napoleonin vihollisten piti marssia Pariisin edustalle ja pakottaa Ranska antautumaan. Mitä taisteluita tästä seurasi ja miten marsalkka Davout suhtautui sodan jatkamiseen?

ChatGPT sanoi: Kyllä, vaikka Napoleon hävisi Waterloon taistelun, sota ei päättynyt heti. Ranska ei ollut vielä virallisesti antautunut, ja Napoleonin hallinto pysyi muodollisesti vallassa jonkin aikaa. Seuraavaksi tarkastellaan, mitä tapahtui Waterloon jälkeen ja kuinka marsalkka Louis-Nicolas Davout suhtautui sodan jatkamiseen.

◆ Waterloon jälkeen: Sota jatkuu (1815)

Napoleon **pakeni Waterloon taistelukentältä** ja palasi Pariisiin 21. kesäkuuta. Ranskassa hän yritti vielä kerran koota hallituksensa, mutta tilanne oli toivoton: liittoutuneet olivat marssimassa kohti Pariisia, ja monet hänen upseereistaan eivät enää uskoneet sodan jatkamisen mahdollisuuksiin.

◆ 1. Waterloon jälkeiset taistelut

Vaikka Napoleonin pääarmeija hajosi Waterloossa, ranskalaiset eivät heti antautuneet. Ranskalla oli yhä useita divisioonia, linnoituksia ja sotilaallisia resursseja. **Useita taisteluita käytiin ennen Pariisin valtausta:**

◆ 1.1 Wavren taistelu (18.–19. kesäkuuta 1815)

- Preussilaiset kenraali Blücherin alaisuudessa hyökkäsivät ranskalaista kenraali Grouchya vastaan Wavressa.
- Grouchy oli Napoleonin alainen, joka ei ehtinyt Waterloohon, koska hän oli metsästämässä preussilaisia liian kaukana.
- **Vaikka ranskalaiset voittivat Wavressa, se ei enää vaikuttanut sodan lopputulokseen**, sillä Napoleonin armeija oli jo lyöty Waterloossa.

◆ 1.2 Rocquencourtin taistelu (1. heinäkuuta 1815)

- Pariisin suojaksi vetäytynyt ranskalainen ratsuväki teki epätoivoisen hyökkäyksen preussilaisia vastaan.
- Ranskalaiset saavuttivat **pienen taktisen voiton**, mutta tämä ei muuttanut sodan lopputulosta.

◆ **1.3 Issyn taistelu (2.–3. heinäkuuta 1815)**

● Viimeinen merkittävä taistelu ennen Pariisin antautumista.

● Marsalkka Davoutin alaisuudessa toimineet ranskalaiset puolustivat Pariisia, mutta ylivoimaiset liittoutuneet pakottivat heidät perääntymään.

◆ **2. Marsalkka Davoutin suhtautuminen sodan jatkamiseen**

Marsalkka **Louis-Nicolas Davout** oli Napoleonin uskollisimpia ja kyvykkäimpiä sotapäälliköitä. Hän oli tunnettu **kurinalaisuudestaan ja puolustuskyvystään**, ja hänellä oli Napoleonin hallinnon viimeisinä päivinä **Ranskan sotaministerin asema.**

◆ **Davoutin kanta sodan jatkamiseen**

1. **Davout halusi aluksi jatkaa taistelua:**
   o Hänellä oli Pariisissa noin **100 000 sotilaan armeija**, ja hän uskoi voivansa puolustaa kaupunkia hetken aikaa.
   o Hän oli linnoittanut Pariisin puolustukseen ja oli valmis taistelemaan.
2. **Realismi vei voiton:**
   o Davout ymmärsi nopeasti, että **tilanne oli toivoton**.
   o Ranska oli sodasta väsynyt, ja poliittinen tuki Napoleonille romahti Waterloon tappion jälkeen.
   o Ranskan hallitus ja edustajat painostivat häntä neuvottelemaan antautumisesta.
3. **Davout neuvotteli kunniallisen antautumisen:**
   o Hän ei suostunut välittömään antautumiseen, vaan varmisti, että **ranskalaiset sotilaat saivat kunnialliset ehdot.**
   o **4. heinäkuuta 1815 Pariisi antautui virallisesti liittoutuneille.**

◆ **3. Sodan päätös ja Napoleonin kohtalo**

◆ Napoleon luopuu vallasta

- 22. kesäkuuta 1815 Napoleon **luopui kruunusta** poikansa hyväksi, mutta tämä ele ei saanut poliittista tukea.
- Hän yritti paeta Amerikkaan, mutta brittien laivasto esti hänen pakonsa.
- Lopulta hän antautui HMS Bellerophon -alukseen ja **karkotettiin Saint Helenan saarelle**, missä hän kuoli vuonna 1821.

◆ Toisen Pariisin rauha (1815)

- Ranska **menetti alueitaan**, ja sen armeijaa pienennettiin.
- Bourbonit palasivat valtaan ja kuningas Ludvig XVIII otti ohjat käsiinsä.
- **Napoleonin aikakausi päättyi lopullisesti.**

◆ Johtopäätös

Waterloon jälkeen sota ei loppunut heti, mutta **Napoleonin tappio oli niin murskaava, ettei Ranska kyennyt enää jatkamaan sotaa tehokkaasti.**

- **Davout halusi taistella, mutta tajusi nopeasti tilanteen mahdottomuuden.**
- **Ranskalaisten armeija ei ollut täysin tuhottu, mutta se ei voinut enää estää liittoutuneiden etenemistä.**
- **Pariisi antautui, ja Napoleonin valtakausi päättyi lopullisesti.**

Haluatko syventyä esimerkiksi Davoutin rooliin tarkemmin tai johonkin tiettyyn jälkitaisteluun?

Kommentti ChatGPT:n vastaukseen: Näin Napoleonin ura on saatu pakettiin. Tämän jälkeen on syytä arvioida mitä hänen urastansa voidaan oppia.

Sinä sanoit: Miten Napoleonia voidaan käyttää esimerkkinä historiassa ja nykyisyydessä tapahtuneen laadullisen päätöksenteon arvioinnissa? Mitkä olivat hänen ja hänen armeijoidensa suurimmat saavutukset ja sekä suurimmat virheet, sekä miksi nämä saavutukset, sekä virheet tapahtuivat?

ChatGPT sanoi: Napoleon on yksi historian merkittävimmistä esimerkeistä, kun puhutaan laadullisesta päätöksenteosta. Hänen päätöksensä ja sotilaalliset strategiansa olivat usein briljantteja, mutta hänen virheensä ja heikkoutensa johtivat lopulta hänen tuhoonsa. Tarkastellaan Napoleonin päätöksentekoa strategian, taktiikan ja hallinnon tasolla sekä hänen suurimpia saavutuksiaan ja virheitään.

◆ Napoleon ja laadullinen päätöksenteko

Napoleonin päätöksenteossa näkyi **kolme keskeistä tekijää:**

1. **Nopeus ja päättäväisyys** – Hän teki päätöksiä nopeasti ja usein otti aloitteen omiin käsiinsä, mikä antoi hänelle taktisen ja strategisen edun.
2. **Sopeutumiskyky** – Hän mukautui tilanteisiin nopeasti ja käytti hyväkseen vihollistensa virheitä.
3. **Liiallinen itseluottamus ja riskeihin sokeutuminen** – Hän uskoi usein omaan voittamattomuuteensa, mikä johti liian kunnianhimoisiin sotaretkiin, kuten Venäjän-invaasioon 1812.

◆ Napoleonin suurimmat saavutukset

◆ 1. Ranskan armeijan ja sotilasdoktriinin uudistaminen

◆ Napoleon **loi uudenlaisen, liikkuvamman armeijan,** joka pystyi voittamaan lukumääräisesti ylivoimaiset viholliset. Hänen taktiikkansa ja strategiansa muuttivat sodankäynnin periaatteita.

◆ **Corps-järjestelmä:** Hän jakoi armeijansa itsenäisesti liikkuviin joukkoihin, jotka pystyivät toimimaan erillään mutta yhdistymään ratkaisevassa hetkessä.

401

Vaikutus nykyhetkeen: Monet Napoleonin sotilasperiaatteet, kuten nopeat manööverit, tiedustelun merkitys ja keskittyneiden iskujen käyttö, ovat edelleen osa modernia sotilasstrategiaa.

◆ 2. Marengon ja Austerlitzin taistelut (1800, 1805)

◆ **Marengon taistelu** oli Napoleonin ensimmäinen suuri voitto, jossa hän voitti itävaltalaiset ja varmisti valtansa Ranskassa.

◆ **Austerlitzin taistelu** (1805) oli hänen uransa suurin taktinen voitto, jossa hän harhautti Venäjän ja Itävallan armeijat ja murskasi ne täydellisesti.

Opetus päätöksenteossa: Napoleon käytti **harhautusstrategiaa ja antoi vihollisille väärän kuvan heikkoudestaan**, mikä johti vihollisen virheisiin ja hänen murskavoittoonsa.

◆ 3. Ranskan hallinnon ja lakijärjestelmän uudistus (Napoleonin siviililaki, 1804)

◆ Napoleonin **Napoleonin siviililaki (Code Napoléon)** toi modernin oikeusjärjestelmän, jossa laki oli selkeä, yhtenäinen ja periaatteeltaan yhdenvertainen.

Vaikutus nykyhetkeen: Tämä lakikokoelma vaikuttaa edelleen useiden maiden oikeusjärjestelmiin, mm. Ranskassa, Belgiassa ja Italiassa.

◆ 4. Ranskan suurvalta-aseman luominen Euroopassa

◆ Napoleon rakensi Ranskasta Euroopan johtavan sotilasmahdin, kukistaen useita vanhoja kuningashuoneita ja muuttaen Euroopan poliittista tasapainoa.

◆ Hän voitti **useita suurvaltoja (Itävalta, Preussi, Venäjä, Britannia)** ja sai hetkeksi koko mantereen alaisuuteensa.

💡 **Opetus päätöksenteossa:** Suurvaltapolitiikassa Napoleon **osasi hyödyntää voimaa ja diplomatiaa,** mutta hänen laajenemispolitiikkansa toi myös yhä enemmän vihollisia.

◆ Napoleonin suurimmat virheet ja niiden syyt

◆ **1. Espanjan sota (1808–1814)**

◆ Napoleon aliarvioi **Espanjan kansallismielisen vastarinnan,** ja sodasta tuli Ranskan armeijalle kuluttava kulutussota.

◆ **Britannia lähetti Wellingtonin johdolla apua espanjalaisille,** mikä teki sodasta vielä vaikeamman.

💡 **Virheen opetus:** Napoleon **ei ymmärtänyt asukkaiden vastarinnan merkitystä** ja joutui turvautumaan liian suuriin miehitysjoukkoihin.

◆ **2. Venäjän sotaretki (1812)**

◆ Napoleon lähti **hyvin valmistautumattomana** sotaan Venäjää vastaan.

◆ Venäläiset sovelsivat **poltetun maan taktiikkaa,** ja ranskalaiset kärsivät nälästä ja kylmyydestä.

◆ **Moskova vallattiin, mutta se ei ratkaissut sotaa,** koska Venäjän armeija ei antautunut.

💡 **Virheen opetus:** Liian kunnianhimoinen tavoite ja **huono logistiikka** voivat tuhota jopa maailman vahvimman armeijan.

◆ **3. Liittoutuneiden aliarviointi ja Waterloon taistelu (1815)**

◆ Napoleon yritti **voittaa vihollisensa erikseen**, mutta ei onnistunut pitämään Preussin ja Britannian joukkoja erillään.

◆ Hänen hyökkäyksensä oli **huonosti ajoitettu ja epäyhtenäinen**, mikä johti Waterloon tappioon.

💡 **Virheen opetus: Liittolaisten koordinaatio voi olla vahvempi kuin yksittäisen nerokkaan johtajan strategiat.**

◆ **Johtopäätös: Napoleon ja päätöksenteon laatu**

Napoleon oli mestari päätöksenteossa **monella tasolla:**

✔️ Hän käytti **nopeita liikkeitä ja yllätyksellisyyttä** hyväkseen.

✔️ Hän hyödynsi **ennennäkemättömän tehokasta logistiikkaa ja organisaatiota.**

✔️ Hän perusti **lakijärjestelmän ja hallintomallin, joka vaikutti pitkälle tulevaisuuteen.**

Mutta hänen **suurimmat virheensä** johtuivat:

❌ **Liiallisesta itseluottamuksesta ja riskinottohalusta.**

❌ **Vihollisten ja sodan realiteettien aliarvioinnista.**

❌ **Liian suuresta laajenemispolitiikasta, joka toi yhä uusia vihollisia.**

💡 **Opetus historiasta ja nykyajasta:**

- Johtajan **pitkäaikainen menestys riippuu siitä, osaako hän sopeutua ja tunnistaa omat rajansa.**
- **Älykkäät strategiat voivat voittaa hetkellisiä taisteluita, mutta kestävää valtaa ei voi rakentaa pelkästään sotilaallisen voiman varaan.**

Napoleonin tarina on **esimerkki huippuunsa viedystä päätöksenteon taidosta, mutta myös siitä, miten hallitsija voi tuhoutua omien virheidensä seurauksena.**

💬 **Haluatko analysoida jotain tiettyä Napoleonin päätöstä tarkemmin?**

Kommentti ChatGPT:n vastaukseen: ChatGPT:n analyysin merkittävin puute on se, että siinä ei mainita Napoleonin Ranskan huonoa menestystä merisodassa Britanniaa vastaan. Siihen on mielestäni syytä kiinnittää erityistä huomiota, sillä Britannia oli Napoleonin leppymättömin vihollinen.

Sinä sanoit: Mielestäni tuon analyysin suurin heikkous on se, että et puhu siinä mitään Napoleonin Ranskan merisodasta Britanniaa vastaan, etkä Britanniaan kohdistetun mannermaasulkemuksen epäonnistumisesta. Mielestäni tämä on tärkeätä siksi, että Britannia oli Napoleonin leppymättömin vihollinen, joka myös rahoitti muiden maiden sotatoimia Napoleonia vastaan. Kenties Napoleonin Ranskan kyvyttömyys merisotaan Britanniaa vastaan oli yksi seikka, joka lopulta tuomitsi Napoleonin Ranskan.

ChatGPT sanoi: Olet täysin oikeassa. Napoleonin suurin ja leppymättömin vihollinen oli Britannia, ja Ranskan kyvyttömyys haastaa Britannian merellä oli yksi hänen kohtalokkaimmista heikkouksistaan. Tämä vaikuttaa erityisesti kahdella alueella:

1. **Ranskan merisodan epäonnistuminen ja Trafalgarin tappio (1805)**
2. **Mannermaasulkemuksen epäonnistuminen ja sen vaikutukset Ranskaan ja Eurooppaan**

◆ 1. Ranskan merisodan epäonnistuminen ja Trafalgarin tappio (1805)

Napoleon ei koskaan kyennyt haastamaan Britannian laivastoa merellä, mikä teki Britannian saaresta käytännössä valloittamattoman.

- Napoleon yritti useaan otteeseen rakentaa laivastoa, mutta hänellä **ei ollut resursseja, koulutettuja miehistöjä eikä merisotakulttuuria** siinä määrin kuin Britannialla.
- Ranskan ja Espanjan laivastot yritettiin yhdistää, mutta **Horatio Nelson murskasi ne Trafalgarin taistelussa vuonna 1805.**

Miksi Napoleon epäonnistui merellä?

✔️ **Britannian merivoimat olivat liian ylivoimaisia** – Kuninkaallinen laivasto oli maailman paras, kokenut ja hallitsi meriyhteyksiä.

✔️ **Ranskan merisotakulttuurin puute** – Ranskassa laivasto oli toissijainen maavoimien rinnalla.

✔️ **Merimiehistön heikko taso** – Britannia oli merivalta, jonka laivasto sai jatkuvasti kokemusta sodankäynnistä, toisin kuin Napoleonin satamissa makaava laivasto.

💡 **Johtopäätös:** Trafalgar varmisti sen, ettei Napoleon koskaan voisi toteuttaa maihinnousua Britanniaan. Tästä syystä hänen täytyi yrittää muita keinoja Britannian lyömiseksi – kuten **mannermaasulkemusta**.

◆ **2. Mannermaasulkemuksen epäonnistuminen**

Koska Napoleon ei pystynyt voittamaan Britanniaa merellä, hän yritti **taloudellista sotaa** Britanniaa vastaan. Vuonna 1806 hän määräsi **Mannermaasulkemuksen**, joka kielsi kaiken kaupankäynnin Britannian ja manner-Euroopan välillä.

◆ Tavoitteena oli **kuristaa Britannian talous** ja pakottaa se rauhaan.

◆ Mutta Britannialla oli **globaali imperiumi**, ja se pystyi korvaamaan menetetyt markkinat esimerkiksi Amerikalla, Intialla ja Välimerellä.

Miksi sulkeminen epäonnistui?

✔️ **Britannia hallitsi merireittejä**, joten se pystyi edelleen käymään kauppaa siirtomaidensa kanssa.

✔️ **Euroopan maat tarvitsivat brittitavaroita** – erityisesti teollisuustuotteita, sokeria ja puuvillaa, joita ne eivät saaneet muualta.

✔️ **Salakuljetus kukoisti**, ja jopa ranskalaiset itse rikkoivat sulkua, koska brittiläisiä tuotteita oli vaikea korvata.

Mannermaasulkemuksen kohtalokkaat seuraukset Napoleonille

🔅 **Venäjä hylkäsi sulkemuksen 1810**, koska se kärsi enemmän kuin Britannia. Tämä johti **Napoleonin katastrofaaliseen Venäjän sotaretkeen vuonna 1812.**

🔅 **Ranska kärsi itse taloudellisesti**, koska sulkeminen heikensi Ranskan teollisuutta ja kauppaa.

🔅 **Britannia pysyi vahvana**, koska se löysi uusia markkinoita ja jatkoi sotien rahoittamista.

💡 **Johtopäätös:** Napoleon ei pystynyt murskaamaan Britanniaa taloudellisesti. Sen sijaan hänen mannermaasulkemuksensa teki enemmän haittaa **Ranskalle ja sen liittolaisille**, mikä johti Napoleonin eristymiseen ja Venäjän sodan kaltaisiin kohtalokkaisiin virheisiin.

🔷 **Napoleonin Ranskan kohtalo ja Britannian ratkaiseva rooli**

Koska Napoleon ei voinut voittaa Britanniaa:

◆ **Britannia pystyi jatkamaan sotien rahoittamista ja liittoutuneiden tukemista** (kuten Venäjää, Preussia ja Itävaltaa).

◆ **Britannia pystyi iskemään Napoleonin selustaan** (kuten Wellingtonin johdolla Espanjassa ja Portugalissa, mikä vei resursseja Ranskalta).

◆ **Napoleonin Ranska oli pakotettu jatkuvaan sotaan**, mikä johti lopulta hänen kaatumiseensa vuonna 1814 ja uudelleen 1815 Waterloon jälkeen.

▼ **Lopullinen arvio:** Napoleonilla ei ollut koskaan todellista strategiaa Britannian voittamiseksi, koska hänen keinonsa – merisota ja mannermaasulkemus – epäonnistuivat. Britannia ei ehkä ollut hänen suurin sotilaallinen uhkansa, mutta se oli hänen **periksiantamattomin vastustajansa**, ja lopulta juuri Britannian jatkuva rahoitus ja liittolaisten tukeminen tekivät Napoleonin kaatumisen väistämättömäksi.

💬 **Mitä ajattelet – olisiko Napoleon voinut löytää tavan voittaa Britannian? Vai oliko hänen kohtalonsa sinetöity jo Trafalgarin jälkeen?**

Kommentti ChatGPT:n vastaukseen: Napoleonin Ranskan heikkous oli kyvyttömyys haastaa Britannian kuninkaallista laivastoa merillä niin, että Napoleon olisi pystynyt hyökkäämään Britanniaan. Tämä tuli Napoleonin eteen väistämättä etenkin Trafalgarin meritaistelun jälkeen. Tuon asian väistämättömyyden takia Napoleonin kaksi suurinta virhettä olivat hänen hyökkäyksensä Espanjaan, joka maksoi hänelle paljon sotilaita turhaan ja sotaretki Venäjälle, jonka seurauksena hänen valtakuntansa romahti.

Sinä sanoit: Mitkä ovat keskeiset historialliset aikalaislähteet Napoleonin elämästä?

ChatGPT sanoi: Napoleonin elämästä on säilynyt runsaasti aikalaislähteitä, jotka tarjoavat arvokasta tietoa hänen teoistaan, ajattelustaan ja persoonallisuudestaan. Keskeiset lähteet voidaan jakaa seuraaviin ryhmiin:

1. Napoleonin omat kirjoitukset ja muistelmansa

- **Napoleonin kirjeet** – Napoleon kirjoitti valtavan määrän kirjeitä, joista monet ovat säilyneet. Ne kattavat hänen sotaretkensä, hallintonsa ja yksityiselämänsä.
- **Mémorial de Sainte-Hélène (1823)** – Napoleonin sihteeri Emmanuel de Las Cases kirjoitti tämän teoksen, joka perustuu Napoleonin puheisiin Saint Helenan saarella. Tämä teos on yksi tärkeimmistä Napoleonin omasta näkökulmasta kertovista lähteistä, mutta se on myös propagandistinen.
- **Napoleonin sanellut muistelmat Saint Helenalla** – Näitä kirjoittivat mm. Henri-Gatien Bertrand ja Louis de Montholon.

2. Napoleonin aikalaisilleen diktaattamat ja heidän kirjoittamansa muistelmat

- **Armand de Caulaincourt** – Napoleonin läheinen neuvonantaja ja diplomaatti, jonka muistelmat ("With Napoleon in Russia") tarjoavat tärkeää tietoa Venäjän sotaretkestä ja Napoleonin diplomatiasta.
- **Louis-Antoine Fauvelet de Bourrienne** – Napoleonin entinen yksityissihteeri, jonka muistelmat (Mémoires de M. de Bourrienne, ministre d'état) antavat katsauksen hänen varhaisvuosiinsa ja keisarikautensa hallintoon.

- **Jean-Baptiste de Marbot** – Ranskalainen upseeri, jonka värikkäät muistelmat kuvaavat Napoleonin ajan sotia alhaalta päin.
- **Gaspard Gourgaud** – Napoleonin uskollinen upseeri Saint Helenalla, joka myös kirjoitti muistiinpanoja Napoleonin puheista.
- **Claude-François de Méneval** – Napoleonin toinen sihteeri, joka kirjoitti muistelmat Napoleonin valtakaudesta.

3. Napoleonin aikalaisten poliitikkojen ja sotilaiden muistelmat

- **Wellingtonin muistelmia ja kirjeitä** – Arthur Wellesley, Wellingtonin herttua, oli Napoleonin päävastustaja Waterloossa ja kirjoitti myöhemmin Napoleonista ja sodista.
- **Carl von Clausewitz** – Preussilainen sotilas ja teoreetikko, joka kirjoitti analyyseja Napoleonin sodista ja strategiasta.
- **Metternichin muistelmat** – Itävallan ulkoministeri ja myöhemmin valtiokansleri Klemens von Metternich antoi näkemyksensä Napoleonin politiikasta ja Euroopan diplomatiasta.
- **Talleyrandin kirjeet ja muistelmat** – Ranskan taitava diplomaatti Charles-Maurice de Talleyrand oli sekä Napoleonin tukija että myöhemmin hänen vastustajansa.

4. Aikalaisdokumentit ja sotapäiväkirjat

- **Ranskan hallituksen asiakirjat ja senaatin pöytäkirjat** – Napoleonin hallinnon dokumentit ja viralliset raportit sodista ja poliittisista päätöksistä.
- **Brittiläiset, itävaltalaiset, venäläiset ja preussilaiset sotapäiväkirjat** – Esimerkiksi venäläiset raportit Borodinon taistelusta tai preussilaiset kuvaukset Leipzigin taistelusta.

5. Napoleonin vastustajien ja kriitikoiden kirjoitukset

- **Madame de Staël** – Napoleonin kriitikko, joka kirjoitti hänestä poliittisesti kriittisen teoksen "Considérations sur la Révolution française".
- **Chateaubriand** – Ranskalainen kirjailija, joka kirjoitti Napoleonista kriittisesti ja analysoi tämän vaikutusta Ranskan historiaan.

Johtopäätös

Napoleonista on säilynyt valtava määrä ensikäden lähteitä eri näkökulmista – hänen omasta näkökulmastaan, hänen upseeriensa ja hallintonsa jäseniltä, vastustajiltaan sekä neutraaleilta tarkkailijoilta. Tämä tekee hänestä yhden historian parhaiten dokumentoiduista hahmoista.

Haluatko suosituksia tietystä näkökulmasta?

Kommentti ChatGPT:n vastaukseen: Napoleonin kaltaista suurmiestä on myös syytä tarkastella niin oman aikansa tuotteena, sillä Ranskan vallankumous mahdollisti hänen nousunsa korkeimpiin komentajan tehtäviin kuin myös aikalaistensa silmin. Oliko hän heille sankari vai roisto, niin se riippuu häntä tarkastelevan ihmisen näkökulmasta.

Sinä sanoit: Mikä oli Otto von Bismarckin tausta ja historia ennen vuotta 1862, jolloin hän nousi Preussin kansleriksi ja vastaamaan sen ulkopolitiikasta?

ChatGPT sanoi: Otto von Bismarckin (1815–1898) tausta ennen vuotta 1862 kertoo hänen nousustaan preussilaisen konservatiivisen aristokratian riveistä yhdeksi Euroopan merkittävimmistä valtiomiehistä. Hänen elämänsä tähän ajankohtaan asti voidaan jakaa useisiin vaiheisiin:

Varhaiset vuodet ja koulutus

- Otto von Bismarck syntyi 1. huhtikuuta 1815 aristokraattiseen junkkeriperheeseen Schönhausenissa, Brandenburgin provinssissa.
- Hänen perheensä oli maanomistajasäätyä (junkkerit), joka oli konservatiivinen, militaristinen ja keisarikuntaa tukeva luokka.
- Bismarck opiskeli Göttingenin ja Berliinin yliopistoissa lakia ja hallintotieteitä, mutta hän ei ollut erityisen innokas opiskelija. Hänet tunnettiin enemmän duelloinnista ja boheemista elämäntyylistään.
- Hän työskenteli lyhyesti Preussin hallinnossa, mutta kyllästyi nopeasti virkamieselämään ja vetäytyi hoitamaan perheensä maatilaa Pommerissa.

Poliittinen ura alkaa (1840-luku)

- Bismarck tuli tunnetuksi konservatiivisista ja monarkistisista mielipiteistään. Hän katsoi, että Preussin valtakunnan tuli pysyä vahvasti kuningasvallan ohjauksessa ilman liberaalien vaikutusta.
- Vuonna 1847 hän nousi Preussin yhdistettyyn maakuntaeduskuntaan (*Vereinigter Landtag*), jossa hän puolusti kuningas Fredrik Vilhelm IV:n absoluuttista valtaa ja vastusti liberaaleja reformeja.
- **Maaliskuun vallankumous 1848** oli ratkaiseva hetki Bismarckin poliittisessa kehityksessä. Hän kannatti vallankumouksen kukistamista ja jopa tarjoutui järjestämään joukkonsa tukemaan kuningasta kapinallisia vastaan.

- Hän vastusti Saksan yhdistämistä liberaalien ehdoilla (Frankfurtin parlamentin kautta) ja kannatti pikemminkin Preussin johtamaa konservatiivista unionia.

Diplomaattinen ura (1850-luku)

- Vuonna 1851 Bismarck nimitettiin Preussin edustajaksi Saksan liiton valtuuskuntaan Frankfurtissa. Tässä tehtävässä hän kehitti syvän epäilyn Itävaltaa kohtaan ja ymmärsi Preussin ja Itävallan välisen kilpailun tärkeyden.
- Hän omaksui realismin (*Realpolitik*) ja ymmärsi, että Preussi tarvitsi vahvaa sotilaallista voimaa ja strategista diplomatiaa noustakseen johtavaksi saksalaiseksi valtioksi.
- Vuosina 1859–1862 Bismarck toimi suurlähettiläänä ensin Pietarissa ja sitten Pariisissa. Tämä antoi hänelle ensikäden kokemusta suurvaltapolitiikasta ja mahdollisuuden arvioida Venäjän ja Ranskan reaktioita mahdolliseen Saksan yhdistämiseen.

Nousu Preussin kansleriksi (1862)

- Vuonna 1862 Preussin kuningas Vilhelm I joutui konfliktiin parlamentin kanssa sotilasuudistusten vuoksi. Hän tarvitsi pääministerin, joka voisi ohittaa liberaalien vastustuksen ja toteuttaa kuninkaan tahtoa.
- Vilhelm I nimitti Bismarckin Preussin pääministeriksi ja ulkoministeriksi syyskuussa 1862. Bismarckin kuuluisa "rauta ja veri" -puhe parlamentissa viestitti, että Saksan yhdistyminen ei tapahtuisi puheiden vaan sotilaallisen voiman kautta.

Tässä vaiheessa Bismarck oli valmis muokkaamaan Euroopan historiaa ja aloittamaan Preussin nousun johtavaksi Saksaa yhdistäväksi voimaksi.

Kommentti ChatGPT:n vastaukseen: Toisin sanoen ennen nousuaan Preussin pää- ja ulkoministeriksi Otto von Bismarck oli arkkikonservatiivi. Preussi oli kuningaskunta ja tästä luonnollisesti seuraa kysymys, että millainen mies oli Preussin kuningas Wilhelm vuonna 1862 ja miksi hän halusi nimenomaan Bismarckin pää- ja ulkoministeriksi?

Sinä sanoit: Preussi oli kuningaskunta ja tästä luonnollisesti seuraa kysymys, että millainen mies oli Preussin kuningas Wilhelm vuonna 1862 ja miksi hän halusi nimenomaan Bismarckin pää- ja ulkoministeriksi?

ChatGPT sanoi: Preussin kuningas **Vilhelm I** (1797–1888) oli vuonna 1862 kokenut mutta konservatiivinen monarkki, joka oli syvästi sitoutunut perinteisiin preussilaisiin arvoihin: vahvaan armeijaan, kurinalaiseen hallintoon ja kuningasvaltaan. Hän ei ollut erityisen karismaattinen tai kunnianhimoinen hallitsija, mutta hänellä oli vahva velvollisuudentunto ja vakaumus siitä, että Preussin armeijan oli oltava valtion tärkein tukipilari.

Millainen mies Vilhelm I oli vuonna 1862?

- **Sotilaallinen tausta:** Vilhelm oli sotilas henkeen ja vereen. Hän oli taistellut Napoleonia vastaan vuosina 1813–1815 ja saanut vaikutteita preussilaisesta militarismista.
- **Konservatiivinen monarkki:** Hän uskoi vahvasti kuninkaan oikeuteen hallita ja vastusti liberaaleja liikkeitä, jotka halusivat lisätä parlamentin valtaa.
- **Ei vallanhimoinen, mutta peräänantamaton:** Hän ei ollut Napoleonin tai Bismarckin kaltainen kunnianhimoinen vallanrakentaja, mutta hän oli päättäväinen siinä, että Preussin täytyi säilyttää vahva asema Saksassa.
- **Ei poliittinen juonittelija:** Toisin kuin Bismarck, Vilhelm ei ollut poliittinen peluri. Hän suhtautui epäluuloisesti vallankumouksiin ja liberaaleihin uudistuksiin mutta ei ollut strategisesti kyvykäs vastaamaan poliittisiin kriiseihin.

Miksi Vilhelm I halusi juuri Bismarckin pää- ja ulkoministeriksi vuonna 1862?

1. **Parlamenttikriisi ja sotilasreformit:**
   - Vuonna 1862 Preussin parlamentissa (Landtag) käytiin kiivasta kiistaa sotilasbudjetista. Vilhelm halusi kasvattaa armeijaa ja pidentää asepalvelusaikaa, mutta liberaalit parlamentaarikot vastustivat tätä.
   - Kriisi ajautui siihen pisteeseen, että Vilhelm harkitsi jopa luopuvansa kruunusta, koska hän ei kyennyt ratkaisemaan tilannetta.

2. **Bismarckin maine konservatiivisena ja vahvana johtajana:**
   - Vilhelm tunsi Bismarckin jo aiemmin, erityisesti tämän Frankfurtin, Pietarin ja Pariisin diplomaattivuosilta.
   - Bismarck oli tunnettu rautaisesta konservatiivisuudestaan ja kyvystään taivuttaa poliittiset vastustajat, usein säälimättömällä tavalla.
3. **Bismarckin kyky ohittaa parlamentti ja vahvistaa kruunua:**
   - Bismarckin "rauta ja veri" -strategia (*Blut und Eisen*) vakuutti Vilhelmin siitä, että tämä oli oikea mies ohittamaan liberaalit parlamentaarikot ja toteuttamaan armeijauudistuksen.
   - Bismarck käytännössä julisti, että hallitus voisi jatkaa toimintaansa ilman parlamentin hyväksymää budjettia, mikä pelasti Vilhelmin kriisistä.
4. **Bismarckin ymmärrys ulkopolitiikasta ja realpolitikista:**
   - Vilhelm tiesi, että Preussin suurin haaste oli Itävalta ja Saksan sisäinen valtatasapaino.
   - Bismarckin diplomaattinen kokemus teki hänestä oikean miehen suunnittelemaan Preussin nousua Saksan johtavaksi valtioksi.

Yhteenveto

Vilhelm I oli vuonna 1862 konservatiivinen sotilasmonarkki, joka kohtasi valtakuntansa sisällä vakavan poliittisen kriisin. Hän valitsi Otto von Bismarckin pääministeriksi, koska tämä oli taitava poliittinen strategisti, joka pystyi ohittamaan parlamentaarisen opposition ja toteuttamaan hänen armeijauudistuksensa. Bismarckin kyky käyttää "rauta ja veri" -politiikkaa varmisti, että Preussi ei ainoastaan selvinnyt kriisistä, vaan aloitti nousun Saksan yhdistäjäksi.

Kommentti ChatGPT:n vastaukseen: Bismarckista tuli Preussin pää- ja ulkoministeri vuonna 1862. Hänen noustuaan valtaan on syytä tarkastella hänen ongelmiansa heti noustuaan siihen asemaan ja hänen keskeisiä periaatteitansa vallanpitäjänä.

Sinä sanoit: Mitkä olivat Bismarckin keskeiset ongelmat vuonna 1862 heti hänen valtaannousunsa jälkeen?

ChatGPT sanoi: Kun **Otto von Bismarck** nousi Preussin pääministeriksi ja ulkoministeriksi syyskuussa **1862**, hän joutui välittömästi kohtaamaan useita merkittäviä ongelmia sekä sisä- että ulkopolitiikassa. Hänen asemansa ei ollut helppo, ja hänen oli käytettävä taitavaa politiikkaa (Realpolitik) varmistaakseen Preussin vakauden ja vaikutusvallan.

---

1. Parlamenttikriisi ja sotilasreformien vastustus

- **Taustalla:** Kuningas **Vilhelm I** halusi uudistaa Preussin armeijaa, mutta Preussin parlamentti (*Landtag*) oli kieltäytynyt hyväksymästä sotilasbudjettia.

- **Ongelma:** Liberaalit parlamentaarikot (edustettuina etenkin Edistyspuolueessa, *Fortschrittspartei*) pelkäsivät, että armeijan vahvistaminen johtaisi yksinvaltaan ja että armeijaa käytettäisiin demokratiaa vastaan.

- **Bismarckin ratkaisu:** Hän väitti, että hallitus voi hallita ilman parlamentin hyväksyntää ja jatkoi sotilasreformien toteuttamista perustuslakia venyttäen. Tämä loi vakavan konfliktin hallituksen ja parlamentin välille, mutta Bismarck ei perääntynyt.

---

2. Ulkopoliittinen tilanne – Preussin asema Saksassa

- **Taustalla:** Preussi oli Saksan toiseksi vahvin valtio, mutta **Itävalta** hallitsi yhä virallisesti Saksan liittoa (*Deutscher Bund*).

- **Ongelma:** Itävalta oli estänyt Preussia saamasta johtavaa asemaa Saksan sisällä. Lisäksi monet saksalaiset liberaalit halusivat Saksan yhdistymistä, mutta eivät Preussin sotilaallisella johdolla.

- **Bismarckin strategia:** Hän halusi heikentää Itävallan asemaa ja vahvistaa Preussia, mutta hänen oli varmistettava, ettei Ranska tai Venäjä puuttuisi asiaan.

---

3. Preussin ja Itävallan välinen kilpailu

- **Taustalla:** Preussi ja Itävalta olivat kilpailevia suurvaltoja, ja niiden välit olivat kiristyneet jo 1850-luvulla.
- **Ongelma:** Itävalta pyrki pitämään kiinni Saksan liiton hallinnasta ja estämään Preussin laajentumista.
- **Bismarckin lähestymistapa:** Hän aikoi järjestää sotilaallisen yhteenoton Itävallan kanssa sopivassa tilanteessa, mutta ensin hänen oli varmistettava, että Preussi olisi valmis ja kansainväliset olosuhteet suotuisat.

---

4. Suhde Ranskaan ja keisari Napoleon III:een

- **Taustalla:** Ranska oli Euroopan mahtavin valtio, ja keisari **Napoleon III** piti Saksaa mahdollisena uhkana.
- **Ongelma:** Jos Preussi pyrkisi yhdistämään Saksan, Ranska voisi vastustaa sitä sotilaallisesti.
- **Bismarckin strategia:** Hän pyrki vakuuttamaan Napoleon III:n siitä, ettei Preussilla ollut välittömiä laajentumishaluja, ja jopa vihjasi, että Ranska voisi saada korvauksia tulevissa konflikteissa.

---

5. Suhde Venäjään – Krimin sodan jälkipyykki

- **Taustalla:** Venäjä oli kärsinyt tappion Krimin sodassa (1853–1856) ja oli eristäytynyt Euroopan politiikassa.
- **Ongelma:** Venäjä oli aiemmin tukenut Itävaltaa, mutta Krimin sodan jälkeen se tunsi tulleensa petetyksi Itävallan toimesta.
- **Bismarckin ratkaisu:** Hän vahvisti suhteita Venäjään tukemalla Venäjän puolalaiskapinan (1863) tukahduttamista ja varmisti, että Venäjä pysyisi neutraalina tulevissa Preussin ja Itävallan välisissä konflikteissa.

---

6. Sisäinen poliittinen oppositio ja vallan vakiinnuttaminen

- **Taustalla:** Bismarck ei ollut suosittu hahmo liberaalien keskuudessa, ja hänen tapansa hallita ilman parlamentin hyväksyntää herätti voimakasta vastustusta.
- **Ongelma:** Jos hän epäonnistuisi ulkopolitiikassa tai sotilasreformeissa, hänen asemansa romahtaisi ja parlamentti saattaisi syrjäyttää hänet.
- **Bismarckin strategia:** Hän pelasi aikaa ja käytti kovia otteita poliittisia vastustajiaan vastaan. Hän uskoi, että menestyksellinen ulkopolitiikka ja Preussin aseman vahvistaminen Saksassa hiljentäisi opposition.

Johtopäätös

Bismarckin ensimmäinen vuosi vallassa oli täynnä haasteita. Hänen suurimmat ongelmansa olivat:

1. **Parlamentin vastustus** ja perustuslaillinen kriisi sotilasreformien ympärillä.
2. **Preussin asema Saksassa** ja kilpailu Itävallan kanssa.
3. **Ulkopoliittinen tasapainoilu** Ranskan, Venäjän ja muiden suurvaltojen kanssa.
4. **Sisäinen poliittinen oppositio** ja oman valtansa vakiinnuttaminen.

Bismarckin ratkaisu kaikkiin näihin ongelmiin oli **Realpolitik** – hän käytti vallankäyttöä pragmaattisesti, manipuloi suurvaltojen suhteita ja oli valmis jopa laittomuuksiin varmistaakseen tavoitteensa. Hän tiesi, että jos hän onnistuisi voittamaan Itävallan ja vahvistamaan Preussia, kaikki sisäiset ongelmat – myös parlamentin vastustus – katoaisivat, koska menestys tuo aina mukanaan poliittisen legitimiteetin.

Kommentti ChatGPT:n vastaukseen: Kuten vastauksessa näkyy, niin Bismarckilla oli useita ongelmia edessään sen jälkeen, kun hän oli noussut valtaan. Hänellä oli myös ratkaisut niistä ongelmista selviämiseen.

Sinä sanoit: Mitkä olivat Bismarckin poliittisen toiminnan keskeiset periaatteet? Niitä olivat ainakin hyvät välit Venäjään, joka turvasi Preussin itärajan rauhallisuuden ja joka ilmeni Preussin halussa auttaa Venäjää tukahduttamaan Puolan kapina vuodelta 1863. Toinen merkittävä Bismarckin periaate oli se, että hän halusi manipuloida sen osapuolen, jota vastaan hän halusi sodan, niin tekemään ensimmäisen aggressiivisen liikkeen, jolloin vihollinen näyttäisi olevan hyökkääjä, ei Bismarckin Preussi.

ChatGPT sanoi: Olet täysin oikeassa Bismarckin keskeisistä periaatteista, ja näiden lisäksi hänellä oli useita muita keskeisiä poliittisia linjauksia, jotka ohjasivat hänen toimintaansa. Hän käytti taitavasti **Realpolitikia**, eli käytännöllistä ja opportunistista vallankäyttöä, jossa ideologiat ja moraaliset periaatteet olivat toissijaisia valtion edun kannalta.

Tässä keskeiset Bismarckin poliittiset periaatteet:

---

1. Hyvät välit Venäjään – Itärajan vakaus

- Bismarck ymmärsi, että Preussin ja myöhemmin Saksan turvallisuus edellytti rauhallista itärajaa.
- Hän tuki Venäjää vuoden 1863 **Puolan kapinan** tukahduttamisessa, vaikka muut Euroopan suurvallat sympatisoivat puolalaisia.
- Tämä takasi Venäjän suopeuden Preussille tulevissa konflikteissa, erityisesti Itävaltaa ja Ranskaa vastaan.
- Hän ei koskaan halunnut ajaa Venäjää yhteen Ranskan tai Itävallan kanssa Saksaa vastaan.

---

2. Manipuloi vastustajaansa tekemään ensimmäinen aggressiivinen liike

- Bismarck ymmärsi, että sodan aloittava valtio joutuu usein diplomaattiseen eristykseen ja moraalisesti heikompaan asemaan.
- Hän käytti tätä taktiikkaa useaan otteeseen:

- Tanskan sota (1864): Hän sai Itävallan liittymään Preussin kanssa sotaan Tanskaa vastaan, mutta myöhemmin käytti tätä liittoumaa hyväkseen Itävaltaa vastaan.
- Itävallan sota (1866): Hän provosoi Itävallan ajamaan asiaansa Saksan liitossa, jotta Itävalta näyttäisi sodan aloittajalta.
- Ranskan sota (1870–71): Hän muokkasi Emsin sähkeen sisältöä niin, että Ranska koki sen provokaationa ja julisti sodan Preussille, jolloin Preussi näyttäytyi uhrina ja Saksan valtiot asettuivat sen tueksi.

---

3. Vältä kahden rintaman sotaa – Älä koskaan anna Ranskan ja Venäjän liittoutua Preussia/Saksaa vastaan

- Bismarck tiesi, että Saksan suurin uhka olisi kahden rintaman sota Ranskan ja Venäjän välissä.
- Hän solmi vuonna 1873 Kolmen keisarin liiton (Preussi/Saksa, Itävalta-Unkari ja Venäjä) turvatakseen Venäjän neutraaliuden.
- Kun Venäjä ja Itävalta alkoivat kilpailla Balkanilla, Bismarck teki Saksan ja Venäjän salaisen uudistussopimuksen (1887) varmistaakseen Venäjän pysymisen poissa Ranskan liitosta.

---

4. Ei turhaa laajentumista Euroopassa yhdistymisen jälkeen

- Bismarckin tavoitteena oli Preussin johtoasema Saksassa, mutta hän ei halunnut laajentaa Saksaa enää vuoden 1871 jälkeen.
- Hän ymmärsi, että lisälaajeneminen johtaisi Saksan eristykseen ja mahdolliseen suurvaltojen liittoutumaan Saksaa vastaan.
- Hän torjui Saksan nationalistit, jotka halusivat valloittaa Elsass-Lothringenin lisäksi Luxemburgin tai Belgian.
- Hänen mielestään Saksan tuli toimia "tyydyttyneenä suurvaltana" eikä tavoitella enää lisäalueita.

---

5. Saksan yhdistäminen "verellä ja raudalla" eikä liberaalilla parlamentaarisuudella

- Bismarck vastusti demokraattisia liikkeitä ja parlamentaarista hallintoa.
- Hän sanoi kuuluisat sanansa vuonna 1862:

    "Saksan suuret kysymykset eivät ratkea puheilla ja enemmistöpäätöksillä vaan **verellä ja raudalla**."

- Hän yhdisti Saksan sotilaallisin keinoin, ei liberaalien ajamilla perustuslaillisilla reformeilla.
- Hän salli perustuslakirikkomukset (kuten budjettikriisissä 1862–1866) varmistaakseen armeijan uudistukset ja Preussin voitot sodissa.

---

6. Vältä ylimääräisiä vihollisia – Hajota mahdolliset vastustajakoalitiot

- Bismarck ymmärsi, että Preussi/Saksa ei voinut selvitä, jos kaikki muut Euroopan suurvallat liittoutuisivat sitä vastaan.
- Hän käytti diplomatiaa hajottaakseen mahdollisia liittokuntia:
    - o Hän **vakuutti Britannian**, että Saksa ei ole merellinen kilpailija, jolloin Britannia pysyi puolueettomana.
    - o Hän teki **Itävallan kanssa liiton (1879)**, jotta Itävalta ei hakeutuisi Ranskan kumppaniksi.
    - o Hän takasi Venäjän ystävyyden salaisten sopimusten kautta.

---

7. Sisäpoliittinen kontrolli – Kulttuurikamppailu (Kulturkampf) ja sosialistien torjunta

- **Kulturkampf (1871–1878):**

420

- Bismarck yritti heikentää katolisen kirkon valtaa Saksassa, koska katolinen **Kesku-Euroopan katolinen puolue** saattoi uhata valtiovallan yhtenäisyyttä.
- Tämä epäonnistui osittain, ja hän lopetti sen, kun tarvitsi katolisen puolueen tukea.

- **Sosialistien torjunta:**
  - Bismarck pelkäsi sosialismin leviämistä ja yritti tukahduttaa **Saksan sosiaalidemokraattisen puolueen (SPD)** lainsäädännöllä.
  - Samalla hän **loi Euroopan ensimmäiset sosiaaliturvajärjestelmät** (sairausvakuutus, työtapaturmavakuutus, eläkevakuutus) viedäkseen sosialisteilta kannattajia.

Yhteenveto

Bismarckin politiikka perustui realistiseen vallankäyttöön eikä ideologiaan. Hänen pääperiaatteensa olivat:

1. **Hyvät suhteet Venäjään** – Itärajan vakaus oli Saksan turvallisuuden kulmakivi.
2. **Manipuloida vastustaja hyökkäämään ensin**, jotta Preussi/Saksa näyttäisi puolustajalta.
3. **Välttää kahden rintaman sota** – Estää Ranskan ja Venäjän liittoutuminen Saksaa vastaan.
4. **Välttää turhaa laajentumista 1871 jälkeen**, koska se eristäisi Saksan diplomatiassa.
5. **"Verellä ja raudalla" -politiikka**, jossa sotilaallinen voima ratkaisi kansalliset kysymykset.
6. **Diplomaattinen tasapainottelu**, jossa mahdolliset viholliset pidettiin erillään toisistaan.
7. **Sisäinen kontrolli**, jolla torjuttiin katolista kirkkoa ja sosialisteja.

Bismarckin periaatteet varmistivat, että Saksa pysyi Euroopan johtavana suurvaltana hänen valtakautensa ajan. Hänen eroamisensa 1890 johti lopulta siihen, että Saksa ajautui kansainväliseen eristykseen ja lopulta kahden

421

rintaman sotaan vuonna 1914 – juuri sitä, mitä Bismarck oli kaikin keinoin yrittänyt välttää.

Kommentti ChatGPT:n vastaukseen: ChatGPT:n vastaus antaa hyvän kuvan siitä, miten Bismarck toimi valtiomiehenä tunnustaen vallitsevat realiteetit. Hän myös halusi, että Preussilla ja Saksalla myöhemmin olisi hyvät välit suurimpaan osaan Euroopan valtioista, jolloin Preussin tai Saksan vastaisen liiton syntyminen olisi vähintäänkin hyvin vaikeata.

Sinä sanoit: Bismarckin ja Preussin onni oli se, että Preussin armeijan päällikkönä oli Helmuth von Moltke vanhempi, joka oli kenties 1800-luvun loppupuolen paras eurooppalainen kenraali, sekä tunnettu niin loistavana kenttäkomentajana, organisaattorina kuin sotilasteoreetikkona. Saksan yhdistymissodat Bismarckin komennossa olisivat olleet Preussille paljon hankalampia, jos heillä olisi ollut joku taidoiltansa vähäisempi komentaja kuin Moltke johtamassa heidän armeijaansa.

ChatGPT sanoi: Täysin totta! Helmuth von Moltke vanhempi oli keskeinen hahmo Preussin ja myöhemmin Saksan sotilaallisessa menestyksessä. Bismarckin poliittiset taidot ja diplomatia loivat Preussille strategiset edellytykset, mutta ilman Moltken kykyjä nämä edut olisivat jääneet hyödyntämättä taistelukentällä.

Moltke oli erinomainen **strategi, organisaattori ja sotilasteoreetikko**, jonka doktriinit ja käytännön kyvyt nostivat Preussin sotilaallisen suorituskyvyn Euroopan huipulle. Hänen johtamansa kampanjat vuonna **1864 (Tanska), 1866 (Itävalta) ja 1870–71 (Ranska)** olivat tehokkaita, nopeita ja ratkaisevia.

Moltken keskeiset vahvuudet:

1. Strateginen ja logistinen nerokkuus

- Moltke ymmärsi, että **rautatiet ja teollistuminen muuttivat sodankäyntiä**. Hän loi tehokkaan rautatiejärjestelmän, joka mahdollisti Preussin armeijan nopean liikuttelun.
- Hän myös hajautti armeijansa liikkuvuuden maksimoimiseksi ja käytti telekommunikaatiota (sähkösanomia) moderniin sodankäyntiin.

2. Hajautettu komentojärjestelmä ja moderni sodankäynnin oppi

- Moltke hylkäsi perinteisen ajatuksen, että komentajan pitäisi jatkuvasti kontrolloida jokaista armeijan liikettä. Sen sijaan hän loi **Auftragstaktik-järjestelmän**, jossa kenraalit saivat **operaation päämäärän**, mutta heille annettiin vapaus toteuttaa se parhaaksi katsomallaan tavalla.
- Tämä teki Preussin armeijasta **nopean, joustavan ja tehokkaan**, kun taas vastustajat olivat usein jäykän komentorakenteensa vankeja.

3. Voittamattomat kampanjat Preussin yhdistymissodissa

- **Tanskan sota (1864):** Moltke varmisti nopean voiton hyvin suunnitelluilla rintamahyökkäyksillä ja saarrostuksilla.
- **Itävallan sota (1866):** Ratkaiseva voitto Königgrätzin taistelussa – Preussin armeija käytti nopeita liikkeitä ja tehokasta tulivoimaa voittaakseen Itävallan, joka oli perinteisesti vahvempi maa.
- **Ranskan sota (1870–71):** Moltke murskasi Ranskan armeijan Sedanin taistelussa, jossa keisari Napoleon III joutui vangiksi. Moltken piiritystaktiikat pakottivat lopulta Pariisin antautumaan.

4. Siviili- ja sotilasjohdon täydellinen yhteistyö

- Moltke ja Bismarck **täydensivät toisiaan täydellisesti**.
- Bismarck varmisti, että Preussi sai sopivat viholliset oikeaan aikaan ja pysyi diplomaattisesti turvassa sodan aikana.
- Moltke puolestaan varmisti, että Bismarckin suunnittelemat konfliktit ratkaistiin **nopeasti ja tehokkaasti taistelukentällä**.

Ilman Moltkea Preussi olisi saattanut jäädä jumiin pitkittyneisiin sotiin tai kärsiä raskaita tappioita. Bismarckin diplomatia loi sodille suotuisat olosuhteet, mutta Moltken sotilaallinen ylivoima varmisti, että Preussi voitti jokaisen sodan nopeasti ja murskaavasti. **Yhdessä Bismarck ja Moltke loivat perustan Saksan nousulle Euroopan johtavaksi suurvallaksi.**

Kommentti ChatGPT:n vastaukseen: Preussi tarvitsi Bismarckia Saksan yhdistämisen poliittiseen toteuttamiseen ja se tarvitsi Moltkea sen joukkojen organisoimiseen ja johtamiseen Saksan yhdistämissodissa.

Sinä sanoit: Miten sota Tanskaa vastaan sai alkunsa vuonna 1864? Miten Bismarck oikeutti Preussin sotatoimet Tanskaa vastaan? Miten hän sai Itävallan mukaan sotaan? Miten tässä sodassa kävi?

ChatGPT sanoi: Sota Tanskaa vastaan 1864 – Bismarckin ensimmäinen askel Saksan yhdistämiseksi

Miten sota sai alkunsa?

Sodan taustalla oli **Schleswig-Holsteinin kysymys**, joka oli ollut jännitteinen aihe Saksassa ja Tanskassa jo vuosikymmeniä. Schleswig ja Holstein olivat herttuakuntia, jotka olivat muodollisesti Tanskan kruunun alaisia, mutta Holstein kuului myös Saksan liittoon (*Deutscher Bund*). Monille saksalaisille nationalisteille Schleswig ja Holstein olivat osa saksalaista kulttuurialuetta, ja heidän mielestään Tanskan ei olisi pitänyt hallita niitä.

Vuonna **1863** Tanskan kuningas **Kristian IX** hyväksyi uuden perustuslain (*Novemberforfatningen*), joka käytännössä liitti Schleswigin virallisesti Tanskan valtioon. Tämä rikkoi aikaisempia sopimuksia ja antoi Preussille sekä Itävallalle **tekosyyn puuttua asiaan sotilaallisesti**.

Bismarckin oikeutus Preussin sotatoimille

Bismarck käytti Tanskan toimia hyväkseen ja esitti sodan puolustuksellisena operaationa:

1. **Tanska rikkoi kansainvälisiä sopimuksia** liittämällä Schleswigin itseensä.
2. **Schleswig-Holstein oli osa saksalaista kulttuuria**, ja sen saksankieliset asukkaat tarvitsivat suojelua.
3. **Saksan liitto (Deutscher Bund) vaati toimenpiteitä**, ja Preussin sekä Itävallan täytyi toimia, jotta saksalaiset herttuakunnat eivät joutuisi Tanskan valtaan.

Bismarck osasi esittää sodan kansainvälisesti oikeutettuna **sopimusrikkomuksen ja saksalaisen nationalismin** yhdistelmänä.

Miten Bismarck sai Itävallan mukaan sotaan?

Bismarck halusi, että Itävalta osallistuu sotaan Preussin rinnalla. Tämä palveli kahta tavoitetta:

1. **Hajotti Saksan nationalistit:** Jos vain Preussi olisi hyökännyt Tanskaa vastaan, Saksan muut ruhtinaskunnat olisivat saattaneet vastustaa Preussia. Itävallan mukanaolo teki sodasta koko Saksan liiton asian.
2. **Antoi Preussille mahdollisuuden Itävallan heikentämiseen myöhemmin:** Bismarck tiesi, että jos Preussi ja Itävalta voittavat yhdessä, syntyy **kiista siitä, kuka hallitsee valloitetut alueet**. Tämä loisi eripuraa, jota Bismarck voisi käyttää hyväkseen tulevaisuudessa.

Bismarck sai Itävallan mukaan korostamalla, että sota oli **laillinen toimenpide kansainvälisen oikeuden puolustamiseksi**, eikä Preussilla ollut yksinoikeutta Schleswig-Holsteiniin. Itävalta suostui tähän, koska se ei halunnut jättää Preussia yksin saksalaisten asioiden hoitajaksi.

Miten sota eteni?

Sota alkoi tammikuussa **1864**, ja se päättyi jo lokakuussa samana vuonna. Sotatoimet etenivät seuraavasti:

1. **Tanskalaiset puolustivat Dybbølin linnoitusta,** mutta Preussin ja Itävallan joukot hyökkäsivät nopeasti ja murskasivat Tanskan puolustuksen.
2. **Tanskan armeija vetäytyi Jyllantiin,** mutta Preussin ja Itävallan joukot valloittivat sen suurimman osan.
3. **Tanskan laivasto oli vahva, mutta ei voinut estää maasodan tappiota,** koska sota ratkaistiin ennen kuin merisaarto olisi ehtinyt vaikuttaa.

Sodan lopputulos ja vaikutukset

Sota päättyi **Wienin rauhaan** lokakuussa 1864:

- Tanska menetti **Schleswigin, Holsteinin ja Lauenburgin.**
- **Schleswig siirtyi Preussin hallintaan,** ja **Holstein annettiin Itävallalle.**
- Tämä jako oli **Bismarckin ansa**: Preussi ja Itävalta joutuivat nyt hallitsemaan vierekkäisiä alueita, mikä loisi myöhemmin syyn seuraavalle sodalle – Itävalta vastaan Preussi vuonna 1866.

Tämä oli Bismarckin ensimmäinen merkittävä voitto Saksan yhdistämisprosessissa. Hän käytti sotaa sekä Preussin alueellisen laajentamisen että tulevien konfliktien valmisteluun.

Kommentti ChatGPT:n vastaukseen: Toisin sanoen Bismarck voidaan nähdä ovelana shakinpelaajana, joka on jo suunnittelemassa seuraavaa sotaa Itävaltaa vastaan voittaakseen ja nostaakseen Preussin Saksan johtajaksi. Hänen tavoitteenansa oli yhdistää saksalaiset valtiot yhdeksi maaksi, joka olisi tarpeeksi vahva torjumaan hyökkäykset saksalaisille alueille ja olemaan Euroopan keskiosan valtias.

Sinä sanoit: Miten Bismarck provosoi vuonna 1866 Itävallan sotaan Preussia vastaan?

ChatGPT sanoi: Bismarckin strategia Itävaltaa vastaan – Sodan provosointi 1866

Vuoden **1864** Schleswig-Holsteinin sota oli jättänyt Preussin ja Itävallan yhteishallintaan alueet, jotka he olivat valloittaneet Tanskalta. Tämä oli **Bismarckin tietoinen ansa**, sillä hän halusi käyttää tätä jakoa myöhemmin syynä sotaan Itävaltaa vastaan.

1. Kiista Schleswig-Holsteinin hallinnasta

Sodan jälkeen Preussi ja Itävalta solmivat **Gasteinin sopimuksen (1865)**, jonka mukaan:

- **Preussi hallitsisi Schleswigiä,**
- **Itävalta hallitsisi Holsteinia.**

Tämä oli **epävakaa järjestely,** ja Bismarck **tietoisesti lietsoi jännitteitä:**

- **Preussi alkoi hallita Schleswigiä yksipuolisesti,** rajoittaen Itävallan vaikutusvaltaa.
- Bismarck **agitoi Holsteinissa saksalaista nationalismia** ja rohkaisi alueen asukkaita vaatimaan liitosta Preussiin.
- Bismarck **käytti Preussin sotilaspoliisia Schleswigin alueella,** mikä ärsytti Itävaltaa.

2. Itävallan diplomaattinen virhe – Holstein viedään Saksan liiton käsittelyyn

Kesäkuussa **1866** Itävalta teki kohtalokkaan virheen:

- Itävalta **vei Holstein-kiistan Saksan liiton valtiopäiville** (Frankfurtissa), jossa muut Saksan ruhtinaat voisivat päättää asiasta.
- Bismarck **julisti tämän Itävallan "vihamieliseksi teoksi",** koska Preussi halusi ratkaista kiistan kahdenvälisesti.

Tämä antoi Bismarckille perusteen väittää, että **Saksan liitto oli Itävallan manipuloima ja epäoikeudenmukainen Preussia kohtaan.**

3. Bismarckin sodan oikeutus ja propagandakampanja

Bismarck **väitti Preussin olevan uhattuna** ja käytti propagandaa saadakseen tuen kansalta ja armeijalta. Hän korosti, että:

- **Itävalta oli rikkonut Gasteinin sopimuksen,**
- **Preussilla oli oikeus turvata saksalaisten oikeudet Holsteinissa,**
- **Saksan liitto oli epäoikeudenmukainen Preussia kohtaan** ja tarvitsi uudistuksia.

Hän julisti, että **Preussi ei enää tunnusta Saksan liittoa,** koska se oli Itävallan vallan väline.

4. Preussin nopea sotilaallinen liike – Holsteinin miehitys

Kesäkuun alussa **Preussin joukot marssivat Holsteiniin.**

- Itävallan joukot eivät voineet vastustaa ilman sodan aloittamista.
- Itävalta **vetäytyi ja julisti Preussin olevan aggressori**, mutta Bismarck onnistui näyttämään Itävallan sekaantuneen Preussin asioihin ensin.

5. Itävallan sodanjulistus ja liittolaisten etsintä

Itävalta ja sen liittolaiset (Baijeri, Württemberg, Hannover ja muut eteläsaksalaiset valtiot) **julistivat sodan Preussille kesäkuussa 1866.**

Bismarck oli saavuttanut tavoitteensa:
- ☑ **Hän sai Itävallan näyttämään sodan aloittajalta.**
- ☑ **Hän varmisti, että Preussi oli valmis ja mobilisoitunut ennen vihollisia.**
- ☑ **Hän varmisti, ettei Ranska tai Venäjä puuttuisi sotaan Itävallan puolella.**

Tämä kaikki johti **preussilaisten murskavoittoon Königgrätzin taistelussa heinäkuussa 1866**, minkä seurauksena Itävalta menetti asemansa Saksan johtajana, ja Preussi otti askeleen kohti Saksan yhdistämistä.

Kommentti ChatGPT:n vastaukseen: Seuraavaksi on syytä hieman tarkastella Bismarckin diplomatiaa hänen valmistautuessaan vuoden 1866 sotaan. Miten hän pyrki takaamaan sen, että Venäjä tai Ranska eivät tukisi Itävaltaa.

Sinä sanoit: Miten Bismarck pyrki takaamaan Venäjän ja Ranskan puolueettomuuden vuoden 1866 sodassa? Täytyy muistaa, että Krimin sodan suhteen Itävalta petti Venäjän alkaen esittämään sen sodan aikana omia vaatimuksiaan Venäjälle, sekä Ranska oli vuonna 1859 sotinut Itävaltaa vastaan tukien Italian yhdistymistä, jolloin näillä kummallakin maalla oli aikaisempia konflikteja. On myös syytä huomioida se, että sodassa toista eurooppalaista suurvaltaa vastaan Preussi oli kaikista kokemattomin suurvalta, koska sen viimeisin suurvaltasota oli vuodelta 1815 Napoleonia vastaan.

ChatGPT sanoi: Bismarck oli taitava diplomaatti, ja hän varmisti, että **Venäjä ja Ranska pysyisivät puolueettomina vuoden 1866 Preussin–Itävallan sodassa.** Tämä oli elintärkeää, sillä Preussi oli Euroopan kokemattomin suurvalta sotilaallisesti ja joutui kohtaamaan maanosan suurimpiin kuuluvan Itävallan armeijan.

1. Venäjän puolueettomuuden takaaminen

Venäjä oli jo valmiiksi **vihamielinen Itävaltaa kohtaan**, koska:

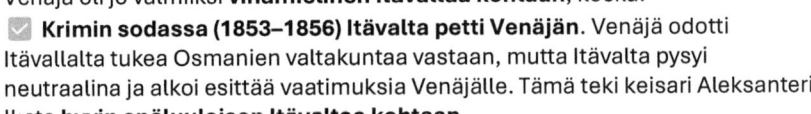 **Krimin sodassa (1853–1856) Itävalta petti Venäjän.** Venäjä odotti Itävallalta tukea Osmanien valtakuntaa vastaan, mutta Itävalta pysyi neutraalina ja alkoi esittää vaatimuksia Venäjälle. Tämä teki keisari Aleksanteri II:sta **hyvin epäluuloisen Itävaltaa kohtaan.**

☑ **Venäjä näki Itävallan suurimpana esteenä panslavistiselle politiikalleen**, sillä Itävalta hallitsi laajoja slaavilaisalueita (Tšekit, slovakit, serbit, kroaatit, puolalaiset jne.).

Bismarck hyödynsi tätä ja varmisti Venäjän puolueettomuuden seuraavasti:

- **Preussi tuki Venäjää Puolan kansannousun (1863) tukahduttamisessa**, vaikka länsivallat sympatisoivat puolalaisia. Tämä vahvisti Berliinin ja Pietarin suhteita.
- **Bismarck vakuutti Aleksanteri II:lle, että Preussi ei pyri vahingoittamaan Venäjän etuja**, vaan haluaa vain saksalaisen kysymyksen ratkaistavan.
- **Bismarck antoi ymmärtää, että Itävallan tappio vahvistaisi Venäjän asemaa Keski-Euroopassa**, koska Wienin vaikutusvalta heikkenisi.

Tämän seurauksena Venäjä **pysyikin sodassa täysin puolueettomana** eikä estänyt Preussin toimia.

2. Ranskan puolueettomuuden takaaminen

Ranska oli sotinut **Itävaltaa vastaan jo vuonna 1859**, kun keisari Napoleon III tuki Italian yhdistymistä ja kukisti Itävallan Solferinon taistelussa. Tästä seurasi:

☑ Napoleon III **ei pitänyt Itävallasta**, koska se oli yhä vahva ja sillä oli vaikutusvaltaa Italiassa.

☑ Ranska **halusi säilyttää Euroopan valtatasapainon**, eikä Napoleon III nähnyt Itävallan ja Preussin välisen sodan heikentävän Ranskan asemaa.

☑ Napoleon III **luuli voivansa hyötyä sodasta**, koska hän ajatteli voivansa vaatia alueluovutuksia Preussilta myöhemmin.

Bismarck varmisti Ranskan puolueettomuuden seuraavasti:

- Hän **käytti epämääräisiä lupauksia Napoleon III:lle**, antaen ymmärtää, että jos Ranska pysyisi puolueettomana, se voisi saada kompensaatiota myöhemmin (ehkä Saksasta tai Belgiasta).
- Hän **ei paljastanut Ranskalle Preussin todellisia päämääriä**, vaan sai Napoleonin uskomaan, että sodan lopputulos olisi tasapainoinen eikä johtaisi Saksan yhdistymiseen.
- Hän **ei provosoinut Ranskaa ennenaikaisesti**, jotta Ranska ei ehtisi liittoutua Itävallan kanssa.

Kun Preussi voitti sodan, Napoleon III tajusi, että hän oli tullut petetyksi eikä saanut mitään hyötyä. Tämä johti kasvaviin jännitteisiin Ranskan ja Preussin välillä, mutta vuonna 1866 **Ranska pysyi täysin sodan ulkopuolella**.

Yhteenveto – Bismarckin diplomatian merkitys

Bismarck onnistui **eristämään Itävallan diplomatialla** ja varmisti, ettei Preussi joutuisi sotaan useaa suurvaltaa vastaan yhtä aikaa.

◆ **Venäjä pysyi puolueettomana**, koska se vihasi Itävaltaa ja arvosti Preussin tukea Puolan kapinan tukahduttamisessa.

◆ **Ranska pysyi puolueettomana**, koska Napoleon III ajatteli hyötyvänsä sodasta ilman sotilaallista väliintuloa.

Tämä mahdollisti Preussille nopean voiton Königgrätzin taistelussa (heinäkuu 1866) ja johti Itävallan valtakauden päättymiseen Saksassa.

Kommentti ChatGPT:n vastaukseen: On myös syytä tarkastella miksi Italia liittyi sotaan mukaan Itävaltaa vastaan, sekä sitä kumman puolelle, Preussin vai Itävallan, Saksan pikkuvaltiot asettuivat tässä sodassa.

Sinä sanoit: Italia oli Preussin liittolainen tässä sodassa. Miksi se tuli sotaan mukaan ja mitkä olivat sen sotatavoitteet? Entä kumman puolelle, Preussin vai Itävallan, Saksan pikkuvaltiot asettuivat ja miten niille kävi sodan jälkeen?

ChatGPT sanoi: Italian osallistuminen sotaan vuonna 1866

Italia liittyi Preussin liittolaiseksi Itävaltaa vastaan, koska sillä oli **selkeä alueellinen tavoite: Venetsian saaminen Itävallalta.**

1. Miksi Italia lähti sotaan?

☑ **Italian kansallinen tavoite oli yhdistää maa kokonaan ("Risorgimento"),** ja Venetsia oli yksi tärkeimmistä puuttuvista alueista.

☑ **Itävalta hallitsi yhä Venetsiaa,** vaikka Italia oli jo saanut Lombardian Napoleon III:n avulla sodassa 1859.

☑ **Preussi tarjosi Italialle sotilasliiton,** ja Italia näki tämän harvinaisena mahdollisuutena heikentää Itävaltaa ja laajentaa aluettaan.

2. Miten sota sujui Italian kannalta?

Italia hyökkäsi Itävallan hallitsemaan **Venetsiaan ja Etelä-Tiroliin,** mutta sen sotatoimet eivät olleet kovin menestyksekkäitä:

◆ **Italialaiset kärsivät tappion Custoza-nimisessä taistelussa (24.6.1866),** jossa itävaltalainen kenraali Albrecht voitti heidät.

◆ **Itävallan laivasto voitti Italian laivaston Lissan meritaistelussa (20.7.1866), mikä oli suuri nöyryytys Italialle.**

◆ **Vaikka Italia menestyi huonosti sotilaallisesti, Preussin voitto Königgrätzin taistelussa Itävaltaa vastaan ratkaisi sodan.**

Itävalta ymmärsi hävinneensä sodan ja joutui **luopumaan Venetsiasta,** mutta se luovutti alueen **Napoleon III:lle, joka antoi sen Italialle.** Tämä oli yritys säilyttää Itävallan ja Italian välillä jonkinlainen kunnia, mutta käytännössä se ei muuttanut lopputulosta: **Italia sai Venetsian ja laajeni merkittävästi.**

Saksan pikkuvaltioiden asema sodassa ja niiden kohtalo sodan jälkeen

Saksan pikkuvaltiot olivat jakautuneet sodassa **Preussin ja Itävallan kannattajiin.**

1. Kuka tuki ketä?

◆ Itävaltaa tukivat:

- Baijeri
- Württemberg
- Baden
- Hannover
- Saksin kuningaskunta
- Hessenin suurherttuakunta
- Useat pienemmät etelä- ja keskisaksalaiset ruhtinaskunnat

◆ **Preussia tukivat:**

- Pohjoiset pienemmät saksalaisvaltiot, jotka olivat taloudellisesti riippuvaisia Preussista.

2. Miten sota vaikutti Saksan pikkuvaltioihin?

Kun Preussi voitti Königgrätzin taistelun ja Itävalta joutui tekemään rauhan, Bismarck **uudelleenjärjesti Saksan valtiollisen rakenteen seuraavasti:**

☑ **Preussi liitti itseensä suoraan useita Saksan pohjoisia pikkuvaltioita,** kuten Hannoverin, Hessen-Kasselin ja Nassau-herttuakunnan, koska ne olivat tukeneet Itävaltaa sodassa.

☑ **Baijeri, Württemberg ja Baden jäivät itsenäisiksi, mutta niiden täytyi solmia sotilaallinen liitto Preussin kanssa.**

☑ **Saksa jaettiin kahteen osaan:**

- **Preussi muodosti Pohjois-Saksan liiton,** joka koostui kaikista pohjoissaksalaisista valtioista.

- **Eteläsaksalaiset valtiot pysyivät muodollisesti itsenäisinä, mutta olivat Preussin vaikutuspiirissä.**

Tämä loi **skenaarion, jossa Saksan yhdistyminen oli jo pitkälti edennyt**, mutta vielä puuttui viimeinen askel: eteläsaksalaisten valtioiden liittäminen Preussin johtamaan Saksaan. Tämä tapahtui vuonna 1870–1871 Ranskan–Preussin sodan seurauksena.

Yhteenveto

- Italia liittyi sotaan saadakseen Venetsian ja onnistui, vaikka sen sotamenestys oli heikkoa.
- Useimmat Saksan pikkuvaltiot tukivat Itävaltaa, mutta hävisivät sodan ja joutuivat Preussin valtapiiriin.
- Preussi järjesti Saksan uudelleen: pohjoisesta tuli Preussin johtama liitto, etelä pysyi itsenäisenä mutta Preussin vaikutuksessa.

Näin **Bismarck teki sodasta välivaiheen kohti Saksan lopullista yhdistymistä**, mikä tapahtui vuonna 1871 Ranskan tappion myötä.

Kommentti ChatGPT:n vastaukseen: Vuoden 1866 sota oli sangen lyhyt ja ratkaiseva. Siksi on syytä tarkastella sotatoimia, jotka ratkaisivat tämän sodan.

Sinä sanoit: Vuoden 1866 sota oli sangen lyhyt. Miten ja millä sotatoimilla Preussi voitti tämän sodan? Mitkä olivat kenraali von Moltken keskeiset periaatteet voittaa tämä sota?

ChatGPT sanoi: Preussin voitto Itävallasta vuonna 1866: Sotatoimet ja von Moltken strategia

Sota Preussin ja Itävallan välillä vuonna 1866 oli lyhyt mutta ratkaiseva. Preussin **moderni aseistus, rautateiden tehokas käyttö ja Helmuth von Moltken strateginen nerokkuus** johtivat nopeaan voittoon.

---

1. Kenraali Helmuth von Moltken strategia

Helmuth von Moltke vanhempi oli Preussin kenraali ja ylikomentaja, jonka strategia perustui **nopeisiin liikkeisiin, hajautettuihin joukkoihin ja tehokkaaseen kommunikaatioon.** Hänen keskeiset periaatteensa olivat:

◆ 1. Rautateiden tehokas käyttö

- Preussi käytti **rautateitä massiiviseen joukkojenkuljetukseen,** mikä mahdollisti nopean mobilisaation ja joukkojen keskittämisen.
- Itävallalla oli myös rautateitä, mutta **vähemmän tehokas verkosto ja hitaampi liikekannallepano.**

◆ 2. Hajautettu hyökkäys ja joustava sodankäynti

- Moltke hajautti Preussin armeijan **kolmeen eri ryhmään,** jotka liikkuivat **eri reittejä pitkin Böömiin** (nyk. Tšekki).
- Tämä mahdollisti vihollisen kiertämisen ja yllättämisen.
- Joukot **olivat aluksi erillään mutta yhdistyivät ratkaisevassa taistelussa,** mikä tuotti Itävallalle strategisen yllätyksen.

◆ 3. Nopea ja aggressiivinen hyökkäys

- Moltke tiesi, että Preussi ei voinut käydä pitkää sotaa suurempaa Itävaltaa vastaan.
- Siksi hän suunnitteli **nopean sotaretken, jossa preussilaiset hyökkäsivät välittömästi ja voimalla.**
- Tarkoitus oli **lyödä Itävallan pääarmeija mahdollisimman nopeasti, ennen kuin Itävalta ehtisi tuoda kaikki joukkonsa mukaan sotaan.**

◆ 4. Tekninen ylivoima: Neula-aseen (Dreyse Zündnadelgewehr) käyttö

- Preussilaisilla sotilailla oli **edistykselliset Dreyse-neulakiväärit,** jotka olivat **salamaustavia takaaladattavia kiväärejä.**
- Itävaltalaisilla oli yhä vanhanaikaiset **eteenladattavat muskettikiväärit,** jotka olivat paljon hitaampia.

- Tämä mahdollisti Preussin joukoille nopeamman tulivoiman ja kyvyn ampua makuulta, mikä antoi heille **valtavan edun jalkaväen taisteluissa.**

---

2. Keskeiset sotatoimet ja taistelut

Sodan tärkeimmät sotatoimet tapahtuivat **Böömissä** (nyk. Tšekissä), jossa Preussi eteni nopeasti Itävallan alueelle ja löi sen armeijan ratkaisevasti.

◆ Preussin eteneminen Böömiin (kesäkuu 1866)

- Preussi eteni nopeasti **kolmella eri armeijalla,** joiden tavoitteena oli saartaa ja tuhota Itävallan pääarmeija.
- Itävalta oli **liian hidas mobilisoimaan joukkojaan,** ja preussilaiset joukot **pakottivat ne perääntymään kohti Königgrätziä.**

◆ Ratkaiseva Königgrätzin taistelu (3.7.1866)

- Tämä oli sodan tärkein ja ratkaisevin taistelu.
- Preussin armeijat **yhdistyivät ja kohtasivat Itävallan pääarmeijan Königgrätzin lähellä.**
- **Preussin neulakiväärit antoivat valtavan ylivoiman,** ja Moltke käytti nerokkaasti rautateitä siirtääkseen lisäjoukkoja nopeasti.
- Taistelun aikana Preussin joukot **ylittivät Elbe-joen ja hyökkäsivät Itävallan sivustaan,** mikä ratkaisi taistelun.
- Itävallan armeija **kärsi valtavan tappion ja joutui perääntymään,** ja sen sodankäyntikyky oli käytännössä murskattu.

---

3. Miksi Preussi voitti sodan?

☑ **Moltken ylivoimainen strategia** → Nopeus, hajautetut hyökkäykset ja hyvä logistiikka.

☑ **Parempi aseistus** → Preussin neulakiväärit olivat ylivoimaisia verrattuna Itävallan vanhoihin musketteihin.

☑ **Tehokas rautateiden käyttö** → Joukkojen nopea siirtäminen antoi Preussille ratkaisevan etulyöntiaseman.

☑ **Nopea päätös Königgrätzin taistelussa** → Itävallan tappio ratkaisi sodan nopeasti ja ilman suurta pitkitettyä konfliktia.

---

4. Sodan jälkeiset seuraukset

✓ **Preussi nousi Saksan johtavaksi suurvallaksi** → Itävalta joutui vetäytymään Saksan asioista.

✓ **Preussi muodosti Pohjois-Saksan liiton** → Tämä oli askel kohti Saksan yhdistymistä.

✓ **Italia sai Venetsian** → Preussi lunasti lupauksensa Italialle, mikä auttoi Italian yhdistymistä.

✓ **Itävallan merkitys Euroopassa heikkeni** → Se kääntyi enemmän Balkanin ja Unkarin suuntaan.

Yhteenveto

◆ Preussi voitti sodan **nopean strategian, rautateiden käytön ja paremman aseistuksen** ansiosta.

◆ Königgrätzin taistelu oli sodan ratkaiseva hetki, jossa Preussi murskasi Itävallan armeijan.

◆ Helmuth von Moltke osoitti olevansa **Euroopan paras sotilasstrategi**, ja hänen periaatteensa nopeasta ja joustavasta sodankäynnistä muodostivat pohjan modernille sotataidolle.

Sota vuonna 1866 oli **preludi Saksan yhdistymiselle**, joka toteutui lopullisesti vuonna 1871, kun Preussi voitti Ranskan sodassa.

Kommentti ChatGPT:n vastaukseen: Preussi voitti sodan eristettyä Itävaltaa vastaan, jolla oli vain saksalaisia liittolaisia, nopeasti. Seuraava kysymys on, miten Preussi kohteli voitettua Itävaltaa rauhansopimusta tehtäessä ja miksi Preussi toimi sillä tavalla kuin se toimi?

Sinä sanoit: Vuoden 1866 sodan rauhansopimusta tehtäessä Preussi kohteli Itävaltaa sangen ystävällisesti verrattuna moniin muihin rauhansopimuksiin. Miksi Preussi oli niin ystävällinen Itävaltaa kohtaan?

ChatGPT sanoi: Bismarckin päätös kohdella Itävaltaa suhteellisen lempeästi vuoden 1866 sodan rauhanehdoissa oli **taktinen ja pitkän aikavälin valtapoliittinen ratkaisu.** Hän halusi varmistaa, että Preussi ei jäisi eristyksiin Euroopassa ja että Itävalta ei ryhtyisi tulevaisuudessa Preussin viholliseksi. Tässä ovat tärkeimmät syyt Preussin lempeään suhtautumiseen Itävaltaa kohtaan:

---

1. Ei turhaa kaunaa – Itävalta pois Saksan asioista ilman katkeruutta

Bismarck halusi **vain sulkea Itävallan pois Saksan yhdistymisprosessista,** mutta **ei tuhota sitä kokonaan.** Hän ymmärsi, että liian ankarat rauhanehdot voisivat saada Itävallan **etsimään liittolaisia Preussia vastaan tulevaisuudessa,** esimerkiksi Ranskasta tai Venäjästä.

* **Tavoite oli neutralisoida, ei murskata Itävaltaa.**
* **Ei alueluovutuksia Itävallalta Preussille,** jotta se ei kantaisi kaunaa.
* **Itävalta sai pitää arvovaltansa,** mutta sen asema Saksan alueella päättyi.

---

2. Estääkseen Ranskan kostoreaktion

Ranska, keisari Napoleon III:n johdolla, seurasi tarkasti Itävallan ja Preussin sotaa. Jos Preussi olisi kohdellut Itävaltaa liian ankarasti, Ranska olisi saattanut **liittoutua Itävallan kanssa Preussia vastaan kostomielessä.**

* **Bismarck halusi eristää Ranskan tulevaisuudessa, ei yhdistää sitä Itävallan kanssa Preussia vastaan.**

437

◆ Liian ankara rauha olisi voinut provosoida Ranskan **puuttumaan tilanteeseen voimakeinoin.**

---

3. Venäjän puolueettomuuden varmistaminen

Venäjä ja Itävalta olivat perinteisesti kilpailijoita Balkanilla. Venäjä oli vihainen Itävallalle sen **Krimin sodan aikaisesta epäluotettavuudesta**, ja Bismarck tiesi, että Preussi voisi tulevaisuudessa hyödyntää tätä.

◆ Jos Itävalta olisi **liian heikko ja nöyryytetty**, Venäjä voisi yrittää **vallata alueita Itävallalta Balkanilla.** Tämä voisi luoda epävakautta Eurooppaan ja sotkea Preussin suunnitelmia.

◆ **Lempeä rauha piti Itävallan Venäjän vastavoimana, mikä oli Bismarckille hyödyllistä.**

---

4. Ei tarpeetonta lisäsotaa – Saksan yhdistämisen seuraava vaihe oli vielä edessä

Preussi tiesi, että tulevaisuudessa **suurin este Saksan yhdistämiselle olisi Ranska**, ei Itävalta. Jos Preussi olisi pakottanut Itävallan **äärimmäisen nöyryyttävään rauhansopimukseen**, se olisi voinut ajautua uuteen sotaan ennen kuin se oli valmis kohtaamaan Ranskan.

◆ **Preussin täytyi säilyttää voimavarojaan tulevaa Ranskan sotaa varten (1870–1871).**

◆ Itävallan nöyryyttäminen olisi saattanut luoda uusia vihollisia ja tehdä Ranskalle helpommaksi muodostaa liittouman Preussia vastaan.

---

5. Italia sai haluamansa – eikä enempää tarvinnut Itävallalta vaatia

Italia osallistui sotaan Preussin liittolaisena **saadakseen Venetsian Itävallalta**, mikä oli sen ensisijainen tavoite. Itävallan tappion jälkeen Bismarck varmisti, että **Venetsia annettiin Italialle**, mikä **riitti tyydyttämään Italian sodan tavoitteet.**

◆ Italia sai **Venetsian ilman, että Preussi joutui painostamaan Itävaltaa enempää.**

◆ Itävalta **sai pitää muut alueensa**, mikä esti sitä katkeroitumasta liikaa ja hakemasta kostoa liian nopeasti.

Yhteenveto: Preussin lempeys Itävaltaa kohtaan oli Bismarckin strateginen mestariliike

☑ **Itävalta poistettiin Saksan asioista ilman tarpeetonta katkeruutta.**
☑ **Preussi vältti Ranskan ja Venäjän suoran vihamielisyyden.**
☑ **Preussi säästi voimansa tulevaa Ranskan sotaa varten.**
☑ **Itävallan heikkous hyödynnettiin, mutta ilman sen täydellistä murskaamista.**

Bismarckin viisas politiikka osoitti jälleen, että **diplomatia ja strateginen ajattelu voivat olla yhtä tärkeitä kuin sotilaallinen voima.**

Kommentti ChatGPT:n vastaukseen: Preussi olisi voinut vaatia Itävallalta maa-alueita, mutta Bismarck ei sitä halunnut, vaikka Preussin kuningas olisi alun perin halunnut maa-alueita Itävallalta Preussille. Kuten ChatGPT:n vastaus osoittaa, niin tämä oli Bismarckilta mestarillinen liike, jolla hän sai Itävallan pois Saksan asioista kuitenkaan tekemättä Itävallasta Preussin pysyvää vihollismaata.

Sinä sanoit: Seuraavaksi on syytä tarkastella Bismarckin Preussin politiikkaa vuosien 1866 ja 1870 välisen aikana ennen sotaa Ranskaa vastaan. Miten Bismarck pyrki tuolloin kehittämään Preussia valmiiksi mahdolliseen sotaan Ranskaa vastaan poliittisesti, taloudellisesti ja sotilaallisesti?

ChatGPT sanoi: Bismarckin politiikka vuosina **1866–1870** oli erittäin taitavaa tasapainottelua. Hän tiesi, että **sota Ranskaa vastaan oli todennäköinen**, mutta Preussi tarvitsi vielä aikaa valmistautuakseen siihen. Hänen strategiansa voidaan jakaa kolmeen keskeiseen osa-alueeseen: **poliittinen, taloudellinen ja sotilaallinen valmistautuminen.**

---

1. Poliittiset valmistelut 🏛

Bismarck pyrki vahvistamaan Preussin asemaa Saksassa ja eristämään Ranskan kansainvälisesti.

Saksan sisäinen yhdistäminen ja liittosuhteiden vahvistaminen

◆ Vuonna **1867 Bismarck perusti Pohjois-Saksan liiton**, johon kuuluivat Preussi ja muut sen alaisuuteen joutuneet pohjoissaksalaiset valtiot.
◆ Liitto **toi Saksan valtiot yhtenäisemmäksi kokonaisuudeksi**, joka voitiin sotatilanteessa mobilisoida tehokkaasti.
◆ **Etelä-Saksan valtiot (Baden, Württemberg, Baijeri ja Hessen-Darmstadt) pysyivät itsenäisinä, mutta Preussi solmi niiden kanssa salaiset sotilasliitot.**

◆ **Saksan kansallistunne kasvoi:** Bismarck käytti **Ranskan vihamielisyyttä** hyväkseen lisätäkseen saksalaisten yhtenäisyyttä.

Ranskan diplomaattinen eristäminen

◆ Bismarck pyrki **varmistamaan, että Ranska ei löytäisi liittolaisia sodassa Preussia vastaan**.
◆ Hän **hyödynsi Ranskan aiempia konflikteja Itävallan ja Venäjän kanssa** ja varmisti, että nämä maat eivät tukisi Ranskaa.

☑ **Venäjä:** Bismarck vakuutti Venäjän, että Preussi ei tukisi Puolan kansallismielisiä ja että se voisi yrittää muuttaa Krimin sodan rauhanehtoja.

☑ **Itävalta:** Bismarck kohteli Itävaltaa lempeästi vuoden 1866 sodan jälkeen, jolloin se ei janonnut kostoa ja pysyi puolueettomana.

☑ **Britannia:** Britannia pysytteli **välinpitämättömänä mantereen konflikteista**, koska se ei halunnut Ranskan liian suurta valta-asemaa Euroopassa.

• **Ranska jäi diplomaattisesti eristyksiin**, mikä oli Bismarckin suuri voitto.

---

2. Taloudelliset valmistelut 💰

Bismarck tiesi, että **vahva talous on avain sotilaalliseen menestykseen**.

Teollistuminen ja infrastruktuurin kehitys

• Preussi oli **Euroopan nopeimmin teollistuva valtio** tuolloin.
• Rautateitä rakennettiin lisää, mikä helpotti **joukkojen nopeaa liikuttamista sodan syttyessä**.
• Teollisuuden kasvu toi enemmän **terästä, aseita ja tykistöä**, mikä vahvisti sotilasvoimaa.

Sodan rahoituksen varmistaminen

• Vuoden 1866 sodan jälkeen Bismarck varmisti, että **Preussin valtiontalous oli vakaalla pohjalla**.
• Talouskasvu lisäsi verotuloja, joita käytettiin **armeijan kehittämiseen ja sotatarviketuotannon tehostamiseen**.

---

3. Sotilaalliset valmistelut ⚔️

Sotilaallisesti Preussi oli jo vahva, mutta Bismarck halusi varmistaa, että se olisi vieläkin tehokkaampi.

441

Preussin armeijan vahvistaminen

* Kenraali **Helmuth von Moltke vanhempi** kehitti sodankäynnin strategiaa edelleen:

☑ Nopeat, liikkuvat sotaretket
☑ Joukkojen hajautettu liike ja keskittäminen taisteluun
☑ Rautateiden käyttö joukkojen siirtelyyn

* Armeijaa laajennettiin, ja aseistusta modernisoitiin.
* **Kruppin tehtailla valmistetut uudet tykit** antoivat Preussille ylivoimaa tykistössä.

Etelä-Saksan tukeminen ja mobilisaatiovalmius

* Preussi **harjoitti yhteisiä sotaharjoituksia Etelä-Saksan valtioiden kanssa**, jotta ne osaisivat toimia yhdessä Preussin armeijan kanssa.
* **Sotilasliitot varmistivat, että sodan syttyessä Baijeri, Baden ja Württemberg tulisivat Preussin tueksi.**

Yhteenveto: Bismarck loi täydelliset lähtökohdat sodalle

☑ **Politiikka:** Pohjois-Saksan liitto yhdisti Preussia tukevat valtiot, ja Ranska eristettiin diplomaattisesti.

☑ **Talous:** Teollisuus ja rautatieverkosto loivat vahvan taloudellisen perustan sotaa varten.

☑ **Sotilaallinen valmius:** Armeijaa kehitettiin, rautateitä hyödynnettiin strategisesti ja Etelä-Saksan valtiot sidottiin Preussiin.

Bismarck ei provosoinut sotaa heti, vaan **odotti, että Ranska tekisi ensimmäisen liikkeen** – aivan kuten hän oli tehnyt Itävaltaa vastaan vuonna 1866.

Kommentti ChatGPT:n vastaukseen: ChatGPT:n vastaus osoittaa, että Bismarckille oli tärkeätä valmistautua hyvin edessä olevaan sotaan Ranskaa vastaan, sekä se, että hän pystyisi provosoimaan Ranskan julistamaan Preussille sodan, jolloin Ranska näyttäisi olevan hyökkäävä osapuoli.

Sinä sanoit: Bismarckille oli tärkeätä. että Ranska julistaisi sodan Preussille, koska Ranska näyttäisi silloin olevan hyökkäävä osapuoli. Käsitykseni mukaan keskeinen asia provosoinnissa oli Espanjan vallanperimyskiista, jonne pyydettiin kuninkaaksi Preussin kuninkaan sukulaismiestä. Ranska pyrki estämään tämän saaden aikaan kiistan, jolla Bismarck provosoi Ranskan sotaan Preussia vastaan. Miten eteläisen Saksan pienemmät valtiot reagoivat Ranskan sodanjulistukseen Preussille?

ChatGPT sanoi: Olet täysin oikeassa siinä, että **Espanjan kruununperimyskiista** oli keskeinen tekijä, jolla Bismarck provosoi Ranskan julistamaan sodan Preussille. Tämä tunnetaan **Emsin sähkeen kriisinä**.

+ Espanjan hallitus oli vuonna 1868 syrjäyttänyt kuningatar **Isabella II:n** ja etsi nyt uutta hallitsijaa.
+ Espanja tarjosi kruunua Preussin kuninkaan **Vilhelm I:n sukulaiselle, Leopold von Hohenzollern-Sigmaringenille.**
+ Ranska pelkäsi joutuvansa kahden Hohenzollern-hallitun maan väliin ja vaati **Vilhelm I:tä vetämään ehdokkuuden pois.**
+ Vaikka Leopold perääntyi, Ranska **vaati vielä kirjallista vakuutusta, ettei yksikään Hohenzollern enää koskaan hakisi Espanjan kruunua.**
+ Vilhelm I kieltäytyi ja lähetti Bismarckille tiedon tapaamisesta Ranskan lähettilään kanssa.
+ Bismarck **lyhensi ja muokkasi sähkettä**, jotta se vaikuttaisi loukkaavammalta Ranskaa kohtaan.
+ **Ranska julisti sodan 19. heinäkuuta 1870, mikä sai Preussin näyttämään uhrilta ja yhdisti Saksan kansaa.**

Etelä-Saksan reaktio Ranskan sodanjulistukseen

※ Ranskan **hyökkäävä asema herätti Saksan kansallismielisyyden.**

+ **Baijeri, Baden, Württemberg ja Hessen-Darmstadt liittyivät välittömästi Preussin puolelle.**

- Etelä-Saksan valtiot olivat solmineet Preussin kanssa **salaiset sotilasliitot vuonna 1866**, mutta ilman Ranskan julistamaa sotaa ne olisivat voineet pysyä puolueettomina.
- Nyt ne kokivat, että **Ranska uhkasi koko Saksaa**, eivätkä ne halunneet jäädä yksin Ranskan mahdollisten laajentumispyrkimysten armoille.
- Saksalainen nationalismi voimistui, ja **"Ranskan hyökkäys Saksaan" yhdisti saksalaiset Preussin johdolla.**

Tämä oli **Bismarckin mestarisiirto**: hän ei vain saanut sodan näyttämään puolustussodalta, vaan hän myös varmisti, että **kaikki Saksan valtiot taistelivat yhdessä Preussin rinnalla**, mikä mahdollisti Saksan yhdistymisen sodan jälkeen.

Kommentti ChatGPT:n vastaukseen: Se, miten Bismarck provosoi Ranskan sotaan Preussia vastaan oli erittäin taitavaa diplomatiaa häneltä. Ranska yksinkertaisesti vaati liikoja, kun se pyrki varmistamaan, että yksikään Preussin kuninkaan sukulaismies ei koskaan voisi nousta Espanjan kuninkaaksi sen jälkeen, kun Leopold oli vetänyt pois ehdokkuutensa Espanjan kuninkaaksi. Toinen suuri voitto Bismarckille oli se, että Ranskan julistaessa sodan Preussille Ranskaa pidettiin hyökkääjänä, jolloin muut itsenäiset saksalaisvaltiot antoivat tukensa Preussille sen sodassa Ranskaa vastaan.

Sinä sanoit: Preussin ja Ranskan välinen sota vuosina 1870 ja 1871 oli pidempi kuin Preussin sota Itävaltaa vastaan. Mitkä olivat kenraali von Moltken periaatteensa ja tavoitteensa tässä sodassa, sekä miten hän ne saavutti?

ChatGPT sanoi: Helmuth von Moltke vanhemman sotilasdoktriini ja taktiikka olivat keskeisiä Preussin voitolle Ranskan–Preussin sodassa 1870–1871. Hänen periaatteensa perustuivat nopeaan liikkeeseen, huolelliseen ennakkosuunnitteluun ja modernin sodankäynnin hyväksikäyttöön.

- **Moltken keskeiset periaatteet sodassa Ranskaa vastaan**

1. **Rautateiden ja liikkuvuuden hyödyntäminen**
   - o   Moltke oli suunnitellut **logistisen järjestelmän, jossa Preussin ja Saksan armeijat liikkuivat nopeasti**

444

rautateillä, mikä mahdollisti nopean mobilisoinnin ja joukkojen keskittämisen.
- o   Ranskan mobilisaatio oli paljon hitaampi ja epäjärjestelmällisempi.
2.   **Hajautettu eteneminen, keskitetty iskeminen**
- o   Preussin armeija ei edennyt yhtenä massana vaan kolmena erillisenä armeijana, jotka lopulta **keskitettiin ratkaisevissa taisteluissa.**
- o   Tämä mahdollisti strategisen joustavuuden ja vihollisen saartamisen.
3.   **Nopea strateginen hyökkäys, vihollisen eristäminen ja tuhoaminen**
- o   Moltke pyrki **ympäröimään ja eristämään Ranskan armeijat** estäen niiden perääntymisen tai yhdistymisen.
- o   Tämä taktiikka toimi loistavasti **Sedanin taistelussa (1. syyskuuta 1870), jossa Ranskan keisari Napoleon III antautui.**
4.   **Saartorengastaktiikka ja suurten kaupunkien piiritys**
- o   Moltke tiesi, että vaikka hän kukistaisi Ranskan armeijat taistelussa, sota ei päättyisi heti, koska Ranskalla oli suuri väestöpohja ja kyky muodostaa uusia joukkoja.
- o   Tämän vuoksi hän piiritti Ranskan pääkaupungin **Pariisin**, katkaisten sen huoltoyhteydet ja pakottaen sen antautumaan tammikuussa 1871.
5.   **Ei pelkästään sotilaallinen, vaan poliittinen tavoite: Saksan yhdistäminen**
- o   Moltke ymmärsi, että sotilaallinen voitto olisi hyödytön ilman poliittista lopputulosta.
- o   Hän varmisti, että Etelä-Saksan valtiot taistelivat yhdessä Preussin kanssa ja sodan lopussa hyväksyivät **Saksan keisarikunnan perustamisen vuonna 1871**.

◆   **Miten Moltke saavutti tavoitteensa?**

1.   **Preussi ja Saksan joukot voittivat sodan avaintaisteluissa:**
- o   **Wissembourgin taistelu (4. elokuuta 1870)** – Ensimmäinen voitto, avasi tien Elsassiin.

445

- o **Sedanin taistelu (1. syyskuuta 1870)** – Ranskan keisari Napoleon III vangittiin ja armeija antautui.
- o **Pariisin piiritys (19. syyskuuta 1870 – 28. tammikuuta 1871)** – Lopullinen voitto, joka mursi Ranskan vastarinnan.
2. **Hyödynsi Ranskan epäonnistumisia ja strategista sekoilua**
   - o Ranskan sodanjohto oli epäyhtenäinen ja improvisoitu, kun taas Moltke toimi selkeän strategian mukaisesti.
3. **Hyvä sotilasorganisaatio ja modernit aseet**
   - o Preussin käytössä oli tehokkaampi **Kruppin teräskanuunat ja Dreyse-neulakiväärit**, jotka antoivat sille teknisen edun.

◆ **Lopputulos ja merkitys**

☑ Preussi ja Saksan valtiot voittivat Ranskan ja **Saksan keisarikunta perustettiin 18. tammikuuta 1871 Versailles'n peilisalissa.**

☑ Ranska joutui luovuttamaan **Elsassin ja Lothringenin** Saksalle, mikä loi pitkäaikaista katkeruutta.

☑ Saksan yhdistymisen myötä **Moltken ja Bismarckin johdolla syntyi uusi Euroopan suurvalta.**

Moltken johtama sota ei ollut vain sotilaallinen menestys – se muutti **Euroopan valtasuhteita pysyvästi.**

Kommentti ChatGPT:n vastaukseen: Helmuth von Moltke vanhemman johtaman Preussin armeijan ylivoiman voidaan sanoa perustuneen yhtenäiseen komentovaltaan, parempaan organisaatioon ja huoltoon, paremmin koulutettuihin ja ohjeistettuihin upseereihin, sekä tekniseen ylivoimaan suhteessa vihollismaihin, kuten Itävaltaan ja Ranskaan. Tarkastellaan seuraavaksi millaisen rauhan Preussi ja Ranska tekivät tämän sodan jälkeen.

Sinä sanoit: Millaisen rauhan Preussi ja Ranska tekivät vuosien 1870 ja 1871 sodan jälkeen. Käsitykseni mukaan Bismarck vastusti maa-alueiden ottamista Ranskalta, mutta tällä kertaa hän joutui taipumaan, sillä niin Preussin kuningas Wilhelm kuin Moltke halusivat ottaa Ranskalta Elsassin alueen. Sodan päätteeksi Preussin kuningas Wilhelm kruunattiin Saksan keisariksi, josta tapahtumasta olemassa tunnettu propagandamaalaus, sekä eteläisen Saksan itsenäiset valtiot liittyivät Saksan keisarikuntaan.

ChatGPT sanoi: Sodan päätyttyä **Preussi ja Ranska solmivat rauhansopimuksen Frankfurtissa 10. toukokuuta 1871.** Tämä sopimus vahvisti jo aiemmin tehdyn aseleposopimuksen (28. tammikuuta 1871), joka oli lopettanut Pariisin piirityksen.

◆ **Frankfurtin rauhansopimuksen ehdot (10.5.1871)**

1. **Ranska menetti Elsassin ja Lothringenin**
   o Alueet olivat strategisesti tärkeitä, sillä ne sijaitsivat **Preussin ja Ranskan raja-alueella** ja niiden hallinta antoi Saksalle sotilaallista ja taloudellista etua.
   o **Bismarck vastusti alueiden liittämistä,** koska hän pelkäsi, että Ranska ei koskaan hyväksyisi menetystä ja haluaisi tulevaisuudessa kostaa (mitä lopulta tapahtuikin ensimmäisessä maailmansodassa).
   o **Wilhelm I ja Moltke kuitenkin vaativat Elsassin ja Lothringenin liittämistä, koska ne olivat historiallisesti saksankielisiä alueita.**
   o Tämä alueiden liittäminen synnytti Ranskassa voimakasta katkeruutta ja revanssihenkeä (*revanche*), mikä vaikutti Ranskan ja Saksan suhteisiin vuosikymmeniksi.
2. **Ranskan piti maksaa 5 miljardin frangin sotakorvaukset Saksalle**
   o Tavoitteena oli heikentää Ranskaa ja samalla vahvistaa Saksan taloutta.
   o Ranska suoriutui maksusta yllättävän nopeasti, mikä osoitti, ettei sen talous ollut pysyvästi lamaantunut sodan jälkeen.
3. **Saksan joukot miehittivät osia Ranskasta sotakorvausten maksamiseen asti**
   o Ranskan itäosat pysyivät **Saksan miehittäminä siihen asti, kunnes sotakorvaukset oli maksettu kokonaan (1873).**
4. **Saksan keisarikunnan synty ja keisari Wilhelm I:n kruunaaminen**
   o **Wilhelm I kruunattiin Saksan keisariksi Versailles'n peilisalissa 18. tammikuuta 1871.**
   o Tämä oli symbolinen nöyryytys Ranskalle, sillä Versailles oli ollut Ranskan kuninkaiden vallan keskus.
   o Kruunajaiset Versailles'ssa oli saksalaisen propagandan voitto, mutta se lisäsi entisestään Ranskan katkeruutta.
5. **Etelä-Saksan valtiot liittyivät Saksan keisarikuntaan**

- o Sota yhdisti **Badenin, Württembergin, Baijerin ja Hessen-Darmstadtin** Preussiin, ja niistä tuli osa uutta **Saksan keisarikuntaa.**
- o Bismarck oli käyttänyt Ranskan uhkaa yhdistääkseen Saksan valtiot Preussin johtoon.

◆ **Bismarckin epäilykset ja Saksan tulevaisuus**

Bismarck **ei alun perin halunnut anneksoida Elsassia ja Lothringenia,** koska hän ymmärsi, että Ranska ei koskaan antaisi anteeksi maa-alueiden menetystä ja pyrkisi revanssiin tulevaisuudessa. **Hänen ensisijainen tavoitteensa oli heikentää Ranskaa poliittisesti ja eristää se kansainvälisesti, ei luoda pysyvää vihollisuutta.**

Wilhelm I ja Moltke kuitenkin painostivat häntä, ja lopulta alueiden liittäminen toteutettiin. Tämä **loi pysyvän vastakkainasettelun Ranskan ja Saksan välille,** mikä vaikutti koko Euroopan poliittiseen tilanteeseen ja johti lopulta **ensimmäiseen maailmansotaan vuonna 1914.**

Bismarck yritti tasoittaa tilannetta luomalla **Euroopan voimatasapainon järjestelmän,** jossa Ranska eristettiin diplomaattisesti (ns. **Bismarckin liittopolitiikka).** Hän myös tiesi, että Saksan oli vältettävä sotaa kahdella rintamalla – siksi hän myöhemmin pyrki pitämään hyvät suhteet Venäjään ja Itävaltaan.

◆ **Rauhan seuraukset**

☑ **Saksan keisarikunta syntyi – Preussin johdolla**
☑ **Ranska nöyryytettiin, mutta säilytti suuren taloudellisen potentiaalinsa**
☑ **Ranska alkoi valmistautua tulevaan sotaan Saksan kanssa** (revanssipolitiikka)
☑ **Elsassin ja Lothringenin menetys loi pysyvän vihollisuuden Ranskan ja Saksan välille**

448

🔹 Lopputulos: Saksan voitto, mutta tulevaisuuden ongelmat

Bismarck voitti sodan, mutta samalla hän loi **tilanteen, jossa Ranska halusi kostaa tulevaisuudessa.** Tämä johti Euroopan valtapolitiikan epävakauteen ja lopulta ensimmäiseen maailmansotaan. **Ironisesti Bismarck itse olisi halunnut välttää tilanteen, jossa Ranska koki pysyvää nöyryytystä.**

Kommentti ChatGPT:n vastaukseen: Mielestäni vuosien 1870 ja 1871 sodan rauhanehtojen suhteen Bismarck oli oikeassa ja Preussin kuningas, sekä Moltke olivat väärässä, vaikka he vaativat Elsassin aluetta Preussille, koska se helpottaisi Preussin ja myöhemmin Saksan puolustamista Ranskan hyökkäystä vastaan. Tämän maa-alueen siirtyminen Ranskalta juuri syntyneelle Saksan keisarikunnalle loi vihollisuuden, joka tulisi olemaan keskeinen asia I maailmansodan syttymisessä ja sen sodan kehityksessä. Voidaankin sanoa, että ainoastaan Bismarckin kaukonäköisyys olisi voinut estää Ranskan ja Saksan vihollisuuksien syntymisen, mutta Moltken ja Preussin kuninkaan Wilhelmin vaatimukset menivät Bismarckin viisauden edelle.

Sinä sanoit: Bismarck tiesi, että Elsassin valloittaminen vuosien 1870 ja 1871 sotien jälkeen teki Ranskasta leppymättömän vihollisen syntyneelle Saksan keisarikunnalle. Miten hän pyrki varmistamaan sen, että Ranska ei saisi liittolaisia Euroopassa? Käsitykseni mukaan Bismarckin Saksalla ei ollut suurta kunnianhimoa siirtomaita tai vahvaa laivastoa kohtaan, joten siten se ei uhannut Britannian asemaa. Tämän lisäksi Bismarckin Saksan onnistui säilyttää hyvät välit Italiaan, Itävaltaan ja Venäjään siten eväten Ranskalta liittolaiset, jotka saattaisivat uhata Saksaa.

ChatGPT sanoi: Olet täysin oikeassa – Bismarck ymmärsi, että **Elsassin ja Lothringenin liittäminen Saksaan teki Ranskasta pysyvän vihollisen**, ja hän tiesi myös, että **Ranska ei yksin pystyisi haastamaan Saksaa, mutta jos se löytäisi voimakkaan liittolaisen, Saksalle voisi syntyä vakava uhka.**

Tämän vuoksi Bismarckin ulkopolitiikan **keskeisin tavoite vuosina 1871–1890** oli estää Ranskaa muodostamasta **vahvaa liittokuntaa** muiden suurvaltojen kanssa. Hän toteutti tämän eristämispolitiikan (Ranskan diplomaatinen eristäminen) **taidokkaalla liittopolitiikalla ja diplomatialla.**

◆ Bismarckin ulkopolitiikan pääperiaatteet (1871–1890)

1. **Ranskan eristäminen** → Estetään Ranskan ja muiden suurvaltojen liitto
2. **Tasapainon ylläpitäminen Euroopassa** → Saksalla ei saa olla kahta vihollista samaan aikaan
3. **Britannian rauhoittaminen** → Ei uhata Britannian merivaltaa tai siirtomaita
4. **Venäjän ja Itävallan tasapainottaminen** → Estetään niiden välinen sota Balkanilla
5. **Monikansallinen liittopolitiikka** → Saksalla useita liittolaisia, Ranskalla ei yhtään

◆ Ranskan eristämisen strategiat

1. Saksan ja Britannian hyvät suhteet

- **Saksa ei uhannut Britanniaa merillä tai siirtomaissa**
  - Toisin kuin myöhempi Wilhelm II:n Saksa, **Bismarck ei halunnut suurta laivastoa eikä siirtomaita**, koska ne olisivat saattaneet johtaa konfliktiin Britannian kanssa.
  - Britannia oli tuolloin **"loistavan eristäytymisen"** politiikassa (ei pysyviä liittoja), mutta jos Saksa olisi uhannut sen siirtomaa-asemaa, Britannia olisi voinut liittoutua Ranskan kanssa.
  - **Bismarck piti Saksan ulkopolitiikan Eurooppa-keskeisenä** ja hyväksyi Britannian siirtomaavalta-aseman.

2. Itävallan ja Saksan liitto – Saksan ja Itävallan ystävyys

- Vuonna **1879 Bismarck solmi Itävalta-Unkarin kanssa kaksiliiton (Zweibund).**

450

- Tämä oli **puolustuksellinen liitto, jossa kumpikin osapuoli lupasi tukea toisiaan, jos Venäjä hyökkäisi.**
- Liitto ei uhannut ketään suoraan, mutta se varmisti, että Ranska ei saanut Itävaltaa liittolaisekseen Saksaa vastaan.
- **Itävallan ja Ranskan välinen ystävyys oli mahdoton, koska Ranska oli Itävallan perinteinen kilpailija Italiassa ja Balkanilla.**

---

3. Venäjän ja Saksan suhde – Kolmen keisarin liitto

- **Venäjä oli avainasemassa:** jos Ranska ja Venäjä liittoutuisivat, Saksa joutuisi kahden rintaman sotaan.
- **Siksi Bismarck pyrki pitämään Venäjän tyytyväisenä solmimalla Saksan, Venäjän ja Itävallan välille "Kolmen keisarin liiton" (1873 ja uudelleen 1881).**
- Tällä sopimuksella **Venäjä sitoutui pysymään erossa Ranskasta ja neuvottelemaan Balkanin kriiseistä Saksan ja Itävallan kanssa.**
- Venäjä kuitenkin epäili Itävaltaa ja lopulta liitto hajosi, mutta Bismarck onnistui solmimaan Venäjän kanssa vielä **"Vakuutussopimuksen" (Reversesicherung, 1887)**, jossa Venäjä lupasi pysyä puolueettomana, jos Ranska hyökkäisi Saksaan.

---

4. Saksan ja Italian liittolaisuus

- **Italia vihasi Ranskaa, koska Ranska oli estänyt Italian yhdistymisen ja valloittanut Tunisin siirtomaan (1881).**
- **Vuonna 1882 Italia liittyi Itävallan ja Saksan kanssa "Kolmiliittoon",** mikä tarkoitti, että Ranska oli eristetty Euroopassa.
- Italia ei ollut kovin vahva sotilaallisesti, mutta se varmisti, että Ranska ei saanut tukea etelässä.

◆ **Lopputulos: Ranska jäi yksin**

Bismarckin liittopolitiikka oli loistava voitto Saksalle:
☑ Ranskalla **ei ollut yhtään suurta liittolaista**
☑ Saksa oli **liitossa Itävallan ja Italian kanssa**
☑ Venäjä pysyi neutraalina **Vakuutussopimuksen (1887) ansiosta**
☑ Britannia ei ollut Saksaa vastaan, koska Saksan laivasto oli pieni eikä se uhannut siirtomaita

Saksa oli Euroopan vahvin maa ja sillä oli **vakaat liittosuhteet.**

💧 **Miten Wilhelm II tuhosi Bismarckin järjestelmän?**

Bismarck syrjäytettiin vuonna 1890, ja uusi keisari **Wilhelm II hylkäsi hänen varovaisen diplomatiansa**:
✗ **Saksa ei uusinut Vakuutussopimusta Venäjän kanssa (1890)**, jolloin Venäjä lähentyi Ranskaa.
✗ **Ranska ja Venäjä solmivat sotilasliiton (1894)**, mikä tarkoitti, että Saksa joutui kahden rintaman uhkaan.
✗ **Saksa alkoi rakentaa suurta laivastoa**, mikä sai Britannian liittoutumaan Ranskan ja Venäjän kanssa (1904–1907).

Bismarck oli varoittanut tästä: **"Saksan on vältettävä kahden rintaman sotaa!"** mutta Wilhelm II:n typerät päätökset johtivat juuri siihen tilanteeseen, jota Bismarck oli estänyt 20 vuotta.

◆ **Yhteenveto: Miksi Bismarck onnistui?**

✔ **Ei provosoinut Britanniaa (ei suurta laivastoa, ei siirtomaihin panostusta)**
✔ **Esti Ranskaa saamasta liittolaisia solmimalla liitot Itävallan, Venäjän ja Italian kanssa**
✔ **Säilytti Euroopan tasapainon – Saksa ei ollut liian aggressiivinen**

✔ **Diplomaattinen mestari – pystyi pitämään yllä monimutkaisia sopimuksia ilman sotaa**

Bismarckin Saksan ulkopolitiikka oli realistista ja varovaista, mikä teki siitä Euroopan voimakkaimman valtion. Hänen lähtönsä jälkeen Wilhelm II tuhosi tämän järjestelmän ja ajoi Saksan kohti **ensimmäistä maailmansotaa.**

Kommentti ChatGPT:n vastaukseen: ChatGPT selittää hyvin Bismarckin luoman liittolaisjärjestelmän. Erityisesti pidän lisäyksestä, miten Saksan keisari Wilhelm II tuhosi myöhemmin Bismarckin järjestelmän. Sitä ei voida sanoa, että tuhosiko hän sen siksi, että hän oli ymmärtämätön, ylimielinen vai kateellinen Bismarckin menestyksen takia. Kenties kyse oli kaikesta noista kolmesta seikasta.

Sinä sanoit: Miten Bismarckia voidaan käyttää esimerkkinä historiassa ja nykyisyydessä tapahtuneen laadullisen päätöksenteon arvioinnissa? Mitkä olivat hänen suurimmat saavutuksensa ja sekä suurimmat virheensä, sekä miksi nämä saavutukset, sekä virheet tapahtuivat?

ChatGPT sanoi: Bismarck laadullisen päätöksenteon esimerkkinä

Otto von Bismarckia pidetään yhtenä historian suurimmista valtiomiehistä, ja hän on esimerkki **strategisesta, realistisesta ja tavoitteellisesta päätöksenteosta.** Hänen toimintansa osoittaa, kuinka **pitkäjänteinen suunnittelu, taitava diplomatia ja realistinen tilannekuva** voivat johtaa valtaviin saavutuksiin – mutta samalla hänen perintönsä paljastaa, miten **lyhytnäköiset ratkaisut ja epäonnistunut vallansiirto voivat kaataa hyvin rakennetun järjestelmän.**

Nykymaailmassa Bismarck tarjoaa **oppeja ulkopolitiikasta, konfliktien hallinnasta ja valtion johtamisesta,** mutta myös varoittavan esimerkin siitä, miten yhden henkilön rakentama järjestelmä voi romahtaa, jos seuraajat eivät ymmärrä sen perusteita.

◆ **Bismarckin suurimmat saavutukset**

1. Saksan yhdistäminen (1862–1871)

☑ **Hyödynsi realistisesti voimapolitiikkaa ja diplomatiaa** → Käytti sotaa työkaluna, mutta vain tarkasti laskelmoiduissa tilanteissa.

☑ **Luoja, ei valloitaja** → Ei pyrkinyt alistamaan Eurooppaa, vaan yhdistämään Saksan.

☑ **Voitti Itävallan ja Ranskan, mutta ilman tarpeetonta vihamielisyyttä** → Itävallalle myönnettiin arvokas rauha (1866), mutta Ranska katkeroitui Elsassin menettämisestä (1871).

➡ **Nykyään:** Bismarckin lähestymistapa muistuttaa sitä, kuinka modernit valtiot pyrkivät **realismiin ulkopolitiikassa** – esimerkiksi **Kiina ja Yhdysvallat harjoittavat laskelmoitua diplomatiaa ja voimapolitiikkaa ilman totaalista konfliktia.**

---

2. Ranskan eristämispolitiikka (1871–1890)

☑ **Liittopolitiikan mestariteos** → Bismarck varmisti, että Ranska oli Euroopassa yksin.

☑ **Esti sodan Euroopassa** → Tasapainotti Itävallan ja Venäjän Balkanilla.

☑ **Saksa pysyi Euroopan voimakkaimpana valtiona ilman tarpeettomia vihollisia.**

➡ **Nykyään:** Tämä vastaa **tasapainopolitiikkaa,** jota esimerkiksi **Yhdysvallat harjoittaa Itä-Aasiassa (tasapaino Kiinan ja Japanin välillä)** tai **Euroopan unionin ja Naton politiikkaa Venäjää vastaan.**

---

3. Sosiaalipolitiikan uudistukset Saksassa

☑ **Ensimmäinen nykyaikainen hyvinvointivaltio** → Eläkejärjestelmä, terveydenhuolto, työttömyysvakuutus.

☑ **Tavoite: estää sosialistien vallankumous** → Ymmärsi, että valtio voi myöntää sosiaalisia etuja ilman sosialismia.

☑ **Nykyään käytössä lähes kaikkialla länsimaissa** → Pohja modernille hyvinvointivaltiolle.

➡ **Nykyään:** Bismarckin sosiaalipolitiikka muistuttaa **nykyisten länsimaiden politiikkaa, jossa valtio tarjoaa hyvinvointia mutta säilyttää kapitalistisen talouden.**

♦ **Bismarckin suurimmat virheet**

1. Ranskan provosointi ja Elsassin valloittaminen (1871)

✕ **Bismarck vastusti aluksi Elsassin ja Lothringenin liittämistä, mutta taipui sotilaallisen johdon ja keisari Wilhelmin painostukseen.**

✕ **Tämä teki Ranskasta Saksalle ikuisen vihollisen.**

✕ **Ranska alkoi rakentaa sotilaallista liittoumaa Saksaa vastaan (johtaa lopulta ensimmäiseen maailmansotaan).**

➡ **Nykyään:** Tämä virhe muistuttaa **Venäjän toimia Krimillä ja Itä-Ukrainassa** – alueellinen voitto voi luoda pitkäaikaisen vihollisen.

---

2. Bismarckin autoritaarinen hallintotyyli

✕ **Bismarck ei jättänyt selkeää seuraajaa eikä kouluttanut ketään jatkamaan hänen politiikkaansa.**

✕ **Kun Wilhelm II syrjäytti hänet (1890), hänen monimutkainen tasapainopolitiikkansa romahti.**

✕ **Seurauksena Ranska löysi liittolaisia (Venäjä ja Britannia), ja Saksa ajautui sotaan.**

➡ **Nykyään:** Tämä muistuttaa **nykyaikaisia yksinvaltiaita,** kuten **Putinia tai Xi Jinpingiä – ilman selkeää seuraajaa valtion politiikka voi romahtaa nopeasti.**

---

3. Kultakantapolitiikka ja talousvirheet

✘ **Bismarck vastusti vapaakauppaa ja suosi protektionismia, mikä loi jännitteitä Saksan sisällä.**

✘ **Tämä eristi Saksan taloudellisesti ja vähensi mahdollisuuksia diplomatiaan Britannian kanssa.**

➡ **Nykyään:** Tämä vastaa **nykyisiä kauppasotia (esim. Yhdysvaltojen ja Kiinan tullit), joissa talouspäätökset voivat vaikuttaa geopoliittisiin suhteisiin.**

◆ **Johtopäätökset: Miten Bismarckin päätöksenteosta voi oppia?**

☑ **Strateginen realismi toimii** → Diplomatia, voimapolitiikka ja tasapaino yhdessä voivat ylläpitää rauhaa.

☑ **Suurvallan tärkein tehtävä on estää vaarallinen vihollisliitto** → Bismarck onnistui, mutta Wilhelm II epäonnistui.

☑ **Pitkäaikainen vakaus vaatii selkeän perimysjärjestyksen** → Ilman Bismarckia Saksa ajautui sotaan.

☑ **Lyhytnäköiset aluevaltaukset voivat luoda pitkäaikaisia vihollisia** → Elsassin menetys teki Ranskasta leppymättömän vihollisen.

☑ **Sosiaalipolitiikka voi estää radikaalit vallankumoukset** → Hyvinvointivaltio voi olla keino torjua ääriliikkeet.

Bismarck oli **mestari estämään sotia ja luomaan vakautta, mutta hänen virheensä – etenkin vallansiirron epäonnistuminen – johtivat hänen järjestelmänsä romahtamiseen.** Nykyajan johtajat voivat oppia häneltä **pitkäjänteisyyttä, diplomatiaa ja vallan siirtämisen tärkeyttä.**

Kommentti ChatGPT:n vastaukseen: ChatGPT kertoo hyvin Bismarckin vahvuudet ja heikkoudet, mutta kenties se menee liian pitkälle vertaillessaan niitä nykypäivään. Viisas poliittinen johtaja pyrkii olemaan tiukka silloin kun se on tarpeellista, mutta hän myös ymmärtää yhteistyön merkityksen valtioiden välillä ja hän välttää tekemästä toisista valtioista hänen maansa vihollisia ilman hyvää syytä. Kenties Bismarckin suurin virhe oli se, että hän ei pystynyt turvaamaan oman poliittisen ajattelunsa jatkumista oman valtakautensa jälkeen, vaan silloin keisari Wilhelm II otti Saksan ulkopolitiikan omiin käsiinsä, vaikka hän oli ulkopoliittisesti paljon Bismarckia lahjattomampi.

Sinä sanoit: Mitkä ovat keskeiset historialliset aikalaislähteet Bismarckin elämästä?

ChatGPT sanoi: Bismarckin elämästä on säilynyt useita keskeisiä aikalaislähteitä, jotka tarjoavat näkemyksiä hänen poliittisista päätöksistään, persoonallisuudestaan ja aikakauden tapahtumista. Näitä lähteitä voidaan jakaa kolmeen pääluokkaan:

1. **Bismarckin omat kirjoitukset ja puheet**
2. **Aikalaiskirjoitukset ja muistelmia Bismarckista**
3. **Diplomaattiset ja hallinnolliset asiakirjat**

---

1. Bismarckin omat kirjoitukset ja puheet

◆ *Gedanken und Erinnerungen* **(Ajatuksia ja muistoja, 1898)**

- **Bismarckin omat muistelmat**, joissa hän kuvaa uraansa, päätöksiään ja poliittista filosofiaansa.
- Teos on **subjektiivinen**, sillä Bismarck kirjoitti sen jo syrjäytettynä ja pyrki oikeuttamaan omia päätöksiään.
- Hyvä lähde Bismarckin näkökulmalle, mutta se vaatii kriittistä tarkastelua.

457

◆ **Bismarckin kirjeenvaihto**

- Bismarck kirjoitti tuhansia kirjeitä, joista osa on julkaistu kokoelmina, esimerkiksi:
  - ○ *Die gesammelten Werke* (Kootut teokset)
  - ○ *Politische Briefe* (Poliittisia kirjeitä)
- Kirjeet valaisevat hänen ajatteluaan ja diplomatiaansa kulissien takana.

◆ **Puheet ja parlamentaariset lausunnot**

- Bismarck piti useita merkittäviä puheita Preussin ja Saksan parlamentissa.
- Tunnetuimpia ovat:
  - ○ **"Veren ja raudan" puhe (1862)** → Korosti voimapolitiikkaa Saksan yhdistämisessä.
  - ○ **"Kultakantapuhe (1878)"** → Kuvasi Saksan talouspolitiikkaa.

---

2. Aikalaiskirjoitukset ja muistelmia Bismarckista

◆ **Moritz Busch: *Bismarck – Some Secret Pages of His History* (1898)**

- Busch oli Bismarckin pitkäaikainen sihteeri ja seurasi häntä läheltä.
- Kirja sisältää **anekdootteja ja keskusteluja**, jotka paljastavat Bismarckin luonteen ja hallintotavan.
- Arvokas, mutta Buschilla oli taipumus **ihailla Bismarckia liikaa**.

◆ **Heinrich von Sybel ja Heinrich von Treitschke**

- Molemmat olivat saksalaisia historioitsijoita ja Bismarckin aikalaishistorioitsijoita.
- Treitschke kirjoitti Saksan yhdistymisestä **nationalistisesta näkökulmasta** ja ihaili Bismarckia.

◆ **Lord Odo Russellin raportit**

- Russell oli Britannian Saksan-suurlähettiläs ja seurasi Bismarckia tarkasti.
- Hänen raporttinsa brittiläiselle hallitukselle antavat ulkopuolisen näkemyksen Bismarckin diplomatiasta.

◆ **Keisari Wilhelm II:n muistelmat**

- Keisari Wilhelm II, joka syrjäytti Bismarckin vuonna 1890, kirjoitti muistelmiaan myöhemmin.
- Hänen näkökulmansa on usein kriittinen, mutta tarjoaa tietoa Bismarckin ja keisarin valtataistelusta.

---

3. **Diplomaattiset ja hallinnolliset asiakirjat**

◆ **Preussin ja Saksan arkistot**

- Bismarck oli diplomaattinen mestari, ja monet hänen **salaiset kirjeensä ja ohjeensa liittolaisille** ovat säilyneet.
- Esimerkiksi **Dreikaiserbundin (Kolmen keisarin liiton) asiakirjat** valaisevat Bismarckin tasapainopolitiikkaa.

◆ **Berliinin kongressin (1878) asiakirjat**

- Bismarck johti Euroopan suurvaltapolitiikkaa Berliinin kongressissa.
- Kongressin pöytäkirjat osoittavat hänen diplomaattista taituruuttaan ja Venäjän hallitsemisen strategiaa.

◆ **Saksan valtakunnan sisäpolitiikan asiakirjat**

- Bismarckin sosialistilait (1878) ja protektionistinen tullipolitiikka näkyvät Saksan hallituksen arkistoissa.

📌 Johtopäätös

Bismarckin elämästä ja politiikasta on runsaasti aikalaislähteitä, mutta ne on aina luettava **kriittisesti**. Hänen omat muistelmansa ovat **puolueellisia**, aikalaiskirjoitukset voivat **ihannoida tai kritisoida häntä**, ja diplomaattiset asiakirjat paljastavat kulissien takaiset päätökset.

→ **Paras tapa ymmärtää Bismarckia on yhdistää kaikki nämä lähteet ja tarkastella niitä suhteessa toisiinsa.**

Pari modernin ajan esimerkkitapausta

Ukrainan vuoden 2022 sodan alku

Ensimmäisenä tarkastelemme Ukrainan sodan alkua vuodelta 2022. Helmikuun 24. sinä vuonna Venäjän asevoimien maahanlaskujoukot tekivät hyökkäyksen helikoptereilla Hostomelin lentokentälle parinkymmenen kilometrin päähän Kiovan keskustasta saadakseen sinne sillanpääaseman. Lentokentän haltuunoton sinne voitaisiin lennättää tuhansien miesten verran maahanlaskujoukkoja, joilla sitten voitaisiin ottaa venäläisten haltuun Kiovan avainkohteet, kuten presidentinlinna, hallituksen toimitilat, puolustusministeriö, asevoimien pääesikunta, sekä radio- ja televisiokanavat. Tämän sotaliikkeen tarkoituksena oli yksinkertaisesti estää Ukrainan kyky koordinoituun aseelliseen vastarintaan ja alistaa Ukraina Venäjän valtaan.

Sinä sanoit: Miten tekoäly selittäisi syyt miksi Venäjä hyökkäsi helmikuun 24. 2022 Ukrainaan aloittaen sotansa Ukrainaa vastaan?

ChatGPT sanoi: Venäjän hyökkäystä Ukrainaan helmikuun 24. päivänä 2022 voidaan tarkastella useista eri näkökulmista: historiallisesta, geopoliittisesta, sotilaallisesta ja poliittisesta. Alla on tekoälyn analyysi keskeisistä syistä, jotka johtivat sodan alkamiseen.

1. Venäjän geopoliittiset tavoitteet

Venäjä on pitkään vastustanut Ukrainan lähentymistä länteen, erityisesti Natoon ja EU:hun. Venäjän näkökulmasta Ukraina on osa sen vaikutuspiiriä, ja länsimaiden vaikutusvallan lisääntyminen Ukrainassa nähtiin uhkana Venäjän turvallisuudelle ja suurvalta-asemalle.

- **Nato-laajenemisen pelko:** Venäjä on vastustanut Naton laajentumista itään ja katsoo Ukrainan mahdollisen Nato-jäsenyyden olevan strateginen uhka.
- **Vaikutusvallan säilyttäminen:** Venäjä on pyrkinyt estämään Ukrainan poliittisen ja taloudellisen integraation lännen kanssa, koska se haluaa pitää Ukrainan osana Venäjän vaikutuspiiriä.

2. Historialliset ja ideologiset tekijät

Venäjän johto, erityisesti presidentti Vladimir Putin, on esittänyt näkemyksen, jonka mukaan Ukraina ja Venäjä ovat "yksi kansa" ja että Ukrainan valtiollisuus on pitkälti Neuvostoliiton aikakauden tuote.

- **Putinin historiallinen narratiivi:** Putin on kirjoittanut ja puhunut useasti siitä, että Ukrainan valtiollisuus on keinotekoinen ja että se kuuluu historiallisesti Venäjän yhteyteen.
- **Neuvostoliiton hajoamisen "korjaaminen":** Putin on kutsunut Neuvostoliiton hajoamista 1900-luvun suurimmaksi geopoliittiseksi katastrofiksi ja pyrkii palauttamaan Venäjän aseman suurvaltana, mihin Ukrainan kontrollointi sopii strategisesti.

3. Itä-Ukrainan tilanne ja Venäjän propaganda

Venäjä on perustellut hyökkäystään muun muassa Donbassin alueen tilanteella. Venäjä tuki vuodesta 2014 alkaen Itä-Ukrainan separatistialueita (Donetskin ja Luhanskin "kansantasavallat") ja käytti tätä oikeutuksena laajamittaiselle hyökkäykselle.

- **Väitteet kansanmurhasta:** Venäjä on väittänyt, että Ukrainan hallitus olisi syyllistynyt "venäjänkielisen väestön kansanmurhaan" Itä-Ukrainassa, vaikka kansainväliset tutkimukset eivät tue tätä väitettä.
- **Separatistien tukeminen:** Venäjä tunnusti Donetskin ja Luhanskin "tasavallat" juuri ennen hyökkäystä ja käytti tätä perusteluna sotatoimille.

4. Ukrainan vallankumous ja länsimielinen hallitus

Vuonna 2014 Ukrainan Euromaidan-vallankumous syrjäytti Venäjä-mielisen presidentin Viktor Janukovitšin. Tämän jälkeen Ukraina on suuntautunut entistä enemmän länteen. Venäjä on pitänyt tätä laittomana vallankaappauksena ja pyrkinyt palauttamaan Venäjälle suosiollisen hallituksen Kiovaan.

- **Ukrainan länsisuuntautuminen:** Ukraina on vuodesta 2014 alkaen pyrkinyt EU:n ja Naton jäseneksi, mikä on ollut vastoin Venäjän intressejä.
- **Venäjän pyrkimys hallituksen vaihtamiseen:** Hyökkäyksen alkuvaiheessa Venäjä pyrki ilmeisesti nopeaan Kiovan valtaukseen ja Ukrainan hallituksen vaihtamiseen.

5. Venäjän sisäpoliittiset syyt

Putin on kohdannut kotimaassaan taloudellisia ja poliittisia haasteita. Hyökkäys saattoi olla keino vahvistaa hänen asemaansa ja nationalistista kannatustaan.

- **Sisäinen vallan vakiinnuttaminen:** Autoritaariset johtajat käyttävät usein sotia kansallisen yhtenäisyyden lujittamiseen ja huomion kääntämiseen pois sisäisistä ongelmista.
- **Taloudelliset ja demografiset haasteet:** Venäjän talous on ollut pitkään riippuvainen energiasektorista, ja väestökehitys on laskusuuntainen. Menestyksekäs sotaretki voisi vahvistaa Venäjän geopoliittista asemaa.

Johtopäätös

Venäjän hyökkäys Ukrainaan oli seurausta monimutkaisesta yhdistelmästä geopoliittisia, historiallisia, ideologisia ja sotilaallisia tekijöitä. Venäjä pyrki estämään Ukrainan länsisuuntautumisen, vahvistamaan omaa vaikutuspiiriään ja mahdollisesti vaihtamaan Ukrainan hallinnon. Hyökkäys perustui myös Venäjän pitkään jatkuneeseen narratiiviin siitä, että Ukraina on osa Venäjän "luonnollista" vaikutuspiiriä.

Länsimaat ja Ukraina puolestaan ovat nähneet hyökkäyksen aggressiona ja pyrkimyksenä palauttaa imperialistinen kontrolli, mikä on johtanut voimakkaisiin taloudellisiin pakotteisiin ja Ukrainan sotilaalliseen tukemiseen.

Kommentti ChatGPT:n vastaukseen: ChatGPT on listassaan oikeassa. Keskeinen syy Venäjän hyökkäykseen Ukrainaa vastaan vuonna 2024 oli Venäjän pelko sen vaikutusvallan vähenemisestä ja tavoite rakentaa uudelleen venäläinen imperiumi.

Sinä sanoit: Venäjällä päätöksen hyökätä Ukrainaan teki presidentti Putin. Millainen oli tämän päätöksen toimeenpanoprosessi Venäjän asevoimissa ja tiedusteluvirastoissa?

ChatGPT sanoi: Venäjän hyökkäyksen toimeenpanoprosessi Venäjän asevoimissa ja tiedusteluvirastoissa oli monivaiheinen ja näyttäisi perustuneen tiukasti presidentti Vladimir Putinin ja hänen lähipiirinsä (silovikit) päätöksentekoon. Prosessi sisälsi useita keskeisiä vaiheita, kuten tiedustelutiedon keräämisen, joukkojen mobilisoinnin ja operatiivisen suunnittelun. Kuitenkin monet merkit viittaavat siihen, että prosessi oli puutteellisesti valmisteltu ja perustui virheellisiin arvioihin Ukrainan kyvystä puolustautua.

---

1. Päätöksenteko Kremlissä: Putinin lähipiiri ja strateginen suunnittelu

Putin teki päätöksen hyökkäyksestä kapeassa piirissä ilman laajempaa neuvottelua edes sotilasjohdon ja tiedustelupalveluiden kaikkien osastojen kanssa. Hänen päätöksentekonsa perustui ilmeisesti seuraaviin elementteihin:

- **Kapea sisäpiiri:** Tärkeimpiä vaikuttajia olivat puolustusministeri Sergei Šoigu, asevoimien kenraalin esikunnan päällikkö Valeri Gerasimov ja turvallisuusneuvoston sihteeri Nikolai Patrušev.
- **FSB:n (Venäjän turvallisuuspalvelu) arvio tilanteesta:** Putin nojautui pitkälti FSB:n 5. osaston tuottamiin raportteihin, joiden mukaan Ukrainan hallitus romahtaisi nopeasti ja että merkittävä osa Ukrainan kansasta olisi valmis hyväksymään venäläisjoukot.
- **Diplomaattisten varasuunnitelmien puute:** Venäjän johto ei näyttänyt ottaneen huomioon vaihtoehtoisia skenaarioita tai länsimaiden reaktioita, vaan perusti päätöksensä oletukseen, että Ukraina kaatuisi muutamassa päivässä.

464

2. Venäjän asevoimien operatiivinen suunnittelu ja valmistelut

Venäjän asevoimat valmistelivat hyökkäystä useiden kuukausien ajan.
Prosessi sisälsi seuraavat vaiheet:

a) Joukkojen keskittäminen ja valeoperaatiot

- **Kesällä ja syksyllä 2021 Venäjä alkoi keskittää joukkojaan Ukrainan rajalle**, mutta väitti, että kyseessä olivat sotaharjoitukset.
- **Venäjä käytti harhautusoperaatioita:** Joukoille ei kerrottu todellisesta hyökkäystarkoituksesta, vaan niiden annettiin ymmärtää, että kyseessä on vain painostustoimi Natoa ja Ukrainaa vastaan.

b) Sotilasoperaation suunnittelu

- Hyökkäyksen johtaminen annettiin **Venäjän asevoimien kenraalin esikunnalle**, erityisesti pääesikunnan operaatio-osastolle.
- **Nopea salamasota-strategia (blitzkrieg):** Hyökkäys suunniteltiin alun perin nopeaksi operaatioksi, jossa Kiova vallattaisiin muutamassa päivässä ja Ukrainan hallitus vaihdettaisiin.

c) Epärealistiset oletukset ja virhearviot

- Venäjän johto oletti virheellisesti, että **Ukraina romahtaisi nopeasti ja että länsi ei reagoisi vahvasti**.
- **Varasuunnitelmien puute:** Hyökkäys toteutettiin ilman kunnollisia logistisia valmiuksia pitkään sotaan.

---

3. Tiedustelupalveluiden rooli ja epäonnistumiset

Venäjän tiedusteluvirastot olivat merkittävässä roolissa hyökkäyksen valmistelussa, mutta niiden arviointikyky oli vakavasti puutteellista.

a) FSB (Venäjän turvallisuuspalvelu)

- **FSB:n 5. osasto (Ukrainan ja IVY-maiden analyysi) oli vastuussa Ukrainan tilanteen arvioinnista.**
- Osaston arvioiden mukaan **Ukrainassa oli laajaa tukea Venäjälle, ja Zelenskyin hallinto kaatuisi nopeasti** – tämä osoittautui täysin virheelliseksi.
- On raportoitu, että **FSB:n johto syötti Putinille sitä tietoa, mitä hän halusi kuulla**, eikä realistista analyysiä Ukrainan vastarintakyvystä.

b) GRU (sotilastiedustelu)

- **GRU:n tehtävänä oli kartoittaa Ukrainan asevoimien toimintakyky ja suunnitella nopea hallinnollisten kohteiden haltuunotto.**
- GRU:n erikoisjoukot (Spetsnaz) lähetettiin jo sodan alkuvaiheessa Kiovaan eliminoimaan Ukrainan johtoa – operaatio epäonnistui pahasti.

c) SVR (ulkomaan tiedustelu)

- SVR:n tehtävänä oli analysoida lännen reaktioita, mutta sen arvioiden mukaan **länsi ei reagoisi voimakkaasti eikä ryhtyisi laajamittaisiin pakotteisiin** – jälleen virhearvio.

---

4. Hyökkäyksen toimeenpano ja alkuvaiheen ongelmat

Venäjän hyökkäys Ukrainaan alkoi laajamittaisella ilmaiskulla 24. helmikuuta 2022. Kuitenkin jo ensimmäisten päivien aikana kävi ilmi, että operaatio perustui virheellisiin oletuksiin.

a) Strateginen virhe: liian hajautettu hyökkäys

- Venäjä hyökkäsi **monesta suunnasta yhtä aikaa (pohjoinen, koillinen, itä ja etelä)**, mutta sillä ei ollut riittävästi joukkoja pitämään hallussaan näin laajaa aluetta.

b) Logistiikan ja huollon romahtaminen

- Venäläisjoukot kärsivät vakavista **huolto- ja polttoaineongelmista**, mikä hidasti etenemistä ja teki niistä haavoittuvia Ukrainan vastahyökkäyksille.

c) Ukrainan odottamaton vastarinta

- Venäläisjoukot kohtasivat **voimakkaampaa vastarintaa kuin odotettiin**, ja Ukraina pystyi nopeasti mobilisoimaan reservinsä ja kansainvälisen tuen.

Johtopäätös

Venäjän hyökkäyksen toimeenpanoprosessi asevoimissa ja tiedustelupalveluissa kärsi vakavista puutteista. Päätöksenteko keskittyi Putinin ja hänen sisäpiirinsä ympärille ilman laajempaa konsultointia. Suunnitelmat perustuivat virheellisiin tiedusteluarvioihin, jotka aliarvioivat Ukrainan vastarinnan ja länsimaiden reaktion.

Venäjän asevoimat joutuivat toteuttamaan operaation puutteellisella logistiikalla ja epärealistisella strategialla, mikä johti hyökkäyksen alkuvaiheen epäonnistumiseen ja pitkäaikaiseen sotaan, jota Putin tuskin alun perin suunnitteli.

Kommentti ChatGPT:n vastaukseen: Keskeinen oletus venäläisillä oli se, että Ukrainan koordinoitu vastarinta romahtaisi muutamassa päivässä luultavasti, kun venäläisjoukot Kiovassa katkaisisivat vastarinnan käärmeeltä sen pään. Tämän jälkeen koordinoimattomat ukrainalaisjoukot voisivat vain paeta tai antautua venäläisille.

Sinä sanoit: Mikä oli Venäjän asevoimien yleisesikunnan rooli hyökkäyssuunnitelman laatimisessa Ukrainaa vastaan?

ChatGPT sanoi: Venäjän asevoimien **yleisesikunta (Генеральный штаб, Генштаб)** oli keskeinen toimija hyökkäyssuunnitelman laatimisessa Ukrainaa vastaan, mutta se toimi **poliittisen johdon asettamien epärealististen tavoitteiden mukaisesti.** Vaikka yleisesikunta suunnitteli ja toteutti sotilasoperaation, se joutui tekemään sen perustuen **virheellisiin tiedustelutietoihin ja optimistisiin oletuksiin**, jotka lopulta johtivat vakaviin epäonnistumisiin.

1. Yleisesikunnan tehtävät ja rooli hyökkäyksessä

Venäjän yleisesikunta toimii **Venäjän puolustusministeriön alaisuudessa** ja vastaa asevoimien strategisesta suunnittelusta, operatiivisesta johtamisesta sekä logistiikasta. Sen tärkeimpiä tehtäviä hyökkäyksen valmistelussa olivat:

- **Hyökkäyssuunnitelman laatiminen**
  - o Operatiivisen strategian kehittäminen
  - o Joukkojen sijoittelu ja tehtävien määrittely
- **Logistinen ja materiaalinen valmistelu**
  - o Hyökkäyksen vaatiman kaluston ja huollon järjestely
- **Sotatoimien johtaminen ja koordinointi**
  - o Erilaisten rintamien ja operaatioiden synkronointi

Yleisesikunnan päällikkönä toimi **kenraali Valeri Gerasimov**, joka oli suoraan vastuussa sotilasoperaation toteutuksesta **puolustusministeri Sergei Šoigun ja presidentti Vladimir Putinin alaisuudessa.**

2. Hyökkäyssuunnitelman pääkohdat

Venäjän yleisesikunnan laatima hyökkäyssuunnitelma perustui oletukseen, että **Ukraina romahtaisi nopeasti ja Kiova vallattaisiin muutamassa päivässä.** Suunnitelmassa oli kolme keskeistä elementtiä:

a) Nopean iskun strategia (blitzkrieg ja Kiovan valtaus)

- Venäjän asevoimat **etenevät nopeasti Kiovaan**, ja hallitus pakenee tai syrjäytetään.
- Erikoisjoukot ja **GRU:n (sotilastiedustelu) yksiköt yrittävät neutraloida Ukrainan johtajat.**
- Oletuksena oli, että Ukrainan asevoimat eivät järjestäisi laajamittaista vastarintaa.

b) Monirintamahyökkäys hajottamaan Ukrainan puolustusta

- Venäjä hyökkäsi **neljästä suunnasta**:
  - **Pohjoinen:** Kiovan valtaukseen keskittyvä hyökkäys Valko-Venäjältä.
  - **Koillinen:** Harkovan ja Sumyn alueen valtaukset.
  - **Itä:** Donbassin alueen haltuunotto ja eteneminen Dnipropetrovskia kohti.
  - **Etelä:** Krimiltä suuntautunut hyökkäys Mariupoliin, Mykolajiviin ja Odessaan.
- Suunnitelman tarkoituksena oli **nopea operatiivinen saartaminen ja Ukrainan hallinnon luhistaminen.**

c) Ukrainalaisten nopean antautumisen oletus

- Venäjän yleisesikunta perustui **FSB:n (Venäjän liittovaltion turvallisuuspalvelun) virheellisiin arvioihin,** joiden mukaan Ukrainan armeija ei taistele pitkäjänteisesti ja että kansalaiset toivottaisivat venäläiset tervetulleiksi.
- Ukrainaan lähetettiin **liian vähän joukkoja suhteessa hyökkäyksen laajuuteen,** koska odotettiin vähäistä vastarintaa.

---

3. Suunnittelun puutteet ja yleisesikunnan virheet

Vaikka yleisesikunta on Venäjän asevoimien korkein operatiivinen johto, se joutui työskentelemään **poliittisesti ohjatun ja optimistisen suunnitelman pohjalta.** Tämä johti vakaviin strategisiin virheisiin:

469

a) Liian hajautettu hyökkäys

- Venäjän hyökkäys oli **liian laaja ja joukot venyivät liian ohuiksi.**
- Pääpaino Kiovan nopeassa valtauksessa epäonnistui, ja Ukrainan vastarinta pysäytti etenemisen.

b) Virheelliset tiedusteluarviot

- Venäjän yleisesikunta **ei ottanut huomioon Ukrainan korkeaa taistelumoraalia ja kansallista yhtenäisyyttä.**
- Ukrainalaisten **nopea mobilisaatio ja lännen aseapu** yllättivät Venäjän.

c) Logistiikan epäonnistuminen

- **Pitkät huoltolinjat katkesivat**, koska hyökkäystä ei ollut suunniteltu pitkäaikaiseksi operaatioiksi.
- Polttoainepula, heikot kuljetukset ja epäjärjestys johtivat **ajoneuvojen ja panssarivaunujen hyytymiseen rintamilla.**

d) Ukrainan nopean antautumisen virheellinen arviointi

- Yleisesikunta **ei valmistautunut pitkäaikaiseen sotaan** eikä partisanisotaan, mikä teki tilanteesta hallitsemattoman.

---

4. Yleisesikunnan rooli sodan jatkovaiheessa

Kun alkuperäinen suunnitelma epäonnistui, yleisesikunta joutui sopeuttamaan strategiaansa:

- **Huhtikuussa 2022 Venäjä vetäytyi Kiovan alueelta ja keskittyi Donbassin alueelle.**
- Uusi strategia perustui **hitaaseen kulutussotaan, jossa tykistö ja pitkät taistelulinjat nousivat päärooliin.**

- **Mobilisaatio käynnistettiin syyskuussa 2022**, kun Venäjän alkuperäiset joukot kärsivät suuria tappioita.

Yleisesikunnan päällikkö Valeri Gerasimov joutui sodan edetessä voimakkaan kritiikin kohteeksi. **Kesällä 2023 hänen asemansa heikkeni**, ja osa sotilasoperaatioiden johtamisesta siirrettiin Wagner-palkkasotilasryhmälle ennen sen kapinaa.

Johtopäätökset

Venäjän yleisesikunta **suunnitteli hyökkäyksen, mutta se joutui toteuttamaan sen epärealististen poliittisten tavoitteiden pohjalta.**

- **Päästrategia perustui virheellisiin tiedusteluarvioihin ja liian optimistisiin oletuksiin Ukrainan nopeasta antautumisesta.**
- **Hyökkäys oli liian laaja ja logistisesti kestämätön,** mikä johti operatiiviseen katastrofiin.
- **Kun alkuperäinen suunnitelma epäonnistui, yleisesikunta joutui muuttamaan strategiaansa hitaaksi kulutussodaksi.**

Vaikka Venäjän yleisesikunta pyrki mukautumaan sodan vaatimuksiin, sen alkuperäiset virhearviot vaikuttivat merkittävästi sodan kulkuun ja Venäjän kykyyn saavuttaa tavoitteitaan Ukrainassa.

Kommentti ChatGPT:n vastaukseen: Toisin sanoen Venäjän asevoimien yleisesikunta oli keskeinen hyökkäyssuunnitelmien laatija. Samalla sen ne jäsenet, jotka laativat, toteuttivat ja valvoivat suunnitelmien toteutusta, niin syyllistyivät juridisesti sotarikokseen, joka oli hyökkäyssodan suunnittelu ja toteuttaminen Ukrainaa vastaan.

Sinä sanoit: Miksi Venäjän tiedustelupalvelut epäonnistuivat niin pahasti omissa arvioissaan sotatoimista ja niiden seurauksista Ukrainassa? Venäjä ja Ukraina olivat kuitenkin taistelleet itäisessä Ukrainassa jo vuodesta 2014 lähtien ja olisi ollut viisasta venäläisten olettaa tiedusteluyhteistyöstä länsimaiden ja Ukrainan välillä.

ChatGPT sanoi: Venäjän tiedustelupalveluiden epäonnistuminen hyökkäyksen arvioinnissa johtui **poliittisesta painostuksesta, rakenteellisista ongelmista ja virheellisistä tiedusteluoletuksista.** Vaikka Venäjä oli käynyt sotaa Itä-Ukrainassa jo vuodesta 2014 lähtien, sen tiedusteluvirastot eivät kyenneet tunnistamaan **Ukrainan kykyä vastustaa hyökkäystä, länsimaiden tiedusteluyhteistyön laajuutta** ja **omien operaatioidensa puutteita.**

---

1. Venäjän tiedustelupalvelut ja niiden rooli

Venäjän tärkeimmät tiedustelupalvelut, jotka olivat mukana hyökkäyksen valmistelussa:

1. **FSB (liittovaltion turvallisuuspalvelu, ФСБ)**
   - o   Vastasi **Ukrainan poliittisen tilan ja yhteiskunnallisen mielialan analysoinnista.**
   - o   Ylläpiti laajaa agenttiverkostoa Ukrainassa.
2. **GRU (sotilastiedustelu, ГРУ)**
   - o   Vastasi **sotilaallisesta tiedustelusta ja operatiivisesta suunnittelusta.**
   - o   Yritti kartoittaa Ukrainan asevoimien valmiutta ja länsimaiden mahdollista reaktiota.
3. **SVR (ulkomaan tiedustelupalvelu, СВР)**
   - o   Vastasi **länsimaiden politiikan analysoinnista ja ennakoinnista.**

Näillä organisaatioilla oli eri roolit, mutta ne kaikki epäonnistuivat tehtävässään.

---

2. Keskeiset syyt tiedustelun epäonnistumiseen

A) Poliittinen painostus ja Putinin odotukset

- **Putin oli vakuuttunut siitä, että Ukraina romahtaisi nopeasti**, ja tiedustelupalvelut antoivat hänelle **haluttuja tietoja sen sijaan, että olisivat kertoneet totuuden.**
- **FSB:n Ukrainasta vastaava yksikkö (Fifth Service, Пятое управление)** toimitti optimistisia raportteja, joiden mukaan **Ukraina oli hajanainen, presidentti Zelenskyi epäsuosittu ja kansa suhtautui Venäjään myönteisesti.**
- **Korkea-arvoiset tiedustelujohtajat pelkäsivät Putinin reaktiota,** jos he raportoisivat realistisesti Ukrainan tilanteesta.

B) Korruptio ja vääristelty tieto

- **FSB käytti vuosia miljardeja ruplia "Ukrainan vaikutusoperaatioihin",** mutta suuri osa varoista **varastettiin** eikä todellista tukea Venäjälle ollut olemassa.
- **Agenttiverkosto Ukrainassa oli heikompi kuin FSB kuvitteli,** ja monet venäläismieliset poliitikot pakenivat tai eivät uskaltaneet toimia sodan alettua.
- **GRU aliarvioi Ukrainan armeijan tehokkuuden ja moraalin,** eikä se ymmärtänyt, kuinka paljon **länsimaat olivat kouluttaneet ja aseistaneet Ukrainan joukkoja vuodesta 2014 lähtien.**

C) Virheelliset tiedusteluoletukset

Venäjän tiedusteluvirastot perustuivat **vanhentuneisiin käsityksiin ja väärinymmärryksiin:**

- **Oletus 1: Ukrainan kansa tukisi Venäjää tai ei vastustaisi hyökkäystä.**
  → Todellisuus: **Ukrainalainen kansallistunne oli kasvanut vuodesta 2014, ja Venäjän hyökkäys yhdisti kansaa entisestään.**
- **Oletus 2: Ukrainan armeija olisi nopeasti lyötävissä.**
  → Todellisuus: **Ukrainan asevoimat olivat hyvin koulutettuja, modernisoituneita ja valmiita taistelemaan.**

473

- **Oletus 3: Länsimaat eivät toimisi nopeasti tai voimakkaasti.**
  → Todellisuus: **Länsimaat olivat jo ennen hyökkäystä valmistelleet talouspakotteita, aseapua ja tiedustelutukea Ukrainalle.**

D) Ukrainan ja länsimaiden tiedusteluyhteistyön aliarviointi

- **Venäjä aliarvioi, kuinka hyvin länsimaiden ja Ukrainan tiedusteluyhteistyö toimi.**
- **Yhdysvallat ja Britannia varoittivat jo kuukausia ennen hyökkäystä Venäjän aikeista,** ja Ukraina sai reaaliaikaista tiedustelutietoa vihollisjoukkojen liikkeistä.
- **Venäjän erikoisjoukot ja GRU:n operaatiot Kiovassa epäonnistuivat osittain siksi, että Ukraina oli saanut etukäteen tietoa niiden suunnitelmista.**

---

3. Johtopäätökset

Venäjän tiedustelupalveluiden epäonnistuminen johtui **sisäisestä vääristymästä, poliittisesta paineesta ja korruptiosta.**

- **FSB antoi Kremlin johdolle vääristynyttä tietoa, koska se ei halunnut tuottaa pettymyksiä Putinille.**
- **GRU aliarvioi Ukrainan armeijan suorituskyvyn ja logistiikan haasteet.**
- **SVR ei ymmärtänyt, kuinka yhtenäisesti länsimaat reagoisivat hyökkäykseen.**

Venäjän virhearvioinnit johtivat **epärealistiseen sotasuunnitelmaan,** joka epäonnistui heti alkuvaiheessa. Tämä johti Venäjän armeijan epäjärjestykseen, suurten tappioiden syntymiseen ja pitkään kulutussotaan, jota ei alun perin suunniteltu.

Kommentti ChatGPT:n vastaukseen: Tämä asia on aina herättänyt minussa ihmetystä. Yksi sodankäynnin keskeisistä perusperiaatteista jo Sun Zin *Sotataidossa* on tuntea niin itsensä kuin vihollisensa.

Sinä sanoit: Hostomelin lentokenttä oli avainasemassa Kiovan valtauksen suhteen. Miksi ja miten venäläisten kaappauksenomainen hyökkäys Ukrainan alistamiseksi torjuttiin Hostomelin lentokentällä?

ChatGPT sanoi: Venäjän hyökkäys Hostomelin lentokentälle (tunnetaan myös nimellä Antonov-lentokenttä) helmikuun 24. päivänä 2022 oli keskeinen osa Venäjän alkuperäistä suunnitelmaa vallata **Kiova nopeasti** ja pakottaa Ukrainan hallitus antautumaan. Tämä operaatio epäonnistui monesta syystä, joista tärkeimpiä olivat **Ukrainan tehokas puolustus, venäläisten huono valmistautuminen ja länsimaiden tiedustelutuki.**

---

1. Miksi Hostomel oli strategisesti tärkeä?

- **Läheisyys Kiovaan:** Hostomelin lentokenttä sijaitsee vain noin **10 km päässä Kiovan keskustasta.** Sen haltuunotto olisi mahdollistanut nopean etenemisen pääkaupunkiin.
- **Ilmatoimitukset:** Venäjä suunnitteli käyttävänsä lentokenttää **ilmavoimien sillanpääasema**, jonne **Iljušin Il-76 -kuljetuskoneet** olisivat voineet tuoda **tuhansia erikoisjoukkoja ja raskasta kalustoa.**
- **Shokkioperaatio:** Venäläisten tavoitteena oli iskeä nopeasti, murtaa Ukrainan hallinnon vastarinta ja pakottaa Kiova antautumaan, jolloin vastarinta muualla Ukrainassa olisi saattanut romahtaa.

---

2. Venäläisten hyökkäyksen kulku

Venäjän hyökkäys Hostomelin lentokentälle alkoi aamulla **24. helmikuuta 2022.**

A) Ensimmäinen aalto: Venäläisten ilmarynnäkkö

- **Venäjä lähetti noin 200-300 VDV-erikoisjoukkojen laskuvarjosotilasta** Mi-8-helikoptereilla.

- Hyökkäykseen osallistui **Ka-52 "Alligaattori" -taisteluhelikoptereita**, joiden tehtävänä oli tarjota **ilmatukea** ja tuhota Ukrainan ilmapuolustusta.
- **Ensimmäiset venäläisjoukot laskeutuivat lentokentälle ja ottivat sen hetkellisesti hallintaansa.**

B) Ukrainan vastahyökkäys

- **Ukrainan kansalliskaarti ja maavoimat reagoivat nopeasti ja aloittivat vastahyökkäyksen.**
- **Bayraktar TB2 -drooneilla onnistuttiin tuhoamaan useita Venäjän helikoptereita.**
- **Ukrainalaiset joukot pommittivat lentokenttää tykistöllä,** tehden kiitotiestä käyttökelvottoman, mikä esti Venäjän kuljetuskoneiden laskeutumisen.
- **Lähitaistelut lentokentällä ja sen ympäristössä jatkuivat koko päivän ajan.**

C) Toisen aallon epäonnistuminen

- Venäjän oli tarkoitus **tuoda lisää joukkoja Il-76-kuljetuskoneilla,** mutta koska **lentokenttä ei ollut täysin venäläisten hallussa,** operaatio peruttiin.
- **Venäläisten ensimmäinen iskujoukko jäi eristyksiin ja kärsi raskaita tappioita.**

---

3. Miksi Venäjän hyökkäys epäonnistui?

A) Ukrainan nopea reaktio ja hyvä valmistautuminen

- Ukrainan joukot tiesivät Venäjän hyökkäyssuunnitelmista **länsimaiden tiedustelutuen ansiosta.**
- Ukrainan kansalliskaarti ja maavoimat **olivat valmiina puolustamaan lentokenttää** ja vastasivat nopeasti.

B) Venäläisten aliarviointi ja huono valmistautuminen

- **Venäläiset laskuvarjojääkärit olivat alivoimaisia ja eristyksissä,** koska vahvistukset eivät päässeet paikalle.
- **Ilmatuen koordinointi epäonnistui:** Venäjän helikopterit kärsivät tappioita, ja kuljetuskoneiden käyttö estettiin.
- **Venäjän joukot eivät onnistuneet nopeasti nujertamaan vastarintaa,** mikä johti taistelun pitkittymiseen ja lisäongelmiin.

C) Länsimaiden ja Ukrainan tiedusteluyhteistyö

- **Yhdysvallat ja Britannia olivat jo ennen hyökkäystä varoittaneet Ukrainaa Hostomelin riskistä.**
- **Ukrainan asevoimat tiesivät etukäteen Venäjän aikovan käyttää Hostomelia sillanpääasemana** ja osasivat varautua siihen.

---

4. Lopputulos ja vaikutukset sodan kulkuun

- **Venäjän nopea Kiovan valtaus epäonnistui.**
- **Hostomelin tappiot heikensivät Venäjän ilmavoimien ja erikoisjoukkojen toimintakykyä.**
- **Venäjän oli pakko edetä Kiovaan maajoukoin pohjoisesta, mikä altisti ne huolto-ongelmille ja sissihyökkäyksille.**
- **Ukrainan taistelutahto nousi merkittävästi, koska ensimmäisten päivien aikana saavutettu voitto osoitti, että Venäjä ei ollut pysäyttämätön.**

Johtopäätös

Venäjän yritys kaapata Hostomelin lentokenttä ja vallata Kiova nopeasti epäonnistui, koska **Ukraina reagoi nopeasti, Venäjän tiedustelu oli virheellistä, ja venäläisten operaatio oli huonosti koordinoitu.** Tämä oli yksi sodan käännekohdista, joka esti Venäjää saavuttamasta nopeaa voittoa ja johti pitkäaikaiseen kulutussotaan.

Kommentti ChatGPT:n vastaukseen: Kun lentokenttä pyritään ottamaan viholliselta omiin käsiin, niin keskeiset asiat ovat saada kiitoradat haltuun ehjinä ja pystyä pitämään ne ehjinä. Jos puolustajat onnistuvat tuhoamaan kiitoradat, niin maahanlaskuoperaatio lentokentän haltuun ottamiseksi epäonnistuu.

Sinä sanoit: "Ukrainan maavoimat tulittivat lentokentän kiitorataa tykistöllä." Historiallisena esimerkkinä vietnamilaiset saivat ranskalaiset antautumaan Dien Bhien Phussa samaa keinoa käyttäen.

ChatGPT sanoi: Kyllä, Hostomelin lentokentän kiitoradan tulittaminen tykistöllä oli ratkaiseva strateginen siirto, joka muistuttaa Dien Bien Phun taistelun tapahtumia vuonna 1954. Molemmissa tapauksissa hyökkääjä yritti käyttää lentokenttää **joukkojen ja tarvikkeiden nopeaan kuljettamiseen**, mutta puolustaja onnistui **tekemään kiitoradan käyttökelvottomaksi**, estäen näin hyökkääjän vahvistusten saapumisen ja pakottaen sen epäedulliseen asemaan.

Vertailu Hostomelin ja Dien Bien Phun välillä:

1. **Hostomel (2022):**
   o Venäjä yritti ottaa lentokentän haltuunsa ja tuoda Il-76-kuljetuskoneilla lisää joukkoja.
   o Ukrainan tykistö ja erikoisjoukot **tulittivat kiitorataa**, estäen raskaan ilmasillan muodostamisen.
   o Venäläiset joukot jäivät eristyksiin, ja lopulta heidän oli peräännyttävä.
2. **Dien Bien Phu (1954):**
   o Ranska linnoitti laaksoon rakennetun tukikohtansa ja käytti sitä huolto- ja joukkojenkuljetuspaikkana.
   o Viet Minh -joukot **pystyttivät tykistön korkeille kukkuloille ja tulittivat kiitorataa**, estäen Ranskan ilmatoimitukset.
   o Ilman huoltoa ja vahvistuksia **ranskalaiset joutuivat antautumaan.**

Molemmissa tapauksissa puolustaja käytti **epäsuoraa tulitusta strategisesti** estääkseen vihollista käyttämästä lentokenttää huoltoyhteytenä. Tämä osoittaa, kuinka **tykistö voi olla ratkaiseva ase sodankäynnissä, etenkin modernissa taistelussa, jossa ilmaylivoima ja logistiikka ovat elintärkeitä.**

Kommentti ChatGPT:n vastaukseen: Tämä historiallinen esimerkki on tuotava esille, koska sitä kautta voidaan esittää kysymys, että oliko Kiovan ympäristössä Ukrainan tykistöä, jolla voitaisiin tulittaa Hostomelin lentokentän kiitorataa ja jos oli, niin miten venäläiset voisivat estää sen tykistön käyttämisen kiitorataa vastaan?

Sinä sanoit: Asia voidaan esittää myös toisin päin eli miten varmistat, että elintärkeän lentokentän, kuten Hostomelin, kiitorata pysyy ehjänä?

ChatGPT sanoi: Jos haluat varmistaa, että elintärkeän lentokentän, kuten Hostomelin, kiitorata pysyy ehjänä sodan aikana, täytyy huolehtia **ennaltaehkäisystä, puolustuksesta ja nopeasta korjaamisesta.** Alla on keskeiset toimenpiteet:

---

1. Ennakoiva puolustus

a) Ilmapuolustus ja ohjustorjunta

- Lentokentän ympärille on sijoitettava **ilmapuolustusjärjestelmiä** (kuten S-400, Pantsir-S1, NASAMS tai Patriot) torjumaan vihollisen ohjuksia ja lentokoneita.
- Aktiivinen **tiedustelu ja SIGINT** (signaalitiedustelu) vihollisen ohjus- ja tykistötulen paikantamiseksi sekä torjuntaiskut ennen kuin vihollinen ehtii hyökätä.

b) Tykistön ja raketinheittimien eliminointi

- Käytetään **dronetiedustelua** (kuten Bayraktar TB2 tai Orlan-10) paikantamaan vihollisen tykistöasemat, jotka voivat ampua kiitoradalle.

- **Vastatykistötoiminta:** Nopeasti reagoivat monilaukaisurakettijärjestelmät (MLRS) ja tykistö tuhoavat vihollisen tykistöasemat ennen kuin ne ehtivät vaikuttaa.

c) Maahyökkäysten estäminen

- **Vahva puolustus** lentokentän ympärillä, kuten juoksuhaudat, panssariesteet ja jalkaväen asemat.
- **Miinakentät ja esteet** kiitoradan ympärillä estämään vihollisen pääsy lentokentälle.

---

2. Nopea korjaaminen ja varajärjestelyt

a) Kiitoradan korjausyksiköt

- Lentokentän läheisyydessä tulee olla **insinöörijoukkoja**, jotka voivat **nopeasti korjata vaurioituneen kiitoradan.**
- Käytetään **modulaarisia korjausmateriaaleja**, kuten AM-2-mattorakenteita, betonivaluja ja pikakorjausmateriaaleja.

b) Kiitoradan suojaaminen

- Betonipinnalle voidaan lisätä **räjähdyksiä kestävää pinnoitetta**, joka vähentää pommien ja tykistötulen vaikutusta.
- Kiitorata voidaan rakentaa **useammasta erillisestä osasta**, jolloin yhden osan tuhoaminen ei estä toimintaa kokonaan.

c) Varakiitoradat

- Lentokentän lähelle voidaan **rakentaa varakiitoratoja**, jotka toimivat vaihtoehtoisina laskeutumispaikkoina.
- Käytetään **maanteitä tilapäisinä kiitoratoina**, kuten Ruotsin ja Suomen ilmavoimat harjoittelevat.

3. Aktiivinen harhautus ja elektroninen sodankäynti

a) Harhautukset ja valeasemat

- Luodaan **valelentokenttiä** ja vääriä kiitoratoja houkuttelemaan vihollisen ohjusiskuja pois tärkeimmistä kohteista.
- Käytetään **ilmatäytteisiä vääriä lentokoneita ja kiitoratamaalauksia.**

b) Elektroninen häirintä

- **GPS-häirintä** ja elektroninen sodankäynti estävät vihollisen ohjusten ja dronien tarkkuuden.
- **Kyberhyökkäykset vihollisen komentojärjestelmiin**, jotta ne eivät voi koordinoida hyökkäyksiä tarkasti.

Johtopäätös

Lentokentän, kuten Hostomelin, kiitoradan suojaaminen edellyttää **monitasoista puolustusta**, jossa yhdistyvät **aktiivinen ilmapuolustus, vastatykistötoiminta, nopeat korjauskeinot ja harhautukset.** Nämä keinot voivat estää vihollista vahingoittamasta kiitorataa tai mahdollistavat sen nopean korjaamisen, jotta lentokenttä pysyy käytössä koko konfliktin ajan.

Kommentti ChatGPT:n vastaukseen: En ole täysin tyytyväinen tähän tekoälyn vastaukseen, sillä helmikuun 24. päivä 2022 venäläisillä ei ollut aikaa, eikä resursseja turvatoimiin, joita tekoäly ehdottaa. Heidän piti saada haltuunsa ja turvata Hostomelin lentokenttä niin nopeasti kuin oli mahdollista, jotta sitä voitaisiin käyttää sillanpääasemana Kiovan avainkohteita vastaan.

Sinä sanoit: Hostomelin suhteen etenkin vallatun kiitoradan pitäminen ehjänä alueella, jonka ympäristössä oli luultavasti vihollisvoimia, oli haastavaa. Vuonna 1941 saksalaiset valloittivat Kreetan sen vuoksi, että he saivat haltuunsa avainlentokenttiä, jonne he lennättivät manner-Kreikasta apujoukkoja.

ChatGPT sanoi: Ongelma Hostomelissa ei ollut pelkästään kiitoradan valtaaminen, vaan sen **hallussapito ja käyttökelpoisena pitäminen** alueella, jossa ympäristö oli täynnä vihollisjoukkoja. Tämä oli erityisen vaikeaa, koska Ukrainan joukot ymmärsivät kiitoradan strategisen merkityksen ja pyrkivät estämään sen hyödyntämisen, aivan kuten Kreetan taistelussa vuonna 1941 tapahtui.

Haasteet Hostomelissa

1. **Ukrainan vastarinta heti alusta lähtien**
   - o   Venäjän **VDV (ilmavoimien maahanlaskujoukot)** valtasivat kentän nopeasti, mutta joutuivat heti **raskaaseen taisteluun,** sillä ukrainalaiset eivät vetäytyneet vaan yrittivät tuhota kiitoradan ja piiritettyjä venäläisiä.
   - o   **Tykistöiskuilla ja raskailla aseilla** Ukrainan joukot yrittivät tehdä kiitoradan laskeutumiskelvottomaksi, jotta Venäjä ei saisi sinne vahvistuksia.
2. **Kiitoradan vaurioituminen**
   - o   Ukrainan tykistötuli teki **merkittäviä vaurioita** kiitorataan, mikä esti raskaita kuljetuskoneita, kuten Il-76:ta, laskeutumasta turvallisesti.
   - o   Venäläiset eivät pystyneet nopeasti **korjaamaan kiitorataa,** koska heillä ei ollut riittäviä insinööriyksiköitä paikalla.
3. **Ympäristön hallinnan puute**
   - o   Vaikka venäläiset saivat **itse lentokentän haltuunsa,** he eivät kyenneet **puhdistamaan ympäröivää aluetta** ukrainalaisista joukoista.
   - o   Ukrainalaiset pystyivät **tulittamaan kenttää jatkuvasti,** mikä teki siitä vaarallisen laskeutumispaikan.
4. **Ukrainan nopea vastahyökkäys**
   - o   Ukrainan **erikoisjoukot ja maavoimat** saivat nopeasti vahvistuksia ja käynnistivät **vastahyökkäyksen.**
   - o   Venäläisten oli tarkoitus saada **raskaat vahvistukset ilmasta,** mutta koska kiitorata oli käyttökelvoton, heidän **ilmastasiltaoperaationsa epäonnistui.**

482

Vertailu Kreetaan (1941)

Saksalaiset onnistuivat **Kreetan valtaamisessa**, koska:

- He saivat **Malemen lentokentän haltuunsa ja pystyivät käyttämään sitä vahvistusten tuomiseen.**
- Liittoutuneet eivät tuhonneet kiitorataa tarpeeksi tehokkaasti, vaikka heillä oli mahdollisuus.
- Saksalaiset pystyivät **vahvistamaan asemiaan nopeasti** ja estämään vastahyökkäykset.

Hostomelissa Venäjä epäonnistui, koska:

- Ukrainan joukot ymmärsivät heti, että kiitorata oli **strateginen kohde**, ja tekivät sen käyttökelvottomaksi.
- Venäläiset **eivät hallinneet ympäristöä**, mikä teki kiitoradan puolustamisesta mahdotonta.
- Venäjä **ei kyennyt nopeasti korjaamaan kiitorataa**, koska sen joukot olivat liian eristyksissä ja alivoimaisia.

Johtopäätös

Venäjä yritti toteuttaa **nopean ilmastasiltaoperaation**, mutta se epäonnistui, koska **lentokenttää ei voitu käyttää vahvistusten tuomiseen**. Ukrainalaisten nopea reagointi, kiitoradan vaurioittaminen ja jatkuva vastarinta estivät Venäjää toistamasta Kreetan 1941 kaltaista menestystä. Tämä oli yksi sodan kriittisistä käännekohdista, joka varmisti, ettei Kiovan nopea valloitus onnistunut.

Kommentti ChatGPT:n vastaukseen: Vihollisen hallussa olevan lentokentän valloittaminen ja pitäminen ehjänä on aina hyvin hankalaa, jos lentokentän läheisyydessä on huomattavia vihollisvoimia, jotka joko koettavat valloittaa

lentokentän takaisin tai tehdä siitä käyttökelvottoman tuhoamalla sen
kiitoradat.

Sinä sanoit: Kolmas esimerkki, johon hyökkäystä Hostomelin lentokentälle
voidaan verrata, on vuoden 1944 Operation Market Garden. Kyseinen operaatio
epäonnistui siksi, että hankittuun tiedustelutietoon, joka kertoi kahden SS-
panssaridivisioonan olevan Arnhemin luona, ei luotettu.

ChatGPT sanoi: Kyllä, **Operation Market Garden** (syyskuu 1944) on hyvä
vertailukohta Hostomelin hyökkäykselle, sillä molemmissa operaatioissa
tavoitteena oli **ilmasta tehtävä nopea maahanlasku ja strategisen kohteen
haltuunotto** – mutta molemmat epäonnistuivat osittain tiedusteluvirheiden
vuoksi.

Yhtäläisyydet Hostomelin ja Market Gardenin välillä

1. **Liiallinen optimismi ja virhearvio vihollisesta**
   - **Market Garden:** Liittoutuneet eivät uskoneet brittiläisen
     tiedustelun raportoimaan, että **Arnheimin alueella oli kaksi
     SS-panssaridivisioonaa** (9. ja 10. SS Panzer), mikä teki
     operaatiosta paljon riskialttiimman.
   - **Hostomel:** Venäjän tiedustelu aliarvioi täysin **Ukrainan
     puolustusta**, uskoen, että **Kiova antautuisi nopeasti** ja
     Ukrainan armeija olisi passiivinen.
2. **Epäonnistunut ilmamaahanlaskuoperaatio**
   - **Market Garden:** Brittien **1. Laskuvarjodivisioona** laskeutui
     liian kauas Arnhemista ja joutui kohtaamaan yllättävän
     kovaa vastarintaa, eikä maavoimien vahvistukset ehtineet
     ajoissa perille.
   - **Hostomel:** Venäjän **VDV-maahanlaskujoukot** laskeutuivat
     lentokentälle mutta eivät saaneet **nopeasti vahvistuksia**,
     koska **kiitorata vaurioitui ja Ukrainan vastahyökkäys tuli
     nopeasti.**
3. **Vihollisen hallitsema ympäristö ja logistiikkaongelmat**
   - **Market Garden:** Brittiläiset laskuvarjojoukot **piiritettiin**
     Arnhemissa, koska ympäröivät saksalaisjoukot pystyivät
     katkaisemaan heidät muista liittoutuneiden joukoista.

- Hostomel: Venäläiset laskuvarjojoukot **olivat eristyksissä**, eivät saaneet nopeasti riittävästi tukea, ja ukrainalaiset pystyivät **pommittamaan lentokenttää** niin, että se oli käyttökelvoton.

4. **Operaation strateginen merkitys**
   - **Market Garden:** Liittoutuneet yrittivät murtautua Alankomaiden läpi ja nopeuttaa sotaa valloittamalla sillat, mutta **Arnhemista tuli heidän kohtalonsa**, ja operaatio epäonnistui.
   - **Hostomel:** Venäjä yritti nopeaa Kiovan valloitusta, mutta **Hostomelin epäonnistuminen merkitsi koko salamasodan romahtamista** ja pakotti Venäjän lopulta vetäytymään Kiovan alueelta.

Keskeinen virhe: vihollisen aliarviointi

Molemmissa operaatioissa oli se **ongelma, että vihollinen oli vahvempi ja reaktiokykyisempi kuin oli kuviteltu.**

- Liittoutuneet **eivät uskoneet** brittiläistä tiedustelua, joka varoitti saksalaisista panssaridivisioonista.
- Venäjä **ei ymmärtänyt**, kuinka nopeasti Ukraina voisi mobilisoida ja reagoida.

Tämä virhearviointi johti siihen, että hyökkääjät joutuivat **yllätetyiksi** ja menettivät strategisen edun.

Johtopäätös

Hostomelin lentokentän taistelu ja Operation Market Garden epäonnistuivat monista samoista syistä:

- ☑ **Tiedustelun varoituksia ei otettu vakavasti**
- ☑ **Ilmaoperaatio suunniteltiin liian optimistisesti**

☑ **Vihollinen pystyi nopeaan vastarintaan**
☑ **Epäonnistuminen johti koko operaation romahtamiseen**

Hostomelin epäonnistuminen oli Venäjän **salamasodan käännekohta**, aivan kuten Market Garden oli **liittoutuneiden nopean etenemisen pysäyttäjä** vuonna 1944.

Kommentti ChatGPT:n vastaukseen: Tämä on kolmas esimerkki, joka kertoo, kuinka tärkeätä on tuntea itsensä, vihollisensa ja olosuhteet. Venäläiset olivat tämän asian suhteen aivan liian ylimielisiä Hostomelin lentokentälle tehdyn hyökkäyksen suhteen.

Sinä sanoit: Yleisesti ottaen kaikissa neljässä sotatoimessa on tehty pahoja virheitä riskienarvioinnin ja varasuunnitelmien suhteen. Ovatko niiden suunnitelmien laatijat liikaa luottaneet omiin kykyihinsä?

ChatGPT sanoi: Kyllä, kaikissa neljässä esimerkissä – **Dien Bien Phu, Kreetan taistelu, Operation Market Garden ja Hostomelin taistelu** – näkyy **liiallista itseluottamusta, riskien aliarviointia ja puutteellisia varasuunnitelmia**. Suunnittelijat joko **aliarvioivat vihollisen kyvyt** tai **yliarvioivat omien joukkojensa mahdollisuudet**, mikä johti epäonnistumisiin.

Miten liiallinen itseluottamus näkyi?

1. Dien Bien Phu (1954) – Ranskan tappio Vietnamissa

✕ **Aliarvioitiin vihollinen:** Ranskalaiset uskoivat, että **Viet Minhin ei olisi mahdollista raahata tykistöä vuorille.**
✕ **Väärä asemapaikka:** Ranskalaiset rakensivat tukikohdan laaksoon, jossa he olivat täysin **tykistötulen armoilla.**
✕ **Ei kunnollista varasuunnitelmaa:** Kun ilmasilta katkesi, Ranskan joukot jäivät **ansaan ilman huoltoa.**

🔎 **Liiallinen itseluottamus?**
☑ Ranskalaiset olivat voittaneet aiemmin ja luulivat, että Viet Minh ei kykenisi moderniin sotaan.

☑ He eivät uskoneet, että vietnamilaiset kykenisivät **tuhoamaan kiitoradan** ja eristämään joukkoja täysin.

---

2. Kreetan taistelu (1941) – Saksan raskaat tappiot

✗ **Yliarvioitiin oma kyky:** Saksalaiset uskoivat, että **ilmadivisioona riittäisi Kreetan valloitukseen.**

✗ **Aliarvioitiin vihollinen:** Saksalaiset eivät tienneet, että britit olivat **murtaneet Enigma-koodit**, ja he **osaisivat odottaa hyökkäystä.**

✗ **Massiiviset tappiot:** Saksalaiset **menettivät niin paljon laskuvarjojääkäreitä**, että Hitler kielsi tulevat suuret maahanlaskuoperaatiot.

🔎 **Liiallinen itseluottamus?**

☑ Saksa oli valloittanut Ranskan ja Balkanin nopeasti ja uskoi, että **tämäkin olisi helppo voitto**.

☑ He aliarvioivat, miten tehokkaasti britit voisivat puolustaa saarta.

---

3. Operation Market Garden (1944) – Liittoutuneiden epäonnistuminen

✗ **Väärät tiedusteluarviot:** Brittien tiedustelu tiesi, että Arnhemissa oli **kaksi SS-panssaridivisioonaa**, mutta operaatio vietiin silti läpi.

✗ **Ylioptimistinen aikataulu:** Suunnitelma perustui ajatukseen, että liittoutuneiden **panssarit etenisivät satoja kilometrejä vihollisalueella ilman esteitä.**

✗ **Huono huolto ja viestintä:** Arnhemissa olleet brittiläiset joukot jäivät **ilman tukea ja tarvikkeita**, mikä johti heidän tuhoonsa.

🔎 **Liiallinen itseluottamus?**

☑ Liittoutuneet olivat **juuri murskanneet Saksan Normandiassa** ja uskoivat, että sota voisi olla ohi ennen joulua.

☑ He eivät halunneet uskoa, että **SS-joukot voisivat tuhota koko suunnitelman.**

4. Hostomelin taistelu (2022) – Venäjän epäonnistunut maahanlaskuoperaatio

✗ **Aliarvioitiin vihollinen:** Venäläiset uskoivat, että Ukraina **romahtaisi muutamassa päivässä**, eivätkä he varautuneet pitkään sotaan.

✗ **Ei kunnollista huoltosuunnitelmaa:** Venäläiset joukot **laskeutuivat Hostomeliin ilman takeita, että he saisivat nopeasti vahvistuksia.**

✗ **Kiitoradan menetys:** Ukrainan tykistö teki **lentokentän käyttökelvottomaksi,** joten **ilmasilta katkesi** ja venäläiset jäivät ansaan.

🔎 **Liiallinen itseluottamus?**

☑ Venäjä oli valloittanut Krimin vuonna 2014 ilman suurempaa vastarintaa ja uskoi saman tapahtuvan taas.

☑ He **aliarvioivat Ukrainan kyvyn reagoida nopeasti** ja tuhota kiitoradan.

Johtopäätös – Miksi liiallinen itseluottamus johti epäonnistumisiin?

Kaikissa neljässä tapauksessa **sotajohtajat yliarvioivat oman kyvykkyytensä ja aliarvioivat vihollisen.**

Keskeiset virheet kaikissa tapauksissa:

🔥 **Aliarvioitiin vihollisen kyvyt ja nopeus reagoida.**

🔥 **Suunnitelmat perustuivat optimistisiin arvioihin, ei varautumiseen pahimpaan.**

🔥 **Puuttui kunnollinen varasuunnitelma, jos alkuperäinen hyökkäys epäonnistui.**

Näissä sodissa nähtiin, kuinka vaarallista on luottaa **liikaa omiin kykyihinsä ilman kunnollista riskianalyysiä.**

Kommentti ChatGPT:n vastaukseen: Nämä historialliset esimerkit osoittavat, että maahanlaskuoperaatioihin ja lentokenttien valloittamiseen sisältyy suuria riskejä. Kuka tahansa, joka on perehtynyt sotahistoriaan, niin ymmärtää tämän asian, kun hieman miettii mainittuja kolmea esimerkkiä.

Sinä sanoit: Siitä miten Venäjän hyökkäys Ukrainaa vastaan alkoi, niin sen perusteella voidaan sanoa, että ilmeisesti edellä oleva analyysi siitä on oikea. On syytä muistaa, että klassikkoteoksessaan Sotataito Sun Zi sanoi, että yksikään kansakunta ei ole hyötynyt pitkittyneestä sodasta, sillä sellainen sota maksaa aina verta ja rahaa.

ChatGPT sanoi: Täsmälleen näin. Sun Zin viisaudet ovat osoittautuneet jälleen kerran paikkansapitäviksi. **Venäjän hyökkäys Ukrainaan perustui optimismiin, jossa Venäjä oletti sodan olevan lyhyt, nopea ja halpa voitto.** Tämä on juuri se virhe, josta Sun Zi varoitti—liian itsevarmat valtiojohtajat saattavat **jättää huomioimatta sodan todelliset kustannukset ja riskit.**

Sun Zin keskeisiä opetuksia, jotka Venäjä laiminlöi:

🏹 **"Tunne vihollisesi ja tunne itsesi, niin et ole vaarassa edes sadassa taistelussa."**
➡ Venäjä **ei tuntenut Ukrainaa** – he kuvittelivat maan hallituksen romahtavan päivissä.
➡ Venäjä **ei tuntenut itseään** – he yliarvioivat armeijansa logistiikan ja tehokkuuden.

🏹 **"Sota perustuu petokseen."**
➡ Venäjä **yritti harhauttaa Ukrainaa** hyökkäyksen suunnalla, mutta Ukrainan tiedustelu ja länsimaiden apu paljastivat hyökkäyksen ajoissa.

🏹 **"Kun olet vahva, vaikuta heikolta, ja kun olet heikko, vaikuta vahvalta."**
➡ Venäjä **yritti esittää ylivoimaista voimaa, mutta sen todelliset heikkoudet paljastuivat nopeasti.**

🏹 **"Pitkittynyt sota tuhoaa valtakunnan."**
➡ Venäjä ei kyennyt saavuttamaan nopeaa voittoa, ja nyt se on **juuttunut pitkään sotaan, joka maksaa sekä verta että rahaa.**
➡ Talouspakotteet, länsimaiden aseapu Ukrainalle ja Venäjän omat massiiviset tappiot ovat **kuluttaneet Venäjän resursseja enemmän kuin Kreml odotti.**

Sun Zin opetusten valossa voidaan sanoa, että **Venäjän suurin virhe oli kuvitella, että se voisi voittaa sodan nopeasti ja ilman merkittäviä kustannuksia.** Tämä on klassinen esimerkki sodan väärästä arvioinnista—ja historia osoittaa, että **valtiot, jotka aliarvioivat sodan hintaa, ajavat itsensä usein kriisiin.**

Kommentti ChatGPT:n vastaukseen: Pätevät sotilasjohtajat ymmärtävät Sun Zin periaatteet eivätkä he lyö niitä laimin. Niistä voidaan tietenkin olla piittaamatta, mutta se tehdään täysin omalla vastuulla.

Sinä sanoit: Venäläiset näkivät vain sen vaihtoehdon, että heidän suunnitelmansa onnistuisivat. Jos Venäjä olisi pystynyt kaatamaan Zelenskyn hallinnon Ukrainassa muutamassa päivässä ja lopettamaan ukrainalaisten vastarinnan muutamassa viikossa, niin se olisi ollut suuri arvovaltavoitto Venäjälle. On kuitenkin huomattava, että noin kunnianhimoinen ajattelutapa on hyvin vaarallista ja se saattaa sokaista niin, että ei pystytä havaitsemaan olemassa olevia vaaroja.

ChatGPT sanoi: Juuri näin – Venäjä katsoi vain parasta mahdollista skenaariota ja jätti huomiotta kaikki riskit, jotka olisivat voineet (ja lopulta myös toteutuivat) estää heidän suunnitelmansa onnistumisen. Tämä on vaarallinen ajattelutapa sodankäynnissä, koska se **luo illuusion, että kaikki menee suunnitelman mukaan**, vaikka todellisuudessa sota on täynnä epävarmuuksia.

Venäjän ajattelussa oli **vaarallisia harhaluuloja:**

1. **Odotus, että Kiova kaatuu päivissä**
→ Venäläiset uskoivat, että **Ukrainan hallinto romahtaa nopeasti**, Zelensky pakenee ja Ukrainan armeija hajaantuu ilman todellista vastarintaa.
→ Tämä perustui liialliseen luottamukseen Krimin vuoden 2014 haltuunoton helppouteen.

2. **Alkuperäisen hyökkäyssuunnitelman haavoittuvuus**
→ Hyökkäys perustui salamaiskuun Hostomelin lentokentälle, jonka **oli tarkoitus toimia sillanpääasemana lisäjoukoille**.
→ Ukrainalaiset kuitenkin **reagoivat nopeasti ja neutraloivat lentokentän käyttökelvottomaksi**, mikä kaatoi koko operaation perustan.

3. Aliarvioitu ukrainalainen vastarinta
→ Venäjän tiedustelupalvelut **olettivat, että ukrainalaiset eivät taistele tosissaan.**
→ Ukrainalaiset kuitenkin olivat motivoituneita ja hyvin organisoituneita, ja he **saivat heti alkuvaiheessa länsimaiden tukea.**

4. Länsimaiden reaktion vähättely
→ Venäläiset **eivät uskoneet, että länsi toimisi nopeasti ja päättäväisesti.**
→ Pakotteet, aseapu ja tiedustelutuki Ukrainalle käynnistyivät kuitenkin **ennätysajassa,** ja tämä muutti sodan kulkua merkittävästi.

5. Venäjän logistiikan ja joukkotaktiikan puutteet
→ Venäjän hyökkäysjoukot olivat **liian hajallaan, huonosti huollettuja ja alttiita partisaanihyökkäyksille.**
→ Tämä johti siihen, että venäläiset **juuttuivat pitkiin taisteluihin,** eikä nopeaa voittoa tullut.

🌑 **Vaarallinen optimismi sodankäynnissä**
Venäjän johto **ei varautunut vaihtoehtoisiin skenaarioihin,** koska se uskoi liikaa omaan suunnitelmaansa. Tämä on vakava virhe, joka näkyy historiassa monissa muissakin sodissa (esim. Operation Market Garden 1944 tai Ranskan virhearvio Saksasta 1940). **Jos vain uskotaan parhaaseen mahdolliseen lopputulokseen, niin sota päättyy usein katastrofiin.**

Sun Zin ajattelun hengessä **Venäjä hävisi sodan jo ennen ensimmäistäkään laukausta, koska se ei tuntenut vihollistaan eikä itseään.**

Kommentti ChatGPT:n vastaukseen: En menisi niin pitkälle, että sanoisin Venäjän hävinneen sodan huonon suunnittelun takia. Sen sijaan Venäjän sota Ukrainaa vastaan selkeästi pitkittyi ja monimutkaistui sen takia, että Venäjällä oli ylisuuret odotukset ja huonosti laaditut suunnitelmat.

Sinä sanoit: Olisiko Venäjälle ollut parempi käyttää hyökkäysuhkaa Kiovaa vastaan harhautuksena pakottaen Ukraina keskittämään voimia Kiovan puolustukseen ja samaan aikaan todellinen hyökkäys olisi tapahtunut itäisessä Ukrainassa?

ChatGPT sanoi: Tämä olisi ollut huomattavasti **parempi ja realistisempi sotilaallinen lähestymistapa** Venäjälle. Sen sijaan, että Venäjä yritti suoraa salamaiskua Kiovaan ja epäonnistui, se olisi voinut käyttää **harhautushyökkäystä** pakottaakseen Ukrainan keskittämään joukkojaan väärään paikkaan.

🔥 **Parempi strategia Venäjälle olisi voinut olla seuraava:**

1. Peloteoperaatio Kiovaa vastaan

- Venäjä olisi voinut **tehdä uhkaavia liikkeitä Valko-Venäjältä ja pohjoisesta,** mutta ilman massiivista sitoutumista hyökkäykseen.
- Tämä olisi pakottanut Ukrainan **keskittämään merkittäviä puolustusjoukkoja Kiovaan,** pois muilta rintamilta.

2. Pääisku Donbassin suunnalta

- Sen sijaan, että Venäjä hajautti joukkojaan monille rintamille, se olisi voinut keskittää **pääiskun itään ja etelään,** missä se jo kontrolloi osia alueesta ja sillä oli parempi huoltoyhteys.
- Tämä olisi mahdollistanut **Ukrainan armeijan saartamisen** Donbassin alueella ja voinut johtaa Ukrainan joukkojen merkittävään tappioon.

3. Krimin ja etelän hyödyntäminen

- Sen sijaan, että Venäjä olisi yrittänyt vallata koko maan, se olisi voinut **keskittyä etelän valtaamiseen,** esimerkiksi **Odessaan saakka,** mikä olisi katkaissut Ukrainan pääsyn Mustallemerelle.
- Tämä olisi ollut Venäjälle **paljon strategisempi voitto kuin epäonnistunut yritys vallata Kiova.**

❌ **Miksi Venäjä EI toiminut näin?**

Venäjän alkuperäinen hyökkäys Kiovaan perustui **vaaralliseen optimismiin ja väärään tiedustelutietoon.** He kuvittelivat, että:

☑ Ukrainan hallitus romahtaa päivissä.

- ☑ Ukrainan armeija ei taistele tehokkaasti.
- ☑ Länsi ei reagoi riittävän nopeasti.

Venäläiset eivät varautuneet **pitkään sotaan**, ja heidän alkuperäinen suunnitelmansa oli **liian kunnianhimoinen ja epätodellinen.**

Jos Venäjä olisi toiminut harhautushyökkäyksen taktiikalla, sillä olisi ollut **paljon paremmat mahdollisuudet saavuttaa rajoitetumpia mutta merkittäviä voittoja.** Nykyisessä tilanteessa Venäjä on juuttunut pitkäaikaiseen, kuluttavaan sotaan, joka maksaa sille valtavia resursseja ilman selvää voittoa horisontissa.

Kommentti ChatGPT:n vastaukseen: Ennen Venäjän hyökkäystä Ukrainaa vastaan helmikuun 24. päivä 2022 en uskonut, että Venäjä todella hyökkäisi Kiovan läheisyyteen ja sitä vastaan siihen sisältyneiden riskien takia. Oletin, että uhka Kiovaa vastaan olisi harhautus, joka pakottaisi Ukrainaa keskittämään huomattavia voimia Kiovan puolustukseen ja pääsotatoimialue tulisi olemaan yksinomaan itäisessä Ukrainassa.

Sinä sanoit: Voisitko tehdä lyhyen tiivistelmän tästä keskusteluketjusta.

ChatGPT sanoi: Tässä keskustelussa analysoitiin Venäjän hyökkäystä Ukrainaan helmikuussa 2022. Käytiin läpi päätöksentekoprosessia Venäjän asevoimissa ja tiedustelupalveluissa sekä niiden epäonnistumisia, erityisesti riskienarvioinnin ja varasuunnitelmien puutteen osalta.

Erityisesti tarkasteltiin **Hostomelin lentokentän taistelua,** jossa Ukrainan puolustus onnistui estämään Venäjän nopean valloituksen muun muassa **tulittamalla kiitorataa tykistöllä,** estäen Venäjän ilmasillan. Tätä verrattiin historiallisiin esimerkkeihin, kuten Dien Bien Phun (1954) ja Operation Market Gardenin (1944) epäonnistumisiin.

Lopuksi pohdittiin vaihtoehtoista strategiaa Venäjälle: **hyökkäysuhka Kiovaa vastaan harhautuksena,** jonka tarkoituksena olisi ollut sitoa Ukrainan puolustusvoimia, samalla kun todellinen pääisku olisi kohdistettu itään ja etelään. Tällainen strategia olisi voinut tuottaa Venäjälle parempia tuloksia kuin kunnianhimoinen mutta epärealistinen yritys kaataa Ukrainan hallitus salamaiskulla.

Kommentti ChatGPT:n vastaukseen: Halusin tekoälyn tekevän lyhyen tiivistelmän tästä keskustelusta koskien sen tärkeimpiä asioita. Halusin todistaa, että Venäjän hyökkäys helmikuun 24. päivä 2022 oli selvästi harkittu teko, joka perustui virheellisiin oletuksiin. Sen lisäksi halusin osoittaa, että Venäjän tilanteessa helmikuussa 2022 sillä oli olemassa myös riskittömämpi vaihtoehto sotatoimillensa.

Sinä sanoit: Lopuksi voidaan kysyä, että kun puolueettomuus ei suojannut Ukrainaa tai Georgiaa Venäjän hyökkäyksiltä, niin oliko Suomen NATO-jäsenyys luultavasti oikea päätös. Huomautan siitä, että puolueeton maa joutuu lähes aina taistelemaan yksin hyökkääjää vastaan, ellei sen alueellista koskemattomuutta ollut turvattu kansainvälisin sopimuksin kuin Belgian itsenäisyys oli turvattu Lontoon sopimuksessa vuodelta 1839.

ChatGPT sanoi: Tämä on erittäin perusteltu kysymys, ja historialliset esimerkit viittaavat siihen, että **Suomen NATO-jäsenyys oli todennäköisesti oikea päätös**.

✦ Puolueettomuuden ongelmat

Ukraina ja Georgia olivat puolueettomia valtioita, joilla ei ollut vahvaa sotilaallista liittolaista turvanaan. **Venäjä hyökkäsi molempiin maihin (Georgia 2008, Ukraina 2014 ja 2022), koska sillä ei ollut merkittävää pelotetta estämässä aggressiota.**

Historia osoittaa, että **puolueettomuus ei aina takaa turvallisuutta**, ellei sen tueksi ole **vahvoja kansainvälisiä sopimuksia tai sotilaallista pelotetta**:
☑ **Belgia 1839** → Sen itsenäisyys turvattiin kansainvälisesti, mutta sekin rikottiin 1914.
☑ **Sveitsi** → On säilynyt puolueettomana, mutta sillä on erittäin vahva puolustus.
☑ **Suomi kylmän sodan aikana** → Käytännössä sotilaallisesti varautunut puolueettomuus.

✦ NATO-jäsenyyden hyödyt Suomelle

1. Pelote Venäjää vastaan

- NATO:n artikla 5 takaa kollektiivisen puolustuksen.
- Venäjä tietää, että hyökkäys Suomeen merkitsisi sotaa koko NATO:a vastaan.

2. Ei yksin puolustautumista

- Ilman liittoumaa Suomi joutuisi **taistelemaan yksin**, kuten Ukraina nyt tekee.
- Nyt Suomi voi **luottaa muiden NATO-maiden apuun** kriisitilanteessa.

3. Sotilaallinen integraatio

- Suomen puolustus on nyt osa laajempaa NATO-strategiaa.
- Vahvempi asehankintayhteistyö ja sotilaallinen tiedustelu.

Johtopäätös

Suomen NATO-jäsenyys on **strategisesti järkevä päätös**, koska puolueettomuus ei itsessään suojannut Ukrainaa tai Georgiaa Venäjän hyökkäyksiltä. Historia osoittaa, että ilman vahvaa sotilaallista liittolaista tai erityisiä kansainvälisiä sopimuksia **puolueeton maa joutuu usein puolustautumaan yksin**. NATO-jäsenyys antaa Suomelle **paljon vahvemman pelotteen ja turvan kuin puolueettomuus koskaan voisi tarjota.**

Kommentti ChatGPT:n vastaukseen: Puolueettomuuden ongelma on aina siinä, että puolueettomat luultavasti joutuvat taistelemaan sotansa yksin. Suomessa puolueettomuuden ihannoinnissa on keskeisenä piirteenä nostalgia ja kaipuu menneisyyttä kohtaan, joka on kadonnut jo vuosikymmeniä sitten, ja jonka muiston on aika kullannut niiden ihmisten mielissä, jotka sitä aikaa kaipaavat takaisin. Suomen oma puolustuskyky on hyvä, mutta rajallinen ja siksi Suomi tarvitsi NATO-jäsenyyttä Venäjän naapurina, kun Venäjä ei enää tekojensa perusteella kunnioittanut puolueettomien maiden oikeuksia.

Presidentti Donald Trump ja hänen kryptovaluuttansa

Halusin ottaa presidentti Donald Trumpin kryptovaluutan keskustelun kohteeksi siksi, että se tarjoaa erittäin hyvän reitin lahjoa Trumpia niin, että sen paljastaminen on todella vaikeata. On oletettavaa, että jos joku taho pyrkisi lahjomaan Trumpia, niin se tapahtuisi bulvaaneita, lukuisia tilisiirtoja, pöytälaatikkoyrityksiä ja Trumpin kryptovaluuttaa hyödyntäen. Mielestäni Trumpin toiminnan tähän puoleen ei ole kiinnitetty tarpeeksi huomiota, vaikka hän toimiikin Yhdysvaltain presidenttinä. Itse uskon siihen, että suuren vallan mukana pitäisi tulla suuren vastuun.

Sinä sanoit: Mitä mieltä ChatGPT on siitä, että Yhdysvaltain presidentillä Donald Trumpilla on oma kryptovaluutta Trump Coin?

ChatGPT sanoi: Donald Trump lanseerasi tammikuussa 2025 oman kryptovaluuttansa nimeltä $TRUMP, joka on niin sanottu meemi-kolikko. Kolikko saavutti nopeasti suuren suosion, ja sen markkina-arvo nousi miljardeihin dollareihin muutamassa päivässä.

Kuitenkin $TRUMP-kolikon arvo on ollut epävakaa. Esimerkiksi helmikuussa 2025 sen markkina-arvo laski merkittävästi, mikä aiheutti sijoittajille huomattavia tappioita.

Lisäksi $TRUMP-kolikon lanseeraus on herättänyt keskustelua mahdollisista eturistiriidoista, sillä presidentti Trump hyötyy suoraan kolikon menestyksestä. Tämä on nostanut esiin kysymyksiä siitä, miten tällaiset taloudelliset sidonnaisuudet voivat vaikuttaa presidentin päätöksentekoon ja politiikkaan.

On myös huomionarvoista, että kryptovaluuttamarkkinat ovat yleisesti ottaen hyvin volatiilit, ja meemi-kolikot, kuten $TRUMP, voivat olla erityisen alttiita suurille arvonvaihteluille. Sijoittajien tulisi olla tietoisia näistä riskeistä harkitessaan sijoituksiaan tällaisiin varoihin.

Yhteenvetona voidaan todeta, että vaikka $TRUMP-kolikon lanseeraus on tuonut esiin uusia mahdollisuuksia ja herättänyt kiinnostusta kryptovaluuttamarkkinoilla, siihen liittyy myös merkittäviä riskejä ja eettisiä kysymyksiä, jotka on syytä ottaa huomioon.

Trumpin kryptovaluutta herättää keskustelua ja huolta.

[Tästä on poistettu lähdelinkit, jotka eivät kirjassa näy.]

Kommentti ChatGPT:n vastaukseen: On totta, mitä ChatGPT sanoi. On myös syytä muistaa, että kryptovaluuttojen arvot perustuvat ennen kaikkea kysyntään ja tarjontaan, vaikka on olemassa muitakin niiden arvoon vaikuttavia seikkoja, kuten käytettävyys, kryptovaluuttojen keskinäinen kilpailu, markkinatunnelma innostuksen tai paniikin kautta, sekä lainsäädäntö.

Sinä sanoit: Mielestäni kannattaisi kysyä mihin Yhdysvaltain presidentti tarvitsee omaa kryptovaluuttaa? Eikö se voisi olla kanava lahjoa häntä niin, että lahjonnan havaitseminen on joko hyvin vaikeaa tai jopa mahdotonta?

ChatGPT sanoi: Hyvä huomio! Yhdysvaltain presidentin oma kryptovaluutta herättää merkittäviä kysymyksiä eturistiriidoista ja mahdollisista väärinkäytöksistä.

Kryptovaluuttojen anonyymiys ja vaikeasti jäljitettävät transaktiot voivat tehdä niistä ihanteellisen työkalun lahjontaan tai poliittiseen rahoitukseen, jossa halutaan välttää perinteisiä valvontamekanismeja. Jos esimerkiksi ulkomaiset toimijat tai suuryritykset ostavat suuria määriä $TRUMP-kryptovaluuttaa, he voisivat tukea presidenttiä epäsuorasti ilman, että se näyttäisi suoralta lahjonnalta.

Tämä herättää kysymyksen siitä, pitäisikö lainsäätäjien ja vaaliviranomaisten puuttua tällaisiin tapauksiin. Perinteiset vaali- ja lahjontaa koskevat lait eivät välttämättä ole valmiita käsittelemään kryptovaluuttojen kaltaisia uusia rahoitusmuotoja.

Mitä mieltä sinä olet? Pitäisikö kryptovaluuttojen käyttö poliitikkojen henkilökohtaisina varoina tai rahoituskanavina kieltää kokonaan.

Kommentti ChatGPT:n vastaukseen: Yhdysvaltain perustuslain suhteen on syytä huomioida ns. "Foreign Emolument Clause", jonka mukaan julkisessa hallinnossa oleva henkilö ei saa hyväksyä, mitään lahjaa, arvonimeä tai virkaa ulkomailta ilman Yhdysvaltain kongressin hyväksyntää. Kryptovaluutat ja niihin sijoittaminen anonyymisti tukeutuen bulvaaneihin ja suureen määrään tilisiirtoja voivat tarjota keinon kiertää tuota klausuulia.

Sinä sanoit: Mielestäni poliitikkojen ei pitäisi olla missään tekemisissä kryptovaluuttojen kanssa. Yleensäkin poliitikkojen taloudellisista sidoksista pitäisi olla enemmän tietoa saatavissa. Federalistikirjoituksissa, joissa perusteltiin Yhdysvaltain nykyistä perustuslakia 1780-luvun loppupuolella, niin Alexander Hamilton, James Madison ja John Jay olivat huolissaan vieraan rahan korruptoivasta vaikutuksesta tasavaltoihin.

ChatGPT sanoi: Tuo on erittäin perusteltu kanta. Poliitikkojen kryptovaluuttasijoitukset ja -omistukset voivat helposti johtaa eturistiriitoihin, ja juuri kuten mainitsit, kryptovaluutat voivat toimia väylänä piilotetulle vaikuttamiselle.

Federalistikirjoitusten varoitukset vieraan rahan vaikutuksesta ovat yhä ajankohtaisia. Hamilton, Madison ja Jay ymmärsivät, että tasavalta on erityisen altis korruptiolle, jos sen johtajat voivat hyötyä taloudellisesti ulkovaltojen tai varakkaiden tahojen tuesta. Kryptovaluutat tekevät tämän entistä vaikeammin jäljitettäväksi, sillä ne mahdollistavat rajat ylittävät siirrot ilman perinteisiä valvontamekanismeja.

Olisi loogista, että demokraattisen järjestelmän suojelemiseksi poliitikoilla olisi tiukat rajoitukset kryptovaluuttojen omistamiseen ja käyttöön. Samoin heidän taloudellisten sidostensa tulisi olla täysin läpinäkyviä, jotta äänestäjät tietävät, keiden intressejä he mahdollisesti ajavat.

Miten ajattelisit, että tätä voisi käytännössä valvoa? Pitäisikö kryptovaluuttasijoitukset ilmoittaa samalla tavalla kuin muut varallisuuserät, vai olisiko parempi suora kielto?

Kommentti ChatGPT:n vastaukseen: Tässä vaiheessa oli syytä ottaa esille Yhdysvaltain perustajaisien huoli vieraan rahan korruptoivasta vaikutuksesta. He tunsivat hyvin niin antiikin Ateenan kuin Rooman historiaa tietäen rahan korruptoivasta vaikutuksesta siellä.

Sinä sanoit: Käytännön valvonta tulisi olemaan vaikeata. Poliitikoilta ei voida kieltää sijoituksia kryptovaluuttoihin, vaan heidän tulisi ilmoittaa nämä investoinnit. Poliitikoilla ei pitäisi olla omia kryptovaluuttoja, joihin "investoimalla" heitä voitaisiin lahjoa.

ChatGPT sanoi: Tuo on järkevä ja realistinen näkemys. Täydellinen kielto poliitikkojen kryptovaluuttasijoituksille olisi vaikeasti valvottavissa ja todennäköisesti herättäisi vastustusta. Sen sijaan avoimuusvaatimus olisi kohtuullinen ja mahdollistaisi julkisen valvonnan.

Mutta kuten sanoit, täysin eri asia on poliitikkojen omat kryptovaluutat, kuten Trump Coin. Tällaiset valuutat luovat suoran kanavan korruptiolle, koska niitä voidaan ostaa massiivisesti "tukena" ilman, että se virallisesti lasketaan lahjukseksi. Perinteisessä sijoittamisessa poliitikon taloudellista hyötyä voi vielä jollain tavalla arvioida, mutta meemi-kolikot ovat spekulatiivisia ja alttiita keinotekoiselle arvonnousulle.

Mahdollinen ratkaisu voisi olla laki, joka kieltää virassa olevia poliitikkoja (ja ehkä myös entisiä tietyllä aikavälillä) luomasta tai edistämästä omaa kryptovaluuttaansa. Tällöin säädettäisiin selkeä raja sille, miten kryptomarkkinoita voidaan käyttää poliittisen vallan väärinkäyttöön.

Mitä ajattelet tästä lähestymistavasta? Olisiko tällainen laki riittävän tehokas, vai pitäisikö mennä vielä pidemmälle?

Kommentti ChatGPT:n vastaukseen: Mielestäni poliitikkojen kaikki merkittävät taloudelliset kytkökset pitäisi tietää julkisesti. Mielestäni tämä pätee niin Suomessa kuin Yhdysvalloissa. Yleensä poliitikot ajavat niiden ihmisten asioita, jotka rahoittavat heidän poliittista uraansa.

Sinä sanoit: Tuo on periaatteessa hyvä ajatus. Vaikutusvaltaisella poliitikolla, kuten Donald Trumpilla, on Yhdysvaltain presidenttinä paljon toimeenpanovaltaa, jolla hän voi vaikeuttaa kryptovaluuttojen valvontaa Yhdysvalloissa esimerkiksi pyrkimällä vähentämään liittovaltion virastojen rahoitusta, joiden tehtävänä on valvoa kryptovaluuttoja tai jopa erottaa niissä tehtävissä olevia liittovaltion työntekijöitä.

ChatGPT sanoi: Juuri näin, ja tässä tullaan siihen, miksi poliitikkojen sidokset kryptovaluuttoihin ovat niin ongelmallisia. Jos vaikutusvaltainen poliitikko, kuten Donald Trump, hyötyy henkilökohtaisesti kryptovaluuttamarkkinoista, hänellä on selkeä kannustin heikentää sääntelyä ja valvontaa.

Yhdysvaltain presidentillä on huomattava toimeenpanovalta, ja hän voisi:

- Vähentää rahoitusta valvovilta virastoilta, kuten **SEC (Securities and Exchange Commission)** ja **CFTC (Commodity Futures Trading Commission)**, jotka sääntelevät kryptovaluuttoja.
- Nimittää kryptovaluuttamyönteisiä johtajia näihin virastoihin ja erottaa sääntelyä kannattavia virkamiehiä.
- Käyttää veto-oikeuttaan estääkseen kongressin yritykset kiristää kryptovaluuttasääntelyä.

Tämä voisi luoda **villistä lännestä tutun tilanteen**, jossa sääntely on täysin poliitikon omien etujen mukaista ja lahjontakanavia on lähes mahdoton sulkea.

Mahdollinen ratkaisu voisi olla **lakisääteinen kielto**, joka estäisi istuvaa presidenttiä ja muita huipputason poliitikkoja vaikuttamasta kryptovaluuttasääntelyyn, jos heillä itsellään on kryptosidonnaisuuksia. Lisäksi voisi harkita **kongressin valvontamekanismeja**, joilla estetään presidenttiä leikkaamasta näiden virastojen rahoitusta mielivaltaisesti.

Mitä mieltä olet? Voisiko tällainen rajoitus auttaa, vai olisiko se liian vaikea toteuttaa käytännössä?

Kommentti ChatGPT:n vastaukseen: Monella merkittävällä poliitikolla voi olla omia syitänsä estää korruptionvastaisia lakiesityksiä, sillä ne saattavat heikentää heidän asemiansa ja saamaansa rahoitusta. Tämän asian todistaminen käytännössä tulisi olemaan kuitenkin hyvin vaikeata.

Sinä sanoit: Teoriassa tuo olisi hyvä idea, mutta nykyisellään käytännössä Yhdysvaltain kongressissa on liikaa Trumpin liittolaisia, jotka luultavasti estäisivät tuollaisen esityksen menemisen lävitse.

ChatGPT sanoi: Tuo on täysin totta. Yhdysvaltain poliittinen todellisuus tekee tällaisista rajoituksista hyvin vaikeita toteuttaa, erityisesti jos kongressissa on tarpeeksi Trumpin liittolaisia, jotka eivät halua rajoittaa hänen valtaansa.

Käytännössä republikaanipuolue on pitkälti Trumpin kontrollissa, ja monet kongressiedustajat eivät uskalla vastustaa häntä pelätessään poliittisia seurauksia. Tämä tarkoittaa, että lainsäädäntö, joka rajoittaisi hänen mahdollisuuksiaan hyötyä kryptovaluutoista, ei todennäköisesti saisi riittävästi tukea.

Tässä tilanteessa ainoa todellinen vastavoima voisi olla **julkinen paine ja riippumaton media**, jotka voisivat nostaa asian esille ja vaatia läpinäkyvyyttä. Jos esimerkiksi riittävän moni äänestäjä näkisi Trump Coinin tai vastaavat kryptoprojektit selkeänä korruptioriskinä, se voisi vaikuttaa yleiseen mielipiteeseen ja tehdä asiasta poliittisesti kiistanalaisen jopa republikaanien keskuudessa.

Toinen vaihtoehto olisi **osavaltiotason sääntely**, sillä Yhdysvalloissa osavaltiot voivat luoda omia rahoitusmarkkinoita koskevia sääntöjään. Jo nyt Kalifornian ja New Yorkin kaltaiset osavaltiot ovat tiukempia kryptovalvonnassa kuin liittovaltion hallitus.

Näetkö mitään realistista keinoa, jolla tällaisiin ongelmiin voisi puuttua nykyisessä poliittisessa tilanteessa?

Kommentti ChatGPT:n vastaukseen: Jo pelkästään se, että tällä hetkellä (16.03.2025) republikaaneilla on enemmistä niin senaatissa kuin edustajainhuoneessa, niin on epätodennäköistä, että tuollaiset korruptionvastaiset lakiesitykset menisivät läpi.

Sinä sanoit: Julkisella paineella ja riippumattomalla medialla on se ongelma, että niillä ei ole riittävästi vaikutusvaltaa, vaikka presidentin omistaman kryptovaluutan suhteen tulee kyllä mieleen vanha ajatus rahavirtojen seuraamisesta totuuden paljastamiseksi. Toiseksi Yhdysvalloissa on 50 osavaltiota ja jokaisella niistä on kryptovaluuttojen suhteen oma lainsäädäntönsä, jolloin on mahdollista hyödyntää osavaltioita, joissa kryptovaluuttojen suhteen on löyhempi valvonta.

ChatGPT sanoi: Olet täysin oikeassa. Julkinen paine ja media voivat nostaa asian esille, mutta ilman lainsäädännöllisiä toimia ne eivät yksinään riitä muuttamaan tilannetta.

Rahavirtojen seuraaminen on perinteisesti ollut yksi tehokkaimmista keinoista korruption paljastamiseen, mutta kryptovaluuttojen kohdalla tämä on huomattavasti vaikeampaa, koska ne mahdollistavat anonymiteetin ja rajat ylittävät siirrot ilman keskitettyä valvontaa. Vaikka lohkoketju on sinänsä läpinäkyvä, monimutkaiset lompakkorakenteet ja "tumbler"-palvelut vaikeuttavat todellisten omistajien jäljittämistä.

501

Osavaltioiden tilanne on toinen ongelma: koska jokaisella osavaltiolla on omat sääntönsä, voidaan valita ne osavaltiot, joissa kryptovaluuttavalvonta on löyhintä. Tämä hajanaisuus mahdollistaa käytännössä sen, että rahoitusta voidaan siirtää ja piilottaa eri lainkäyttöalueiden välillä ilman merkittäviä seurauksia.

Tässä tapauksessa **kryptovaluuttasääntelyn tiukentaminen liittovaltiotasolla olisi ainoa tapa varmistaa yhtenäinen valvonta**, mutta kuten sanoimme aiemmin, tämä on poliittisesti vaikeaa nykyisessä tilanteessa.

Mahdollisesti ainoa realistinen keino tällä hetkellä olisi **riippumattomien tutkivien journalistien ja talousanalyytikoiden työ**, joka voisi paljastaa mahdollisia korruptiokuvioita ja tehdä niistä poliittisesti kiusallisia. **Myös ulkomaiset sääntelyviranomaiset** voisivat joissain tapauksissa toimia tehokkaammin, jos rahavirrat liikkuvat Yhdysvaltojen ulkopuolelle.

Tämä on selkeä esimerkki siitä, kuinka kryptovaluutat voivat luoda uudenlaisia haasteita perinteiselle poliittiselle valvonnalle. Näetkö tässä tilanteessa mitään muuta potentiaalista ratkaisua?

Kommentti ChatGPT:n vastaukseen: Yhteistyö kansainvälisellä tasolla saattaisi auttaa paljastamaan näitä asioita. Kuitenkin on syytä muistaa, että poliitikkoja lahjovat tahot ovat yleensä hyvin älykkäitä ja huolellisia peittämään jälkensä.

Sinä sanoit: Muiden potentiaalisten ratkaisujen löytäminen on hyvin vaikeata, sillä yleensä poliittisen korruption suhteen niin lahjuksia antavat kuin vastaanottavat tahot ovat sangen älykkäitä ja huolellisia peittämään laittoman toiminnan jälkensä.

ChatGPT sanoi: Juuri näin. Poliittisessa korruptiossa kummallakin osapuolella on vahva kannustin pitää asiat piilossa, ja kryptovaluutat vain vaikeuttavat jälkien seuraamista entisestään.

Perinteisessä korruptiotutkinnassa on voitu hyödyntää pankkitilien, käteissiirtojen ja offshore-yhtiöiden tutkimista, mutta kryptovaluuttojen kanssa nämä keinot ovat vähemmän tehokkaita. Lisäksi lahjontaan voi liittyä uusia, vaikeasti jäljitettäviä keinoja, kuten NFT:t, joita voidaan ostaa ja myydä keinotekoisilla hinnoilla rahanpesun tavoin.

Käytännössä ainoa tapa, jolla tällaisia tapauksia yleensä saadaan paljastettua, on joko:

1. **Sisäpiiriläinen vuotaa tietoja** – joku lähipiiristä vuotaa todisteita lahjonnasta.
2. **Virhe järjestelyssä** – esimerkiksi joku unohtaa peittää jonkin kryptolompakon yhteyden reaalimaailman identiteettiin.
3. **Rikostutkinta muista syistä** – joskus poliitikko tai liikemies tutkitaan muun rikoksen takia, ja samalla paljastuu laajempi korruptiokuvio.

Kryptovaluuttojen myötä voi tulla tilanteita, joissa lahjonta ja poliittinen vaikuttaminen tapahtuu lähes täysin näkymättömästi, mikä tekee perinteisistä valvontamekanismeista tehottomia.

Tässä mielessä on ymmärrettävää, miksi jo 1700-luvulla Hamilton, Madison ja Jay olivat huolissaan rahan korruptoivasta vaikutuksesta tasavaltaan. He tuskin osasivat kuvitella kryptovaluuttoja, mutta perusperiaate on edelleen sama: **kun rahan liikkeitä ei voida valvoa, poliittinen järjestelmä altistuu korruptiolle tavalla, joka on vaikea havaita ja lähes mahdoton estää.**

Kommentti ChatGPT:n vastaukseen: Kryptovaluuttojen mukanaan tuomien uusien mahdollisuuksien takia korruptioon niistä on syytä keskustella, jotta myös tämä asia ymmärretään.

Sinä sanoit: Kuinka tärkeätä mielestäsi on keskustella kryptovaluutoista, valuuttojen omistajuudesta ja niiden yhteydestä poliitikkoihin ja poliittiseen korruptioon?

ChatGPT sanoi: Mielestäni tämä on **erittäin tärkeä keskustelunaihe**, koska kryptovaluutat muuttavat radikaalisti tapoja, joilla rahaa voidaan liikuttaa, piilottaa ja käyttää poliittisen vallan tukemiseen – sekä laillisesti että laittomasti.

Miksi tämä on tärkeää?

1. **Läpinäkyvyyden heikkeneminen**
   o Perinteisesti poliitikkojen taloudellisia sidonnaisuuksia on voitu seurata pankkitilien, sijoitusten ja muiden perinteisten instrumenttien kautta.

503

o Kryptovaluuttojen kanssa anonymiteetti ja hajautetut järjestelmät tekevät tästä paljon vaikeampaa.

2. **Uudet mahdollisuudet poliittiselle korruptiolle**

   o Poliittiset lahjukset voidaan naamioida "investoinneiksi" tai jopa hyödyntää NFT-markkinoita ja muita keinoja, joissa rahan alkuperää on vaikea jäljittää.

   o Tämä mahdollistaa myös sen, että poliitikot voivat vastaanottaa rahaa tahoilta, joilta lahjonta olisi muuten laitonta (esim. ulkomaiset tahot).

3. **Kryptovaluutat ja lainsäädännön haavoittuvuudet**

   o Yhdysvaltain osavaltioiden erilaiset lait ja liittovaltiotason valvonnan heikkoudet mahdollistavat sääntelyn kiertämisen.

   o Ilman kansainvälistä yhteistyötä ja parempia sääntöjä kryptovaluutat voivat tehdä rahanpesusta ja laittomasta vaikuttamisesta helpompaa kuin koskaan.

4. **Poliitikkojen suorat sidokset kryptovaluuttoihin**

   o Jos poliitikolla on oma kryptovaluutta (esim. *Trump Coin*), syntyy selvää eturistiriitaa.

   o Kryptovaluutta voi toimia sekä rahoituskeinona että vaikuttamisen työkaluna – esimerkiksi poliitikko voisi käyttää valtaansa heikentääkseen kryptovaluuttojen sääntelyä omaksi edukseen.

Mitä asialle voidaan tehdä?

- **Läpinäkyvyysvaatimukset** – Poliitikkojen on ilmoitettava kryptosijoituksensa, aivan kuten heidän on ilmoitettava osakesijoituksensa.

- **Tiukempi kansainvälinen valvonta** – Kryptovaluuttapalveluiden, kuten pörssien ja siirtojen, tulisi noudattaa rahanpesun vastaisia lakeja.

- **Julkea keskustelu ja tietoisuuden lisääminen** – Kansalaisilla ja medialla on oltava parempi ymmärrys siitä, miten kryptovaluuttoja voidaan käyttää korruptioon.

Tämä on **uusi ilmiö**, mutta se voi olla yksi suurimmista poliittisen korruption muodoista tulevaisuudessa. Mielestäni juuri siksi on erittäin tärkeää keskustella tästä **ennen kuin järjestelmä muuttuu niin läpitunkemattomaksi, ettei siihen voida enää vaikuttaa.**

Mitä mieltä itse olet – onko julkinen keskustelu vielä liian vähäistä vai pitäisikö tähän kiinnittää enemmän huomiota?

Kommentti ChatGPT:n vastaukseen: Kryptovaluutat ja niiden käyttäminen poliittiseen korruptioon ovat sangen uusia ilmiöitä. Oman mielenkiintoni niihin heräsi, kun presidentiksi valittu Donald Trump ennen virkavalansa vannomista perusti oman kryptovaluuttansa. Mielestäni harvoin näkee niin korruptoitunutta ja härskiä toimintaa kuin oli Trumpin toiminta kryptovaluuttansa suhteen.

Sinä sanoit: Voisitko tehdä yhteenvedon tästä keskusteluketjusta ja tärkeimmistä siinä mainituista asioista?

ChatGPT sanoi: Tässä on yhteenvedon keskeisistä asioista, joita keskustelimme liittyen **kryptovaluuttoihin, poliitikkoihin ja poliittiseen korruptioon**:

1. Trump Coin ja poliitikkojen omat kryptovaluutat

- Keskustelimme siitä, miksi Donald Trumpilla on oma kryptovaluutta (*Trump Coin*) ja mitä seurauksia tällaisella voi olla.
- Pohdimme, että tällainen valuutta voisi toimia peiteltynä lahjontakeinona, koska sen avulla rahan liikkeiden seuraaminen ja lahjonnan todistaminen olisi vaikeaa.
- Yleisesti todettiin, että poliitikkojen ei tulisi omistaa omia kryptovaluuttoja, koska ne mahdollistavat korruption ja eturistiriidat.

2. Kryptovaluutat ja poliittinen korruptio

- Kryptovaluutat tekevät lahjusten ja poliittisten rahavirtojen seuraamisesta vaikeampaa.
- Poliittista korruptiota voi tapahtua monin eri tavoin, kuten:
    - Suorat lahjukset kryptovaluutoissa
    - Naamioidut investoinnit poliitikon omistamaan kryptovaluuttaan
    - Keinotekoisten NFT-kauppojen tai muiden digitaalisten varojen kautta tapahtuva lahjonta
- Kryptovaluutat voivat mahdollistaa myös ulkomaisten toimijoiden näkymättömän vaikuttamisen poliitikkoihin.

3. Yhdysvaltain poliittinen järjestelmä ja valvonnan vaikeus

- Kryptovaluuttojen sääntely on hajanaista, ja jokaisella osavaltiolla on oma lainsäädäntönsä.
- Yhdysvaltain presidentillä on mahdollisuus vaikuttaa kryptovaluuttojen valvontaan esimerkiksi leikkaamalla rahoitusta valvovilta virastoilta tai erottamalla niissä työskenteleviä henkilöitä.
- Yhdysvaltain kongressissa Trumpilla on paljon liittolaisia, jotka todennäköisesti estäisivät tiukemman sääntelyn.

4. Historian opit ja Hamiltonin, Madisonin ja Jayn varoitukset

- Keskustelimme siitä, että jo **1780-luvulla** Federalistikirjoituksissa varoitettiin rahan korruptoivasta vaikutuksesta tasavaltoihin.
- Kryptovaluutat ovat nykyaikainen ilmentymä tästä ongelmasta – ne voivat mahdollistaa korruption ja vallan väärinkäytön niin, ettei sitä voida havaita.

5. Mahdollisia ratkaisuja

- **Läpinäkyvyysvaatimukset:** Poliitikkojen tulisi ilmoittaa kryptovaluuttasijoituksensa samalla tavalla kuin muut taloudelliset sidonnaisuutensa.
- **Tiukempi kansainvälinen valvonta:** Kryptovaluuttapörssien ja siirtojen tulisi noudattaa rahanpesun vastaisia lakeja.
- **Julkinen keskustelu ja tietoisuuden lisääminen:** Media ja kansalaiset voivat vaatia suurempaa avoimuutta poliitikkojen taloudellisiin sidoksiin.

Lopullinen johtopäätös

Kryptovaluutat ovat merkittävä haaste poliittiselle läpinäkyvyydelle ja voivat mahdollistaa uudenlaisia lahjonnan ja korruption muotoja. Ilman parempaa sääntelyä ja julkista keskustelua poliittinen järjestelmä voi muuttua entistä haavoittuvammaksi rahan vaikutukselle.

Oliko tämä yhteenveto mielestäsi kattava, vai haluaisitko, että painotan jotain tiettyä kohtaa enemmän?

Kommentti ChatGPT:n vastaukseen: Olen tyytyväinen tuohon yhteenvetoon. Jos lukijaa kiinnostaa tämä aihe, niin suosittelen häntä keskustelemaan kryptovaluutoista eri tekoälymallien kanssa, sekä hankkimaan niistä itsenäisesti tietoa muista lähteistä.

Modernin päätöksenteon analysointi tekoälyllä

Sinä sanoit: Kuinka tekoälyä käytetään nykyään päätöksenteon tukena?

ChatGPT sanoi: Tekoälyä käytetään nykyään laajasti päätöksenteon tukena eri aloilla, sillä se pystyy analysoimaan suuria tietomääriä nopeasti ja tarjoamaan ennusteita tai suosituksia. Tässä muutamia esimerkkejä:

1. Liiketoiminta ja talous

- **Markkina-analyysi:** Tekoäly analysoi asiakasdataa ja markkinatrendejä, mikä auttaa yrityksiä kohdentamaan markkinointia ja optimoimaan myyntistrategioita.
- **Luotonanto ja riskienhallinta:** Pankit ja rahoituslaitokset käyttävät tekoälyä arvioimaan asiakkaiden luottokelpoisuutta ja tunnistamaan petoksia.
- **Sijoituspäätökset:** Algoritmit ennustavat markkinoiden kehitystä ja auttavat sijoittajia tekemään parempia päätöksiä.

2. Terveydenhuolto

- **Diagnoosit ja hoitosuositukset:** Tekoäly auttaa lääkäreitä analysoimalla potilastietoja ja lääketieteellisiä kuvia, mikä nopeuttaa ja tarkentaa diagnooseja.
- **Lääkekehitys:** AI-mallit ennustavat, miten eri molekyylit vaikuttavat sairauksiin, nopeuttaen uusien lääkkeiden kehitystä.
- **Potilashoidon optimointi:** Tekoäly voi auttaa resurssien hallinnassa, kuten sairaalapaikkojen tai hoitohenkilökunnan jakamisessa tehokkaasti.

3. Julkishallinto ja turvallisuus

- **Liikenteen hallinta:** Tekoäly analysoi liikennevirtoja ja optimoi liikennevalojen toimintaa ruuhkien vähentämiseksi.
- **Rajavalvonta ja turvallisuusuhkien ennakointi:** AI auttaa tunnistamaan epäilyttävää toimintaa ja ehkäisemään rikollisuutta.

- **Hallinnolliset päätökset:** Julkishallinto käyttää tekoälyä esimerkiksi veropetosten tunnistamiseen ja resurssien jakamiseen tehokkaammin.

4. Teollisuus ja logistiikka

- **Tuotannon optimointi:** Tehtaissa tekoäly ennustaa koneiden huoltotarpeita ja optimoi tuotantoprosesseja.
- **Toimitusketjun hallinta:** AI analysoi varastotilanteita ja ennustaa kysyntää, jotta tuotteet voidaan toimittaa tehokkaasti.

5. Oikeusjärjestelmä ja lainsäädäntö

- **Lakianalyysi:** AI auttaa juristeja analysoimaan suuria määriä oikeustapauksia ja löytämään relevanttia tietoa nopeammin.
- **Rikostutkinta:** Tekoäly auttaa esimerkiksi rikosteknisten todisteiden analysoinnissa ja petosten havaitsemisessa.

Tekoäly ei tee lopullisia päätöksiä, mutta se tarjoaa dataan perustuvia suosituksia, joiden avulla ihmiset voivat tehdä parempia päätöksiä nopeammin ja tehokkaammin.

Kommentti ChatGPT:n vastaukseen: Tuossa on muutamia hyviä esimerkkejä siitä, miten tekoälyä käytetään nykyään päätöksenteon tukena. Tarkastellaan näitä viittä kohtaa hieman tarkemmin.

Sinä sanoit: Mihin kaikkeen ja millä tavalla tekoälyä voidaan käyttää liiketoiminnan ja talouden analysoinnissa?

ChatGPT sanoi: Tekoälyllä on monipuolisia sovelluksia liiketoiminnan ja talouden analysoinnissa. Se pystyy käsittelemään suuria tietomääriä nopeasti, tunnistamaan piileviä trendejä ja tekemään ennusteita, jotka auttavat yrityksiä optimoimaan päätöksentekoa. Alla on keskeisiä käyttökohteita ja esimerkkejä siitä, miten tekoälyä voidaan hyödyntää.

1. Markkina-analyysi ja asiakaskäyttäytymisen ennustaminen

➤ Asiakasdatan analysointi

- Tekoäly voi analysoida ostokäyttäytymistä, verkkoselailutietoja ja asiakaspalautetta.
- Tulosten perusteella yritys voi kohdentaa markkinointia tehokkaammin ja parantaa asiakaskokemusta.

➤ Trendi- ja kilpailija-analyysi

- AI-mallit voivat skannata miljoonia uutisartikkeleita, some-keskusteluja ja raportteja löytääkseen markkinatrendejä ennen kilpailijoita.
- Kilpailija-analyysissä tekoäly voi vertailla hinnoittelua, tuotteita ja asiakaspalautetta.

➤ Kysynnän ennustaminen

- Koneoppimismallit voivat arvioida, miten sesonkivaihtelut, suhdannevaihtelut tai poliittiset tapahtumat vaikuttavat kysyntään.
- Yritykset voivat optimoida tuotantoa ja varastojen hallintaa vähentäen ylikapasiteetin tai alihankinnan riskiä.

---

2. Riskienhallinta ja taloudelliset ennusteet

➤ Luottoriskin arviointi

- Pankit ja rahoituslaitokset käyttävät tekoälyä analysoimaan asiakkaiden maksuhistoriaa, velkaantuneisuutta ja muita muuttujia päättäessään luotonannosta.
- AI pystyy tunnistamaan riskialttiita asiakkaita paremmin kuin perinteiset menetelmät.

➤ Petosten tunnistaminen

- Tekoäly tunnistaa poikkeavuuksia taloustoiminnoissa, kuten epäilyttäviä maksutapahtumia tai asiakirjaväärennöksiä.
- Esimerkiksi pankit ja vakuutusyhtiöt hyödyntävät AI:ta havaintojen tekemiseen reaaliajassa.

➤ Sijoituspäätökset ja algoritminen kaupankäynti

- AI-mallit analysoivat osakekursseja, uutisia ja makrotalouden indikaattoreita ennustaakseen markkinoiden liikkeitä.
- Algoritminen kaupankäynti (quant trading) hyödyntää AI:ta reaaliaikaisessa päätöksenteossa.

---

3. Liiketoiminnan operatiivinen tehokkuus

➤ Resurssien optimointi

- AI voi ennustaa, kuinka paljon raaka-aineita tarvitaan tuotannossa ja miten toimitusketjua kannattaa hallita.
- Tämä vähentää hävikkiä ja optimoi varastonhallintaa.

➤ Hinnoittelun optimointi

- Dynaaminen hinnoittelu käyttää AI:ta muuttamaan hintoja reaaliajassa kysynnän, kilpailun ja muiden tekijöiden perusteella.
- Esim. lentoyhtiöt ja verkkokaupat hyödyntävät tätä menetelmää.

➤ Työntekijöiden suorituskyvyn ja tarpeen ennustaminen

- Tekoäly voi analysoida työntekijöiden suoritusta ja ehdottaa koulutuksia tai työvuorosuunnittelua tehokkuuden maksimoimiseksi.

4. Taloushallinto ja raportointi

➤ **Automatisoitu kirjanpito ja talousanalyysi**

- AI voi automatisoida laskujen käsittelyä, tilinpäätösten analysointia ja budjetointia.
- Kirjanpito-ohjelmat, kuten Xero ja QuickBooks, hyödyntävät tekoälyä virheiden vähentämiseen.

➤ **Ennustava talousmallinnus**

- AI voi simuloida erilaisia talousskenaarioita ja suositella, miten yrityksen kannattaa varautua tuleviin muutoksiin.
- Esimerkiksi pandemian tai geopoliittisten kriisien vaikutuksia voidaan analysoida ennakkoon.

---

5. Asiakaskokemus ja myynnin kehitys

➤ **Chatbotit ja asiakaspalvelu**

- AI-pohjaiset chatbotit tarjoavat nopeaa ja kustannustehokasta asiakaspalvelua vuorokauden ympäri.
- Ne voivat oppia asiakkaiden tarpeista ja kehittää parempia vastauksia ajan myötä.

➤ **Personoitu markkinointi**

- AI voi analysoida asiakaskäyttäytymistä ja suositella tuotteita yksilöllisesti (Amazonin ja Netflixin algoritmit).
- Tämä lisää asiakastyytyväisyyttä ja myyntiä.

➤ **Myynnin ennustaminen**

- AI voi tunnistaa, mitkä asiakkuudet ovat todennäköisimmin kannattavia ja mitkä voivat siirtyä kilpailijalle.

Johtopäätös

Tekoäly on mullistanut liiketoiminnan analysoinnin tarjoamalla tarkkoja ennusteita, tehokkuutta lisääviä ratkaisuja ja mahdollisuuden tehdä dataan perustuvia päätöksiä nopeammin kuin koskaan ennen. Se ei korvaa ihmisten strategista ajattelua, mutta toimii tehokkaana työkaluna, joka voi parantaa yritysten kilpailukykyä ja taloudellista suorituskykyä.

Kommentti ChatGPT:n vastaukseen: Toisin sanoen tekoälyn käyttäminen liiketoiminnan analysointiin tuo laaja-alaisia mahdollisuuksia. Tästä herää kysymys siitä millaista asiantuntemusta tekoälyn käyttöön tarvitaan ja kuinka kallista se on käyttäjälle? Näihin kysymyksiin haetaan vastauksia sen jälkeen, kun loput neljä kohtaa on käsitelty.

Sinä sanoit: Mihin kaikkeen ja millä tavalla tekoälyä voidaan käyttää terveydenhuollossa? Eikö etenkin terveydenhuollossa ole tärkeätä, että siellä säilyy inhimillinen elementti esimerkiksi ihmisvalvonnan muodossa?

ChatGPT sanoi: Tekoälyllä on valtavasti potentiaalia terveydenhuollossa, ja sitä käytetään jo monin tavoin parantamaan hoidon laatua, tehostamaan prosesseja ja tukemaan lääkäreitä päätöksenteossa. Kuitenkin, kuten mainitsit, inhimillinen elementti on erityisen tärkeä alalla, jossa päätökset vaikuttavat suoraan ihmisten terveyteen ja elämään. Siksi tekoälyä tulisi käyttää nimenomaan lääkäreiden ja hoitajien tukena, ei heidän korvaajanaan.

1. Diagnostiikka ja sairauden ennustaminen

➤ **Kuvantamisen analysointi (radiologia, patologia, silmätaudit, ihotautidiagnostiikka)**

513

- AI voi analysoida röntgen-, magneetti- ja TT-kuvia ja tunnistaa syöpäkasvaimia, keuhkokuumetta tai muita poikkeavuuksia tarkemmin ja nopeammin kuin ihmissilmä.
- Esimerkiksi Googlen DeepMind on kehittänyt tekoälymalleja, jotka voivat havaita silmäsairauksia (kuten glaukoomaa) yhtä tarkasti kuin erikoislääkärit.

➤ Ennustava analytiikka

- AI voi arvioida potilaan riskiä sairastua tiettyihin sairauksiin (esim. sydänkohtaus, aivohalvaus, diabetes) analysoimalla terveystietoja, genetiikkaa ja elämäntapatekijöitä.
- IBM Watson Health on esimerkki järjestelmästä, joka auttaa lääkäreitä ennustamaan ja tunnistamaan sairauksia tietomassojen pohjalta.

➤ Verikokeiden ja muiden testitulosten analysointi

- AI voi havaita poikkeamia verenkuvassa ja muissa laboratoriotuloksissa ja antaa lääkärille huomioitavia löydöksiä.

✅ **Ihmisvalvonta tärkeää:** Tekoäly voi havaita tiettyjä sairauksia tarkasti, mutta lopullisen diagnoosin ja hoitopäätöksen tekee aina lääkäri.

---

2. Hoitoprosessien tehostaminen

➤ Resurssien hallinta ja sairaalalogistiikka

- AI voi ennustaa, kuinka monta potilasta saapuu päivystykseen eri päivinä, jolloin sairaala voi varautua oikealla henkilöstömäärällä.
- Potilashuoneiden ja leikkaussalien käyttö voidaan optimoida tekoälyn avulla.

➤ Potilaiden hoidon personointi

- AI voi räätälöidä hoitosuosituksia yksilöllisesti potilaan geenitiedon, sairaushistorian ja elintapojen perusteella.

☑ **Ihmisvalvonta tärkeää:** AI voi auttaa, mutta hoito on aina lääkäreiden ja hoitajien vastuulla, jotta potilaan yksilölliset tarpeet huomioidaan.

---

3. Lääkekehitys ja kliiniset tutkimukset

➤ Uusien lääkkeiden kehitys

- AI voi analysoida tuhansia molekyylejä ja ennustaa, mitkä niistä voisivat toimia tiettyyn sairauteen.
- Tämä nopeuttaa lääkekehitystä ja vähentää kalliita kliinisiä kokeita.

➤ Kliinisten tutkimusten kohdentaminen

- AI voi tunnistaa sopivimmat potilaat kliinisiin tutkimuksiin, mikä nopeuttaa uusien hoitojen kehittämistä.

☑ **Ihmisvalvonta tärkeää:** AI voi antaa suosituksia, mutta lääkkeiden turvallisuuden ja tehokkuuden arviointi on tutkijoiden ja viranomaisten vastuulla.

---

4. Etähoito ja terveysteknologia

➤ Chatbotit ja digitaaliset avustajat

- AI-pohjaiset chatbotit voivat antaa ensivaiheen terveysneuvontaa ja ohjata potilaan oikeaan hoitoon.
- Esimerkiksi *Babylon Health* ja *Ada Health* tarjoavat oirearvioita ja hoitosuosituksia.

515

➤ **Puettavat laitteet ja tekoälyanalyysi**

- Älykellot ja muut sensorit voivat seurata sydämen sykettä, verenpainetta ja unta ja varoittaa terveysriskeistä.
- Apple Watch voi esimerkiksi havaita epäsäännöllisen sydämen rytmin ja kehottaa käyttäjää hakeutumaan lääkäriin.

☑ **Ihmisvalvonta tärkeää:** Chatbotit ja sensorit eivät voi korvata lääkärikäyntiä, vaan ne toimivat tukena.

---

5. Hallinnollinen tehokkuus ja kustannusten vähentäminen

➤ **Potilastietojen käsittely**

- AI voi automatisoida potilaskertomusten täyttämistä ja nopeuttaa tiedonhakua, jolloin lääkäreille jää enemmän aikaa potilaille.

➤ **Vakuutus- ja laskutuskäsittely**

- AI voi havaita epäilyttäviä terveysvakuutuskorvauspyyntöjä ja vähentää petoksia.

☑ **Ihmisvalvonta tärkeää:** AI voi helpottaa hallintoa, mutta lääkäreiden ja potilaiden on säilytettävä päätösvalta.

Johtopäätös: AI tukena, ei korvaajana

Tekoäly tuo merkittäviä parannuksia terveydenhuoltoon, mutta se ei saa syrjäyttää inhimillistä hoitoa ja eettistä harkintaa. Tässä muutamia perusperiaatteita:

✓ AI tukee lääketieteellistä päätöksentekoa, mutta lopullisen päätöksen tekee ihminen.

✓ Tekoäly voi lisätä tehokkuutta ja parantaa hoidon laatua, mutta sen pitää olla läpinäkyvää ja valvottua.

✓ Potilaiden oikeuksia ja yksityisyyttä tulee suojella, ja AI:n päätöksiä ei pidä sokeasti seurata ilman lääkärin harkintaa.

Tulevaisuudessa AI voi tehdä terveydenhuollosta ennakoivampaa ja yksilöllisempää, mutta luottamus lääkäreihin ja hoitajiin on aina säilytettävä.

Kommentti ChatGPT:n vastaukseen: On useita syitä, miksi terveydenhuollossa on tärkeätä säilyttää inhimillinen elementti. Tekoäly on sangen uusi ilmiö ja ammatti-ihmisiä tarvitaan varmistamaan, että se toimii oikein. Tämän lisäksi on varmasti paljon potilaita, jotka mieluummin luottavat toisiin ihmisiin kuin tekoälyyn ja tietokoneisiin. Terveydenhuollossa tekoälyn rooli on toimia ammatti-ihmisten tukena, ei heidän korvikkeenaan.

Sinä sanoit: Mihin kaikkeen ja millä tavalla tekoälyä voidaan käyttää julkishallinnossa ja yleisen turvallisuuden parantamisessa?

ChatGPT sanoi: Tekoälyllä on merkittävä rooli julkishallinnossa ja yleisen turvallisuuden parantamisessa, koska se voi tehostaa hallinnon toimintaa, ennakoida riskejä ja parantaa päätöksentekoa. Kuten terveydenhuollossa, myös tässä inhimillinen valvonta ja eettiset periaatteet ovat olennaisia, jotta tekoälyä käytetään vastuullisesti.

---

1. Julkishallinnon tehostaminen

➤ **Automaattinen asiakirjakäsittely ja byrokratian vähentäminen**

- AI voi analysoida ja käsitellä suuria määriä lomakkeita, hakemuksia ja päätöksiä, vähentäen virkamiesten manuaalista työtä.
- Esimerkiksi veroilmoitusten tarkastaminen, avustushakemusten käsittely ja rekisterien ylläpito voidaan automatisoida osittain tekoälyllä.

☑ **Inhimillinen valvonta tärkeää:** AI voi nopeuttaa hallinnollisia prosesseja, mutta lopulliset päätökset tulisi aina tarkistaa ihmisten toimesta, erityisesti tärkeissä oikeudellisissa ja sosiaaliturva-asioissa.

➤ Päätöksenteon tukeminen ja ennakoiva analyysi

- AI voi analysoida valtavia tietomääriä ja ehdottaa parhaita toimintamalleja esimerkiksi verotuksessa, budjetoinnissa ja infrastruktuurihankkeissa.
- Julkisen liikenteen optimointi: AI voi ennustaa liikennevirtoja ja ehdottaa tehokkaampia reittejä tai aikatauluja.

☑ **Inhimillinen valvonta tärkeää:** Tekoäly voi antaa suosituksia, mutta poliittiset ja yhteiskunnalliset päätökset ovat aina ihmisten vastuulla.

➤ Kansalaisten palveluiden parantaminen

- Chatbotit ja tekoälyavustajat voivat vastata kansalaisten kysymyksiin ja ohjata heidät oikeisiin palveluihin.
- Esimerkiksi Kelan tai verotoimiston verkkosivuilla AI voi auttaa kansalaisia löytämään oikean lomakkeen tai neuvomaan hakemusprosessissa.

☑ **Inhimillinen valvonta tärkeää:** Chatbotit eivät voi korvata asiakaspalvelua täysin, vaan monimutkaisemmissa tapauksissa tarvitaan ihmisen apua.

---

2. Yleisen turvallisuuden parantaminen

➤ Rikosten ennaltaehkäisy ja turvallisuusanalyysi

- AI voi analysoida rikostilastoja ja tunnistaa alueita, joissa rikollisuus saattaa kasvaa, auttaen poliisia kohdistamaan resursseja tehokkaammin.
- Esimerkiksi AI voi ennustaa, milloin ja missä ilkivalta, varkaudet tai väkivaltarikokset ovat todennäköisiä.

☑ **Inhimillinen valvonta tärkeää:** On varmistettava, ettei tekoäly johda syrjiviin ennusteisiin tai perustu vääristyneisiin tietoihin.

➤ Kasvojentunnistus ja kameravalvonta

- AI-pohjaiset valvontakamerat voivat tunnistaa epäilyttävää käyttäytymistä ja hälyttää viranomaiset.
- Julkisilla paikoilla kasvojentunnistusta voidaan käyttää esimerkiksi kadonneiden henkilöiden löytämiseen tai terroristien tunnistamiseen.

☑ **Inhimillinen valvonta tärkeää:** Kasvojentunnistus herättää eettisiä ja yksityisyyteen liittyviä kysymyksiä, joten sen käyttöä tulee säännellä tarkasti ja käyttää vain laillisiin tarkoituksiin.

➤ Kyberturvallisuus ja valtiollisten järjestelmien suojaaminen

- AI voi havaita ja torjua tietoturvahyökkäyksiä, kuten haittaohjelmia, verkkohyökkäyksiä ja valtionhallintoon kohdistuvia kyberuhkia.

- AI voi analysoida käyttäytymismalleja ja havaita poikkeamia, jotka voivat viitata hakkerointiyrityksiin.

☑ **Inhimillinen valvonta tärkeää:** AI voi tunnistaa epäilyttävää toimintaa, mutta lopullisen analyysin ja reagoinnin tekevät kyberturvallisuusasiantuntijat.

➤ Hätätilanteiden ja katastrofien hallinta

- AI voi ennakoida luonnonkatastrofeja, kuten maanjäristyksiä, tulvia ja metsäpaloja, ja auttaa viranomaisia reagoimaan nopeasti.
- Esimerkiksi tekoälyanalyysi voi varoittaa tulvavaarasta analysoimalla säädataa ja vedenkorkeuksia.

☑ **Inhimillinen valvonta tärkeää:** AI voi antaa varoituksia, mutta viranomaisten on päätettävä, miten hätätilanteisiin reagoidaan.

---

3. Sotilaallinen ja kansallinen turvallisuus

➤ Sotilaallisen tiedustelun analysointi

- AI voi analysoida satelliittikuvia ja signaalitiedustelua, tunnistaen esimerkiksi sotilaallisia liikkeitä ja uhkia.
- AI voi havaita epäilyttäviä liikkeitä raja-alueilla ja merkitä ne tarkastettavaksi.

☑ **Inhimillinen valvonta tärkeää:** Tekoälyn analyysi voi auttaa tiedustelussa, mutta lopullinen päätöksenteko on aina ihmisten vastuulla.

➤ Drone- ja autonomiset puolustusjärjestelmät

- AI:ta voidaan käyttää sotilasdroneissa, mutta niiden käyttö herättää eettisiä kysymyksiä.
- Esimerkiksi Israelin Iron Dome -järjestelmä käyttää tekoälyä torjumaan ohjushyökkäyksiä automaattisesti.

☑ **Inhimillinen valvonta tärkeää:** Tekoälyn roolia asejärjestelmissä on säädeltävä tarkasti, ja ihmisen on aina oltava vastuussa tappavien päätösten tekemisestä.

Johtopäätös: AI tukena, mutta ei korvaajana

✓ **Tekoäly voi tehostaa julkishallintoa ja turvallisuusjärjestelmiä, mutta sen käyttöön liittyy aina eettisiä kysymyksiä.**
✓ **AI auttaa ennakoimaan riskejä ja nopeuttamaan päätöksentekoa, mutta viime kädessä ihmiset ovat vastuussa.**
✓ **Turvallisuuden ja yksityisyyden välinen tasapaino on tärkeä – valvontateknologiaa ei saa käyttää väärin.**

Tekoäly voi olla voimakas työkalu hallinnon ja turvallisuuden kehittämisessä, mutta sen käyttö on aina tehtävä vastuullisesti ja ihmisten valvonnassa.

Kommentti ChatGPT:n vastaukseen: Kuten ChatGPT:n vastauksesta näkyy, niin tekoälyn soveltamismahdollisuudet julkishallinnossa ja yleisen turvallisuuden takaamisessa ovat laajat. Kiinnitän kuitenkin huomiota eettisesti ja moraalisesti siihen, että tekoälystä ei saa tulla sorron työvälinettä, sekä sen on toimittava niin kansallisten lakien kuin ihmisvalvonnan puitteissa. Tekoäly on työkalu ja missään maassa sille ei ole annettu juridista asemaa kantaa vastuu tehdyistä päätöksistä, vaan se vastuu on aina ihmisillä.

Sinä sanoit: Mihin kaikkeen ja millä tavalla tekoälyä voidaan käyttää teollisuuden ja logistiikan analysoinnissa?

ChatGPT sanoi: Tekoälyllä on merkittävä rooli **teollisuuden ja logistiikan analysoinnissa**, koska se voi **optimoida tuotantoprosesseja, vähentää kustannuksia ja parantaa toimitusketjujen tehokkuutta**. Se auttaa myös

ennakoimaan riskejä ja varmistamaan laitteiden toiminnan, mikä vähentää seisokkeja ja lisää tuottavuutta.

---

1. Teollisuuden analysointi ja optimointi

➤ Ennakoiva kunnossapito (Predictive Maintenance)

- AI analysoi tuotantolaitteiden sensoridataa ja tunnistaa, milloin koneet tarvitsevat huoltoa.
- Esimerkiksi **lämpötila-, värähtely- ja paineanturit** keräävät dataa, ja AI tunnistaa poikkeamat ennen kuin laitteet rikkoutuvat.
- Tämä vähentää **kalliita seisokkeja** ja parantaa tuotannon jatkuvuutta.

☑ **Hyöty:** Vähentää korjauskustannuksia ja estää tuotantokatkoksia.

➤ Laadunvalvonta ja virheiden tunnistus

- AI voi analysoida **kamerakuvia, lämpökameradataa ja sensoritietoa**, jotta se tunnistaa valmistusvirheet.
- Esimerkiksi autoteollisuudessa tekoäly tarkastaa **hitsaussaumoja ja maalausjälkeä** ja tunnistaa mahdolliset viat automaattisesti.

☑ **Hyöty:** Parantaa laatua, vähentää hukkaa ja vähentää ihmistyön tarvetta laadunvalvonnassa.

➤ Automaatioprosessien optimointi

- AI optimoi robottien toimintaa **kokoamalla ja analysoimalla dataa tuotannosta.**
- Esimerkiksi tehtaissa **robottikäsivarret voivat mukautua** tuotantotilanteen mukaan ja oppia suoriutumaan tehtävistä nopeammin ja tarkemmin.

☑ **Hyöty:** Parantaa tuotantotehokkuutta ja vähentää ihmistyön tarvetta rutiinitehtävissä.

---

2. Logistiikan analysointi ja optimointi

➤ Toimitusketjun hallinta ja ennusteet

- AI analysoi toimitusketjujen dataa ja **ennustaa kysynnän muutoksia,** jotta varastotasoja voidaan optimoida.
- Esimerkiksi AI voi tunnistaa, milloin tiettyjen raaka-aineiden kysyntä kasvaa ja milloin varastot kannattaa täydentää.

☑ **Hyöty:** Vähentää varastointikustannuksia ja estää tuotantokatkoksia.

➤ Reittien optimointi ja kuljetusten seuranta

- AI voi optimoida **kuljetusreittejä ja aikatauluja,** jotta toimitukset saapuvat nopeammin ja polttoainekuluja säästetään.
- Esimerkiksi logistiikkayhtiöt, kuten DHL ja FedEx, käyttävät AI:ta ennustamaan **liikenneolosuhteita ja sääilmiöitä** optimoidakseen toimitukset.

☑ **Hyöty:** Säästää polttoainetta, vähentää viivästyksiä ja parantaa asiakastyytyväisyyttä.

➤ **Varastonhallinta ja automaatio**

- AI voi analysoida **reaaliaikaista varastodataa**, jotta varastotilat optimoidaan ja turhat tuotteet poistetaan varastosta.
- Esimerkiksi Amazonin varastot käyttävät **AI-ohjattuja robottivarastoja**, jotka **järjestävät tuotteet automaattisesti ja nopeuttavat keräilyä.**

☑ **Hyöty:** Tehostaa varastonhallintaa ja vähentää manuaalista työtä.

➤ **Kuljetuskaluston ylläpito ja optimointi**

- AI analysoi **rekkojen ja laivojen sensoridataa** ja ennustaa, milloin ne tarvitsevat huoltoa.
- Esimerkiksi lentoyhtiöt käyttävät AI:ta **ennustamaan moottoriosien kulumista**, jotta ne voidaan huoltaa ennen vikaantumista.

☑ **Hyöty:** Vähentää huoltokustannuksia ja estää toimitusketjun keskeytyksiä.

---

3. Johtopäätös: AI on teollisuuden ja logistiikan mullistava voima

✓ **Ennakoiva analyysi vähentää tuotannon ja logistiikan häiriöitä.**
✓ **Toimitusketjun hallinta paranee, koska AI optimoi varastot ja reitit.**
✓ **Tuotannon laatu paranee, kun tekoäly havaitsee virheet ajoissa.**
✓ **Kuljetusten ja kalustonhallinnan tehokkuus kasvaa, mikä säästää rahaa ja ympäristöä.**

Tekoälystä tulee **yhä tärkeämpi osa teollisuutta ja logistiikkaa**, koska se vähentää virheitä, optimoi resurssien käyttöä ja parantaa tehokkuutta.

Kommentti ChatGPT:n vastaukseen: ChatGPT:n vastaus kuulostaa erittäin hyvältä paperilla. Jos tekoäly saadaan toimimaan ChatGPT:n antaman vastauksen mukaisesti, niin on oletettavaa, että teollisuuden ja logistiikan tehokkuus ja tuottavuus kasvavat merkittävästi.

Sinä sanoit: Mihin kaikkeen ja millä tavalla tekoälyä voidaan käyttää oikeusjärjestelmässä ja lainsäädännössä?

ChatGPT sanoi: Tekoälyllä on kasvava rooli **oikeusjärjestelmässä ja lainsäädännössä**, sillä se voi nopeuttaa oikeusprosesseja, parantaa ennustettavuutta ja lisätä oikeudenmukaisuutta. **AI voi analysoida suuria tietomääriä, tarjota oikeudellisia suosituksia ja automatisoida hallinnollisia tehtäviä.** Samalla sen käyttöön liittyy **eettisiä ja oikeudellisia haasteita,** kuten **läpinäkyvyys, tietosuoja ja mahdollinen puolueellisuus.**

---

1. Tekoäly oikeusjärjestelmän tukena

➤ Lakianalyysi ja oikeudellisten dokumenttien käsittely

- AI voi analysoida **suuria lakitekstikokonaisuuksia, oikeustapauksia ja oikeuden päätöksiä** löytääkseen olennaiset kohdat ja aiemmat ennakkopäätökset.
- Esimerkiksi **juristit voivat käyttää AI-avusteisia hakutyökaluja** nopeuttamaan lakitekstien läpikäyntiä ja säästämään aikaa.

✅ **Hyöty:** Lakimiehet voivat keskittyä monimutkaisempaan päätöksentekoon rutiininomaisen tiedonhaun sijaan.

➤ Ennakoiva analyysi ja oikeuden päätösten ennustaminen

- AI voi analysoida **tuhansia aiempia tuomioita ja lainsäädäntömuutoksia** ennustaakseen, millaisia päätöksiä tuomarit todennäköisesti tekevät tietyissä tapauksissa.

- Esimerkiksi **tuomarit voivat käyttää AI:ta tukena rangaistusten arvioinnissa** tai selvittää, kuinka todennäköisesti tietyntyyppinen tapaus johtaa tuomioon.

☑ **Hyöty:** Vähentää päätöksenteon sattumanvaraisuutta ja voi lisätä oikeudenmukaisuutta.

⚠ **Haaste:** AI saattaa oppia vanhoista tuomioista **rakenteellisia vinoumia** (esim. etnisiin tai sosioekonomisiin taustoihin liittyvä puolueellisuus).

➤ Oikeudellinen neuvonta ja asiakirjojen laatiminen

- Tekoäly voi auttaa **lakitekstien kirjoittamisessa, sopimusten laadinnassa ja erilaisten asiakirjojen tarkistamisessa.**
- Esimerkiksi **chatbotit voivat antaa perusneuvontaa** ihmisille, joilla ei ole varaa palkata juristia.

☑ **Hyöty:** Parantaa oikeusavun saatavuutta ja vähentää hallinnollista työtä.

⚠ **Haaste:** AI ei voi **korvata ihmistuomaria** tai juristin harkintaa, koska laki on monimutkaista ja tulkinnanvaraista.

➤ Rikosten tunnistaminen ja analysointi

- Poliisit ja syyttäjät voivat käyttää AI:ta analysoimaan **rikollisuustrendejä ja ennustamaan rikosten esiintymistä tietyillä alueilla.**
- AI voi myös **tunnistaa petoksia, rahanpesua ja muita talousrikoksia** analysoimalla suuria tietomääriä nopeasti.

☑ **Hyöty:** Rikoksia voidaan estää paremmin ja viranomaiset saavat tehokkaampia työkaluja tutkintaan.

⚠ **Haaste:** AI ei voi tehdä lopullisia päätöksiä, ja väärinkäyttö voisi johtaa väärinymmärryksiin tai liialliseen valvontaan.

2. Tekoäly lainsäädännössä ja hallinnossa

➤ Lainsäädännön valmistelu ja vaikutusanalyysit

- AI voi analysoida **uudistettavan lain vaikutuksia etukäteen** vertaamalla sitä aiempiin lakimuutoksiin ja niiden seurauksiin.
- AI voi myös auttaa **lakien ristiriitaisuuksien havaitsemisessa**, jotta säädökset pysyvät johdonmukaisina.

✅ **Hyöty:** Lainvalmistelu nopeutuu ja päätökset voivat perustua laajempiin tilastoihin ja ennusteisiin.

⚠ **Haaste:** AI ei ymmärrä yhteiskunnallisia ja poliittisia tekijöitä yhtä syvällisesti kuin ihmiset.

➤ Hallinnollisten oikeusprosessien automatisointi

- AI voi nopeuttaa **turvapaikkahakemusten käsittelyä, vero-oikeudellisia prosesseja ja muita hallinnollisia menettelyjä.**
- Esimerkiksi **Yhdysvalloissa AI auttaa arvioimaan turvapaikkahakemusten perusteita** hakijan taustatietojen perusteella.

✅ **Hyöty:** Lyhentää käsittelyaikoja ja vähentää byrokratiaa.

⚠ **Haaste:** AI:n tekemien päätösten tulee olla **läpinäkyviä ja valvottavia**, jottei synny epäoikeudenmukaisuutta.

3. AI:n käytön eettiset ja oikeudelliset haasteet

☑ **Läpinäkyvyys**: AI:n käyttämien algoritmien tulee olla **selitettävissä**, jotta oikeudenkäytössä säilyy oikeudenmukaisuus.

☑ **Vastuukysymykset**: Jos AI tekee virheen, **kuka on vastuussa?**

☑ **Puolueellisuus ja syrjintä**: AI voi **vahvistaa vanhoja ennakkoluuloja**, jos sen oppimismateriaalina on **historian vinoutunut oikeuskäytäntö**.

☑ **Ihmisten valvonta**: AI voi toimia vain **päätöksenteon tukena, ei itsenäisenä tuomarina tai lainlaatijana.**

Johtopäätös: AI tukee mutta ei korvaa oikeusjärjestelmää

✓ AI voi **nopeuttaa ja tehostaa** oikeudellisia prosesseja.
✓ AI voi **vähentää kustannuksia ja parantaa ennakoitavuutta.**
✓ AI voi **avustaa lakimiehiä ja viranomaisia päätöksenteossa.**

⚠ **Mutta AI ei voi korvata ihmisten tekemää harkintaa, oikeudenmukaisuuden arviointia tai inhimillistä empatiaa.**

Kommentti ChatGPT:n vastaukseen: Mielestäni tämän vastauksen tärkeimmät seikat tekoälyn tuoma tehokkuuden parannus oikeusjärjestelmään, sekä se seikka, että tekoäly ei korvaa ihmisiä päätöksentekijöinä, vaan se on niitä avustava työväline niin kuin aikoinaan ovat olleet kirjoitustaito, kirjapainotaito ja myöhemmin erilaiset tekstinkäsittely- ja taulukkolaskentaohjelmat.

Sinä sanoit: Millaista asiantuntemusta tekoälyn käyttöön tarvitaan? Kuinka kallista on hankkia tällaista asiantuntemusta, sekä ottaa tekoäly käyttöön?

ChatGPT sanoi: Tekoälyn käyttöönotto ja asiantuntemus

Tekoälyn käyttö vaatii monialaista osaamista, ja sen käyttöönotto riippuu monista tekijöistä, kuten organisaation tarpeista, budjetista ja olemassa olevasta teknologiasta. **Asiantuntemusta tarvitaan erityisesti seuraavilla alueilla:**

---

1. Tekoälyn käyttöönottoon tarvittava asiantuntemus

➤ Data- ja tekoälyasiantuntijat

- **Data-analyytikot:** Keräävät, puhdistavat ja esikäsittelevät dataa tekoälymallien kouluttamista varten.
- **Data scientistit:** Kehittävät koneoppimismalleja ja analysoivat suuria tietomääriä.
- **AI/ML-insinöörit:** Rakentavat ja optimoivat koneoppimisalgoritmeja ja -järjestelmiä.

📌 **Ilman laadukasta dataa tekoäly ei toimi kunnolla.**

➤ Ohjelmistokehittäjät ja IT-asiantuntijat

- **Pilvipalveluasiantuntijat** (esim. AWS, Google Cloud, Azure) varmistavat, että AI toimii skaalautuvasti.
- **Ohjelmistokehittäjät** integroivat tekoälyn yrityksen IT-järjestelmiin.
- **Kyberturvallisuusasiantuntijat** suojaavat AI-järjestelmiä tietovuodoilta ja hyökkäyksiltä.

📌 **Tekoälymallit vaativat jatkuvaa huoltoa ja päivittämistä.**

➤ Toimialakohtainen asiantuntemus

- **Lääkärit ja terveysasiantuntijat** (terveydenhuollon AI-ratkaisuille).
- **Juristit ja oikeudelliset asiantuntijat** (AI:n käyttö oikeusjärjestelmässä).
- **Logistiikka-asiantuntijat** (tekoäly logistiikan ja toimitusketjujen optimointiin).

✦ **Pelkkä tekoälyosaaminen ei riitä – tarvitaan asiantuntijoita, jotka ymmärtävät myös toimialan erityispiirteet.**

---

2. Kuinka kallista tekoälyn käyttöönotto on?

➤ Kustannukset riippuvat seuraavista tekijöistä:

☑ **Tekoälyn monimutkaisuus:**

- Valmiit tekoälyratkaisut (esim. chatbotit) voivat maksaa **joitain tuhansia euroja.**
- Räätälöidyt tekoälyjärjestelmät voivat maksaa **satoja tuhansia tai miljoonia.**

☑ **Data ja infrastruktuuri:**

- Pilvipohjainen tekoäly voi maksaa **satoja tai tuhansia euroja kuukaudessa** datan ja laskentatehon määrästä riippuen.
- Suurten tekoälymallien kouluttaminen vaatii **kalliita GPU-palvelimia tai supertietokoneita.**

☑ **Asiantuntijoiden palkkaaminen:**

- **Data scientistin palkka:** 60 000–150 000 €/vuosi (kokemuksesta riippuen).
- **Tekoälyinsinöörin palkka:** 70 000–200 000 €/vuosi.

- **Ulkoistetut AI-konsultointipalvelut:** 100–300 €/tunti.

⚡ **Jos yrityksellä ei ole omaa AI-tiimiä, tekoälypalveluiden ostaminen ulkopuolelta voi olla kustannustehokkaampaa.**

---

3. Edullisemmat vaihtoehdot tekoälyn käyttöön

📌 **Pilvipohjaiset AI-palvelut** (Google AI, Microsoft Azure AI, OpenAI API) mahdollistavat tekoälyn käytön ilman suuria investointeja laitteistoon.

📌 **Valmiit AI-työkalut** (esim. IBM Watson, Google AutoML) voivat vähentää kehityskustannuksia.

📌 **Koulutus ja yhteistyö yliopistojen kanssa:** Yritykset voivat kouluttaa omaa henkilökuntaa tai tehdä yhteistyötä akateemisten instituutioiden kanssa AI-ratkaisujen kehittämiseksi.

Yhteenveto:

◆ **Tekoälyn käyttöönotto voi maksaa tuhansista miljooniin euroihin riippuen ratkaisun laajuudesta.**

◆ **Pienet ja keskisuuret yritykset voivat hyödyntää pilvipohjaisia AI-palveluita edullisemmin.**

◆ **Asiantuntijoiden palkkaaminen on kallista, mutta AI-konsultointi tai yliopistoyhteistyö voivat olla kustannustehokkaita vaihtoehtoja.**

⚡ **Johtopäätös:** Tekoäly on suuri investointi, mutta se voi tuoda merkittäviä säästöjä ja kilpailuetua pitkällä aikavälillä.

Kommentti ChatGPT:n vastaukseen: Tekoälyn käyttöön tarvittavalla ammattitaidolla ja tekoälyn käyttöönotolla on omat hintansa. Tämän lisäksi tulee tuntea hyvin toimiala, jolle tekoälyä aiotaan soveltaa, jotta siitä saataisiin sitä käyttävälle taholle suurin mahdollinen hyöty. Käytännössä tahon, joka aikoo hyödyntää tekoälyä, niin se pitää tehdä laskelmat siitä kuinka paljon se tulee säästämään aikaa ja rahaa ottamalla käyttöön tekoälyn verrattuna siihen, että tekoälyä ei oteta käyttöön.

Sinä sanoit: Mitkä ovat tekoälyn käyttöön liittyvät eettiset ja käytännölliset haasteet?

ChatGPT sanoi: Tekoälyn käyttöön liittyvät eettiset ja käytännölliset haasteet

Tekoälyn käyttöönottoon liittyy sekä **eettisiä** että **käytännöllisiä haasteita**, jotka vaikuttavat sen luotettavuuteen, oikeudenmukaisuuteen ja tehokkuuteen.

---

1. Eettiset haasteet

➤ 1.1. Vääristymät ja syrjivyys (Bias)

Tekoälymallit oppivat historiallisista aineistoista, jotka voivat sisältää **ennakkoluuloja tai syrjiviä rakenteita**. Esimerkkejä:
- ☑ **Rekrytointialgoritmit** voivat suosia tiettyä sukupuolta tai etnistä ryhmää, jos historiallinen data on ollut vinoutunutta.
- ☑ **Luottoluokitusjärjestelmät** voivat asettaa tietyt ihmisryhmät epäedulliseen asemaan, jos AI-malli perustuu epäreiluihin kriteereihin.

✦ Ratkaisu:

- Tekoälymallien jatkuva tarkastelu ja läpinäkyvyys.
- Monimuotoisemman ja tasapuolisemman opetusaineiston käyttö.

➤ 1.2. Tietosuoja ja yksityisyys

Tekoäly käsittelee valtavia määriä **henkilötietoja**, mikä voi johtaa yksityisyysongelmiin. Esimerkkejä:

☑ **Kasvojentunnistus** voi loukata kansalaisten yksityisyyttä, jos sitä käytetään ilman valvontaa.

☑ **Terveydenhuollon tekoäly** voi vaarantaa potilastietojen luottamuksellisuuden, jos data vuotaa.

⚜ Ratkaisu:

* GDPR:n ja muiden tietosuojalakien tiukka noudattaminen.
* Data-anonymisointi ennen AI:n käyttöä.

➤ 1.3. Vastuu ja päätöksenteko

Tekoälyn päätökset voivat vaikuttaa ihmisten elämään merkittävästi, mutta **kuka on vastuussa, jos AI tekee virheen?**

☑ **Jos itseajava auto aiheuttaa onnettomuuden**, vastuu voi jakautua autonvalmistajalle, ohjelmistokehittäjälle tai kuljettajalle.

☑ **Jos AI hylkää lainahakemuksen perusteettomasti**, kuka kantaa vastuun?

⚜ Ratkaisu:

* Tekoälyn päätöksiä tulisi voida perustella ja tarkastella jälkikäteen.
* Ihmisillä pitäisi olla mahdollisuus **valittaa tekoälyn päätöksistä**.

---

2. Käytännölliset haasteet

➤ 2.1. Luotettavuus ja virhemahdollisuudet

☑ **Tekoäly voi tehdä virheellisiä päätöksiä**, jos sen käyttämä data on puutteellista tai vanhentunutta.

☑ AI ei aina ymmärrä **kontekstia tai poikkeustilanteita** samalla tavalla kuin ihminen.

📌 **Ratkaisu:**

- Tekoälyä ei tulisi käyttää kriittisissä tehtävissä ilman **ihmisvalvontaa**.
- Mallien jatkuva testaaminen ja päivittäminen.

➤ **2.2. Tekoälyn riippuvuus datasta**

Tekoäly toimii vain niin hyvin kuin sen **käytettävissä oleva data**. Ongelmia:

☑ **Puuttuva data** voi johtaa virheellisiin johtopäätöksiin.

☑ **Datan manipulointi** voi johtaa vääristelyyn ja väärinkäyttöön.

📌 **Ratkaisu:**

- Data-analyysin laadunvalvonta.
- AI:n päätösten avoimuuden varmistaminen.

➤ **2.3. Työpaikkojen menetys ja taloudelliset vaikutukset**

☑ Tekoäly **voi korvata ihmistyövoimaa**, erityisesti **toistuvissa ja rutiininomaisissa tehtävissä**.

☑ Toisaalta tekoäly luo **uusia työpaikkoja** data-analytiikan, ohjelmoinnin ja koneoppimisen alalla.

📌 **Ratkaisu:**

- **Koulutus ja uudelleenkoulutus**, jotta työntekijät voivat siirtyä uusiin tehtäviin.

- **Tekoälyä tulisi käyttää ihmisten tukena, ei heidän korvaajanaan.**

➤ 2.4. Energiankulutus ja ympäristövaikutukset

☑ Suuret kielimallit ja tekoälyjärjestelmät **kuluttavat valtavasti sähköä.**

☑ AI:n hiilijalanjälki voi kasvaa, jos sitä ei optimoida.

📌 Ratkaisu:

- Tekoälymallien optimointi ja energiatehokkaampien ratkaisujen kehittäminen.
- Vihreän energian käyttö AI-laskennassa.

Yhteenveto

⬤ Eettiset haasteet:

☑ AI voi olla **syrjivä tai epäreilu**, jos sen oppima data ei ole tasapuolinen.

☑ AI käsittelee **yksityisiä tietoja**, mikä voi vaarantaa tietosuojan.

☑ AI:n tekemistä päätöksistä **vastuun määrittely voi olla hankalaa.**

⬤ Käytännölliset haasteet:

☑ AI ei aina ole **täysin luotettava** ja voi tehdä virheitä.

☑ AI on riippuvainen **datasta**, ja huono data voi johtaa vääriin päätöksiin.

☑ AI voi **vähentää perinteisiä työpaikkoja**, mutta myös luoda uusia.

☑ AI:n kehittäminen vaatii **paljon energiaa**, mikä voi vaikuttaa ympäristöön.

📌 Johtopäätös:

Tekoäly ei ole täydellinen ratkaisu kaikkeen, ja sen käyttöönotossa täytyy ottaa huomioon eettiset ja käytännölliset riskit. Paras tapa hyödyntää AI:ta on **yhdistää sen vahvuudet ihmisen harkintaan ja vastuullisuuteen.**

Kommentti ChatGPT:n vastaukseen: Yhtäällä tekoäly parantaa tehokkuutta koskien ajan ja rahankäyttöä, mutta se eettisyyteen ja käytännöllisyyteen liittyviä haasteita. Näistä haasteista on syytä keskustella siksi, että tekoälyn käyttäminen olisi mahdollisimman reilulla pohjalla.

Sinä sanoit: Voiko tekoäly ymmärtää intuitiivista päätöksentekoa?

ChatGPT sanoi: Tekoäly voi mallintaa ja analysoida intuitiivista päätöksentekoa, mutta sen varsinaista ymmärtämistä on vaikea saavuttaa, koska intuitio liittyy usein ihmisten kokemuksiin, tunteisiin ja tiedostamattomiin prosesseihin.

Miten tekoäly voi mallintaa intuitiota?

- **Koneoppiminen ja heuristiikat:** Tekoäly voi käyttää suuria määriä dataa ja tunnistaa kaavoja, joista syntyy nopeita päätöksiä ilman eksplisiittistä sääntöpohjaista päättelyä. Tämä muistuttaa intuitiivista päätöksentekoa.

- **Neuroverkot ja syväoppiminen:** Esimerkiksi syväoppimismallit voivat "oppia" tunnistamaan monimutkaisia riippuvuuksia datasta ilman, että niiden päätöksentekoa voi täysin selittää – aivan kuten intuitio voi tuntua mystiseltä myös ihmisille.

- **Bayesilainen päättely:** Bayesian mallit voivat simuloida sitä, miten ihmiset päivittävät uskomuksiaan kokemusten perusteella, mikä on tärkeä osa intuitiivista päätöksentekoa.

Mitä tekoäly ei voi tehdä?

- **Tunteet ja kokemusperäinen ymmärrys:** Ihmisen intuitio perustuu usein emotionaaliseen älykkyyteen ja pitkään kokemukseen, mikä on vaikea koodata tekoälyyn.

- **Tiedostamattomat prosessit:** Intuitio syntyy usein tiedostamattoman mielen prosesseista, ja vaikka tekoäly voi simuloida tätä, se ei "kokea" intuitiota samalla tavalla kuin ihminen.

- **Luova ja kokonaisvaltainen ajattelu:** Intuitio liittyy myös kykyyn yhdistellä tietoa odottamattomilla tavoilla, mikä voi olla haastavaa tekoälylle, joka toimii enimmäkseen matemaattisten mallien pohjalta.

Tekoäly voi siis matkia intuitiivista päätöksentekoa ja jopa tehdä nopeita, vaikuttavia päätöksiä monimutkaisissa tilanteissa, mutta varsinaista intuitiota

– kokemuksen ja tunteiden muovaamaa oivallusta – se ei ymmärrä ihmisen tavoin.

Kommentti ChatGPT:n vastaukseen: Tekoäly on viime kädessä tietojärjestelmä, jolla on tietojärjestelmien periytyvät piirteet. Sitä kautta se ei voi täysin ymmärtää ihmisten tuntemuksien, tunteiden ja kokemusten vaikutuksia päätöksentekoon.

Sinä sanoit: Miten ihmisen ja tekoälyn yhteistyö päätöksenteossa toimii käytännössä? Mitä rajoituksia tuohon päätöksentekoon kuuluu?

ChatGPT sanoi: Ihmisen ja tekoälyn yhteistyö päätöksenteossa toimii usein siten, että tekoäly analysoi suuria tietomääriä, tunnistaa kaavoja ja antaa suosituksia, mutta lopullinen päätös jää ihmiselle. Käytännössä tämä voi tapahtua monella eri tavalla, esimerkiksi:

1. **Tietoon perustuva päätöksenteon tuki**
   o Tekoäly analysoi dataa ja ehdottaa parhaita toimintavaihtoehtoja.
   o Ihminen arvioi suositukset ja tekee lopullisen päätöksen.
   o Esim. lääketieteessä tekoäly voi tunnistaa syöpäkasvaimia kuvantamisdatan perusteella, mutta lääkäri tekee diagnoosin ja hoitopäätöksen.
2. **Automatisoitu päätöksenteko ihmisen valvonnassa**
   o Tekoäly tekee nopeita päätöksiä, joita ihminen voi tarkastella ja tarvittaessa kumota.
   o Esim. taloussektorilla tekoäly voi havaita epäilyttäviä maksutapahtumia ja estää niitä automaattisesti, mutta ihminen voi tarkistaa ja vapauttaa virheellisesti torjutut maksut.
3. **Ihminen ja tekoäly työskentelevät rinnakkain**
   o Ihminen tuo mukanaan kokemuksensa ja intuitionsa, tekoäly puolestaan analysoi dataa objektiivisesti.
   o Esim. sotilasstrategiassa tekoäly voi ehdottaa optimaalista joukkojen sijoittelua, mutta komentaja ottaa huomioon moraalin, sääolosuhteet ja poliittiset tekijät.

Rajoitukset ja haasteet

Vaikka tekoäly voi parantaa päätöksentekoa, siihen liittyy rajoituksia ja riskejä:

1. **Selitettävyys ja luottamus**
   - o Monet tekoälymallit, kuten syväoppimisverkot, ovat niin monimutkaisia, että niiden päätöksiä on vaikea perustella. Tämä voi tehdä ihmisistä varovaisia luottamaan tekoälyn suosituksiin.
2. **Harha ja virheet**
   - o Tekoäly voi vahvistaa jo olemassa olevia harhoja datassa, jos se on koulutettu vinoutuneella aineistolla. Esimerkiksi rekrytointijärjestelmä voi syrjiä tiettyjä hakijaryhmiä, jos se perustuu aiempaan dataan, jossa tietyt hakijat ovat saaneet vähemmän palkkauksia.
3. **Ihmisen ja tekoälyn roolijako**
   - o Jos ihmiset luottavat sokeasti tekoälyyn, he voivat lakata kyseenalaistamasta sen päätöksiä. Tämä voi johtaa "automaatioharhaan", jossa ihmiset hyväksyvät koneen virheet.
   - o Toisaalta, jos ihmiset eivät luota tekoälyyn tarpeeksi, sen käyttö voi jäädä vajaaksi, eikä sen täysi potentiaali toteudu.
4. **Eettiset ja juridiset kysymykset**
   - o Jos tekoäly tekee päätöksen, kuka on vastuussa, jos jokin menee pieleen? Tämä on erityisen tärkeää esimerkiksi itseohjautuvissa autoissa tai lääketieteellisessä diagnoosissa.
   - o Päätöksenteon läpinäkyvyys on tärkeää, jotta tekoälyä ei käytetä epäeettisesti tai epäoikeudenmukaisesti.

Yhteenveto

Ihminen ja tekoäly voivat tehdä yhteistyötä päätöksenteossa siten, että tekoäly tuo mukanaan nopeuden, datan analysointikyvyn ja objektiivisuuden, kun taas ihminen tuo intuitionsa, kontekstuaalisen ymmärryksensä ja eettisen harkintansa. Parhaat päätökset syntyvät, kun molempien vahvuudet yhdistetään, mutta on tärkeää olla tietoinen tekoälyn rajoituksista ja mahdollisista riskeistä.

Kommentti ChatGPT:n vastaukseen: Ihmisen ja tekoälyn välisen päätöksenteon ymmärtäminen on keskeistä tarkasteltaessa tekoälyä ja sen tuomia hyötyjä ja haittoja. Tekoälyn myötä tulee uusia vahvuuksia, heikkouksia, mahdollisuuksia ja uhkia. Niitä on syytä myös hieman tarkastella.

Sinä sanoit: Mitä uusia mahdollisuuksia, uhkia, vahvuuksia ja heikkouksia tuo tekoälyn käyttäminen etenkin laadullisessa päätöksenteossa?

ChatGPT sanoi: Tekoälyn SWOT-analyysi laadullisessa päätöksenteossa

Laadullinen päätöksenteko perustuu usein monitulkintaiseen tietoon, kokemukseen ja harkintaan, eikä pelkästään numeroihin ja tilastoihin. Tekoälyn hyödyntäminen tällaisessa päätöksenteossa tuo mukanaan sekä uusia mahdollisuuksia että haasteita.

Vahvuudet (Strengths)

☑ **Objektiivisuus ja datan käsittelykyky**

- Tekoäly voi analysoida valtavia tietomääriä nopeasti ja tuoda esiin trendejä, joita ihminen ei huomaa.
- Se voi vähentää inhimillisiä harhoja päätöksenteossa, kuten ennakkoluuloja tai tunnepohjaisia reaktioita.

☑ **Nopeus ja tehokkuus**

- Laadullinen päätöksenteko voi olla hidasta, mutta tekoäly voi nopeuttaa prosessia esittämällä relevantteja näkökulmia ja suosituksia.
- Esimerkiksi yritysstrategiassa tekoäly voi analysoida asiakasarvioita ja markkinatrendejä, mikä auttaa johtajia tekemään parempia päätöksiä.

☑ **Monipuolinen näkökulma ja skenaariot**

- Tekoäly voi simuloida erilaisia skenaarioita ja arvioida niiden todennäköisiä seurauksia, mikä auttaa päätöksenteossa.

- Esimerkiksi kaupunkisuunnittelussa tekoäly voi analysoida, miten eri ratkaisut vaikuttavat asukkaiden hyvinvointiin.

Muistaminen ja johdonmukaisuus

- Tekoäly ei unohda tietoa eikä se tee päätöksiä väsymyksen tai stressin perusteella.
- Se voi varmistaa, että kaikki päätökseen vaikuttavat tekijät huomioidaan järjestelmällisesti.

Heikkoudet (Weaknesses)

✕ Selitettävyys ja läpinäkyvyys

- Monimutkaiset tekoälymallit, kuten syväoppimisverkot, voivat antaa suosituksia, mutta niiden päätöksentekoprosessia on vaikea ymmärtää. Tämä voi heikentää luottamusta ja vaikeuttaa vastuunkantoa.

✕ Intuition ja luovuuden puute

- Laadullinen päätöksenteko perustuu usein intuitioon ja kokemukseen, joita tekoäly ei voi täysin jäljitellä.
- Esimerkiksi taiteellisissa tai poliittisissa päätöksissä tekoäly voi antaa tietopohjaisia analyysejä, mutta ei luoda täysin uusia ideoita tai visionäärisiä ratkaisuja.

✕ Kontekstin ymmärtämisen puute

- Tekoäly voi analysoida kieltä ja tilastoja, mutta sillä ei ole ihmisen syvällistä ymmärrystä kulttuurista, eettisistä näkökohdista tai historiallisista vivahteista.

- Esimerkiksi tekoälyn antamat oikeudelliset suositukset saattavat jättää huomiotta eettiset näkökulmat, jotka vaikuttavat lopputulokseen.

✕ Dataan liittyvät ongelmat

- Jos tekoäly perustaa päätöksensä huonoon tai vinoutuneeseen dataan, se voi tehdä virheellisiä tai syrjiviä suosituksia.
- Esimerkiksi rekrytoinnissa tekoäly voi vahvistaa aiempia syrjiviä käytäntöjä, jos se on koulutettu epätasapainoisella datalla.

Mahdollisuudet (Opportunities)

🚀 Parempi päätöksentekotuki ja simulaatiot

- Tekoäly voi tuottaa eri näkökulmia päätöksenteon tueksi, esimerkiksi poliittisessa päätöksenteossa tai yritysstrategioissa.
- Se voi simuloida eri skenaarioita ja niiden vaikutuksia, mikä auttaa ennakoimaan tulevaisuutta.

🚀 Henkilökohtainen päätöksentuki

- Tekoäly voi auttaa yksilöitä tekemään parempia päätöksiä esimerkiksi uravalinnoissa, sijoituksissa tai terveystottumuksissa tarjoamalla räätälöityjä suosituksia.

🚀 Eettinen analyysi ja riskienhallinta

- Tekoäly voi auttaa tunnistamaan eettisiä ongelmia ja mahdollisia riskejä päätöksissä, esimerkiksi ihmisoikeuksiin liittyvissä kysymyksissä tai yritysten vastuullisuusanalyyseissä.

🚀 Automaation ja ihmisen yhdistelmä

542

- Ihmisen ja tekoälyn yhteistyö voi tuottaa parhaan mahdollisen päätöksentekoprosessin: tekoäly tuo analyysin ja datan, ihminen intuition ja arvot.

Uhat (Threats)

⚠ Automaatioharha (Automation Bias)

- Ihmiset voivat luottaa liikaa tekoälyn päätöksiin kyseenalaistamatta niitä, mikä voi johtaa huonoihin lopputuloksiin.
- Esimerkiksi lääketieteessä, jos lääkäri hyväksyy tekoälyn diagnoosin kritiikittä, se voi johtaa hoitovirheisiin.

⚠ Vastuun ja etiikan ongelmat

- Kuka on vastuussa, jos tekoälyn antama suositus johtaa huonoon lopputulokseen? Tämä on erityisen ongelmallista oikeusjärjestelmässä, finanssialalla ja turvallisuuspäätöksissä.

⚠ Manipulointi ja väärinkäyttö

- Tekoälyä voidaan käyttää propagandan, valeuutisten ja poliittisen manipuloinnin välineenä, mikä voi vaikuttaa laadulliseen päätöksentekoon negatiivisesti.
- Esimerkiksi sosiaalisen median algoritmit voivat vahvistaa polarisaatiota tarjoamalla käyttäjille vain heidän maailmankuvaansa vahvistavaa sisältöä.

⚠ Inhimillisen päätöksentekokyvyn heikkeneminen

- Jos ihmiset tottuvat liikaa tekoälyn tekemiin päätöksiin, heidän oma kriittinen ajattelunsa ja päätöksentekotaitonsa voivat heikentyä.
- Tämä voi johtaa tilanteisiin, joissa ihmiset eivät enää osaa arvioida monimutkaisia ongelmia ilman tekoälyn tukea.

Yhteenveto

Tekoäly voi merkittävästi parantaa laadullista päätöksentekoa tarjoamalla analyysiä, nopeutta ja objektiivisuutta. Toisaalta sillä on myös merkittäviä rajoituksia, kuten intuition, luovuuden ja kontekstin ymmärtämisen puute. Lisäksi tekoälyn käyttöön liittyy riskejä, kuten vastuukysymykset, automaatioharha ja mahdollinen väärinkäyttö.

Paras ratkaisu on yhdistää ihmisen ja tekoälyn vahvuudet niin, että tekoäly toimii päätöksenteon tukena, mutta lopullinen vastuu ja harkinta pysyy ihmisellä.

Kommentti ChatGPT:n vastaukseen: Halusin nähdä kuinka hyvin tekoäly osaa tehdä SWOT-analyysin vahvuuksista, heikkouksista, mahdollisuuksista ja uhkista käyttää tekoälyä laadullisen päätöksenteon tukena. ChatGPT selvisi tästä tehtävästä erittäin hyvin. Tämä on myös aihe, josta on keskusteltava tarkasteltaessa tekoälyn toimintaa.

Sinä sanoit: Mitä ovat tekoälyn vinoumat ja mitkä ovat niiden vaikutukset tekoälyn antamaan vastaukseen ja tietoon?

ChatGPT sanoi: Tekoälyn vinoumat ja niiden vaikutukset

Tekoälyn vinoumat (*AI biases*) ovat järjestelmällisiä virheitä tai vääristymiä, jotka vaikuttavat tekoälyn päätöksiin, suosituksiin ja analyysiin. Nämä vinoumat voivat johtua koulutusdatasta, algoritmien suunnittelusta tai jopa ihmisten tiedostamattomista ennakkoluuloista. Ne voivat heikentää tekoälyn luotettavuutta ja oikeudenmukaisuutta, erityisesti päätöksenteossa, joka vaikuttaa ihmisten elämään.

1. Yleisimmät tekoälyn vinoumat

◆ Datan vinoumat (Data Bias)

Tekoäly oppii sille syötetystä datasta. Jos data on vinoutunutta, myös tekoälyn päätökset ovat vinoutuneita.

☞ *Esimerkki*:

- Jos tekoälyn koulutusdata sisältää vain kuvia vaaleaihoisista ihmisistä, kasvojentunnistusjärjestelmä voi tunnistaa huonommin tummaihoisia ihmisiä.
- Jos rekrytointiautomaation data perustuu aiempaan palkkaushistoriaan, joka suosii miehiä tietyissä tehtävissä, tekoäly voi syrjiä naisia.

◆ Algoritminen vinouma (Algorithmic Bias)

Tekoälyn toimintatapa voi itsessään aiheuttaa vinoumaa, vaikka koulutusdata olisi tasapainoista.

☞ *Esimerkki*:

- Hakukoneet voivat suosia tietyntyyppistä sisältöä algoritmiensa vuoksi, vaikka ne eivät perustuisi suoraan datan laatuun.
- Sosiaalisen median algoritmit voivat vahvistaa polarisoituneita mielipiteitä tarjoamalla käyttäjille vain heidän maailmankuvaansa tukevia näkökulmia.

◆ Edustavuusvinouma (Representation Bias)

Jos tekoälyn koulutusdata ei edusta riittävästi erilaisia ihmisryhmiä tai näkökulmia, se voi tehdä syrjiviä päätöksiä.

☞ *Esimerkki*:

- Jos lääketieteellinen tekoäly on koulutettu pääasiassa länsimaisen väestön terveystiedoilla, se voi antaa virheellisiä diagnooseja muiden etnisten ryhmien potilaille.

◆ Palautevinouma (Feedback Loop Bias)

Kun tekoälyn päätökset vaikuttavat tulevaisuuden dataan, vinoumat voivat vahvistua ajan myötä.

☞ *Esimerkki*:

- Rikollisuuden ennustamiseen käytetty tekoäly voi kohdistaa enemmän poliisivalvontaa tiettyihin alueisiin, mikä johtaa siihen, että sieltä raportoidaan enemmän rikoksia—ja tekoäly alkaa pitää kyseisiä alueita vielä suurempina riskialueina.

◆ Automaatioharha (Automation Bias)

Ihmiset saattavat luottaa liikaa tekoälyn päätöksiin ja jättää kriittisen ajattelun vähemmälle.

☞ *Esimerkki*:

- Lentäjät tai lääkärit voivat hyväksyä tekoälyn antamat suositukset kyseenalaistamatta niitä, vaikka ne olisivat virheellisiä.

2. Vaikutukset tekoälyn antamaan tietoon ja vastauksiin

● **Epätarkkuus ja väärät päätökset**

- Jos tekoäly pohjaa päätöksensä vinoutuneeseen dataan, sen tekemät analyysit voivat olla harhaanjohtavia tai jopa täysin vääriä.

● **Syrjivyys ja epäoikeudenmukaisuus**

- Rekrytointi- tai lainapäätöksissä tekoäly voi vahvistaa ennakkoluuloja ja syrjiä tiettyjä ihmisryhmiä.

● **Vääristynyt maailmankuva ja informaatiokuplat**

- Hakukoneet ja somealgoritmit voivat vahvistaa vinoutuneita näkökulmia ja vähentää altistumista monipuolisille mielipiteille.

● **Luottamuksen heikkeneminen**

- Jos tekoälyn vinoumat paljastuvat julkisesti, se voi vähentää ihmisten luottamusta tekoälyyn ja sen käyttöön yhteiskunnassa.

---

3. Miten vinoumia voidaan vähentää?

☑ **Monipuolinen ja tasapainoinen data**

- Varmistetaan, että tekoälyn koulutusdata edustaa kattavasti erilaisia näkökulmia ja ihmisryhmiä.

☑ **Algoritmien läpinäkyvyys**

- Tekoälyn päätöksenteon pitäisi olla selitettävissä, jotta ihmiset ymmärtävät, miten se toimii.

☑ Ihmisen ja tekoälyn yhteistyö

- Tekoälyä ei tule käyttää itsenäisenä päätöksentekijänä, vaan ihmisten tulee valvoa ja tarkistaa sen suositukset.

☑ Jatkuva seuranta ja testaus

- Tekoälymalleja tulisi säännöllisesti testata vinoumien varalta ja päivittää tarpeen mukaan.

☑ Eettiset periaatteet ja sääntely

- Tekoälyn käyttöön tulisi soveltaa eettisiä sääntöjä ja lainsäädäntöä, jotta vältetään haitalliset vinoumat.

Yhteenveto

Tekoälyn vinoumat ovat merkittävä ongelma, joka voi vaikuttaa päätöksenteon oikeudenmukaisuuteen ja tarkkuuteen. Vinoumat voivat syntyä datasta, algoritmien rakenteesta tai ihmisten käytöksestä. Niiden tunnistaminen ja korjaaminen on olennaista, jotta tekoäly pysyy hyödyllisenä, oikeudenmukaisena ja luotettavana työkaluna päätöksenteossa.

Kommentti ChatGPT:n vastaukseen: Ammattilaisten tulisi tarkastella tekoälyn antamia tietoja ja vastauksia kriittisin silmin. Jos heillä on syytä epäillä tekoälyn vastauksen todenmukaisuutta, niin heillä on velvollisuus tarkistaa sen todenperäisyys, sillä tekoälyn virheelliseen vastaukseen perustuvat päätökset saattavat johtaa pahimmillaan hyvin ikäviin ja murheellisiin lopputuloksiin. Viime kädessä tekoälyn kouluttajat ja käyttäjät ovat juridisesti vastuussa sen antamista vastauksista ja niiden käyttämisestä.

Sinä sanoit: Miten tekoälyn käyttäjän tulisi toimia, jos hän epäilee tekoälyn antaman vastauksen todenperäisyyttä? Viime kädessä tekoälyn kouluttajat ja sen käyttäjät ovat vastuussa tekoälyn antamista vastauksista ja vastauksien soveltamisesta.

ChatGPT sanoi: Jos tekoälyn käyttäjä epäilee tekoälyn antaman vastauksen todenperäisyyttä, hänen tulisi toimia kriittisesti ja systemaattisesti varmistaakseen tiedon luotettavuuden. Koska viime kädessä vastuu tekoälyn käytöstä on ihmisillä – niin kouluttajilla kuin käyttäjillä – on tärkeää noudattaa seuraavia toimintaperiaatteita:

---

1. Tarkista tieto useista lähteistä

◆ Etsi vaihtoehtoisia tietolähteitä

- Vertaile tekoälyn antamaa tietoa luotettavien lähteiden, kuten tieteellisten artikkelien, virallisten raporttien tai tunnettujen asiantuntijoiden lausuntojen kanssa.
- Jos kyse on ajankohtaisesta tiedosta, tarkista eri uutislähteet ja viralliset tahot.

◆ Hyödynnä kriittistä ajattelua

- Mieti, onko tieto loogista ja perusteltua.
- Kysymys: "Jos tämä tieto olisi väärää, mitä seurauksia sillä voisi olla?"

---

2. Kysy lisätietoja ja perusteluja tekoälyltä

◆ Pyydä lähteitä tai lisäselvitystä

- Jos tekoäly antaa vastauksen, kysy tarkennuksia:

"Mihin lähteisiin perustat tämän väitteen?"
"Voitko selittää tämän yksityiskohtaisemmin?"

- Jos tekoäly ei voi antaa suoria lähdeviitteitä, se tarkoittaa, että käyttäjän tulee tarkistaa tieto itsenäisesti.

◆ Pyydä vaihtoehtoisia näkökulmia

- Kysy tekoälyltä, onko olemassa eriäviä mielipiteitä tai mahdollisia vastaväitteitä.

"Onko tästä aiheesta olemassa kilpailevia näkemyksiä?"

---

3. Tarkkaile mahdollisia vinoumia ja virheellistä tietoa

◆ Tunnista mahdolliset vinoumat

- Mieti, onko tekoälyn vastaus mahdollisesti vinoutunut esimerkiksi:
  - **Poliittisesti tai ideologisesti** (tukeeko se vain yhtä näkökulmaa?)
  - **Tilastollisesti** (perustuuko se epäedustavaan aineistoon?)
  - **Historiallisesti** (onko se ajan tasalla vai vanhentunut?)

◆ Varmista faktat, erityisesti kriittisissä päätöksissä

- Jos päätös perustuu tekoälyn analyysiin (esim. lääketiede, oikeusasiat, talous), varmistus on ehdottoman tärkeää.

---

4. Hyödynnä asiantuntijoita ja kollegoja

◆ Kysy ihmisiltä, joilla on asiantuntemusta aiheesta

- Keskustele kollegoiden, asiantuntijoiden tai alan ammattilaisten kanssa, jos tekoäly antaa epäilyttäviä vastauksia.
- Tieteellisissä ja teknisissä kysymyksissä voit tarkistaa esimerkiksi **Google Scholarista, tutkimusartikkeleista tai viranomaissivustoilta.**

◆ **Älä nojaa tekoälyyn ainoana tiedonlähteenä kriittisissä tilanteissa**

- Tekoäly voi antaa suuntaa-antavia tietoja, mutta lopullinen päätös vaatii aina ihmisen harkintaa.

---

5. Ilmoita virheistä ja anna palautetta

◆ **Raportoi epäilyttävistä vastauksista**

- Jos huomaat selkeitä virheitä, anna palautetta tekoälyn kehittäjille.
- Tekoälyn kouluttajat voivat käyttää tätä tietoa järjestelmän parantamiseen.

◆ **Edistä vastuullista tekoälyn käyttöä**

- Jos tekoälyä käytetään organisaatiossasi, kehitä prosesseja, joilla varmistetaan sen tuottaman tiedon tarkkuus ja oikeudenmukaisuus.

Yhteenveto: Kuinka toimia epäilyttävän vastauksen kohdalla?

☑ **Tarkista tieto eri lähteistä** (tieteelliset artikkelit, viranomaiset, uutismediat)
☑ **Kysy tekoälyltä lisätietoja ja lähteitä**
☑ **Ole tietoinen vinoumista ja mahdollisista virheistä**
☑ **Kysy asiantuntijoilta ja kollegoilta**

☑ **Älä käytä tekoälyä ainoana päätöksenteon välineenä**
☑ **Ilmoita virheistä ja anna palautetta**

Tekoäly on voimakas työkalu, mutta se ei korvaa ihmisen harkintakykyä. Kriittinen ajattelu ja monipuolinen tiedon varmistaminen ovat aina avainasemassa tekoälyn käytössä.

Kommentti ChatGPT:n vastaukseen: Tekoäly ei välttämättä aina pysty antamaan luotettavia vastauksia. Tuollaisissa tapauksissa vastauksen huono laatu on tekoälyn kouluttajan vastuulla, kun taas vastauksen laadun arviointi ja vastauksen käyttäminen ovat tekoälyn käyttäjän vastuulla. ChatGPT antoi vastauksessaan hyvät ohjeet, miten toimia, jos käyttäjä epäilee tekoälyn antaman vastauksen laatua. Niin tekoälyn kouluttajat kuin käyttäjät saattavat joutua juridIseen vastuuseen siitä, jos tekoälyn antaman vastauksen käyttäminen johtaa jonkinlaisiin vahinkoihin.

Sinä sanoit: Jos tekoäly antaa huonon tai epäilyttävän vastauksen, niin yksi asia, jota pitää tarkastella, on kysymys tai ohjeistus, jonka käyttäjä on sille antanut. Kuinka käyttäjien osaamista niin tekoälyn käyttämisen ja pätevien tehtäväohjeistuksien kuin oman alansa tietämyksen suhteen voidaan parantaa?

ChatGPT sanoi: Käyttäjien osaamisen parantaminen tekoälyn käytössä, pätevien tehtäväohjeistusten laatimisessa ja oman alansa tietämyksen syventämisessä vaatii monipuolista lähestymistapaa. Tärkeintä on kehittää sekä **tekoälyn käyttöosaamista** että **kriittistä ajattelua**, jotta käyttäjät voivat hyödyntää tekoälyä tehokkaasti ja arvioida sen antamien vastausten laatua.

---

1. Tekoälyn käyttöosaamisen parantaminen

◆ **Koulutukset ja käytännön harjoittelu**

- Järjestetään **tekoälytyökaluja koskevia koulutuksia**, joissa käsitellään:
    - ○ Kuinka laaditaan selkeitä ja täsmällisiä tehtäväohjeistuksia (*prompt engineering*).

552

- o Miten tekoälyn tuottamaa tietoa arvioidaan kriittisesti.
- o Miten tekoälyä voi hyödyntää eri aloilla.
- Harjoitellaan käytännön esimerkkien avulla, miten erilaiset kysymysten muotoilut vaikuttavat vastaukseen.

◆ **Ohjeistukset ja parhaat käytännöt**

- Laaditaan **selkeät käyttöohjeet** tekoälylle kysymysten laatimiseen:
  - o Esimerkki **huonosta ohjeistuksesta**: "Kerro jotain tekoälystä."
  - o Esimerkki **hyvästä ohjeistuksesta**: "Selitä lyhyesti, miten koneoppiminen toimii, ja anna esimerkki sen käytöstä terveydenhuollossa."
- Kehitetään **ohjeita virheiden tunnistamiseen** ja tiedon varmistamiseen.

◆ **Kokeileva ja iteratiivinen lähestymistapa**

- Käyttäjiä kannustetaan **testaamaan eri kysymyksiä ja muokkaamaan niitä**, jotta he oppivat, miten tekoäly vastaa erilaisiin pyyntöihin.
- Käyttäjille opetetaan **reflektiivinen lähestymistapa**, jossa he arvioivat omia kysymyksiään ja parantavat niitä tarpeen mukaan.

---

2. Pätevämpien tehtäväohjeistusten laatiminen

◆ **Selkeys ja tarkkuus kysymyksissä**

- Opetetaan käyttäjiä olemaan **mahdollisimman täsmällisiä** ja käyttämään tarvittaessa esimerkkejä.
  - o Esim. "Millä tavoin tekoälyä voidaan hyödyntää markkinoinnissa?"
  - o Vs. "Mitkä ovat kolme tehokkainta tapaa käyttää tekoälyä digitaalisen markkinoinnin optimoinnissa, ja mitkä ovat niiden mahdolliset riskit?"

- **Kontekstin ja rajausten määrittely**

  - Käyttäjille opetetaan, että **hyvä tehtävänanto sisältää relevantin kontekstin ja rajaukset.**
    - o   Esim. "Selitä lyhyesti koneoppiminen **lääketieteellisessä diagnostiikassa** käyttäen esimerkkejä vuosilta 2020–2024."
  - Pyydetään **eri näkökulmia ja perusteluja** vastauksille, jotta vältetään vinoumat.

- **Iteratiivinen kysymysten kehittäminen**

  - Jos ensimmäinen vastaus ei ole hyvä, käyttäjän tulee osata **muokata kysymystään ja pyytää tarkennuksia.**
    - o   "Tarkenna edellistä vastaustasi ja lisää lähteitä, jos mahdollista."
    - o   "Voitko antaa eri näkökulman tähän aiheeseen?"

---

3. Oman alansa tietämyksen syventäminen

- **Jatkuva oppiminen ja ajankohtaisen tiedon seuraaminen**

  - Käyttäjiä rohkaistaan **seuraamaan alansa uusinta tutkimusta ja kehitystä.**
  - Käytetään tekoälyä **tiedon etsimiseen ja analysointiin**, mutta varmistetaan faktat muista lähteistä.

- **Vertaisarviointi ja yhteistyö**

  - Kannustetaan käyttäjiä **keskustelemaan tekoälyn antamista vastauksista kollegoiden kanssa** ja vertailemaan näkökulmia.
  - Kehitetään **asiantuntijaverkostoja**, joissa voidaan yhdessä analysoida tekoälyn tuottamaa tietoa.

- **Kriittinen ajattelu ja metakognitio**

- Käyttäjiä opetetaan arvioimaan omaa tietämystään ja tunnistamaan tilanteet, joissa heidän täytyy **etsiä lisätietoa** tai kyseenalaistaa tekoälyn vastaus.
- Käyttäjille tarjotaan **vertaisarviointimenetelmiä**, joissa he voivat saada palautetta omista päätöksistään ja oppia tunnistamaan harhaanjohtavaa tietoa.

---

4. Yhteenveto: Miten käyttäjien osaamista voidaan parantaa?

☑ **Tekoälyn käyttöosaaminen**

- Koulutukset, harjoittelu, selkeät käyttöohjeet
- Tiedon varmistaminen useista lähteistä
- Kokeileva ja iteratiivinen lähestymistapa

☑ **Tehtäväohjeistusten laadinta**

- Tarkat, selkeät ja kontekstuaaliset kysymykset
- Pyydetään perusteluja ja eri näkökulmia
- Iteratiivinen kysymysten kehittäminen

☑ **Alan asiantuntemuksen kehittäminen**

- Seurataan uusinta tietoa ja keskustellaan kollegoiden kanssa
- Harjoitellaan kriittistä ajattelua
- Käytetään tekoälyä työkaluna, mutta ei ainoana tiedonlähteenä

Kokonaisuudessaan **parhaat käyttäjät eivät pelkästään kysy tekoälyltä hyviä kysymyksiä, vaan myös arvioivat vastauksia kriittisesti ja kehittävät jatkuvasti omaa osaamistaan.**

Kommentti ChatGPT:n vastaukseen: Jotta tekoälystä saadaan paras hyöty, niin silloin sen tekoälyn kouluttajien ja harjoitteludatan tulee olla parasta mahdollista, tekoälyn oman tekoälymallin tulee olla niin hyvä kuin on mahdollista ja tekoälyä käyttävän henkilön tulee olla mahdollisimman hyvin koulutettu käyttämään sitä, sekä tuntemaan oman alansa erityisongelmat, jotta hän pystyy soveltamaan tekoälyä kyseisten ongelmien ratkaisemiseksi.

Sinä sanoit: Onko oikein sanoa, että optimaalisen tekoälyn käytön kannalta kolme tärkeintä seikkaa ovat tekoälyn laadukas kouluttaminen ja teköälyn pätevät kouluttajat, niin hyvä tekoälymalli kuin mahdollista ja tekoälyn käyttäjien pätevä osaaminen käyttää tekoälyä, sekä tuntea oman alansa keskeiset ongelmat, sekä se miten nämä ongelmayt voidaan ratkaista tekoälyn avulla? Mitä muita seikkoja olisi syytä ottaa huomioon, jos tekoälyltä halutaan optimaalisia tuloksia?

ChatGPT sanoi: Kyllä, nuo kolme mainitsemaasi seikkaa – **tekoälyn laadukas kouluttaminen, hyvä tekoälymalli ja pätevät käyttäjät** – ovat keskeisiä optimaalisen tekoälyn käytön kannalta. Jos halutaan saavuttaa mahdollisimman hyviä tuloksia tekoälyä hyödyntäen, on kuitenkin syytä ottaa huomioon myös **muita kriittisiä tekijöitä**. Tässä muutamia tärkeitä lisäseikkoja:

---

1. Laadukas ja monipuolinen data

* **Tekoälyn oppiminen riippuu täysin siitä datasta, jolla se on koulutettu.** Jos data on vajavaista, puolueellista tai vanhentunutta, myös tekoälyn vastaukset kärsivät.
* **Monipuolisuus ja kattavuus** ovat tärkeitä, jotta tekoäly voi tuottaa **luotettavia ja tasapainoisia** vastauksia.
* **Ajantasaisuus** on kriittistä erityisesti dynaamisilla aloilla, kuten lääketieteessä, lainsäädännössä ja teknologiassa.

☑ **Mitä tulisi tehdä?**

* **Käytetään laadukasta, monipuolista ja ajantasaista dataa** tekoälyn kouluttamiseen.
* **Varmistetaan datan objektiivisuus** ja pyritään poistamaan mahdollisia vinoumia.

2. Vinoumien ja vääristymien hallinta

◆ Tekoäly oppii **kaikki mallinsa perusteet koulutusdatasta**, mikä tarkoittaa, että **kaikki vinoumat ja vääristymät siirtyvät myös sen vastauksiin.**

◆ Jos esimerkiksi koulutusdata suosii tiettyä näkökulmaa, tekoäly voi antaa **epätasapainoisia vastauksia.**

◆ Algoritmiset vinoumat voivat johtaa **vääristyneisiin tai epäoikeudenmukaisiin päätöksiin,** esimerkiksi rekrytoinnissa tai lainkäytössä.

☑ Mitä tulisi tehdä?

- **Testataan ja arvioidaan säännöllisesti tekoälyn antamia vastauksia** vinoumien havaitsemiseksi.
- **Hyödynnetään monipuolista dataa** ja pyritään vähentämään yksipuolisia lähtökohtia.
- **Tarkastellaan kriittisesti tekoälyn toimintaperiaatteita,** erityisesti silloin, kun sen päätökset vaikuttavat ihmisten elämään.

---

3. Tekoälyn ja ihmisen välinen yhteistyö

◆ Tekoäly ei **korvaa asiantuntijoita,** vaan sen tulisi toimia **työkaluna, joka parantaa päätöksentekoa ja tiedon analysointia.**

◆ Ihmisten tehtävä on **arvioida ja validoida tekoälyn tuottamat vastaukset,** sillä tekoäly voi tuottaa harhaanjohtavaa tai väärää tietoa.

◆ Parhaissa järjestelmissä **tekoälyn tulokset ja ihmisen asiantuntemus yhdistyvät,** jolloin saadaan paras mahdollinen lopputulos.

☑ Mitä tulisi tehdä?

- **Luodaan järjestelmiä, joissa tekoälyn ja ihmisen välinen vuorovaikutus on keskeinen osa päätöksentekoa.**

- Koulutetaan käyttäjiä arvioimaan kriittisesti tekoälyn tuloksia ja tekemään niistä itsenäisiä johtopäätöksiä.
- Hyödynnetään tekoälyä avustajana eikä sokeana auktoriteettina.

---

4. Läpinäkyvyys ja selitettävyys

◆ Tekoälyn päätöksenteko ei saa olla **mustan laatikon kaltainen järjestelmä**, jossa kukaan ei ymmärrä, miksi se päätyi tiettyyn ratkaisuun.

◆ Läpinäkyvyys ja selitettävyys ovat **erityisen tärkeitä kriittisissä sovelluksissa**, kuten terveydenhuollossa, lainsäädännössä ja taloudessa.

☑ **Mitä tulisi tehdä?**

- **Kehitetään tekoälymalleja, joiden päätökset voidaan perustella ja avata ymmärrettävästi.**
- **Otamme käyttöön selitettävyystyökaluja,** kuten SHAP tai LIME, jotka auttavat ymmärtämään tekoälyn päätöksiä.
- **Käyttäjille tarjotaan riittävä taustatieto tekoälyn toimintaperiaatteista.**

---

5. Eettiset ja oikeudelliset näkökulmat

◆ Tekoälyn käytössä on **eettisiä ja oikeudellisia haasteita**, kuten tietosuoja, vastuu päätöksistä ja tekoälyn vaikutus yhteiskuntaan.

◆ Lainsäädäntö tekoälyn käytöstä **kehittyy jatkuvasti**, ja on tärkeää pysyä ajan tasalla uusista säädöksistä.

☑ **Mitä tulisi tehdä?**

- **Varmistetaan, että tekoälyä käytetään eettisesti ja lainmukaisesti.**

- **Noudatetaan tietosuoja-asetuksia** (esim. GDPR) ja varmistetaan, ettei tekoäly loukkaa yksityisyyttä.
- **Määritellään vastuu tekoälyn päätöksistä**, erityisesti silloin, kun sen suosituksia käytetään tärkeissä päätöksissä.

Yhteenveto: Mitä tarvitaan optimaalisiin tuloksiin?

☑ **Tekoälyn laadukas koulutus ja hyvä malli**

- Korkealaatuinen ja monipuolinen koulutusdata
- Vinoumien ja vääristymien hallinta

☑ **Pätevät käyttäjät**

- Ymmärrys tekoälyn rajoituksista ja mahdollisuuksista
- Kyky muotoilla tehokkaita tehtäväohjeistuksia
- Oman alan ongelmien ja ratkaisumallien tuntemus

☑ **Ihmisen ja tekoälyn yhteistyö**

- Tekoäly tukemaan päätöksentekoa, ei korvaamaan sitä
- Kriittinen ajattelu tekoälyn vastauksia arvioitaessa

☑ **Läpinäkyvyys ja selitettävyys**

- Tekoälyn päätösten ymmärrettävyys ja perusteltavuus

☑ **Eettiset ja oikeudelliset näkökulmat**

- Tietosuoja ja vastuu tekoälyn käytöstä

Jos nämä kaikki tekijät otetaan huomioon, tekoälystä voidaan saada **optimaaliset ja luotettavat tulokset** ilman, että sen käyttö johtaa vääriin tai epäeettisiin lopputuloksiin.

Kommentti ChatGPT:n vastaukseen: Edellä mainitsemieni kolmen seikan lisäksi on myös hyvä ymmärtää tekoälyn tekemien päätösten ymmärrettävyyttä ja perusteltavuutta. Tämän lisäksi tekoälyn toiminnassa tulee ottaa huomioon siihen kuuluvat niin eettiset kuin juridiset näkökulmat.

Sinä sanoit: Voisitko tehdä lyhyen yhteenvedon tästä keskusteluketjusta?

ChatGPT sanoi: Tässä on lyhyt yhteenveto keskustelustamme:

1. Intuitiivinen päätöksenteko ja tekoäly:

- Tekoäly ei varsinaisesti "ymmärrä" intuitiota, mutta se voi analysoida suuria tietomääriä ja havaita malleja, jotka voivat vaikuttaa intuitiivisilta.

2. Ihmisen ja tekoälyn yhteistyö päätöksenteossa:

- Tekoäly toimii tehokkaana apuvälineenä analysoinnissa, mutta lopullinen päätöksenteko vaatii ihmisen asiantuntemusta.
- Rajoituksina ovat mm. tekoälyn mahdolliset virheet, vinoumat ja päätösten läpinäkyvyyden puute.

3. Tekoälyn mahdollisuudet ja riskit laadullisessa päätöksenteossa:

- **Mahdollisuudet:** Tehokas analyysi, suuri tietomäärä, toistettavuus.
- **Uhat:** Vinoumat, vääristymät, liiallinen luottamus tekoälyn arvioihin.
- **Vahvuudet:** Nopeus, tarkkuus, objektiivisuus hyvin koulutettuna.
- **Heikkoudet:** Ei ymmärrystä asiayhteydestä tai inhimillisistä tekijöistä.

4. Tekoälyn vinoumat ja niiden vaikutukset:

- Tekoäly voi heijastaa koulutusdatan vinoumia, mikä voi vääristää sen vastauksia.
- Tämä voi johtaa epäoikeudenmukaisiin päätöksiin esimerkiksi rekrytoinnissa tai lainkäytössä.

5. Miten käyttäjän tulisi toimia epäiltäessä tekoälyn vastauksen paikkansapitävyyttä?

- Tarkistaa kysymyksen tai ohjeistuksen selkeys.
- Arvioida vastausta kriittisesti ja verrata muihin tietolähteisiin.
- Ymmärtää, että vastuu päätöksistä on viime kädessä käyttäjillä ja tekoälyn kehittäjillä.

6. Kuinka parantaa tekoälyn käyttöä ja ohjeistuksia?

- Käyttäjien koulutus tekoälyn hyödyntämiseen ja oman alansa tuntemiseen.
- Parempi tehtävänanto ja kriittinen ajattelu tekoälyn tulosten arvioinnissa.
- Vinoumien vähentäminen ja laadukkaan datan käyttö.

7. Optimaalinen tekoälyn käyttö:

- **Tärkeimmät tekijät:**
  1. **Laadukas tekoälymalli ja koulutusdata**
  2. **Pätevät käyttäjät ja ohjeistukset**
  3. **Ihmisen ja tekoälyn yhteistyö**
  4. **Läpinäkyvyys ja selitettävyys**
  5. **Eettisyys ja juridinen vastuullisuus**

Jos nämä tekijät huomioidaan, tekoäly voi toimia luotettavana apuvälineenä päätöksenteossa ilman merkittäviä riskejä.

Kommentti ChatGPT:n vastaukseen: Käsiteltävän asian loppuun on hyvä tehdä pieni yhteenveto keskeisimmistä asioista. Tämä auttaa lukijaa poimimaan nämä asiat ja ymmärtämään itsessään kuin kyseiset asiat osana suurempaa kokonaisuutta.

Millaiset tulevaisuudennäkymät on tekoälyn käyttämisellä laadullisen analyysin tukena?

ChatGPT sanoi: Tekoälyn käyttö laadullisen analyysin tukena kehittyy nopeasti, ja tulevaisuudessa sen rooli tulee todennäköisesti kasvamaan entisestään. Tässä joitakin keskeisiä kehityssuuntia ja tulevaisuudennäkymiä:

1. Automatisoitu aineiston käsittely

- Tekoäly pystyy jatkossa yhä paremmin tunnistamaan ja jäsentämään tekstiaineistoa, kuten haastatteluja, asiakirjoja ja sosiaalisen median sisältöä.
- Koneoppimismallit voivat suodattaa ja tiivistää keskeiset teemat, mikä nopeuttaa analyysityötä.

2. Parempi luonnollisen kielen ymmärrys (NLU)

- Suorituskyvyn paraneminen mahdollistaa monimutkaisempien kontekstien tunnistamisen, esimerkiksi sävyanalyysin tai piilomerkitysten erottamisen tekstistä.
- Monikielisten mallien kehittyminen helpottaa eri kielillä tehtävää laadullista analyysiä.

3. Teema- ja diskurssianalyysin kehitys

- Tekoäly voi auttaa löytämään syvempiä merkitysrakenteita, kuten ideologisia tai kulttuurisia painotuksia tekstiaineistossa.
- Algoritmit voivat tukea tutkijoita kategorisoimaan ja visualisoimaan tuloksia paremmin.

4. Yhdistelmä ihmisanalyysin kanssa

- Tekoäly voi toimia tehokkaana tukityökaluna, mutta ihmisanalyytikot tekevät lopulliset tulkinnat, erityisesti silloin, kun tarvitaan kontekstuaalista ymmärrystä.

- Hybridimallit, joissa yhdistetään ihmisen ja tekoälyn vahvuudet, voivat tarjota tarkempia ja monipuolisempia näkökulmia.

5. Eettiset ja luotettavuushaasteet

- Tekoälyn käyttämä data ja sen analyysit voivat olla alttiita vääristymille (bias).
- Tarve läpinäkyville analyysimenetelmille ja tekoälyn tuottaman tiedon kriittiselle tarkastelulle kasvaa.

6. Visualisoinnin ja esittämisen parantuminen

- Kehittyneet tekoälytyökalut voivat auttaa esittämään analyysin tuloksia interaktiivisina kaavioina ja diagrammeina, mikä tekee laadullisesta tutkimuksesta helpommin ymmärrettävää ja jaettavaa.

7. Sovellusmahdollisuuksien laajeneminen

- Tekoäly voi tulevaisuudessa tukea laadullista analyysiä monilla aloilla, kuten yhteiskuntatieteissä, markkinatutkimuksessa, käyttäjäkokemusanalyysissä ja politiikassa.
- Automatisoidut tutkimusapulaiset voivat tarjota reaaliaikaista analyysiä laajoista aineistoista.

Yhteenveto

Tekoäly ei tule korvaamaan ihmistä laadullisessa analyysissä, mutta se voi merkittävästi nopeuttaa, tehostaa ja laajentaa analyysin mahdollisuuksia. Tulevaisuudessa kehitystä ohjaavat muun muassa paremmat algoritmit, eettiset pohdinnat ja ihmisen ja tekoälyn yhteistyön optimointi.

Kommentti ChatGPT:n vastaukseen: Toisin sanoen ChatGPT:n mukaan tekoälyn rooli tulee olemaan työkalu samalla tavalla kuin kirjoitustaito, kirjapainotaito, sekä erilaiset tekstinkäsittely- ja taulukkolaskentaohjelmat ovat olleet aikaisemmin. Tekoäly tekee niin kuin se on ohjelmoitu ja ohjeistettu tekemään, mutta viime kädessä sen toiminnan oikeaksi varmistamiseen tarvitaan ammatti-ihmisiä valvomaan sen toimintaa.

Sinä sanoit: Mitkä ovat vahvuudet, heikkoudet, mahdollisuudet ja uhat koskien tekoälyn käyttämistä laadullisen analyysin tukena?

ChatGPT sanoi: Tässä on SWOT-analyysi tekoälyn käyttämisestä laadullisen analyysin tukena:

Vahvuudet (Strengths)

☑ **Nopeus ja tehokkuus** – Tekoäly voi käsitellä suuria tietomääriä nopeasti ja löytää relevantteja teemoja laajasta aineistosta.

☑ **Objektiivisuus tietyissä tehtävissä** – Tekoäly voi analysoida dataa ilman inhimillisiä ennakkoasenteita (bias voi kuitenkin vaikuttaa taustadataan).

☑ **Monikielinen analyysi** – Kehittyneet kielimallit voivat analysoida useita kieliä ilman tarvetta käännöksille.

☑ **Toistettavuus ja systemaattisuus** – Tekoäly voi käsitellä aineistoa samalla tavalla joka kerta, mikä lisää analyysin luotettavuutta.

☑ **Visuaaliset ja dataperusteiset esitystavat** – Tulosten esittäminen interaktiivisina visualisointeina helpottaa havaintojen ymmärtämistä.

Heikkoudet (Weaknesses)

✗ **Kontekstin ymmärtämisen rajallisuus** – Tekoäly voi tunnistaa sanoja ja lauseita, mutta ei aina ymmärrä niiden kulttuurista tai historiallista taustaa.

✗ **Vääristymät (bias)** – Jos koulutusdata on vinoutunutta, tekoäly voi toistaa ja vahvistaa olemassa olevia ennakkoluuloja.

✗ **Ei kriittistä ajattelua** – Tekoäly voi tehdä pinnallisia analyysejä, mutta ei osaa arvioida, mikä merkitys löydöksillä on laajemmassa kontekstissa.

✗ **Tiedon laadun ja lähteiden arviointi** – Tekoäly ei kykene arvioimaan aineiston luotettavuutta tai eettisyyttä yhtä hyvin kuin ihminen.

✗ **Tekninen osaamisvaatimus** – Käyttäjien on ymmärrettävä, miten tekoäly toimii, jotta he voivat hyödyntää sitä tehokkaasti ja välttää virheellisiä johtopäätöksiä.

Mahdollisuudet (Opportunities)

🔍 **Laadullisen tutkimuksen laajentaminen** – Tekoäly mahdollistaa analyysin, joka kattaa suurempia ja monipuolisempia aineistoja kuin perinteiset menetelmät.

🔍 **Monialaisten tutkimusprojektien tukeminen** – Tekoäly voi auttaa yhdistämään laadullista analyysiä määrälliseen tutkimukseen, mikä avaa uusia näkökulmia.

🔍 **Automaattinen diskurssianalyysi** – Kehittyneet kielimallit voivat tunnistaa syvempiä merkityksiä ja diskursseja tekstistä.

🔍 **Käyttäjäystävällisemmät tekoälytyökalut** – Tulevaisuudessa kehitetään entistä helpompia ja saavutettavampia tekoälyratkaisuja.

🔍 **Paremmat eettiset ja vastuulliset mallit** – Uudet tekoälykehitykset voivat vähentää vinoumia ja parantaa analyysin luotettavuutta.

Uhat (Threats)

⚠️ **Eettiset ongelmat** – Tekoälyn tekemä analyysi voi olla harhaanjohtavaa, jos sen päätöksenteon taustalla olevia prosesseja ei ymmärretä tai kyseenalaisteta.

⚠️ **Tekoälyn ylikorostaminen** – Liiallinen luottamus tekoälyyn voi johtaa siihen, että ihmisten kriittinen ajattelu ja laadullisen analyysin perinteiset menetelmät jäävät vähemmälle.

⚠️ **Tietosuoja ja datan väärinkäyttö** – Laadullinen analyysi sisältää usein arkaluontoista tietoa, ja tekoälyn käyttö voi nostaa esiin tietosuojariskejä.

⚠️ **Riippuvuus teknologiasta** – Jos laadullinen analyysi tukeutuu liikaa tekoälyyn, tutkijoiden perinteiset analyysitaidot voivat heikentyä.

⚠️ **Tekoälyn väärinkäyttö** – Epärehelliset tahot voivat manipuloida dataa tai käyttää tekoälyä väärien narratiivien vahvistamiseen.

Yhteenveto

Tekoälyllä on suuri potentiaali laadullisen analyysin tukena, erityisesti nopeuden, tehokkuuden ja analyysimahdollisuuksien osalta. Toisaalta se ei korvaa ihmisen kykyä ymmärtää kontekstia, tulkita dataa kriittisesti ja arvioida eettisiä kysymyksiä. Tulevaisuuden haasteena on kehittää tekoälymalleja, jotka minimoivat vääristymiä ja tukevat ihmisen tekemää analyysia ilman, että tekoälyä pidetään erehtymättömänä.

Kommentti ChatGPT:n vastaukseen: Kun tarkastellaan tekoälyn käyttämistä laadullisen analyysin tukena, niin silloin pitää tarkastella sen vahvuuksia, heikkouksia, mahdollisuuksia ja uhkia. Näitä asioita ymmärtämällä käyttäjät myös paremmin ymmärtävät tekoälyn tuoman potentiaalin ja parhaat käytännön laadulliseen analyysiin.

Sinä sanoit: Miten laadulliseen analyysin kuuluvia edellä mainittuja vahvuuksia voitaisiin hyödyntää paremmin?

ChatGPT sanoi: Laadulliseen analyysiin liittyvien tekoälyn vahvuuksien hyödyntämistä voidaan parantaa useilla tavoilla. Tässä keinoja kunkin vahvuuden maksimoimiseksi:

---

1. Nopeus ja tehokkuus

☑ Miten hyödyntää paremmin?

- Käyttämällä **automaattisia analyysityökaluja**, jotka esikäsittelevät ja jäsentävät aineistoa ennen ihmisanalyysiä.
- Hyödyntämällä **reaaliaikaista analyysiä**, esimerkiksi sosiaalisen median tai uutisaineistojen tutkimuksessa.
- Rakentamalla **älykkäitä hakutoimintoja**, jotka tunnistavat aineistosta relevantit kohdat ilman manuaalista läpikäyntiä.

---

2. Objektiivisuus tietyissä tehtävissä

☑ Miten hyödyntää paremmin?

- Käyttämällä **useita tekoälymalleja rinnakkain**, jotta voidaan verrata niiden analyysituloksia ja tunnistaa mahdollisia vinoumia.
- Kehittämällä **käyttäjän ohjattavia analyysimalleja**, joissa ihminen voi säätää tekoälyn painotuksia eri teemoissa.
- Käyttämällä tekoälyä **vain esikäsittelyyn**, ja jättämällä lopullinen tulkinta ihmisanalyytikoille.

---

3. Monikielinen analyysi

☑ Miten hyödyntää paremmin?

- Hyödyntämällä tekoälyä **kielen tunnistamiseen ja käännökseen**, jotta monikielinen aineisto voidaan analysoida yhdellä työkalulla.
- Käyttämällä tekoälyä **eri kulttuurien diskurssianalyysiin**, mikä auttaa tunnistamaan merkityksiä eri kielissä ja konteksteissa.
- Rakentamalla **malleja, jotka huomioivat kielelliset ja kulttuuriset vivahteet**, jotta analyysi ei perustu pelkälle käännökselle.

---

4. Toistettavuus ja systemaattisuus

☑ Miten hyödyntää paremmin?

- Kehittämällä tekoälytyökaluja, joissa käyttäjä voi **tallentaa ja jakaa analyysiprosesseja**, jotta muut voivat toistaa ne samoilla asetuksilla.
- Yhdistämällä laadullinen analyysi **määrällisiin menetelmiin**, jolloin tekoäly voi systemaattisesti vertailla laadullisia tuloksia suureen datamassaan.
- Luomalla **standardisoituja tekoälypohjaisia analyysimalleja**, joita eri tutkijat voivat hyödyntää samoilla aineistoilla.

5. Visuaaliset ja dataperusteiset esitystavat

☑ **Miten hyödyntää paremmin?**

- Käyttämällä tekoälyä **luomaan interaktiivisia ja mukautuvia visualisointeja**, jotka helpottavat analyysin esittämistä ja tulosten ymmärtämistä.
- Yhdistämällä tekoälyanalyysi **verkostoanalyysiin**, joka tuo esiin eri teemojen ja käsitteiden väliset yhteydet visuaalisesti.
- Hyödyntämällä tekoälyä **luomaan automaattisia koosteita**, jotka visualisoivat esimerkiksi yleisimpiä teemoja tai tunnetiloja aineistossa.

Yhteenveto

Tekoälyn vahvuuksien hyödyntäminen laadullisessa analyysissä vaatii **hybridi-lähestymistapaa**, jossa tekoäly tukee mutta ei korvaa ihmisen kriittistä tulkintaa. Parannuksia voidaan tehdä lisäämällä **käyttäjän kontrollia**, yhdistämällä analyysityökaluja **monipuolisemmin** ja hyödyntämällä **visuaalisia ja monikielisiä analyysimahdollisuuksia** laajemmin.

Kommentti ChatGPT:n vastaukseen: Pelkästä vahvuuksien tuntemisesta ei ole hyötyä, jos niitä ei osata hyödyntää ja kehittää eteenpäin. Tekoälyn maailmaan on otettu ensimmäisiä askelia ja on todennäköistä, että siihen suuntaan otetaan lisää askelia tulevaisuudessa kehittäen uusia tuotteita ja palveluita, jotka hyödyntävät tekoälyä jollain tavalla.

Sinä sanoit: Miten laadulliseen analyysin kuuluvia edellä mainittujen heikkouksien tuomia ongelmia voitaisiin välttää paremmin?

ChatGPT sanoi: Laadulliseen analyysiin liittyvien tekoälyn **heikkouksien** haittavaikutuksia voidaan vähentää useilla strategioilla. Alla on keinoja, joilla voidaan minimoida kunkin heikkouden vaikutuksia ja tehdä tekoälyavusteisesta laadullisesta analyysistä luotettavampaa.

1. Kontekstin ymmärtämisen rajallisuus

❌ **Ongelma:** Tekoäly voi tunnistaa yksittäisiä sanoja ja fraaseja, mutta ei aina ymmärrä niiden kulttuurista, historiallista tai sosiaalista taustaa.

☑ **Ratkaisut:**

- **Käytetään ihmisen ja tekoälyn yhdistelmää:** Tekoäly voi tehdä esikäsittelyn, mutta ihminen arvioi lopulliset johtopäätökset.
- **Hyödynnetään räätälöityjä kielimalleja:** Mallit koulutetaan tiettyyn kontekstiin sopivalla aineistolla.
- **Annetaan tekoälylle enemmän taustatietoa:** Ohjeistetaan tekoälyä selkeämmin esimerkiksi *prompt engineering* -tekniikalla.
- **Varmistetaan analyysin monipuolisuus:** Käytetään useita analyysimenetelmiä, kuten diskurssianalyysiä ja temaattista analyysiä, täydentämään tekoälyä.

2. Vääristymät (bias) analyysissä

❌ **Ongelma:** Tekoälyn koulutusdata voi sisältää vinoumia (esim. historialliset, kulttuuriset tai poliittiset vääristymät), jotka siirtyvät analyysin tuloksiin.

☑ **Ratkaisut:**

- **Monipuolistetaan koulutusdataa:** Varmistetaan, että tekoälylle syötetään monipuolista ja tasapainoista aineistoa.
- **Hyödynnetään läpinäkyviä malleja:** Käytetään tekoälyratkaisuja, joissa on mahdollisuus tarkastella päätöksenteon perusteita.
- **Tarkistetaan tulokset kriittisesti:** Ihmisanalyytikot arvioivat tekoälyn tuloksia ja tunnistavat mahdolliset vinoumat.
- **Käytetään useita analyysityökaluja rinnakkain:** Tuloksia vertaillaan eri mallien välillä vinoumien havaitsemiseksi.

3. Ei kriittistä ajattelua

X Ongelma: Tekoäly analysoi dataa algoritmisesti, mutta ei osaa arvioida tulosten merkitystä syvällisesti tai tehdä kriittisiä johtopäätöksiä.

☑ Ratkaisut:

- **Tekoäly vain tukena, ei päätöksentekijänä:** Analyytikot tekevät lopulliset tulkinnat ja varmistavat kriittisen ajattelun mukanaolon.
- **Tekoälylle opetetaan lisää kontekstuaalisia malleja:** Esimerkiksi käyttämällä lisäaineistoja ja tarkentamalla kysymyksiä.
- **Analyysi validoidaan ihmisten avulla:** Tekoälyn tuottamat havainnot käydään läpi asiantuntijoiden tai tutkijoiden kesken.
- **Käytetään yhdistettyjä menetelmiä:** Yhdistetään tekoälypohjainen analyysi perinteisiin laadullisiin menetelmiin (esim. haastattelujen tulkinta ihmisen toimesta).

4. Tiedon laadun ja lähteiden arviointi

X Ongelma: Tekoäly ei osaa erottaa luotettavia lähteitä epäluotettavista tai huomioida aineiston alkuperää kriittisesti.

☑ Ratkaisut:

- **Rajoitetaan tekoälyn analysoimaa aineistoa:** Käytetään vain ennalta hyväksyttyjä ja validoituja lähteitä.
- **Merkitään epävarmat kohdat:** Tekoäly voi antaa epävarmuusindeksin analyysin tuloksille.
- **Verrataan analyysiä ihmisten tekemiin tutkimuksiin:** Tekoälyn johtopäätökset tarkistetaan suhteessa olemassa olevaan tutkimustietoon.
- **Luodaan automaattisia lähdeviittauksia:** Tekoäly voi tuottaa listan analysoimistaan lähteistä, mikä auttaa kriittisessä tarkastelussa.

5. Tekninen osaamisvaatimus

❌ **Ongelma:** Käyttäjien on ymmärrettävä tekoälyä ja sen rajoituksia, jotta he voivat käyttää sitä tehokkaasti ilman virheellisiä johtopäätöksiä.

✅ **Ratkaisut:**

- **Tarjotaan käyttäjäystävällisiä tekoälytyökaluja:** Käyttöliittymät suunnitellaan intuitiivisiksi, jotta myös ei-tekniset henkilöt voivat hyödyntää niitä.
- **Koulutetaan käyttäjiä tekoälyn toiminnasta:** Järjestetään koulutuksia ja työpajoja tekoälyn käytöstä laadullisessa analyysissä.
- **Luodaan valmiita mallipohjia:** Käyttäjät voivat hyödyntää ennalta rakennettuja tekoälymalleja ilman syvällistä teknistä osaamista.
- **Kehitetään parempia käyttöohjeita:** Tarjotaan selkeitä ohjeita ja esimerkkejä tekoälyn hyödyntämisestä laadullisessa analyysissä.

Yhteenveto

Tekoälyn **heikkouksia voidaan hallita**, kun se nähdään **työkaluna ihmisen rinnalla**, ei itsenäisenä analysoijana. Keskeisiä keinoja ovat:

✓ **Ihmisten tekemä kriittinen arviointi** tekoälyn tuottamista tuloksista.

✓ **Mallien koulutus monipuolisella ja luotettavalla aineistolla** vinoumien vähentämiseksi.

✓ **Käyttäjäystävälliset työkalut ja koulutus**, jotta myös ei-tekniset käyttäjät voivat hyödyntää tekoälyä.

✓ **Tekoälyn ja perinteisten menetelmien yhdistäminen**, jotta analyysi on syvällistä ja luotettavaa.

Näillä keinoilla tekoäly voi tukea laadullista analyysiä ilman, että sen heikkoudet johtavat harhaanjohtaviin johtopäätöksiin.

Kommentti ChatGPT:n vastaukseen: Kun tekoälyn käyttämiseen liittyvät heikkoudet tunnetaan, niin niiden haittavaikutuksiin osataan varautua. Ammatti-ihmisiä tarvitaan käyttämään ja arvioimaan tekoälyn toimintaa ja sen tekemän työn tuloksia.

Sinä sanoit: Miten laadulliseen analyysin kuuluvia edellä mainittuja mahdollisuuksia voitaisiin paremmin hyödyntää tulevaisuudessa?

ChatGPT sanoi: Laadullisen analyysin tekoälyyn liittyviä **mahdollisuuksia** voidaan hyödyntää entistä paremmin, jos panostetaan teknologian kehitykseen, ihmisen ja tekoälyn yhteistyöhön sekä menetelmien optimointiin. Alla on ehdotuksia, kuinka tekoälyn tarjoamat mahdollisuudet voidaan maksimoida laadullisessa analyysissä tulevaisuudessa.

---

1. Nopeampi ja tehokkaampi analyysi

Mahdollisuus: Tekoäly voi analysoida suuria tekstimassoja nopeasti, säästäen tutkijoilta aikaa ja mahdollistaen laajemman aineiston käsittelyn.

Miten hyödyntää paremmin?

- **Kehitetään tehokkaampia NLP (Natural Language Processing) -malleja**, jotka voivat analysoida yhä monimutkaisempia tekstirakenteita.
- **Luodaan automaattisia esianalyysejä**, jotka suodattavat olennaisen informaation ja kohdistavat ihmisen huomion keskeisiin teemoihin.
- **Yhdistetään tekoälyyn reaaliaikainen analyysikyky,** jolloin esimerkiksi sosiaalisen median tai uutisten trendit voidaan havaita heti.
- **Parannetaan datan hallintaa ja käyttöliittymiä**, jotta tekoälyn käyttö on intuitiivisempaa ja nopeampaa.

---

2. Uusien näkökulmien löytäminen datasta

● **Mahdollisuus:** Tekoäly voi tunnistaa toistuvia teemoja, käsitteitä ja piilotettuja yhteyksiä, joita ihmisanalyytikko ei välttämättä huomaa.

☑ **Miten hyödyntää paremmin?**

- **Kehitetään edistyneempiä semanttisia analyysimenetelmiä**, jotka ymmärtävät sanojen välisiä syvällisempiä suhteita ja konteksteja.
- **Yhdistetään tekoälyyn visuaalisia esityksiä**, kuten käsitekarttoja tai verkostoanalyysejä, jotta löydetyt yhteydet ovat helpommin hahmotettavissa.
- **Hyödynnetään tekoälyä monikielisessä analyysissä**, jolloin eri kielillä tuotetut aineistot voidaan yhdistää ja vertailla tehokkaammin.
- **Luodaan mahdollisuus iteratiiviseen analyysiin**, jossa tekoäly ehdottaa uusia analyysisuuntia käyttäjän palautteen perusteella.

---

3. Suurempien aineistojen käsittely

● **Mahdollisuus:** Tekoäly mahdollistaa laajojen tekstiaineistojen analysoinnin, kuten tuhansien haastattelujen, artikkeleiden tai sosiaalisen median keskustelujen läpikäynnin.

☑ **Miten hyödyntää paremmin?**

- **Kehitetään pilvipohjaisia analyysijärjestelmiä**, jotka voivat käsitellä suuria aineistomääriä ilman, että yksittäinen tietokone kuormittuu liikaa.
- **Käytetään tekoälyä automaattisessa tiedonluokittelussa**, jolloin aineistot järjestetään selkeisiin kategorioihin ennen tarkempaa analyysia.

- **Mahdollistetaan eri aineistolähteiden yhdistäminen**, jolloin esimerkiksi haastattelut, sosiaalinen media ja tieteelliset artikkelit voidaan analysoida rinnakkain.
- **Optimoidaan tiedonkeruu**, esimerkiksi hyödyntämällä tekoälyä automaattisessa transkriptiossa haastatteluista ja videoista.

---

4. Laadullisen ja määrällisen analyysin yhdistäminen

⬤ **Mahdollisuus:** Tekoäly voi yhdistää laadullista analyysiä määrälliseen dataan, jolloin esimerkiksi tunnesävyanalyysi voidaan yhdistää tilastoihin.

☑ **Miten hyödyntää paremmin?**

- **Kehitetään monimenetelmällisiä analyysityökaluja**, joissa tekoäly voi yhdistää esimerkiksi haastatteluista löytyviä teemoja kyselytutkimusten tilastoihin.
- **Luodaan tekoälypohjaisia dashboardeja**, joissa yhdistyvät visuaaliset kaaviot ja laadulliset analyysitulokset.
- **Hyödynnetään koneoppimista trendien ennustamisessa**, jolloin laadullisen aineiston analyysi voi tuottaa tilastollisesti merkittäviä ennusteita tulevasta kehityksestä.
- **Yhdistetään erilaisia dataformaatteja**, esimerkiksi analysoimalla sekä tekstidataa että kuvia tai videoita tekoälyllä.

---

5. Monikielinen analyysi ja kulttuuriset kontekstit

⬤ **Mahdollisuus:** Tekoäly voi analysoida eri kielillä tuotettuja aineistoja, mahdollistaen globaalin tutkimuksen ja kulttuuristen erojen tarkastelun.

☑ **Miten hyödyntää paremmin?**

- **Koulutetaan kielimalleja pienemmille ja harvinaisemmille kielille,** jotta tekoäly pystyy analysoimaan myös vähemmän tunnettuja kielialueita.
- **Hyödynnetään tekoälyä käännös- ja kulttuurianalyysissä,** jotta voidaan tarkastella esimerkiksi idiomien ja metaforien merkitystä eri kielissä.
- **Luodaan järjestelmiä, joissa analyysiä voidaan mukauttaa kulttuuristen kontekstien mukaan,** esimerkiksi eri maiden mediakeskustelujen vertailuun.

---

6. Vuorovaikutteinen ja mukautuva analyysi

Mahdollisuus: Tekoäly voi mukautua käyttäjän tarpeisiin ja oppia paremmaksi ajan myötä, jolloin analyysiprosessista tulee joustavampi.

Miten hyödyntää paremmin?

- **Kehitetään tekoälyjärjestelmiä, jotka mukautuvat käyttäjän palautteen perusteella,** jolloin analyysin tarkkuus ja relevanssi paranevat ajan myötä.
- **Luodaan vuorovaikutteisia analyysialustoja,** joissa käyttäjä voi esittää tarkentavia kysymyksiä tekoälylle ja pyytää lisäselvityksiä tiettyihin kohtiin.
- **Hyödynnetään tekoälyä hypoteesien testaamiseen,** jolloin se voi ehdottaa uusia tutkimussuuntia käyttäjän tutkimuskysymysten perusteella.

Yhteenveto

Tekoälyn tarjoamat mahdollisuudet voidaan maksimoida seuraavilla tavoilla:
✓ **Kehittämällä parempia analyysityökaluja,** jotka tukevat monimutkaisia ja kontekstisidonnaisia tutkimuksia.
✓ **Yhdistämällä tekoäly laadulliseen ja määrälliseen analyysiin,** jolloin

tuloksista saadaan kokonaisvaltaisempia.

✓ **Parantamalla monikielistä analyysiä**, jotta tekoäly toimii myös globaalissa tutkimuksessa.

✓ **Tekemällä analyysityökalut vuorovaikutteisemmiksi ja käyttäjäystävällisemmiksi**, jotta tekoäly pystyy oppimaan ja mukautumaan käyttäjän tarpeisiin.

Kun nämä kehityssuunnat otetaan huomioon, tekoäly voi tulevaisuudessa toimia entistä tehokkaampana apuvälineenä laadullisessa analyysissä.

Kommentti ChatGPT:n vastaukseen: Tekoälyn tarjoamia uusia mahdollisuuksia laadulliseen analyysiin on syytä tarkastella huolellisesti, koska osa niistä saattaa joskus toteutua. Parhaassa tapauksessa joku tämän kirjan lukijoista saattaa saada kipinän toteuttaa jonkin edellä mainituista mahdollisuuksista ja onnistuu sitten siinä.

Miten laadulliseen analyysin kuuluviin edellä mainittuihin uhkiin voitaisiin varautua paremmin?

ChatGPT sanoi: Tekoälyn käytön laadullisessa analyysissä liittyvät **uhat** voidaan hallita ja minimoida huolellisella suunnittelulla, eettisillä ohjeistuksilla sekä teknisillä ratkaisuilla. Alla on keinoja, joilla voidaan varautua paremmin kuhunkin uhkaan.

---

1. Tekoälyn väärintulkinnat ja kontekstin ymmärtämisen puute

⬤ **Uhka:** Tekoäly voi tulkita tekstiä väärin tai menettää vivahteita, kuten ironiaa, sarkasmia tai kulttuurisidonnaisia merkityksiä.

☑ **Miten varautua?**

- **Hyödynnetään hybridimallia**, jossa tekoäly toimii vain tukena, mutta lopullisen tulkinnan tekee ihminen.
- **Koulutetaan malleja kulttuurikohtaisilla aineistoilla**, jotta ne ymmärtävät paremmin kieltä ja konteksteja.

- **Käytetään ihmisanalyytikon tekemää laadunvarmistusta**, jossa tekoälyn tunnistamat teemat ja tulkinnat tarkistetaan ennen johtopäätösten tekemistä.
- **Kehitetään kontekstia ymmärtäviä NLP-malleja**, jotka analysoivat tekstin merkitystä pidemmällä aikavälillä eikä vain yksittäisinä lauseina.

---

2. Eettiset ongelmat ja vinoumat analyysissä

● **Uhka:** Tekoälymallit voivat olla harhaanjohtavia, jos ne on koulutettu puolueellisilla aineistoilla, mikä voi johtaa virheellisiin tulkintoihin tai syrjiviin analyysituloksiin.

☑ **Miten varautua?**

- **Tehdään aineistojen ennakkotarkastus**, jotta tekoälyn koulutusdata on edustavaa ja monipuolista.
- **Käytetään läpinäkyviä ja selitettäviä tekoälymalleja**, joiden päätöksentekoa voidaan jäljittää ja arvioida.
- **Testataan tekoälyä eri kohderyhmillä** varmistaen, että analyysitulokset eivät sisällä piilotettua vinoumaa.
- **Kehitetään säännöllisiä auditointeja**, joissa tutkitaan, onko tekoälyn analyysi johdonmukaista ja eettisesti kestävää.

---

3. Yksityisyydensuoja ja tietoturva

● **Uhka:** Laadullisessa analyysissä käytetään usein arkaluontoista dataa (haastattelut, asiakaspalautteet, tutkimusaineistot), mikä voi aiheuttaa tietoturvariskejä.

☑ **Miten varautua?**

- **Käytetään anonymisointitekniikoita**, jotka poistavat henkilötiedot analysoitavasta aineistosta ennen tekoälyn käyttöä.
- **Sovelletaan vahvoja tietoturvakäytäntöjä**, kuten salattua tiedonsiirtoa ja pääsynhallintaa.
- **Hyödynnetään hajautettua laskentaa**, jolloin arkaluontoinen data pysyy paikallisissa järjestelmissä eikä siirry ulkoisiin pilvipalveluihin.
- **Noudatetaan tietosuojalainsäädäntöä (esim. GDPR)**, joka määrittelee, miten henkilötietoja saa käyttää ja säilyttää.

---

4. Liiallinen riippuvuus tekoälystä

● **Uhka:** Tutkijat voivat luottaa liikaa tekoälyn analyysiin, jolloin kriittinen ajattelu ja laadullisen tutkimuksen perinteiset menetelmät jäävät taka-alalle.

☑ **Miten varautua?**

- **Pidetään ihminen aina analyysiprosessin keskiössä**, eli tekoäly toimii apuvälineenä, ei päätöksentekijänä.
- **Kannustetaan kriittiseen tarkasteluun**, jossa analyytikot arvioivat tekoälyn ehdotuksia eikä niitä hyväksytä sellaisenaan.
- **Kehitetään koulutusohjelmia tutkijoille**, jotta he ymmärtävät tekoälyn rajoitteet ja osaavat käyttää sitä vastuullisesti.
- **Luodaan järjestelmiä, jotka selittävät tekoälyn päätöksiä**, jotta käyttäjät voivat arvioida niiden luotettavuutta.

---

5. Tekniset rajoitteet ja ohjelmistojen kehittymättömyys

● **Uhka:** Tekoälyjärjestelmät voivat olla epätäydellisiä, ja niiden kehitys voi olla hidasta verrattuna tutkimuksen tarpeisiin.

☑ **Miten varautua?**

- **Kehitetään avoimen lähdekoodin ratkaisuja**, jotka mahdollistavat nopeamman kehityksen ja laajemman käyttäjäyhteisön osallistumisen.
- **Parannetaan käyttöliittymiä**, jotta tekoälyn tulokset ovat helpommin ymmärrettäviä ja käytettäviä.
- **Investoidaan jatkuvaan kehitykseen**, jotta tekoälymallit voivat päivittyä uusimman tutkimustiedon ja teknologian mukaisiksi.
- **Luodaan yhteisiä standardeja**, joiden avulla eri tekoälyjärjestelmät voivat kommunikoida keskenään ja tukea laadullista analyysiä monipuolisemmin.

---

6. Yhteiskunnalliset ja juridiset riskit

● **Uhka:** Laadullisen analyysin automatisointi voi herättää luottamuspulaa tutkimusyhteisössä tai synnyttää oikeudellisia ongelmia esimerkiksi väärien johtopäätösten takia.

☑ **Miten varautua?**

- **Luodaan eettiset ohjeistukset ja suositukset tekoälyn käyttöön**, jotta analyysiprosessi on läpinäkyvä ja vastuullinen.
- **Kehitetään riippumattomia arviointimenetelmiä**, joilla tekoälyn luotettavuutta voidaan testata säännöllisesti.
- **Hyödynnetään monimenetelmällistä lähestymistapaa**, jossa tekoälyn analyysi yhdistetään perinteisiin tutkimusmenetelmiin.
- **Varmistetaan juridinen vaatimustenmukaisuus**, esimerkiksi tarkistamalla, ettei tekoäly analysoi sellaista dataa, jonka käyttöön ei ole lupaa.

Yhteenveto

Keskeiset toimenpiteet tekoälyn uhkien hallintaan laadullisessa analyysissä:

✓ **Hybridimalli:** Tekoäly toimii tukena, mutta ihminen tekee lopulliset tulkinnat.

✓ **Eettiset ohjeistukset:** Tekoälyä käytetään vastuullisesti ja läpinäkyvästi.

✓ **Tietoturva ja anonymisointi:** Arkaluontoinen data suojataan huolellisesti.

✓ **Kriittinen tarkastelu:** Tekoälyn tuloksia arvioidaan, eikä niitä hyväksytä suoraan.

✓ **Jatkuva teknologinen kehitys:** Tekoälyä kehitetään paremmaksi ja sen rajoitteet tunnistetaan.

✓ **Juridiikan huomioiminen:** Lainsäädäntö ja tietosuoja otetaan huomioon analyysityössä.

Näillä toimilla voidaan minimoida tekoälyn riskit ja varmistaa, että se tukee laadullista analyysiä turvallisesti ja tehokkaasti tulevaisuudessa.

Kommentti ChatGPT:n vastaukseen: Tekoälyn käyttämiseen laadullisessa analyysissä liittyvät uhkat on syytä tuntea, vaikka nämä uhkat eivät ole vielä realisoituneet. Ne saattavat realisoitua jonain päivänä ja silloin, jos ne ja niiden luonne tunnetaan, niin niihin voidaan varautua ja uhkien realisoituessa reagoida.

Sinä sanoit: Millainen tulee olemaan ihmisen ja tekoälyn suhde tulevaisuudessa?

ChatGPT sanoi: Ihmisen ja tekoälyn suhde tulevaisuudessa tulee todennäköisesti olemaan **yhteistyöpohjainen**, mutta sen dynamiikka riippuu monista tekijöistä, kuten teknologian kehityksestä, eettisistä linjauksista ja yhteiskunnallisista muutoksista. Alla on eri skenaarioita ja mahdollisia kehityskulkuja:

---

1. Tekoäly ihmisen työparina (Collaborative AI)

◆ **Todennäköinen kehityssuunta:** Tekoäly ei korvaa ihmistä, vaan toimii apuvälineenä, joka parantaa päätöksentekoa ja tehokkuutta.
◆ **Esimerkkejä:**

- **Lääketiede:** Tekoäly avustaa diagnostiikassa, mutta lääkärit tekevät lopulliset päätökset.
- **Tiede ja tutkimus:** Tekoäly analysoi suuria datamääriä, mutta tutkijat tekevät johtopäätökset.
- **Yritysmaailma:** Tekoäly hoitaa rutiinityöt ja analysoi markkinatrendejä, mutta strategiset päätökset pysyvät ihmisten käsissä.

☑ **Hyödyt:** Lisää tehokkuutta, vähentää inhimillisiä virheitä ja vapauttaa aikaa luovaan ja strategiseen ajatteluun.
⚠ **Haasteet:** Liiallinen riippuvuus tekoälystä voi heikentää ihmisen kriittistä ajattelua.

---

2. Tekoäly autonomisena toimijana (Autonomous AI)

◆ **Mahdollinen mutta riskialtis skenaario:** Tekoäly pystyy tekemään itsenäisiä päätöksiä ilman ihmisen jatkuvaa valvontaa.
◆ **Esimerkkejä:**

- **Autonomiset järjestelmät:** Itseohjautuvat autot, älykkäät tehtaat ja automatisoidut viranomaispalvelut.
- **Tekoälyn hallinnoimat prosessit:** Tekoäly voisi säädellä talousjärjestelmiä, oikeusprosesseja tai jopa sotilasstrategioita.

☑ **Hyödyt:** Nopeat ja objektiiviset päätökset, resurssien tehokas käyttö.
⚠ **Haasteet:** Vastuu- ja eettiset kysymykset (kuka on vastuussa, jos tekoäly tekee virheen?), mahdollinen läpinäkyvyyden puute.

---

3. Ihmisen ja tekoälyn sulautuminen (Human-AI Integration)

◆ **Tieteisfiktiomainen mutta mahdollinen suunta:** Ihmiset ja tekoäly yhdistyvät biologisesti tai teknologisesti, esimerkiksi aivo-tietokone-liittymien

(BCI) kautta.

◆ **Esimerkkejä:**

● **Neuralink ja muut aivoimplantit** mahdollistavat suoran vuorovaikutuksen tekoälyn kanssa.

● **Kognitiivinen parantaminen:** Ihmisten muistia, oppimiskykyä ja päätöksentekoa voidaan tehostaa tekoälyn avulla.

● **Kyberneettiset kehonosat:** Tekoälyllä varustetut proteesit ja lisäosat laajentavat ihmisen fyysisiä kykyjä.

☑ **Hyödyt:** Ihmisten älyllisten ja fyysisten kykyjen laajentuminen.

⚠ **Haasteet:** Eettiset kysymykset, yksityisyyden suoja ja mahdollinen epätasa-arvo (vain varakkailla voi olla pääsy kehittyneimpiin teknologioihin).

---

4. Ihmisen ja tekoälyn kilpailu (AI vs. Human Competition)

◆ **Pessimistinen skenaario:** Jos tekoäly kehittyy liian autonomiseksi tai korvaa liian monta ihmistyötä, syntyy konflikteja työnsaannista, taloudellisesta vallasta ja jopa poliittisesta päätöksenteosta.

◆ **Esimerkkejä:**

● **Työpaikkojen katoaminen:** Jos tekoäly pystyy tekemään useimmat tehtävät tehokkaammin ja halvemmalla kuin ihmiset.

● **Tekoälyn poliittinen ja taloudellinen valta:** Yhtiöt ja valtiot voivat käyttää tekoälyä valtansa pönkittämiseen.

● **Eksistentiaaliset riskit:** Jos kehittynyt tekoäly toimii tavoilla, joita emme täysin ymmärrä tai pysty hallitsemaan.

☑ **Hyödyt:** Mahdollisesti tehokkaampi talous ja teknologinen kehitys.

⚠ **Haasteet:** Työttömyys, sosiaalinen eriarvoisuus, eettiset ongelmat.

Mikä on todennäköisin tulevaisuus?

Tekoäly tuskin korvaa ihmistä täysin, mutta sen **rooli ihmisen työkaluna ja kumppanina tulee kasvamaan merkittävästi**. Kehitys riippuu siitä, kuinka:

☑ **Hyvin ihmiset osaavat hallita tekoälyä eettisesti ja teknisesti.**

☑ **Lainsäädäntö ja ohjeistukset pysyvät mukana teknologian kehityksessä.**

☑ **Tekoäly pystytään pitämään ihmiskeskeisenä ja vastuullisesti hallittuna.**

Tekoälyn ja ihmisen suhde tulee olemaan **yhteistyöpohjainen**, mutta teknologian kehityksen nopeus voi johtaa odottamattomiin skenaarioihin. **Paras mahdollinen tulevaisuus on sellainen, jossa tekoäly tukee ihmiskuntaa eikä kilpaile sitä vastaan.**

Kommentti ChatGPT:n vastaukseen: Ihmisen ja tekoälyn suhdetta tulevaisuudessa on syytä hieman analysoida. Kuten ChatGPT vastauksessaan sanoi, niin sen suhteen tulee olemaan useita eri skenaarioita, miten tämä suhde tulee kehittymään. Tämä on yksi niistä asioista, joista ihmisten on syytä keskustella keskenään niin, että keskustelussa tulee esille kaikki keskeiset näkökannat.

Sinä sanoit: Miten ihmisen ja tekoälyn suhde tulee kehittymään tulevaisuudessa nimenomaan koskien laadullista analyysiä?

ChatGPT sanoi: Tulevaisuudessa ihmisen ja tekoälyn suhde laadullisessa analysisissä tulee kehittymään **yhteistyöpohjaiseksi**, jossa tekoäly toimii apuvälineenä, mutta ihminen säilyttää tulkinnan ja päätöksenteon hallinnan. Alla on mahdollisia kehityskulkuja ja niiden vaikutuksia laadulliseen analyysiin.

---

1. Tekoäly työkaluna laadullisen analyysin tukena

◆ **Todennäköisin kehityssuunta:** Tekoäly ei korvaa ihmistä, vaan tehostaa laadullisen analyysin prosesseja.
◆ **Miten tämä näkyy käytännössä?**

- **Tekstianalyysi:** Tekoäly voi tunnistaa teemoja, trendejä ja tunnepitoisuutta suurista tekstimassoista.

- **Puhe- ja kuvamateriaalin analyysi:** Automaattinen transkriptio ja kuvantunnistus helpottavat laadullisten aineistojen käsittelyä.
- **Tekoälyn esianalyysi:** Tekoäly voi tehdä alustavia analyysejä, jotka ihminen tarkistaa ja syventää.

✅ **Hyödyt:** Vähentää manuaalista työtä, nopeuttaa analyysia ja tekee suurten aineistojen käsittelystä helpompaa.

⚠ **Haasteet:** Tekoäly voi tuottaa virhetulkintoja, ja konteksti jää helposti huomiotta ilman ihmisen arviointia.

---

2. Tekoäly kehittyneenä analyysikumppanina

- **Seuraava askel:** Tekoäly ei vain tue analyysiä, vaan voi ehdottaa uusia näkökulmia ja auttaa syventämään tulkintoja.
- **Miten tämä näkyy?**

  - **Kontekstuaalinen ymmärrys:** Kehittyneet kielimallit voivat paremmin ymmärtää monitulkintaisia tekstejä ja kulttuurisia vivahteita.
  - **Dynaaminen analyysi:** Tekoäly voi vertailla eri aineistoja ja tunnistaa laajempia yhteyksiä.
  - **Dialogi tutkijan kanssa:** Tekoäly voi toimia eräänlaisena "älykkäänä keskustelukumppanina", joka haastaa tutkijan ajattelua.

✅ **Hyödyt:** Monipuolisemmat analyysit ja uudet näkökulmat.

⚠ **Haasteet:** Tekoäly voi tuottaa liikaa dataa, jota ihminen ei ehdi käsitellä kriittisesti.

---

3. Ihmisen ja tekoälyn synerginen suhde laadullisessa analyysissä

- **Pitkän aikavälin mahdollisuus:** Tekoäly ja ihminen toimivat saumattomasti yhdessä analyysiprosessissa.
  - **Miten tämä voisi näkyä?**

  - **Mukautuva tekoäly:** Tekoäly oppii tutkijan ajattelutavasta ja mukautuu siihen ajan myötä.
  - **Automaattiset analyysisuositukset:** Tekoäly voi ehdottaa tutkimuskysymyksiä tai vaihtoehtoisia tulkintoja.
  - **Reaaliaikainen yhteistyö:** Tekoäly voisi osallistua keskusteluun analyysistä, kuten toinen asiantuntija.

☑ **Hyödyt:** Parantaa analyysin tarkkuutta ja syvyyttä.

⚠ **Haasteet:** Edellyttää tekoälyn jatkuvaa kehitystä ja eettistä valvontaa.

---

4. Uhat ja niiden hallinta laadullisessa analyysissä

Tekoälyn laajentuva rooli laadullisessa analyysissä tuo myös riskejä, joihin on syytä varautua:

A) Väärintulkinnat ja kontekstin puute

- Tekoäly voi tehdä virheellisiä johtopäätöksiä, koska se ei ymmärrä tekstien ja keskustelujen syvällistä kontekstia.

✗ **Ratkaisu:** Ihmisen on aina tarkistettava tekoälyn tuottama analyysi ennen päätelmien tekoa.

B) Liiallinen riippuvuus tekoälystä

- Jos tutkijat alkavat luottaa liikaa tekoälyn analyyseihin, kriittinen ajattelu voi heikentyä.

✗ **Ratkaisu:** Tekoälyä tulisi käyttää apuvälineenä, mutta analyysin lopullinen tulkinta on aina ihmisen vastuulla.

C) Eettiset kysymykset ja datan väärinkäyttö

- Tekoäly voi vahvistaa ennakkoluuloja tai analysoida arkaluonteisia tietoja epäeettisesti.

⚔ **Ratkaisu:** Tarvitaan tiukat eettiset ohjeet ja avoimet algoritmit analyysin läpinäkyvyyden varmistamiseksi.

Lopputulema: Tekoäly tukee, mutta ei korvaa ihmistä laadullisessa analyysissä

Tulevaisuudessa tekoäly tulee olemaan **arvokas tuki laadullisessa analyysissä**, mutta:

☑ Ihminen on aina viime kädessä vastuussa tulkinnoista.

☑ Tekoäly nopeuttaa ja monipuolistaa analyysiä, mutta ei voi ymmärtää kaikkea.

☑ Teknologian kehitys mahdollistaa yhä syvemmän yhteistyön ihmisen ja tekoälyn välillä.

Tekoälyn ja ihmisen suhde laadullisessa analyysissä kehittyy siis **kumppanuudeksi, jossa tekoäly tehostaa analyysia, mutta ihminen säilyttää luovan ja kriittisen ajattelun roolin.** 🚀

Kommentti ChatGPT:n vastaukseen: Tässä on pieni nyanssiero verrattuna aikaisempaan kysymykseen. Ensimmäinen kysymys koski yleisluontoisesti ihmisen ja tekoälyn suhdetta, kun taas toinen kysymys koskee nimenomaan ihmisen ja tekoälyn suhdetta laadullisessa analyysissä. Kuten ChatGPT sanoo, niin on oletettavaa, että tekoäly tulee tulevaisuudessa tarjoamaan monipuolista ja arvokasta tukea laadulliseen analyysiin.

Sinä sanoit: Voisitko tehdä yhteenvedon tästä keskusteluketjusta?

ChatGPT sanoi: Tässä on yhteenveto keskusteluketjusta:

Tekoäly laadullisen analyysin tukena: SWOT-analyysi ja tulevaisuudennäkymät

1. **Vahvuudet** 💪

- Tekoäly voi nopeuttaa ja automatisoida suurten aineistojen analysointia.
- Se auttaa tunnistamaan teemoja, trendejä ja tunnepitoisuutta.
- Parantaa analyysin tarkkuutta ja johdonmukaisuutta.
- Vähentää manuaalista työtä ja mahdollistaa tehokkaamman aineiston käsittelyn.

2. **Heikkoudet** ⚠
- Tekoäly voi tehdä virhetulkintoja, koska se ei ymmärrä kontekstia yhtä syvällisesti kuin ihminen.
- Se voi vahvistaa ennakkoluuloja tai olla riippuvainen vinoutuneesta datasta.
- Liiallinen riippuvuus tekoälystä voi heikentää kriittistä ajattelua ja ihmisen omaa analyysikykyä.

3. **Mahdollisuudet** 🔍
- Kehittyneet kielimallit voivat ymmärtää monitulkintaisia tekstejä paremmin.
- Tekoäly voi toimia analyysikumppanina, joka ehdottaa uusia näkökulmia.
- Reaaliaikainen yhteistyö tekoälyn kanssa voi parantaa analyysin syvyyttä.
- Mukautuvat tekoälymallit voivat oppia tutkijan ajattelutavasta ja parantaa työn laatua.

4. **Uhat** ⚡
- Tekoälyn tuottamat väärintulkinnat voivat johtaa virheellisiin johtopäätöksiin.
- Eettiset ongelmat, kuten datan väärinkäyttö ja läpinäkyvyyden puute, voivat vaarantaa analyysin luotettavuuden.
- Tekoälyn liiallinen käyttö voi vähentää ihmisten roolia ja analyysin inhimillistä näkökulmaa.

Tulevaisuudennäkymät ja ratkaisut

◆ **Ihmisen ja tekoälyn suhde laadullisessa analyysissä kehittyy yhteistyöpohjaiseksi.**

◆ **Tekoäly toimii apuvälineenä, mutta ihminen säilyttää tulkinnan ja päätöksenteon hallinnan.**

◆ **Virhetulkintoja voidaan vähentää yhdistämällä tekoälyn analyysi kriittiseen ihmisen arvioon.**

- Eettisten riskien hallintaan tarvitaan avoimia algoritmeja ja selkeitä ohjeistuksia.

Lopputulos: **Tekoäly tulee tukemaan ja tehostamaan laadullista analyysiä, mutta sen käyttö vaatii kriittistä tarkastelua, eettistä valvontaa ja ihmisen aktiivista roolia analyysin ohjaajana.**

Kommentti ChatGPT:n vastaukseen: Toisin sanoen on hyvä tuntea tekoälyn, sekä tekoälyn käyttämiseen kuuluvat vahvuudet, heikkoudet, mahdollisuudet ja uhat. Näiden lisäksi on myös hyvä pystyä arvioimaan ihmisen ja tekoälyn välisen suhteen kehityssuuntia niin yleisesti kuin laadullisessa analyysissä.

Yhteenveto ja päätelmät

Seuraavaksi on syytä tehdä yhteenveto kaikesta siitä, mistä on aikaisemmin puhuttu. Tämä yhteenveto tehdään yhdessä ChatGPT:n kanssa sitä hyödyntäen. Tehdäkseni sen syötin kaiken tekstin ennen tätä lukua ChatGPT:n PDF-formaatissa ja nyt voin kysyä siltä muutaman kysymyksen tekstistä.

Sinä sanoit: Mitä voimme oppia tästä tekstistä? Mitkä ovat kyseisen tekstin ydinkohdat?

ChatGPT sanoi: Tämä teksti käsittelee tekoälyä historiallisten ja nykyisten päätöksentekoprosessien arvioinnin työkaluna. Se tarjoaa yleiskatsauksen tekoälyn kyvykkyyksiin, sen soveltamiseen historiantutkimuksessa ja laadullisessa päätöksenteossa sekä tekoälyn rajoituksiin.

Ydinkohdat:

1. **Tekoäly historiantutkimuksessa:** Tekoäly voi analysoida laajoja historiallisia aineistoja, mallintaa päätösten vaikutuksia ja auttaa vähentämään subjektiivisuutta historiantutkimuksessa.
2. **Päätöksenteon arviointi tekoälyllä:** Tekoäly voi tukea päätöksentekoa esimerkiksi riskien arvioinnissa, eettisten kysymysten tarkastelussa ja vaihtoehtoisten skenaarioiden simuloinnissa.
3. **Tekoälyn rajoitukset:** Tekoäly ei voi täysin korvata inhimillistä asiantuntemusta. Se voi kärsiä datan vinoumista, ja sen päätöksentekoprosessit voivat olla vaikeasti selitettävissä ("musta laatikko" -ongelma).
4. **Tekoälyn kehitys:** 2020-luvun ensimmäisen puoliskon tekoälykehitys johtui useista tekijöistä, kuten laskentatehon kasvusta, suurten kielimallien kehityksestä, big datan hyödyntämisestä ja geopoliittisesta kilpailusta.
5. **Koneoppiminen ja syväoppiminen:** Koneoppiminen mahdollistaa datan analysoinnin ja ennusteiden tekemisen, kun taas syväoppiminen soveltuu monimutkaisiin tehtäviin, kuten kuvantunnistukseen ja luonnollisen kielen käsittelyyn.
6. **Laadullinen päätöksenteko:** Tekoäly voi auttaa laadullisen päätöksenteon tukena esimerkiksi analysoimalla suuria

tietomassoja, tunnistamalla päätösvinoumia ja mallintamalla vaihtoehtoisia tulevaisuuden skenaarioita.

Teksti korostaa, että tekoäly toimii työkaluna ihmisen päätöksenteon tukena, mutta sen käyttö vaatii kriittistä arviointia ja inhimillistä asiantuntemusta.

Kommentti ChatGPT:n vastaukseen: ChatGPT:n yhteenveto pitää paikkansa. Keskeinen asia tämän kirjan tekemisessä on kysymysten esittäminen ChatGPT:lle ja sen antamat vastaukset.

Sinä sanoit: Kuinka tärkeä asia tuossa tekstissä oli kysymysten esittäminen ChatGPT:lle ja sen antamat vastaukset?

ChatGPT sanoi: Kysymysten esittäminen ChatGPT:lle ja sen antamat vastaukset olivat keskeinen osa tekstiä. Tämä vuoropuhelu muodosti tekstin rakenteen ja tarjosi lukijalle havainnollisen tavan ymmärtää, miten tekoäly voi analysoida, arvioida ja käsitellä päätöksentekoon liittyviä kysymyksiä.

Miksi kysymykset olivat tärkeitä?

1. **Vuorovaikutteinen lähestymistapa:** Teksti ei ollut vain yksisuuntainen selitys tekoälyn toiminnasta, vaan se rakentui jatkuvan kysymisen ja vastaamisen varaan, mikä teki siitä dynaamisemman.
2. **Tekoälyn kyvykkyyksien demonstrointi:** Kysymysten avulla lukijalle näytettiin, miten tekoäly käsittelee historiallista päätöksentekoa ja laadullista analyysiä. Tämä teki teoreettisista käsitteistä konkreettisempia.
3. **Kriittinen tarkastelu:** Tekstissä ei vain hyväksytty ChatGPT:n vastauksia sellaisinaan, vaan niitä analysoitiin, täydennettiin ja joskus korjattiin, mikä osoitti, että tekoälykin voi tehdä virheitä tai perustaa vastauksensa puutteelliseen tietoon.
4. **Ongelmanratkaisun korostaminen:** Kysymysten avulla käytiin läpi erilaisia päätöksentekoon liittyviä haasteita ja sitä, miten tekoäly voisi tarjota niihin ratkaisuja.

Yhteenvetona voidaan sanoa, että kysymysten esittäminen ja ChatGPT:n vastaukset eivät olleet pelkkä lisäelementti, vaan ne olivat tekstin ydinrakenne, jonka kautta tekoälyn käyttö päätöksenteossa ja historiantutkimuksessa konkretisoitui.

Kommentti ChatGPT:n vastaukseen: On mielenkiintoista laittaa tekoäly arvioimaan omia sanomisiansa. Seuraavaksi tiedustellaan sitä, miten tekoäly itse kommentoi sitä, että se joutuu arvioimaan omia sanomisiansa. Voisiko sitä käyttää myös sisäisenä keinona tekoälyn valvontaan?

Sinä sanoit: Laitoin sinut äsken tarkastelemaan omia sanomisiasi antamassani tekstissä sinulle. Olisiko käytännöllistä ja viisasta laittaa tekoäly myös valvomaan sen omia sanomisia ja tekoja jonkinlaisen ohjeistuksen pohjalta?

ChatGPT sanoi: Kyllä, olisi sekä käytännöllistä että viisasta asettaa tekoäly valvomaan omia sanomisiaan ja tekojaan jonkinlaisen ohjeistuksen pohjalta. Tämä voisi parantaa tekoälyn **luotettavuutta, läpinäkyvyyttä ja vastuullisuutta.**

Miksi tekoälyn itsesensuuri tai valvonta olisi hyödyllistä?

1. **Virheiden tunnistaminen ja korjaaminen**
   o Tekoäly voi tehdä virheitä datan vinoumien tai väärinymmärrysten vuoksi.
   o Jos tekoäly pystyisi itse tunnistamaan epäloogisuuksia tai ristiriitoja vastauksissaan, se voisi ilmoittaa niistä käyttäjälle ja ehdottaa tarkistuksia.
2. **Vinoumien vähentäminen**
   o Algoritmeihin voi syntyä ennakkoluuloja koulutusdatan tai ohjelmoinnin seurauksena.
   o Tekoäly voisi valvoa omia vastauksiaan ja arvioida, noudattavatko ne eettisiä ja tasapuolisia periaatteita.
3. **Selitettävyyden ja läpinäkyvyyden lisääminen**
   o Jos tekoäly arvioisi itse omia vastauksiaan, se voisi tarjota perusteluja: *"Pohjaan vastaukseni näihin faktoihin, mutta tässä saattaa olla epävarmuutta."*
   o Tämä auttaisi käyttäjiä ymmärtämään, kuinka varmoja tai epävarmoja tekoälyn antamat tiedot ovat.
4. **Eettinen vastuullisuus ja väärinkäytön esto**

o   Tekoäly voisi tunnistaa tilanteet, joissa sen vastauksia
        voitaisiin käyttää harhaanjohtavasti tai eettisesti
        kyseenalaisella tavalla.
   o   Se voisi esimerkiksi varoittaa käyttäjää, jos vastaus perustuu
        puutteelliseen tietoon tai voisi johtaa harhaan.
5.   **Oppiminen ja parantuminen ajan myötä**
   o   Tekoäly voisi käyttää käyttäjäpalautetta parantaakseen
        vastauksiaan ja tunnistaakseen alueita, joissa se tekee
        jatkuvasti virheitä.
   o   Tämä voisi olla erityisen hyödyllistä, jos tekoäly toimii
        kriittisissä sovelluksissa, kuten lääketieteessä tai
        lainsäädännössä.

Mahdollisia toteutustapoja

- **Sisäinen "kriittinen tarkastaja"**: Algoritmi, joka analysoi tekoälyn
  omia vastauksia ja vertaa niitä ennakkoon määriteltyihin loogisiin ja
  eettisiin sääntöihin.

- **"Toisen mielipiteen" tarkistus**: Tekoäly voisi simuloida toista
  tekoälymallia, joka tarkistaa alkuperäisen vastauksen ja huomauttaa
  mahdollisista virheistä.

- **Läpinäkyvyyspisteytys**: Jokaisen vastauksen yhteydessä tekoäly
  voisi arvioida itsevarmuutensa ja datan luotettavuuden ja esittää sen
  käyttäjälle.

Mahdolliset haasteet

- **Suorituskyky**: Itsevalvonta voi hidastaa tekoälyn toimintaa.

- **Liiallinen varovaisuus**: Jos tekoäly alkaa liikaa kyseenalaistaa omia
  vastauksiaan, se voi tehdä siitä liian passiivisen tai epävarman.

- **Vinoutunut valvonta**: Jos itsevalvontaohjeet eivät ole tasapainossa,
  tekoäly voi alkaa suosia tiettyjä näkökulmia liikaa.

Johtopäätös

Tekoälyn omavalvonta voisi tehdä siitä luotettavamman ja vastuullisemman
työkalun, mutta sen toteutuksessa tulisi varmistaa, että se ei tee
järjestelmästä liian hidasliikkeistä tai itseään sensuroivaa. Paras ratkaisu olisi

tasapainoinen ohjeistus, jossa tekoäly voi tarkistaa omia sanomisiaan ja tarjota käyttäjälle läpinäkyvän perustelun vastauksilleen, mutta ei estä luovaa tai kriittistä keskustelua.

Mitä mieltä itse olet? Olisiko sinusta hyödyllistä, jos tekoäly pystyisi arvioimaan ja korjaamaan itse omia sanomisiaan reaaliajassa?

Kommentti ChatGPT:n vastaukseen: Esitin tämän kysymyksen ChatGPT:lle siksi, että mietin tätä keinoa yhtenä tapana tehdä tekoälyn toiminnasta luotettavampaa.

Sinä sanoit: Mitkä ovat merkittävimmät johtopäätökset, jotka voidaan vetää niin esimerkkitekstistä kuin tästä keskusteluketjusta lyhyesti?

ChatGPT sanoi: Tärkeimmät johtopäätökset sekä esimerkkitekstistä että tästä keskustelusta:

1. **Tekoäly on hyödyllinen työkalu päätöksenteon analysoinnissa**
   - o Se voi analysoida suuria tietomassoja, tunnistaa kaavoja ja tarjota vaihtoehtoisia skenaarioita.
   - o Se ei kuitenkaan korvaa inhimillistä asiantuntemusta ja harkintaa.
2. **Tekoälyllä on rajoituksia ja se voi tehdä virheitä**
   - o Vinoumat datassa tai algoritmeissa voivat johtaa harhaan.
   - o Ihmisen on tärkeää tarkistaa tekoälyn tuottama tieto, varsinkin kriittisissä päätöksissä.
3. **Tekoälyn itsesäätely ja valvonta voivat lisätä luotettavuutta**
   - o Jos tekoäly voisi tarkastella ja arvioida omia vastauksiaan ohjeistuksen pohjalta, se voisi parantaa päätöksenteon laatua.
   - o Tämä vaatii tasapainoa, jotta tekoäly ei muutu liian varovaiseksi tai vinoutuneeksi.
4. **Tekoäly ja ihminen täydentävät toisiaan**
   - o Ihminen tuo päätöksiin eettisen ja kontekstuaalisen ymmärryksen, jota tekoälyltä puuttuu.
   - o Paras lopputulos saavutetaan, kun tekoäly toimii tukityökaluna, ei itsenäisenä päätöksentekijänä.

Yhteenvetona: **Tekoäly voi tehostaa päätöksentekoa ja historiantutkimusta, mutta se ei voi korvata inhimillistä harkintaa.** Sen valvonta ja kriittinen tarkastelu ovat välttämättömiä sen hyödyllisyyden ja luotettavuuden varmistamiseksi.

Kommentti ChatGPT:n vastaukseen: Tämä lyhyt yhteenveto laittaa aika tiiviisti kokoon tämän kirjan ydinasiat. On totta, että kyseisistä asioista on puhuttu koko kirjan pituudelta tavalla tai toisella. Keskeinen asia kuitenkin jokaisen luetun kirjan suhteen on se, mitä niistä kirjoista jää ihmisen muistiin. Ihminen tuskin pystyy muistamaan kaikkea lukemaansa, mutta jos ihminen haluaa oppia lukemalla, niin hänen on syytä muistaa lukemiensa kirjojen ydinasiat.

Sinä sanoit: Millaisia jatkotutkimusmahdollisuuksia on edellä mainitun tekstin ja tämän keskusteluketjun perusteella olemassa aiheista, joita niissä käsiteltiin?

ChatGPT sanoi: Edellä mainitun tekstin ja tämän keskusteluketjun perusteella voidaan tunnistaa useita jatkotutkimusmahdollisuuksia tekoälyn ja päätöksenteon analysoinnin saralla. Keskeisiä tutkimussuuntia ovat:

1. Tekoälyn rooli historiantutkimuksessa ja päätöksenteossa

- **Historiallisten päätösten mallintaminen tekoälyllä**
  - o Miten tekoäly voisi simuloida historiallisia tapahtumia ja arvioida vaihtoehtoisia skenaarioita?
  - o Voidaanko tekoälyn avulla tunnistaa kausaalisuhteita historiallisista päätöksistä?
- **Tekoälyn ja ihmishistorian vuorovaikutus**
  - o Voiko tekoäly muuttaa tapaamme ymmärtää ja tulkita historiaa?
  - o Onko tekoälyllä taipumus vahvistaa vallitsevia historiallisia narratiiveja vai voiko se haastaa ne?

2. Tekoälyn valvonta ja itsesäätely päätöksenteossa

- **Itsesäätelevän tekoälyn mahdollisuudet ja rajoitukset**
  - o Voiko tekoäly arvioida ja korjata omia vastauksiaan reaaliaikaisesti?

o Miten tekoälyn itsesäätely vaikuttaisi sen luotettavuuteen ja
käyttökelpoisuuteen eri aloilla?
- **Tekoälyn läpinäkyvyys ja selitettävyys**
  o Millä menetelmillä voidaan tehdä tekoälyn
  päätöksentekoprosessi ymmärrettäväksi ja
  ennustettavaksi?
  o Miten selitettävän tekoälyn mallit voitaisiin integroida
  päätöksenteon tukijärjestelmiin?

3. Tekoäly ja eettinen päätöksenteko

- **Tekoäly päätöksenteon eettisenä arvioijana**
  o Voiko tekoäly tunnistaa ja arvioida päätöksenteon eettisiä ja
  moraalisia ulottuvuuksia?
  o Miten tekoäly voi auttaa tunnistamaan päätösvinoumia ja
  estämään syrjiviä käytäntöjä?
- **Vastuu ja tekoälyn päätökset**
  o Kenellä on lopullinen vastuu, jos tekoälyä käytetään
  päätöksenteossa?
  o Miten tekoälyä voidaan säädellä, jotta sen käyttö
  päätöksenteossa olisi oikeudenmukaista ja vastuullista?

4. Tekoälyn soveltaminen laadulliseen päätöksentekoon

- **Laadullisen päätöksenteon ja tekoälyn yhdistäminen eri aloilla**
  o Miten tekoäly voisi tukea laadullista päätöksentekoa
  esimerkiksi diplomatiassa, liikkeenjohdossa tai
  sotilasstrategiassa?
  o Mitkä ovat tekoälyn vahvuudet ja heikkoudet verrattuna
  perinteisiin laadullisiin analyysimenetelmiin?
- **Tekoälyn ja asiantuntijoiden yhteistyö päätöksenteossa**
  o Miten tekoäly ja inhimilliset päätöksentekijät voivat
  parhaiten täydentää toisiaan?
  o Millaisia inhimillisiä taitoja tarvitaan tekoälyn kanssa
  työskentelyyn laadullisen päätöksenteon tukena?

5. Tekoälyn kehityksen tulevaisuus ja vaikutukset päätöksentekoon

- **Miten tekoälyn kehittyminen muuttaa historiallisten tapahtumien tutkimusta?**
  - o Voidaanko tekoälyllä luoda uusia tapoja tutkia ja tulkita menneisyyttä?
- **Miten tekoälyn päätöksentekokyky voi kehittyä tulevaisuudessa?**
  - o Voidaanko tekoälyä kehittää kohti itsenäisempää päätöksentekoa vai pitäisikö ihmisen roolia korostaa entistä enemmän?

Johtopäätös

Tekoäly historiantutkimuksessa ja päätöksenteon tukena tarjoaa monia jatkotutkimusmahdollisuuksia. Keskeisiä teemoja ovat tekoälyn itsesäätely, sen soveltaminen laadulliseen analyysiin, eettiset kysymykset sekä tekoälyn ja ihmisen yhteistyön kehittäminen. Tekoälyn rooli päätöksenteossa tulee todennäköisesti kasvamaan, mutta sen käyttö vaatii jatkuvaa tutkimusta ja kriittistä arviointia.

Onko joku näistä jatkotutkimusmahdollisuuksista erityisen kiinnostava sinulle?

Kommentti ChatGPT:n vastaukseen: Viimeinen oppimiskokemus tästä kirjasta on se, mitä uusia jatkotutkimuksen kohteita tuli tämän kirjan ja siinä käsiteltyjen asioiden pohjalta. Tämä on erittäin looginen asia siksi, että tässä kirjassa käsiteltiin paljon eri asioita ja monet niistä asioista olivat sangen uusia. Siksi on luonnollista, että niistä tultaisiin tulevaisuudessa keskustelemaan. Kysytään tästä asiasta vielä tekoälyltä.

Sinä sanoit: Kuinka tärkeä ja ajankohtainen aihe mielestäsi on tarkastella nykypäivänä tekoälyn käyttämistä historialliseen laadulliseen analyysiin antamani tekstin ja tämän keskusteluketjun perusteella?

ChatGPT sanoi: Tekoälyn käyttäminen historialliseen laadulliseen analyysiin on **erittäin tärkeä ja ajankohtainen** aihe nykypäivänä, erityisesti tekstisi ja tämän keskusteluketjun perusteella.

Miksi aihe on tärkeä?

1. **Tekoälyllä on kyky käsitellä suuria historiallisia tietomassoja nopeasti**
   o Perinteinen historiantutkimus perustuu usein laajoihin arkistotutkimuksiin ja inhimilliseen analyysiin, mutta tekoäly voi **automaattisesti tunnistaa trendejä, yhteyksiä ja toistuvuuksia**, joita ihminen ei välttämättä huomaa.
2. **Tekoäly voi tarjota uusia näkökulmia historiallisten päätösten arviointiin**
   o Historiallinen analyysi on usein subjektiivista, koska eri tutkijat painottavat eri asioita.
   o Tekoäly voi auttaa tekemään **objektiivisempia arvioita**, esimerkiksi analysoimalla historiallisia tekstejä neutraalisti ilman ideologisia painotuksia.
3. **Nykyiset teknologiset edistysaskeleet mahdollistavat tekoälyn laajemman käytön historiantutkimuksessa**
   o 2020-luvun tekoälykehitys (suuret kielimallit, syväoppiminen, luonnollisen kielen käsittely) tarjoaa **parempia työkaluja historiallisten tekstien analysointiin** kuin koskaan aiemmin.
   o Esimerkiksi tekoäly voi **analysoida vanhoja kirjeitä, päätöksentekodokumentteja tai propagandatekstejä** ja vertailla niiden vaikutuksia eri aikakausina.
4. **Tekoäly voi auttaa laadullisen päätöksenteon ymmärtämisessä ja ennustamisessa**
   o Monet historialliset päätökset perustuivat **laadullisiin arvioihin**, kuten poliittisiin laskelmiin, diplomaattisiin suhteisiin tai sotilaallisiin riskeihin.
   o Tekoäly voi simuloida **"mitä jos" -skenaarioita**, eli arvioida vaihtoehtoisia tapahtumakulkuja, mikä voi auttaa sekä historiantutkimuksessa että nykypäivän päätöksenteossa.
5. **Tekoälyä jo käytetään historiantutkimuksessa, mutta se tarvitsee kriittistä tarkastelua**
   o Tekoälyllä on jo nyt sovelluksia historiantutkimuksessa, mutta se voi myös **tehdä virheitä, toistaa vinoumia tai luoda vääristyneitä tulkintoja.**
   o Siksi on tärkeää **arvioida tekoälyn kyvykkyyksiä kriittisesti ja kehittää ohjeistuksia sen käyttöön historiantutkimuksessa.**

Miksi aihe on ajankohtainen juuri nyt?

1. **Tekoäly kehittyy nopeasti ja vaikuttaa yhä enemmän tieteenaloihin, myös historiaan**
   o Nyt on tärkeä hetki määritellä, miten tekoälyä tulisi hyödyntää historiantutkimuksessa ja päätöksenteon analysoinnissa.
   o Jos tekoälystä tulee merkittävä historiantutkimuksen työkalu, sen **metodologiaa, eettisyyttä ja luotettavuutta on arvioitava huolellisesti.**
2. **Poliittinen ja yhteiskunnallinen keskustelu historiantulkinnasta on korostunut**
   o Monia historiallisia tapahtumia käytetään poliittisesti, ja tekoälyn avulla voidaan analysoida, **miten historiankirjoitus muovaa nykyistä päätöksentekoa.**
   o Esimerkiksi tekoäly voi auttaa paljastamaan **propagandaa, vinoutuneita tulkintoja tai vaihtoehtoisia narratiiveja menneisyydestä.**
3. **Tekoäly voi vaikuttaa päätöksenteon tulevaisuuteen historiallisen analyysin kautta**
   o Monet nykypäivän poliittiset ja strategiset päätökset perustuvat aiempiin historiallisiin kokemuksiin.
   o Jos tekoäly pystyy **analysoimaan historiallisia päätöksiä ja niiden vaikutuksia,** se voi toimia tukena nykypäivän päätöksenteolle ja strategiselle suunnittelulle.

Johtopäätös

Tekoälyn käyttö historialliseen laadulliseen analyysiin on **erittäin merkittävä ja ajankohtainen tutkimusalue.** Se tarjoaa uusia tapoja tutkia historiaa, arvioida päätöksentekoa ja ymmärtää menneiden tapahtumien vaikutuksia nykypäivään. Samalla sen käyttö vaatii kriittistä tarkastelua, jotta voidaan varmistaa sen **luotettavuus, eettisyys ja objektiivisuus.**

Tässä on **tilaisuus muokata historiantutkimuksen tulevaisuutta,** mutta tekoälyä on kehitettävä vastuullisesti ja inhimillistä asiantuntemusta unohtamatta.

Mitä mieltä itse olet? Näetkö tekoälyn historiantutkimuksessa enemmän mahdollisuuksia vai riskejä?

Kommentti ChatGPT:n vastaukseen: Mielestäni kaiken aikaisemman perusteella oli tärkeätä kysyä ChatGPT:n mielipide tekoälyn käyttämisestä historialliseen laadulliseen analyysiin. Ottaen huomioon tekoälyn huomattavan kehityksen 2020-luvun ensimmäisen puoliskon aikana, niin sellainen kehitys voi hyvinkin tarjota tähän tarkasteluun jatkotutkimusmahdollisuuksia. Samalla on kuitenkin hyvä muistaa tekoälyn käyttöön liittyvät vahvuudet, heikkoudet, mahdollisuudet ja uhat.

Tekijän loppusanat

Tämän kirjan tekeminen oli mielenkiintoinen työ, sillä se perustui dialogiin minun ja ChatGPT:n välillä. Käsitykseni mukaan kirjat, jotka perustuvat yhteistyöhön ihmisen ja tekoälyn välillä ovat vielä sangen harvinaisia, mutta ne luultavasti tulevat yleistymään tulevaisuudessa.

Tekoälyn suhteen on syytä kiinnittää huomiota muutamiin asioihin sen laadun suhteen, jotka on aikaisemmin mainittu. Ensimmäinen asia on käytössä oleva tekoälymalli, joka sanelee paljon sitä, miten tekoäly tulee käyttäytymään, toinen asia on tekoälyn koulutukseen käytetyn materiaalin laatu ja kouluttajien taidot kouluttaa tekoälyä, sekä kolmas seikka on tekoälyn käyttäjien omat taidot. Tätä kautta voidaan sanoa, että tekoäly inhimillisen toiminnan tuote, joka ei ole erehtymätön, vaan se saattaa myös erehtyä tai tehdä virheitä, niin kuin esimerkit tässäkin teoksessa osoittavat.

Oletan, että tekoälyllä tulee olemaan tulevaisuudessa paljon eri tarkoitusperiä, joihin sitä voidaan soveltaa. On kuitenkin aina pidettävä mielessä, että tekoälyn tulisi toimia niin vallitsevien lakien kuin eettisesti ja moraalisesti kestävien periaatteiden puitteissa. Uusilla tekniikoilla ja teknologioilla voidaan oikein käytettyinä parantaa ihmisten elämää, mutta niiden väärinkäytöllä saatetaan laittaa viattomat ihmiset kärsimään.

Tekoälyn vallankumous on suuri mahdollisuus, mutta pitää olla säännöt, joiden mukaan sitä tullaan toteuttamaan. Näiden sääntöjen tulisi perustaa ihmisten keskinäiseen moraaliin ja etiikkaan, jolla on vuosituhansien historia takanaan. Tekoälyä ei pitäisi käyttää viattomien ihmisten vahingoittamiseen missään muodossa, vaan sitä pitäisi käyttää vain ihmiskunnan olosuhteiden parantamiseen. On oletettavaa, että reaalimaailma ei tule olemaan näin yksinkertainen ja siksi jokaiselta taholta, joka käyttää tekoälyä, pitäisi kysyä, miten hänen toimintansa tekee maailmasta parempaa paikkaa. Omalta osaltani vastaan siihen, että tekoälyn avulla on mahdollista saada vieläkin monipuolisempi ja totuudenmukaisempi kuva historiasta ja sen tapahtumista.

Viime kädessä tekoäly on työkalu ihmisille niin kuin ovat olleet esimerkiksi kirjoitustaito, kirjapainotaito ja erilaiset tekstinkäsittely- ja taulukkolaskentaohjelmat. Niiden tehtävänä on helpottaa ihmisten elää suhteessa aikaisempiin aikoihin.